A Marthe, qui m'a tant appris, bien affectueusement

LES CONVENTIONS DE BRUXELLES ET DE LUGANO

"DROIT DES AFFAIRES"

La Collection est dirigée par Georges FLECHEUX, Docteur en Droit, Avocat au Barreau de Paris, et Jacques GHESTIN, Professeur à l'Université de Paris I Panthéon-Sorbonne, Directeur du Centre de Droit des Obligations et de l'Institut d'Études Judiciaires, Avocat au Barreau de Paris.

Ouvrages parus:

La Convention de Vienne sur la vente internationale et les incoterms. Actes du colloque des 1er et 2 décembre 1989, sous la direction de Yves DERAINS et de Jacques GHESTIN.
Les sûretés réelles mobilières en droit allemand, Rolf SERICK.
Le paiement du sous-traitant, Dominique RAMBURE.
Le droit nord-américain des sûretés mobilières, A.-M MORGAN DE RIVERY.
La vente internationale de marchandises, Bernard AUDIT.
La distribution des produits de luxe, Claude LEBEL, Arnault CASALONGA, Christine MENAGE.
Le contrat de franchisage, Philippe BESSIS.
Le prix dans les contrats de longue durée, Marc BILLIAU et Jacques GHESTIN.
La TVA en Europe, Cabinet ERNST et YOUNG.
Les publicités légales, Catherine-Thérèse BARREAU-SALIOU.
La défaillance de paiement et sa protection, l'assurance-crédit, 2e édition, Jean BASTIN.
Les contrats internationaux d'agence et de concession de vente, Paul CRAHAY.
Les clauses abusives dans les contrats-types en France et en Europe, Actes de la Table ronde du 12 décembre 1990, sous la direction de Jacques GHESTIN.
Les clauses limitatives ou exonératoires de responsabilité en Europe. Actes du colloque des 13 et 14 décembre 1990, sous la direction de Jacques GHESTIN.
Droit du travail communautaire, Roger BLANPAIN et Jean-Claude JAVILLER.
Les trusts anglo-saxons et le droit français, Jean-Paul BÉRAUDO.
L'indemnisation des victimes d'accidents de la circulation, Geneviève VINEY.
Les juridictions du travail en Europe, Jacques VILLEBRUN et Guy-Patrice QUETANT.
Le contrat en droit allemand, Michel PEDAMON.
Les Conventions de Bruxelles et de Lugano, Hélène GAUDEMET-TALLON.

Hélène Gaudemet - Tallon

Professeur à l'Université Panthéon-Assas (Paris II)

LES CONVENTIONS DE BRUXELLES ET DE LUGANO

Compétence internationale, reconnaissance et exécution des jugements en Europe

L·G·D·J

Librairie générale de droit et de jurisprudence
26, rue Vercingétorix – 75014 PARIS
1993

ISBN 2-275-00473-4
ISSN 1150-3009

Avant-propos

Ce livre traitera non seulement de la Convention de Bruxelles (cadre CEE), mais aussi de la Convention de Lugano, dite « convention parallèle » (cadre AELE). Pour l'étude de la première, le texte le plus récent a été retenu, celui de 1989 (tel qu'il résulte de la Convention d'adhésion de l'Espagne et du Portugal: Convention de Saint-Sébastien), en ayant soin d'indiquer les modifications apportées aux versions antérieures; l'abondante jurisprudence de la Cour de justice des Communautés européennes en interprétation de la Convention est naturellement intégrée à cette étude. Pour la Convention de Lugano, il suffisait d'examiner d'une part les problèmes généraux qu'elle soulève, en particulier d'articulation avec la Convention de Bruxelles et d'interprétation, d'autre part les rares dispositions qui diffèrent de celles de la Convention de Bruxelles. Nous tenons à remercier ici très vivement MM. Kohler et Tebbens qui, depuis la Cour de justice, nous ont fait parvenir de précieuses informations.

L'étude a délibérément été faite dans une perspective purement française, sans référence, sauf rares exceptions, aux jurisprudences et opinions doctrinales ayant cours dans les autres États concernés par ces Conventions. Une telle limitation était nécessaire sous peine de dépasser sensiblement un nombre de pages raisonnable. Mais, on ne peut qu'encourager le lecteur à se reporter aux solides études de ces Conventions faites dans de nombreux autres États.

Enfin, l'auteur du présent ouvrage tient à dire combien le remarquable livre de MM. P. Gothot et D. Holleaux (la Convention de Bruxelles du 27 septembre 1968, ed. Jupiter, 1985) a été sa source constante d'inspiration; le lecteur en aura facilement conscience tant les références à ce livre sont nombreuses et les divisions adoptées souvent similaires. Notre souhait est que cet ouvrage apparaisse comme un hommage à la mémoire de D. Holleaux et un témoignage d'amitié envers P. Gothot.

H. Gaudemet-Tallon

Indications pratiques

– Le livre est à jour, en principe, au 1er septembre 1993.

– La numérotation des notes a été faite par chapitre (sauf pour le Titre IV sur la Convention de Lugano: numérotation continue pour les deux chapitres).

– Le texte des deux Conventions est reporté en annexe; leurs références au JOCE ainsi que celles des rapports explicatifs et l'état des ratifications au 1er juin 1993 figurent aussi en annexe dans un tableau établi par la Cour de justice des Communautés européennes.

– Les références des arrêts de la Cour de justice ne sont pas données au texte mais dans le tableau établi par nos soins se trouvant à la fin des annexes.

Bibliographie sommaire

(Principaux ouvrages généraux en langue française)

Tous les manuels de Droit international privé contiennent des développements, parfois substantiels, sur les Conventions de Bruxelles et de Lugano. Ne seront cités ici que les ouvrages exclusivement consacrés à ces Conventions.

D. Alexandre: Encyclopédie Dalloz de Droit communautaire: V° Convention de Bruxelles (Généralités)(1992) – V° Convention de Bruxelles (Compétence) (1992).

J.P. Beraudo: Jurisclasseur Europe, avec mises à jour.

– fasc. 3000, 3005, 3010, 3020, 3030, 3030, 3040,3050, 3060 sur la Convention de Bruxelles avant 1989 (1989, dernière mise à jour mars 1993).

– 3070, 3075 sur la Convention de Saint-Sébastien. (1991, dernière mise à jour mars 1993).

– 3100, 3101, 3102, 3103, 3105 sur la Convention de Lugano. (1991, dernière mise à jour mars 1993).

(L'étude de J.P. Beraudo figure également au Juriscl. de dr. internat. fasc. 631 et ss. et au Juriscl. de proc. civ. fasc. 52-1 et ss.).

G. Droz: Compétence judiciaire et effets des jugements dans le Marché Commun (Étude de la Convention de Bruxelles du 27 septembre 1968), Dalloz, 1972, 577 p.; (cet ouvrage sera cité du seul nom de l'auteur).

G. Droz: articles à la Revue critique de droit international privé:

– sur la Convention de Bruxelles, telle qu'elle résultait de la Convention d'adhésion de 1978, RC 1987, 251.

– sur la Convention de Lugano, RC 1989, p. 1.

– sur la Convention de Saint-Sébastien, RC 1990, p. 1.

P. Gothot et D. Holleaux: La Convention de Bruxelles du 27 septembre 1968, Jupiter 1985, 271 p.; (cet ouvrage sera cité du seul nom des auteurs).

A. Huet: Encyclopédie Dalloz de Droit communautaire: V° Convention de Bruxelles (Reconnaissance et exécution des jugements), (1992).

P. Mercier et B. Dutoit, L'Europe judiciaire: les Conventions de Bruxelles et de Lugano, Coll. Dossiers de droit européen, Bâle 1991, 249 p.

J. Rideau et J.L. Charrier, Code des procédures européennes, code Litec annoté, 1990.

M. Weser, Convention communautaire sur la compétence judiciaire et l'exécution des décisions, Bruxelles, CIDC, Paris, Pedone, 1975.

Ouvrages collectifs:

– Publication de l'Institut suisse de droit comparé: la Convention de Lugano, Zürich 1991, vol. 1: Textes et rapport explicatif, 270 p.; vol. 2: Travaux préparatoires, 322 p.;

– Publication du C.E.D.I.D.A.C: L'espace judiciaire européen, La Convention de Lugano du 16 septembre 1988, Lausanne 1992.

– Compétence judiciaire et exécutions des jugements en Europe, trav. du Colloque tenu à la Cour de justice les 11 et 12 mars 1991, Butterworths, 1993, 408 p. (sera cité Coll. CJCE mars 1991).

– Répertoire de jurisprudence de droit communautaire, Série D (Cour de justice, feuillets mobiles).

Principales revues en langue française contenant articles, chroniques de jurisprudence et notes sur l'espace judiciaire européen:

– Cahiers de droit européen.

– Dalloz (sommaires commentés de Droit international privé).

– Gazette du Palais européenne.

– Journal du droit international (Clunet).

– Revue critique de droit international privé.

– V. aussi la bibliographie détaillée établie par les services de la Cour de justice des Communautés européennes.

Liste des principales abréviations

A.E.L.E.:	Association européenne de libre échange
Bull. civ.:	Bulletin des arrêts de la Cour de cassation (Chambres civiles)
C.D.E. ou Cah. dr. europ.:	Cahiers de droit européen
C.E.:	Communautés européennes
C.E.E.:	Communauté économique européenne
D.:	Recueil Dalloz-Sirey
Gaz. Pal.:	Gazette du Palais
IPRax.:	Praxis des internationalen Privat und Verfahrensrecht
Juriscl. dr. internat.:	Jurisclasseur de droit international
Juriscl. Europe:	Jurisclasseur Europe
J.C.P.:	Jurisclasseur périodique (Semaine juridique) ed. E: édition entreprise ed. G: édition générale ed. N: édition notariale
J.D.I.:	Journal du droit international (Clunet)
J.O.C.E.:	Journal officiel des Communautés européennes (séries C ou L)
J.O.R.F.:	Journal officiel de la République française
N.C.P.C.:	Nouveau code de procédure civile
R.C.:	Revue critique de droit international privé
R.C.A.D.I.:	Recueil des cours de l'Académie de Droit international de La Haye
Rec.:	Recueil des arrêts de la Cour de justice des Communautés européennes
Rep. D. dr. commun.:	Répertoire Dalloz de Droit communautaire
Riv. di dir. int. priv. e proc.:	Rivista di diritto internazionale privato e processuale
T.C.F.D.I.P. ou Trav. com. fr. dr. internat. pr.:	Travaux du Comité français de droit international privé

Introduction

1 – La nécessité d'un espace judiciaire européen. L'intégration économique toujours plus poussée au sein de la Communauté européenne impliquait une intégration juridique des relations de droit privé, en particulier lorsque surgit un contentieux. Les plaideurs dont les rapports ont une dimension européenne ont tout intérêt à savoir avec précision quel est le tribunal compétent pour connaître de leur litige ; et, une fois la décision rendue, la partie qui a gagné ne peut que souhaiter que cette décision soit reconnue et exécutée le plus facilement possible sur tout le territoire européen. La Convention de Bruxelles du 27 septembre 1968 est venue répondre à ces attentes dans le cadre communautaire. Le système imaginé a si bien fonctionné que les États membres de l'AELE[1] ont souhaité la conclusion avec les 12 États de la C.E. d'un traité adoptant, à quelques nuances près, les mêmes règles : c'est ainsi qu'a été signée le 16 septembre 1988 la Convention de Lugano. Ces deux textes forment la base d'un « espace judiciaire européen » en matière civile et commerciale qui intéresse donc actuellement 19 États. C'est à leur étude que ce livre est consacré. Les développements concerneront essentiellement la Convention de Bruxelles : c'est le traité le plus ancien, qui a déjà fonctionné et a donné lieu à une abondante jurisprudence de la Cour de justice des Communautés de Luxembourg ; de plus la Convention de Lugano, encore appelée « convention parallèle » est presque identique à la Convention de Bruxelles.

Il était impossible, dans le cadre de cet ouvrage, d'examiner ces deux Conventions dans une optique comparative, en tenant compte des problèmes spécifiques posés par le droit de certains États contractants et des jurisprudences nationales. C'est donc délibérément que ce livre se limitera à l'étude des textes, de la jurisprudence de la Cour de justice des Communautés européennes et de la jurisprudene française.

Un chapitre préliminaire portera sur l'histoire, l'entrée en vigueur et les clauses générales de la Convention de Bruxelles, puis l'ouvrage sera divisé en quatre titres, les trois premiers portant sur la Convention de Bruxelles, le quatrième sur la Convention de Lugano.

1. Autriche, Finlande, Islande, Liechtenstein, Norvège, Suède et Suisse.

Titre I: Le champ d'application de la Convention de Bruxelles
Titre II: L'instance directe dans la Convention de Bruxelles
Titre III: Reconnaissance et exécution des décisions dans la Convention de Bruxelles
Titre IV: La Convention de Lugano

Chapitre préliminaire: Historique, entrée en vigueur des versions successives et clauses générales de la Convention de Bruxelles

Section 1: Historique et entrée en vigueur des versions successives

§ 1 : Origines de la Convention et Protocole d'interprétation par la Cour de justice

2 – Origines de la Convention de Bruxelles. C'est en se fondant sur l'article 220 du Traité de Rome que, dès 1960, des experts jetèrent les bases de la Convention. Très vite, ils décidèrent de ne se limiter ni à une convention portant seulement sur la «simplification des formalités» (art. 220 traité CEE) d'exequatur, ni à une convention se bornant à unifier les conditions de régularité internationale des jugements étrangers, mais entreprirent la rédaction d'une convention multilatérale «double»: le texte contiendra non seulement des règles sur la reconnaissance et l'exécution, mais aussi des règles de compétence directe.

3 – Lien de la Convention avec le droit communautaire. On s'est parfois demandé si la Convention de Bruxelles pouvait être considérée comme du droit communautaire dérivé. Il ne le semble pas; certes elle trouve son fondement dans l'article 220 du Traité CEE, mais elle ne peut pour autant être classée dans la catégorie des actes communautaires: cette dernière inclut les actes adoptés par les institutions de la Communauté (règlements, directives, etc.) mais non un accord conclu entre les États membres. La différence a des conséquences sensibles: ainsi, lors de l'adhésion de nouveaux États à la Communauté, le droit communautaire leur est automatiquement applicable (sous réserve des dispositions transitoires), alors que la Convention de Bruxelles ne s'étend à eux que s'ils y adhèrent par une décision propre. La Convention de Bruxelles traite d'ailleurs toujours des «États contractants» (parties à la Convention), et non des «États membres» (de la CEE). De plus, c'est parce que la Convention de Bruxelles n'est pas du droit communautaire qu'il a fallu un protocole spécial pour attribuer compétence à la Cour de justice des Communautés pour connaître de l'interprétation de cette Convention (v. *infra* n°4).

Les liens sont pourtant étroits entre la Convention et le droit communautaire. La Cour de justice l'a indiqué dès le premier arrêt rendu en interprétation de la Convention: «La Convention doit être interprétée en tenant compte à la fois du système et des objectifs qui lui sont propres et *de son lien avec le traité*» (6 oct. 1976, 12/76, *Tessili*).

Le lien entre la Convention et le droit communautaire permet à la Convention, en particulier, de bénéficier du principe de «primauté» sur les droits internes: M. l'avocat général Capotorti l'avait affirmé dans ses conclusions, et la Cour a posé ce principe de primauté de la Convention sur les droits nationaux dans l'arrêt *Sanicentral* du 13 nov 1979 (25/79), solution confirmée dans l'arrêt *Duijnstee* du 15 novembre 1983 (288/82).

4 – L'entrée en vigueur de la Convention de Bruxelles du 27 septembre 1968 et du protocole de Luxembourg du 3 juin 1971. Signée par les six États membres originaires le 27 septembre 1968, puis ratifiée par ces six États, la Convention ainsi que le Protocole qui lui est annexé et qui en fait partie intégrante (art. 65) entrèrent en vigueur, conformément à l'art. 62, le 1er février 1973[2].

Ce texte allait être appliqué par les juridictions nationales des divers États contractants; il aurait été fâcheux que des interprétations divergentes en soient données. Aussi dès 1968, la Déclaration commune annexée à la Convention prévoyait-elle que les États étudieraient la possibilité d'attribuer certaines compétences à la Cour de justice.

Un protocole, signé à Luxembourg le 3 juin 1971 confie à la Cour de justice des Communautés l'interprétation de la Convention. Ce protocole est entré en vigueur le 1er septembre 1975[3] et chaque nouvel État membre de la Communauté a, en adhérant à la Convention de Bruxelles, également adhéré au protocole sur l'interprétation par la Cour de justice[4]. La Cour est compétente non seulement pour interpréter la Convention de Bruxelles mais également toutes les conventions d'adhésion (1978, 1982 et la Convention de Saint-Sébastien de 1989, v. *infra* n°14).

5 – Le recours préjudiciel en interprétation. Le mécanisme prévu par le Protocole de 1971 est proche de celui de l'article 177 du Traité de Rome. Lorsque se pose une question d'interprétation de l'un des textes mentionnés au n°4, les juridictions nationales saisissent la Cour de justice à titre préjudiciel; les juridictions suprêmes sont tenues de saisir la Cour si elles estiment qu'une décision de la Cour de justice est nécessaire pour qu'elles puissent rendrent leur décision; les autres juridictions, soit qu'elles statuent en appel, soit qu'il s'agisse d'une juridiction mentionnée à l'art. 37 de la Convention, ont seulement la faculté de saisir la Cour (art. 2)[5]. La distinction

2. Texte publié au *JOCE* L. 299 du 31 déc. 1972; RC 1973, 131; v; sur ce texte le rapport Jenard, *JOCE* C 59 du 5 mars 1979, p. 1 et ss., ci-après rapp. Jenard.

3. V. rapp. Jenard, p. 66; adde Ph. Jestaz, comm. Rev. trim. dr. civ. 1976, 654; publié en France par le décret n°76-298 du 31 mars 1976, *JORF* 8 avril 1976, p. 2132. Sur la mission de la Cour, v. Compétence judiciaire et exécution des jugements en Europe, trav. du colloque tenu à la Cour de justice en mars 1991 (ci-après Coll. *CJCE*, mars 1991), spéc. les rapports de MM. Darmon, p. 1, Capotorti, p. 13 et Lando, p. 25.

4. La dernière version de ce protocole figure au *JOCE* C189 du 28 juillet 1990.

5. Une juridiction de première instance ne peut jamais saisir la Cour de justice en interprétation de la Convention de Bruxelles, V. *CJCE* 9 nov. 1983, *Habourdin International* aff. 80/83 et *CJCE* 28 mars 1984, *Christoph von Gallera*, aff. 56/84.

entre l'obligation pesant sur les juridictions suprêmes et la simple faculté pour les autres cours est assez théorique car les premières ont toute latitude pour apprécier si se pose ou non une question d'interprétation de la Convention. Ce ne sont pas les parties, mais bien la juridiction qui saisit la Cour de justice de la question préjudicielle. La juridiction formule librement sa question et la saisine de la Cour n'obéit à aucune forme particulière. La question doit être rédigée *in abstracto* mais il est fréquent qu'elle soit mal formulée par les juridictions nationales; la Cour de justice se reconnaît alors le droit de la reformuler.

L'interprétation donnée par la Cour de justice s'impose aux juridictions nationales. Ces recours en interprétation ont été nombreux depuis 1975,émanant tant des juridictions françaises que des juridictions des autres États membres. La jurisprudence de la Cour de justice sur la convention de Bruxelles est riche et abondante[6] et il faut constamment s'y référer.

6 – Le recours consultatif en interprétation. Le Protocole de 1971 prévoit (art. 4) un autre recours, qui, au contraire, à notre connaissance, n'a pas encore été utilisé. C'est un recours consultatif en interprétation qui s'inspire à la fois du pourvoi dans l'intérêt de la loi et de l'avis consultatif: les procureurs généraux près les Cours de cassation peuvent saisir la Cour de justice dès lors qu'ils constatent une divergence d'interprétation de la Convention soit entre juridictions d'États contractants différents, soit entre une juridiction d'un État et la Cour de justice. Un arrêt de la Cour de justice rendu à la suite d'un tel recours en interprétation est «sans effet sur les décisions à l'occasion desquelles l'interprétation lui a été demandée» (art. 4 al. 2), ce qui est conforme à l'esprit des pourvois dans l'intérêt de la loi. Mais, précise le rapport Jenard, «il est évident qu'il aura une très grande autorité sur le plan juridique et qu'il constituera dans l'avenir le guide jurisprudentiel de l'ensemble des juridictions de la Communauté» (p. 70).

7 – Unité d'interprétation assurée par la Cour: interprétation téléologique et notions communautaires autonomes. La Cour s'appuie tout d'abord sur la lettre des articles,ce qui lui donne l'occasion de règler les difficultés nées de divergences entre les diverses versions linguistiques de la Convention[7]. Mais surtout, la Cour adopte en général une interprétation téléologique du texte: il s'agit d'atteindre les objectifs de la Convention et l'interprétation donnée doit assurer «l'effet utile» de la Convention[8]. Outre l'objectif général de «bonne administration de la justice», il faut d'une part assu-

6. En septembre 1993, on dénombrait déjà 76 arrêts: v. la liste donnée par H. Tagaras, en annexe à sa chronique de jurisprudence de la Cour de justice relative à la convention de Bruxelles, *CDE* 1992, p. 707; le tableau dressé par J.P. Beraudo, Juriscl. Europe, fasc. 3060, *in fine* et le tableau figurant en annexe de cet ouvrage.

7. V. par ex. *CJCE 24 juin 1981, 150/80, Elefanten Schuh*, à propos de l'art. 18 de la Convention, v. *infra*, n°143 et ss.

8. V. par ex. *CJCE* 15 nov. 1983, *Duijnstee*, aff. 228/82; 4 février 1988, *Hoffmann c. Krieg, aff. 145/86; 15 mai 1990, Kongress Agentur Hagen*, aff. C-365/88.

rer la «protection juridique» des personnes établies dans la Communauté (ce qui implique une interprétation soucieuse de la sécurité juridique, de la protection des parties faibles et du respect des droits de la défense) et, d'autre part faciliter la «libre circulation des jugements» en interprétant libéralement les mécanismes de reconnaissance et d'exécution mis en place par le texte.

Parfois même la juriprudence de la Cour sera à l'origine d'une modification du texte de la Convention[9].

Mais c'est surtout par le recours à la technique des «notions autonomes», ou «notions communautaires» que la Cour est à même d'assurer une véritable uniformité d'interprétation. La Convention utilise souvent des termes juridiques connus des divers droits internes, mais qui n'y revêtent pas nécessairement la même signification. Lorsque la Cour doit les interpréter, deux méthodes s'offrent à elle; elle peut renvoyer au droit du juge saisi (droit interne ou règle de conflit); c'est ce qu'elle a fait dans l'arrêt *Tessili* du 6 octobre 1976, aff. 12/76, estimant que c'était la loi désignée par la règle de conflit du juge saisi qui devait déterminer le lieu d'exécution d'une obligation contractuelle. Mais elle peut aussi choisir de donner elle-même une interprétation autonome, communautaire de la notion. La Cour a indiqué qu'elle entendait garder ces deux possibilités ouvertes: «aucune de ces deux options ne s'impose à l'exclusion de l'autre, le choix approprié ne pouvant être dégagé qu'à propos de chacune des dispositions de la Convention, de façon toutefois à assurer à celle-ci sa pleine efficacité dans la perspective des objectifs de l'article 220 du Traité CEE»[10].

Mais,le plus souvent, elle a opté pour la seconde branche de l'option et eu recours au concept de «notion autonome»: ainsi, par exemple, pour interpréter la notion de «matière civile et commerciale»[11], ou de «succursale, agence ou filiale au sens de l'article 5-2°»[12], ou de «recours ordinaire au sens de l'article 38»[13] etc. La Cour joue ainsi un rôle décisif pour une interprétation uniforme de la Convention.

§ 2: Les élargissements successifs

8 – Les élargissements successifs de la CEE. L'adhésion de nouveaux États à la Communauté européenne entraîne normalement (v. art. 63) leur adhésion à la Convention de Bruxelles et les élargissements successifs de la Communauté ont entraîné certaines modifications du texte initial.

---

9. V. par ex. la modification de l'art. 16-1° qui a sa cource dans l'arrêt du 15 janvier 1985, 241/83, *Rösler*, v. *infra*, n° 85 et ss.

10. CJCE, 8 déc. 1987, 144/86 *Gubisch...*

11. CJCE 14 oct. 1976, 29/76, *Eurocontrol*.

12. CJCE 22 nov. 1978, *33/78, Somafer*; v. aussi 18 mars 1981, 139/80 *Blanckaert et Willems*.

13. CJCE 22 nov. 1977, 43/77, *Industrial Diamond Supplies*.

9 – Entrée du Danemark, de l'Irlande et du Royaume-Uni. Lors de l'entrée de ces trois États dans la Communauté, en 1973, il fallut tenir compte des particularités de leurs systèmes juridiques et de leurs intérêts légitimes. L'adaptation de la Convention de 1968 à la nouvelle situation fut réalisée par un groupe d'experts dont le travail aboutit à la Convention de Luxembourg du 9 octobre 1978 «relative à l'adhésion du Royaume du Danemark, de l'Irlande et du Royaume-Uni de Grande-Bretagne et d'Irlande du Nord» à la Convention de 1968 et au protocole de 1971[14].

Cette Convention apporta diverses modifications au texte initial. Elle est entrée en vigueur le 1er novembre 1986 entre les six États originaires et le Danemark, puis le 1er janvier 1987 entre ces sept États et le Royaume-Uni, et enfin le 1er juin 1988 entre ces huit États et l'Irlande[15].

10 – Entrée de la Grèce La même procédure a été suivie à l'égard de la Grèce entrée dans la Communauté en 1981: la Convention d'adhésion de la Grèce à la Convention de Bruxelles du 25 octobre 1982[16] est entrée en vigueur le 1er avril 1989 entre la Grèce, les six États originaires, le Danemark et l'Irlande. Le Royaume-Uni n'ayant ratifié que le 31 juillet 1989 la Convention de 1982, ce texte n'est entré en vigueur à son égard que le 1er octobre 1989. La Convention de 1982 ne contenait aucune modification de fond par rapport à celle de 1978[17].

11 – Bilan pour l'Europe des Dix. Au premier octobre 1989, les dix premiers États membres de la Communauté se trouvaient donc liés par ce que l'on a appelé la «Convention de Bruxelles modifiée» dont le texte (intégrant les modifications apportées par les conventions d'adhésion de 1978 et de 1982) avait été établi à titre officieux par le Secrétariat général du Conseil et publié au *JOCE* nº C 97 du 11 avril 1983.

12 – Entrée de l'Espagne et du Portugal. En 1986, l'Espagne et le Portugal entrant dans la Communauté, il fallait de nouveau reprendre le texte de la Convention de Bruxelles, mais intervenait alors un autre facteur : l'intérêt manifesté par les pays de l'AELE à l'égard du système instauré par la Convention de Bruxelles.

---

14. Texte au *JOCE* L 304 du 30 octobre 1978; *JDI* 1979, 204; RC 1979, 141. Sur ce texte, v. Le rapport de P. Schlosser, *JOCE*, C59 du 5 mars 1979, p. 71 et ss. (ci-après: rapp. Schlosser); les articles de MM. Droz, RC 1987, 251, Loussouarn et Bourel, Rev. trim. dr. com. 1979, 577; et la communication de E. Mezger in TCFDIP 1980-1981, tome 1, p. 15.

15. Cette Convention de 1978 a été ratifiée par la France par la loi nº 83.1133 du 23 déc. 1983, *JORF* du 27 déc. p. 3732 et publiée par décret du 30 janvier 1987, *JORF* du 5 février 1987, p. 1324; D. 1987, 3, 120; *JCP* 1987. III. 59791; v. Paris 12 nov. 1991, D. 1991, inf. rap. 285, estimant que le texte ne peut produire effet qu'à partir de la date de sa publication au *JORF*. Sur les entrées en vigueur successives, v. RC 1987, 162; RC 1988, 628.

16. *JOCE* L 388 du 31 déc. 1982; RC 1983, 345; publication en France par décret nº 89-277 du 28 avril 1989, D. 1989, 3, 161; *JCP* 1989.III.62714.

17. Sur la Convention de 1982, v. rapport de MM. Evrigenis et Kerameus, *JOCE* C 298 du 24 nov. 1986 (ci-après: rapp. Evrigenis et Kerameus).

13 – Intervention des pays de l'AELE : la Convention de Lugano du 16 septembre 1988. Les échanges commerciaux entre pays de la CEE et pays de l'AELE « représentent plus de la moitié du commerce extérieur des premiers et près du quart des exportations de la CE vers les pays tiers »[18]. Or les relations juridiques entre ces États étaient soit régies par des conventions anciennes et quelque peu dépassées (par ex. Convention franco-suisse de 1869, hispano-suisse de 1896, germano-suisse de 1929, etc.), soit dépendantes du droit international privé commun (cas surtout des pays scandinaves). Dès 1973 la Suède avait souhaité que les pays de l'AELE soient associés à la révision de la Convention de Bruxelles mais cette demande était restée sans suite. Ce n'est qu'en 1985 que, sur mandat du Conseil de la CEE, un groupe d'experts examina les possibilités d'extension de la Convention de Bruxelles aux pays de l'AELE. Les travaux aboutirent à la signature, le 16 septembre 1988, de la Convention de Lugano signée par tous les États de la CEE et de l'AELE[19]. Cette Convention est entrée en vigueur le 1er janvier 1992 entre la Suisse, la France et les Pays-Bas[20] et, dans les rapports franco-suisses elle remplace la Convention franco-suisse du 15 juin 1869[21]. Elle est ensuite entrée en vigueur entre la Suisse et le Luxembourg (1er février 1992), le Royaume-Uni (1er mai 1992), le Portugal (1er juillet 1992) et l'Italie (1er décembre 1992). Elle régit également les rapports entre ces six États de la Communauté européenne et la Suède (depuis le 1er janvier 1993), la Norvège (depuis le 1er mai 1993) et la Finlande (depuis le 1er juillet 1993). L'Autriche et l'Islande n'ont pas encore ratifié la Convention de Lugano et le Liechtenstein ne l'a pas encore signée (état au 1er septembre 1993).

Cette Convention fera l'objet du dernier titre de ce livre. On mentionnera seulement ici qu'il s'agit d'une convention « parallèle » à la Convention de Bruxelles. L'extension pure et simple de la Convention de Bruxelles n'était pas possible car d'une part on ne pouvait s'appuyer sur l'article 220 du Traité CEE et, d'autre part, les pays de l'AELE ne pouvaient accepter l'autorité de la Cour de justice de Luxembourg. On s'est donc borné à calquer le plus possible la Convention de Lugano sur celle de Bruxelles, et dans le fond et dans la forme (en particulier par l'adoption d'une numérotation identique des articles). Les auteurs de la Convention de Lugano, bénéficiant de l'expérience acquise depuis les conventions d'adhésion de 1978 et 1982, ont apporté quelques rares modifications au texte de la Convention de Bruxelles.

Les États de la CEE allaient, à leur tour, tirer profit de cette Convention de Lugano lors des négociations menées avec l'Espagne et le Portugal après leur entrée dans la Communauté en 1986.

18. J.P. Beraudo, Juriscl. Europe fasc. 3100, La Convention de Lugano du 16 septembre 1988, n°2.

19. V. le texte RC.1989, 149, et en annexe à la fin de cet ouvrage ; rapport de MM. Jenard et Möller, *JOCE* C 189 du 28 juillet 1990, p. 57 (ci-après : rapp. Jenard-Möller) ; adde l'art. de G. Droz, RC 1989, 1.

20. Décret n°92.111 du 3 février 1992, *JCP* 1992.III.65360 ; *JORF* 5 février 1992.

21. Sur l'abrogation du traité franco-suisse de 1869, v. *infra* n° 21.

14 – Adhésion de l'Espagne et du Portugal: la Convention de Saint Sébastien du 26 mai 1989. L'Espagne et le Portugal adhèrent au système de la Convention de Bruxelles par la Convention de Saint-Sébastien du 26 mai 1989[22] qui reprend certaines des modifications apportées par la Convention de Lugano. Ratifiée par trois États, les Pays-Bas le 11 janvier 1990, la France le 17 octobre 1990[23] et l'Espagne le 22 novembre 1990, la Convention, conformément à son article 32 qui prévoyait l'entrée en vigueur après trois ratifications, est entrée en vigueur le 1er février 1991 entre ces trois États. Le Royaume-Uni l'ayant ratifiée le 13 septembre 1991, le texte est également en vigueur dans les rapports avec cet État depuis le 1er décembre 1991. Puis, il est entré en vigueur le 1er février 1992 à l'égard du Luxembourg, le 1er mai 1992 à l'égard de l'Italie, le 1er juillet 1992 à l'égard de la Grèce et du Portugal. Au 1er septembre 1993, seuls restent soumis au texte résultant de la Convention d'adhésion de la Grèce du 25 octobre 1982 l'Allemagne, la Belgique, le Danemark et l'Irlande.

En effet, par souci de rapidité, ce n'est pas une entrée en vigueur globale après ratification par tous les États (système retenu en 1978 et en 1982), mais une entrée en vigueur au fur et à mesure des ratifications qui est prévue pour la Convention de Saint-Sébastien. Il en résulte que, tant que les 12 États n'auront pas ratifié le texte de 1989, selon les cas, le texte applicable sera celui de 1982 ou celui de 1989, ce qui pourra engendrer certains conflits. Dans la mesure où ces conflits ne devraient pas se produire pendant très longtemps et où ils ont été parfaitement étudiés par M. Beraudo[24], ils ne seront pas traités ici.

Le texte qui a vocation à s'appliquer dans les rapports entre les douze États membres, texte de la Convention de Bruxelles de 1968, tel que modifié par les Conventions d'adhésion de 1978, 1982 et 1989 a été publié au *JOCE* C 189 du 28 juillet 1990[25].

15 – Les textes applicables au 1er septembre 1993. Il résulte de ce qui précède que, actuellement:

– le texte de la Convention de Bruxelles de 1968 est applicable dans les rapports entre les 6 États originaires pour les actions intentées avant le 1er novembre 1986.

– le texte de la Convention «modifiée» (texte publié au *JOCE* C 97 du 11 avril 1983, incorporant les Conventions d'adhésion de 1978 et 1982) joue dans les rapports avec les États qui n'ont pas encore ratifié la Convention de Saint-Sébastien (Allemagne, Belgique, Danemark et Irlande).

---

22. Texte *JOCE* L 285 du 3 oct. 1989; *JDI* 1990, 226; RC 1990, 171. Sur cette Convention voir le rapport de MM. Almeida Cruz, Desantes Real et Jenard, *JOCE* C 189 du 28 juil. 1990, p. 35 (ci-après: rapp. Almeida Cruz, Desantes Real et Jenard); l'art. de G. Droz RC 1990, p. 1; de J. Rideau, Rev. des aff. europ. 1991, n°1, p. 7; et J.P. Beraudo, Jurisci. Europe fasc. 3070.

23. Loi autorisant la ratification du 2 juillet 1990, *JORF* du 10 juillet 1990, p. 8127; D. 1990, 3, 303; décret n° 91.175 du 12 février 1991, *JORF* du 19 février 1991, p 2493 ; RC 1991, 415 ; JDI 1991, 828 ; D. 1991, 3, 157 ; JCP 1991, III, 64.588.

24. Juriscl. Europe fasc. 3070, n° 18 à 24.

25. V. aussi RC 1991, 437 et annexe à la fin de cet ouvrage.

– le texte de 1989, tel qu'il résulte de la Convention de Saint-Sébastien, joue dans les rapports entre les huit États qui ont ratifié cette Convention.

– enfin la Convention de Lugano est applicable dans les rapports entre la Suisse, la Norvège, la Suède et la Finlande d'une part, la France, les Pays-Bas, le Luxembourg, le Royaume-Uni, le Portugal et l'Italie d'autre part.

Les douze États liés par la Convention de Bruxelles ont adhéré au protocole donnant compétence à la Cour de justice des Communautés pour interpréter la Convention[26].

16 – Version de la Convention de Bruxelles retenue pour l'étude. Le texte sur lequel portera cet ouvrage sera celui qui résulte de la Convention de Saint-Sébastien, c'est à dire la version la plus récente. Si ce texte n'est actuellement en vigueur que dans huit États (*supra* nº15), il doit assez rapidement constituer le droit positif applicable dans les douze États de la Communauté[27]. En effet, lors de la signature de la Convention de Saint-Sébastien, les douze États, dans une déclaration commune, s'étaient engagés à faire leur possible pour que cette Convention soit ratifiée avant le 31 décembre 1992.

Seront toutefois signalées, lorsque cela apparaîtra nécessaire, les dispositions différentes, antérieures au texte de 1989, dans la mesure où elles restent provisoirement le droit positif dans les rapports entre certains États[28]. Quant aux délicats problèmes nés de l'imbrication des textes des diverses conventions, on se contentera de renvoyer à l'excellent article de G. Droz (précité note 26).

Section 2 : Les clauses générales

§ 1 : Relations de la Convention de Bruxelles avec les autres Conventions

17 – Relations avec les conventions conclues entre deux ou plusieurs États contractants et règlant de façon générale la compétence judiciaire et/ou la reconnaissance et l'exécution des décisions. De telles conventions sont visées par l'art. 55 de la Convention de Bruxelles. Elles sont nombreuses (l'art. 55 dans sa dernière version en recense 18) car, bien souvent, les États faisant actuellement partie de la CEE

26. Dernier état du texte de ce protocole au *JOCE* C 189 du 28 juillet 1990, p. 25. V. G. Droz, Problèmes provoqués par l'imbrication des Conventions de Bruxelles (1978), de Lugano (1988) et de San Sebastian (1989), Etudes de droit international en l'honneur de P. Lalive, Bâle, Francfort sur le Main, 1993, p. 21 à 31.

27. En ce sens, Droz, art. préc. RC 1990, 21.

28. Pour une étude complète des texte de 1968 et 1978, on se reportera à « La Convention de Bruxelles du 27 septembre 1968 », par P. Gothot et D. Holleaux, ed. Jupiter, 1985 (ci-après : Gothot et Holleaux). Et sur le texte de 1968 v. G. Droz, « Compétence judiciaire et effets des jugements dans le Marché Commun », Dalloz 1972 (ci-après : Droz).

avaient conclu des conventions bilatérales[29] portant sur la compétence et/ou la reconnaissance des décisions avant que la Convention de Bruxelles n'entre en vigueur à leur égard. Ces traités se trouvent donc naturellement *remplacés* par la Convention de Bruxelles.

L'art. 55 réserve toutefois le jeu éventuel de l'art. 54 al. 2, texte qui permet la reconnaissance et l'exécution d'une décision rendue après l'entrée en vigueur de la Convention mais à la suite d'une action intentée avant cette entrée en vigueur, dès lors que la compétence du juge d'origine est conforme soit aux règles du titre II de la Convention, soit à celles contenues dans *une convention* alors en vigueur entre l'État d'origine et l'État requis[30].

L'art. 55 réserve aussi le jeu de l'art. 56. L'alinéa 1er de l'art. 56 dispose que les conventions énumérées à l'art. 55 restent applicables pour autant qu'elles concernent des matières qui sont exclues du champ d'application de la Convention de Bruxelles[31]. Cette réserve s'imposait et les difficultés qui pourront surgir, au stade de la reconnaissance et de l'exécution lorsque la décision d'origine relève pour partie de la Convention de Bruxelles et pour partie d'une autre convention sont identiques à celles rencontrées lorsque la décision d'origine relève pour partie de la Convention de Bruxelles et pour partie du droit commun[32].

L'art. 56 al. 2, quant à lui, pose une simple règle de droit transitoire : les conventions énumérées à l'art. 55 «continuent à produire leurs effets en ce qui concerne les décisions rendues et les actes reçus avant l'entrée en vigueur» de la Convention de Bruxelles.

18 – Relations avec les conventions conclues entre deux ou plusieurs États contractants portant sur des «matières particulières». L'art. 57 traite des conventions comportant des règles de compétence judiciaire et/ou de reconnaissance et d'exécution, mais portant cette fois sur des matières particulières. L'alinéa ler du texte indique que la Convention de Bruxelles n'affecte pas le jeu de ces conventions[33].

L'alinéa 2 de l'art. 57[34] donne des règles d'interprétation de l'art. 57 al. 1er. Il résulte de cet art. 57 paragraphe 2 a) tout d'abord qu'une convention conclue par un État contractant dans une matière particulière et contenant des dispositions de compé-

29. La liste de l'art. 55 indique aussi *in fine* un traité multilatéral, celui signé à Bruxelles le 24 novembre 1961 entre la Belgique, les Pays-Bas et le Luxembourg.

30. *Infra*, n°51 et ss.

31. Sur le contenu de ces exclusions, v. *infra*, n°31 et ss. V. aussi F. Majoros, à propos de la procédure simplifiée d'exequatur, la Convention de Bruxelles peut-elle se combiner avec les traités d'exécution bilatéraux conclus entre la Grande-Bretagne et les autres États de la CEE, RC 1978, p. 45 et ss.

32. *Infra* n°385. V. aussi Droz, n°637.

33. V. par exemple, à propos de la Convention CMR du 19 mai 1956 sur les transports internationaux de marchandises par route, Civ. 1re 3 juin 1981, *JDI* 1983, 398 observ. D. Holleaux ; Civ. 1re 21 juin 1982, *JDI* 1983, 400, observ. D. Holleaux.

34. Cet alinéa reproduit une disposition qui figurait à l'art. 25 paragraphe 2 de la Convention d'adhésion de 1978 et avait été étendue à la Grèce par l'art. 1er paragraphe 2 de la Convention d'adhésion de 1982.

tence judiciaire et/ou de reconnaissance et exécution peut fonder la compétence d'un tribunal de cet État même si le défendeur est domicilié dans un État partie à la Convention de Bruxelles mais non partie à la convention particulière[35]. En second lieu, l'art. 57 paragraphe 2 a) indique que le tribunal saisi doit appliquer l'article 20 de la Convention de Bruxelles, c'est à dire contrôler d'office sa compétence lorsque le défendeur ne comparaît pas et surseoir à statuer tant qu'il n'est pas certain que ce défendeur ait eu la possibilité de se défendre[36].

Enfin, l'art. 57 paragraphe 2 b) ajoute que les décisions rendues par un tribunal d'un État contractant compétent en vertu d'une convention portant sur une matière particulière bénéficient du mécanisme simplifié de reconnaissance et d'exécution prévu par le titre III de la Convention de Bruxelles[37]. En outre, le deuxième alinéa de ce b) autorise expressément à combiner les règles de la Convention de Bruxelles sur la procédure simplifiée de reconnaissance et d'exécution avec celles qui figureraient dans une convention régissant une matière particulière[38].

19 – Relations de la Convention de Bruxelles avec le droit communautaire. En application du principe de primauté du droit communautaire, l'art. 57 al. 3[39] dispose que les règles de compétence judiciaire, de reconnaissance ou d'exécution des décisions «qui sont ou seront contenues dans les actes des institutions des Communautés européennes ou dans les législations nationales harmonisées en exécution de ces actes» prévaudront sur celles de la Convention de Bruxelles.

Également en 1978, le Protocole joint à la Convention de Bruxelles a été complètè par les articles V quater et V quinquies précisant les liens entre la Convention de Bruxelles et les Conventions de Munich du 5 octobre 1973 sur la délivrance du brevet européen et de Luxembourg du 15 décembre 1975 sur le brevet communautaire. Cette dernière Convention a été modifiée par un «accord en matière de brevets communautaires» de Luxembourg du 15 décembre 1989 qui inclut la Convention du 15 décembre 1975 en la modifiant et y ajoute un règlement d'exécution et trois protocoles dont un sur les litiges (dernier état de ces textes au *JOCE* L 401 du 30 décembre 1989). Il semble bien que les articles V quater et V quinquies du Protocole faisant référence à la Convention de Luxembourg de 1975 englobent ce nouvel ensemble. Par ailleurs, l'art. 66 de la Convention sur le brevet communautaire du 15 décembre 1989 prévoit

35. Sur l'art. 57 on se reportera utilement aux rapp. Jenard p. 59 et Schlosser, n°238 et s.

36. *Infra*, n° 273 et ss.

37. *Infra*, Titre III.

38. On pourrait peut-être s'inspirer de ce texte pour apporter une solution à diverses difficultés engendrées par la Convention, en particulier celle de savoir si le Titre III de la Convention de Bruxelles doit s'appliquer même en présence d'un droit commun encore plus libéral (v. *infra* n°381 et ss.) ou encore celle soulevée par le caractère exclusif des procédures prévues au Titre III lorsque la décision à reconnaître comporte aussi des chefs ne relevant pas de la Convention de Bruxelles (v. *infra* n°385).

39. Texte qui figurait dès 1978 à l'alinéa 2 de l'art. 57.

expressément le jeu de la Convention de Bruxelles sauf dispositions contraires de la Convention sur le brevet (v. *infra* n°100).

20 – Relations avec les conventions conclues entre un État contractant et un État tiers. Normalement la Convention de Bruxelle n'a aucune incidence sur le jeu de conventions passées entre un État contractant et un État tiers[40]. L'État contractant doit respecter son engagement envers l'État tiers[41]. Toutefois, les traités conclus avec les États tiers ne doivent pas aller à l'encontre des engagements pris par l'État contractant lorsqu'il a ratifié la Convention de Bruxelles : ainsi, un traité conclu avec un État tiers ne saurait permettre à un État contractant de reconnaître et d'exécuter une décision rendue dans l'État tiers en violation des règles de compétence exclusives de l'art. 16, ou des règles de la Convention concernant les contrats d'assurance ou de consommateurs (art. 28 al. 1er de la Convention de Bruxelles)[42].

21 – Le sort du traité franco-suisse du 15 juin 1869. Parmi les traités adoptés en matière de compétence judiciaire et/ou de reconnaissance et d'exécution et liant un des six États fondateurs de la Communauté européenne à un État tiers,seul le traité franco-suisse du 15 juin 1869 était un traité «double», traitant à la fois de la compétence judiciaire directe et de l'effet des jugements. En raison des risques de conflits entre ce traité et la Convention de Bruxelles, le texte originaire de la Convention comportait un article 58 réservant expressément les droits reconnus aux ressortissants suisses en vertu du traité de 1869.

Cet article 58 fut, en 1989, remplacé par une nouvelle disposition : en effet, il fallait alors tenir compte de la prochaine entrée en vigueur la Convention de Lugano de 1988[43]. L'art. 58, tel que rédigé en 1989, se borne donc à réserver les droits tenus par les ressortissants suisses du traité de 1869 tant que la Convention de Lugano n'était pas en vigueur dans les rapports entre la France et la Suisse.

Cette entrée en vigueur de la Convention de Lugano entre la France et la Suisse a eu lieu le 1er janvier 1992 et le traité de 1869 a été déclaré caduc à partir de cette date[44].

---

40. Il peut cependant parfois y avoir des occasions de conflit : par exemple, si une décision d'un juge d'un État tiers doit être reconnue sur le territoire d'un État contractant en vertu de la convention liant cet État et l'État tiers et que cette décision entre conflit avec une décision émanant d'un autre État contractant. Cette hypothèse est, depuis 1978, réglée par l'art. 27-5°, v. *infra* n°374 et ss.

41. Droz, n°650.

42. *Infra*, n°339 et ss.

43. Sur cette Convention, v. *supra* n°13 et *infra* Titre IV.

44. Échange de lettres des 6 et 14 novembre 1991 entre la Suisse et la France, *JORF* du 27 février 1992 (décret n°92-179 du 25 février 1992). V. G. Droz, Bouleversement des relations Franco-Suisses : l'entrée en vigueur de la Convention de Lugano et l'abrogation de la Convention du 15 juin 1869, Journal des notaires, 1992, p. 417 et 481 ; J.P. Sortais, Les rapports judiciaires franco-suisses après la Convention de Lugano, Mélanges Breton et Derrida, 1991, p. 369 et ss. V. aussi *infra* n° 423.

22 – Les traités avec les États tiers prévus par l'art. 59. Ces traités sont examinés *infra* n° 81 car l'art. 59 propose une possibilité d'atténuation des conséquences de la règle de compétence contenue dans l'art. 4 al. 2 .

§ 2 : Les clauses finales

23 – Ratifications et informations. Le processus de ratification relève du droit national de chaque État et l'art. 62 dispose que les instruments de ratification doivent être déposés auprès du secrétaire général du Conseil des Communautés européennes.

C'est également le secrétaire général de ce Conseil qui doit assurer l'information des États contractants en leur notifiant (art. 64) le dépôt de tout instrument de ratification, les dates d'entrée en vigueur de la Convention, les déclarations reçues en application de l'article IV du Protocole et les communications faites en application de l'article VI de ce même Protocole. Cet article VI enjoint aux États contractants de communiquer au secrétaire général du Conseil « les textes de leurs dispositions législatives qui modifieraient soit les articles de leurs lois qui sont mentionnés dans la Convention, soit les juridictions qui sont désignées au titre III, section 2 ».

24 – Durée de la Convention. L'art. 66 dispose que la Convention est conclue « pour une durée illimitée ». L'art. 67 prévoit la possibilité d'une révision de la Convention à la demande d'un État contractant. En ce cas, c'est le président du Conseil des Communautés européennes qui doit convoquer une « conférence de révision ». Cette procédure n'a, jusqu'à maintenant, pas été utilisée. En revanche, les élargissements successifs de la Communauté européenne et l'adhésion des nouveaux États à la Convention de Bruxelles ont été l'occasion de certaines modifications (v. *supra* n° 9, 14 et 16).

25 – Versions linguistiques officielles. L'art. 68 de la Convention indique quelles sont les versions linguistiques de la Convention qui faisaient foi dès 1968 : allemand, français, italien et néerlandais. L'art. 41 de la Convention d'adhésion de 1978 a ajouté l'anglais, le danois et l'irlandais. L'art. 17 de la Convention d'adhésion de 1982 a ajouté le grec et enfin l'art. 34 de la Convention d'adhésion de 1989 a fait figurer l'espagnol et le portugais. Il y a donc actuellement dix versions linguistiques officielles de la Convention, versions déposées aux archives du secrétariat du Conseil des Communautés européennes, et dont chaque gouvernement a reçu une copie certifiée conforme[45]. On verra que des divergences entre les versions linguistiques peuvent être à l'origine de difficultés d'interprétation de la Convention[46].

45. V. art. 68 de la Convention d'adhésion d'adhésion de 1978, art. 13 de la Convention d'adhésion de 1982 et art. 30 de la Convention d'adhésion de 1989.

46. V. *infra*, à propos de l'art. 18, n°148.

Titre I

Champ d'application de la Convention de Bruxelles

Les trois chapitres de ce titre seront consacrés au champ d'application *ratione materiae* de la Convention (chap. 1), à son champ d'application dans l'espace (chap. 2), et dans le temps (chap. 3).

Chapitre 1

Champ d'application *ratione materiae*

26 – Principe. Le principe est que la Convention s'applique «en matière civile et commerciale» (section 1), mais l'art. 1 énumère limitativement certaines matières expressément exclues du domaine d'application de la Convention (section 2).

Section 1: La Convention joue «en matière civile et commerciale»

27 – Matière civile et commerciale. L'art. 1er énonce que la Convention s'applique «en matière civile et commerciale et quelle que soit la nature de la juridiction». Les auteurs de la convention ont donc visé les matières de droit privé, y compris les actions civiles jugées par les juridictions répressives (v. art. 5-4° *infra* n° 199). Les matières de droit public ne relèvent pas de la Convention. Mais, comme la distinction entre droit privé et droit public est parfois difficile et que, de plus, cette distinction n'a pas grand sens dans les pays de *Common Law*[1], il a été précisé lors de la Convention d'adhésion de 1978 que la Convention «ne recouvre notamment pas les matières fiscales, douanières ou administratives». Toutefois, même dans les pays de *Civil Law*, il ne sera pas toujours facile de savoir si la question en cause relève du droit privé ou du droit public, que l'on pense aux contrats passés par des opérateurs privés mais avec un fort encadrement de droit public, ou, au contraire aux contrats passés par des personnes de droit public mais semblables à des contrats de droit privé.

Une tendance se fait jour actuellement à vouloir étendre le domaine d'application de la Convention, mais il est trop tôt pour savoir sur quelles réalisations elle débouchera[2].

---

1. V. Fr. Knoepfler, La *House of Lords* et la définition de la matière civile et commerciale, Mélanges Grossen, Neuchâtel 1992, p. 9.

2. V. Communication de la Commission au Conseil et au Parlement européen (SEC (1992) 2277 final) où la Commission souhaite une extension à «d'autres domaines». V. aussi la Communication de la Commission relative à la coopération entre la Commission et les juridictions nationales pour l'application des art. 85 et 86 (JOCE C 39 du 13 février 1993) où, au point 44, la Commission dit qu'elle va étudier la possibilité d'étendre le champ d'application de la Convention de Bruxelles aux affaires de concurrence attribuées aux juridictions administratives et ajoute que, selon elle, «les jugements en matière de concurrence relèvent déjà de cette Convention lorsqu'ils sont rendus dans des affaires civiles et commerciales».

28 – Précisions données par la Cour de justice. La Cour de justice a précisé ce qu'il fallait entendre par « matière civile et commerciale » dans deux arrêts *Eurocontrol* du 14 octobre 1976, aff. 29/76, et du 14 juillet 1977, aff. j. 9 et 10/77 et dans l'arrêt *Rüffer* du 16 décembre 1980 aff. 814/79. Dans les affaires *Eurocontrol* était en cause une action intentée par *Eurocontrol* (Organisation européenne pour la sécurité de la navigation aérienne) en recouvrement de créances dues par la Cie aérienne allemande L.T.U.. Dans l'arrêt *Rüffer*, le gouvernement néerlandais réclamait au sieur *Rüffer* le remboursement de frais d'enlèvement d'un bateau coulé dans la baie de Watum. La Cour posa dans ces arrêts deux principes d'interprétation importants

29 – Interprétation autonome. Tout d'abord, dans l'arrêt *Eurocontrol* de 1976, pour la première fois, la Cour admet que les notions utilisées par la Convention soient inteprétées « de façon autonome » et non par référence à un système national. La Cour déclare : « Pour l'interprétation de la notion de "matière civile et commerciale" aux fins de l'application de la Convention du 27 septembre 1968... il convient de se référer non au droit d'un quelconque des États concernés, mais, d'une part, aux objectifs et au système de la Convention, et, d'autre part, aux principes généraux qui se dégagent de l'ensemble des systèmes nationaux ». Ce principe constructif d'interprétation fût ensuite fréquemment utilisé par la Cour.

30 – Critère de distinction entre matières de droit privé et matières de droit public. En second lieu, dans l'arrêt *Eurocontrol* de 1976 et dans l'arrêt *Rüffer* de 1980, la Cour de justice pose un critère de distinction entre affaires relevant du droit privé et donc de la Convention et affaires relevant du droit public et donc exclues du domaine de ce texte : s'il y a « intervention d'une autorité publique agissant dans l'exercice de la puissance publique », l'affaire échappe à la Convention de Bruxelles. Et, dans les deux espèces, la Cour relève que l'organisme public en cause a exercé des prérogatives de puissance publique. Les indices retenus dans l'affaire *Eurocontrol* sont essentiellement les suivants : il s'agit de « recouvrement de redevances dues par une personne de droit privé à un organisme national ou international de droit public en vertu de l'utilisation des installations et services de celui-ci, notamment lorsque cette utilisation est obligatoire et exclusive... », de plus, « le taux des redevances, les modes de calcul et les procédures de perception sont fixées de manière unilatérale vis à vis des usagers... », « l'organisme a unilatéralement fixé le lieu d'exécution de l'obligation à son siège et choisi les juridictions nationales compétentes pour juger de son exécution. » Dans l'affaire *Rüffer*, il apparaît à la Cour que lorsqu'ils procèdaient à l'enlèvement des épaves, les gestionnaires des voies d'eau publiques intervenaient en exerçant leur autorité publique. Ainsi et dans l'affaire *Eurocontrol* et dans l'affaire *Rüffer*, la Convention de Bruxelles a été jugé inapplicable. Le critère de « l'autorité publique agissant dans l'exercice de ses prérogatives de puissance publique » n'est pas dépourvu de logique. Il appelle toutefois deux observations :

1) Ce critère est également utilisé en droit international privé pour décider des cas dans lesquels joue l'immunité de juridiction de l'État étranger : on sait que, s'il est

généralement approuvé, il ne supprime pas toutes difficultés d'application. On pourrait d'ailleurs discuter déjà la solution adoptée par la Cour de justice dans l'affaire *Eurocontrol*: le contrat entre *Eurocontrol* et la compagnie aérienne allemande débitrice des redevances évoque autant un contrat d'adhésion de droit privé qu'un contrat de droit public[3]. Il y aura sans doute encore des difficultés pour tracer la frontière entre droit public et droit privé et la Cour de justice aura peut-être du mal à répondre abstraitement aux questions posées et à ne pas qualifier *in concreto* les litiges (elle n'a d'ailleurs pas échappé à cet écueil dans les affaires *Eurocontrol* et *Rüffer*).

2) La seconde observation est qu'il parait nécessaire pour que la Convention soit écartée qu'au moins une des parties en cause soit une autorité publique. Si le litige s'élève entre deux personnes privées, il relève de la Convention (sous réserve des exclusions étudiées *infra*, n° 31 et ss.), quand bien même la règle de droit en cause serait une règle de droit public. La Cour de Paris en a décidé ainsi à propos de la législation française sur les spoliations en énonçant qu' «aucune exception tenant à l'ordre public n'est prévue quant à l'application des règles de compétence édictées par la Convention... il n'y a donc pas lieu de soustraire à son application les matières régies par les lois d'ordre public, ou par des lois de police et de sûreté[4] ». La Première chambre civile de la Cour de cassation a confirmé cette solution dans une autre affaire le 3 février 1987[5]. Il faut également citer l'arrêt de la Cour de justice du 21 avril 1993, *Volker Sonntag*, aff. C-172/91, qui indique qu'un enseignant d'une école publique poursuivi civilement et pénalement en raison du décès accidentel d'un élève n'était pas une «autorité publique agissant dans l'exercice de la puissance publique».

Si la Convention s'applique généralement «en matière civile et commerciale», l'art. 1er al. 2 exclut cependant diverses matières.

Section 2: Matières exclues

§ 1 : État et capacité des personnes, et droit patrimonial de la famille

31 – Principe. Selon l'art. 1er al. 2 1) sont exclus «l'état et la capacité des personnes physiques, les régimes matrimoniaux, les testaments et les successions». Il s'agit donc du statut personnel des personnes physiques (nationalité, nom, incapacités, début et fin de la personnalité, absence, etc.), ainsi que des rapports de famille extra-patrimoniaux (mariage, filiation, divorce) et patrimoniaux (régimes matrimoniaux, testaments, suc-

---

3. V. sur ce point G. Droz, RC 1977, 781 et ss.

4. Paris 16 déc. 1974, Gaz. Pal. 1975, 1, 179; D. 1975, 355; JDI 1976, 146, 1re esp. note D. Holleaux. Cet arrêt confirme Trib. gr. inst. Paris, réf., 7 juin 1974, RC 1974, 1reesp. note P. Lagarde; D.S. 1975, 339, 2e esp. note G. Droz; JDI 1975, 82, 4e esp. note D. Holleaux.

5. JDI 1988, 135 observ. A. Huet, RC 1987, 617, note Gautier.

cessions). On notera toutefois que des travaux sont actuellement en cours pour rédiger une Convention applicable au droit de la famille dont l'esprit serait analogue à celui de la Convention de Bruxelles.

La Convention s'applique aux obligations alimentaires; en effet, ces obligations donnent lieu à des décisions patrimoniales pour lesquelles il est particulièrement important de prévoir un système de compétence et de reconnaissance favorable au créancier d'aliments (v. *infra*, l'étude de l'art. 5-2°, n° 178 et ss.). Cette première catégorie a donné lieu à précisions de la part de la Cour de justice à propos de l'exclusion de la notion de régime matrimonial et de l'inclusion de la notion d'obligation alimentaire.

32 – Exclusion des régimes matrimoniaux: notion communautaire. Pour les régimes matrimoniaux, la difficulté est venue de ce que la notion de régime matrimonial n'est pas appréhendée de la même façon par tous les États contractants. Ainsi le concept de «régime primaire» (ou «statut fondamental») développé par les droits allemand, belge ou français, n'est pas connu partout; et même lorsqu'il est connu, on n'y trouve pas toujours exactement les mêmes règles. Bien plus, au Royaume-Uni et en Irlande, le concept global de «régime matrimonial» n'existe pas, même si ces droits connaissent diverses règles propres aux rapports patrimoniaux entre époux.

La Cour de justice a indiqué qu'il fallait adopter une définition communautaire de la notion de «régimes matrimoniaux» exclus du domaine de la Convention: à l'occasion d'une procédure de divorce opposant un français, M. de Cavel, à sa femme allemande au sujet de mesures provisoires ordonnées par le Tribunal de Paris sur des biens mobiliers situés en Allemagne, alors qu'on s'interrogeait pour savoir si ces mesures relevaient ou non de la Convention, la Cour déclare le 27 mars 1979, aff. 143/78: «... la notion "régimes matrimoniaux" comprend non seulement les régimes de biens spécifiquement et exclusivement conçus par certaines législations nationales en vue du mariage, mais également tous les rapports patrimoniaux résultant directement du lien conjugal ou de la dissolution de celui-ci»[6]. Il en résultait que les mesures provisoires en cause ne relevaient pas de la Convention. La motivation de la Cour dans cet arrêt de 1979 ayant laissé planer quelques doutes (les mesures provisoires étaient-elles exclues en raison de leur caractère accessoire par rapport à la procédure de divorce, ou en raison de la nature des droits dont elles assuraient la sauvegarde?), la Cour de justice devait préciser dans un second arrêt De Cavel, du 6 mars 1980, aff. 120/79, que la mesure provisoire en cause, l'apposition de scellés, ne relevait pas de la Convention de Bruxelles «non à cause de son caractère accessoire mais parce qu'il apparaissait que, par son objet propre, elle relevait en l'occurence du régime matrimonial des époux». Ainsi, il semble que les mesures provisoires prises à l'occasion d'une instance en divorce, dans la mesure où elles préparent d'une certaine façon la liquidation du régime matrimonial, doivent être exclues du champ d'application de la Convention.

6. V. aussi CJCE, 31 mars 1982, C.H.W. c ; G.J.H., aff. 25/81, Rec. 1189, concl. Rozès.

Un arrêt de la Cour de justice du 31 mars 1982, *C.H.W. c. G.J.H.*, aff. 25/81, vient à l'appui de cette conclusion; saisie à l'occasion d'une procédure de divorce, la Cour dit: «Une demande de mesures provisoires tendant à obtenir la remise d'un document afin d'empêcher son utilisation comme preuve dans un litige concernant la gestion des biens de la femme par son mari ne relève pas du champ d'application de la convention... si cette gestion se rattache étroitement aux rapports patrimoniaux qui résultent directement du lien conjugal». C'est cette notion de «lien avec les rapports patrimoniaux» qui semble importante, même si l'arrêt de 1982 relève aussi que c'est «en raison de son caractère accessoire» que la demande de mesures destinées à assurer la remise d'un document est à rattacher au régime matrimonial. Peu importe en réalité que la mesure en cause soit accessoire ou non, ce qui compte c'est qu'elle ait un lien étroit avec les rapports patrimoniaux entre époux résultant du mariage. Donc, seules les questions patrimoniales entre époux sans aucun lien avec le mariage ou le divorce relèvent de la Convention. Au contraire sont exclus, selon la formulation anglaise de l'art. 1er al. 2 de la Convention de Bruxelles les «*rights in property arising out of a matrimonialship*». L'expression est plus vaste que celle de «régimes matrimoniaux» dans la mesure où elle vise tous les droits patrimoniaux «résultant d'une relation matrimoniale».

33 – Non-exclusion des obligations alimentaires. Les obligations alimentaires relèvent de la Convention comme le prouvent l'art. 5-2° ainsi que l'art. V bis du Protocole annexé à la Convention, article ajouté en 1978. Ce dernier texte précise que «en matière d'obligations alimentaires, les termes "juge", "tribunal" et "juridiction" comprennent les autorités administratives danoises» (v. *infra* n° 316). Le second arrêt *De Cavel*, du 6 mars 1980, énonce clairement que les obligations alimentaires appartiennent au domaine de la Convention[7]. Ce même arrêt a, de plus, apporté deux précisions:

1) Dans les rapports entre époux divorcés, était en cause la «prestation compensatoire» de l'art. 270 du Code civil français. On sait que, en droit français, cette prestation a un fondement indemnitaire plus qu'alimentaire. Elle a un caractère forfaitaire et peut être payée en une seule fois sous forme de capital. Peut-on encore la qualifier d'«obligation alimentaire»? La Cour de justice a répondu affirmativement dans l'arrêt *De Cavel* du 6 mars 1980 au motif que cette prestation est fixée «selon les ressources et les besoins des intéressés». Même si l'analyse de la Cour gomme quelque peu les différences que le législateur français de 1975 a voulu faire entre prestation compensatoire et pension alimentaire, le résultat paraît satisfaisant. Il serait peu logique de distinguer entre les diverses formes de secours entre conjoints divorcés et d'en inclure seulement certains dans le domaine de la Convention.

2) Le même raisonnement doit guider la réponse à donner s'agissant d'une obligation alimentaire à caractère successoral. Certes, l'art. 1er al. 21) exclut de la Convention

7. V. aussi Civ. 1re 9 novembre 1983, RC 1984, 501, note B. Ancel.

les testaments et successions et le rapport Schlosser (n° 92) préconisait d'exclure aussi les obligations alimentaires à caractère successoral. Mais cette solution paraît condamnée par la jurisprudence De Cavel : en effet, si la prestation compensatoire entre époux relève de la Convention, alors que la définition extensive par la Cour du « régime matrimonial » aurait permis de l'inclure dans cette catégorie, on ne voit pas pourquoi on exclurait du domaine de la Convention une obligation alimentaire à caractère successoral, quand bien même la convention écarte les testaments et successions[8].

34 – Non-exclusion des donations et des trusts. Ni les donations, ni les trusts ne sont exclus par l'art. 1er al. 2 de la Convention.

Pour les donations, la Convention ne sera cependant pas applicable si les litiges qu'elles entraînent sont de nature successorale[9] ou sont directement liés à une question de régime matrimonial (par exemple s'il s'agit d'une donation entre époux)[10].

Pour les trusts, depuis la Convention d'adhésion de 1978, ils relèvent certainement de la Convention et on verra que plusieurs articles les mentionnent expressément. Toutefois, le trust échappera à l'application de la Convention s'il est utilisé en matière de régime matrimonial, de succession, ou encore de faillite, matières exclues de la Convention.

§ 2 : Faillites, concordats et autres procédures analogues

35 – Principe. L'art. 1er al. 2 2) exclut « faillites, concordats et autres procédures analogues ». Le motif des rédacteurs de la Convention était que ces procédures devaient être règlées par une convention spéciale qui était déjà projetée en 1968... mais n'a pas encore abouti en 1993.

Il s'agit des procédures concernant un opérateur économique insolvable. Au contraire, la dissolution d'une société solvable relève de la Convention (art. 16-2°, v. *infra* n° 94). Ainsi le « *winding up* » connu au Royaume-Uni et en Irlande relèvera-t-il de la Convention si la société est solvable et non si elle est insolvable[11].

La Cour de justice, dans l'arrêt *Gourdain c. Nadler*, du 22 février 1979, aff. 133/78, a donné une définition des procédures exclues : il s'agit des « procédures fondées, selon les diverses législations des parties contractantes, sur l'état de cessation de paiement, l'insolvabilité ou l'ébranlement du crédit du débiteur, impliquant une intervention de l'autorité judiciaire aboutissant à une liquidation forcée et collective des biens ou, à tout le moins, un contrôle de cette autorité ». Ceci inclut à coup sûr la procédure de redressement et liquidation judiciaire du droit français (loi du 25 janvier 1985).

8. V. en ce sens, J.P. Beraudo, Juriscl. Europe, fasc 3000, n°37.

9. En ce sens rapp. Jenard, p. 11 et rapp. Schlosser n°112.

10. Ceci résulte de la jurisprudence De Cavel précitée.

11. Ce qu'indique le texte anglais de la Convention, l'art. 1er al. 2 2) excluant : « ... *proceedings relating to the winding up of insolvent companies or other legal persons* ».

L'exclusion ne joue que si l'action «dérive directement de la faillite et s'insère étroitement dans le cadre d'une procédure collective[12] »: c'était le cas pour une action en complément de passif (art. 99 de la loi du 13 juillet 1987) en cause dans l'affaire *Gourdain*. Au contraire, s'agissant d'une procédure engagée pour le recouvrement d'une créance de fournitures et donc non directement liée à la faillite, la Cour de Paris a justement considéré que la Convention de Bruxelles devait s'appliquer[13].

§ 3 : Sécurité sociale

36 – Principe. L'art. 1er al. 2 3) exclut la Sécurité sociale, matière dont il est difficile de savoir si elle relève du droit privé ou du droit public. Toutefois le rapport Jenard précise qu'est »seul exclu de l'application de la Convention... le contentieux de la Sécurité sociale, à savoir les différends issus des rapports entre l'administration et les employeurs ou employés... Par contre, la Convention est applicable lorsque l'administration fait valoir un droit de recours direct contre un tiers responsable du dommage, ou est subrogée envers ce tiers dans les droits d'une victime assurée par elle, car elle agit alors selon les normes du droit commun»[14]. Si la Sécurité sociale est exclue, le droit du travail en revanche relève de la Convention (v. *infra* à propos des art. 5-1°, n°166 et ss., et 17, n°142)[15].

§ 4 : Arbitrage

37 – Principe. L'art. 1er al. 2 4) exclut l'arbitrage. Certes l'art. 220 du traité de Rome visait aussi la reconnaissance et l'exécution des sentences arbitrales, mais les auteurs de la Convention constatant que l'arbitrage était déjà régi par un important réseau de conventions internationales, on préféré l'écarter[16]. Il n'est effectivement pas très gênant que la Convention de Bruxelles ne s'applique pas aux litiges sur la désignation des arbitres, sur la fixation du lieu de l'arbitrage ou sur la procédure arbitrale. De même seule une décision judiciaire, à l'exclusion d'une sentence arbitrale, peut

12. CJCE 22 février 1979, aff. 133/78; v. aussi rapp. Jenard, p. 12.

13. Paris 16 mars 1979, RC 1980, 127, note Mezger; pourvoi rejeté par Civ. 1re 10 mars 1981, RC 1981, 553, note E.M., mais le pourvoi ne portait pas sur cette question. V. aussi Paris 14 juin 1979, Rev. Soc. 1980, 555, note De Bottini; 9 février 1983, Gaz. Pal. 1983, 1, 217, note Tandeau de Marsac; Trib. com. Paris 29 février 1984, Gaz. Pal. 1984, 1, som. 185; Civ. 1re 12 nov. 1986, Bull. I n°257; Paris 13 mars 1991, Paris 30 mars 1990 et Douai 21 juin 1990, JDI 1992, 187, note A. Huet; Civ. 1re 13 avril 1992, D. 1992, inf. rap. 156; RC 1993, 67, note Rémery: jeu de la Convention pour une action en paiement de fournitures même si le débiteur est en faillite.

14. Rapp. Jenard, p. 13; rapp. Schlosser, n°60.

15. V. CJCE, 13 nov. 1979, *Sanicentral*, aff. 25/79; et les arrêts de la Cour de cassation dans cette affaire: Soc. 10 janvier 1979, RC 1979, 453, note P.L.; Soc. 4 juin 1980, JDI 1980, 896, note Tillhet-Pretnar.

16. Rapp. Jenard, p. 13; rapp. Schlosser, n°61.

faire obstacle à la reconnaissance dans un État contractant d'une décision émanant d'une juridiction d'un autre État contractant (art. 27- 3°)[17]. Mais en réalité, l'exclusion de l'arbitrage pose des questions délicates[18].

38 – Refus de recours préjudiciel par l'arbitre. La Cour de justice a indiqué dans l'arrêt *Nordsee* du 23 mars 1982, aff. 102/81[19], que, en droit communautaire en général et non pas spécialement pour la Convention de Bruxelles, un arbitre ne pouvait lui poser une question préjudicielle en interprétation dans le cadre de l'art. 177 du Traité CEE. Cette solution vaut certainement pour la Convention de Bruxelles: le protocole de 1971 ne mentionne pas l'arbitre parmi les instances qui peuvent saisir la Cour de justice d'un recours en interprétation.

39 – Contestation de la convention d'arbitrage. La Convention n'a rien prévu pour le cas où une juridiction de la Communauté, compétente selon la Convention de Bruxelles, est saisie alors que l'existence ou la validité d'une convention d'arbitrage est contestée. La Cour de justice a pris position dans une hypothèse particulière, dans un arrêt *Marc Rich* du 25 juillet 1991, aff. C 190/89: la *Court of Appeal* demandait essentiellement si l'exclusion formulée par l'art. 1er al. 2 4) s'appliquait à un litige ayant pour objet la désignation d'un arbitre et où se posait la question incidente de l'existence initiale d'un accord d'arbitrage. Suivant les conclusions de M. l'avocat général Darmon[20], la Cour conclut à l'inapplicabilité de la Convention de Bruxelles: «L'art. 1er al. 2 4) doit être interprété en ce sens que l'exclusion qu'il prévoit s'étend à un litige pendant devant une juridiction étatique qui a pour objet la désignation d'un arbitre, même si ce litige soulève au préalable la question de l'existence ou de la validité d'une convention d'arbitrage». En effet, comme l'avait clairement démontré M. Darmon, le système créé par la Convention de Bruxelles est totalement inadapté à l'arbitrage, et ce serait aller à l'encontre de toutes les tendances récentes en matière d'arbitrage international (délocalisation de l'arbitrage, souci d'efficacité maximum de

17. V. *infra* n° 318; et sur ce que cet état du droit peut parfois être regrettable en pratique, v. Beraudo, Juriscl. Europe, fasc. 3000 n° 34, qui parle à ce sujet de «lacunes qui pourraient aiguiser l'imagination de plaideurs de mauvaise foi».

18. Pour un examen complet de ces questions, v. B. Audit, *Arbitration and the Brussels Convention*, in *Arbitration International*, vol. 9, 1/1993, p. 1 à 25; v. aussi, Collins, *The Marc Rich Case and Actions for Negative Declarations*, Mélanges Grossen, Neuchâtel 1992, p. 385; et Schlosser, *The 1968 Brussels Convention and Arbitration*, Riv. di dir. int. priv. e proc. 1989, 545 qui, contrairement à l'opinion exprimée dans son rapport sur la Convention d'adhésion de 1978, estime que la Convention de Bruxelles doit s'appliquer à toutes les instances judiciaires étatiques ayant trait à une question d'arbitrage.

19. Rec. 1095, concl. Reischl; Revue de l'Arbitrage 1982, 473. V. aussi A. Mc Clellan, Le rôle de l'arbitrage commercial et le droit communautaire, Rev. de dr. internat. et de dr. comp. 1990, 301.

20. V. les très riches conclusions de M. Darmon, et en particulier ses observations sur le cas où l'on est en présence d'une sentence arbitrale «fusionnée» dans un jugement («*awards merged into judgments*»), situation relativement fréquente au Royaume-Uni, (points 67 à 70 des conclusions); v. aussi P. Mayer, *L'autonomie de l'arbitre international dans l'appréciation de sa propre compétence, RCADI, 1989, t. 217, p. 323 et ss.*

la clause compromissoire etc.) que de faire régir par la Convention le jugement sur l'existence ou la validité de la clause compromissoire. Et M. Darmon terminait en déclarant:«Pour notre part, nous ne voyons nul avantage pour la Communauté à ignorer les besoins juridiques spécifiques de l'arbitrage international... Ces besoins ne s'identifient pas nécessairement à ceux exprimés par la Convention de Bruxelles, instrument destiné à assurer une bonne administration de la justice étatique au sein de la Communauté»[21].

La solution donnée par la Cour de justice dans l'arrêt *Marc Rich* du 25 juillet 1991 est parfaitement jutifiée, mais elle ne vise que l'hypothèse où il y a contestation de la convention d'arbitrage alors que l'objet principal du litige relève du droit de l'arbitrage. Elle doit, à notre avis, être étendue au cas où le procès se limite à la contestation de la convention d'arbitrage: c'est un procès «en matière d'arbitrage» qui est exclu du domaine de la Convention.

Reste le cas le plus difficile: lorsque la validité de la convention d'arbitrage est contestée et que l'objet principal du litige relève de la Convention de Bruxelles (exemple d'une convention d'arbitrage contestée dans une action en dommages-intérêts pour inexécution d'un contrat). On pourrait admettre, avec B. Audit (art. préc. note 18) que, dès qu'il y a au moins une apparence de convention d'arbitrage (si elle existe *prima facie*), la Convention de Bruxelles est inapplicable tant que les arbitres prévus par la convention d'arbitrage n'ont pas décidé que cette convention était inexistante ou nulle.

40 – Reconnaissance et exécution des sentences arbitrales. Le système de reconnaissance et d'exécution simplifié de la Convention de Bruxelles ne concerne évidemment pas les sentences arbitrales et il faut ajouter que les décisions des tribunaux étatiques annulant la sentence, accordant ou refusant l'exequatur à cette sentence échappent aussi au domaine de la Convention. Le rapport Schlosser est clair en ce sens[22]. La Convention ne s'applique pas non plus aux décisions judiciaires qui, selon le mode de reconnaissance habituel au Royaume-Uni, «enregistrent» la sentence arbitrale[23]. Ce sont donc soit le droit de l'État requis, soit, plus souvent, les conventions internationales existant en matière d'arbitrage qui règleront cette question.

Ce n'est qu'au cas où la juridiction étatique ne s'est pas contentée de se prononcer sur le sort de la sentence arbitrale, mais a statué au fond, en traitant la sentence arbitrale

---

21. Sur le cas où la question de validité de la clause compromissoire serait discutée devant un tribunal saisi à titre principal d'une question relevant du domaine de la Convention de Bruxelles, v. *infra* n° 41.

22. Rapp. Schlosser, n° 65; idem rapp. Evrigenis et Kerameus, p. 10. V. en ce sens Landgericht Hambourg 24 avril 1979, Aussenwirtschaftsdienst des Betriebsberater 1979, p. 493. V. également les conclusions de M. Darmon dans l'affaire *Marc Rich* points 50 à 76. *Adde* l'article de B. Audit, préc. note 18.

23. Rapp. Schlosser, n° 65. V. aussi concl. Darmon dans l'affaire *Marc Rich* points 67 à 70 et les réf.: s'agissant ainsi de sentences «fusionnées dans un jugement», doctrine et juriprudence dominantes s'accordent pour dire que le bénéficiaire d'un tel «jugement» a une option entre la possibilité de l'exécution de la sentence elle même sous l'empire de la Convention de New-York du 10 juin 1958 ou du jugement sur la base des conventions bilatérales ou du droit national.

comme un élément de fait parmi d'autres, qu'alors la décision étatique retombe sous l'empire de la Convention de Bruxelles.

§ 5 : Mise en œuvre des exclusions

41 – Questions principales et questions incidentes. On a écrit que les matières exclues par l'art. 1 al. 2 ne le sont que si elles sont l'objet principal de l'instance[24]. Cette affirmation doit être nuancée[25] : les règles de *compétence* de la Convention n'interviennent jamais pour les matières exclues ; ainsi, lorsqu'un juge est saisi d'une question principale relevant de la Convention et d'une question incidente n'en relevant pas, sa compétence sur la première est fixée par la Convention, mais sa compétence sur la seconde dépend des règles du for. En revanche, les règles de *reconnaissance et d'exécution* de la Convention de Bruxelles régiront l'ensemble de la décision (question principale et question incidente)[26].

En revanche, dans l'hypothèse inverse, la Convention ne jouera aucunement si la question principale relève des matières exclues alors que la question incidente serait du domaine de la Convention[27].

42 – Questions accessoires. Il faut distinguer la question incidente dont le sort doit être règlé comme on l'a vu (*supra* n°41) de celui de la question accessoire, séparable de la question principale. Il y a question accessoire lorsque la solution de cette question n'est pas nécessaire pour trancher la question principale. En raison de leur indépendance, il est concevable que l'une relève de la Convention de Bruxelles et pas l'autre. C'est ce qu'a énoncé la Cour de justice dans le second arrêt *De Cavel* du 6 mars 1980 : « Les demandes accessoires relèvent ...du champ d'application de la Convention suivant la matière qu'elles concernent et non suivant la matière dont relève la demande principale ». Ainsi, le juge compétent selon son propre droit pour statuer sur une demande principale dans un domaine exclu de la Convention, ne peut, en principe, statuer sur la demande accessoire en vertu de la Convention de Bruxelles que si cette dernière lui confère compétence pour cette demande accessoire. En ce cas, la décision relative à la question accessoire bénéficiera du système simplifié de reconnaissance et d'exécution de la Convention.

Il aurait toutefois été très fâcheux d'opérer dans tous les cas une telle dissociation entre les deux bases de compétence : par exemple, un juge français compétent sur la base des art. 14 et 15 du Code civil pour connaître d'une instance en divorce entre deux français, le couple étant domicilié à l'étranger, n'aurait pu statuer sur les pensions

---

24. En ce sens rapp. Jenard, p. 10 ; Droz, n° 39 ; Beraudo Juriscl. Europe, fasc. 3000, n° 40.

25. V. Gothot et Holleaux, n° 28 ; Huet, note sous l'arrêt *Marc Rich*, JDI 1992, spéc. p. 493 ; concl. Darmon dans l'affaire *Marc Rich*.

26. V. *infra* n° 317 ; et l'art. 27-4° de la Convention peut-être invoqué en ce sens, v. *infra* n° 344 et ss.

27. Gothot et Holleaux, n° 29.

alimentaires envers les enfants et sur la prestation compensatoire dans la mesure où la Convention de Bruxelles, applicable aux obligations alimentaires, ne lui aurait pas donné compétence. Pour éviter cela, l'art. 5-2° de la convention fût modifié en 1978 (v. *infra* n°178). Il y a donc des exceptions au principe de séparation entre questions principales et questions accessoires[28].

§ 6 : Autorité des qualifications données par la Cour de justice

43 – Qualification des matières incluses ou exclues. Lorsque la Cour de justice a qualifié telle ou telle matière incluse (par exemple, la « matière civile et commerciale ») ou exclue (par exemple, la matière des « régimes matrimoniaux »), il est certain que cette qualification s'impose aux juridictions des États membres.

La Cour a, de plus, précisé que la qualification qu'elle dégage au regard de la Convention de Bruxelles ne préjuge pas de celle qui pourrait être adoptée au regard d'une autre convention ou d'un droit commun étatique[29].

En revanche, la question reste entière de savoir si la qualification retenue par un juge de la CEE dans une instance directe et qui aurait conduit ce juge à estimer la Convention de Bruxelles applicable s'impose à un autre juge de la CEE devant lequel est réclamée la reconnaissance ou l'exécution de la décision rendue par le premier juge. En théorie, on peut admettre la possibilité pour le juge de l'État requis de remettre en cause la position adoptée par le premier juge quant à l'applicabilité de la Convention. Il ne s'agit pas en effet d'une révision portant sur le fond de la décision (révision prohibée par les art. 29 et 34 al. 3[30]), mais d'une révision sur la question première de l'applicabilité de la Convention[31]. Il faut cependant espérer qu'une telle situation sera rare ; en cas de doute possible, le premier juge serait bien inspiré de saisir la Cour de justice qui donnera une interprétation s'imposant à tous.

---

28. V. aussi l'art. 5-4°, *infra* n° 199 et ss.
29. V. spécialement l'arrêt *Rüffer* du 16 déc. 1980, aff. 814/79.
30. V. *infra* n° 319 et 333.
31. En ce sens, G. Droz, n° 33 et 39.

Chapitre 2

Champ d'application dans l'espace

44 – La question. Il faut déterminer les territoires sur lesquels s'applique la Convention[1]. Ces territoires ont augmenté au fur et à mesure de l'élargissement de la CEE et de l'adhésion des nouveaux États à la Convention de Bruxelles. Il est donc nécessaire de reprendre les diverses étapes de la construction européenne.

45 – L'Europe des six. En 1968, l'art. 60 al. 1 de la Convention indiquait que le texte s'appliquait «au territoire européen des États contractants, aux départements français d'outre-mer ainsi qu'aux territoires français d'outre-mer». Et l'al. 2 permettait aux Pays-Bas d'étendre la Convention au Surinam et aux Antilles néerlandaises. La solution convenait à tous, la France et les Pays-Bas étant les seuls à possèder des territoires non européens. On notera que, en admettant le jeu de la Convention pour les départements et territoires français d'outre-mer, les partenaires de la France avaient manifesté «un esprit de coopération particulièrement poussé»[2]. La Convention n'est pas applicable aux juridictions de la Principauté d'Andorre (objet d'une co-suzeraineté du Président de la République française et de l'évêque d'Urgel) et ceci bien que la Cour de cassation ait, dans une décision discutable, décidé que les décisions andorranes n'étaient pas soumises à la procédure d'exequatur car elles ne pouvaient «être considérées comme ayant été prononcées au regard d'une souveraineté étrangère»[3]. A fortiori, la Convention ne s'applique pas aux décisions rendues dans la Principauté de Monaco ou dans la République de San-Marin, toutes deux indépendantes respectivement de la France et de l'Italie.

---

1. Sur cette question, v. spécialement l'art. de G. Droz sur la Convention de Saint-Sébastien, RC 1990, p. 15 à 19 et J.P. Beraudo Juriscl. Europe, fasc. 3040, n° 5.

2. Droz, n° 23. Rappelons que les DOM sont la Guadeloupe, la Martinique, la Guyanne et la Réunion. Les TOM englobent la Polynésie française, la Nouvelle-Calédonie et les Terres Australes et Antarctiques. La Convention s'applique aussi à Saint-Pierre-et-Miquelon qui était TOM et a acquis le statut particulier de «collectivité territoriale» par la loi du 11 juin 1985 (JORF 14 juin 1985). Elle s'applique également à la collectivité territoriale de Mayotte (la France a fait une déclaration en ce sens lors de la Convention d'adhésion de 1978).

3. Civ. 1re 6 janvier 1971, RC. 1971, 553, note M. Simon-Depitre; JDI 1971, 830, obs. Ruzié.

46 – L'Europe des dix. Lors de l'adhésion du Danemark, de l'Irlande et du Royaume-Uni, la portée territoriale de la Convention devint un peu plus complexe et l'art. 60 fût sérieusement remanié.

47 – Les six États originaires. En ce qui concerne ces six États, il n'y eût pas de modifications importantes. Les Pays-Bas, en ratifiant la Convention d'adhésion de 1978 indiquèrent que cette ratification ne valait que pour leur Royaume d'Europe. Le Surinam étant devenu indépendant, il n'y avait plus lieu de le faire figurer à l'art. 60 al. 2. En janvier 1986, à la suite d'une modification constitutionnelle, il a été posé que le Royaume des Pays-Bas se composait de trois pays: les Pays-Bas, les Antilles néerlandaises (îles Bonaire, Curaçao, partie néerlandaise de l'île de Saint-Martin, Saint-Elastin et Sabah) et Aruba. Le 30 juin 1986, les Pays-Bas ont fait une déclaration d'extension de la Convention de Bruxelles à Aruba. A notre connaissance une telle déclaration n'a pas été faite à ce jour (septembre 1993) pour les Antilles néerlandaises.

La République fédérale allemande avait fait savoir par une déclaration du 1er mars 1984 que la Convention s'appliquait au Land Berlin.

48 – Les trois nouveaux États membres. La Convention s'applique au territoire européen du Danemark, de l'Irlande et du Royaume-Uni. Quelques précisions sont nécessaires pour le Danemark et le Royaume-Uni.

Pour le Danemark, le texte de 1978 indiquait que le Groenland était compris dans les territoires européens auxquels la Convention s'appliquait. Mais lorsque le Danemark a ratifié la Convention d'adhésion le 26 août 1986, il a déclaré que la ratification ne s'étendait pas au Groenland. Ceci faisait suite au traité mettant fin à l'application des traités communautaires au Groenland (JOCE L 29/1 du 1er février 1985). Mais, juridiquement l'appartenance à la CEE et l'appartenance au système de la Convention de Bruxelles sont deux choses distinctes[4]. La déclaration unilatérale du Danemark est certainement contraire à la Convention d'adhésion[5]. On conçoit cependant mal que son invalidité puisse en pratique être sanctionnée[6].

Le texte de 1978 précise aussi que la Convention ne s'applique pas aux Iles Féroé, sauf déclaration contraire du Danemark. Il ne semble pas qu'une telle déclaration ait été faite.

---

4. La Convention de Bruxelles ainsi que les Conventions d'adhésion successives sont des traités multilatéraux autonomes. Ils sont élaborés à la suite d'une négociation intergouvernementale et non communautaire. On remarquera cependant que si la base juridique est effectivement différente, il y a logiquement coïncidence entre l'appartenance à la CEE et l'adhésion à la Convention de Bruxelles.

5. En ce sens, Droz, art. sur l'entrée en vigueur de la convention d'adhésion de 1978, RC 1987, p. 253, note 1; Beraudo, Jcl. Europe 3040 n° 5.

6. V. Droz, art. préc. RC 1990, p. 16: «... on imagine mal le gouvernement français ou italien attaquant le Danemark devant la Cour internationale de Justice parce que la juridiction locale du Groenland refuse d'exécuter un jugement français ou italien sous prétexte que la Convention ne s'applique pas à son territoire».

Enfin la Convention d'adhésion de 1978 contient aussi des règles particulières pour le Royaume-Uni : si la Convention s'applique sans aucun doute aux principales composantes du Royaume-Uni (Angleterre, Pays de Galles, Ecosse, Irlande du Nord), en revanche, elle ne s'applique pas « aux territoires européens situés hors du Royaume-Uni et dont celui-ci assume les relations internationales, sauf déclaration contraire du Royaume-Uni pour un tel territoire » (art. 60 al. 3,2°) : ainsi, par exemple, les îles anglo-normandes, où sont pourtant implantées de nombreuses sociétés *holdings* sont actuellement exclues du domaine de la Convention.

Pour le Danemark comme pour le Royaume-Uni, il peut arriver que des procédures commencées devant une juridiction d'un territoire non soumis à la Convention (îles Féroé ou îles anglo-normandes, par exemple) soient ultérieurement portées devant des juridictions situées dans un territoire soumis à la Convention : en ce cas, les alinéas 5 et 6 du texte révisé de l'art. 60 indiquent que les procédures devront être considérées comme s'étant entièrement déroulées devant les juridictions non soumises à la Convention . Comme l'observe J.P. Beraudo, il y a là l'expression d'« un principe général d'interprétation de la Convention : lorsqu'une procédure introduite en premier ressort dans une juridiction située hors du champ d'application géographique de la Convention...est portée devant une juridiction incluse dans le domaine de la Convention, soit par l'exercice d'une voie de recours, soit par l'effet d'une règle de procédure particulière, la décision rendue est considérée comme n'émanant pas d'une juridiction où la Convention est applicable »[7].

49 – Adhésion de la Grèce. La Convention d'adhésion de la Grèce ne souleva pas de difficultés particulières. La Convention s'applique à l'ensemble du territoire de la République hellénique.

50 – L'Europe des Douze. La situation est plus difficile à cerner depuis la Convention de Saint-Sébastien du 26 mai 1989. Il résulte en effet de ce texte que *l'art. 60 est supprimé* et l'art. 61 se contente de prévoir la ratification de la Convention « par les États signataires ». Quelle est alors la portée territoriale de la Convention de Bruxelles dans sa dernière version[8] ?

Pour tenter de répondre à cette question, il faut d'abord expliquer le pourquoi de la disparition de l'art. 60.

Ce sont les rédacteurs de la Convention de Lugano, conclue le 16 septembre 1988, entre les États de la CEE et ceux de l'AELE, qui ont provoqué cette disparition : ils ont estimé que la méthode suivie jusqu'alors, application de principe aux seuls territoires européens et mentions particulières pour certains territoires non-européens ou

7. Beraudo, Jcl. Europe, fasc. 3040, n° 5.

8. V. sur ce point Droz, art. préc. RC 1990, p. 16 à 19; Beraudo, la Convention de Lugano du 16 septembre 1988, Jcl. Europe, fasc. 3100 n° 22 à 29. La suppression de l'art. 60 a entraîné la suppression de l'art. 6 du Protocole de 1971 (*supra* n° 4 et ss.) qui comportait initialement des dispositions sur son champ d'application dans l'espace.

possibilité de déclarations d'extension, était trop restrictive. Il est apparu aux experts que «l'application de la Convention à des territoires non-européens qui, soit font partie intégrante du territoire national des États contractants, soit dont ceux-ci assument les relations internationales, devait être envisagée de façon plus large. En effet, certains de ces territoires sont souvent des centres financiers importants ayant des relations étroites avec des États contractants. Compte tenu de la rapidité avec laquelle se développent les moyens de comunications, des avoirs pourraient être transférés vers ces territoires ce qui, si la Convention ne pouvait pas leur être applicable, créerait une situation allant à l'encontre du but poursuivi, puisque les jugements rendus dans un État partie à la Convention ne pourraient y être exécutés conformément à ces dispositions»[9]. Il a semblé alors aux rédacteurs de la Convention de Lugano que la meilleure solution était de ne rien préciser: on se contenterait de prévoir que la Convention s'appliquerait aux États qui la ratifieraient.

Lors de l'élaboration de la Convention de Saint-Sébastien, les négociateurs ont voulu s'aligner sur la position adoptée par la Convention de Lugano: c'est ce qui a entraîné la suppression de l'art. 60 par la Convention de Saint-Sébastien (ainsi que de l'art. 64 c prévoyant le dépot au Secrétariat général des Communautés des déclarations d'extension). Il est alors malaisé de déterminer la portée géographique exacte du texte de 1989. On peut déjà affirmer que sont soumis à ce texte, au fur et à mesure des ratifications, tous les territoires que la Constitution de chaque État membre considère comme son territoire national.

Ainsi, pour la France, conformément à l'art. 71 de la Constitution de 1958, sont visés, outre le territoire métropolitain et la Corse, les départements français d'outre-mer, les territoires français d'outre-mer et les collectivités territoriales de Saint-Pierre-et-Miquelon et de Mayotte. Pour l'Espagne, le territoire national englobe les Iles Canaries ainsi que Ceuta et Melilla. Pour le Portugal, il inclut les Açores. Quant à l'Allemagne, depuis le traité d'unification du 3 octobre 1990, la Convention doit jouer sur l'ensemble du territoire allemand[10].

Reste à savoir dans quelle mesure la Convention peut-être étendue aux territoires qui relèvent de tel ou tel État de la CEE, mais ne font pas partie intégrante du territoire national. En ce qui concerne les Pays-Bas, la déclaration d'extension à Aruba doit certainement continuer à produire effet. Mais la procédure d'extension qui était prévue

---

9. Rapport Jenard et Möller, n° 92. La suppression de l'art. 60 de la Convention de Bruxelles doit être rapprochée de la suppression de l'art. 27 de la Convention de Rome du 19 juin 1980 lors de la signature de la Convention d'adhésion de Funchal, le 18 novembre 1992, v. nos observ. Rev. trim. dr. europ. 1993, p. 61;

10. La République fédérale allemande a fait le 3 octobre 1990 une déclaration selon laquelle la Convention de 1968 et le Protocole de 1971 s'appliquent à l'ensemble du territoire de l'Allemagne unifiée; mais cette déclaration n'a pas été publiée en Allemagne (v. mention de cette déclaration in *Tractatenblad van het Koninkrijk der Nederlanden*, 1992, n° 42). V. aussi les remarque de E. Jayme sur l'extension de la Convention de Bruxelles à l'ex-RDA, IPRax 1990, p. 356 et ss. Sur l'application du droit communautaire dans l'Allemagne unifiée, mais ne traitant pas de la Convention de Bruxelles, v. Grabitz, L'unité allemande et l'intégration européenne, CDE 1991, 423. V. encore K. Kreuzer, Les conflits de lois inter-allemands après l'unification de l'Allemagne, RC 1993, p. 1 et ss. spéc. p. 7 à 9.

dans la Convention d'adhésion de 1978 en faveur des Antilles néerlandaises reste-t-elle possible alors que les Pays-Bas ont ratifié la Convention de Saint-Sébastien qui ne mentionne plus une telle procédure?

La même question se pose pour la possibilité de déclaration d'extension du Royaume-Uni en faveur des territoires européens situés hors du Royaume et dont le Royaume-Uni assure les relations internationales, puisque le Royaume-Uni a également ratifié la Convention de Saint-Sébastien. On la retrouve, pour le Portugal, en ce qui concerne Macao et Timor.

En revanche, des déclarations restent certainement possibles pour les États qui n'ont pas encore ratifié la Convention de Saint-Sébastien et sont donc soumis au texte antérieur:ainsi le Danemark pourrait sûrement faire une déclaration d'extension aux Iles Féroé.

Mais lorsque tous les États de la CEE auront ratifié la Convention de Saint-Sébastien, il faudra bien répondre à la question de savoir si, dans le silence du nouveau texte, les procédures d'extension restent possibles ou non. Les auteurs hésitent: ainsi M. G. Droz, après s'être montré plutôt hostile à la possibilité de toute extension[11], s'est, plus récemment prononcé en sens contraire[12]. En ce second sens, on peut aussi tirer argument de ce que, lors des négociations de la Convention de Lugano, le Royaume-Uni avait énuméré un certain nombre de territoires non-européens «auxquels il pourrait envisager de rendre applicable la Convention»[13], et de ce que le rapport Almeida Cruz, Desantes Real et Jenard (n° 36) parle de possibilité d'extension sans en préciser la procédure.

A défaut de règlementation de la procédure d'extension dans la Convention de Saint-Sébastien, il faudra sans doute se tourner vers le droit international public pour trancher ce point[14]. Il est souhaitable que certaines extensions soient possibles afin de ne pas laisser hors du champ d'application de la Convention des territoires étroitement liés aux États contractants et sur lesquels l'activité économique est particulièrement intense. Pour assurer «l'effet utile» de la Convention de Bruxelles, il importe de lui confèrer un large champ d'application géographique; mais l'entrée en vigueur successive des diverses versions de la Convention ne contribue pas à permettre de dégager nettement les solutions.

---

11. Art. préc. RC 1989, 49.

12. Art. préc. RC 1990, 18 et ss.

13. V. rapp. Jenard et Möller, n° 96 et rapp. Almeida Cruz, Desantes Real et Jenard n° 36 ; il s'agit d'Anguilla, des Bermudes, des îles Vierges Britanniques, de Monserrat, des îles Turks et des îles Caicos, ainsi que de Hong-Kong. La liste de tous les territoires non-européens dont le Royaume-Uni assure les relations internationales figure à l'annexe III du rapp. Almeida Cruz, Desantes Real et Jenard.

14. En ce sens rapp. Almeida Cruz, Desantes Real et Jenard, n° 37 in fine.

Chapitre 3

Champ d'application dans le temps

51 – Questions traitées. Sans revenir sur les dates d'entrée en vigueur des versions successives de la Convention (v.supra nº 4, 9, 10, 14) il faut préciser ici les règles d'application dans le temps de la Convention (§ 1), les dispositions transitoires (§ 2) et enfin certaines règles spécifiques au Danemark, à l'Irlande et au Royaume-Uni (§ 3).

§ 1 : Règles de conflits dans le temps

52 – La règle de l'art. 54 al. 1: applicabilité de la Convention aux action intentées après sa mise en vigueur. Le texte essentiel est l'art. 54 al. 1 (inchangé dans les diverses versions): «Les dispositions de la présente Convention ne sont applicables qu'aux actions judiciaires intentées et aux actes authentiques reçus postérieurement à son entrée en vigueur...». Il ne suffit pas que la Convention soit en vigueur au jour où la décision a été rendue: elle doit être en vigueur dès le jour où l'action en justice a été intentée. En outre, l'art. 54 al. 1 précise que, s'il s'agit non plus de compétence directe mais de reconnaissance et d'exécution, il faut *de plus* que la Convention soit aussi en vigueur dans l'État requis.

Savoir à partir de quand une action est intentée (ou un acte authentique reçu) relève de chaque droit national. La Cour de justice a eu l'occasion de le dire dans une affaire où se posait une question de litispendance (v. *infra* nº 287) entre une juridiction allemande et une juridiction italienne. L'*Oberlandesgericht* de Munich avait saisi la Cour de justice de la question suivante: «Pour trancher la question de savoir quelle juridiction d'un État contractant a été saisie en premier d'une demande, est-ce le moment où la juridiction est saisie de la demande (*Anhängigkeit*) qui est déterminant ou le moment où l'instance est introduite, par suite de la notification de la demande au défendeur (*Rechtshängigkeit*)?» Avant de répondre la Cour de justice constate des différences sensibles entre les procédures des divers États contractants: en droit allemand, il y a remise de l'assignation au greffe et celui-ci la notifie au défendeur; en Belgique, c'est l'inscription de la cause sur le rôle général qui saisit le juge; en Angleterre, la juridiction est saisie dès qu'elle a autorisé la délivrance du writ; en France, en Italie, au Luxembourg, aux Pays-Bas l'instance commence dès que l'acte introductif d'instance a été signifié au défendeur. Et la Cour estime que «la question de savoir à quel moment sont réunies les conditions d'une saisine définitive au sens de l'art. 21 doit être appréciée et résolue pour chaque juridiction selon les règles de son propre droit national. Cette méthode permet à toute juridiction d'établir avec une certitude suffisante, par référence à sa propre loi nationale en ce qui la concerne, et par référence à la loi nationale de toute autre juridiction saisie, en ce qui concerne celle-ci, l'ordre des priorités dans le temps entre les demandes multiples formées dans les conditions définies par la Convention»[1].

Ce renvoi au droit national pour savoir quand l'instance est pendante, fait par la Cour de justice dans le cadre de l'art. 21, doit également permettre de savoir la date à laquelle une action est intentée, et donc si la Convention de Bruxelles s'applique ou non, et quelle est la version en cause.

La Convention s'applique aussi aux actes authentiques (v.*infra* n° 416 et ss): l'art. 54 indique que, comme pour les actions en justice, la Convention ne joue que pour les actes reçus postérieurement à l'entrée en vigueur de la Convention dans l'État d'origine. Il peut cependant y avoir dissociation entre la date à laquelle l'acte est établi et celle où force exécutoire lui est conférée:la Cour de cassation a alors déclaré que la Convention de Bruxelles ne s'appliquait pas à un acte authentique allemand établi par un notaire allemand avant l'entrée en vigueur de la Convention même si la clause exécutoire avait été délivrée après son entrée en vigueur[2].

53 – Applicabilité de la Convention à des contrats conclus avant son entrée en vigueur. La Cour de justice a aussi été appelée à dire que des contrats conclus avant l'entrée en vigueur de la Convention lui étaient soumis. Il s'agissait de savoir si une clause attributive de juridiction insérée dans un contrat de travail franco-allemand signé en 1971 relevait ou non de l'art. 17 de la Convention. Le contrat avait été rompu en décembre 1971 et le salarié avait assigné son ancien employeur devant un tribunal français le 27 novembre 1973. Saisie par la Chambre sociale de la Cour de cassation, la Cour de justice devait indiquer, dans l'arrêt *Sanicentral* du 13 novembre 1979, aff. 25/79, non seulement que la Convention s'appliquait au contrat de travail (v.*infra* n° 142 et 166)), mais aussi qu'elle s'appliquait aux situations réalisées avant son entrée en vigueur dès lors que l'instance était introduite après cette entrée en vigueur. La clause attributive en cause était donc régie par l'art. 17 puisque la Convention de Bruxelles était entrée en vigueur le 1er février 1973.

Il s'agissait en l'espèce d'un contrat, mais la formulation générale de l'arrêt, visant «les situations» antérieurement réalisées, englobe actes et faits juridiques; ainsi, si un fait dommageable s'est produit avant la mise en vigueur de la Convention, celle-ci est applicable dès lors que la victime intente son action après son entrée en vigueur.

---

1. CJCE, 7 juin 1984, aff. 129/83, Zelger c. Salinitri.

2. Civ. 1re 8 nov. 1988 JCP 1989.II.21276, observ. L. Cadiet. On se demandera d'ailleurs si la Cour de cassation n'ajoute pas ainsi au texte de l'art. 54.

54 – Applicabilité éventuelle de la Convention aux décisions rendues à la suite d'actions intentées avant son entrée en vigueur. L'art. 54 al. 2 contient une disposition ingénieuse qui permet de faire bénéficier du mécanisme simplifié de reconnaissance et d'exécution des décisions rendues après l'entrée en vigueur de la Convention mais à la suite d'actions intentées avant cette date. Ce résultat est acquis «si les règles de compétence appliquées sont conformes à celles prévues soit par le titre II, soit par une convention qui était en vigueur entre l'État d'origine et l'État requis lorsque l'action a été intentée.»(art. 54 al. 2).Cette règle permet la «libre circulation» de décisions qui, sinon, auraient été exclues du système de Bruxelles alors que pourtant la compétence du tribunal saisi avait un fondement parfaitement raisonnable, compétence résultant soit de règles nationales identiques à celles contenue dans la Convention de Bruxelles, soit d'une convention bilatérale passée entre l'État d'origine et l'État requis[3].

§ 2 : Dispositions transitoires des Conventions d'adhésion

55 – La Convention d'adhésion de 1978: l'art. 34 al. 1. Cette Convention est entrée en vigueur d'abord entre les 6 États membres originaires et le Danemark, puis à l'égard du Royaume-Uni et enfin de l'Irlande (v. *supra* n° 9). C'est l'art. 34 de cette Convention qui contient les dispositions transitoires[4].

A l'alinéa 1 de ce texte figure un règle semblable à celle de l'art. 54 al.1 de la Convention de 1968, mais le nouveau texte tient compte du fait que le texte de 1978 n'allait pas entrer en vigueur à la même date pour tous les États contractants. Il précise donc que le texte révisé ne s'appliquera qu'aux «actions judiciaires intentées et aux actes authentiques reçus postérieurement à l'entrée en vigueur de la présente Convention dans l'État d'origine, et, lorsque la reconnaissance ou l'exécution d'une décision ou d'un acte authentique est demandée, dans l'État requis.» Ainsi les règles de compétence s'appliquent dès l'entrée en vigueur de la Convention modifiée dans l'État du juge saisi, mais le mécanisme de reconnaissance et d'exécution ne fonctionnera que lorsque la Convention modifiée sera en vigueur et dans l'État d'origine et dans l'État requis.

La disposition est importante car elle signifie que le mécanisme de reconnaissance et d'exécution de la Convention (avec en particulier l'absence de contrôle de la compétence du juge d'origine) ne fonctionnera pas dans un nouvel État si, par exemple, au début de l'instance, le défendeur était domicilié dans cet État, qui n'avait alors pas ratifié la Convention d'adhésion, même si, au moment de la reconnaissance dans cet État, ce dernier a ratifié. En effet, ce défendeur restait exposé, lors de l'introduction de l'instance, aux règles exorbitantes des autres États, et, comme le dit M. Schlosser,

---

3. Mais l'art. 54 al. 2 ne vise que les «décisions». Les actes authentiques ne bénéficient pas de cet assouplissement.

4. V. à ce sujet rapp. Schlosser, n° 228 et ss.

« on ne peut donc imposer une obligation de reconnaissance et d'exécution dans cet État sans un contrôle préalable »[5].

56 – L'art. 34 al. 3. Toutefois, il est apparu regrettable de ne pas faire bénéficier ces décisions du régime simplifié de reconnaissance et d'exécution lorsque la compétence du juge de l'État d'origine « était fondée sur des règles conformes aux dispositions du titre II modifié, ou aux dispositions prévues par une convention qui était en vigueur entre l'État d'origine et l'État requis lorsque l'action a été intentée ». L'art. 34 al. 3 prévoit en ce cas la reconnaissance et l'exécution selon les règles du titre III modifié[6]. C'est donc un contrôle exceptionnel de la compétence du juge d'origine qui permet de faire bénéficier ces décisions du régime simplifié de reconnaissance et d'exécution.

57 – L'art. 34 al. 2. Enfin, dans les rapports entre les 6 États membres originaires, (pour lesquels le texte de 1978 est entrée en vigueur à la même date, le 1er novembre 1986, v. *supra* n° 9), l'art. 34 al. 2 de la Convention d'adhésion prévoit que « les décisions rendues après l'entrée en vigueur de la présente Convention à la suite d'actions intentées avant cette date sont reconnues et exécutées conformément au titre III de la Convention de 1968 modifiée ». Ceci vise les dispositions rendues dans un des six États originaires: aucun contrôle de compétence n'est prévu; ce qui va de soi si le juge d'origine a été saisi sur la base de l'un des chefs de compétence prévu par la Convention de 1968; mais, qui appelle peut-être une explication si le juge d'origine a statué en vertu d'une compétence exorbitante, le défendeur étant domicilié dans un pays qui n'avait pas encore adhéré à la Convention de Bruxelles. En effet, comme il a été dit plus haut (*supra* n° 55), une telle décision ne relève pas du système de reconnaissance de la Convention de Bruxelles dans l'État du domicile du défendeur (art. 34 al. 1). En revanche, avec l'art. 34 al. 2, elle en relève dans les six États originaires; la raison en est que le principe de la Convention de 1968 a été que toute décision rendue sur le territoire d'un État contractant et relevant des matières visées par la Convention, devait être reconnue sans contrôle de compétence judiciaire dans les autres États contractants (même si la compétence du juge d'origine repose sur une compétence exorbitante dès lors que cette compétence s'est exercée à l'encontre d'un défendeur domicilié dans un État tiers)[7].

58 – Convention d'adhésion de 1982. La Convention d'adhésion de 1982 reprend exactement les mêmes dispositions transitoires que celle de 1978. L'art. 12 du texte de 1982 adopte dans son al. 1 une disposition identique à celle de l'art. 34 al. 1 du

5. Rapp. Schlosser, n° 231.
6. Rapp. Schlosser, n° 236.
7. Rapp. Schlosser n° 233 et ss.

texte de 1978. Et l'art. 12 al. 2 du texte de 1982 reprend la disposition de l'art. 34 al. 3 de 1978.

Quant à la disposition de l'art. 34 al. 2, il a été jugé inutile de la répéter, dans la mesure où l'art. 34 al. 2, par la généralité de ses termes, couvrait le cas de tous États, initialement tiers, qui deviendraient ensuite adhérents à la Convention de Bruxelles, donc, bien entendu, le cas de la Grèce[8].

59 – Convention d'adhésion de 1989. On a vu (*supra* n° 14) le système d'entrée en vigueur de la Convention de Saint-Sébastien. Copié sur celui de la Convention de Lugano (v. *infra* n° 423), il prévoit (art. 32 de la Convention d'adhésion) une entrée en vigueur échelonnée dans le temps au fur et à mesure des ratifications. Les dispositions transitoires de la Convention d'adhésion de 1989 sont proches de celles déjà rencontrées: l'art. 29 al. 1 de la Convention d'adhésion de 1989 adopte une disposition identique à celle de l'art. 34 al. 1 de la Convention de 1978(*supra* n° 55) et 12 al. 1 de la Convention de 1982 (*supra* n° 58): l'entrée en vigueur de la Convention de Saint-Sébastien et dans l'État d'origine et dans l'État requis est donc nécessaire pour que la décision relève du régime de la reconnaissance simplifiée. L'art. 29 al. 2, de la même façon, reprend la solution donnée par les art. 34 al. 3 de la Convention de 1978 (*supra* n° 56) et 12 al. 2 de la Convention de 1982 (*supra* n° 58): la décision rendue après l'entrée en vigueur de la Convention de Saint-Sébastien, mais à la suite d'une action intentée avant cette entrée en vigueur, sera reconnue et exécutée selon le mécanisme simplifié dès lors que la compétence du juge d'origine était fondée sur des règles conformes au titre II de la Convention de Bruxelles, ou sur une convention en vigueur entre l'État d'origine et l'État requis au jour de l'introduction de l'instance.

La disposition contenue dans l'art. 34 al. 2 de la Convention d'adhésion de 1978 (*supra* n° 57) n'a pas été reprise dans la Convention d'adhésion de 1989, pas plus qu'elle ne l'avait été dans la Convention d'adhésion de 1982 (*supra* n° 58), mais la raison est différente: la Convention de Saint-Sébastien entre en vigueur de façon échelonnée aussi bien à l'égard des anciens États membres de la Communauté que des nouveaux, ce qui prive de sa raison d'être la règle contenue dans l'art. 34 al. 2 de la Convention d'adhésion de 1978.

60 – Finalité de ces dispositions transitoires. Toutes ces règles de droit transitoire sont un peu complexes, mais elles témoignent d'une parfaite cohérence. Il est normal qu'elle soient différentes selon le système d'entrée en vigueur des versions successives de la Convention de Bruxelles. La ligne directrice est toujours la même: permettre aussi rapidement et aussi libéralement que possible la libre circulation des jugements dans la CEE, mais, en même temps, respecter strictement le droit national tant que l'État n'a pas encore adhéré à la Convention de Bruxelles.

8. V. rapp. Evrigenis et Kerameus, n° 100.

§ 3 : Dispositions transitoires spéciales concernant le Danemark, l'Irlande et le Royaume-Uni

61 – L'art. 54 al. 3 de la Convention de Bruxelles: droit applicable au contrat et compétence judiciaire. Ce texte concerne les contrats conclus avant le 1er juin 1988 pour l'Irlande, et avant le 1er janvier 1987 pour le Royaume-Uni (dates d'entrée en vigueur pour ces États de la Convention d'adhésion de 1978 v. *supra* n° 9); si «les parties en litige à propos d'un contrat étaient convenues d'appliquer à ce contrat le droit irlandais ou le droit d'une partie du Royaume-Uni, les tribunaux de l'Irlande ou de cette partie du Royaume-Uni conservent le droit de connaître du litige»[9]. Les négociateurs de la Convention d'adhésion de 1978 n'avaient pas voulu rompre trop brutalement le lien traditionnellement établi dans ces deux États entre le tribunal compétent et le droit applicable. Mais s'il n'y a pas d'écrit en ce sens, antérieur à l'entrée en vigueur de la Convention de Bruxelles dans ces deux États, la Convention s'applique normalement et la désignation du droit applicable au contrat ne saurait valoir attribution de compétence judiciaire.

62 – L'art. 54bis: compétence en matière maritime. L'art. 54bis concernait le Danemark et l'Irlande et visait essentiellement la compétence en matière de saisie conservatoire de navire de mer[10]. Dans ces deux États, pendant trois ans à dater de l'entrée en vigueur de la Convention de Bruxelles pour chacun de ces États (v. *supra* n° 9), en matière maritime, la compétence était déterminée non seulement par les dispositions du titre II de la Convention, mais aussi en utilisant les règles spéciales fixées par les paragraphes 1 à 6 de l'art. 54bis. Ces règles spéciales reproduisent, pour l'essentiel les règles de la Convention de Bruxelles du 10 mai 1952 «sur l'unification de certaines règles sur la saisie conservatoire des navires de mer». En effet, en 1978, les États de la Communauté étaient parties à cette Convention, sauf le Danemark et l'Irlande. Depuis que ces deux États ont ratifié la Convention de 1952[11], c'est ce texte qui régit les questions de compétence judiciaire en ce domaine. En effet la Convention de Bruxelles ne déroge pas aux traités auxquels «les États contractants sont ou seront parties et qui, dans des matières particulières, règlent la compétence judiciaire, la reconnaissance et l'exécution des décisions» (art. 57, v. *supra* n° 18)[12]. L'art. 54 bis n'a plus qu'un intérêt historique.

---

9. V. rapp. Schlosser, n° 175. Ce texte a pour origine l'art. 35 de la Convention d'adhésion de 1978, repris par l'art. 1 paragraphe 2 de la Convention d'adhésion de 1982. Il a aussi été repris par la Convention de Lugano, art. 54, paragraphe 3.

10. Cet article correspond à l'art. 36 de la Convention d'adhésion de 1978, à l'art. 1er paragraphe 2 de la Convention d'adhésion de 1982, et à l'art. 54bis de la Convention de Lugano. V. rapp. Schlosser, n° 131.

11. V. rapp. Almeida Cruz, Desantes Real et Jenard, n° 32, qui indiquait que la Convention de 1952 serait prochainement ratifiée par le Danemark et que la procédure d'approbation était en cours en Irlande. Les ratifications sont intervenues le 2 mai 1989 pour le Danemark et le 17 octobre 1989 pour l'Irlande.

12. Pour d'autres règles de compétence en matière maritime, v. *infra* n° 215 et ss.

62 bis – Conclusion du Titre I: Obligation d'appliquer la Convention. Lorsque sont réunies les conditions d'application examinées dans les trois chapitres de ce titre, les juges des États contractants sont *tenus* d'appliquer la Convention. Le rapport Schlosser est net en ce sens: «...les États contractants sont non seulement autorisés à exercer leur juridiction... mais sont tenus de le faire» (n° 78). Et la Cour de justice a énoncé dans l'arrêt *Shearson Lehman Hutton* du 19 janvier 1993, aff. C-89/91, que les «questions relatives au champ d'application de la Convention, qui déterminent la compétence juridictionnelle dans l'ordre international, doivent être considérées comme d'ordre public»(pt. 10)[13]. Ce principe d'application d'office de la Convention paraît peu compatible avec le jeu éventuel de la théorie du *forum non conveniens* (v. *infra* n° 66).

13. V. aussi Coll. CJCE Mars 1991, rapp. Geimer, p. 43; et se prononçant pour l'application d'office de la Convention dès lors qu'une exception d'incompétence a été soulevé, Soc. 17 déc. 1986, Bull. Civ. V n° 607. Plus généralement, sur l'application d'office des conventions internationales, v. Cass. Com. 25 mai 1993, RC 1993, 461 note J.P. Rémery.

Titre II

L'instance directe

63 – Plan de l'étude. Lorsque la Convention de Bruxelles est applicable selon les règles vues dans le Titre I, la compétence du juge repose sur les règles de compétence directe établies par la Convention.

Le litige a paru aux rédacteurs de la Convention suffisamment «intégré» à la Communauté européenne pour justifier la compétence d'un tribunal d'un État contractant dans trois hypothèses: lorsque le défendeur est domicilié dans un État contractant (chap. 1: art. 2), lorsque l'objet du litige a un lien si étroit avec un État contractant que cette compétence s'impose (chap. 2: art. 16), enfin lorsque la volonté des parties a attribué compétence aux tribunaux d'un État contractant (chap. 3: art. 17 et 18). A cela il faudra ajouter des règles de compétence spéciales ouvrant des alternatives au for de l'État du domicile du défendeur (chap. 4: art. 5), des règles de compétence dérivées (chap. 5: art. 6 et 6 bis) et des règles de compétence protectrices d'une partie faible (chap. 6: art. 7 à 15); enfin la Convention pose une règle de compétence pour les mesures provisoires et conservatoires (chap. 7: art. 24) et des règles procédurales concernant la compétence (chap. 8: art. 19 à 23).

Mais trois questions ne sont pas expressément règlées par la Convention et doivent être abordées dès maintenant: elles concernent une éventuelle compétence fondée sur l'ordre public, ou sur le risque de déni de justice, et, en troisième lieu, la place de la théorie du *forum non conveniens.*

64 – Absence de compétence fondée sur l'ordre public. La Convention ne réserve un rôle à l'ordre public qu'en matière de reconnaissance et d'exécution des décisions (art. 27-1°, v. *infra* n° 351 et ss.) et il est certain qu'un tribunal ne pourrait invoquer l'ordre public pour justifier sa compétence directe sur la base de la Convention. La jurisprudencefrançaise est sans équivoque à ce sujet[1] et la Cour de cassation a affirmé que « la conformité à l'ordre public international est étrangère à la détermination de la compétence internationale régie par la Convention de Bruxelles »[2]. Ainsi on ne saurait en aucun cas prétendre que la décision à intervenir dans un autre État contractant risque d'être contraire à l'ordre public international français pour fonder la compétence judiciaire française[3].

65 – Le déni de justice. La Convention est muette sur cet éventuel cas de compétence internationale qu'est le risque de déni de justice. Ce silence est en partie explicable: puisque la Convention ne s'applique que si l'on est en présence d'un facteur d'«intégration» du procès dans la Communauté européenne (v. supra n° 63), il ne saurait normalement y avoir de déni de justice. Mais cette affirmation n'est exacte que dans la mesure où le déni de justice est entendu comme une impossibilité *de droit* de saisir un tribunal d'un État contractant. En revanche, puisque le déni de justice doit être compris comme visant aussi l'impossibilité *de fait* (par exemple, empêchement dû à un cas de force majeure) de saisir le tribunal désigné par la Convention, alors, si cette impossibilité est prouvée, il doit être possible, selon les règles du droit international commun, de saisir le tribunal d'un autre État contractant et de bénéficier ensuite du mécanisme simplifié de reconnaissance et d'exécution[4].

On s'accorde aussi pour admettre que si une décision venant d'un État contractant s'est heurtée à un refus de reconnaissance et d'exécution dans l'État requis, refus fondé sur des motifs étrangers au fond du droit (par exemple, une violation des droits de la défense), la partie à qui l'exequatur a été refusé aurait le droit, en l'absence d'autre tribunal compétent, de porter son action au fond devant un tribunal de l'État requis, pourtant non doté de compétence selon la Convention: ce dernier pourrait se reconnaître compétent sur la base du déni de justice selon le droit commun du for[5].

Enfin, que le tribunal étranger désigné par la Convention applique un droit moins favorable au demandeur que ne l'aurait été celui du for, ne peut, à notre avis, être invoqué en faveur d'une compétence du for fondée sur le déni de justice[6]. En revanche, si le tribunal étranger normalement compétent selon la Convention s'est, à tort, déclaré incompétent, le juge du for pourra fonder sa compétence sur le déni de justice[7].

1. V. Trib. gr. inst. Paris 7 juin 1974 et Paris 16 déc. 1974 précités Titre 1, chap. 1 note 4; Aix 10 mai 1974, D. 1975, 339, note Droz; RC 1974, 548, note Droz; JDI 1975, 82, note D. Holleaux; Trib. inst. Angers 4 nov. 1975, D. 1976, 202, note Droz; Civ. 1re 3 février 1987 précité Titre I chap. 1 note 5.

2. Civ. 1re 3 février 1987 précité.

3. V. obs. Huet sous Civ. 1re 3 février 1987, JDI 1988 spéc. p. 136; cpr. l'opinion de D. Holleaux JDI 1975, 98 sous Aix 10 mai 1974 et JDI 1976, 149 sous Paris 16 déc. 1974.

4. V. Huet, Juriscl. Dr. internat. fasc. 581-B, n° 151, et observ. sous Civ. 1re 3 février 1987, JDI 1988, spéc. p. 137; v. aussi Gautier, note sous le même arrêt, RC 1987, spéc. p. 627 et ss.

5. Droz, n° 450; v. aussi Gautier, note préc. RC 1987, spéc. p. 628.

6. V. Gautier, note précitée RC 1987 spéc. p. 628.

7. En ce sens D. Holleaux, note préc. JDI 1976, spéc. p. 149.

66 – Théorie du *forum non conveniens* et Convention de Bruxelles. Nulle part dans la Convention il n'est fait allusion à une incidence quelconque de la théorie du «*forum non conveniens*» du droit anglais. On sait que, selon cette théorie, un juge normalement compétent peut refuser de statuer s'il estime qu'un autre tribunal est «*more convenient*», «plus approprié». Le caractère plus approprié doit résulter «clairement et distinctement» des preuves apportées[8].

Les règles de la Convention de Bruxelles, applicables d'office (v. *supra* n° 62 bis), ne semblent pas, *prima facie*, être compatibles avec ce mécanisme de *Common Law* qui fait que les règles de compétence ne sont jamais tout à fait obligatoires pour le juge et que celui-ci peut se dessaisir au profit d'un tribunal étranger qu'il estime plus approprié. L'idée de *forum non conveniens* est totalement étrangère aux droits de *Civil Law*. Dès 1972, G. Droz avait écrit que ce mécanisme n'avait pas sa place dans le jeu de la Convention de Bruxelles[9]. En 1978, lors de l'adhésion du Royaume-Uni, le rapport Schlosser (n° 78) s'était encore prononcé très nettement contre le jeu du *forum non conveniens* dans le cadre de la Convention.

Toutefois, dès 1983, un juriste américain, F.K. Juenger déplorait l'absence du *forum non conveniens* dans la Convention de Bruxelles[10].

Il semble tout à fait certain que l'exception de *forum non conveniens* ne peut jouer dans les rapports entre juges des États contractants: par exemple, le juge français désigné par la Convention ne peut se dire incompétent au motif qu'un tribunal italien serait «mieux placé» pour statuer[11]. En revanche, il est possible de se demander si un juge désigné par la Convention mais dont la *lex fori* connaît le *forum non conveniens*, n'aurait pas la faculté d'accueillir l'exception de *forum non conveniens* en faveur d'un tribunal d'un *État tiers*. C'est cette question qui a été posée à la Cour de justice par la Chambre des Lords dans l'affaire *Lademinor SA c. Intercomfinanz SA*, aff. C 214/92

---

8. Sur cette théorie, voir l'arrêt de la Chambre des Lords du 19 novembre 1986, *The Spiliada*, (1986) All. E. R. 843; (1987) A. C. 460. Lire aussi A.G. Slater, «*Forum non conveniens, a View from the Shopfloor*», *Law Quarterly Review* 1988, 544.

9. N° 206: «Il vaut mieux tuer dans l'œuf cette source de chicane». V. dans le même sens Huet, observ. sous Paris 17 nov; 1987, JDI 1989, spéc. p. 97; et rapp. Geimer, Coll. CJCE mars 1991, p. 43.

10. Art. préc. RC 1983, p. 37. V. aussi l'évolution de la pensée de P. Schlosser dans deux articles: *Jurisdiction in International Litigation. The Issue of Human Rights in Relation to National Law and to the Brussels Convention*, Riv. di dir. internat. 1991, p. 5 et ss.; *Einschränkung des Vermögengerichtsstandes*, IPrax. 1992, 140; compte-rendu de ces deux articles par P. Lagarde in RC 1992, 626 et ss.

11. *Contra* mais critiquable, Paris 17 nov. 1987, JDI 1989, 96, observ. Huet.

et à laquelle la Cour répondra, en principe, en 1994[12]. Sans préjuger de la réponse, on relèvera le point 17 de l'arrêt *Kongress Agentur Hagen* rendu par la CJCE le 15 mai 1990, af. C 365/88, qui, dans la mesure où il rappelle que la Convention ne répartit les compétences que dans «les relations intracommunautaires», pourrait être utilisé à l'appui du jeu du *forum non conveniens* au profit d'un tribunal d'un État tiers.

Après avoir ainsi mentionné trois questions sur lesquelles la Convention ne prenait pas parti, reste maintenant à examiner toutes les règles de compétence directes contenues dans la Convention.

12. Sur les décisions anglaises qui ont soulevé ce problème et ont conduit la Chambre des Lords à interroger la CJCE, arrêt *Berisford* et arrêt *Arckwright* de la *High Court* (qui ont refusé le jeu du *forum non conveniens* en faveur d'un tribunal, d'un État tiers) et arrêt *Harrods* (*Lademinor c. Intercomfinanz*) de la *Court of Appeal* (qui a adopté la solution inverse, v. « Le *forum non conveniens*, une menace pour la Convention de Bruxelles? H. Gaudemet-Tallon, RC 1991, p. 491 et ss.. V. aussi M.L. Collins, *Forum non conveniens and the Brussels Convention, Law Quarterly Review* 1990, p. 535; Briggs, *Law Quarterly Review*, 1991, p. 180; Stone, *International and Comparative Law Quarterly*, vol. 32, 1983, p. 477; A.R. Schwartz, *Fordham International Law Journal*, vol. 15, 1992, p. 174; H.D. Tebbens, *The English Court of Appeal in Re Harrods: an unwelcome interpretation of the Brussels Convention*, in *Law and Realty, Essays in Honour of C.C.A. Voskuil*, T.M.C. Asser Institut, 1992, p. 47; P. North, La liberté d'appréciation de la compétence, (*Juridictional discretion*) selon la Convention de Bruxelles, *in* Nouveaux itinéraires en droit, Hommage à Fr. Rigaux, Bruylant 1993, p. 373 à 385.

Chapitre 1

Compétence des tribunaux de l'État contractant sur le territoire duquel le défendeur est domicilié: art. 2, 3 et 4

67 – Plan. Il faut d'abord considérer la règle de principe posée par l'art. 2 (Section 1: art. 2), puis le rejet des règles exorbitantes à l'égard du défendeur domicilié dans un État contractant (Section 2: art. 3), et enfin les règles applicables lorsque le défendeur est domicilié hors d'un État contractant (Section 3: art. 4).

Section 1: Compétence des tribunaux de l'État contractant sur le territoire duquel le défendeur est domicilié

68 – Principe. L'art. 2, qui n'a subi aucune modification depuis 1968, reprend la règle bien établie en procédure civile: *actor sequitur forum rei*. Dès lors que le défendeur a son domicile sur le territoire d'un État contractant, ce sont les tribunaux de cet État qui sont compétents, sous réserve de l'intervention d'autres règles de la Convention qui admettent des compétences concurrentes (art. 5 et 6), ou posent des règles de compétences exclusives (art. 16 et 17), règles qui seront étudiées ultérieurement.

La compétence est indépendante de la nationalité du défendeur: peu importe qu'il ait la nationalité de l'État où il est domicilié, ou la nationalité d'un autre État contractant, ou la nationalité d'un État tiers.

Bien que la Convention ne le précise pas, il faut sans nul doute apprécier le domicile du défendeur au jour de l'assignation.

69 – Règle de compétence générale. L'art. 2 al. 1 attribue une compétence *générale aux* tribunaux de l'État du domicile du défendeur. C'est ensuite au droit interne de cet État de fixer *le* tribunal spécialement compétent (*ratione materiae et ratione loci*). Si le droit interne connaît des exceptions à la règle *actor*..., il pourra en résulter que le tribunal compétent soit un tribunal de l'État du domicile du défendeur, mais non *le* tribunal de ce domicile. Le droit national reste maître dans l'ordre interne et de la compétence *ratione loci* et de la compétence *ratione materiae*[13]. La seule limite posée

13. V. pour une attribution de compétence au Tribunal de commerce, Paris 5 juin 1991, D. 1992, Som. com. 166, observ. B. Audit.

par la Convention de Bruxelles au jeu du droit interne dans la détermination du tribunal spécialement compétent est que ce droit ne fasse aucune discrimination entre nationaux et étrangers (art. 2 al. 2).

70 – Absence de définition du domicile. La Convention ne donne pas une définition communautaire du domicile. En effet l'art. 52 renvoie au droit interne des États contractants. Adoptant le principe dit de «territorialité du domicile»[14], le texte indique que le juge saisi applique sa propre loi pour savoir si le domicile se trouve sur le territoire de l'État dont relève ce juge (art. 52 al. 1); et si «une partie n'a pas de domicile dans l'État dont les tribunaux sont saisis, le juge, pour déterminer si elle a un domicile dans un autre État contractant, applique la loi de cet État» (art. 52 al. 2). Si le domicile est hors d'un État contractant, le droit commun reprend son empire[15].

71 – Inconvénients de ce système: possibles conflits de compétence. Les droits nationaux ne retiennent pas toujours la même notion de domicile. Il peut s'agir du lieu du principal établissement, ou du lieu où l'on est inscrit sur certains registres, ou encore du lieu où l'on habite plutôt que de celui où l'on exerce son activité professionnelle; le droit national peut s'en tenir au principe de l'unicité du domicile ou admettre une pluralité de domiciles; on sait aussi que les droits de *Common Law* ont traditionnellement une conception propre du domicile, distinguant le domicile d'origine du domicile de choix[16].

Il résulte de ces divergences entre les systèmes nationaux que peuvent éclater des conflits de compétence: le conflit positif (plusieurs juges d'États différents s'estiment compétents sur la base de l'art. 2) n'est pas très gênant car la Convention permet dans une certaine mesure d'y remédier par les jeu des exceptions de litispendance et de connexité (v. *infra* n° 281 et ss.) ou par les règles sur la reconnaissance des jugements (v. *infra* n° 368 et ss.). En revanche, le conflit négatif (aucun juge ne se reconnaît compétent) est grave car il entraîne un déni de justice. Il est utile, en ce cas, que le juge saisi puisse utiliser un critère de compétence subsidiaire à celui du domicile. C'est ce qu'a fait la Cour de cassation le 4 janvier 1984[17]: une personne blessée dans un accident de la circulation aux Pays-Bas avait assigné le conducteur en France. Ce conducteur n'avait de domicile ni en France au sens de l'art. 102 du Code civil, ni aux Pays-Bas au sens de la loi néerlandaise. La Cour de cassation approuve le tribunal

14. Niboyet, Traité de droit international privé français, tome 1, n° 512 et 570.

15. Rapp. Jenard p. 16, et *infra* n° 78 et ss.

16. Pour des précisions en droit comparé, v. Droz, Compétence judiciaire et effets des jugements dans le Marché commun, n° 344 et ss.; v. aussi H. Muir-Watt, Juriscl. dr. internat. fasc. 543-A, Le domicile dans les rapports internationaux, spéc. n° 30 et n° 88 où l'auteur relève que le Royaume-Uni dans le *Civil and Jurisdiction Judgments Act* de 1982 a adopté une définition spécifique du domicile, proche de la notion de résidence habituelle, qui n'interviendra que pour les besoins de l'application de la Convention de Bruxelles. Pour la Grèce, v. rapp. Evrigenis et Kerameus, n° 38 et 39.

17. Civ. 1ère, RC 1986, 123, note P. Courbe; D. 1985, inf. rap. 177, observ. B. Audit.

français de s'être reconnu compétent en s'appuyant sur la résidence du défendeur en France (art. 43 Nouv. C. dr proc. civ.), ce qui a permis d'éviter le déni de justice.

Une autre façon d'éviter le conflit négatif a été suggérée par R. Geimer: «Si le domicile du défendeur... est situé dans un autre État contractant en vertu de la loi du tribunal saisi, ... mais que la loi de cet État renvoie à l'État dans lequel l'action a été introduite... il faut considérer qu'il y a *renvoi de domicile*. Le tribunal saisi peut et doit se reconnaître internationalement compétent»[18].

72 – Domicile de dépendance. Dans sa version originaire, et jusqu'à la Convention de Saint-Sébastien, l'art. 52 de la Convention comportait un troisième alinéa selon lequel, lorsque le domicile d'une personne dépendait «de celui d'une autre personne ou du siège d'une autorité», c'était la loi nationale de cette personne qui devait déterminer son domicile. La loi nationale de la personne en cause (par exemple, femme mariée lorsqu'elle n'avait pas droit à un domicile propre, ou mineur domicilié chez ses parents) décidait d'abord du point de savoir si cette personne avait ou non un domicile de dépendance, et, en cas de réponse positive, où se trouvait ce domicile. Cette disposition avait été vivement critiquée[19] car elle risquait d'aboutir à des solutions tout à fait regrettables[20].

Cet alinéa a été supprimé par les rédacteurs de la Convention de Lugano, et la Convention de Saint-Sébastien s'est heureusement alignée sur le texte de Lugano. La suppression est particulièrement opportune pour la femme mariée (lorsque son droit national n'a pas supprimé pour elle le domicile de dépendance) car elle sera ainsi traitée comme n'importe quel défendeur domicilié dans la Communauté. Pour le mineur, étant donné l'abaissement très général de l'âge de la majorité à 18 ans, la question ne devrait pas se poser très souvent, même si les droits nationaux prévoient le plus souvent un domicile de dépendance pour les mineurs (v. en droit français, l'art. 108 al. 2 du Code civ.).

73 – Domicile des personnes morales. La Convention ne donne pas plus pour les personnes morales que pour les personnes physiques une définition du domicile; l'art. 53 se contente de disposer que «le siège des sociétés et personnes morales est assimilé au domicile pour l'application de la présente convention»[21]. Mais la règle retenue par l'art. 53 pour fixer le siège des personnes morales est différente de celle de l'art. 52 pour les personnes physiques: «Pour déterminer ce siège le juge saisi applique les règles de son droit international privé». Ce simple renvoi au droit international privé du juge saisi fait que, selon les États, le critère retenu pour déterminer le siège de la personne morale sera celui du siège social réel (cas, par ex., du droit français)

18. Rapp. Coll. CJCE mars 1991, p. 44.

19. V. spéc. Droz, *op. cit.* n° 363 et ss., ainsi que l'art. de cet auteur RC 1987, p. 296, spéc. n° 74 et ss.

20. V. les exemples donnés par G. Droz dans les écrits cités note précédente.

21. Pour une application erronée de cet article, v. Versailles 26 septembre 1991, JDI 1993, 149, observ. Huet; RC 1992, 333, et la note.

ou du siège social statutaire ou de l'incorporation (cas par ex. du droit des Pays-Bas[22]). Au Royaume-Uni, le *Civil and Jurisdiction and Judgments Act* de 1982 retient alternativement, pour le jeu de la Convention de Bruxelles, le critère du siège social réel ou celui de l'incorporation.

Ces différences risquent d'aboutir à des résultats peu heureux : si une société a son siège réel dans la Communauté et son siège statutaire aux États-Unis, elle sera considérée par les tribunaux français comme domiciliée dans un État contractant ; mais pour les tribunaux néerlandais, elle sera domiciliée dans un État tiers. Des conflits peuvent naître aussi à l'intérieur de la Communauté : dès lors qu'une société a son siège réel dans un État contractant, et son siège statutaire dans un autre État contractant, les tribunaux de ces États ont alors des compétences concurrentes. Mais, pour ces conflits intra-communautaires, la convention prévoit elle-même des remèdes[23].

74 – Le domicile du trust. Sous l'influence du Royaume-Uni et de l'Irlande, la Convention d'adhésion de 1978 a ajouté un al. 2 à l'art. 53, texte inchangé en 1989, selon lequel «pour déterminer si un *trust* a son domicile sur le territoire d'un État contractant dont les tribunaux sont saisis, le juge applique les règles de son droit international privé». Cette notion de «domicile du *trust*» n'a pas un contour très précis ; M. Schlosser indique que l'on doit partir de l'idée que les *trusts* ont un «centre d'intérêt local», centre d'intérêt qui pourrait jouer un rôle analogue à celui du siège des sociétés[24]. Si la notion de domicile du *trust* n'apparaît pas systématiquement dans les ouvrages de *Common Law*, elle n'est cependant pas totalement inconnue non plus. P. Schlosser rapporte la définition donnée par le professeur écossais Anton : «Le domicile d'un *trust* est envisagé fondamentalement comme une question qui dépend des souhaits du fondateur dont les intentions exprimées sont en général déterminantes. S'il n'a pas exprimé d'intentions, celles-ci sont déduites de circonstances telles que le centre de gestion du *trust*, le lieu de résidence des *trustees*, la situation des biens du *trust*, la nature des objectifs poursuivis par le *trust* et le lieu d'exécution des obligations nées du *trust*»[25]. Et P. Schlosser estime que cette définition peut être utilisée pour l'application de la Convention de Bruxelles. Il faut cependant recnnaître que, en pratique, ces critères multiples, un peu vagues et qui peuvent ne pas tous concorder, risquent d'engendrer des difficultés.

L'art. 53 al. 2 donne compétence, pour la désignation du domicile du *trust*, aux «règles de droit international privé du tribunal saisi». Si le tribunal saisi relève d'un pays de *Common Law*, il y aura des règles de droit international privé ; mais s'il relève d'un pays de *Civil Law*, l'embarras risque d'être grand car les droits de ces pays sont muets quant à la loi applicable au *trust*. Le juge saisi peut alors soit demander au système juridique dont relève le *trust* où est son domicile, soit «développer ses propres

22. Art. 10, Livre I du Nouveau code civil néerlandais de 1991.

23. V. *infra*, n° 281 et ss., 368 et ss.

24. Rapp. Schlosser n° 114. V. *infra* n° 213.

25. Rapp. Schlosser, eod. loc.; se référant à Anton, *Private International Law*, 1967, p. 470; v. aussi JP. Beraudo, Les *trusts* anglo-saxons et le droit français, LGDG 1992, coll. Droit des affaires, 250 p.

critères selon la *lex fori*» (rapp. Schlosser n° 119). La première solution paraît préférable car il serait artificiel d'appliquer des critères de *Civil Law* au *trust*, institution propre à la *Common Law* et ne pouvant entrer dans aucune catégorie connue en *Civil Law*. La Convention de La Haye du 1er juillet 1985 sur la loi applicable au *trust* et à sa reconnaissance peut aussi servir de guide, en particulier l'art. 7 qui indique les indices dont il faut notamment tenir compte lorsque les parties n'ont pas désigné la loi applicable au *trust*; en effet, il est particulièrement souhaitable pour le *trust* que compétence judiciaire et compétence législative coïncident[26].

Section 2: Le rejet des règles exorbitantes de compétence

75 – Degré d'impérativité de la règle *actor*... Le défendeur domicilié sur le territoire d'un État contractant sera donc normalement attrait devant une juridiction de cet État. La Convention de Bruxelles comporte cependant des règles qui parfois *autorisent* le demandeur à assigner le défendeur devant un autre for (art. 5, v. *infra* chap. 4; art. 6, v. *infra* chap. 5; art. 7 à 15, v. *infra* chap. 6), parfois *obligent* le demandeur à saisir un autre tribunal que celui du domicile du défendeur (art. 16, v. *infra* chap. 2; art. 17 v. *infra* chap. 3).

Il faut aussi, sans doute réserver le jeu du droit commun des clauses attributives de juridiction en faveur de tribunaux d'un État tiers[27] et l'effet réflexe de l'art. 16[28].

Mais, en dehors de ces dérogations, la compétence des tribunaux de l'État du domicile du défendeur est impérative.

76 – Impossibilité pour le demandeur d'invoquer des règles de compétence exorbitantes. L'art. 3 al. 2 interdit au demandeur de se prévaloir de règles de compétence exorbitantes, et le texte énumère ces fors exorbitants; selon les États, les compétences exorbitantes reposent soit sur la nationalité des plaideurs (ex.: art. 14 et 15 du Code civil français), soit sur la simple présence du défendeur sur le territoire (cas du Royaume-Uni), soit sur l'existence de biens appartenant au défendeur (ex: le «for du patrimoine» consacré par l'art. 23 du ZPO en Allemagne). La liste figurant à l'art. 3 s'est allongée au fur et à mesure des adhésions successives[29]; elle n'est pas limitative, comme l'indique l'adverbe «notamment»[30].

---

26. En ce sens, B. Audit, Droit international privé, Economica 1991, n° 522.

27. V. *infra* n° 111.

28. V. *infra* n° 84.

29. L'Espagne n'y figure pas car le droit espagnol ne connaît pas de fors exorbitants dans les domaines couverts par la convention (v. loi organique sur le pouvoir judiciaire de 1985). Pour la France, v. Bastide, Le sort des art. 14 et 15 dans la Convention de Bruxelles du 27 septembre 1988, Mém. DEA de Droit communautaire, Strasbourg, 1992.

30. V. aussi l'art. VI du Protocole joint à la convention.

77 – Justification de cette élimination. Les règles de compétence exorbitantes, déjà le plus souvent écartées dans les conventions bilatérales sur l'exécution des jugements, ne pouvaient qu'être exclues de cette convention «double»(compétence et reconnaissance) qu'est la Convention de Bruxelles. Leur élimination garantit une reconnaissance plus facile des décisions: dans la mesure où la compétence du juge de l'État d'origine ne peut pas reposer sur une compétence exorbitante, le juge de l'État de la reconnaissance admettra facilement le bien-fondé de la compétence du premier juge. Enfin, conformément au principe général de la Convention de non-discrimination selon la nationalité, l'élimination des compétences exorbitantes profitera à tout défendeur domicilié dans la Communauté qu'il soit ressortissant communautaire ou ait la nationalité d'un État tiers.

Section 3: Incidence de la Convention lorsque le défendeur n'est pas domicilié dans un État contractant

78 – Principe: non-application de la Convention. Lorsque le défendeur n'a pas de domicile sur le territoire d'un État contractant, il est évident que la Convention ne trouve pas à s'appliquer en raison de ce domicile. L'art. 4 al. 1 dispose alors que «la compétence est dans chaque État contractant règlée par la loi de cet État». C'est donc un renvoi aux règles de compétence judiciaire internationale propres à chaque État[31].

79 – Exceptions au principe. Toutefois il peut se faire que la Convention s'applique même si le défendeur est domicilié hors d'un État contractant. Le premier cas est prévu par l'art. 4 al. 1 qui indique que la règle de principe qu'il vient de formuler n'existe que «sous réserve des dispositions de l'art. 16» (règles de compétence exclusive: v. *infra* n° 82 et ss.): si, par exemple, le litige porte sur un droit réel immobilier concernant un immeuble situé sur le territoire d'un État contractant, la Convention s'applique et donne compétence aux tribunaux de l'État du lieu de situation de l'immeuble, que le défendeur soit ou non domicilié dans un État contractant.

Bien que l'art. 4 ne le précise pas, il y a d'autres exceptions à la non-applicabilité de la Convention lorsque le défendeur n'est pas domicilié dans un État contractant[32]: ainsi, lorsqu'un tribunal d'un État contractant est saisi en vertu d'une clause attributive de juridiction conforme à l'art. 17 (v. *infra* n° 104 et ss.), la Convention s'applique; comme l'indique l'art. 17, il suffit que l'une des parties ait son domicile sur le territoire d'un État contractant; ce ne sera pas nécessairement le défendeur. Il faut également

---

31. Application a été faite de cette règle par Civ. 1ère 4 janvier 1984 précité note 17; et c'est à tort que la Cour de Paris a appliqué la Convention de Bruxelles à un défendeur brésilien domicilié au Brésil mais résidant en France, 30 nov. 1990, JDI 1992, 192, note crit. A. Huet.

32. V. Droz, n° 228 et ss.

citer l'art. 18 (v. *infra* n° 143 et ss.) d'où il résulte que «le juge d'un État contractant devant lequel le défendeur comparaît est compétent»: c'est ici la simple comparution du défendeur qui fonde la compétence selon la Convention de Bruxelles, sans considération aucune pour le lieu de son domicile. L'art. 21 sur la litispendance a aussi vocation à s'appliquer indépendamment de toute condition de domicile pour l'une au l'autre des parties (v. *infra* n° 286).

Enfin, on verra (v. *infra* n° 308) que *toutes* les décisions rendues par une juridiction d'un État contractant dans les matières visées par la Convention de Bruxelles bénéficient du titre III de ce texte, c'est-à-dire du mécanisme simplifié de reconnaissance et d'exécution; peu importe alors le fondement de la compétence du juge d'origine; il peut s'agir d'une règle du droit étatique donnant compétence à ce juge en l'absence de tout domicile du défendeur sur son territoire.

Ainsi, dans tous ces cas, la Convention de Bruxelles joue bien que le défendeur ne soit pas nécessairement domicilié dans un État contractant.

80 – Jeu des règles de compétence exorbitantes lorsque le défendeur n'est pas domicilié sur le territoire d'un État contractant. Lorsque le défendeur n'a pas son domicile dans un État contractant et que, donc, selon l'art. 4 al. 1, c'est la loi de chaque État qui régit la compétence internationale, l'art. 4 al. 2 précise que le demandeur, dès lors qu'il est domicilié sur le territoire d'un État contractant, peut, quelle que soit sa nationalité (nationalité d'un État contractant, ou nationalité d'un État tiers), invoquer contre le défendeur les règles exorbitantes prévues par le droit du pays dans lequel il est domicilié. Ainsi, un allemand ou un brésilien domicilié en France, a le droit d'attraire devant un tribunal français, en invoquant l'art. 14 du Code civil français, un défendeur domicilié en Argentine. Peu importe la nationalité du défendeur domicilié à l'étranger: même s'il a la nationalité d'un État contractant, son domicile à l'étranger l'écarte du bénéfice de la Convention de Bruxelles et l'expose au jeu des compétences exorbitantes connues des États contractants. Au sens de la Convention, le défendeur à qui on peut opposer une règle de compétence exorbitante est le défendeur domicilié à l'étranger, même s'il a la nationalité d'un État contractant. Le système a sa logique mais il choque les juristes des États tiers[33] qui ont été sensibles surtout au fait que la décision rendue sur la base d'un for exorbitant par un tribunal d'un État contractant contre un défendeur résidant dans un État tiers allait bénéficier du mécanisme simplifié de reconnaissance et d'exécution de la Convention, et qu'ainsi la décision pourrait «circuler» très librement et produire ses effets sur l'ensemble des territoires des États contractants.

81 – L'art. 59. Pour atténuer quelque peu l'hostilité des États tiers à l'égard de l'art. 4 al. 2, les rédacteurs ont prévu la possibilité de conclure un traité qui écarterait

33. V. spéc. Juenger, La Convention de Bruxelles du 27 septembre 1968 et la courtoisie internationale, Réflexions d'un américain, RC 1983, 37.

en ce cas le mécanisme de reconnaissance et d'exécution de la Convention de Bruxelles: c'est l'art. 59. Ce texte admet qu'un État contractant s'engage envers un État tiers à «ne pas reconnaître une décision rendue notamment dans un autre État contractant contre un défendeur qui avait son domicile ou sa résidence habituelle sur le territoire de l'État tiers, lorsque dans un cas prévu par l'art. 4, la décision n'a pu être fondée que sur une compétence visée par l'art. 3 al. 2».

Depuis 1978, l'art. 59 al. 2 limite toutefois la possibilité d'engagement de non-reconnaissance: les États contractants ne peuvent pas s'engager «envers un État tiers à ne pas reconnaître une décision rendue dans un autre État contractant par une juridiction dont la compétence est fondée sur l'existence dans cet État de biens appartenant au défendeur ou sur la saisie par le demandeur de biens qui y existent», et ce dans les cas énumérés aux points 1 et 2 (v. le texte). Ainsi, il est apparu que la compétence du for du patrimoine ou du *forum arresti* n'était pas nécessairement à condamner[34].

Le premier traité conclu sur cette base a été celui signé par l'Allemagne et la Norvège le 17 juin 1977, entré en vigueur le 3 octobre 1981. Mais ce traité, ainsi que celui conclu entre le Danemark, la Finlande, l'Islande, la Norvège et la Suède le 11 octobre 1977 sont maintenant remplacés par la Convention de Lugano (v. art. 55 de ce dernier texte). En revanche, on signalera deux autres traités conclus sur la base de l'art. 59: la convention entre le Royaume-Uni et le Canada du 24 avril 1984, entrée en vigueur le 1er janvier 1987 et celle passée le 23 août 1990 entre le Royaume-Uni et l'Australie.

De tels accords peuvent également se réaliser dans le cadre du Protocole additionnel à la Convention de La Haye du 1er février 1971 sur la reconnaissance et l'exécution des jugements étrangers en matière civile et commerciale. En effet, l'art. 2 de ce Protocole prévoit que «La reconnaissance et l'exécution dans un État contractant, d'une décision visée au numéro 1 (du Protocole) doivent être refusées, à la demande de la personne contre laquelle la reconnaissance ou l'exécution est requise, lorque la décision n'a pu être fondée que sur l'un ou plusieurs des chefs de compétence mentionnés au numéro 4». Or figurent au nº 4 des chefs de compétence exorbitants dont la liste coïncide souvent avec celle de l'art. 3 de la Convention de Bruxelles. Ainsi, selon l'exemple donné par MM. Gothot et Holleaux, les Pays-Bas, parties à la Convention et au Protocole de La Haye ainsi qu'à la Convention de Bruxelles peuvent s'engager envers un État tiers qui n'est partie qu'à la Convention de La Haye et au protocole additionnel à ne pas reconnaître ni exécuter une décision française rendue sur la base de l'art. 14 du Code civil contre un défendeur domicilié dans l'État tiers[35]. Le rapprochement entre l'art. 59 de la Convention de Bruxelles et le Protocole de La Haye est encore plus net depuis 1978, si l'on rapproche l'art. 59 al. 2 de l'art. 4a) du Protocole. Mais cette intervention du Protocole de La Haye sera assez rare dans la mesure où, au 1er septembre 1993, dans la Communauté européenne, seuls les Pays-Bas et le Portugal ont ratifié la Convention de La Haye de 1971 et le Protocole qui l'accompagne.

---

34. V. rapp. Schlosser, nº 249 et 250 et *infra* nº 314.
35. Gothot et Holleaux, nº 314.

Chapitre 2

Les compétences exclusives de l'art. 16

82 – Généralités. L'art. 16 énumère divers cas de compétence exclusive: chaque fois que le critère de rattachement retenu par l'un des paragraphes de cet article se trouve sur le territoire d'un État contractant, il y a compétence exclusive des juges de cet État. L'énumération est limitative; aucune extension par analogie ne pourrait être admise. Peu importe que le défendeur soit ou non domicilié dans un État contractant. Peu importe même qu'aucune des parties n'ait de domicile dans un État contractant.

Les cas visés par l'art. 16 ont trait aux immeubles, aux sociétés ou autres personnes morales, aux inscriptions sur des registres publics, à certains droits intellectuels et à l'exécution des décisions. Le texte pose une règle de compétence générale, désignant *les* tribunaux d'un État; ce sont les règles de compétence de ce dernier qui déterminent ensuite la juridiction spécialement compétente.

Ces règles s'expliquent toutes par le lien particulièrement étroit unissant le fond du litige à un territoire déterminé. Ce lien suffit pour justifier «l'intégration» du litige dans la CEE et justifier l'application de la Convention de Bruxelles. De plus, la loi de l'État des tribunaux désignés par l'art. 16 sera le plus souvent applicable, soit à titre de *lex causae*, soit à titre de loi de police.

83 – Force obligatoire des règles de compétence de l'art. 16. Ces règles sont dotées d'une force obligatoire particulièrement contraignantes. Tout d'abord, elles sont *impératives*: elles s'imposent aux parties qui ne peuvent y déroger ni par une clause attributive de juridiction (l'art. 17 réserve expressément les compétences de l'art. 16), ni par une simple comparution volontaire du défendeur (l'art. 18 réserve aussi l'art. 16). Elles ont aussi une force spécifique à l'égard du juge puisque le juge d'un État contractant saisi d'un litige pour lequel une juridiction d'un autre État contractant est compétent en vertu de l'art. 16 doit, d'office, se déclarer incompétent (art. 19, v. *infra* n° 273).

En second lieu, elles sont aussi *exclusives*, c'est-à-dire que les tribunaux désignés par l'art. 16 sont seuls compétents et qu'une décision rendue dans un autre État contractant en violation de cet article ne bénéficiera pas du système de reconnaissance et d'exécution de la Convention de Bruxelles (art. 28 al. 1, v. *infra* n° 340).

Ces deux caractères, impérativité et exclusivité, ne concernent toutefois que les instances portant *à titre principal* sur l'une des matières visées par l'art. 16. Ceci résulte et du texte de l'art. 19 et du rapport Jenard (p. 34). Si une question visée à l'art. 16 se pose accessoirement dans un procès dont l'objet principal relève de la compétence d'un autre juge, celui-ci peut statuer même sur la question visée par l'art. 16; il ne s'agit pas d'une question préjudicielle.

84 – «Effet réflexe» de l'art. 16. L'art. 16 ne vise que le cas où le critère de compétence retenu par le texte se réalise sur le territoire d'un État contractant. Mais on peut penser que ce texte devrait avoir un «effet réflexe»[1], c'est-à-dire jouer également si le critère de compétence se réalise sur le territoire d'un État tiers. Si, par exemple, un litige s'élève à propos de la validité d'un brevet déposé dans un État tiers, il parait logique quele juge d'un État contractant puisse se déclarer incompétent même s'il est le juge du domicile du défendeur.

Cette opinion n'est toutefois pas conforme à celle des rapporteurs de la Convention de Saint-Sébastien. En effet MM. Almeida Cruz, Desantes Real et Jenard (rapp. n° 25) reprennent sur ce point les termes du rapport de MM. Jenard et Möller sur la Convention de Lugano (rapp. n° 54): «... les dispositions de l'art. 16-1° ne s'appliquent que si l'immeuble est situé sur le territoire d'un État contractant. Le texte est suffisamment explicite à cet égard. Si l'immeuble est situé sur le territoire d'un État tiers, les autres dispositions de la Convention sont applicables, par exemple, l'art. 2 si le défendeur est domicilié sur le territoire d'un État contractant, et l'art. 4 s'il est domicilié sur le territoire d'un État tiers...». Cet avis des rapporteurs est donné à propos de l'art. 16-1°, mais le raisonnement est valable pour l'ensemble de l'art. 16. Les rapporteurs auraient donc, sans le dire expressément, condamné la thèse de «l'effet réflexe» de l'art. 16.

Malgré l'autorité des auteurs du rapport, G. Droz, dans son étude de la Convention de Saint-Sébastien[2], a maintenu sa position initiale. Pour notre part, il nous semble que la solution qu'il préconise s'impose. Coomme le fait remarquer G. Droz, si, selon l'art. 16 «un juge français est radicalement incompétent pour juger d'un immeuble ou d'un brevet allemand... on ne voit pas pourquoi il serait mieux armé pour juger d'un bail rural argentin ou de la validité d'un brevet japonais.» Ainsi, lorsque le critère de rattachement prévu par l'art. 16 est localisé dans un État tiers et qu'il s'agit d'une action entrant dans le domaine de cet article, le juge d'un État contractant devrait pouvoir se déclarer incompétent, sous la seule réserve d'un risque de déni de justice[3].

---

1. Expression employée par G. Droz, n° 164, et reprise par Gothot et Holleaux, n° 142.
2. Préc. RC 1990, spéc. p. 14.
3. Sur le fait qu'on peut voir là une application exceptionnelle de la théorie du *forum non conveniens*, v. Droz, art. préc. p. 15 et les réf. note 21 de l'article.

Section 1: L'art. 16-1°: compétence en matière immobilière

§ 1 : Le principe: l'art. 16-1° a)

85 – Les actions réelles immobilières. Dès lors que l'immeuble est situé sur le territoire d'un État contractant (v. n° 84 pour l'immeuble situé dans un État tiers), l'art. 16-1° a) donne compétence exclusive aux tribunaux de l'État de situation de l'immeuble «en matière de droits réels immobiliers...». L'action fondée sur un droit réel immobilier, droit réel principal ou accessoire, relève donc de l'art. 16. Au contraire, une action personnelle (sous réserve des action en matière de baux d'immeubles, v. *infra* n° 87) y échappe; ainsi, par exemple, une action en réparation d'un dommage causé par un immeuble ne relève pas de l'art. 16[4]. Les actions mixtes (par exemple, une action en annulation d'une vente immobilière) mettant en cause à la fois un droit réel et un droit personnel ne paraîssent pas non plus relever de l'art. 16 car si les rédacteurs avaient voulu les inclure ils les auraient mentionnées expressément[5]. Il en résulte que les actions en partage d'immeubles dans la mesure où elles sont de caractère personnel ou mixte ne relèvent pas de l'art. 16-1°[6].

Ce principe de compétence exclusive des tribunaux de l'État du lieu de situation de l'immeuble se justifie essentiellement par trois considérations: le caractère le plus souvent impératif des dispositions législatives applicables (souci de coïncidence entre compétence judiciaire et compétence législative), la nécessité de la proximité du juge pour connaître utilement du procès (souci de bonne administration de la justice), et enfin, le fait que le jugement sera nécessairement exécuté au lieu de situation de l'immeuble.

86 – Action paulienne. La Cour de justice a eu l'occasion d'indiquer dans l'arrêt *Reichert I* du 10 janvier 1990, aff. 115/88, que l'action paulienne intentée par un créancier tendant à lui rendre inopposable une donation immobilière consentie par son débiteur ne relevait pas de l'art. 16-1°[7]. Après avoir rappelé la nécessité d'une interprétation autonome de la notion de «droits réels immobiliers», la Cour circonscrit cette notion: «l'art. 16-1 n'englobe pas l'ensemble des actions qui concernent des

---

4. Rapp. Schlosser, n° 163. Signalons aussi que la Cour de justice est actuellement saisie dans une affaire *Webb*, C-294/92, par la *Court of Appeal* de l'interprétation de l'art. 16-1° dans un litige portant sur l'obligation du *trustee* de transférer la propriété d'un immeuble sis en France au fondateur-bénéficiaire du « trust ». L'arrêt est attendu en 1994. La Cour a également été saisie en juin 1993 d'une affaire C-292/93 en interprétation de l'art. 16-1°, à propos d'une compensation pour l'utilisation d'un appartement à la suite d'un transfert de propriété manqué.

5. En ce sens, Gothot et Holleaux n° 145; rapp. Schlosser, n° 169. V. cependant *infra* n° 230 et ss.

6. Noter que la solution du droit commun français est différente qui admet pour ces actions la compétence exclusive du tribunal du lieu de situation de l'immeuble; v. A. Huet, Juriscl. dr. internat. fasc. 581-B, n° 80 et 581-C, 1er cahier, n° 76.

7. Sur l'arrêt *Reichert II* du 26 mars 1992, aff. C-261/90, voir *infra* n° 101 à propos de l'art. 16-5°, puis n° 161 et 185 à propos de l'art. 5-3° et enfin n° 268 à propos de l'art. 24. En revanche, une action oblique, à notre avis, doit tomber sous le coup de l'art. 16-1° dès lors qu'elle concerne des droits réels immobiliers ou des baux d'immeubles.

droits réels immobiliers mais seulement celles d'entre elles qui, tout à la fois, entrent dans le champ d'application de la Convention de Bruxelles et sont au nombre de celles qui *tendent à déterminer l'étendue, la consistance, la propriété, la possession d'un bien immobilier ou l'existence d'autres droits réels sur ces biens et à assurer au titulaire de ces droits la protection des prérogatives qui sont attachées à leur titre»* (point 11). Elle insiste ensuite sur ce que l'action paulienne trouve son fondement dans le droit de créance, droit personnel du créancier contre son débiteur, qu'elle ne peut aboutir qu'à la seule inopposabilité de l'acte à ce créancier, et que son examen «n'exige pas l'appréciation de faits ni l'application de règles et usages du lieu de situation du bien qui sont de nature à justifier la compétence d'un juge de l'État dans lequel l'immeuble est situé» (point 12). Le point 9 rappelle en outre que l'art. 16 «ne doit pas être interprété dans un sens plus étendu que ne le requiert son objectif»[8].

Il suffit donc d'appliquer strictement les critères dégagés par l'arrêt *Reichert I* pour savoir si l'on est ou non «en matière de droits réels immobiliers» au sens de l'art. 16-1°.

87 – Action en matière de baux d'immeubles. L'art. 16-1° soumet à la compétence exclusive du juge du lieu de situation de l'immeuble les baux immobiliers, ce qui évite d'avoir à prendre parti sur le caractère personnel ou réel du droit du preneur. Ce principe est assorti, depuis 1989, d'une exception pour les «locations de courte durée» (v. *infra* n° 90 et ss.).

Normalement les baux d'immeubles relèvent de la compétence exclusive des juges du pays de situation de l'immeuble car il y a un lien étroit entre les baux et, d'une part, le régime juridique de la propriété immobilière, et, d'autre part, les législations sur les loyers avec leurs dispositions souvent protectrices des locataires[9]. La coïncidence entre compétence législative et compétence judiciaire est aussi souhaitable pour les baux que pour les droits réels immobiliers. L'art. 16-1° s'applique donc aux litiges sur les baux d'immeubles, y compris lorsque le litige ne concerne que les paiement de loyers ou la réparation de dommages causés par le locataire. L'arrêt *Rösler* du 15 janvier 1985, aff. 241/83, permet de trancher ce point sur lesquels les rapports manifestaient quelques divergences[10]. En revanche, selon ce même arrêt, «les litiges qui ne se rapportent qu'indirectement à l'usage de la propriété louée, tels ceux concernant la perte du bénéfice des vacances et les frais de voyages ne relèvent pas de la compétence exclusive de l'art. 16-1» (point 28).

Enfin le juge est compétent selon l'art. 16-1° non seulement pour statuer sur une contestation relative à un bail existant, mais ausssi, semble-t-il, pour se prononcer sur l'existence même du bail[11].

8. V. déjà en ce sens CJCE 14 déc. 1977, *Sanders*, aff. 73/77.

9. V. point 19 de l'arrêt *Rösler*, CJCE 15 janv. 1985, aff. 241/83.

10. V. rapp. Jenard, p. 35 et rapp. Schlosser n° 164.

11. V. CJCE 14 déc. 1977, *Sanders*, aff. 73/77 : « une contestation relative à l'existence du contrat qui fait l'objet du litige ne fait pas varier la réponse donnée quant à l'applicabilité de l'art. 16 de la convention ». Il faut ici adopter, par analogie, les solutions retenues pour l'application de l'art. 5-1° aux contestations sur l'existence ou la validité du contrat, v. *infra* chap. 4.

88 – Difficultés d'application:le cas d'un immeuble situé sur le territoire de deux États contractants. Dans l'arrêt *Scherrens* du 6 juillet 1988, aff. 158/87, la Cour de justice avait à se prononcer sur une hypothèse curieuse mais sans doute pas exceptionnelle[12]: le bail en cause portait sur une propriété agricole située pour partie aux Pays-Bas et pour partie en Belgique. La Cour se prononce en faveur de la compétence exclusive des tribunaux de chacun de ces deux États pour statuer respectivement sur les biens situés sur leur territoire. En l'espèce, la scission entre la compétence néerlandaise et la compétence belge était concevable car l'ensemble immobilier sur lequel portait le bail se composait essentiellement d'un bâtiment d'exploitation en Belgique et de terrains cultivables situés à quelques kilomètres aux Pays-Bas.

Dans d'autres cas, une telle dualité de compétence judiciaire pourrait être bien difficile à justifier. Aussi la Cour de justice a-t-elle pris soin de limiter la portée de la solution adoptée dans l'arrêt *Scherrens*: au point 14 de l'arrêt , elle admet que , dans certains cas, (par exemple, biens contigus situés de part et d'autre de la frontière avec une nette prédominance d'un territoire sur l'autre) «il peut être approprié de regarder la propriété comme une unité et de la considérer comme étant entièrement située dans un de ces États au fin de l'attribution aux tribunaux de celui-ci d'une compétence exclusive à l'égard du bail d'immeuble».

Les solutions dégagées par l'arrêt *Scherrens* pour le bail d'immeuble (principe et exception) peuvent être transposées s'agissant d'un litige pourtant sur un droit réel immobilier.

89 – Le bail portant sur un fonds de commerce. Il est certain que l'art. 16-1° ne vise que les baux *d'immeubles* et ne concerne donc pas la location d'un fonds de commerce, bien mobilier. Bien que des raisons analogues à celles qui justifient l'art. 16-1 (bonne administration de la justice, coïncidence entre compétence judiciaire et compétence législative) se retrouvent ici, le principe d'interprétation stricte de l'art. 16 s'oppose à ce que l'on applique ce texte au fonds de commerce. Ainsi en a décidé la Cour de justice dans l'arrêt *Sanders*, du 14 décembre 1977, aff. 73/77, en précisant que peu importait que le propriétaire du fonds soit lui-même locataire de l'immeuble dans lequel le fonds était exploité.

§ 2 : L'exception : l'art. 16-1° b)

90 – Genèse du texte. Dans l'affaire *Rösler* du 15 janvier 1985, il s'agissait d'un contrat de bail d'une durée de trois semaines passé entre deux allemands domiciliés en Allemagne, portant sur une maison de vacances en Italie. La question posée à la Cour était de savoir si l'art. 16-1° dans sa rédaction initiale s'appliquait à un litige né de ce contrat. La Cour répond affirmativement: l'art. 16-1° ne fait aucune distinction

12. V. Beraudo, Jurisel. Europe, fasc. 3030, n° 26; v. aussi Civ. 1re, 21 juillet 1987, D. 1988, som. com., 346, observ. B. Audit.

selon le bail d'immeuble en cause et ce n'est pas juge d'introduire des dérogations à l'art. 16 (points 22 et 23). Cette réponse de la Cour vaut donc pour tous litiges relevant de l'art. 16-1 dans sa version originale, non modifiée en 1978. Mais l'arrêt *Rösler* obligeant deux allemands domiciliés en Allemagne à aller plaider en Italie pour un bail de trois semaines, conduisait à se demander si l'art. 16-1° ne posait pas une règle de compétence trop stricte pour de telles locations de vacances, ou plus généralement pour des locations de courte durée[13].

Aussi, lors des négociations d'une part de la Convention de Lugano du 16 septembre 1988, d'autre part de la Convention de Saint-Sébastien de 1989, on estima utile d'introduire dans l'art. 16-1° une règle dérogatoire à la compétence exclusive du lieu de situation de l'immeuble. On scinda alors l'art. 16 en deux parties, le a) énonçant la règle de principe et le b) l'exception pour les locations de courte durée. Les deux textes, celui de la Convention de Lugano et celui de la Convention de Saint-Sébastien ne sont cependant pas identiques. Ne sera envisagé ici que le texte de la Convention de Saint-Sébastien[14].

91 – L'art. 16-1° b) de la Convention de Bruxelles (texte de 1989). Le texte ouvre une option de compétence au profit des tribunaux de l'État du domicile du défendeur. Le demandeur a donc le choix entre ces tribunaux et ceux de l'État sur le territoire duquel se trouve l'immeuble. Les conditions d'existence de cette option sont définies par l'art. 16-1° b): il faut tout d'abord qu'il s'agisse d'un bail d'immeuble conclu «en vue d'un usage personnel temporaire pour une période maximale de six mois consécutifs». Ce sont donc essentiellement les locations de vacances qui sont visées, mais le texte pourrait aussi s'appliquer à une location faite pour un séjour d'étude, ou pour suivre un traitement médical etc... Le but du séjour paraît indifférent pourvu qu'il s'agisse bien d'un «usage personnel» de l'immeuble et que le bail ne dépasse pas six mois.

La seconde condition pour que le demandeur bénéficie de l'option de compétence est que le locataire et le propriétaire soient tous deux des personnes physiques. Ceci limite singulièrement la portée de l'exception à l'art. 16-1° a). Dès que, comme c'est fréquent, le propriétaire est une personne morale, ou même un groupement quelconque dépourvu de personnalité morale qui loue des appartements, chalets ou bungalows, l'exception ne joue pas[15].

---

13. V. déjà rapp. Schlosser n° 164, qui estimait que « la *ratio legis* de l'art. 16 n'exige assurément pas qu'il soit applicable aux contrats de cession d'usage conclus pour une durée limitée, notamment aux fins d'un séjour de vacances ».

14. Pour la Convention de Lugano, v. *infra* Titre IV, n° 447; sur les deux textes, v. P. Lagarde, Les locations de vacances dans les conventions européennes de droit international privé, Études offertes à P. Bellet, Litec 1991, p. 281 et ss.

15. V. Droz, art. préc. RC 1990, p. 13

Enfin la troisième condition est que ce propriétaire et ce locataire, tous deux personnes physiques, soient tous deux domiciliés dans le même État contractant: « l'exception ne joue pas non plus si le propriétaire domicilié en Belgique loue le bungalow français ou espagnol à un locataire domicilié au Pays-Bas ou au Luxembourg »[16].

La portée de l'exception est donc limitée: elle vise exactement les cas identiques à ceux de l'arrêt *Rösler*: deux personnes physiques domiciliées dans le même État contractant passant un bail de moins de six mois sur un immeuble situé dans un autre État contractant. Les États contractants sur le territoire desquels se trouvent le plus souvent ces logements de vacances (Italie, Espagne par ex.) ne risquent donc pas de voir échapper de façon massive le contentieux des baux concernant les immeubles sis sur leur territoire.

Lorsque les conditions de l'art. 16-1° b) sont remplies, le demandeur n'a le choix qu'entre les tribunaux de l'État du lieu de situation de l'immeuble et ceux de l'État du domicile des parties; il est impossible d'utiliser les règles sur les prorogations de compétence (art. 17 et 18) pour attribuer compétence aux tribunaux d'un autre État. Enfin, lors d'une éventuelle procédure en reconnaissance ou en exécution, il faudra contrôler la compétence du juge d'origine puisqu'il s'agit d'une compétence fondée sur l'art. 16 (art. 28 al. 1: v. *infra* n° 340).

92 – Les difficultés possibles. L'art. 16-1° laisse cependant subsister quelques interrogations[17]. Les locations de vacances se font souvent par l'intermédiaire d'agences, agences de locations ou organisateurs de voyages. Les montages juridiques sont alors très variés et il n'est pas toujours facile d'isoler le contrat de bail sur le logement. Les tribunaux allemands ont interrogé la Cour pour savoir si l'art. 16-1°, dans sa rédaction initiale, s'appliquait « lorsque l'organisateur de voyages et un client, tous deux domiciliés en Allemagne, passent un contrat au terme duquel l'organisateur de voyages s'engage à céder au client, pour quelques semaines, l'usage d'une maison de vacances dont il n'est pas le propriétaire, situé dans une île des Pays-Bas, ainsi qu'à prendre les réservations pour la traversée ». La Cour dans l'arrêt *E. Hacker c. Euro-Relais*, du 26 février 1992, aff. C-280/90, suivant les conclusions de M. l'avocat général Darmon, répond qu'un tel contrat n'est pas un contrat de bail au sens de l'art. 16-1°[18]. La solution est heureuse; comme l'avait dit la Cour dès l'arrêt *Sanders* du 14 décembre 1977, les dispositions de l'art. 16 ne doivent pas être interprétées « dans un sens plus étendu

16. Droz, op. cit., loc. cit.

17. Rev. Europe 4/1992, n° 159. V. spéc. art. P. Lagarde, préc. Études Bellet.

18. P. Lagarde, art. préc., écrivant alors que l'instance était pendante, préconisait déjà une telle réponse. V. également cité par P. Lagarde p. 292, Bundesgerichtshof 12 oct. 1989, IPrax 1990, 318 et chron. W. Lorenz, p. 292, EuZW 1990, 36, note A.M. Nagel, qui écarte l'art. 16-1° pour l'action intentée par une association de consommateurs contestant une des clauses des conditions générales d'une agence de voyages établie en Allemagne, agence passant avec ses clients des contrats par lesquels elle met à leur disposition des logements de vacances en France et en Espagne.

que ne le requiert leur objectif» (point 18). Il ne s'applique pas à ce qui était en réalité, dans l'arrêt *Euro-Relais*, un contrat d'entreprise.

Dans la ligne de cette jurisprudence, le nouvel art. 16-1° b) devra, lui aussi, être interprété strictement et ne jouer que pour les contrats conclus directement entre le locataire et le propriétaire de l'immeuble.

Section 2: L'art. 16-2: compétence en matière de sociétés et de personnes morales

93 – Groupements concernés. L'art. 16-2° vise d'abord les sociétés en général (qu'elles aient ou non la personnalité morale), puis les personnes morales: il s'agit alors de personnes morales qui n'ont pas la qualité de société (associations, fondations, groupements d'intérêts économiques...). Ces groupements doivent avoir leur siège sur le territoire d'un État contractant. Le texte ne précise pas la nature de ce siège (réel ou statutaire): le siège doit donc être déterminé selon le droit international privé du juge saisi.

Compte tenu des différences entre les droits des États contractants, certains retenant le siège social réel, d'autres le siège statutaire, des difficultés sont concevables. Il se peut tout d'abord qu'une société ait son siège réel dans un État contractant et son siège statutaire dans un autre: les tribunaux de ces deux États seront dotés de compétence exclusive. Sur le terrain de la compétence directe, si les tribunaux des deux États sont saisis, l'art. 23 de la Convention, qui prévoit le conflit de compétences exclusives, oblige le juge second saisi à se dessaisir en faveur du juge premier saisi[19]. Et, en matière de reconnaissance et d'exécution, malgré l'exclusivité de ces deux compétences, la décision rendue dans un des deux États doit pouvoir être reconnue dans l'autre[20].

On se heurte à une seconde difficulté si la société en cause a son siège statutaire dans un État contractant et son siège réel dans un État tiers: les tribunaux de l'État contractant du siège statutaire seront certainement reconnus compétents même par les tribunaux des États contractants qui se prononcent pour le siège réel. Mais, si leur décision entre en conflit avec une décision rendue dans l'État tiers du siège réel, il n'est pas évident que la compétence des tribunaux du siège social statutaire soit considérée comme seule exclusive. Certes, la Convention ne s'applique pas aux États tiers; mais, si l'on admet «l'effet réflexe» de l'article 16[21], on pourra estimer que les tribunaux du siège social réel, bien que situés hors de la Communauté, puissent, également par un «effet réflexe», bénéficier d'une compétence exclusive. Priorité devrait alors sans doute être donnée à la décision rendue en premier lieu. Mais on a vu (*supra* n° 84) les incertitudes qui entourent cet effet réflexe de l'art. 16. La question est d'autant plus

19. V. *infra* n° 293.

20. V. En ce sens M. Weser, La Convention communautaire sur la compétence judiciaire et l'exécution des décisions, Pedone 1975, n° 252, 279; Gothot et Holleaux, n° 152; *contra* cependant Droz, n° 397 et rapp. Jenard p. 57.

21. V. *supra* n° 84.

délicate dans le cas de l'art. 16-2° que la dualité siège social réel et siège social statutaire entraîne le jeu de compétences exclusives concurrentes.

Il serait heureux que la Cour de justice ait l'occasion de se prononcer sur ces deux points, mais elle n'a, à notre connaissance, pas encore été saisie en interprétation de l'art. 16-2°.

94 – Litiges visés. L'art. 16-2° concerne les instances portant sur la régularité de la constitution de ces groupements (validité ou nullité), sur leur dissolution ou encore sur la régularité des décisions prises par leurs organes.

Le rapport Schlosser (n° 58) précise que le terme de dissolution couvre non seulement l'arrivée à son terme du groupement (de plein droit, volontairement ou judiciairement), mais aussi la liquidation ultérieure de ce groupement. On sait toutefois que les procédures de «faillite» ne relèvent pas de la Convention[22]; le rapport Schlosser apporte alors les précisions suivantes:

– dans les systèmes juridiques de *Civil Law*, la Convention s'applique aux procédures de dissolution même si interviennent des questions préjudicielles relevant du droit de la faillite (questions exclues de la Convention): ainsi, par exemple, la dissolution d'une société en raison de la faillite personnelle d'un associé relève de l'art. 16-2° (rapp. n° 59).

– dans les systèmes de *Common Law*, les litiges qui peuvent s'élever dans le cadre d'une dissolution non-judiciaire (*voluntary winding-up* ou *winding-up subject to the supervision of the court*) relèvent normalement de la Convention. Quant aux procédures judiciaires de dissolution (*winding-up by the court*), il faut faire une distinction: si la société est insolvable, la Convention ne s'applique pas; si, au contraire, la société est solvable (car la procédure de *winding-up* peut servir à liquider une société solvable), l'art. 16-2° s'applique (rapp. n° 57).

Section 3: L'art. 16-3°: compétence en matière d'inscriptions sur les registres publics

95 – Registres publics. L'art. 16-3° donne compétence exclusive aux tribunaux de l'État contractant sur le territoire duquel les registres publics sont tenus pour toute contestation concernant la validité des inscriptions sur ces registres (par ex., registre foncier, registre du commerce, registre des sociétés, registre de l'état civil etc.). Cette règle est très généralement admise: ces litiges intéressent le fonctionnement des services publics que constituent ces registres. On concevrait mal la compétence d'autres tribunaux que de ceux de l'État responsable du registre[23].

22. V. *supra* n° 35.

23. Droz, n° 156, Gothot et Holleaux, n° 154; Trib. gr. inst. Paris 15 juin 1983, Gaz. Pal. 1984, 1, som. 202.

Section 4 : L'art. 16-4° : compétence en matière de droits intellectuels

96 – Principe. L'art. 16-4° pose une règle de compétence exclusive « en matière d'inscription ou de validité des brevets, marques, dessins et modèles, et autres droits analogues donnant lieu à dépôt ou à un enregistrement ». Pour les litiges en ce domaine, compétence exclusive appartient aux « juridictions de l'État contractant sur le territoire duquel le dépôt ou l'enregistrement a été demandé, a été effectué, ou est réputé avoir été effectué aux termes d'une convention internationale »[24].

97 – Litiges visés. Il ne s'agit donc que des litiges portant sur *l'inscription ou la validité* des droits intellectuels donnant lieu à dépôt ou à enregistrement. En revanche, l'art. 16-4° ne s'applique pas aux procès portant sur l'appartenance de ces droits, ou sur les contrats dont ils peuvent être l'objet : dans de tels litiges, en effet, le fonctionnement du service public du dépôt ou de l'enregistrement n'est pas en cause et donc la compétence exclusive des tribunaux de l'État du registre perd sa raison d'être[25].

La Cour de justice a eu l'occasion d'énoncer cette distinction dans l'arrêt *Duinjstee* du 15 novembre 1983, aff. 288/82 : après avoir indiqué que la notion de « litige en matière d'inscription ou de validité de brevets » devait recevoir une acception communautaire, elle déclare que la compétence exclusive prévue par l'art. 16-4°, justifiée pour un litige portant sur la validité ou la déchéance d'un brevet, sur l'existence du dépôt ou de l'enregistrement, ou encore sur la revendication d'un droit de priorité au titre d'un dépôt antérieur (points 22 et 24), n'a plus de raison d'être si le litige porte sur l'appartenance des droits intellectuels, les contrats dont ils sont l'objet ou les contrefaçons qu'ils subissent (points 23 et 25). Ainsi, dans l'arrêt du 15 novembre 1983, s'agissant d'un litige entre l'employé et son employeur au sujet d'une invention du premier, l'art. 16-4° ne s'applique pas[26].

98 – Tribunaux compétents. L'art. 16-4° donne compétence aux tribunaux de l'État sur le territoire duquel le dépot ou l'enregistrement « a été demandé, a été effectué ou est réputé avoir été effectué aux termes d'une convention internationale » : ces termes font référence aux traités internationaux qui prévoient une procédure de dépôt

24. Sur l'art. 16-4° v. J.B. Blaise et J.P. Stenger, Juriscl. dr. internat. fasc. 563-A, 1er cahier C, n° 51 et ss. V° Propriété industrielle.

25. Sur les raisons d'être de l'art. 16-4°, v. observ. A. Huet sous Paris 17 oct; 1990, JDI 1991, 729 et ss. et spéc. p. 733; pour une application de l'art. 16-4° à une action en déchéance de marque, Paris 15 avril 1992, JDI 1993, 153 observ. A. Huet; D. 1992, inf. rap. 176.

26. V. aussi Paris 13 février 1980, RC 1982, 135, note G. Bonet, et Rev. trim. dr. europ. 1982, 173, note G. Bonet : l'arrêt, à juste titre, écarte l'art. 16-4° pour des faits de concurrence déloyale et de violation d'une convention de licence de marque, mais il est critiquable dans la mesure où il analyse la concession de licence de marque comme un « droit analogue » au sens de l'art. 16-4°; sur ce que l'opposabilité du contrat de cession étant subordonnée à une inscription, l'art. 16-3° aurait pu intervenir, v. Gothot et Holleaux, n° 155.

ou d'enregistrement auprès d'un organisme international[27] : le droit déposé ou enregistré auprès de l'organisme international a, dans chaque État partie au traité international en cause, les mêmes effets que s'il avait été déposé ou enregistré dans cet État, ce qui justifie la compétence exclusive des tribunaux français par exemple si une contestation s'élève pour savoir si la marque doit être considérée comme déposée en France. On se reportera aussi à l'art 11 paragraphe 3 du traité de Washington du 19 juin 1970 (P.C.T.) selon lequel toute demande internationale «a dès la date de dépôt international les effets d'un dépôt national régulier dans chaque État désigné». Le texte vise aussi le cas il n'y a pas eu dépôt ou enregistrement mais simplement «demande» en ce sens : il peut en effet arriver qu'un litige surgisse mettant en cause le fonctionnement du service public avant même que le dépôt n'ait été réalisé.

99 – Le brevet européen : l'art. V quinquiès du Protocole. La règle de l'art. 16-4° joue également pour les brevets européens délivrés par l'Office européen de Munich en vertu de la Convention de Munich du 5 octobre 1973 sur la délivrance des brevets européens : ceci a été précisé lors de la Convention d'adhésion de 1978 qui a ajouté un article V quinquiès au Protocole annexé à la Convention. Il résulte de ce texte que, comme le prévoit l'art. 16-4°, les tribunaux de chaque État contractant sont seuls compétents en matière d'inscription ou de validité d'un brevet européen délivré par l'Office de Munich pour cet État. L'art. V quinquiès réserve toutefois la compétence de l'Office européen des brevets lui-même telle qu'elle résulte de la Convention de Munich de 1973 : ainsi, par exemple, l'Office est compétent en cas de contestation sur les mentions à porter sur le registre européen des brevets. De plus, le protocole sur la compétence judiciaire et la reconnaissance des décisions annexé à la Convention de Munich donne compétence, pour les actions «visant à faire valoir le droit à l'obtention du brevet européen» aux tribunaux de l'État où le titulaire de la demande en brevet est domicilié ou a son siège[28]. Conformément à l'art. 57 de la Convention de Bruxelles, ces règles de compétence propres au brevet européen dérogent à ladite Convention[29].

100 – Le brevet communautaire. Le brevet communautaire, prévu par la Convention de Luxembourg du 15 décembre 1975, telle que modifiée par une nouvelle Convention de Luxembourg du 15 décembre 1989[30], se distinguera du brevet européen

27. Par ex. l'Arrangement de Madrid du 14 avril 1881 sur l'enregistrement international des marques, révisé en dernier lieu à Stockholm le 14 juillet 1967 et entré en vigueur le 12 août 1975, JORF 17 août 1975, p. 8388 ; ou l'Arrangement de La Haye du 6 novembre 1925 sur le dépôt international des dessins et modèles, révisé en dernier lieu à Stockholm le 14 juillet 1967, entré en vigueur le 27 septembre 1975, JORF 8 oct. 1975, p. 10, 366.

28. Art. 1, paragraphe 2 ; v. aussi les art. 3 à 6 de ce protocole qui édictent certaines règles de compétences spéciales.

29. En ce sens, J.B. Blaise et J.P. Stenger, Juriscl. préc. n° 52 ; et sur l'art. 57, v. *supra* n° 18.

30. JOCE L 401 du 30 décembre 1989 ; Convention ratifiée par la loi française du 21 décembre 1991, JORF du 24 déc., p. 16, 848, mais non encore en vigueur. V. J. Rideau, L'accord en matière de brevets communautaires du 15 décembre 1989 : dimensions institutionnelles et procédurales, *in* L'Europe et le Droit, Mélanges en l'honneur de J. Boulouis, Dalloz 1991, p. 451 et ss.

de la Convention de Munich en ce qu'il aura un caractère unitaire et autonome (art. 2 de la Convention de Luxembourg): il produira les mêmes effets dans tous les États contractants et relèvera directement des textes communautaires, échappant ainsi, au moins en partie, à l'emprise des droits nationaux. La compétence judiciaire pour ce type de brevet est réglée dans le texte de 1989 par les art. 66 et ss. de la Convention et par un Protocole sur le règlement des litiges en matière de contrefaçon et de validité des brevets communautaires[31] qui prévoit des «tribunaux des brevets communautaires» (juridictions nationales de première et deuxième instance désignées par les États) et une Cour d'appel commune.

L'art. 16-4° de la Convention de Bruxelles ne pourra s'appliquer que lorsque il n'y aura de règles spécifiques ni dans les art. 66 et ss. de la Convention de Luxembourg, ni dans le Protocole sur les litiges[32]. Il en résulte que, lorsque les textes sur le brevet communautaire seront en vigueur, l'art. 16-4° sera le plus souvent écarté au profit des dispositions spéciales de compétence contenues dans ces textes. Les art. V quater et V quinquiès du Protocole annexé à la Convention de Bruxelles mentionnent ce brevet communautaire mais la référence est faite à la Convention de Luxembourg de 1975 et non à celle de 1989. Lorsque cette dernière sera applicable, il faudra actualiser ces deux articles du Protocole annexé à la Convention de Bruxelles.

L'art. V quater de ce Protocole précise que l'on doit donner la même portée au terme «résidence» employé par la Convention de Luxembourg et au terme de «domicile» utilisé par la Convention de Bruxelles et que les art. 52 et 53 de la Convention de Bruxelles seront applicables aux dispositions sur la résidence dans la Convention de Luxembourg.

Section 5: L'art. 16-5°: compétence en matière d'exécution des décisions

101 – Compétence des tribunaux de l'État du lieu d'exécution. L'article 16-5° reprend un règle très généralement admise selon laquelle seuls les tribunaux de l'État du lieu d'exécution sont compétents pour des mesures d'exécution devant prendre place sur leur territoire. Cette compétence exclusive ne concerne que le contentieux de la réalisation de la mesure d'exécution, l'exécution proprement dite. En revanche, l'art. 16-5° ne s'applique pas pour déterminer la compétence d'une juridiction qui se contente d'autoriser ou d'ordonner une mesure d'exécution: une juridiction d'un État contractant peut autoriser une saisie conservatoire de biens situés sur la territoire d'un autre État contractant. C'est ce qui résulte des arrêts *De Cavel* du 27 mars 1979, aff. 143/78, et *Denilauler* du 21 mai 1980, aff. 125/79: dans les deux cas, la Cour de

31. JOCE précité, p. 34.

32. V. art. 66 de la Convention de Luxembourg; art. 13 paragraphe 1 et art. 15 du Protocole sur les litiges.

justice n'a pas contesté qu'un juge français puisse ordonner des mesures conservatoires portant sur des biens situés en Allemagne (apposition de scellés et saisie dans l'affaire *De Cavel*; saisie-conservatoire sur un compte bancaire dans l'affaire *Denilauler*). Et dans ces deux affaires, si les décisions françaises ne furent pas admises au bénéfice du régime de reconnaissance et d'exécution de la Convention de Bruxelles, ce fut pour d'autres raisons que la violation de l'art. 16-5° (raisons tenant à la matière en cause et aux droits de la défense). La solution est logique: ordonner ou autoriser la mesure d'exécution ne porte pas atteinte à la souveraineté de l'État sur le territoire duquel se trouvent les biens[33].

L'exécution proprement dite se déroulera selon la loi du lieu de réalisation de la mesure d'exécution et si des constestations s'élèvent sur cette exécution, alors l'art. 16-5° donne compétence exclusive aux tribunaux de l'État du lieu d'exécution. La Cour de justice a ainsi énoncé que «les actions en opposition à exécution, telles qu'elles sont prévues par l'art. 767 du Code allemand de procédure civile, relèvent, en tant que telles de la règle de compétence de l'art. 16-5° de la Convention» (CJCE 4 juillet 1985, *A.S. Autoteile Service GmbH*, aff. 220/84). Et, en effet, cette action en opposition à exécution du droit allemand, ayant pour but d'empêcher le créancier de faire procèder à l'exécution forcée du jugement, relève certainement de l'art. 16-5°.

En revanche, une action paulienne contestant une donation immobilière, même si elle prépare une exécution forcée ultérieure, «ne vise pas à faire trancher une contestation relative au recours à la force, à la contrainte ou à la dépossession de biens meubles et immeubles... et elle n'entre pas, par suite, dans le champ d'application de l'art. 16-5°» (CJCE 26 mars 1992, *Reichert II*, aff. C-261/90).

102 – Étendue de la compétence de la juridiction du lieu d'exécution. Cette juridiction est certainement compétente pour statuer sur l'exécution proprement dite[34].

Mais pourrait-elle, le cas échéant, connaître de l'existence de la créance invoquée par le saisissant? On sait que, en droit international privé français, la Cour de cassation a apporté une réponse affirmative à cette question dans un arrêt *Nassibian* rendu par la Première chambre civile le 6 novembre 1979[35]. Cette solution devrait-elle être reçue dans le cadre de la Convention de Bruxelles ? Les différents rapports sur la Convention n'envisagent pas ce point. La Cour de justice, dans l'arrêt *A.S. Autoteile* du 4 juillet 1985, aff. 220/84 s'est prononcée négativement en disant pour droit que l'art. 16-5° «ne permet pas... de demander devant les tribunaux de l'État contractant du lieu d'exé-

33. V. en droit commun, sur ce que l'exequatur n'est pas l'exécution, Civ. 1re 11 juin 1991, RC 1992, 331, note P. Lagarde; JDI 1991, 1105, note E. Gaillard. Et v. *infra* n° 411 et ss.

34. V. par ex. Paris 22 mai 1991, D. 1992, som. com. 164, observ. Audit: compétence judiciaire française pour statuer sur une action en validité d'une saisie-conservatoire exécutée en France.

35. RC 1980, 588, note G. Couchez; JDI 1980, 95, rapp. Ponsard; Grands arrêts de la jurisprudence française de droit international privé par B. Ancel et Y. Lequette, 2e ed. 1992, n° 58; v. aussi Civ. 1ère, 18 nov. 1986, *Banque camerounaise de développement*, R.C. 1987, 773, note H. Muis-Watt; JDI 1987, 632 note Ph. Kahn ; JCP 1987. III. 20909, note Nicod.

cution, par la voie d'une action en opposition à exécution, la compensation entre le droit en vertu duquel l'exécution est poursuivie et une créance sur laquelle les tribunaux de cet État contractant ne seraient pas compétents pour statuer si elle faisait l'objet d'une action autonome». Les faits de l'espèce ont pu contribuer à conduire la Cour de justice à adopter cette solution (v. point 18 de l'arrêt qui relève que «des juridictions allemandes s'étaient déjà déclarées incompétentes pour connaître de la créance mise en avant au titre de la compensation» et qu'il y a avait là «de la part de la partie requérante, un détournement manifeste de procédure»).

L'arrêt, approuvé par E. Mezger[36] a été critiqué par A. Huet[37] qui a estimé que la Cour de justice aurait dû adopter la même solution que la Cour de cassation française dans l'arrêt *Nassibian*. Pour A. Huet, le respect d'une interprétation stricte de l'art. 16-5° s'opposerait ici au souci de concentrer devant un même juge les procédures relatives à un même litige. La solution de l'arrêt *Nassibian* lui semble préférable: elle permet la concentration des procédures et, puisque la compétence du juge de l'exécution reste facultative en ce qui concerne l'existence de la créance, ce juge garde la possibilité de faire échec à d'éventuelles manoeuvres frauduleuses (hypothèse de l'affaire *A.S. Autoteile*).

Mais n'aurait-elle pas l'inconvénient d'introduire dans une certaine mesure la compétence du *forum arresti*, compétence exorbitante écartée par l'art. 3? L'hésitation reste permise[38]. Sans doute vaut-il mieux ici interpréter strictement la Convention et ne pas accepter qu'elle soit plus ou moins tournée par l'intervention de règles étatiques qui, au demeurant, ne sont pas nécessairement communes à tous les États contractants.

---

36. Note à RC 1986, spéc. p. 152.

37. Observ. JDI 1986, spéc. p. 451 à 453.

38. Pour un problème analogue s'agissant des mesures provisoires ou conservatoires prises sur la base de l'art. 24 de la Convention, v. *infra* n° 268, spéc. note 7.

Chapitre 3

Les prorogations volontaires de compétence

103 – Généralités. La Convention de Bruxelles admet que la volonté des parties puisse jouer un rôle en matière de compétence judiciaire. Cette volonté peut se manifester de deux façons: ou bien les parties conviennent à l'avance de désigner tel ou tel tribunal et insèrent dans leur contrat une clause attributive de juridiction (art. 17); ou bien, simplement, lors du procès, le demandeur saisit un tribunal qui, normalement, n'est pas compétent selon la Convention de Bruxelles et le défendeur ne conteste pas cette compétence (art. 18).

La Convention de Bruxelles est libérale et reconnaît dans l'ensemble facilement le rôle de la volonté des parties. Comme l'écrit justement B. Ancel:« Le cloisonnement de souverainetés se dissout dans la fongibilité relative des tribunaux; la discontinuité des ordres juridictionnels ne subsiste de manière significative que sur le plan de l'exécution forcée. Pourquoi, dans ces conditions, ne pas reconnaître aux personnes privées la liberté de s'accorder sur celui qui, parmi ces tribunaux d'égale valeur, connaîtra de leurs litiges futurs et actuels?»[1].

La section 1 sera consacrée à la clause de l'art. 17 et la section 2 à la prorogation tacite de l'art. 18. Nous n'examinerons pas ici les prorogations de compétence en matière de contrats d'assurance ou de contrats de consommateurs qui seront vues dans le chapitre 6 réservé aux règles de compétences protectrices d'une partie faible.

Section 1: La clause attributive de juridiction de l'art. 17

104 – Plan. L'art. 17 est probablement l'article de la Convention qui a été le plus transformé à l'occasion des adhésions successives des nouveaux États. Suivant la règle posée au début de cet ouvrage, l'étude portera sur le texte le plus récent, tel qu'il résulte de la Convention d'adhésion de Saint-Sébastien du 26 mai 1989. Selon un plan qui s'impose, on examinera successivement les critères d'application de l'art. 17 (paragra-

---

1. B. Ancel, La clause attributive de juridiction selon l'art. 17 de la Convention de Bruxelles, Riv. di dir. internat. priv. e proc. 1990, p. 263 à 294, spéc. n° 4.

phe 1), les conditions de validité de la clause (paragraphe 2) et ses effets (paragraphe 3); il faudra enfin étudier le régime spécial mis en place en 1989 pour les clauses attributives de juridiction contenues dans un contrat de travail (paragraphe 4).

§ 1 : Les critères d'application de l'art. 17

105 – Plan. Pour que l'art. 17 trouve à s'appliquer, il doit y avoir des liens entre le procès et les États contractants, liens tenant à la fois au domicile des parties (A), au tribunal désigné (B), et enfin au caractère international du litige (C).

A – Le domicile des parties

106 – Domicile d'une partie au moins sur le territoire d'un État contractant. Pour que joue l'article 17 il faut que l'une des parties au moins ait son domicile sur le territoire d'un État contractant (art. 17 al. 1). L'appréciation du domicile se fera en appliquant les règles posées par l'art. 52[2]. Si une partie a plusieurs domiciles, il suffit qu'il y en ait un dans un État contractant pour que l'art. 17 puisse s'appliquer.

Peu importe que la partie domiciliée dans un État contractant soit demandeur ou défendeur: la position procédurale des parties est indifférente. La solution s'impose car on ne peut savoir à l'avance qui sera demandeur ou défendeur et il serait aberrant de faire jouer ou non l'art. 17 selon que, finalement le défendeur serait ou non domicilié dans la Communauté. L'art. 17 a donc vocation à intervenir éventuellement alors que le défendeur est domicilié hors de la Communauté. Ceci est certain malgré la lettre de l'art. 4: on sait[3] que ce texte renvoie au droit commun de la compétence internationale des États lorsque le défendeur n'est pas domicilié dans un État contractant et la seule réserve faite par l'art. 4 à cette règle est l'art. 16. La question de savoir si l'art. 17 devait l'emporter sur l'art. 4 et jouer même en présence d'un défendeur domicilié hors de la Communauté avait pourtant été discutée par les négociateurs qui s'étaient nettement prononcés pour une réponse affirmative: logiquement l'art. 4 aurait dû réserver non seulement l'art. 16 mais aussi l'art. 17. L'omission de l'art. 17 résulte donc purement et simplement d'un oubli[4]. On peut seulement regretter que cet oubli n'ait pas été réparé à l'occasion des Conventions d'adhésion. Enfin, la nécessaire égalité entre les parties à la convention attributive de juridiction impose que l'art. 17 l'emporte sur l'art. 4; sinon, le défendeur non domicilié dans la Communauté et assigné en vertu d'une clause conforme à l'art. 17 devant le tribunal d'un État contractant pourrait contester la compétence de ce dernier, en arguant du droit international

2. V. *supra* n° 70 et ss.
3. V. *supra* n° 78-79.
4. V. sur ce point les explications de G. Droz, op. cit. n° 288 et ss., auteur qui a participé à l'élaboration de la Convention de 1968.

commun de cet État. Il est donc tout à fait certain que l'art. 17 intervient dès que l'une des parties, demandeur ou défendeur a un domicile sur le territoire d'un État contractant[5].

L'art. 17 s'applique aussi si les deux parties sont domiciliées dans la Comunauté. Elles peuvent être domiciliées dans deux États différents, mais il est possible aussi qu'elles soient domiciliés dans le même État contractant: si deux parties domiciliées en France passent un contrat qui sera exécuté en Allemagne, l'art. 17 les autorise, à notre avis, à convenir d'une clause attributive de juridiction à un triunal allemand. En soi, le fait que les deux parties soient domiciliées dans le même État contractant n'empêche pas le jeu de l'art. 17[6].

La question de savoir si l'art. 17 peut ou non s'appliquer à un contrat purement interne est distincte de celle-ci[7].

107 – Aucune des parties n'est domiciliée sur le territoire d'un État contractant. Cette hypothèse n'était pas visée par le texte initial et, dans une telle situation, la clause attributive de juridiction relevait du droit commun. Les négociateurs de la Convention d'adhésion de 1978 jugèrent pourtant utile de règler également ce cas et la disposition figure maintenant dans l'al. 2 de l'art. 17. Si aucune des parties n'est domiciliée dans un État contractant et que la clause désigne un tribunal d'un tel État, «les tribunaux des autres États contractants ne peuvent connaître du différend tant que le tribunal ou les tribunaux désignés n'ont pas décliné leur compétence».

Dans un tel cas, où aucune des parties n'a de domicile dans la Communauté, le lien est lâche avec la Communauté et la Convention de Bruxelles a peu de titre à intervenir. M. Schlosser explique le but poursuivi par cette disposition: il s'agit «de veiller à ce que... l'effet dérogatoire d'une telle convention attributive de juridiction soit reconnue sur l'ensemble du territoire de la Communauté»(rapp. n° 177). Si deux parties domiciliées hors de la Communauté ont convenu d'une attribution de compétence aux tribunaux allemands, il est important qu'un tribunal français, saisi en violation de la clause, ne puisse se prononcer tant que le tribunal allemand n'a pas décliné sa compétence. Telle est la raison d'être de cet art. 17 al. 2 voulu, semble-t-il, essentiellement par le Royaume-Uni en raison de la fréquence des cas dans lesquels des parties non domiciliées dans la Communauté attribuent compétence aux tribunaux britanniques: il fallait éviter que les tribunaux des autres États contractants ne statuent au mépris de cette attribution de compétence. Il n'en reste pas moins que, comme on le verra (*infra* n° 134), les effets de la clause attributive de juridiction sont bien moindres lorsque les deux parties sont domiciliées hors des États contractants que lorsque l'une d'entre elles au moins a son domicile dans un État contractant.

5. *Contra*, mais critiquable, Com. 7 déc. 1983, RC 1984, 658 et la note.

6. V. cependant *contra* C. cas. italienne, Ch. Réunies, 1er avril 1985, JDI 1990, 676, observ. critiques Nerina Boschiero; Riv. di dir. inter. priv. e proc. 1986, note critique Bariatti.

7. V. *infra* n° 113 et ss.

108 – Date à laquelle se placer pour apprécier le domicile. L'existence ou l'absence de domicile des parties sur le territoire des États contractants a donc des conséquences importantes, mais le texte de l'art. 17 est muet sur le moment auquel il faut se placer pour apprécier le domicile. Il existe à ce sujet une controverse en doctrine et la Cour de justice des Communautés n'a pas eu l'occasion de se prononcer sur ce point: faut-il apprécier le domicile des parties lors de la conclusion de la clause ou lors de l'introduction de l'instance?

La lettre de l'art. 17 qui emploie l'indicatif («l'une des parties au moins a son domicile...») incite à apprécier ce domicile lors de la conclusion de la clause. Et une sérieuse raison de fond milite aussi en ce sens: les parties doivent pouvoir déterminer dès la conclusion du contrat si la clause attributive de juridiction relève bien de l'art. 17, et il serait fâcheux que le sort de la clause dépende des changements de domicile des parties. Comme l'a écrit G. Droz: «Il serait contraire à la bonne foi qui doit règner dans les contrats que, par le déplacement de son domicile, l'une des parties soustraie l'accord à l'application de la Convention»[8]. Pour ces raisons, il nous semble que, si l'une des parties au moins avait un domicile dans un État contractant lors de la conclusion de la clause, il s'agit d'une clause relevant de l'art. 17 al. 1; cette clause attribue compétence exclusive au tribunal désigné même si, lors de l'introduction de l'instance, aucune des parties n'a plus de domicile dans la Communauté. En un tel cas c'est bien une clause de l'art. 17 al. 1 et non de l'art. 17 al. 2: cet al. 2 ne joue que si, au moment de la passation de la clause, aucune des parties n'était domiciliée sur le territoire d'un État contractant. Ainsi la disparition d'un domicile sur le territoire d'un État contractant entre la conclusion de la clause et l'introduction de la demande en justice ne doit-elle avoir aucun effet sur l'applicabilité de l'art. 17 al. 1[9].

Reste alors à savoir si, à l'inverse, dans l'hypothèse où aucune des parties n'avait de domicile sur le territoire d'un État contractant lors de la conclusion de la clause (qui relevait alors de l'art. 17 al. 2), l'existence d'un tel domicile lors de l'introduction de l'instance justifierait que la clause relève de l'art. 17 al. 1. G. Droz répondait affirmativement à cette question[10] car, pour lui, l'existence d'un domicile dans la Communauté lors du litige atteste d'une intégration suffisante dans la Communauté et il convient alors de faire bénéficier les parties de la protection que leur assure l'art. 17 al. 1. Mais cette opinion a été contestée par MM. Gothot et Holleaux[11] et il nous semble en effet que l'argument qui veut que l'on apprécie une stipulation conventionnelle au moment où elle est conclue vaut autant en cas d'acquisition de domicile dans la Communauté entre la conclusion de la clause et le litige qu'en cas de disparition de ce domicile dans le même laps de temps. MM. D.Holleaux, Jacques Foyer et G. De Geouffre de La

8. Op. cit. n° 184.
9. En ce sens, Gothot et Holleaux, n° 163.
10. Op. cit. n° 185.
11. Op. cit. n° 163.

Pradelle énoncent de façon générale: «Le moment de réalisation de la condition de domicile est, en principe, celui de l'accord de juridiction»[12].

La discussion sur ce point a été reprise au colloque organisé par la Cour de justice en mars 1991: après que diverses opinions se soient exprimées[13], G. Droz, dans son rapport de synthèse[14], adopte une position très libérale: il suffirait que l'une des parties ait eu lors de la conclusion de la convention attributive de juridiction ou ait au moment de l'introduction de l'instance son domicile sur le territoire d'un État contractant pour que l'art. 17 al. 1 soit applicable.

109 – L'arrêt de la Cour de justice du 13 novembre 1979, *Sanicentral.* La Cour devait, dans cet arrêt se prononcer sur une question de droit transitoire et a déclaré que la clause attributive de juridiction contenue dans un contrat conclu avant l'entrée en vigueur de la Convention mais invoquée après relevait bien de l'art. 17[15]. Le problème de la date d'appréciation du domicile ne se posait pas dans cette affaire, mais le motif sur lequel la Cour de justice a fondé sa réponse peut être utilisé dans le débat; la Cour dit au point 6 de l'arrêt que «la clause attributive de juridiction... est de par sa nature une option de compétence qui n'a pas d'effet juridique tant qu'une instance judiciaire n'est pas déclenchée et qui ne tire à conséquence qu'au jour où l'action judiciaire est mise en mouvement». Certains déduisent de ce motif que la Cour a ainsi indiqué que la valeur de la clause au regard de l'art. 17, et donc le domicile des parties, devaient s'apprécier lors de l'instance[16]. La Cour ne retiendrait que l'aspect procédural de la clause et ne tiendrait aucun compte de son aspect contractuel[17]. En France, la Cour d'appel de Versailles a adopté ce point de vue dans une affaire où il n'y avait pas de changement de domicile, mais où le contrat ne s'était «internationalisé» que postérieurement à sa conclusion; la Cour d'appel énonce que «la validité de la clause (attributive de juridiction) doit être appréciée lors de l'introduction de l'instance de sorte qu'il n'y a pas lieu d'examiner son éventuelle nullité au regard du droit allemand au moment de la conclusion du contrat»[18].

L'arrêt *Sanicentral* ne nous paraît pourtant pas permettre de trancher la question de la date d'appréciation du domicile des parties car la Cour de justice, dans cette affaire, a résolu une difficulté de droit transitoire et rien d'autre.

Depuis 1978, l'art. 17 distingue nettement le cas où au moins une partie est domiciliée dans la Communauté (al. 1) de celui où aucune partie n'a de domicile sur le

12. Droit international privé, Masson 1987, n° 834.

13. Coll. CJCE, mars 1991, v. spé. les rapp. Schockeweiler, p. 121, 122; Gaudemet-Tallon, p. 134; Diamond, p. 145; Philip 156-157.

14. Coll. JCCE, mars 1991, p. 272.

15. V. *supra* n° 53.

16. En ce sens Beraudo, Juriscl. Europ, fasc. 3010, n° 42; v. aussi Schockweiler, rapp. Coll. CJCE, mars 1991, p. 122.

17. En ce sens concl. Capotorti dans l'aff. *Sanicentral*, Rec. 3497.

18. Versailles 8 nov. 1990, JCP 1991.II.21672, note A. Martin-Serf, et v. *infra* n° 115.

territoire d'un État contractant (al. 2): ceci, à notre avis, renforce encore l'idée selon laquelle la clause est d'abord une *convention* entre les parties et qu'il est essentiel que, une fois la clause conclue, les parties sachent tout de suite si elle relève de l'al. 1 ou de l'al. 2 de l'art. 17. Si le sort de la clause n'était pas fixé dès son origine et dépendait des changements de domicile des parties, on ne voit pas très bien quel intérêt les contractants pourraient avoir à convenir d'une attribution de juridiction dont ils ne pourraient pas mesurer la portée exacte. La controverse persiste toutefois et il faudra sans doute un arrêt de la Cour de Luxembourg pour la clore.

B – Désignation d'un tribunal ou des tribunaux d'un État contractant

110 – Principe. La seconde condition d'application de l'art. 17 est que la clause désigne «un tribunal ou des tribunaux d'un État contractant». Cette condition allait de soi: la Convention de Bruxelles ne pouvait régir une clause désignant un tribunal d'un État tiers sans empièter sur la souveraineté de celui-ci.

111 – Clause attributive de compétence à un tribunal d'un État tiers. Une clause en faveur d'un tribunal d'un État tiers peut toutefois intéresser la Convention de Bruxelles dans la mesure où elle déroge à la compétence d'un tribunal d'un État contractant, compétence prévue par la Convention; mais le lien n'est pas assez étroit pour justifier qu'une telle clause tombe sous le coup de l'art. 17. Si les parties ont inséré dans leur contrat une clause attributive de juridiction aux tribunaux des États-Unis, clause valable selon le droit international commun, et que le demandeur saisit cependant un tribunal d'un État partie à la Convention de Bruxelles au motif que s'y trouve le domicile du défendeur, ce tribunal devra accueillir l'exception d'incompétence soulevée par le défendeur en faveur des tribunaux américains régulièrement choisis par les parties. Il suffit que la clause soit régulière au regard du droit international commun: il n'est pas nécessaire qu'elle remplisse les conditions de validité prévues par l'art. 17[19].

Il faut toutefois réserver les cas dans lesquels la compétence d'un tribunal de la Communauté est doté d'une force particulière, force telle qu'elle semble exclure toute prorogation de compétence envers un État tiers. Ce serait le cas pour une compétence résultant de l'art. 16. De même une convention attributive de compétence à un tribunal d'un État tiers qui irait à l'encontre des dispositions protectrices prévues par les art. 12 et 15 en matière d'assurance et de contrat de consommateur ne doivent pas pouvoir

19. V. en ce sens Droz, n° 216 et ss.; Gothot et Holleaux, n° 166; v. aussi Comm. 19 déc. 1978 D. 1979, inf. rap. 341, observ. B. Audit; RC 1979, 617, note A. Huet; JDI 1979, 366 et la note: l'arrêt admet, en vertu du droit commun, le choix par une société allemande et une société française domiciliée à Paris du tribunal de Zurich en Suisse. Le tribunal de Paris ayant été saisi par la société allemande, la Cour d'appel de Paris a raison de faire droit à l'exception d'incompétence soulevée par le défendeur au profit du tribunal suisse, même si l'art. 2 de la Convention Bruxelles donnait compétence au tribunal de Paris. *Contra*: Versailles 26 sept. 1991, RC 1992, 333 et la note.

faire échec à une compétence communautaire[20]. Il devrait en être de même en matière de contrat de travail (v. *infra* n° 142).

Ces exceptions mises à part, la Convention de Bruxelles ne saurait entraver le fonctionnement de clauses attributives de juridiction à des tribunaux d'États tiers, régulières selon le droit international commun. L'art. 17 ne s'applique pas à ces clauses et n'intervient que si le tribunal désigné appartient à un État contractant.

112 – Interprétation libérale de ce critère d'application. L'art. 17 parle de désignation «d'un tribunal ou de tribunaux d'un État contractant». Les parties peuvent donc choisir un tribunal spécialement désigné ou se contenter d'une référence générale aux tribunaux de tel ou tel État contractant[21]. La Cour de justice des Communautés a même admis, le 9 novembre 1978, que les parties puissent attribuer compétence aux tribunaux de *plusieurs* États: dans l'affaire qui opposait l'entreprise allemande *Meeth* à l'entreprise française *Glacetal*, les parties avaient passé une clause selon laquelle toute action en justice intentée par l'entreprise allemande devait être intentée en France et, inversement, toute action intentée par l'entreprise française devait l'être en Allemagne. La Cour admet que cette attribution réciproque de compétence relève de l'art. 17 car l'autonomie de la volonté des parties doit s'exercer aussi largement que possible et «une telle clause conserve un effet utile en ce sens qu'elle a pour conséquence d'exclure, dans les rapports entre les parties, d'autres attributions de compétence facultatives telles qu'on les trouve aux articles 5 et 6 de la Convention» (point 5)[22]. De même, la Cour de cassation française a considéré qu'une attribution réciproque de compétence au tribunal du domicile du demandeur, les parties ayant leur domicile dans deux États contractants différents, relevait bien de l'art. 17[23].

L'autonomie de la volonté des parties doit donc s'exercer très librement. Les parties peuvent se contenter d'exclure certaines compétences prévues par la Convention de Bruxelles; elles sont alors censées avoir prorogé la compétence non-exclue[24]. Il est aussi concevable que les parties choisissent un tribunal désigné par une des règles exorbitantes exclues par l'art. 3[25].

---

20. En ce sens, Droz n° 217 et v. *infra* n° 252.

21. Il en va de même en droit international commun français: v. Cass. civ. 1re 17 déc. 1985 *CSEE c Sorelec*, D. 1986, inf. rap. 265, observ. B. Audit; RC 1986, 537 et la note; Grands arrêts, 2e ed., n° 68. *Contra* et ayant exigé la désignation du tribunal spécialement compétent Aix en Provence 15 juin 1972, D; 1972, 757, note R. Rodière; RC 1973, 350 et la note et Soc. 23 mai 1973, RC 1974, 354, 2e esp. note. P. Lagarde, jurisprudence condamnée par l'arrêt *CSEE c. Sorelec*. V. cependant encore *contra* Rouen 28 janvier 1993, RC 1993, 307 et la note.

22. CJCE, 9 nov 1978, aff. 23/78, *Meeth c. Glacetal*.

23. Civ. 1re 19 février 1980, RC 1981, 127, 2e esp. et la note; D. 1981, inf. rap. 158, observ. Audit.

24. En ce sens Gothot et Holleaux, n° 165.

25. En ce sens Beraudo, Juriscl. Europe, fasc. 3010, n° 51.

La Cour de justice, dans un arrêt *Anterist* du 24 juin 1986, aff. 22/85, a indiqué de façon générale que, en vertu de l'art. 17, «les parties peuvent ainsi attribuer compétence à des tribunaux qui ne l'auraient pas en vertu de dispositions générales ou spéciales de la convention ou exclure celle de tribunaux qui seraient normalement compétents en vertu de ces règles» (point 13). Il faut quand même que la clause désigne directement ou permette indirectement de désigner le ou les tribunaux compétents: ainsi, une clause abandonnant à une partie le choix de n'importe quelle juridiction ne relève pas de l'art. 17[26].

Sur le cas exceptionnel où la désignation d'une loi vaut désignation d'un tribunal: dispositions transitoires pour l'Irlande et le Royaume-Uni, v. *supra* n° 61.

C – Situation internationale

113 – La controverse. A la différence des deux précédents, ce critère d'application ne résulte pas de la lettre de l'art. 17 et, en l'absence de prise de position par la Cour de justice, il y a controverse sur ce point: la relation juridique en cause doit-elle être en elle-même internationale pour que l'art. 17 trouve à s'appliquer, ou peut-on admettre que la désignation d'un tribunal étranger confère l'internationalité nécessaire? Si le rapport Jenard n'était pas très clair sur ce point[27], le rapport Schlosser s'était prononcé nettement pour la première opinion[28] à laquelle se sont ralliés P. Gothot et D. Holleaux[29] ainsi que B. Ancel et Y. Lequette[30], ces auteurs relevant que la défaveur avec laquelle les systèmes juridiques voient les clauses attributives de juridiction dans l'ordre interne (v. art. 48 du Nouv. code de proc. civ. fr.) obligeait à exiger une situation internationale pour admettre ces clauses.

G. Droz avait en revanche soutenu l'opinion contraire: pour lui, le choix d'un tribunal étranger confère à la clause un caractère international justifiant l'application de l'art. 17 quand bien même le rapport juridique en cause serait purement interne[31].

Enfin une intéressante thèse intermédiaire a été proposée par J.P. Beraudo selon qui «Il est des opérations qui peuvent devenir internationales par le choix d'une juridiction étrangère. Il en est d'autres dont la nature interne n'est pas affectée par un tel choix»[32]. L'art. 17 jouerait pour les premières, non pour les secondes et l'auteur donne deux

26. Paris 5 juillet 1989, JDI 1990, 152 observ. a. Huet; cpr. Paris 10 juillet 1991, D. 1991 inf. rap. 218.

27. V. p. 37 et 38 où M. Jenard évoque tour à tour le fait que la Convention ne joue que dans l'ordre international et la possibilité pour deux parties domiciliées dans le même État de proroger la compétence des tribunaux d'un autre État. Ces deux affirmations ne sont pas contradictoires: simplement, lorsque les deux parties sont domiciliées dans le même État, il faut qu'existe un autre facteur d'internationalité (par exemple, le lieu d'exécution du contrat dans un autre État).

28. V. rapport n° 174.

29. N° 167.

30. Grands arrêts préc. n° 68, spéc. p. 563.

31. Op. cit. n° 207, 208.

32. Juriscl. Europe, fasc. 3010, n° 39.

exemples : un contrat entre deux négociants en blé établis en France pour une opération à effectuer en France devrait pouvoir contenir une clause attributive aux juridictions de Londres, alors que, au contraire, il ne pourrait « être admis qu'un contrat de construction d'une maison individuelle devienne international par le seul choix d'un tribunal étranger ». L'idée est ingénieuse mais la distinction entre les deux types d'opérations peut être difficile et il parait préférable de s'en tenir à l'opinion qui exige le caractère international de la situation pour déclencher l'applicabilité de l'art. 17.

Il reste cependant que, même si l'on adopte cette position, les parties peuvent utiliser l'art. 17 pour modifier la répartition des compétences à l'intérieur d'un même État contractant. Soit un litige relatif à un contrat, le défendeur étant domicilié en Allemagne et l'obligation litigieuse exécutable à Lyon : les tribunaux allemands sont compétents en vertu de l'art. 2 et le tribunal de Lyon en vertu de l'art. 5-1 ; les parties peuvent attribuer compétence au tribunal de Paris en insérant une clause valable selon l'art. 17, alors qu'une telle clause relèverait du droit commun français si le défendeur avait été domicilié en France[33].

114 – Exigence d'une situation internationale. Actuellement et sous réserve d'une intervention de la Cour de justice de Luxembourg en un sens différent, il semble donc préférable de décider que l'art. 17 n'intervient que si la situation est internationale et qu'une clause attributive de juridiction à un tribunal étranger ne suffit pas à elle seule à conférer cette internationalité. L'arrêt rendu par la Cour de cassation le 17 décembre 1985[34] est en ce sens puisqu'il énonce que « les clauses prorogeant la compétence internationale sont en principe licites, lorsqu'il s'agit d'un litige international... ». Certes l'arrêt concerne le droit international commun mais il n'y a aucune raison d'adopter une solution différente dans le cadre de la Convention de Bruxelles.

Conformément à la doctrine dominante (précitée n° 113), il faut donc poser que l'applicabilité de l'art. 17 suppose une situation internationale. L'internationalité peut résulter de divers facteurs : domiciles des parties dans différents États, lieu d'exécution des obligations etc. Mais, au regard de la Convention de Bruxelles qui ne prend en considération que le domicile des parties ou leur résidence habituelle et jamais leur nationalité, il paraît certain que la seule différence de nationalité entre des contractants domiciliés dans le même État ne suffit pas à rendre la situation internationale.

115 – Date à laquelle apprécier l'internationalité de la situation. Il peut arriver que, au moment de la conclusion du contrat, la situation soit purement interne mais que, au moment du litige, elle se soit internationalisée (changement de domicile d'une partie, exécution du contrat à l'étranger etc.). L'inverse est également concevable : une situation à l'origine internationale est purement interne lors du litige. A quel moment

33. V. D. Holleaux, note JDI 1980, 354 ; et sur les domaines respectifs de l'art. 17 de la Convention et de l'art. 48 du NCPC : Gothot et Holleaux, n° 167 ; Paris 27 mars 1987, JDI 1988, 140, observ. A. Huet ; D. 1987, som. com. 361 observ. Julien. V. aussi obs. sous Civ. 1ère, 17 déc. 1985, grands arrêts, 2e éd. n° 68, spéc. p. 562.

34. Précité n° 112.

se placer pour apprécier la licéïté d'une clause attributive de juridiction au regard de l'art. 17? Selon nous, c'est au moment de la conclusion du contrat qu'il faut se placer. On retrouve en effet ici le problème déjà évoqué (*supra* n° 108-109) concernant la date d'appréciation du domicile des parties et le même raisonnement doit être mené: pour d'impérieuses raisons de sécurité juridique, les parties doivent pouvoir savoir dès la conclusion du contrat si peut intervenir une clause attributive de juridiction relevant de l'art. 17[35]. Si le contrat est international à l'origine, l'art. 17 s'applique et rend la clause possible; cette clause ne doit pas pouvoir être remise en cause au moment du litige, même s'il se trouve qu'à ce moment la situation est interne. Si, à l'inverse, on est passé d'une situation interne à une situation internationale, le principe demeure que la clause insérée dans le contrat et donc interdite à l'origine reste frappée de nullité. Toutefois, s'il résulte des éléments de la cause que les parties avaient inséré cette clause précisément en prévision d'une internationalisation possible de la situation, il serait concevable de faire produire effet à cette attribution conventionnelle de compétence[36]. L'arrêt précité de la Cour d'appel de Versailles du 8 novembre 1990 (*supra* n° 109) arrive à ce résultat: la clause attributive contenue dans un contrat à l'origine purement allemand et dont on invoquait la nullité en droit allemand, est licite au regard de l'art. 17 dès lors que la situation est devenue internationale au moment du litige. Toutefois, le raisonnement de la Cour est différent en ce qu'elle ne se fonde nullement sur la prévision par les parties d'une internationalisation de la situation mais estime seulement qu'il faut se placer au moment du litige pour apprécier la clause.

§ 2 : Conditions de validité de la clause attributive de juridiction

116 – Plan. L'art. 17 pose essentiellement des conditions de forme (A) et ne mentionne qu'une condition de fond tenant à l'objet de la clause (B).

A – Conditions de forme

117 – Evolution de l'art. 17. Depuis 1968, les règles de forme posées par l'art. 17 n'ont cessé d'évoluer. Alors que le texte originaire ne mentionnait qu'une convention écrite ou une convention verbale confirmée par écrit, en 1978 a été ajoutée la référence aux usages du commerce international et les texte de 1989 a consacré une possibilité envisagée par la Cour de justice en mentionnant une «forme conforme aux habitudes que les parties ont établies entre elles».

Tandis qu'en 1968 la préoccupation essentielle des négociateurs était de s'assurer de la réalité du consentement des deux parties à l'attribution conventionnelle de

35. V. nos observ. sous Paris 14 nov. 1990, JDI 1991, spéc. p. 741-742.

36. V. en ce sens Gothot et Holleaux, n° 168.

compétence[37], il a paru nécessaire par la suite, en particulier pour les Britanniques, d'assouplir les conditions de forme pour mieux répondre aux impératifs de la vie des affaires.

Dans la dernière version du texte, version reprise de la Convention de Lugano, quatre formes sont possibles.

1 – La convention écrite

118 – L'écrit. Constitue d'abord à l'évidence un écrit au sens de l'art. 17 une convention écrite et signée des deux parties, et ce, qu'il s'agisse, comme c'est le plus souvent le cas, d'un contrat dont l'objet principal est autre et qui contient une clause attributive de compétence, ou qu'il s'agisse d'un instrument exclusivement consacré à cette attribution de compétence.

Il y a encore «écrit» si l'instrument signé par les parties contient un renvoi exprès aux conditions générales du contrat dans lesquelles figure l'attribution de juridiction. La Cour de justice des Communautés a précisé que le renvoi doit être exprès même si les conditions générales figurent au verso du papier signé (CJCE 14 déc. 1976, aff. 24/76, *Estasis Salotti di Colzani c. Ruwa*)[38].

Si le renvoi exprès est fait à un document séparé du contrat, les exigences de l'art. 17 pourront être considérées comme remplies s'il est établi que les deux parties ont eu connaissance de ce document ou pouvaient en avoir connaissance. L'arrêt *Colzani* précité précise que le renvoi doit être «susceptible d'être contrôlé par une partie appliquant une diligence normale»[39].

Il a été jugé par la Cour de justice sous l'empire du texte de 1968 que la seule inscription d'une clause attributive de compétence au verso d'un connaissement ne satisfait pas aux exigences de l'art. 17 (19 juin 1984, aff. 71/83, *Tilly Russ c. Goemine Hout*) «aucune garantie n'étant donnée par ce procédé que l'autre partie a consenti effectivement à la clause dérogatoire au régime commun de compétence de la Convention» (point 16)[40].

---

37. V. CJCE 6 mai 1980, aff. 784/79 *Porta-Leasing c. Prestige international* dans lequel la Cour rappelle qu'«il résulte des arrêts rendus par la Cour de justice le 14 décembre 1976 (aff. 24/76, *Estasis Salotti di Colzani* et aff. 25/76, *Segoura*) que la forme écrite exigée par l'art. 17 a pour fonction d'assurer que le consentement des parties qui par une prorogation de compétence dérogent aux règles générales de détermination de la compétence consacrées par les art. 2, 5 et 6 de la convention, soit manifesté d'une manière claire et précise et soit effectivement établi».

38. La Cour devra statuer dans l'affaire C-288/92 sur l'interprétation de l'art. 17 à propos d'un renvoi unilatéral à des conditions générales de vente rédigées dans une langue autre que celle du contrat. La question a été posée par le *Bundesgerichtshof* et l'arrêt doit intervenir en 1994.

39. Pour les applications de la jurisprudence Colzani par les tribunaux français v. Civ. 1re 21 janv. 1981, JDI 1983, 402, observ. D. Holleaux; Paris 20 oct. 1981, JDI 1982, JDI 1983, 404, observ. D. Holleaux; Civ. 1re 3 déc. 1985, D. 1986, inf. rap. 267, observ. B. Audit; JCP 1986.IV.62; Paris 10 juillet 1991, D. 1992, som. com. 165, observ. B Audit; Versailles 4 février 1993, JCP 1993, IV, 1265.

40. Sur la réserve des «rapports commerciaux courants» v. *infra* n° 123.

119 – Hypothèses particulières. Si la clause figure bien dans un contrat écrit mais que ce contrat *soit venu à expiration*, et que pourtant les parties continuent à entretenir des rapports conformes au contrat expiré, la clause reste-t-elle conforme à l'art. 17? C'est en substance la question qui a été posée à la Cour de justice dans l'affaire *Iveco Fiat*: dans son arrêt du 11 novembre 1986 (aff. 313/85, *Société Iveco Fiat c. Société Van Hool*) la Cour répond en distinguant selon que la loi applicable au contrat initial admet ou non la prorogation tacite. Si elle l'admet la clause continue à lier les parties; si elle ne l'admet pas, la Cour assimile la clause à une simple convention verbale qui nécessite alors une confirmation écrite. La solution de la Cour n'emporte pas forcément l'adhésion[41]. Il aurait sans doute été préférable de faire appel à la notion de «rapports commerciaux courants» entre les parties (v. *infra* n° 123) pour faire produire effet à la clause même après l'expiration du contrat.

Une autre difficulté peut surgir lorsque la clause est contenue dans un contrat, mais ne figure pas dans un *autre contrat pourtant étroitement lié au premier*; la Cour de cassation française a estimé que la clause ne produisait effet qu'à l'égard du premier contrat dans une affaire où la clause figurait dans le contrat d'agence commerciale, mais non dans le contrat de consultation et d'assistance commerciale conclue quelques jours après entre les mêmes parties[42]. Ne faudrait-il pas pourtant admettre , en cas d'indivisibilité entre les deux contrats, que la clause contenue dans l'un ait effet à l'égard de l'autre?

Enfin, la Cour de justice a dû se prononcer sur le point de savoir si les *statuts d'une société* contenant une clause attributive de juridiction pouvaient être considérés comme une convention écrite au sens de l'art. 17. Dans son arrêt du 10 mars 1992 (aff. C-214/89, *Powell Duffryn PLC c. Petereit*) la Cour a répondu affirmativement en déclarant que «Indépendamment du mode d'acquisition des actions les exigences de forme posées par l'art. 17 doivent être considérées comme remplies à l'égard de tout actionnaire, dès lors que la clause attributive de juridiction figure dans les statuts de la société et que ces statuts sont déposés en un lieu auquel l'actionnaire peut avoir accès ou figurent dans un registre public» (point 2 du dispositif). Cette solution a l'avantage d'assurer un regroupement du contentieux entre la société et ses actionnaires; en revanche, on peut lui reprocher de ne pas assez se préoccuper de la réalité du consentement de l'actionnaire.

120 – Le défendeur domicilié au Luxembourg. Si le défendeur est domicilié au Luxembourg, l'art. I al. 2 du Protocole annexé à la Convention de Bruxelles pose une

---

41. V. les critiques formulées par Beraudo, Jurisel. Europe, fasc. 3010, n° 23; v. également la note critique H. Gaudemet-Tallon sous cet arrêt à RC 1987, 420. En France, la Cour de cassation a été confrontée à un problème analogue dans une affaire où il fallait savoir si la clause attributive de juridiction s'appliquait aussi aux transactions réalisées après la résiliation du contrat, mais a, en l'espèce, refusé d'accueillir le moyen du pourvoi qui portait sur ce point (Civ. 1re 19 février 1980, RC 1981, 2e esp., 127 et la note.)

42. Cass. Com. 12 déc. 1989 JDI 1991, 158, observ. A. Huet; RC 1990, 358 et la note; et dans le même sens, Paris 22 mai 1991, D. 1992, som. com. 164, observ. B. Audit.

condition de forme plus rigoureuse: «Toute convention attributive de juridiction au sens de l'art. 17 ne produit ses effets à l'égard d'une personne domiciliée au Luxembourg que si celle-ci l'a expressément et spécialement acceptée». En renforçant ainsi les conditions de forme, les négociateurs de la Convention ont voulu éviter que les défendeurs domiciliés au Luxembourg ne soient trop souvent attraits devant d'autres tribunaux que les tribunaux luxembourgeois et que ces derniers ne soient trop fréquemment tenus à l'écart. La raison de ce régime particulier est donnée par M. Jenard: elle tient à la spécificité des relations économiques luxembourgeoises «caractérisées par le fait que de nombreux contrats conclus par des personnes résidant au Luxembourg sont des contrats internationaux»[43].

Dans l'arrêt *Porta Leasing c. Prestige international* du 6 mai 1980 (aff. 784/79) la Cour de justice de Luxembourg a eu l'occasion de donner quelques précisions. Elle distingue les deux conditions, acceptation *expresse* et acceptation *spéciale*. Pour la Cour l'acceptation n'est expresse que «si la convention attributive de juridiction fait l'objet d'une disposition qui lui est particulièrement et exclusivement consacrée» (point 7). Il faut donc que la clause ne concerne que la prorogation de compétence, ce qui n'était pas le cas dans l'affaire *Porta Leasing* où la clause stipulait que «le lieu d'exécution ainsi que le tribunal compétent pour toutes les obligations nées du présent contrat sont ceux du siège du bailleur».

Quant à la spécialité de l'acceptation , elle réside en ce que la clause doit être «spécialement signée pour accord par la partie luxembourgeoise, la simple signature du contrat par cette partie ne suffisant pas»(point 8). La Cour indique encore: «Il n'est toutefois pas nécessaire que cette clause soit mentionnée sur un document distinct de celui qui constitue l'*instrumentum* du contrat» (ibid.). Pratiquement, le défendeur domicilié au Luxembourg devra avoir apposé une signature supplémentaire sur le contrat en marge de la clause attributive de juridiction.

L'art. I al. 2 du Protocole, interprété rigoureusement par la Cour apparaît comme un privilège exorbitant au profit du défendeur domicilié au Luxembourg et est, en général, critiqué par la doctrine[44]. Avec la mise en vigueur des textes de 1978, puis de 1989, qui admettent une clause conclue dans une forme «conforme aux usages du commerce international», l'art. I al. 2 du Protocole semble encore plus anachronique et ce texte risque finalement de desservir les Luxembourgeois dans les relations internationales[45].

---

43. Rapp. p. 63; pour une disposition analogue dans l'art. I al. 1 du Protocole pour le jeu de l'art. 5-1° de la Convention v. *infra* n° 154.

44. V. les notes sous l'arrêt *Porta Leasing*, P. Lagarde à RC, 1981, 339; A. Huet, JDI 1980, 934; v. aussi Beraudo, Juriscl. Europe, fasc. 3010, n° 65.

45. En ce sens P. Lagarde, note précitée.

2 – Convention verbale confirmée par écrit

121 – Convention verbale portant spécialement sur la prorogation de compétence. Il faut, tout d'abord, que la convention verbale ait porté *spécialement* sur l'attribution de juridiction. C'est ce qui résulte de l'arrêt *Segoura* du 24 décembre 1976 (aff. 25/76) : « l'acheteur, même s'il a accepté, dans un contrat conlu verbalement de traiter aux conditions générales du vendeur, n'est dès lors pas censé avoir accepté une clause attributive de juridiction qui peut éventuellement figurer dans ces conditions générales » (point 8) et la Cour de justice a réïtéré cette exigence dans l'arrêt *Tilly Russ* du 19 juin 1984 (aff. 71/83), en indiquant que la prorogation devait avoir fait l'objet « d'une convention verbale... entre les parties portant expressément sur la juridiction » (point 17). Une acceptation verbale portant globalement sur les conditions générales du contrat, ces dernières contenant une clause attributive de juridiction ne peut donc être une « convention verbale » au sens de l'art. 17[46].

122 – La confirmation écrite. Lorsqu'il y a eu convention verbale portant spécialement sur la prorogation de compétence, il faut ensuite une confirmation écrite de l'accord verbal[47].

Dans l'arrêt *Segoura* du 14 décembre 1976 (aff. 25/76), la Cour de justice avait exigé qu'à la confirmation écrite émanant du vendeur, l'acheteur réagisse par une acceptation écrite de la clause (v. points 8 et 12, ainsi que le dispositif de l'arrêt). C'était alors revenir en quelque sorte à l'exigence d'un écrit signé par les deux parties et enlever toute spécificité à la « convention verbale confirmée par écrit ».

La Cour de Luxembourg a modifié cette jurisprudence et dans l'arrêt *Tilly Russ* du 19 juin 1984 (aff. 71/83) a indiqué qu'il suffisait que la convention verbale soit confirmée par écrit par *une* des parties, pas nécessairement par la partie à qui la clause est opposée (en l'espèce, le connaissement n'avait été signé que par le transporteur, v. point 19).

Enfin, dans l'arrêt *Berghoefer* du 11 juillet 1985, aff. 221/84, la Cour réaffirme que la confirmation écrite peut émaner de l'une ou l'autre partie (point 14) et ajoute que les conditions de l'art. 17 sont remplies si la confirmation écrite émanant de l'une quelconque des parties « a été reçue par l'autre et que cette dernière n'a formulé aucune objection » (v. points 15 et 16, et dispositif).

Le droit semble donc maintenant fixé en ce qui concerne cette « convention verbale confirmée par écrit » : la convention verbale doit porter spécialement sur la prorogation de compétence, l'une quelconque des parties doit la confirmer par écrit, l'autre doit recevoir cette confirmation écrite et ne pas soulever d'objections[48].

---

46. V. Civ. 1re 17 nov. 1982, Bull. civ. I, n° 332, p. 284.

47. Sur la pratique allemande des « confirmations de commande », v. D. Ben Abderrhamane, Le droit allemand des conditions générales des contrats dans les ventes commerciales franco-allemandes, Paris 1985.

48. Pour des applications de cette jurisprudence v. Civ. 1re 3 déc. 1985, JCP 1986.IV.62 ; D. 1986, inf. rap. 267, observ. B. Audit. ; Cass. soc. 14 janvier 1988, JDI 1989, 91, observ. A. Huet.

123 – Réserve des «rapports commerciaux courants»; Dès l'arrêt *Segoura* (14 déc. 1976, aff. 25/76), la Cour de justice avait admis la possibilité d'un formalisme moindre si les parties se trouvaient en relations habituelles d'affaires, en «rapports commerciaux courants»(point 11). Cette réserve fût reprise dans l'arrêt *Tilly Russ* du 19 juin 1984 (aff. 71/83) qui admet la validité d'une clause attributive de juridiction figurant dans les conditions imprimées sur un connaissement «... si le connaissement se situe dans le cadre de rappports commerciaux courants entre les parties, dans la mesure où il est ainsi établi que ces rapports sont régis par des conditions générales comportant ladite clause».(v. points 18 et 19 et dispositif). Il n'est alors même pas nécessaire qu'il y ait eu une convention verbale portant spécialement sur l'attribution de compétence: si les «rapports commerciaux courants» entre les parties sont, dans leur ensemble, régis par des conditions générales comportant une clause attributive de juridiction, «il serait contraire à la bonne foi de dénier l'existence d'une prorogation de compétence»(point 18)[49].

124 – Caractère limitatif des exigences de l'art. 17 sur l'écrit ou la convention verbale confirmée par écrit. Les conditions posées par l'art. 17 paragraphe 1 a), telles qu'interprétées par la Cour de justice, sont assez rigoureuses pour que, dans tous les cas (hormis peut-être le cas de clause figurant dans les statuts d'une société, v. *supra* n° 119), soit assurée la réalité du consentement des deux parties. En conséquence, un droit national ne peut poser de conditions supplémentaires. C'est ce qu'a énoncé la Cour de justice dans l'arrêt *Soc.Elefanten Schuh GmbH c. Jacqmain* du 24 juin 1981 (aff. 150/80): «l'art. 17 a ainsi pour objet de prévoir lui-même les conditions de forme que doivent réunir les clauses attributives de compétence, et ceci pour garantir la sécurité juridique et pour assurer le consentement des parties. Les États contractants n'ont donc pas la liberté de prescrire d'autres exigences de forme que celles prévues par la Convention» (points 25 et 26). Dans l'affaire *Elefanten Schuh*, il était donc impossible de prétendre que la convention attributive de juridiction était nulle parce que rédigée en allemand et non en néerlandais, contrairement à la législation belge que la la Cour du Travail d'Anvers invoquait: «une législation d'un État contractant ne saurait faire obstacle à la validité d'une telle convention au seul motif que la langue utilisée n'est pas celle prescrite par cette législation» (point 27). La formulation retenue par la Cour de justice (au seul motif...) peut cependant conduire à penser que si une partie prouvait que la langue utilisée était incompréhensible pour elle, la validité de la clause serait remise en cause, motif pris de *l'absence de consen-*

49. V. Civ. 1re 31 mai 1983, JCP 1983, IV, 249; Paris 30 nov. 1988 et 14 déc. 1988, JDI 1990, 153, observ. A. Huet; Paris 30 nov. 1988, D 1989, som. com. 253, observ. A. Huet; Com. 9 juillet 1991, Bull. IV n° 256; v. aussi Civ. 1re 10 janvier 1990, Bull. I, n° 2, qui réserve le cas où, les parties étant en relations courantes d'affaire, l'une d'elle a cependant clairement manifesté sa volonté de ne pas contracter aux conditions générales.

tement. Mais ce n'est plus, en ce cas, une question de forme *stricto sensu*. Il faudrait alors déterminer le droit qui doit régir ce consentement (v. *infra* n° 131)[50].

3 – «Une forme conforme aux habitudes que les parties ont établies entre elles» (art. 17 paragraphe 1, b)

125 – Habitudes des parties. Cette forme ajoutée par la Convention de Saint-Sébastien (qui la reprend mot pour mot de la Convention de Lugano) est directement issue de la jurisprudence de la Cour de justice qui dans ses arrêts *Segoura* (14 déc.1976, aff.25/76) et *Tilly Tuss* (19 juin 1984, aff. 71/83) réservait les «rapports commerciaux courants» (v. *supra* n° 123) et admettait qu'en ce cas les exigences de forme soient atténuées. La formule retenue reste toutefois bien vague et risque de donner lieu à des difficultés de preuve. Elle a, en revanche, l'indéniable avantage de tenir compte des nécessités de la pratique; comme le relève G. Droz, «Lorsqu'un exportateur et un importateur concluent chaque mois des milliers de contrats portant sur des marchandises identiques en ne précisant par telex, téléphone ou télécopieur que quantités, qualité et prix, on ne peut pas ignorer les conditions générales de vente qui se situent régulièrement à l'arrière-plan de leur relation commerciale et qui peuvent contenir une clause attributive de juridiction»[51]. Cet article 17 paragraphe 1 b) est très proche de la solution retenue par la Convention de Vienne de 1980 sur les contrats de vente internationale de marchandises dont l'art. 9 paragraphe 1 énonce que «les parties sont liées par les usages auxquels elles ont consentis et par les habitudes qui se sont établies entre elles».

4 – Les usages du commerce international

126 – Usages du commerce international. La clause attributive de juridiction peut enfin être passée «dans le commerce international sous une forme qui soit conforme à un usage...» L'art. 17 paragraphe 1 c) reprend là une idée qui était apparue dès la Convention d'adhésion de 1978 sous l'influence du Royaume-Uni. Comme l'avait alors souligné P. Schlosser (rapp. préc. n° 179), «... il n'est pas raisonnable dans la pratique commerciale internationale d'exiger que le cocontractant de l'utilisateur de conditions générales de vente confirme par écrit l'inclusion de celles-ci pour qu'une clause attributive de juridiction contenue dans les conditions puisse avoir effet. Le

---

50. Sur le lien entre la forme et le fond à propos de l'art. 17, v. Ch. Kohler, Rigueur et souplesse en droit international privé: les formes prescrites pour une convention attributive de juridiction «dans le commerce international» par l'art. 17 de la Convention de Bruxelles dans sa nouvelle rédaction, Diritto del Commercio Internazionale, 1990, fasc. 2 p. 611 à 627.

51. Art. préc. RC 1989, p. 23. Pour un cas où l'une des parties avait indiqué sa volonté de ne pas contracter selon les relations d'affaires antérieures, v. Civ. 10 janvier 1990 précité note 49.

commerce international ne saurait se passer de conditions types comportant des clauses attributives de juridiction».

L'art. 17 paragraphe 1 c), reprenant mot pour mot l'art. 17 de la Convention de Lugano (lui-même directement inspiré de l'art. 9 paragraphe 2 de la Convention de Vienne de 1980), précise les qualités que doit présenter cet usage du commerce international: il doit être «largement connu et régulièrement observé dans ce type de commerce par les parties à des contrats du même type dans la branche commerciale considérée». De plus les parties «avaient connaissance ou étaient censées avoir connaissance» de cet usage. Ainsi, on peut penser que ne seront retenues pour valider des clauses attributives de juridiction que des usages bien établis.

Enfin, cette dernière forme n'est acceptable que dans «le commerce international» et non dans n'importe quel contrat international[52].

Il faut attendre que la Cour de justice soit appelée à prendre position sur la portée de cette référence aux usages du commerce international. Il n'est pas certain que l'on se trouve fréquemment en présence d'un usage tel que défini par l'art. 17[53]. Pour ne pas trop sacrifier aux exigences de sécurité, la portée de cet art. 17 paragraphe 1 c) ne devrait, à notre avis, pas être entendue de façon très extensive. Nous nous rangerions volontiers à l'opinion exprimée par Ch. Kohler pour qui la notion de «commerce international» devrait ne comprendre que «des secteurs où les échanges internationaux sont plus ou moins institutionnalisés et régis par des conditions types telles que mentionnées par le rapport Schlosser»[54]. Et l'auteur cite à titre d'exemple le commerce des matières premières[55].

B – Conditions de fond

127 – Exigence d'un rapport de droit déterminé. L'art. 17 énonce que la convention attributive de juridiction doit porter sur «des différends nés ou à naître à l'occasion d'un rapport de droit déterminé». Ceci signifie que deux parties ne pourraient passer une clause visant de façon générale tous les différends qui pourraient naître entre elles à l'occasion de n'importe quel rapport juridique. La raison d'être de cette disposition

52. V. à ce sujet Ch. Kohler, art. préc. note 50 spéc. p. 624.

53. V. par ex. les réserves formulées par Basedow dans sa note sous l'arrêt *Tilly Russ* du 19 juin 1984, IPrax 1985, p. 133 et ss. quant à l'existence de réels usages internationaux pour les clauses attributives de juridiction dans les connaissements; v. à ce sujet en France, Com. 9 juillet 1991 Bull. civ. IV, n° 256. Et sur les usages du commerce international en général, v. entre autres, Ph. Fouchard, Les usages, l'arbitre et le juge, *in* Le droit des relations économiques internationales, Études offertes à B. Goldman, Litec 1982, p. 66; E. Gaillard, La distinction des principes généraux du droit et des usages du commerce international, in Études offertes à P. Bellet, Litec 1991, p. 203. Sur l'art. 9 de la Convention de Vienne, v. Commentary on the International Sales Law, the 1980 Vienne Sales Convention, Bianca and Bonell, Milan 1987, p. 103.

54. Art. préc. p. 625.

55. Sur la jurisprudence française v. Paris 8 juin 1988, D. 1988, inf. rap. 202; Paris 30 nov. 1988 et 14 déc. 1988 précités note 49.

est d'«éviter que la partie qui se trouve dans une situation de plus grande puissance économique impose à la partie adverse un for général déterminé»[56]. En revanche est concevable une clause portant sur les différends nés ou à naître d'un ensemble complexe de contrats conclus, par exemple, à l'occasion de la construction d'une usine ou d'un ensemble commercial, car il s'agit alors bien d'un rapport de droit déterminé même s'il résulte de contrats multiples. De même la Cour de justice a affirmé dans l'arrêt *Powell* du 10 mars 1992 (aff. C 214/89) qu'une clause insérée dans les statuts d'une société et visant tous les litiges qui pourraient s'élever entre les actionnaires en tant que tels et la société avait un objet déterminé au sens de l'art. 17 (point 32).

128 – Clauses en matière d'assurance ou de contrats de consommateurs. Ces clauses font l'objet de dispositions spécifiques protectrice de la partie faible (v. *infra* n° 239 et ss.). L'art. 17 al. 4 prend soin de préciser qu'une clause qui ne respecterait pas ces dispositions spécifiques est sans effet[57](Sur les clauses attributives de juridiction dans les contrats de travail, v. *infra* n° 142).

129 – Interdiction des clauses portant atteinte aux compétences exclusives de l'art. 16. De la même façon, l'art. 17 al. 4 prive d'effet une clause attributive de juridiction lorsque le tribunal à la compétence duquel la clause déroge est exclusivement compétent en vertu de l'art. 16. La solution est incontestable lorsque le critère de compétence de l'art. 16 se trouve sur le territoire d'un État contractant; mais il paraît raisonnable de l'étendre, en vertu de l'effet réflexe de l'art. 16[58] au cas où ce critère est localisé à l'étranger: ainsi une clause attribuant compétence aux tribunaux français pour un litige concernant un droit réel portant sur un immeuble situé aux États-Unis ne devrait pas être considérée comme valable au regard de l'art. 17[59].

130 – Absence d'exigence d'un lien entre le litige et le tribunal désigné. Il n'est pas nécessaire que les parties choisissent un tribunal ayant un lien quelconque avec l'affaire: cette solution, reçue en droit international privé français commun[60], a été formellement consacrée par la Cour de justice dans l'arrêt *Zelger* du 17 janvier 1980 (aff. 56/79) qui, au point n° 4, déclare que l'art. 17 «... fait abstraction de tout élément objectif de connexité entre le rapport litigieux et le tribunal désigné». Cette solution

---

56. Point 10 des conclusions de l'avocat général Tesauro dans l'affaire *Powell*, C. 214/89, 10 mars 1992.

57. V. Trib. gr. inst. Dunkerque, 19 février 1986, JDI 1986, 713, note Kahn; Paris 12 nov. 1991, D. 1991 inf. rap. 285.

58. V. *supra* n° 84.

59. En ce sens Droz, n° 164 et s., 204, 223; Gothot et Holleaux, JDI 1971, 774, 775.

60. V. Comm. 19 déc. 1978 précité note 19 qui admet qu'une société française et une société allemande désignent un tribunal suisse. Paris 10 oct. 1990, RC 1991, 605 et la note: la Cour d'appel admet la validité d'une clause attributive de juridiction au Tribunal de commerce de Paris contenue dans un contrat entre une société du Liechtenstein et une société de l'Ile Maurice.

a l'avantage de permettre aux parties de choisir un tribunal «neutre» par rapport à leurs intérêts respectifs.

131 – Silence de la Convention quant aux autres conditions de fond. S'agissant d'un accord de volonté, la clause attributive de juridiction doit aussi satisfaire aux conditions générales de validité d'un tel accord: par exemple, caractère non vicié du consentement et licéité de la cause. L'avocat général Gordon Slynn avait abordé la question dans ses conclusions dans l'affaire *Elefanten Schuh* 1981 (aff. 150/80) et, pour des motifs de sécurité juridique, proposait que la validité de la convention soit soumise à la loi du tribunal désigné; mais la Cour ne s'est pas prononcée sur ce point. On est donc ici en face du même problème que celui rencontré en droit international commun: quelle est la loi applicable à une clause attributive de juridiction?[61]. Diverses lois ont vocation à intervenir: loi d'autonomie, loi du tribunal exclu, loi du tribunal élu, loi du tribunal saisi, aucun argument décisif ne permettant de trancher. La Convention de Rome du 19 juin 1980 sur la loi applicable aux obligations contractuelles, applicable depuis le 1er avril 1991 n'est d'aucun secours puisqu'elle exclut expressément de son domaine les conventions d'élection de for [art. 1 paragraphe 2, d)]. En droit international commun français, un arrêt de la Cour de Paris du 10 octobre 1990[62] examine la validité de la clause «au regard de la loi française, loi du tribunal saisi»(qui était aussi en l'espèce le tribunal désigné) et constate que «la clause n'était pas au surplus contraire à la loi du tribunal mauricien»(tribunal exclu). Mais, dans une autre affaire, toujours en droit commun, la Première chambre civile de la Cour de cassation indique que la *lex fori* n'a pas «vocation nécessaire ou exclusive» à régir la validité de la clause, sans pour autant prendre parti sur la loi compétente[63]. En doctrine, P. Mayer a proposé que la loi du tribunal désigné et la loi du tribunal exclu soient consultées pour la licéité de la clause, mais que la validité de cette dernière relève, comme pour tout contrat, de la loi d'autonomie[64].

La question n'est donc pas résolue et, dans le cadre de la Convention de Bruxelles, il aurait été plus satisfaisant que l'art. 17 donne une solution précise. Dans le silence du texte, l'opinion développée par l'avocat général Gordon Slynn dans l'affaire *Elefanten Schuh c. Jacqmain*, aff. 150/80, en faveur de la loi du tribunal *désigné* paraît satisfaisante car elle permet de savoir dès la conclusion de la clause si celle-ci est valable ou non; mais peut-être faut-il aussi faire une place à la loi du tribunal *exclu* qui indiquerait s'il était possible de déroger à la compétence de ce dernier[65].

---

61. V. Kaufmann-Kohler, Les clauses d'élection de for dans les contrats internationaux, Bâle 1980.

62. Précité note 60.

63. Civ. 1re 3 déc. 1991, RC 1992, 340 et la note.

64. Op. cit. 4e ed. n° 297, 298.

65. V. aussi, en faveur de la loi du tribunal *saisi*, Beraudo, Juriscl. Europ, 3010, n° 67. Sur les risques de conflits de compétence générés par une clause attributive de juridiction, v. Coll. CJCE mars 1991, rapp. Geimer, p. 45.

§ 3 – Effets de la clause attributive de juridiction

132 – Compétence exclusive du tribunal choisi. Lorsque l'une des parties au moins est domiciliée sur le territoire d'un État contractant, la clause attributive de juridictin confère compétence exclusive au tribunal désigné: «... les tribunaux de cet État sont seuls compétents...» (art. 17 al. 1). Le défendeur régulièrement assigné ne peut contester la compétence du tribunal ainsi choisi. Et si, au contraire, le demandeur l'assigne devant un autre tribunal, il lui suffira de soulever une exception d'incompétence fondée sur la clause pour que le tribunal saisi se déclare incompétent.

L'exclusivité de la compétence du tribunal choisi marque la différence sur le plan de la compétence judiciaire entre une clause qui se borne à fixer le lieu d'exécution d'une obligation et une clause attributive de juridiction: la clause désignant le lieu d'exécution de l'obligation litigieuse ne fait qu'ouvrir une option au demandeur entre les tribunaux du domicile du défendeur et celui du lieu d'exécution (art. 5-1°, v. *infra* n° 153 et ss.) alors que la clause attributive de l'art. 17 confère compétence au seul tribunal désigné: c'est ce qu'a clairement posé la Cour de justice dans l'arrêt *Zelger* du 17 janvier 1980 (aff.56/79).

133 – Cas de désignation *des* tribunaux d'un État. On a vu (*supra* n° 112) que les parties peuvent, au lieu de désigner un tribunal spécialement compétent, se contenter de se référer à la compétence générale des tribunaux de tel ou tel État. C'est alors à la loi de cet État de déterminer le tribunal spécialement compétent en application de ses règles de compétence territoriale interne. Si ces règles se révèlent inutilisables, le litige n'ayant aucun lien avec l'ordre juridique de cet État, il faut alors, comme en droit international commun, admettre que le demandeur puisse choisir un tribunal dans cet État pourvu que ce choix soit conforme à une bonne administration de la justice et effectué sans fraude. En effet le respect de la volonté des parties ne permet pas de dire que la clause est inopérante au motif que les règles de compétence de l'État choisi ne désignent aucune juridiction de cet État[66].

134 – Absence d'exclusivité du tribunal choisi lorsqu'aucune des parties n'est domiciliée sur le territoire d'un État contractant. Ce cas est prévu par l'art. 17 al. 2 et le tribunal désigné n'est alors pas investi d'une compétence exclusive. Il résulte de l'art. 17 al. 2 que si ce tribunal désigné est saisi et décline sa compétence, un tribunal d'un autre État contractant, compétent à un autre titre, pourra connaître de l'affaire. A l'inverse, si le demandeur saisit un tribunal d'un autre État contractant, au mépris de la clause, ce tribunal doit surseoir à statuer tant que le tribunal désigné n'a pas décliné sa compétence. Cette obligation faite aux tribunaux des autres États contractants de surseoir à statuer ne s'impose que si la clause est conforme aux prescriptions de forme

66. En ce sens, v. Droz, n° 212; Gothot et Holleaux, n° 183; Beraudo, Europe fasc. 3010 n° 49. V. aussi CJCE 9 nov. 1978, *Meeth c. Glacetal*, aff. 23/78; 24 juin 1981, *Elefanten Schuh c. Jacqmain*, aff. 150/80.

de l'art. 17 al. 1; mais, cette conformité acquise, aucune des parties n'étant domiciliée dans la Communauté, il semble bien que le tribunal désigné appréciera la régularité de la clause au regard de son droit international commun[67].

Il y a sûrement obligation de surseoir à statuer pour le juge saisi au mépris de la clause si le juge élu a été saisi par l'autre partie. En revanche, si le juge élu n'a pas été saisi par l'autre partie, il semble peu probable que le juge effectivement saisi soit tenu de demander au juge élu s'il s'estimerait compétent au cas où il serait saisi. Cet article 17 al. 2 est révélateur de la difficulté éprouvée quand on veut faire intervenir la Convention de Bruxelles alors que le litige n'a pas de lien particulier avec la Communauté (absence de domicile des deux parties sur le territoire des États contractants). Laissant maintenant de côté cette hypothèse particulière, revenons-en à l'effet de la clause de l'art. 17 al. 1 qui donne compétence exclusive au juge élu.

135 – Etendue de la compétence du juge élu. Le tribunal dont la compétence est prorogée a certainement compétence dans le litige opposant les parties à la clause sur la demande formée à titre principal. On verra plus loin (v. *infra* n° 232 et ss.) la question de savoir si le tribunal désigné est ou non également compétent, au titre de l'art. 6, en cas de pluralité de défendeurs, de demande en garantie, en intervention ou reconventionnelle.

Si les parties ont expressément limité la portée de la clause à certains litiges, cette limitation devra être respectée: ainsi une clause attributive de juridiction relative aux «litiges concernant l'interprétation ou l'exécution du contrat» ne s'applique pas à une demande en annulation du contrat[68].

136 – Cas de la clause convenue dans l'intérêt d'une seule partie. L'art. 17 al. 5 prévoit que si une clause attributive de juridiction «n'a été stipulée qu'en faveur de l'une des parties», celle-ci peut y renoncer et saisir tout autre tribunal compétent aux termes de la Convention de Bruxelles. Cette disposition est logique: si la clause ne bénéficie qu'à une des parties, elle constitue pour elle un privilège et il est toujours loisible de renoncer à un privilège. La Cour de justice s'est prononcée à ce sujet dans l'arrêt *Rudolf Anterist c. Crédit Lyonnais* du 24 juin 1986 (aff.22/85): il s'agissait de savoir si l'attribution de compétence au tribunal du domicile de l'une des parties était nécessairement consentie dans l'intérêt exclusif de cette partie. A juste titre, la Cour répond par la négative; une réponse différente risquait de priver très souvent l'art. 17 al. 1 d'effet utile car il est fréquent que la clause désigne le tribunal du domicile de l'une des parties.

67. V. en ce sens rapp. Schlosser n° 177; Gothot et Holleaux, n° 185; Droz, art. préc. RC 1987, p. 282, n° 48; v. aussi Mezger, Trav. Com fr. dr. internat. pr. 1980-1981, p. 15 et ss., spéc. p. 28 et l'exemple donné; *contra* Beraudo, Juricl. Europe, fasc. 3010, n° 70.

68. Cass. Civ. 1re 25 janvier 1983, JCP 1983.IV.109; RC. 1983, 513 et la note.

Mais si la clause attributive de compétence au tribunal du domicile d'une partie n'est pas nécessairement conclue dans l'intérêt exclusif de cette partie, il peut arriver qu'elle le soit.

De façon plus générale, comment déterminer si une clause attributive de juridiction est consentie au profit d'une seule partie, laquelle pourrait alors y renoncer? La Cour de justice, dans l'arrêt *Anterist* indique qu'il faut rechercher la commune intention des parties et précise qu'il est nécessaire que «la volonté commune d'avantager l'une des parties ressorte clairement, soit des termes de la clause, soit de l'ensemble des indices relevés dans le contrat ou des circonstances qui ont entouré la conclusion de celui-ci» (point 14). Ainsi, par exemple, s'il y a une stipulation expresse indiquant que la clause est conclue à l'avantage exclusif de telle partie; ou encore, si la clause donne à l'une des parties seulement un plus grand choix de juridictions; dans de tels cas l'art. 17 al. 5 s'applique (point 15). Dans les cas où l'avantage conféré à un seul des plaideurs n'apparaît pas si nettement, le juge national doit rechercher la commune intention des parties. Ainsi la Cour de Paris, le 25 avril 1989, a-t-elle relevé «la volonté commune des parties d'avantager la banque en facilitant son recours contre la caution»[69] et le pourvoi contre cet arrêt a été rejeté: la Cour de cassation a estimé que la Cour d'appel avait agi dans le cadre de son «pouvoir souverain d'appréciation de la volonté commune des parties»[70]. Ces solutions sont rationnelles même si elles ont l'inconvénient d'introduire l'élément d'insécurité qu'est la recherche de l'intention des parties alors que pourtant l'insertion d'une clause attributive de juridiction est destinée à éliminer toute incertitude quant à la compétence judiciaire.

137 – Effet de la clause attributive de juridiction contenue dans l'acte constitutif d'un *trust*. La Convention d'adhésion de 1978 est à l'origine de la disposition de l'art. 17 al. 3 qui traite de la clause attributive de juridiction contenue dans l'acte constitutif d'un *trust*. Selon les cas il s'agira d'une convention ou d'un simple acte unilatéral[71], d'où la formulation retenue: «Les conventions attributives de juridiction ainsi que les stipulations similaires d'actes constitutifs de trusts...». La Convention de Bruxelles ne joue, bien entendu, que si le *trust* relève d'une matière non exclue par l'art. 1 paragraphe 2: ainsi un trust constitué en vertu de dispositions successorales ne relève pas de la Convention[72].

Si la matière relève bien de la Convention de Bruxelles, l'art. 17 al. 3 donne compétence exclusive au tribunal choisi dans l'acte constitutif du *trust* pour les «actions contre un fondateur, un *trustee* ou un bénéficiaire d'un trust, s'il s'agit de relations entre ces personnes ou de leurs droits ou obligations dans le cadre du *trust*». Il s'agit donc des relations internes au sein du *trust*.

69. Paris 25 avril 1989, D. 1989, som. com. 255 observ. B. Audit.

70. Civ. 1re 4 déc. 1990, JDI 1992, 198, note A. Huet; RC 1991, 613 et la note.

71. V. rapp. Schlosser, n° 178.

72. V. rapp. Schlosser, n° 112.

Visant «l'acte constitutif» du *trust*, il semble bien que l'art. 17 al. 3 exige un écrit[73].

L'art. 17 al. 3, contrairement à l'art. 5-6° (v. *infra* n° 212 et ss.), ne mentionne pas expressément le *trust* constitué en application de la loi (*constructive trust, implied trust*). Il paraît donc prudent de considérer que l'art. 17 ne s'applique pas à cette catégorie de *trusts* non volontaires[74] puisque cet article tout entier repose sur un principe de respect de la volonté des parties.

Les clauses attributives de juridiction contenues dans l'acte constitutif d'un trust ne sont probablement pas très fréquentes puisque M. Schlosser relevait que «... lors de la constitution du trust, il est souvent impossible de prévoir le for le plus approprié à d'éventuels litiges»[75].

138 – Les personnes à l'égard desquelles la clause attributive de juridiction produit effet. Le principe est que cette clause, comme toute stipulation conventionnelle, lie les parties qui en ont convenu et elles seules. Mais il est cependant des cas dans lesquels la clause va produire effet à l'égard de personnes qui ne l'ont pas signée et les développements suivants en donneront quelques exemples.

139 – Opposabilité de la clause contenue dans les statuts d'une société à tous les actionnaires. Il résulte de l'arrêt *Powell* du 10 mars 1992 (aff. C-214/89) que la clause attributive de juridiction insérée dans les statuts est opposable à tous les actionnaires: ceux qui ont participé au vote des statuts qu'ils se soient prononcées en faveur de la clause ou qu'ils y aient été défavorables, mais aussi tous les actionnaires ultérieurs, quelque soit le mode d'acquisition des actions; il suffit que les statuts aient été «déposés en un lieu auquel l'actionnaire peut avoir accès ou figurent dans un registre public» (disp. point 2). Ce sont ici les nécessités pratiques de traiter de la même façon tous les actionnaires qui l'ont emporté sur le souci d'un véritable consentement de chacun à la clause.

140 – Cession de contrat et subrogation. Si le contrat contenant la clause a fait l'objet d'une cession, les règles ordinaires sur la transmission des créances et des obligations conduisent à admettre le jeu de la clause attributive de juridiction au profit ou à l'encontre d'un ayant-cause qui, par définition, n'a pas donné son consentement lors de la conclusion du contrat. Ainsi, la Cour de justice dans l'arrêt *Tilly Russ* du 19 juin 1984 (aff. 71/83) a jugé qu'une clause contenue dans un connaissement et reconnue valable dans les rapports entre le chargeur et le transporteur était opposable au tiers porteur du connaissement dès lors qu'en vertu du droit national applicable le porteur du connaissement succède aux droit et obligations du chargeur (point 24 et disp.). La solution est satisfaisante: si le droit national admet que le tiers porteur succède au

73. En ce sens, Mezger, Trav. CFDIP préc. note 67, p. 20; Beraudo, Juriscl. Europe, fasc. 3010, n° 71.
74. En ce sens Beraudo, op. cit., loc. cit.
75. Rapp. n° 113.

chargeur dans tous ses droits et obligations, on ne saurait réserver un sort particulier à l'attribution de compétence sans ruiner l'économie d'un système national qui cherche à favoriser au maximum les relations commerciales en ce domaine en organisant une circulation facile du connaissement. Mais c'est bien au droit national et non au droit communautaire de définir les droits et obligations des tiers[76].

La technique de la *subrogation* conduit au même résultat: le subrogé pourra donc se prévaloir de ou se voir opposer la clause qui liait le subrogeant[77].

On peut ici faire un rapprochement avec les solutions données par la Cour de cassation française en droit international commun: la Cour suprême a indiqué que la clause attributive de juridiction «faisait partie de l'économie générale de la convention» et était donc opposable au cessionnaire ou au subrogé[78].

141 – Stipulation pour autrui. La clause est invocable par le bénéficiaire d'une stipulation pour autrui. Dans un arrêt *Gerling Konzern Zpeziale Kredit Versicherung A.G. et a.c Administrazione del tesoro dello stato* du 14 juillet 1983 (aff. 201/82) la Cour de justice a déclaré que «dans le cas de contrat d'assurance conclu entre un assureur et un preneur d'assurance, stipulé par ce dernier pour lui-même et en faveur de tiers par rapport au contrat et contenant une clause de prorogation de compétence se réfèrant à des litiges susceptibles d'être soulevés par lesdits tiers, ces derniers, même s'ils n'ont pas expressément souscrit la clause de prorogation de compétence, peuvent s'en prévaloir» (disp. point 1). La solution s'imposait en matière d'assurance dès lors que l'art. 12 de la Convention (*infra* n° 252 et ss.) a prévu expressément la possibilité de prorogations de compétence dans les contrats d'assurance, «non seulement en faveur du preneur d'assurance, partie au contrat, mais également en faveur de l'assuré et du bénéficiaire, qui, par hypothèse ne sont pas parties au contrat lorsqu'il n'y a pas coïncidence, comme en l'espèce, entre ces différentes personnes et qui peuvent même ne pas être connus lors de la signature du contrat» (point 18).

Cette solution doit, à notre avis, être étendue à tout bénéficiaire d'une stipulation pour autrui[79]. Mais si le bénéficiaire de la stipulation pour autrui peut invoquer la clause à son profit, elle ne doit pas pouvoir lui être opposée: c'est l'application d'un

76. V. cependant Com. 26 mai 1992, RC 1992, 703 et la note. Sur les divergences entre les droits nationaux, v. Beraudo, Juriscl. Europ, fasc. 3010, n° 83; si le droit français et le droit italien sont en général favorables à la cession des obligations du chargeur au tiers porteur du connaissement, le droit belge paraît en sens contraire.

77. V. par ex. Com. 9 oct. 1984, JCP 1984.IV.344: opposabilité à des assureurs français, subrogés aux droits du destinataire, de la clause du connaissement prévoyant la compétence des tribunaux allemands.

78. Civ 1re 25 nov. 1986, *Siaci*, RC 1987, 396 et la note.

79. V. cependant *contra* Com. 4 juin 1985, Bull. IV n° 178 qui estime que le tiers bénéficiaire d'une stipulation pour autrui ne peut invoquer une clause compromissoire contenue dans le contrat principal. En revanche, conforme à ce qui est exposé au texte, v. Paris 12 nov. 1991, D. 1991 inf. rap. 285: une victime intentant l'action directe ne peut se voir opposer la clause attributive de compétence contenue dans le contrat entre la Cie d'assurance et l'assuré.

principe général communément reçu en droit des obligations selon lequel la stipulation pour autrui ne peut faire naître qu'un *droit* au profit du bénéficiaire.

§ 4 : Les clauses attributives de juridiction dans les contrats de travail

142 – L'apport de la Convention de Saint-Sébastien. Dans les premières versions de la Convention de Bruxelles, l'art. 17 ne comportait aucune règle particulière pour les contrats de travail; la Convention de Saint-Sébastien du 26 mai 1989, s'inspirant de la Convention de Lugano mais ne la reprenant pas exactement sur ce point, pose une règle nouvelle propre au contrat de travail qui figure maintenant dans le dernier alinéa de l'art. 17.

Alors qu'il était certain que la Convention s'appliquait aux contrats de travail[80], et que les droits nationaux contiennent en général un régime particulier pour les attributions de compétence contenue dans de tels contrats[81], il était regrettable que la Convention de Bruxelles n'ait pas adopté de dispositions spécifiques. C'est maintenant chose faite: la clause attributive de juridiction contenue dans un contrat de travail individuel «ne produit ses effets que si elle est postérieure à la naissance du différend ou si le travailleur l'invoque pour saisir d'autres tribunaux que celui du domicile du défendeur ou celui indiqué à l'art. 5-1° »[82].

Ainsi, le travailleur peut toujours saisir le tribunal élu, même si la clause attributive de compétence a été conclue avant la naissance du litige, alors que l'employeur ne pourrait lui opposer cette clause. Toutefois, il résulte du libellé du texte que si c'est l'employeur qui prend l'initiative et assigne le salarié au domicile de ce dernier, le salarié ne pourrait lui opposer une clause consentie avant la naissance du différend[83].

Ce nouvel alinéa de l'art. 17 doit assurer une protection efficace du salarié[84]; si la clause est conclue après la naissance du différend, le salarié est en mesure de savoir à ce moment quel est son intérêt; si elle a été conclue avant, elle ne peut qu'augmenter le choix de juridiction laissé au salarié.

---

80. V. CJCE 13 nov. 1979, *Sanicentral*, aff. 25/79.

81. Pour la France, v. art. R 517-1 du Code du travail; et sur les difficultés soulevées en droit commun par ces prorogations dans l'ordre international, v. spéc. J. Déprez, Relations internationales de travail et compétence juridictionnelle: jurisprudence française et communautaire, Rev. de jurispr. soc. 1989, 539; Les clauses relatives au règlement des litiges dans le contrat de travail international, Rev. de dr. des aff. internat. 1990, 883; P. Mayer, Les clauses relatives à la compétence internationale insérées dans les contrats de travail, in Mélanges D. Holleaux, Litec 1990, p. 263; P. Rodière, Conflits de juridictions en droit du travail, Juriscl. dr. internat. fasc 573-2.

82. Sur l'art. 5-1° v. *infra* 153 et ss.

83. V. rapp. Jenard, Almeida Cruz et Desantes Real, p. 48 n° 27 e) 2).

84. Plus efficace même que celle qui résulte de la Convention de Lugano, v. *infra* n° 446.

Le nouveau texte va modifier radicalement les solutions qui, jusqu'à maintenant, au regard de l'art. 17, traitaient les clauses attributives de juridiction dans les contrats de travail comme n'importe quelle prorogation de compétence[85].

Section 2 : La prorogation tacite de compétence de l'art. 18

§ 1 : L'effet attributif de compétence de l'art. 18

143 – Le principe : la comparution du défendeur entraîne prorogation de compétence. L'art. 18, dont le texte n'a jamais été modifié, contient une règle particulière : si le demandeur saisit un tribunal d'un État contractant, normalement incompétent au regard de la Convention de Bruxelles ou du droit international commun, et que le défendeur comparait et ne conteste pas la compétence du tribunal saisi, ce dernier est compétent. Une condition s'impose : la comparution du défendeur, c'est à dire le caractère contradictoire du procès[86]. La compétence du tribunal est prorogée en vertu d'un contrat tacite entre les deux parties. Il faut, bien entendu, que le litige relève matériellement du domaine de la Convention de Bruxelles.

Cette prorogation tacite couvre donc l'incompétence internationale du juge saisi ; en particulier, en France, le juge ne pourra relever d'office cette incompétence comme l'y autorise l'art. 92 du Nouveau code de procédure civile[87].

144 – La controverse quant à la condition de domicile. Le texte de l'art. 18 ne pose aucune condition de domicile de l'une ou l'autre des parties sur le territoire d'un État contractant.

Certains auteurs ont alors estimé que l'art. 18 s'appliquait même au cas où ni le demandeur ni le défendeur n'étaient domiciliés sur le territoire d'un État contractant. La volonté implicite des parties serait suffisante pour rattacher le procès à la Convention de Bruxelles[88].

D'autres, au contraire veulent restreindre la portée de l'art. 18 au cas où le défendeur est domicilié sur le territoire d'un État contractant ; ils tirent argument de l'art. 4 qui renvoie au droit international commun des États contractants lorsque le défendeur est domicilié hors de la Communauté (sous la seule réserve de l'art. 16 , v. *supra* n° 79).

---

85. V. par ex., arrêts rendus sous l'empire de l'ancien texte, Versailles 8 nov. 1990, JCP. 1991.II.21672 n. A. Martin-Serf ; Cass. Soc. 7 janvier 1992, D. 1992, inf. rap. 67 ; Bull. civ. V, n° 7.

86. V. CJCE 7 Mars 1985, aff. *Spitzley c. Sommer*, aff. 48/84.

87. Sur ce que l'art. 18 n'intervient pas s'agissant de la compétence interne des tribunaux d'un État contractant dont la compétence internationale repose sur l'art. 2 de la Convention de Bruxelles, v. Gothot et Holleaux, n° 189 ; Beraudo, Juriscl. Europe, fasc. 3030, n° 4.

88. V. en ce sens, Gothot et Holleaux, n° 190 ; Droz, n° 221, 230.

C'est en ce sens que se prononce J.P. Beraudo[89] s'appuyant sur le rapport Jenard, ainsi rédigé: «L'art. 18 règle la prorogation tacite. Si *un défendeur domicilié dans un État contractant* est assigné devant un tribunal d'un autre État contractant qui n'est pas compétent aux termes de la Convention...» (rapp. p. 38).

En l'absence d'un arrêt de la Cour de justice sur ce point, l'hésitation reste permise. Personnellement il nou semble que la seconde intepprétation est préférable: la compétence fondée sur l'art. 18 est une compétence «fragile», dépourvue de lien substantiel avec la Communauté. La comparution du défendeur et son silence sur la compétence résultera plus souvent de son ignorance des règles applicables que d'un véritable accord. Prétendre que l'art. 18 doit l'emporter sur l'art. 4 ne peut qu'encourager des tentatives de fraude de la part du demandeur qui saisirait un tribunal d'un État contractant pour obtenir une décision bénéficiant du mécanisme simplifié de reconnaissance et d'exécution prévu par la Convention, alors que le litige ne serait en réalité nullement intégré dans la Communauté. Nous serions donc favorable à l'exigence d'un domicile du défendeur sur le territoire d'un État contractant pour que l'art. 18 soit applicable.

145 – Portée de la comparution du défendeur. L'art. 18 indique que la comparution du défendeur n'entraîne pas prorogation de compétence s'il existe une autre juridiction compétente en vertu de l'art. 16. On trouve là une nouvelle manifestation de la force particulière des compétences exclusives. Il faut sans doute, là aussi, admettre l'effet *réflexe* de l'art. 16 (v. *supra* nº 84) et, par exemple, ne pas donner effet attributif de compétence à la comparution du défendeur si le litige porte sur un droit réel concernant un immeuble situé dans un État tiers.

En revanche, l'art. 18 permet aux parties de proroger la compétence d'un tribunal d'un État contractant au mépris de toutes les autres règles de compétence de la Convention de Bruxelles. En particulier, rien ne s'oppose à ce que, par l'effet de cet accord tacite, soit conférée compétence en matière de contrat d'assurance ou de consommateur à une autre juridiction que celles prévues par les art. 12 à 15. Ces articles admettent d'ailleurs les «prorogations conventionnelles de compétence postérieures à la naissance du différend», ce qui englobe non seulement les clauses attributives de l'art. 17 mais aussi la prorogation tacite de l'art. 18.

De même, très logiquement, la Cour de justice des Communautés a décidé que la prorogation tacite résultant dela comparution du défendeur l'emportait sur une clause attributive de juridiction de l'art. 17 antérieurement conclue entre les mêmes parties[90]. Ce que les parties avaient décidé par un accord exprès (art. 17) peut être anéanti par un accord postérieur tacite des mêmes parties (art. 18).

146 – Effet de l'art. 18 sur une demande reconventionnelle. Dans un arrêt *Spitzley c. Sommer* du 7 mars 1985 (aff. 48/84), la Cour de justice a eu l'occasion

---

89. Juriscl. préc. nº 2.

90. CJCE 24 juin 1981, *Elefanten Schuh* aff. 150/80; 7 mars 1985, *Spitzley*, aff. 48/84.

d'étendre la portée de l'art. 18 au cas où le défendeur forme une demande reconventionnelle pour laquelle le tribunal saisi de la demande principale est en principe incompétent. La Cour a admis que, si le demandeur à la demande principale accepte de défendre sur cette demande reconventionnelle, l'art. 18 confère compétence au juge saisi de la demande principale[91]. La Cour relève que, même si l'art. 18 ne vise expressément que la comparution du *défendeur* devant le juge saisi par le *demandeur*, lors d'une demande reconventionnelle la partie demanderesse au principal se trouve exactement dans «une position équivalente à celle expressément prévue par l'art. 18» (point 19). Le principe d'«économie de procédure» déjà dégagé par la Cour dans l'arrêt *Meeth c. Glacetal* du 22 novembre 1978 (aff. 23/78) imposait cette solution.

§ 2 : Absence d'effet attributif de compétence si le défendeur soulève une exception d'incompétence

147 – Le principe. L'art. 18 n'entraîne pas d'effet attributif de compétence si le défendeur soulève une exception d'incompétence. Un tel effet ne se produit que lorsque la comparution du défendeur peut être assimilée à une acceptation de compétence. Aussi l'art. 18 précise-t-il que la règle qu'il pose «... n'est pas applicable si la comparution a pour objet de contester la compétence...». Cette disposition n'appelle pas de commentaire particulier lorsque le défendeur se borne à contester la compétence.

En revanche, la situation est plus délicate, lorsque, ce qui est fréquent, le défendeur conteste la compétence et, subsidiairement, pour le cas où son exception d'incompétence serait rejetée, défend au fond.

148 – L'exception d'incompétence est assortie d'une défense subsidiaire sur le fond. Une difficulté d'interprétation de l'art. 18 est apparue en ce cas, en raison de différences entre les diverses versions linguistiques de la Convention. La version française vise une comparution ayant «pour objet» de soulever l'incompétence du juge. Les autres versions (sauf, semble-t-il, la version irlandaise) n'écartent l'effet attributif de compétence que si la comparution a pour «seul» objet de soulever l'incompétence du juge[92]. Il fut donc demandé à la Cour de justice de décider si le défendeur pouvait assortir son exception d'incompétence d'une défense au fond pour le cas où l'exception

---

91. En l'espèce, le demandeur, vendeur français, avait assigné son acheteur allemand devant les tribunaux allemands pour non-paiement de fournitures. L'acheteur allemand avait, en défense, formé une demande reconventionnelle en compensation de cette dette avec une créance antérieure qu'il avait sur le vendeur. Or, cette créance antérieure relevait d'un contrat de représentation commerciale qui contenait une clause attributive de juridiction aux tribunaux français. La Cour de justice a admis que cette clause pouvait, en vertu de l'art. 18, être tenue en échec par l'attitude du français qui avait accepté de débattre au fond sur la demande en compensation, sans soulever d'exception d'incompétence.

92. Sur les diverses versions, v. Mauro, Quand les traducteurs vont un peu vite, Gaz. Pal. 1975, 1, doctr. 370; v. aussi les notes Huet JDI 1981, 907 et Gaudemet-Tallon, RC 1982, 154.

serait rejetée sans que pour autant sa comparution entraîne prorogation de compétence du tribunal saisi.

La Cour de justice adopta une solution rationnelle (et conforme à la version française du texte) en répondant que «l'art. 18... doit être interprété en ce sens que la règle de compétence que cette disposition établit n'est pas applicable lorsque le défendeur conteste non seulement la compétence mais conclut en outre sur le fond du litige...» (point 17 de l'arrêt *Elefanten Schuh* du 24 juin 1981, aff. 150/80). La comparution du défendeur qui discute et la compétence et le fond ne vaut pas prorogation de compétence.

Réaffirmant la même solution quelques mois plus tard, la Cour précisa que la défense au fond devait être présentée *à titre subsidiaire*: «L'article 18 doit être interprété en ce sens qu'il permet au défendeur de contester non seulement la compétence, mais de présenter en même temps, à titre subsidiaire, une défense au fond, sans pour autant perdre le droit de soulever l'exception d'incompétence» (CJCE 22 octobre 1981, *Rohr c. Ossberger*, aff. 27/81, point 7)[93].

Il serait également possible que le défendeur soulève une exception d'incompétence et forme, à titre subsidiaire, une demande reconventionnelle[94].

149 – Moment auquel doit être soulevée l'exception d'incompétence. La Cour de cassation belge, dans l'affaire *Elefanten Schuh* avait demandé à la Cour de justice si, lorsque le défendeur contestait la compétence et défendait aussi au fond, l'exception d'incompétence devait être soulevée *in limine litis* pour écarter l'effet prorogatoire de compétence de l'art. 18. La Cour fait remarquer que cette notion de *limen litis* «est d'une application difficile, étant donné les différences sensibles existant entre les législations des États contractants en ce qui concerne la saisine des juridictions, la comparution des défendeurs, et la façon dont les parties au litige doivent formuler leurs conclusions. Il résulte, toutefois, de l'objectif recherché par l'article 18 que la contestation de la compétence, si elle n'est pas préalable à toute défense au fond, ne peut en tout état de cause se situer après le moment de la prise de position considérée, par le droit procédural national, comme la première défense adressée au juge saisi» (point 16).

Il résulte de cet arrêt *Elefanten Schuh* du 24 juin 1981 (aff. 150/80) que la Cour reconnait l'applicabilité des dispositions procédurales nationales, mais pose cependant une règle de droit uniforme communautaire.

La compétence de la *lex fori* pour régler les questions de procédure n'est que l'application d'un principe général qui veut que la Convention de Bruxelles ne traite en principe pas de la procédure, sous réserve de quelques dispositions expresses sur des points particuliers[95]. Ainsi l'art. 74 NCPC aux termes duquel toutes les exceptions doivent

93. V. aussi CJCE 31 mars 1982, *C.H.W. c; G.J.H.*, aff. 25/81, et CJCE 14 juillet 1983, *Gerling*, aff. 201/82.

94. V. en ce sens la note préc. RC 1982, p. 155, 156, sous l'arrêt *Elefanten Schuh* du 24 juin 1981.

95. V. *infra* n° 272 et ss.

« à peine d'irrecevabilité être soulevées simultanément et avant toute défense au fond ou fin de non-recevoir » s'applique-t-il certainement. Si le défendeur n'a pas respecté l'art. 74, son exception d'incompétence sera irrecevable et ne permettra donc pas d'écarter l'effet attributif de compétence résultant de l'art. 18[96].

Quant à la règle communautaire, elle est que l'exception d'incompétence ne doit pas se situer « après le moment de la prise de position considérée par le droit procédural national comme la première défense adressée au juge saisi » (point 16 précité). Ainsi, un droit national qui admettrait que l'exception d'incompétence soit soulevée à toute hauteur de la procédure se trouve condamné par la règle posée par la Cour de justice ; plus précisément, une exception d'incompétence, eût-elle un caractère d'ordre public, soulevée après la première défense au fond adressée au juge saisi ne saurait empêcher l'effet attributif de compétence que l'art. 18 fait découler de la comparution du défendeur. Il y a bien là une emprise des règles de la Convention de Bruxelles sur le régime procédural national de l'exception d'incompétence.

96. V. Trib. gr. inst. Paris 3 février 1982, JDI 1984, 583, note H. Lefebvre ; D. 1983 inf. rap. 146, observ. B. Audit ; Civ. 1re 9 juillet 1991, D. 1991 inf. rap. 212. *Contra* : A. Huet, note JDI 1981, 910, cet auteur déduisant *a contrario* de l'arrêt *Elefanten Schuh* qu'une exception d'incompétence présentée avant toute défense au fond, mais après le moment fixé par la *lex fori*, serait recevable nonobstant les règles de procédure du for.

Chapitre 4

Les compétences spéciales de l'art. 5

150 – Généralités. L'art. 5 permet au demandeur de choisir entre les tribunaux de l'État contractant du domicile du défendeur et un tribunal d'un autre État contractant. Il énumère sept cas, de portée variable, dans lesquels une telle option de compétence existe. L'option est ouverte en faveur d'un tribunal déterminé (règles de compétence spéciale) sauf dans le cas visé par l'art. 5-6°. Certains de ces cas n'ont, jusqu'à maintenant pas posé de problème; d'autres, au contraire, ont suscité un abondant contentieux et des modifications textuelles à l'occasion des nouvelles adhésions. Le plus simple est, après avoir donné une vue d'ensemble, d'examiner les sept cas dans l'ordre dans lequel ils se trouvent à l'art. 5.

151 – Justification des options de compétence de l'art. 5. L'art. 5 ouvre au demandeur la possibilité d'assigner le défendeur devant l'un des fors prévus par ce texte sans avoir à prendre en considération les règles étatiques de compétence de ce for, et donc même si ces dernières n'attribuaient pas compétence à ce for[1]. La détermination précise du tribunal compétent par la Convention de Bruxelles facilite la mise en oeuvre des options de compétence dans la mesure où elle rend inutile des dispositions étatiques à ce sujet.

L'idée générale qui anime les diverses règles de compétence de l'art. 5 est «qu'il existe un lien de rattachement étroit entre la contestation et le tribunal qui est appelé à en connaître»[2]. C'est donc la notion de *proximité* (proximité territoriale ou procédurale selon les cas) qui explique les options ouvertes par le texte. La plupart de ces chefs de compétence ont une grande importance pratique et la jurisprudence de la Cour de justice des Communautés européennes est particulièrement abondante pour certains d'entre eux (en particulier pour l'art. 5-1°).

On a parfois craint que ces options ouvertes au demandeur ne favorisent un certain *forum shopping*, le demandeur choisissant le tribunal qui, au fond, appliquera un droit qui lui sera plus favorable. Ce risque est largement écarté pour l'option ouverte par l'art. 5-1° en matière contractuelle depuis l'entrée en vigueur le 1er avril 1991 de la Convention de Rome du 19 juin 1980 sur la loi applicable aux obligations contractuel-

1. V. rapp. Jenard, p. 22.
2. V. rapp. Jenard, loc. cit.

les: la règle de conflit étant en ce domaine unifiée, le droit appliqué au fond sera le même quel que soit le juge saisi, et ce dans tous les États contractants qui auront ratifié la Convention de Rome[3].

152 – Interprétation restrictive de l'art. 5. La Cour a dû, à plusieurs reprises, se prononcer sur les rapports entre les règles de l'art. 5 et le principe général de compétence posé par l'art. 2 et s'est prononcée en faveur d'une interprétation restrictive de tout ce qui apparaît comme une exception à l'art. 2. Ainsi dans les arrêts *De Bloos* du 6 octobre 1976 (aff. 24/76), *Somafer* du 22 novembre 1978 (aff. 33/78), *Peters* du 22 mars 1983 (aff. 34/82), la Cour a insisté sur la nécessité d'éviter une multiplication des chefs de compétence afin de ne pas mettre à mal la «sécurité juridique» à laquelle les parties peuvent légitimement prétendre. Elle a dit également, dans l'arrêt *Kalfelis* du 27 septembre 1988 (aff. 189/87) qu'une règle de la Convention permettant une dérogation à l'art. 2 «doit être aménagée de telle sorte qu'elle ne puisse remettre en question l'existence même du principe» (point 8). Ou encore, dans l'arrêt *Six Constructions* du 15 février 1989, la Cour dit laconiquement: «les compétences spéciales sont d'interprétation stricte» (point 18).

Cette opinion a été reprise par la Cour dans l'arrêt *Jakob Handte* du 17 juin 1992, aff. C-26/91: «... les règles de compétence dérogatoires au principe général de l'article 2 ne sauraient donner lieu à une interprétation allant au delà des hypothèses envisagées par la Convention» (point 14). De même, l'arrêt *Shearson Lehman Hutton* du 19 janvier 1993, aff. C-89/91, indique que les compétences particulières prévues par les sections 2 à 6 de la Convention sont des dérogations au principe général de l'art. 2 (point 14 et 15).

Contrairement à ce que certains avaient pu penser, l'art. 2 n'a donc nullement un caractère résiduel mais est au contraire la règle de base de la Convention. Ce principe général d'interprétation restrictive des règles dérogatoires à l'art. 2 parait de bonne méthode[4].

---

3. Au 1er septembre 1993 la Convention de Rome est applicable dans tous les États de la Communauté européenne sauf au Portugal, cet État ayant toutefois déjà signé la Convention d'adhésion de Funchal le 18 mai 1992. Sur la Convention de Rome, v. spéc. art. P. Lagarde RC 1991, 287 et Jacques Foyer, JDI 1991, 601.

4. V. encore en ce sens B. Ancel, note sous CJCE 26 mars 1992, *Reichert II*, aff. C-261/90, RC 1992, spéc. p. 275, n° 13; Kerameus, La compétence internationale en matière délictuelle, Communic. du 12 mai 1993, à paraître in TCFDIP 1993. V. aussi l'opinion différente de A. Huet, note sous Paris 29 janvier 1981, RC 1982, 383, spéc. p. 389 à 393; v. aussi rapp. A. Huet au Colloque CJCE mars 1991, p. 67 et ss.

Section 1 : L'option de compétence en matière contractuelle : art. 5-1°

153 – Les versions successives de l'art. 5-1°. En 1968, l'art. 5-1° était ainsi rédigé : le défendeur domicilié sur le territoire d'un État contractant pouvait être attrait dans un autre État contractant « en matière contractuelle, devant le tribunal du lieu où l'obligation a été ou doit être exécutée ». En 1978, il fût précisé que l'obligation était « l'obligation qui sert de base à la demande ». Enfin, en 1989, il a été ajouté à l'art. 5-1° des dispositions propres au contrat de travail.

L'étude portera ici sur le texte de 1989, tout en indiquant, dans la mesure nécessaire, la juriprudence rendue sur les versions antérieures et les raisons qui ont conduit aux modifications du texte.

L'idée générale qui anime l'art. 5-1° est que, pour un litige portant sur une obligation contractuelle, le domicile du défendeur n'est pas nécessairement la meilleure localisation de compétence judiciaire et que le demandeur doit pouvoir choisir le tribunal du lieu d'exécution de l'obligation.

154 – Règle particulière pour le défendeur domicilié au Luxembourg. L'art. I al. 1 du Protocole annexé à la Convention de Bruxelles prévoit que toute personne domiciliée au Luxembourg et attraite devant le tribunal d'un autre État contractant en application de l'art. 5-1° peut décliner la compétence de ce tribunal, et que, si le défendeur ne comparait pas, le tribunal doit se déclarer d'office incompétent. La justification donnée[5] est que la majorité des obligations contractées par ces personnes ont un caractère international et qu'elles s'exécutent très souvent dans un autre État contractant. Les Luxembourgeois paraissaient craindre que l'art. 5-1° n'enlève beaucoup de litiges à leurs juridictions[6] et que les personnes domiciliés dans cet État ne soient trop souvent obligées d'aller plaider à l'étranger.

Ces explications ne sont pas très convaincantes[7] et l'art. I al. 1 du protocole se concilie mal avec un principe général de non discrimination entre les personnes domiciliées dans tous les États contractants. Aussi peut-on souhaiter que soit faite une application restrictive de cet article[8].

155 – Plan. Il faut examiner successivement la définition de la « matière contractuelle » (paragraphe 1), puis préciser la notion d'« obligation qui sert de base à la demande » (paragraphe 2), pour enfin voir comment déterminer le lieu d'exécution de cette obligation (paragraphe 3).

---

5. V. rapp. Jenard, p. 63.

6. V. Huss, Le contrat économique international, 1975, p. 226.

7. V. A. Huet, JDI 1980, p. 934, 935.

8. V. Soc. 17 déc. 1986, Bull. V, n° 65 ; RC 1988, 92, note Tagaras et P.L., l'arrêt appliquant l'art. I al. 1 du Protocole à une instance en référé.

§ 1 : La notion de « matière contractuelle »

156 – La difficulté. Il n'est pas toujours facile de savoir si un litige peut ou non être qualifié de litige « en matière contractuelle » et les droits nationaux des divers États contractants apportent parfois des réponses différentes à un même question. Ainsi la faute commise dans les pourparlers précontractuels, la *culpa in contrahendo*, est contractuelle en Allemagne et délictuelle en France : un litige franco-allemand portant sur une telle faute se situe-t-il ou non en matière contractuelle au sens de l'art. 5-1°? Les tribunaux de chacun de ces deux États risquent d'avoir une réponse différente. D'autres exemples pourraient être trouvés dans les profondes divergences entre les droit français et anglais sur la notion même de contrat[9].

Parfois encore c'est un droit national qui est mal fixé : les incertitudes du droit français sur la qualification de la responsabilité dans les chaînes et groupes de contrats en est un exemple. L'état actuel du droit français peut se résumer ainsi : d'une part l'action du sous-acquéreur d'une chose contre le fabricant est une action contractuelle[10] ; mais, d'autre part, depuis un arrêt d'Assemblée plénière du 12 juillet 1991 (arrêt *Besse*) « le sous-traitant n'est pas contractuellement lié au maître de l'ouvrage »[11]. Avant l'arrêt *Besse*, la Première chambre civile de la Cour de cassation française avait interrogé la Cour de justice par arrêt du 8 janvier 1991[12] lui demandant « si l'art. 5-1° de la Convention de Bruxelles prévoyant une règle de compétence spéciale en matière contractuelle est applicable au litige opposant le sous-acquéreur d'une chose au fabricant, qui n'est pas le vendeur, en raison des défauts de la chose ou d'impropriété de celle-ci à l'usage auquel elle est destinée ». A l'audience du 8 avril 1992, l'avocat général Jacobs a estimé que dans un tel cas l'art. 5-1° n'était pas applicable, la responsabilité étant alors, selon lui, de nature délictuelle. La Cour a répondu laconiquement le 17 juin 1992 (*Jakob Handte*, aff. C-26/91) que l'art. 5-1° n'était pas applicable (sur cet arrêt, v. *infra* n° 161), condamnant ainsi la position adoptée par la Première chambre civile le 28 octobre 1986 (arrêt cité note 10).

---

9. V. Barry Nicholas, *French Law of Contract*, Butterworths, 1982; Le contrat aujourd'hui : comparaisons franco-anglaises, sous la direct. de D. Tallon et D. Harris, Bibl. de dr. privé, tome CXCVI, LGDJ, 1987.

10. Et cette qualification a entraîné le jeu de l'art. 5-1° dans Civ. 1re 28 oct. 1986, *Etablissements De Vriendt c. Soc. Otto Rank*, RC 1987, 612 et la note ; rappr. Civ. 1re 4 mars 1986, D. 1987, Som. Com. 345, observ. B. Audit qui montre bien la difficulté propre au droit international si on estime que les relations entre fabricant et sous-acquéreur sont contractuelles : par référence à quel contrat sera-t-il décidé de la loi applicable à l'obligation litigieuse ? – Après l'arrêt *Jacob Handte* de la Cour de justice, la Cour de cassation a réaffirmé la nature contractuelle de l'action du sous-acquéreur, en ce qui concerne le fond du droit (et non la compétence), v. Civ. 1re 27 janvier 1993, *Société Métrologie*, Bull. civ. I n° 45.

11. D. 1991, 549, note J. Ghestin; JCP, 1991.II.21743, note G. Viney ; JCP ed. E. 1991.II.218, note C. Larroumet; Rev. trim. dr. civ. 1991, 750 observ. P. Jourdain; Rev. trim. dr. civ. 1992, 90, note J. Mestre. Voir aussi les chroniques Larroumet JCP, 1991.I.3531, Jamin, D. 1991, 257 et P. Jourdain D. 1992, 149; et dans le même sens que l'arrêt *Besse* Civ. 1re 7 juillet 1992, Rev. de jurispr. commerc. 3/1993, n° 216.

12. RC 1991, 411, note Y. Lequette; *adde* L. Leveneur, Ombre et lumière sur les actions directes dans les chaînes de contrats, Rev. Contrats, concurrence, consommation, mai 1993.

La Cour de justice a été et sera ainsi confrontée à la tâche ardue de tracer les contours de la «matière contractuelle» visée par l'art. 5-1°. Les exemples que nous venons de donner ne prétendent pas à l'exhaustivité et le travail de la Cour sera très difficile. Elle a cependant déjà donné quelques précisions.

157 – La notion de «matière contractuelle» doit recevoir une définition autonome. Dans un arrêt *Martin Peters* du 22 mars 1983 (aff. 34/82), la Cour de justice a pris parti en faveur de l'élaboration d'une notion autonome de la matière contractuelle et a exclu «le renvoi au droit interne de l'un ou l'autre des États concernés» (point 9). La matière contractuelle est donc «une notion autonome qu'il faut interpréter, pour l'application de la Convention, en se référant aux objectifs de ladite Convention, en vue d'asurer à celle-ci sa pleine efficacité» (point 10). Si la Cour se prononce nettement pour une interprétation autonome, elle ne donne pas pour autant une définition générale et abstraite de la «matière contractuelle», définition qui, au demeurant, serait bien difficile à élaborer. Elle répond uniquement à la question qui lui était posée: il s'agissait en l'espèce de savoir si l'art. 5-1° était applicable à la réclamation d'une somme d'argent par une association à ses associés. La question était intéressante car les droits des États contractants font prévaloir tantôt la nature contractuelle de l'association (droits anglais, belge, danois, français, italien), tantôt sa nature institutionnelle (droits allemand et néerlandais). La Cour estime que l'art. 5-1° est applicable car «l'adhésion à une association crée entre les associés des liens étroits du même type que ceux qui s'établissent entre les parties à un contrat et il est, par la suite, légitime de considérer comme des obligations contractuelles, pour l'application de l'art. 5-1° de la Convention, les obligations auxquelles se réfère le juge de renvoi» (point 13). Elle relève aussi l'avantage pratique de cette solution: le juge compétent, celui du lieu d'exécution de l'obligation, sera, le plus souvent, celui du siège de l'association, «normalement le mieux à même de comprendre les statuts, les règlements et les décisions de l'association ainsi que les circonstances qui se rapportent au litige» (point 14). La Cour précise encore que l'obligation de l'associé est de nature contractuelle «qu'elle découle directement de l'adhésion, ou résulte tout à la fois de celle-ci et d'une décision d'un organe de l'association» (point 18).

Les solutions dégagées par l'arrêt *Martin Peters* doivent être transposées lorsque sont en cause les liens entre une société et ses associés: c'est ce qu'a fait la Cour, sur le terrain de l'art. 17 (v. *supra* n° 119, 127 et 139) dans l'arrêt *Powell* du 10 mars 1992 (aff. C-214/89) en considérant la clause attributive de juridiction contenue dans les statuts comme une *convention* entre la société et les actionnaires. De même, une demande en paiement des charges de copropriété d'un immeuble est une demande en matière contractuelle[13].

La Cour a confirmé sa volonté de donner une interprétation autonome de la notion de matière contractuelle le 8 mars 1988 dans l'arrêt *Arcado* (aff. 9/87). Avant de déci-

---

13. Chambéry, 13 juin 1989, JDI 1991, 149, note Huet.

der qu'un «litige relatif à la rupture abusive d'un contrat d'agence commerciale autonome et au paiement de commissions dues en exécution de ce contrat est un litige en matière contractuelle au sens de l'art. 5-1°», la Cour prend soin de préciser que «compte tenu des objectifs et de l'économie générale de la Convention, il importe, en vue d'assurer dans la mesure du possible l'égalité et l'uniformité des droits et obligations qui découlent de la convention pour les États contractants et les personnes intérèssées, de ne pas interpréter cette notion comme un simple renvoi au droit interne de l'un ou l'autre de ces États contractants» (point 10); et «dès lors, il y a lieu de considérer la notion de matière contractuelle comme une notion autonome qu'il faut interpréter, pour l'application de la Convention, en se référant principalement au système et aux objectifs de la Convention, en vue d'assurer à celle-ci sa pleine efficacité» (point 11). La Cour ne donne toujours pas de définition générale de la matière contractuelle, mais retient toutefois un élément susceptible d'être utilisé dans d'autres affaires: le fait que la demande «a pour fondement même" un contrat (point 12) et qu'elle «trouve sa base dans le non-respect d'une obligation contractuelle» (point 13).

Cette démarche pragmatique semble satisfaisante: vouloir donner une définition générale de la matière contractuelle serait sans doute irréaliste et dangereux; mais le corollaire inévitable est un risque d'incertitude dans de nombreux cas.

158 – Contestation sur l'existence ou la validité d'une clause compromissoire contenue dans un contrat. Lorsqu'un juge étatique est saisi d'une telle contestation, peut-on admettre que l'on se trouve en matière contractuelle et donc que l'art. 5-1° est applicable? La réponse à cette question dépend finalement de la portée accordée à l'exclusion faite par l'art. 1er de l'arbitrage du domaine de la Convention. Il faut donc se reporter à ce qui a été écrit à ce sujet (v. *supra* n° 37 à 40).

159 – Contestation sur l'existence ou sur la validité du contrat. Se trouve-t-on en matière contractuelle lorsque la décision à intervenir peut déboucher sur la constatation de l'inexistence du contrat ou sur le prononcé de sa nullité? Si l'on répond négativement, il suffirait au défendeur d'invoquer systématiquement l'inexistence ou la nullité du contrat pour enlever une option au demandeur en empêchant le jeu de l'art. 5-1°. Mais, peut-on, au contraire laisser au demandeur la faculté d'invoquer l'art. 5-1° lorsque c'est à tort qu'il prétend qu'un contrat existe ou est valable?

En droit français, la solution traditionnelle est que le juge saisi subordonne l'application des règles spéciales de compétence en matière contractuelle à l'absence de «contestation sérieuse» sur l'existence du contrat[14].

La Cour de justice, dans l'arrêt *Effer c. Kantner* du 4 mars 1982 (aff. 38/81) s'est prononcée alors que l'objet principal du litige était l'exécution du contrat et qu'une *exception d'incompétence* avait été soulevée au motif que le contrat ne se serait pas

14. Solution d'ailleurs critiquée en doctrine: v. Solus et Perrot, Droit judiciaire privé, tome II, La compétence, Sirey 1973, n° 277 et ss.; Cosnard, La compétence judiciaire en matière contractuelle, *in* Mélanges Hébraud, 1981, p. 207 et ss., spéc. p. 211.

formé. Le dispositif de l'arrêt énonce que «le requérant bénéficie du for du lieu d'exécution du contrat selon l'art. 5-1°... même si la formation du contrat qui est à l'origine du recours est litigieuse entre les parties». La raison de cette solution est donnée au point 7 de l'arrêt: «Il découle de l'ensemble des dispositions de la Convention, notamment de celles de la section 7, que, dans les cas visés à l'art. 5-1° de la Convention, la compétence du juge national pour décider des questions relatives à un contrat inclut celle pour apprécier l'existence des éléments constitutifs du contrat lui-même, une telle appréciation étant indispensable pour permettre à la juridiction nationale saisie de vérifier sa compétence en vertu de la Convention. Si tel ne devait pas être le cas, les dispositions de l'art. 5-1° de la Convention risqueraient d'être privées de leur portée juridique, puisqu'on admettrait qu'il suffit à l'une des parties d'allèguer que le contrat n'existe pas pour déjouer la règle contenue dans ses dispositions. Au contraire, le respect des finalités et de l'esprit de la Convention exige une interprétation des dispositions précitées telle que le juge puisse vérifier, même d'office, les conditions essentielles de sa compétence, au vu d'éléments concluants et pertinents fournis par la partie intéressée établissant l'existence ou l'inexistence du contrat». La Cour estime que le juge saisi doit juger de sa propre compétence: il doit donc vérifier si l'exception d'incompétence est fondée ou non et, pour ce faire, «apprécier l'existence des éléments constitutifs du contrat».

Le principe selon lequel chaque tribunal est juge de sa propre compétence est très généralement accueilli par les droits internes et le fait que la Convention de Bruxelles soit en cause n'imposait nullement de l'écarter. On approuvera donc la position de la Cour de justice, même si elle oblige le juge à examiner des questions de fond pour statuer sur sa compétence[15].

Reste d'ailleurs à savoir si le juge qui a dû examiner le fond pour statuer sur sa compétence est ensuite lié ou non par cet examen préalable lorsqu'il statue au fond[16]. Peut-on admettre qu'une question déclarée par le juge contractuelle au sens de l'art. 5-1° pour fonder sa compétence, soit ensuite qualifiée par lui de délictuelle et jugée selon la loi applicable en matière de délit? Pour C. Kohler[17], la réponse doit être positive, d'autres sont plus dubitatifs[18]. La dissociation traditionnellement faite en droit international privé entre compétence judiciaire et compétence législative conduirait à admettre la possibilité d'une dualité d'analyses, mais on peut espérer que l'hypothèse ne sera pas fréquente.

Dans l'arrêt *Effer* du 4 mars 1982 l'existence du contrat n'était discutée qu'à titre incident dans une *exception d'incompétence*. La Cour de justice n'a pas encore eu à

15. De même, le fait que le juge ait été saisi en vertu d'une clause attributive de juridiction, ne l'oblige pas à écarter cette clause au motif que le contrat qui la contient est argué de nullité; *contra* Trib. gr. inst. Paris 10 juillet 1991, RC 1993, 54 et la note critique.

16. V. sur ce point rapp. Kohler, Coll. CJCE mars 1991 p. 51 et ss.

17. Rapp. précit. note précédente, spéc. p. 56.

18. V. A. Huet, rapp. Coll. CJCE mars 1991, p. 67 et ss.; v. aussi les notes sous l'arrêt *Jakob Handte* du 17 juin 1992, aff. C-26/91.

se prononcer sur l'applicabilité de l'art. 5-1° à une action dont *l'objet principal* serait de faire déclarer l'inexistence ou la nullité du contrat. En revanche la Cour de cassation française a admis le jeu de l'art. 5-1° dans une action en nullité du contrat[19]: cette solution nous paraît correcte, car, comme l'a écrit A. Huet, «un litige sur la validité du contrat est toujours un litige en matière contractuelle»[20], observation tout aussi valable si le litige porte sur l'existence du contrat (sur la difficulté qu'il peut y avoir alors à déterminer l'obligation litigieuse et son lieu d'exécution v. *infra* n° 164). Si la Cour de justice était saisie de cette question, adopterait-elle la même solution que la haute juridiction française? Il est certes impossible de la prévoir avec certitude. On relèvera toutefois que la Cour de justice a déjà dit que, en matière de baux d'immeubles, la compétence fondée sur l'art. 16-1° existe même si l'objet du litige concerne *l'existence* du contrat de bail[21] et elle prend soin de rappeler cette solution à la fin du point 7 de l'arrêt *Effer*. Mais les compétences de l'art. 16 sont impératives et exclusives; au contraire, la compétence de l'art. 5-1° n'est qu'une option proposée au demandeur et n'est ni impérative, ni exclusive.

Il n'est donc pas certain que la Cour étende la solution de l'arrêt *Effer* au cas où se pose la question de l'applicabilité de l'art. 5-1° à une action principale en nullité ou en inexistence du contrat. Ce serait pourtant sans doute la meilleure solution[22]. Elle permettrait en tout cas d'éviter des manœuvres dilatoires de la part du défendeur.

La Cour de justice n'a pas eu non plus encore à se prononcer sur la juridiction compétente pour statuer sur les *conséquences de la nullité ou de l'inexistence* du contrat. Lorsque le tribunal prononce la nullité ou l'inexistence, on peut, en effet, soutenir qu'il statue encore «en matière contractuelle», mais lorsqu'il s'agit des conséquences de cette décision on ne se trouve plus en matière contractuelle puisque le contrat a été déclaré nul ou inexistant. On peut hésiter, mais il semble finalement préférable de reconnaître la compétence de la juridiction qui a prononcé la nullité ou l'inexistence pour statuer sur les conséquences de ce prononcé: obliger les plaideurs à saisir une autre juridiction pour tirer les conséquence de la nullité ou de l'inexistence serait en pratique désastreux[23]. On peut encore invoquer à l'appui de cette solution

---

19. Civ. 1re 25 janvier 1983, RC 1983, 516 et la note; l'arrêt admet la compétence des juridictions françaises car les obligations contractuelles de la société allemande défenderesse auraient dû être exécutées à Paris.

20. Note sous Paris 29 janvier 1981, RC 1982, 383. En revanche MM. Gothot et Holleaux, n° 63, sont réservés estimant « curieux de considérer comme "servant de base à l'action judiciaire" des obligations dont on fait valoir l'impossibilité de les exécuter ou le caractère illicite à l'appui d'une demande en nullité du contrat ».

21. CJCE 14 déc. 1977, affaire *Sanders*, 73/77.

22. V. les notes sous l'arrêt *Effer* du 4 mars 1982; *contra* Gothot et Holleaux, n° 63; et en ce sens Civ. 1re, 25 janvier 1983, précité note 19.

23. V. en ce sens Cosnard, art. préc. note 14; et notre note sous Civ. 1re 25 janvier 1983 préc. note 19; *contra* Gothot et Holleaux, n° 62; v. aussi en droit interne mais à propos de la résolution du contrat, l'affirmation de la compétence du juge qui a prononcé la résolution pour statuer sur les conséquences de celle-ci: Civ. 2e, 11 janvier 1978, Bull. II, n° 12, p. 10; Gaz. pal. 1978.I.273, note J. Viatte; Rev. trim. dr. civ. 1978, 291, observ. J. Normand.

l'art. 10 paragraphe 1 e) de la Convention de Rome sur la loi applicable aux obligations contractuelles qui décide que la loi du contrat régit les conséquences de la nullité de ce contrat[24].

160 – Action mettant en cause à la fois des obligations contractuelles et des obligations délictuelles. Il s'agit là d'une autre difficulté sur laquelle la Cour de justice a eu l'occasion de prendre parti. Dans l'arrêt *Kalfelis* du 27 septembre 1988 (aff. 189/87), il s'agissait d'une demande formée par M. Kalfelis devant les tribunaux allemands, fondée à la fois sur des obligations contractuelles et sur des obligations délictuelles. On retrouvera cet arrêt à propos de l'art. 5-3° (v. *infra* n° 185) mais il doit déjà être mentionné car il a obligé la Cour à préciser les rapports entre l'art. 5-1° et l'art. 5-3°. Le *Bundesgerichtshof* demandait si l'art. 5-3° donnait, en raison de la connexité, une compétence accessoire en matière non délictuelle dans le cadre d'une demande fondée et sur une responsabilité contractuelle et sur une responsabilité délictuelle. Rappelant que l'art. 5 est «d'interprétation stricte», la Cour de justice répond «qu'un tribunal compétent au titre de l'art. 5-3 pour connaître de l'élément d'une demande reposant sur un fondement délictuel n'est pas compétent pour connaître des autres éléments de la même demande reposant sur des fondements non délictuels» (point 19). Il y a évidemment là un risque d'éclatement des compétences pour une même affaire: un juge sera compétent au titre de l'art. 5-1° pour les obligations contractuelles, un autre au titre de l'art. 5-3° pour les obligations délictuelles[25]. La Cour de justice ne méconnait pas cet inconvénient mais estime qu'il est possible de l'éviter, soit en agissant pour le tout devant les tribunaux de l'État du domicile du défendeur, soit en utilisant l'art. 22 sur l'exception de connexité (point 20). M. Darmon, dans ses conclusions, proposait pourtant une autre réponse qui paraît plus satisfaisante: il suggérait que, en cas de coexistence d'obligations contractuelles et d'obligations délictuelles dans un même litige, le juge saisi sur la base de l'art. 5-1° puisse connaître de l'ensemble de l'affaire. En effet, la nécessité d'un for unique paraît impérative et il est fâcheux de contraindre le demandeur à s'en tenir à l'art. 2 de la Convention alors que et l'art. 5-1° et l'art. 5-3° lui offrent une option. Pourquoi faire prévaloir l'art. 5-1°? Parce que, répond M. Darmon, «la relation contractuelle manifeste une force d'attraction qui doit s'étendre aux demandes à fondement délictuel» et il cite aussi en ce sens M. Kropholler: «c'est la relation contractuelle et non la relation délictuelle qui est déterminante»[26]. La Cour de justice n'a pourtant pas suivi les conclusions de son avocat général et, se refusant à établir une hiérarchie entre l'art. 5-1° et l'art. 5-3°, elle ne

---

24. Avec toutefois une possibilité pour les États contractants de faire une réserve sur ce point, réserve faite par le Royaume-Uni.

25. Le risque est particulièrement sérieux lorsque le droit applicable au fond admet des combinaisons (cumul ou option) entre les responsabilités contractuelle et délictuelle, ce qui est, par exemple, le cas du droit anglais et du droit allemand. V. J. Huet, Responsabilité contractuelle et responsabilité délictuelle, thèse Paris II, multigraphiée, 1979.

26. Kropholler, Europaïsches Zivilprozessrecht, 1982, p. 64, n° 32.

reconnait compétence au juge que chacun de ces textes indique que pour statuer respectivement l'un sur les obligations contractuelles, l'autre sur les obligations délictuelles[27]. Il faut cependant remarquer que M. Darmon a repris la thèse qu'il avait soutenue dans l'affaire *Kalfelis* lors de l'affaire *Shearson Lehman Hutton* du 19 janvier 1993, aff. C-89/91, qui, ayant trait à la définition du contrat de consommateur sera examinée plus loin (v. *infra* n° 258 et ss.); malheureusement, dans l'arrêt *Shearson Lehman Hutton*, la Cour de justice n'a pas eu à prendre parti sur ce point.

Une autre technique serait concevable qui , tout en respectant l'égalité entre l'art. 5-1° et l'art. 5-3°, éviterait la dispersion des compétences: on pourrait songer à faire de la connexité non plus une simple exception (art. 22), mais un critère général de compétence directe[28]. Mais ceci impliquerait une modification de la Convention de Bruxelles et elle n'a, semble-t-il jamais été envisagée lors des modifications successives à l'occasion de l'adhésion de nouveaux États.

161 – Les chaînes de contrats et l'arrêt Jakob Handte: vers un retour à l'art. 2? Dans l'arrêt *Jakob Handte* du 17 juin 1992, aff. C-26/91, interrogée par la Cour de cassation française, la Cour de justice a décidé que l'art. 5-1° ne s'appliquait pas dans un litige opposant le sous-acquéreur d'une marchandise au fabricant; pourtant, le droit français qualifie l'action du sous-acquéreur d'action contractuelle (v. *supra* n° 156).

Certes la Cour de justice n'est pas liée par les qualifications nationales et il lui était loisible de ne pas accepter la qualification française. De plus, les droits des autres États contractants sont loin d'être tous dans le même sens que le droit français (v. l'exposé de droit comparé fait par l'avocat général Jacobs dans l'affaire Jakob Handte). La Cour justifie sa solution en indiquant en particulier que «la notion de matière contractuelle au sens de l'art. 5-1° ne saurait être comprise comme visant une situation dans laquelle il n'existe aucun engagement librement assumé d'une partie envers une autre.» (point 15). On peut voir là une ébauche de définition générale de la «matière contractuelle». Elle conduirait à ne jamais faire jouer l'art. 5-1° dans les chaînes et groupes de contrats.

Mais, ce qui intrigue dans cet arrêt est le silence de la Cour sur l'article de la Convention alors applicable. L'avocat général proposait l'application de l'art. 5-3°. La Cour se borne à dire que l'art. 5-1° n'est pas applicable. Est-ce à dire qu'elle estime que l'art. 5-3° ne devait pas jouer non plus. C'est une interprétation possible[29]; on serait alors ramené au principe général de l'art. 2. Ce serait une confirmation de l'interprétation restrictive que la Cour entend donner aux options de compétence de l'art. 5 (v. *supra* n° 152), interprétation restrictive réaffirmée au point 14 de l'arrêt *Jakob Handte*.

---

27. V. favorable à cette solution, A. Huet, observ. JDI, 1989, 457. La Cour a été saisie en septembre 1993 d'une nouvelle question d'interprétation des articles 5-1° et 5-3° à propos d'une action visant à la restitution d'une somme payée en exécution d'un contrat déclaré nul pour défaut de capacité d'une partie, aff. C. 246/93 *Kleinwort Benson* c. *City of Glasgow District Council*.

28. En ce sens, A. Huet, observ. préc. note précédente.

29. V. notre note sous l'arrêt *Jakob Handte*, RC 1992, 726 et ss. spéc. p. 731 à 738; v. aussi *infra* n° 186.

Ce retour à l'article 2 paraît résulter aussi de l'arrêt *Reichert II* du 26 mars 1992, aff. C-261/90, qui décide que l'action paulienne ne relève pas de l'art. 5-3° (v. *infra* n° 185). Selon l'opinion autorisée de B. Ancel, «l'arrêt vient introduire une troisième catégorie, distincte de la matière délictuelle comme de la matière contractuelle et qui peut rester innommée dans la Convention sans que cet anonymat doive surprendre ni inquièter, puisqu'il n'a d'autre conséquence que de la vouer au droit commun et donc à l'application de l'art. 2»[30]. L'arrêt *Jakob Handte*, rendu quelques mois après l'arrêt *Reichert II* paraît confirmer la démarche de la Cour.

Il serait toutefois souhaitable que la Cour se prononce nettement, en de telles circonstances, en faveur du retour à l'art. 2 afin que les juges nationaux n'aient plus d'hésitations: ainsi, la Cour de cassation, dans l'arrêt *Jakob Handte* du 27 janvier 1993[31], rendu après l'arrêt interprétatif de la Cour de justice, s'incline certes devant l'interprétation communautaire et énonce que l'action en cause ne relève pas de l'art. 5-1°; puis elle renvoie devant la Cour d'appel de Chambéry. Mais, comment cette dernière va-t-elle statuer sur la compétence? En n'utilisant que l'art. 2, ou en arguant de ce que, comme le soutenait l'avocat général Jacobs, si l'art. 5-1° n'est pas applicable, c'est l'art. 5-3° qui intervient? Le seul recours à l'art. 2 nous paraîtrait préférable; toutefois l'exclusion de l'art. 5-3° ne résulte que d'une interprétation possible mais non certaine de l'arrêt de la Cour de justice. De plus, la Cour de cassation maintenant la qualification contractuelle pour l'action du sous-acquéreur quant au fond du droit (v. *supra* note 10 *in fine*), il en résulte un divergence avec la qualification retenue pour la compétence. Cette divergence peut s'expliquer (v. les notes sous l'arrêt *Jakob Handte* du 17 juin 1992, aff. C-26/91) mais est quand même regrettable pour la cohérence du système juridique.

162 – Quasi-contrat. Quelle règle de compétence utiliser en cas d'action fondée sur un quasi-contrat? L'art. 5-1° ne vise que la «matière contractuelle». L'interprétation stricte préconisée par la Cour doit alors conduire à écarter les quasi-contrats du bénéfice de l'art. 5-1°. De plus, la notion de quasi-contrat se prête, en droit interne, à des analyses multiples et changeantes la rapprochant parfois davantage du contrat, parfois davantage du délit[32], ce qui conduit aussi à penser que l'art. 5-1° ne peut s'appliquer aux quasi-contrats qui relèveraient alors seulement de l'art. 2. La Cour de justice semble avoir implicitement adopté cette position dans l'arrêt *Kalfelis* du 27 septembre 1988, aff. 189/87, où il s'agissait d'une demande fondée cumulativement sur la responsabilité délictuelle, la violation d'une obligation contractuelle et l'enrichissement sans cause (v. *infra* n° 185).

---

30. Note sous l'arrêt *Reichert II*, RC 1992, p. 714 et ss. spéc. p. 725, n° 12 et 13.

31. Bull. Civ. I n° 34; RC 1993, 485 et la note.

32. Pour le droit français, v. Malaurie et Aynès, Droit civil, Les obligations, 4e ed. 1993, n° 900 et ss.; en droit comparé, sur la gestion d'affaires, v. S.J. Stoljar, Negotiorum gestio, International Encyclopedia of Comparative Law, vol. X, chap. 17, 1980. Il sera sans doute utile de se reporter à la réponse que donnera la Cour de justice dans l'affaire C. 346/93, citée *supra* note 27.

On peut encore tirer un argument supplémentaire à l'appui de cette conclusion de ce que la Convention de Rome du 19 juin 1980 ne concerne pas les quasi-contrats; or, il est souhaitable que les deux Conventions qui sont à la base d'un véritable droit international privé européen soient, aussi souvent que possible, interprétées de façon convergente et, en particulier que la notion de «matière contractuelle» ait la même signification pour les deux textes.

§ 2 : L'obligation à retenir

163 – Le problème initial: le texte de 1968 et l'arrêt *De Bloos* du 6 octobre 1976. Lorsque l'on se trouve en matière contractuelle, l'art. 5-1° oblige à se demander quelle est l'obligation dont le lieu d'exécution pemet de déterminer le tribunal compétent. Le texte de 1968 se contentait de donner compétence au tribunal du «lieu où l'obligation a été ou doit être exécutée». De quelle obligation s'agissait-il?

Sans reprendre les diverses possibilités évoquées alors et qui n'ont plus qu'un intérêt historique, venons en tout de suite à l'arrêt de la Cour de justice qui répondit à cette question: le 6 octobre 1976, dans l'arrêt *De Bloos* (aff. 14/76), la Cour dit que l'obligation à retenir n'est ni l'une quelconque des obligations nées du contrat, ni l'obligation caractéristique, mais l'obligation qui sert de base à l'action en justice[33]. Il résultait de cet arrêt que dans un litige opposant un acheteur à un vendeur, l'acheteur se prévalant d'une livraison de marchandises défectueuses et le vendeur invoquant le non paiement du prix, il y a deux obligations litigieuses qui doivent être portées, si l'on veut utiliser l'art. 5-1°, chacune devant le tribunal de son lieu d'exécution. En revanche, l'arrêt *De Bloos* indique que l'on ne doit pas distinguer l'obligation de sa sanction: si une demande en dommages-intérêts est formée pour inexécution d'une obligation, l'art. 5-1° désigne le tribunal du lieu où cette obligation aurait dû être exécutée et non le lieu de paiement des dommages-intérêts. La Cour précise encore que si l'indemnité réclamée n'était pas la sanction de l'inexécution de l'obligation litigieuse, mais une «indemnité autonome d'après le droit applicable au contrat», alors elle bénéficiait éventuellement d'un for distinct au sens de l'art. 5-1°. Un exemple d'«indemnité autonome» était fourni dans l'affaire *De Bloos* où le concessionnaire belge, distributeur exclusif d'un concédant français, réclamait outre la résolution du contrat, diverses indemnités: si l'indemnité de préavis n'était que la sanction de l'obligation du concédant de respecter le délai de préavis, en revanche, était «autonome» l'indemnité spéciale prévue par l'art. 3 de la loi belge du 27 juillet 1961, indemnité due même en cas de rupture licite du contrat et fondée sur l'enrichissement du concédant et l'appauvrissement du concessionnaire. MM. Gothot et Holleaux donnent encore comme exemples d'indemnités autonomes «l'indemnité de clientèle accordée aux V.R.P. par l'art. L 751-9 du Code du travail, ou l'indemnité due aux agents commerciaux en

33. V. en ce sens la version italienne de l'art. 5-1°: «*obligazione dedotta in giudizio*».

vertu de l'art. 3 du décret du 23 décembre 1958, ou encore l'indemnité de licenciement en cas de résiliation même non abusive du contrat de travail»[34].

La référence faite par l'arrêt *De Bloos* à «l'obligation qui sert de base à la demande» a été reprise textuellement par la Convention d'adhésion de 1978 et par les versions ultérieures de la Convention de Bruxelles. Mais cette formule ne règlait pas tous les problèmes et il faut maintenant examiner en premier lieu la solution de principe, valable pour tous les contrats en général (A), puis le régime spécifique du contrat de travail (B).

A – La solution de principe pour tous les contrats en général.

164 – Difficultés engendrées par l'arrêt *De Bloos*. La solution dégagée par la Cour de justice dans l'arrêt *De Bloos* se heurta à certaines réserves de la part de la doctrine et à de sérieuses difficultés d'application devant les juridictions nationales.

Bien que, au point 9 de l'arrêt *De Bloos*, la Cour ait rappelé la «nécessité d'éviter dans la mesure du possible la multiplication des chefs de compétence judiciaire par rappport à un même contrat», il résultait cependant de la solution retenue que, s'il y avait plusieurs obligations litigieuses, la compétence judiciaire risquait d'éclater dès lors que ces obligations ne s'exécutaient pas toutes au même endroit. Le risque d'éclatement était accru par la catégorie dégagée par la Cour des «obligations autonomes» indépendantes de l'obligation contractuelle litigieuse et pouvant donc justifier un compétence judiciaire propre.

La doctrine était assez partagée[35], mettant en avance tantôt l'avantage de la solution *De Bloos* dans la mesure où en principe le juge compétent pour chaque obligation était le plus «proche» de cette obligation et le mieux placé pour en connaître[36], tantôt, au contraire, l'inconvénient qu'il y avait à ce qu'un litige formant un tout soit partagé entre plusieurs fors[37].

Certaines décisions nationales se conformèrent à l'arrêt *De Bloos* dans des actions intentées pour défaut de paiement en matière de ventes internationales, admettant ou non la compétence française selon que le prix était ou non payable en France[38]. Mais beaucoup eurent du mal à appliquer la solution donnée par la Cour de justice: dès que le litige portait sur plusieurs obligations, il n'était pas toujours facile d'isoler obligation née de l'inexécution du contrat et obligation autonome; et s'il y avait plusieurs obligations litigieuses, la jurisprudence *De Bloos* aurait souvent eu des conséquences regrettables en pratique.

34. N° 66.

35. V. les notes citées avec l'arrêt *De Bloos* dans le tableau figurant à la fin des annexes, p. 416.

36. V. spéc. note Gothot et Holleaux, RC 1977, 768.

37. V. Droz, article D. 1977, 287; et A. Huet regrettant vivement que la connexité ne soit pas un chef de compétence directe, JDI 1981, p. 849, p. 912; JDI 1982, 909 et RC 1982, 398.

38. V. par ex. Civ. 1re 12 déc. 1978, JDI 1980, 351 note D. Holleaux; Lyon 28 février 1979, JDI 1980, 104, note Ph. Kahn; Nîmes 8 oct. 1980, JDI 1981, 851, note D. Holleaux.

Un exemple illustrera ces difficultés: la Cour d'appel d'Angers, le 29 janvier 1980[39], a dû se prononcer sur la compétence judiciaire française fondée sur l'art. 5-1° dans une instance où étaient réclamées par un V.R.P. français à son employeur belge des indemnités variées (de congés payés, de commissions, de retour sur échantillonage, de préavis, de rupture abusive et de clientèle). Si l'on avait appliqué la jurisprudence *De Bloos*, on aurait isolé les obligations contractuelles originaires (dettes de congés payés et de commissions) devant être payées en Belgique (le paiement est quérable et en droit belge et en droit français) et relevant donc de la compétence judiciaire belge ainsi d'ailleurs que l'indemnité de clientèle (à titre d'obligation autonome); au contraire le juge français aurait été compétent pour les indemnités de préavis et de rupture abusive puisqu'elles découlaient d'obligations pesant sur l'employeur qui auraient dû être exécutées en France. Cette dispersion des compétences aurait évidemment été tout à fait regrettable et on ne peut qu'approuver la Cour d'Angers de s'être reconnue compétente pour le tout; mais il faut bien admettre que si formellement la Cour d'appel a pris soin de paraître se conformer à l'arrêt *De Bloos*, en réalité, en substance, elle le méconnaissait[40].

Une autre difficulté se présentait lorsque, s'agissant d'un contrat de concession, le concessionnaire reprochait globalement au concédant d'avoir « violé son obligation générale de respect du contrat »: les tribunaux ne distinguent alors pas les diverses obligations pesant sur le concèdant mais considèrent qu'elle forment un tout et en localisent l'exécution sur le territoire concédé[41].

Il faut encore signaler un arrêt de la Cour de Paris du 29 janvier 1981[42] qui, plus radical, estimait impossible de localiser l'exécution de l'obligation générale du concédant de respecter le contrat et en déduisait l'inapplicabilité de l'art. 5-1°.

Enfin, en cas d'action en nullité d'un contrat, il n'y a pas à proprement parler d'« obligation litigieuse » si, par exemple, la demande invoque un vice du consentement ou encore l'illécéité de l'objet du contrat. La Cour de cassation a pourtant eu l'occasion de dire que le Tribunal de commerce de Paris était compétent, en vertu de l'art. 5-1°, au motif que les obligations contractuelles pesant sur le défendeur et en raison desquelles le demandeur agissait en nullité auraient dû être exécutées à Paris[43]. La solution se comprend, mais une analyse stricte de l'affaire montrait que c'était l'illicéité de l'objet (contrefaçon d'une méthode d'enseignement) qui fondait la nullité du contrat; il était bien difficile d'isoler *une* obligation litigieuse: toutes les obligations nées du

---

39. JDI 1980, 889, observ. D. Holleaux; RC 1981, 118 et la note.

40. Pour d'autres exemples de ces difficultés pratiques v. en Belgique, Liège 12 mai 1977, J. Trib. 1977, 710, note Keutgen et Huys, JDI 1979, 193, observ. Eliaers; en France, Lyon 28 mars 1979, JDI 1980, 888, observ. D. Holleaux; Paris 13 nov. 1980, JDI 1981, 849, observ. D. Holleaux.

41. V. Civ. 1re, 23 janvier 1979, JDI 1980, 333, 1re esp. note D. Holleaux, RC 1979, 816 et la note, où la Cour relève quand même le lieu d'exécution des livraisons; plus net, Civ. 1re, 27 nov. 1979, JDI 1980, 333, 3e esp. note D. Holleaux où la Cour suprême se borne à relever que « l'obligation était celle de respecter le contrat de concession, obligation qui devait être exécutée en France puisque le contrat invoqué concernait le territoire français »; v. encore Amiens, 26 avril 1978, JDI 1980, 333, 2e esp. note D. Holleaux; Civ. 1re, 13 déc. 1978, D. 1979, inf. rap. 338, observ. Audit; Comm. 13 nov. 1980, JDI 1981, 851, observ. D. Holleaux.

42. RC 1982, 383, note A. Huet; Gaz. Pal. 1981.2.698, note Sénéchal L'homme.

43. Civ. 1re, 25 janvier 1983, RC 1983, 516 et la note.

contrat étaient litigieuses puisque le contrat était argué de nullité, et l'arrêt *De Bloos*, rendu à propos d'une action en exécution d'un contrat et non d'une action en nullité, était de peu de secours[44].

Bref, la formule utilisée par l'arrêt De Bloos risque d'entraîner une dispersion des fors compétents et est difficilement applicable dans certains cas. C'est pourtant celle qui a été reprise dans le texte de l'art. 5-1° depuis la Convention d'adhésion de 1978: « Le défendeur... peut être attrait... 1°, en matière contractuelle, devant le tribunal du lieu où l'obligation qui sert de base à la demande a été ou doit être exécutée. » Ceci laisse donc subsister toutes les difficultés engendrées par l'arrêt *De Bloos*[45].

La Cour de justice, tout en réaffirmant la jurisprudence *De Bloos*, a toutefois apporté une précision qui peut éviter au moins un des inconvénients dénoncés: la dispersion des fors compétents.

165 – L'arrêt *Shenavaï*: l'obligation principale parmi les obligations litigieuses. Dans l'arrêt *Shenavaï* du 15 janvier 1987 (aff. 266/85), la Cour de justice dit pour droit que « l'obligation à prendre en considération, dans un litige relatif à une action en recouvrement d'honoraires intentée par un architecte... est l'obligation contractuelle qui sert concrètement de base à l'action judiciaire » (point 20). C'est donc la confirmation de l'arrêt *De Bloos*; la Cour de justice avait ici été saisie en interprétation du texte de 1968 et elle se trouvait confortée dans cette interprétation puisque le texte de la Convention d'adhésion de 1978 l'avait adoptée.

Mais l'arrêt *Shenavaï* apporte, dans ses motifs, une précision importante: reconnaissant que la règle de compétence du juge du lieu d'exécution de l'obligation litigieuse « ne donne pas de solution dans le cas particulier où le litige porte *sur plusieurs obligations* qui découlent d'un même contrat et qui servent de base à l'action intentée par le demandeur » (point 19), la Cour indique que « ... dans un tel cas, le juge saisi s'orientera pour déterminer sa compétence, sur le principe selon lequel *le secondaire suit le principal*; en d'autres termes ce sera l'obligation principale, entre plusieurs obligations en cause, qui établira sa compétence » (point 19).

La règle est donc que, en vertu de la maxime *accessorium sequitur principale*, s'il y a plusieurs obligations litigieuses, c'est l'obligation principale parmi ces obligations litigieuses qui sera retenue pour l'applicaton de l'art. 5-1°. Cette solution avait déjà été prônée par l'avocat général Reischl dans l'arrêt *Ivenel* (v. *infra* n° 166). Elle a l'immense avantage d'assurer qu'un seul tribunal connaîtra de l'ensemble de l'affaire et donc de respecter un des objectifs de la Convention, la concentration des compétences[46].

---

44. V. aussi sur cette question de la nullité, observ. A. Huet, note précitée sous Paris 29 janvier 1981, RC 1982, spéc. p. 397.

45. V. Droz, L'entrée en vigueur de la Convention de Bruxelles révisée en 1978, RC 1987, 21 et ss.

46. V. par ex. Versailles, 2 juin 1988, JDI 1990, 1re esp. observ. A. Huet; D. 1988 inf. rap. 211, observ. B. Audit.; et, pour une influence de cette solution sur une question de conflit de lois alors que la Convention de Rome n'était pas applicable: Paris 22 mai 1991, D. 1992, som. com. 164, observ. B. Audit. V. aussi une application remarquée de la jurisprudence *Shenavaï* par la Chambre des Lords, *Union Transport Plc. v. Continental Lines S.A.*, (1992) 1 W.L.R., 15 et *Law Quarterly Review* 1992, 186, observ. A. Briggs.

Mais la Cour n'indique pas la méthode à suivre pour identifier l'obligation principale[47]. En pratique, il ne sera pas toujours facile de distinguer entre obligation accessoire et obligation principale[48].

Enfin, on peut se demander si le principe dégagé par cet arrêt est impératif ou non[49]. Ainsi, tout d'abord, si le demandeur préfère disperser ses demandes devant plusieurs tribunaux selon le lieu d'exécution de chaque obligation litigieuse, a-t-il le droit de le faire? *A priori*, rien ne le lui interdit, mais il s'expose à ce que le défendeur soulève une exception de connexité (art. 22 de la Convention, v. *infra* n° 295 et ss.). En second lieu, si le demandeur a concentré toutes ses demandes devant un seul tribunal, mais que ce soit celui du lieu d'exécution de l'obligation accessoire et non de l'obligation principale, le juge saisi doit-il se déclarer incompétent? Pour une réponse affirmative, on fera valoir le texte même du point 19 de l'arrêt *Shenavaï* du 15 janvier 1987 selon lequel « ce sera l'obligation principale ... qui établira sa compétence »[50]. Il y a alors un risque de conflit négatif de compétence car les appréciations sur ce qui est obligation principale et obligation accessoire peuvent ne pas concorder. De plus, est-il logique que la prévalence de l'obligation principale s'impose au juge mais non au demandeur?

L'arrêt *Shenavaï* est donc loin d'avoir résolu toutes les difficultés et on comprend la phrase désabusée de M. Droz: «On reste donc bien dans la mer, toujours recommencée, des incertitudes»[51].

L'arrêt *Shenavaï* a quand même le mérite de favoriser la concentration des compétences en privilégiant l'obligation principale. Cet arrêt a, d'autre part, bien établi que le *contrat de travail* méritait un traitement particulier au regard de l'art. 5-1°.

B – La solution spécifique pour le contrat de travail.

166 – Le problème, les arrêts *Ivenel* et *Shenavaï*. Les premiers textes de la Convention, celui de 1968, puis ceux de 1978 et 1982, ne comportaient aucune disposition spécifique pour le contrat de travail. Alors que les acheteurs et emprunteurs à tempérament (en 1968), puis tous les consommateurs (à partir de 1978), ainsi que les assurés (dès 1968) bénéficiaient de règles particulières, rien de tel n'avait été prévu pour les salariés. Et pourtant, les travailleurs, que la Convention de Rome de 1980 fait

---

47. V. favorable à une simple qualification en fait, Born, J. Trib. 1985, 504; au contraire, se prononçant pour une qualification selon la loi applicable au contrat, v. concl. de l'av. gén. Reischl dans l'affaire *Ivenel* du 26 mai 1982, aff. 133/81.

48. V. les exemples donnés par Droz, n. préc. RC 1987, 802; v. aussi H. Gaudemet-Tallon note sous CJCE 8 mars 1988 *Arcado*, RC 1988, spéc. p. 616; v. encore Paris 8 juin 1988 D. 1988 Inf. rap. 202, qui, pour se déclarer incompétent, retient *deux* obligations principales, la livraison des produits et leur paiement, lesquelles devaient heureusement s'exécuter toutes deux en Italie, ce qui justifie la compétence italienne fondée sur l'art. 5-1°.

49. V. note Bischoff et Huet sous l'arrêt *Shenavaï*, JDI 1987, spéc. p. 470, 471.

50. En ce sens Bischoff et Huet note précitée.

51. Note précitée sous l'arrêt *Shenavaï*, RC. 1987, p. 798.

bénéficier de règles protectrices (art. 6), méritaient aussi un sort particulier au regard de la compétence judiciaire.

Ce fut l'avis de la Cour de justice qui, interrogée par la Cour de cassation française[52], répondit le 26 mai 1982 dans l'arrêt *Ivenel* (aff. 133/81) que «l'obligation à prendre en considération pour l'application de l'art. 5-1° ... est, en cas de demandes fondées sur différentes obligations résultant d'un contrat de représentation qui lie un travailleur dépendant à une entreprise est *celle qui caractérise* le contrat»(point 20 et disp.). C'est donc *l'obligation caractéristique* qui est retenue par la Cour qui déroge ainsi à sa jurisprudence *De Bloos* mais uniquement pour le contrat de travail. L'arrêt vise un contrat de représentation salarié, mais la solution donnée vaut pour tout contrat de travail salarié car les motifs invoqués sont de portée générale: souci de protèger le travailleur, partie faible, et souhait de faire coïncider aussi souvent que possible compétence judiciaire et compétence législative, l'art. 6 de la Convention de Rome donnant largement compétence à la loi du lieu d'exécution du travail.

L'idée de retenir l'obligation caractéristique pour interpréter l'art. 5-1° n'était pas nouvelle[53] mais la Cour l'avait écartée dans l'arrêt *De Bloos*.

L'obligation caractéristique ainsi retenue par l'arrêt *Ivenel* est celle qui pèse sur le travailleur d'effectuer un travail déterminé et elle se localise naturellement au lieu d'exécution du travail: se trouvent ainsi assurées la désignation d'un juge proche du litige, la concentration des compétences et la protection du salarié.

On s'interrogea au lendemain de l'arrêt *Ivenel* pour savoir si cette solution devait être étendue à tous les contrats, ce qui aurait été l'abandon de la jurisprudence *De Bloos*. La Cour de cassation française, en particulier, paraissait assez favorable à une telle extension[54]. Et la doctrine souligna que la solution de la Cour ne tenait pas compte de la protection d'autres «parties faibles», par exemple de la situation du concessionnaire vis à vis du concèdant[55].

Mais la Cour de justice dans l'arrêt *Shenavai* du 15 janvier 1987 indiquait clairement que, en règle générale, la jurisprudence *De Bloos* (obligation litigieuse) restait valable pour tous les contrats, et que la jurisprudence *Ivenel* (obligation caractéristique) devait être limitée aux «contrats de travail ainsi qu'à d'autres contrats concernant le travail dépendant» (point 16). La justification donnée par la Cour de justice était que ces contrats «présentent certaines particularités en ce qu'ils créent un lien durable qui insère le travailleur dans le cadre d'une certaine organisation des affaires de l'entreprise ou de l'employeur et en ce qu'ils se localisent au lieu de l'exercice des activités, lequel détermine l'application des dispositions de droit impératif et des conventions

---

52. Soc. 2 avril 1981, JDI 1981, 849, observ. D. Holleaux.

53. V. déjà Droz, note sous Paris 14 juin 1975, RC 1976, 120; Lyon 10 juin 1976, JDI 1977, 565, note D. Holleaux.

54. V. Soc. 27 oct. 1982, RC 1983, 661 et la note; Com. 25 janvier 1984, RC 1985, 126 et la note, où la Cour retient finalement l'obligation principale et non l'obligation caractéristique, mais l'arrêt restant davantage influencé par l'arrêt *Ivenel* que par l'arrêt *De Bloos*; Civ. 1re, 8 janvier 1985, JCP 1985.IV.109 où il est procédé à la recherche de l'obligation caractéristique pour un contrat de concession exclusive.

55. V. notes sous l'arrêt *Ivenel*.

collectives» (point 16). Un peu plus tard, la Cour de justice réaffirme la solution *Ivenel*, prise en compte pour les contrats de travail de l'obligation caractéristique, sans plus mentionner les «autres contrats dépendants»[56]. Etait-ce un abandon de cette catégorie difficile à cerner que sont les «autres contrats dépendants»[57]? Mais la discussion sur ce point sera dépassée par la modification apportée au texte de l'art. 5-1° par la Convention de Saint-Sébastien.

167 – La nouvelle rédaction de l'art. 5-1° par la Convention de Saint-Sébastien. S'inspirant de la Convention de Lugano(v. *infra* n° 444) mais ne la reprenant pas intégralement, la Convention de Saint-Sébastien a modifié l'art. 5-1° en ajoutant que «en matière de contrat individuel de travail», le demandeur peut assigner, outre au domicile du défendeur, au lieu où «le travailleur accomplit habituellement son travail»[58]; et «lorsque le travailleur n'accomplit pas habituellement son travail dans un même pays, l'employeur peut être également attrait devant le tribunal du lieu où se trouve ou se trouvait l'établissement qui a embauché le travailleur». Il y a donc maintenant expressément un règle de compétence particulière pour le contrat de travail et le texte ne mentionne pas les «autres contrats dépendants». Il doit s'agir d'un contrat de travail au sens strict, c'est à dire d'un contrat dans lequel celui qui effectue le travail est *subordonné* à l'employeur[59].

Cette règle se décompose en deux prescriptions: lorsque le travail s'exécute habituellement sur le territoire d'un État contractant, le juge de ce lieu peut être saisi; le demandeur, employeur ou salarié, a le choix entre ce juge et celui du domicile du défendeur. En revanche, seconde prescription, lorsque le travailleur n'accomplit pas habituellement son travail dans un même État, l'option de compétence n'est offerte qu'au salarié: il peut attraire son employeur soit dans l'État du domicile de ce dernier, soit «devant le tribunal du lieu où se trouve ou se trouvait l'établissement d'embauche»[60]; mais l'employeur n'a alors plus d'option de compétence et doit donc attraire le salarié au domicile de ce dernier.

---

56. CJCE 15 février 1989, *Société Six Constructions*, 15 février 1989, aff. 32/88.

57. V. spéc. Droz, note RC 1987, 800; Bischoff et Huet note JDI 1987, p. 467, 468. V. aussi Com. 23 mai 1989, Cah. dr. europ. 1992, 210, qui estime que la recherche de l'obligation caractéristique n'est justifiée que pour les contrats de travail et non pour un contrat de courtage.

58. V. Paris 9 mai 1990 D. 1990 som. com. 262, observ. B. Audit.

59. V. sur ce point, rapp. Möller, Coll. CJCE mars 1991, p. 223-224 et les réf.

60. Il s'agit donc soit du tribunal du lieu où se trouve l'établissement d'embauche lors de l'introduction de l'instance, soit de celui du lieu où se trouvait l'établissement lors de l'embauche, v. rapp. Almeida Cruz, Desantes Real et Jenard, n° 24. La Cour a été saisie d'une question pourtant sur l'interprétation de l'art. 5-1° dans un cas de contrat de travail à exécuter dans plusieurs États contractants, aff. C-125/92, *Soc. Mulox IBC LTD c. Hendrick Geels*; D. 1993 I.R. 204 ; l'avocat général Jacobs a conclu dans cette affaire, le 26 mai 1993, en faveur de la compétence des tribunaux du lieu principal d'exécution du travail, celui-ci étant déterminé par les juges nationaux, à la lumière de tous les faits pertinents, et la Cour, par arrêt du 13 juillet 1993 a suivi ces conclusions en indiquant que le juge national devait rechercher le lieu « où ou à partir duquel le travailleur s'acquitte principalement de ses obligations à l'égard de son employeur ». Mais, dans cette affaire, le texte de 1989 n'était pas applicable. C'est donc une interprétation du texte de 1978 éclairée par l'arrêt *Shenaraï* du 15 janvier 1987.

Ce nouveau texte, très favorable au salarié, peut être rapproché de l'art. R 517-1 al. 3 du Code du travail français. Il résulte directement d'un arrêt de la Cour de justice du 15 février 1989, *Six Constructions*, (aff. 32/88): la Cour y indiquait en effet se ranger à l'avis de la Commission selon laquelle, si le contrat de travail s'exécutait sur le territoire de divers États, cela ne permettait pas de donner compétence au tribunal du lieu d'embauche lorsque l'employeur était demandeur, car cela revenait à créer un *forum actoris* alors que la Convention de Bruxelles est «précisément inspirée par le souci clairement exprimé par ses art. 2 et 3 de limiter les cas où un défendeur peut être attrait devant le for du demandeur» (point 13). La Cour de justice refusait donc de s'aligner sur la Convention de Lugano (v. *infra* n° 444, la Convention permettant à l'employeur aussi d'assigner au lieu de l'établissement d'embauche) et c'est la solution préconisée dans l'arrêt *Six Constructions* qui a prévalu dans la rédaction de la Convention de Saint-Sébastien.

Il ressort donc de la nouvelle rédaction de l'art. 5-1° que, lorsque le travail s'effectue dans plusieurs États contractants, l'employeur ne peut pas attraire le salarié devant le tribunal du lieu d'embauche, alors que, au contraire, le salarié peut y assigner l'employeur. Le souci de protection du salarié est manifeste.

168 – Cas où le travail ne s'exécute pas sur le territoire d'un État contractant. Il faut distinguer selon que le texte de 1989 n'est pas encore applicable (a), ou qu'il l'est devenu (b).

a) Lorsque le texte de 1989 n'est pas encore applicable, c'est la Cour de justice qui a donné la solution dans l'arrêt *Six Constructions* du 15 février 1989: le salarié, embauché par la société *Six Constructions* établie à Bruxelles, avait travaillé dans divers États, tous extérieurs à la Communauté (Libye, Zaïre, Emirat d'Abu Dhabi). La Cour de cassation française demandait alors en substance si l'obligation caractéristique du contrat pouvait être localisée au lieu d'embauche ou s'il fallait revenir à l'art. 2 de la Convention de Bruxelles[61]. Logiquement la Cour de justice répond que l'art. 5-1° ne peut s'appliquer si l'obligation caractéristique du contrat de travail s'exécute hors de la Communauté. La Cour en profite pour rappeler que les compétences spéciales de l'art. 5 sont «d'interprétation stricte» (point 18) et indique que l'art. 5 ne peut fonder une compétence qu'à l'intérieur du territoire des États contractants (point 19). Ne subiste alors que la règle de l'art. 2 et le salarié doit assigner son employeur devant les tribunaux de l'État du domicile de ce dernier. Il ne peut, en effet, dès lors que le défendeur est domicilié dans un État contractant, arguer d'un quelconque privilège de juridiction qui, par exemple, lui permettrait de saisir ses tribunaux nationaux[62].

Si le travail s'était effectué partiellement dans un État contractant et partiellement hors de la Communauté, l'art. 5-1° devrait, à notre avis, pouvoir fonder la compétence

61. Soc. 14 janvier 1988, JDI 1989, 91, note A. Huet; v. aussi l'arrêt rendu après l'interprétation donnée par la Cour de justice, Soc. 14 juin 1989, Cah. dr. europ. 1992, 205.

62. V. art. 3 de la Convention.

des tribunaux de l'État contractant où il y a eu exécution partielle du travail, au moins pour les litiges ayant trait à cette exécution partielle. Mais la Cour de justice n'a pas eu l'occasion de se prononcer sur ce point.

b) Si le texte de 1989 s'applique, la situation du salarié demandeur est améliorée par la nouvelle rédaction de l'art. 5-1°: ce texte donne en effet au salarié demandeur la possibilité, lorsque le travail s'est effectué en plusieurs endroits, de saisir, outre les juges de l'État contractant du domicile du défendeur, ceux du lieu «où se trouve ou se trouvait l'établissement qui a embauché le travailleur». Ainsi, peu importe alors où se situent les divers lieux d'exécution du travail, tous dans la Communauté, certains dans la Communauté et certains à l'extérieur, ou enfin tous à l'extérieur de la Communauté[63], dans tous les cas le salarié demandeur a le choix entre le tribunal du lieu d'embauche et celui du domicile de l'employeur, à condition, pour l'un et pour l'autre de ces lieux qu'ils se trouvent sur le territoire d'un État contractant.

Il y a donc deux régimes pour le salarié qui n'accomplit pas habituellement son travail dans le même pays selon que le texte de 1989 n'est pas ou est applicable.

En outre il est certain que si le défendeur n'est pas domicilié sur le territoire d'un État contractant alors que le travail s'est effectué sur le territoire d'un ou plusieurs États contractants, l'art. 5-1° n'est pas applicable et c'est le droit commun de chaque État qui retrouve son empire.

§ 3 : La détermination du lieu d'exécution de l'obligation qui sert de base à la demande

169 – Le problème. Une fois que l'on est sûr d'être «en matière contractuelle» et que l'on a isolé «l'obligation qui sert de base à la demande« ou «l'obligation principale parmi les obligations litigieuses», reste encore à savoir quel est le lieu d'exécution de cette obligation pour déterminer le for compétent selon l'art. 5-1°. La difficulté est particulièrement grande lorsque l'obligation litigieuse est une obligation de paiement, ce paiement étant selon les droits des États membres tantôt portable (par exemple, au Danemark, en Grèce, en Italie, en Irlande), tantôt quérable (par exemple, en Allemagne et en France).

170 – Exclusion du contrat de travail. La question de la détermination du lieu d'exécution de l'obligation ne se pose pas pour le contrat de travail puisque l'obligation «caractéristique» retenue pour ce type de contrat est celle d'exécuter le travail (v. *supra* n° 166 à 168) et qu'elle se localise naturellement au lieu où le travail est effectué[64].

63. V. Rapp. de Almeida Cruz, Desantes Real et Jenard, p. 45.

64. On se reportera aux ouvrages de Droit du travail pour l'examen des cas qui peuvent poser problème: travail sur les avions ou les navires, travail sur des chantiers itinérants etc. V. aussi l'arrêt *Mulox*, CJCE 13 juillet 1993, aff. C-125/92, cité *supra* note 60.

171 – Possibilité de désignation du lieu d'exécution par les parties. Pour les contrats en général, les parties peuvent se mettre d'accord pour désigner le lieu d'exécution de l'obligation litigieuse. Celui-ci se trouve alors fixé sans difficulté et le juge de ce lieu est compétent au titre de l'art. 5-1°. C'est ce qu'a exprimé la Cour de justice dans l'arrêt *Zelger c. Salinitri* du 17 janvier 1980 (aff. 56/79) où les parties avaient, par convention verbale, décidé que le remboursement du prêt consenti aurait lieu à Munich. La Cour déclare que, dès lors que la convention est valable selon la loi applicable au contrat, la désignation du lieu d'exécution fonde la compétence de ce juge au sens de l'art. 5-1°[65] et précise que la forme de cette convention relevait de la loi du lieu de conclusion[66].

La solution de l'arrêt *Zelger* est digne d'approbation, même s'il aurait été préférable que la Cour se réfère à la loi régissant au fond *l'obligation litigieuse* et non la loi applicable au *contrat*[67]. Il est également important de souligner que la convention passée entre les parties n'a d'effet au regard de l'art. 5-1° que si elle détermine le lieu d'exécution de l'obligation litigieuse (obligation originaire ou obligation autonome, v. *supra* n° 162) mais non si elle fixe le lieu de paiement d'une somme (par exemple des dommages-intérêts) qui ne se distingue pas de l'obligation originaire; cette remarque a une portée pratique lorsque le lieu d'exécution de l'obligation originaire est différent de celui fixé par les parties pour le règlement d'une obligation non autonome qui ne fait que se substituer à l'obligation originaire.

Il faut encore, pour éviter toute fraude aux droits du cocontractant vérifier que l'obligation litigieuse est bien couverte par la clause de localisation de l'exécution[68]. Ainsi, s'agissant d'un contrat de mandat commercial fixant le lieu d'exécution en Allemagne, la Cour de Lyon a pu juger que «c'est à tort que les premiers juges ont retenu comme lieu d'exécution de l'obligation, celui du paiement des factures des marchandises et de leur livraison, alors qu'ils devaient prendre en considération le lieu d'exécution de l'obligation contractuelle à paiement de commissions, de frais ou d'indemnités servant de base à l'action dont ils étaient saisis»[69]. Ainsi «les clauses qui déterminent les lieux d'exécution des obligations n'engendrent une compétence de l'art. 5-1° que dans la mesure où elles prescrivent vraiment aux parties un comportement au lieu indiqué et où le procès met bien en cause ce comportement»[70]. Si les parties veulent convenir directement de la compétence d'un tribunal et non se contenter de décider du lieu d'exécution des obligations, elles devront se conformer aux exigences de l'art. 17 de la Convention de Bruxelles.

---

65. V. déjà Lyon 28 mars 1979, JDI 1980, 888, note D. Holleaux et JCP 1981.II.19519, note D. Holleaux.

66. Sur ce qu'une telle clause ne relève pas de l'art. 17 de la Convention et ne fonde pas une compétence exclusive du juge v. *supra* n° 132.

67. V. sur ce point, observ. A. Huet sous l'arrêt *Zelger* JDI 1980, spéc. p. 440 à 442.

68. V. en ce sens Gothot et Holleaux, n° 74; Beraudo, Juriscl. Europe fasc. 3020 n° 34.

69. Lyon 28 mars 1979, précité note 65.

70. Gothot et Holleaux, n° 74.

172 – Solution de principe lorsque les parties n'ont pas désigné le lieu d'exécution: l'arrêt *Tessili*. Le 6 octobre 1976, également date de l'arrêt *De Bloos*, la Cour de justice dans l'arrêt *Tessili* (aff. 12/76), alors que les parties n'avaient pas désigné le lieu d'exécution de l'obligation litigieuse, décide que «le lieu où l'obligation a été ou doit être exécutée au sens de l'art. 5-1° ... est déterminé conformément à la loi qui régit l'obligation litigieuse selon les règles de conflits de la juridiction saisie». Ainsi, le juge doit d'abord rechercher la loi applicable à l'obligation litigieuse selon sa règle de conflit de lois, et c'est ensuite le lieu d'exécution déterminé par cette loi qui fondera la compétence au sens de l'art. 5-1°.

Il était logique que la Cour de justice n'admette pas la détermination du lieu d'exécution selon la *lex fori*: étant donnée la diversité des droits nationaux par exemple quant au lieu d'exécution d'une obligation de paiement (v. *supra* n° 169), retenir la compétence de la *lex fori* aurait été consacrer le *forum actoris* pour tous les créanciers demandeurs domiciliés dans un État contractant où le paiement est portable; à l'inverse, si le créancier demandeur était domicilié dans un État où le paiement est quérable, l'option de l'art. 5-1° se serait trouvée pratiquement supprimée, le domicile du débiteur défendeur se confondant alors avec le lieu de l'exécution de l'obligation de paiement.

Le gros inconvénient de l'arrêt *Tessili* est d'obliger le juge saisi à examiner d'abord la loi applicable à l'obligation litigieuse avant de décider de sa compétence. Le plus souvent, ce sera la loi du contrat d'où dérive cette obligation; mais il peut aussi arriver que l'obligation litigieuse relève d'une loi propre (hypothèse du «dépeçage» du contrat), ou encore d'une loi de police (loi de police du for, ou loi de police étrangère), ce qui sera un facteur de complexité. De plus, tant que les règles de conflit de lois en matière de contrat ne sont pas totalement unifiées (v. *infra* n° 174), la loi applicable ne sera pas forcément la même selon le juge saisi, ce qui risque de déboucher sur des conflits de compétence: conflits positifs (qui pourront être résolus par le jeu de la litispendance prévue par l'art. 21, v. *infra* n° 281 et ss.), ou, plus grave, conflits négatifs qui ne laisseraient subsister que la compétence de principe de l'art. 2 de la Convention.

Toutefois, en l'absence d'une définition communautaire du lieu d'exécution de l'obligation, la solution retenue par la Cour dans l'arrêt *Tessili* était sans doute la plus logique. Une fois dégagée la loi applicable, le lieu d'exécution sera en général facile à déterminer pour certaines obligations, telles que les obligations de paiement ou de livraison; en revanche, la détermination du lieu d'exécution sera plus difficile pour d'autres, comme l'obligation du vendeur de fournir une machine exempte de vices cachés, ou un matériel conforme à ce qui avait été prévu. Ces difficultés ne doivent cependant pas faire obstacle à la solution de principe dégagée par la Cour et il s'agissait d'ailleurs dans l'affaire *Tessili* d'une action en résiliation du contrat pour défaut de la chose vendue[71]. C'est donc à la *lex causae* de déterminer le lieu d'exécution de ces obligations assez difficilement localisables. Encore faut-il que la *lex causae* ne procède

71. Rappr. en droit français, Civ. 1re 2 juin 1981, Bull. I, n° 185; JDI 1983, 395, observ. D. Holleaux; D. 1982, inf. rap. 72 observ. B. Audit; Civ. 1re, 18 déc. 1981 Bull.I n° 342.

pas à une localisation arbitraire et contraire à la vérité: ainsi, par exemple, une loi ne pourrait réputer le contrat de concession entièrement exécutable dans le pays du concédant.

Enfin, on peut se demander s'il ne serait pas possible d'arriver à une définition communautaire du lieu d'exécution qui résoudrait le problème de ces obligations difficilement localisables: par exemple, les obligations du vendeur relatives à l'absence de vices de la chose vendue et à sa conformité à ce qui a été promis pourraient être localisées, au choix du demandeur, au lieu d'établissement du vendeur (où le vendeur a dû faire les diligences nécessaires) ou au lieu où se trouve l'acheteur (où l'acheteur a pu constater les défauts)[72]. La solution serait alors proche de celle retenue par la Cour de justice pour l'interprétation de l'art. 5-3° (v. *infra* n° 190 et ss.). Mais, actuellement, c'est la solution donnée par l'arrêt *Tessili*, compétence de la loi de l'obligation litigieuse pour déterminer le lieu d'exécution de cette obligation, qui reste de droit positif quelle que soit l'obligation en cause.

173 – Accueil fait par la jurisprudence française à la solution de l'arrêt *Tessili*. Cet accueil est partagé. Certains arrêts se conforment strictement à l'arrêt *Tessili*, le juge se livrant d'abord à la recherche de la loi applicable à l'obligation litigieuse pour déterminer le lieu d'exécution de cette obligation au regard de cette loi. Un arrêt de la Cour de cassation du 2 juin 1981 est net en ce sens: s'agissant d'une action en garantie des vices de la chose, intentée en France par l'acheteur français contre le vendeur allemand, les juges du fond s'étaient estimés incompétents au regard de l'art. 5-1° car «le lieu d'exécution du marché était l'usine de la société allemande»; la Cour suprême censure au motif que les juges du fond ont statué ainsi «sans rechercher quelle était la loi applicable aux obligations (du vendeur), ni si, au regard de cette loi, l'obligation de garantie invoquée par (l'acheteur) était ou non distincte des autres obligations (du vendeur) et, dans l'affirmative quel était le lieu où devait être exécutée ladite obligation de garantie»[73]. Plusieurs arrêts de Cour d'appel respectent également la jurisprudence *Tessili* et prennent soin de rechercher d'abord la loi applicable à l'obligation pour en déduire le lieu d'exécution[74].

Mais d'autres décisions montrent des réticences à faire le détour par le conflit de lois et souvent localisent l'exécution de l'obligation litigieuse sans indiquer selon quelle loi elles effectuent cette localisation: parfois la localisation se fait *lege fori*, ou,

72. En ce sens Gothot et Holleaux, n° 78.

73. Civ. 1re 2 juin 1981, préc. note 71. V. aussi: Civ. 1re 12 déc. 1978, JDI, 1980, 351, observ. D. Holleaux; Civ. 1re 18 déc. 1981, Bull. civ. I n° 342; Civ. 1re 4 mars 1986, D. 1987, Som. com. 345, observ. B. Audit, où se posait, à propos de responsabilité dans une chaîne de contrats, la question de savoir à quel contrat se référer pour déterminer la loi applicable à l'obligation litigieuse.

74. V. par ex. Lyon 28 février 1979, JDI 1980, 104, observ. Ph. Kahn, D. 1980, inf. rap. 330, observ. B. Audit; Paris 14 juin 1979 Rev. soc. 1980, 555, note De Bottini; Paris 12 janvier 1984, Jurisdata n° 020062; Paris 15 février 1989, D. 1989, inf. rap. 85; Paris 29 mars 1989, D. 1989 inf. rap. 120; Paris 16 mai 1991, D. 1992, som. com. 167 observ. B. Audit.

plus souvent encore, il s'agit d'une simple localisation de fait. Cette tendance est même dominante dans la jurisprudence française[75].

Enfin, certaines décisions refusent d'appliquer l'art. 5-1° au motif que la détermination du lieu d'exécution était impossible, soit parce que le lieu d'exécution était nécessairement multiple[76], soit parce qu'il était impossible à déterminer[77].

Bref, si la technique préconisée par l'arrêt *Tessili* (recherche préalable de la loi applicable à l'obligation litigieuse et détermination du lieu d'exécution en fonction de cette loi pour déterminer la compétence du juge) peut se prévaloir d'une certaine logique et n'est pas impossible à mettre en oeuvre, force est de constater qu'elle est complexe et qu'à de nombreuses reprises les juridictions françaises l'ont écartée pour déterminer, plus simplement, soit en fait, soit selon la *lex fori*, le lieu d'exécution de l'obligation litigieuse. Et l'analyse de la jurisprudence d'autres États contractants ne conduiraient pas à des constatations sensiblement différentes[78].

Toutefois, il existe des conventions internationales, unifiant soit les règles de conflit, soit les règles matérielles, qui atténuent les inconvénients de la jurisprudence *Tessili*.

174 – Rôle des conventions internationales unifiant les règles de conflit. Dans la mesure où la règle de conflit est identique quel que soit le juge saisi, la loi applicable à la détermination du lieu d'exécution ne risquera pas d'être différente au gré des procédures, ce qui élimine déjà une des critiques que l'on pouvait faire à la jurisprudence *Tessili*. Or il existe diverses conventions internationales unifiant la règle de conflit en matière contractuelle.

---

75. V. la jurisprudence citée par A. Huet, La compétence judiciaire internationale en matière contractuelle, in Trav. Com. fr. dr. internat. pr. 1981-1982, p. 17 et ss. qui relève en particulier, Civ. 1re 13 déc. 1978, D. 1979, inf. rap. 338 observ. B. Audit; Civ. 1re 23 janvier 1979, D. 1979, inf. rap. 338, observ. B. Audit, JDI 1980, 333, 1re esp. note D. Holleaux, RC 1979, 816 et la note; Civ. 1re 27 nov. 1979, JDI 1980, 33, 2e esp. note D. Holleaux; Comm. 13 nov. 1980, Bull. civ. IV, n° 370, JDI 851, note D. Holleaux. V. aussi Soc. 16 oct. 1985, Bull. civ. V, n° 458, à propos d'une promesse d'embauche, le travail devant s'effectuer en France. Adde Civ. 1re 28 oct. 1986, RC 1987, 612 et la note; Com. 23 mai 1989, JCP 1989. IV, 274.; Com. 3 mars 1992, JCP 1992, IV, n° 1341; D. 1993, som. com. 61, observ. Vasseur; Com. 3 mars 1992, Bull. civ. IV n° 101; Com. 12 janvier 1993, JCP 1993.IV.644; et parmi les décisions de juges du fond, on notera Dijon 17 nov. 1988, D. 1989 som. com. 254, observ. B. Audit, JDI 1990, 150 observ. A. Huet; Chambéry 13 juin 1989, JDI 1991, 149 qui localise en France, au lieu de situation de l'immeuble, l'obligation des copropriétaires allemands de payer les charges, alors que, pourtant, selon la loi française, le paiement est quérable au domicile du débiteur.

76. V. Trib. gr. inst. Paris 29 janv. 1988, D. 1990, som. com. 155, observ. Mousseron et Schmidt, dans une action en résolution d'un contrat de licence de brevet couvrant 24 pays.

77. V. Paris 18 déc. 1975, D. 1977, inf. rap. 1977, 41, approuvé par Droz chron. D. 1977, p. 290, et critiqué par Huet, Trav. Com. fr. dr. internat. pr. précité p. 27, où la Cour, à propos d'une vente franco-frontière, obligeant donc le vendeur à livrer à la frontière, décide que cela n'implique aucune localisation nationale précise. V. aussi les observ. B. Audit, D. 1992, som. com. 168 à propos de Paris 22 mai 1991 sur la détermination du lieu de livraison dans le commerce international.

78. V. le Répertoire de jurisprudence communautaire.

La plus ancienne est la Convention de La Haye du 15 juin 1955 sur la loi applicable aux ventes à caractère international d'objets mobiliers corporels[79] qui s'applique en France quel que soit le pays dont la loi est désignée. Cette convention prévoit qu'à défaut de choix de la loi par les parties, c'est la « loi interne du pays où le vendeur a sa résidence habituelle au moment où il reçoit la commande » (art. 3) qui est applicable. Lorsqu'on est dans le domaine d'application de cette Convention, la loi compétente, désignée par la Convention, s'impose dans tous les États ayant ratifié ce texte[80].

Cette Convention de 1955 est destinée à être remplacée par une Convention de La Haye du 22 décembre 1986 sur la loi applicable aux contrats de vente internationale de marchandises, non encore en vigueur, qui retient un principe analogue : compétence de la loi choisie par les parties, et, à défaut, compétence de la « loi de l'État dans lequel le vendeur a son établissement au moment de la conclusion du contrat » (art. 8)[81].

Dans un autre domaine, il faut citer la Convention de La Haye du 14 mars 1978 sur la loi applicable aux contrats d'intermédiaires et à la représentation, entrée en vigueur le 1er mai 1992[82].

Ces conventions ont un domaine relativement limité (ventes, contrats d'intermédiaires et représentation) et sont loin de lier tous les États adhérents à la Convention de Bruxelles.

Beaucoup plus intéressante est alors la Convention de Rome du 19 juin 1980 sur la loi applicable aux obligations contractuelles qui concerne tous les contrats et s'applique déjà dans onze États de la Communauté[83]; elle retient le principe de choix de la loi par les parties, et, à défaut, la loi du pays où le débiteur de la prestation caractéristique a sa résidence habituelle, sous réserve de certaines règles particulières et du jeu possible d'une clause d'exception[84]. Au regard de la jurisprudence *Tessili*, cette Convention a l'immense mérite de faire que la loi retenue pour déterminer le lieu d'exécution de l'obligation litigieuse sera identique dans tous les États contractants qui ont ratifié la Convention de Rome. Toutefois, de l'application simultanée des Conventions de Bruxelles et de Rome ne découlera pas nécessairement la coïncidence entre compétence judiciaire et compétence législative; en effet, lorsque l'obligation litigieuse sera l'obligation de paiement, ce paiement ne sera en général pas la prestation

---

79. Publiée en France par décret n° 64-839 du 65 août 1964, D. 1964, III, 279.

80. Dans la Communauté européenne : Belgique, Danemark, Espagne, France, Italie.

81. L'art. 8 prévoit aussi dans son paragraphe 2 trois cas dans lesquels c'est la loi de l'État où l'acheteur a son établissement qui s'applique, et dans son paragraphe 3 une « clause d'exception » permettant de retenir une autre loi si « en raison de l'ensemble des circonstances, la vente présente des liens manifestement plus étroits avec cette autre loi ».

82. Elle lie actuellement dans la Communauté, la France, les Pays-Bas et le Portugal. Il faut encore mentionner la convention de La Haye du 15 avril 1958 sur la loi applicable au transfert de propriété en cas de vente à caractère international d'objets mobiliers corporels, qui n'est pas entrée en vigueur.

83. Au 1er septembre 1993, cette Convention est applicable à tous les États de la CEE sauf le Portugal.

84. Sur la Convention de Rome, v. les articles de P. Lagarde, RC 1991, p. 287, et de Jacques Foyer, JDI 1991, 601 et les réf.

caractéristique du contrat, et le lieu d'exécution du paiement (déterminant la compétence judiciaire) sera souvent différent du lieu de la résidence habituelle du débiteur de la prestation caractéristique (déterminant la loi applicable selon l'art. 4 paragraphe 2 de la Convention de Rome).

175 – Rôle des conventions internationales unifiant le droit matériel. S'il y a unification du droit matériel, et donc détermination unique du lieu d'exécution de telle ou telle obligation, le juge se contentera, pour se prononcer sur sa compétence au regard de l'art. 5-1° d'appliquer la règle posée par la convention unificatrice; il n'est plus besoin de rechercher la loi applicable et le détour par le conflit de lois imposé par l'arrêt *Tessili* perd sa raison d'être.

Jusqu'à maintenant ce travail d'unification du droit matériel a concerné essentiellement la vente internationale de marchandises[85]. Il faut ici rappeler en premier lieu les travaux de l'Institut international pour l'unification du droit privé (Unidroit) qui débouchèrent sur une conférence internationale réunie à La Haye en 1964 où étaient représentés 28 États et 6 organisations internationales. Deux conventions furent alors ouvertes à la signature le 1er juillet 1964: l'une portant loi uniforme sur la vente internationale des objets mobiliers corporels (L.U.V.I.) et l'autre portant loi uniforme sur la formation du contrat de vente internationale des objets mobiliers corporels (L.U.V.C.). Ces conventions eurent relativement peu de succès: elles entrèrent en vigueur en 1972 mais ne furent pas ratifiées par la France[86].

Devant cet échec relatif, c'est dans le cadre de l'ONU que la Commission des Nations Unies pour le droit commercial international (C.N.U.D.C.I.) élabora un nouveau texte entre 1970 et 1980; ces travaux débouchèrent sur la Convention de Vienne du 11 avril 1980 (Convention des Nations Unies sur les contrats de vente internationale de marchandises) qui est entrée en vigueur en France le 1er janvier 1988[87]. Cette Convention est selon le dernier relevé effectué par les Nations Unies (31 déc. 1991) en vigueur entre une trentaine d'États dans le monde. Dans la CEE, elle a déjà été ratifiée par l'Allemagne, le Danemark, l'Espagne, la France, l'Italie, les Pays-Bas et d'autres ratifications sont possibles.

Ces conventions portant loi uniforme contiennent des dispositions sur le lieu d'exécution des obligations contractuelles; par exemple, pour le paiement du prix, l'art. 59 de la LUVI et l'art. 57 de la Convention de Vienne décident qu'en principe le prix est payé au domicile du vendeur, créancier du prix. Des juridictions italiennes, ou alle-

---

85. B. Audit, La vente internationale de marchandises, coll. Droit des affaires, 1990.

86. Les pays de la CEE qui ont ratifié ces conventions sont la Belgique, l'Italie et le Royaume-Uni. L'Allemagne et les Pays-Bas les avaient ratifiées mais les ont dénoncées (respectivement le 1er janvier 1990 et le 1er janvier 1991) lors de leur adhésion à la Convention de Vienne. La Cour de justice est actuellement saisie dans une affaire C-288/92, *Custom made commercial Ltd c. Stawa Metallbau GmbH* d'une question d'application combinée de l'art. 5-1° de la Convention de Bruxelles et de l'art. 59 paragraphe 1 de la LUVI; l'arrêt est attendu en 1994.

87. Décret n° 87-1034 du 22 déc. 1987, D. 1988, III, 30.

mandes ont ainsi utilisé la Convention de Vienne pour déterminer le lieu d'exécution de l'obligation litigieuse au sens de l'art. 5-1°[88].

Ces conventions internationales ne peuvent pourtant pas règler tous les problèmes pour la détermination du lieu d'exécution de l'obligation au sens de l'art. 5-1°; en effet, tout d'abord, elles ne visent que la vente internationale de marchandises et n'apportent donc aucune réponse pour les autres contrats; en second lieu, les règles qu'elles posent n'ont pas pour objet de déterminer la compétence judiciaire et il est peut-être abusif de les utiliser à une fin non prévue par elles. Ainsi, invoquer l'art. 57 de la Convention de Vienne pour déterminer la compétence judiciaire lorsque le vendeur réclame à l'acheteur le paiement du prix revient à reconnaître systématiquement un *forum actoris*, ce qui est tout à fait contraire au système et aux objectifs de la Convention de Bruxelles. Une autre voie pourrait être trouvée dans une définition communautaire autonome du lieu d'exécution par la Cour de justice des Communautés européennes.

176 – Souhait d'une interprétation communautaire autonome du lieu d'exécution de l'obligation. Ce souhait a été exprimé par plusieurs participants au colloque sur la Convention de Bruxelles qui a eu lieu en Mars 1991 à la Cour de justice[89], sans toutefois que des solutions précises soient proposées. Il faut signaler ici les travaux d'un groupe de travail sur le droit européen des contrats: ce groupe travaillant de façon indépendante mais en relation avec la Commission de Bruxelles a élaboré un texte intitulé «Principes de droit européen des contrats» qui doit être publié prochainement et qui concerne l'exécution et l'inexécution des contrats. Ce texte dans son article 2-106 fixe le lieu d'exécution d'une obligation, sauf désignation différente par les parties dans le contrat: s'il s'agit d'une obligation de somme d'argent, elle s'exécute au lieu où le créancier a le centre de ses affaires; s'il s'agit d'une autre obligation, c'est au lieu où le débiteur de cette obligation a le centre de ses affaires.

Si l'on utilisait ces principes pour appliquer l'art. 5-1°, il en résulterait:

– pour les obligations de sommes d'argent, la compétence du tribunal du domicile du créancier. Ce serait la consécration du *forum actoris* auquel la Convention de Bruxelles est a priori hostile. Cela correspondrait au droit des États contractants dans lesquels le paiement est portable au domicile du créancier.

– pour les autres obligations, l'utilisation de l'art. 2-106 aurait le mérite de faire coïncider plus souvent compétence judiciaire et compétence législative puisque l'art. 4 paragraphe 2 de la Convention de Rome du 19 juin 1980 désigne la loi de la résidence habituelle du débiteur de la prestation caractéristique ... avec cette réserve que l'obligation litigieuse de l'art. 5-1° ne sera pas nécessairement l'obligation caractéristique (v. *supra* n° 174).

---

88. Cass. ital. 9 mai 1983, n° 3146, Giur. ital. 1984, I, 1, 116; Landsgericht de Cologne 5 mai 1988, IPrax 1989, 290; et sur ce point, v. rapp. E. Jayme, Coll. CJCE mars 1991, spéc. p. 79-80.

89. V. en particulier rapp. Coll. CJCE mars 1991, O. Lando p. 28 et ss., et E. Jayme, p. 81.

Les «Principes du droit européen des contrats» ne permettent donc pas de donner une réponse totalement satisfaisante pour la détermination du lieu d'exécution de l'obligation litigieuse au sens de l'art. 5-1°. La Cour de justice parviendrait-elle à donner, pour l'interprétation de l'art. 5-1°, une définition communautaire, autonome, du lieu d'exécution? L'oeuvre paraît très difficile; elle serait pourtant utile pour éviter que ne se manifestent des divergences selon le juge saisi; mais elle devrait aussi répondre aux impératifs propres des règles de compétence judiciaire.

177 – Conclusion sur l'art. 5-1°. Ce texte reste un des articles les plus difficiles à manier de la Convention de Bruxelles, et ce malgré une abondante jurisprudence de la Cour de justice et de substantielles modifications de texte entre 1968 et 1989. Cette option de compétence ouverte au demandeur paraît toutefois maintenant assez claire lorsqu'il s'agit d'un contrat de travail (v. *supra* n° 166 et ss.). Pour les autres contrats, des problèmes considérables subsistent :la détermination de la «matière contractuelle», l'isolement de «l'obligation principale» au sein d'obligations litigieuse multiples, et enfin la fixation du lieu d'exécution de cette obligation.

On peut alors se demander si une option de compétence est bien nécessaire en matière contractuelle, alors que les parties peuvent toujours utiliser les art. 17 ou 18 (v. *supra* n° 103 et ss.) pour échapper à la compétence du domicile du défendeur prévue par l'art. 2. Un auteur particulièrement autorisé, G. Droz, a suggéré la suppression pure simple de l'art. 5-1°[90], ce qui serait peut-être effectivement la meilleure solution.

Section 2: L'option de compétence en matière d'obligations alimentaires: art. 5-2°

178 – Une double option. Dès l'origine, en 1968, l'art. 5-2° donnait au créancier d'aliments la possibilité d'attraire le défendeur devant le tribunal du lieu où ce créancier avait son domicile ou sa résidence habituelle. En 1978, une seconde possibilité lui fut offerte: comme il est fréquent qu'une action alimentaire soit accessoire à une demande relative à l'état des personnes, il a été jugé utile, pour éviter la dispersion des fors compétents, de donner compétence au juge saisi de l'action d'état pour statuer aussi sur l'action en aliments, à condition toutefois que sa propre loi lui reconnaisse cette compétence. Cette seconde option ne disparait que dans un cas: si la compétence du juge sur l'action d'état ne repose que sur la nationalité de *l'une* des parties (compétence fondée, par exemple, sur l'art. 14 C. civ. en raison de la nationalité française du seul demandeur).

90. V. en particulier sa note sous l'arrêt *Shenavaï*, RC 1987, p. 802 et 803.

Cette double option est parfaitement justifiée, la première tendant directement à la protection du créancier d'aliments, la seconde favorisant la concentration des compétences. L'art. V bis du Protocole annexé à la Convention dispose que «En matière d'obligation alimentaire, les termes «juge», «tribunal», et «juridiction" comprennent les autorités administratives danoises; cette précision était nécessaire car au Danemark le principe de l'obligation alimentaire est établi par le juge, mais son montant est fixé par des autorités administratives.

La décision sur l'obligation alimentaire rendue par le juge saisi en vertu de l'art. 5-2° bénéficiera donc du mécanisme simplifié de reconnaissance et d'exécution de la Convention de Bruxelles. Cette Convention a l'avantage de lier tous les États membres de la Communauté européenne alors que les autres conventions internationales existant en la matière n'ont pas été ratifiées par tous les États de la CEE et ne mettent pas en place un dispositif aussi efficace[91]. Dans le cadre de la Convention de Bruxelles, a été signée une autre convention, destinée à faciliter le recouvrement des créances alimentaires, convention signée à Rome le 6 novembre 1990, ratifiée par l'Italie le 15 février 1993 et non encore en vigueur (v. *infra* n° 317).

179 – Les bénéficiaires de l'option. Le rapport Schlosser (n° 97) indique que seules les parties (créancier et débiteur d'aliments) peuvent bénéficier des options prévues par l'art. 5-2°; ceux qui ont pourvu aux besoins du créancier d'aliments à la place du débiteur (personnes privées ou organismes publics[92]) et voudraient intenter une action récursoire contre ce débiteur, n'y auraient pas droit.

Cette interprétation restrictive de la Convention ne paraît pourtant pas souhaitable: elle risque d'encourager le débiteur d'aliments domicilié à l'étranger à ne pas honorer sa dette, dans la mesure où l'organisme public (par exemple la Sécurité sociale) qui paiera à sa place, hésitera à intenter un procès à l'étranger dès lors que la somme en cause ne sera pas très élevée[93]. De plus, une telle interprétation n'est pas conforme aux règles en vigueur dans la plupart des États contractants en matière de subrogation et de cession de créance.

180 – Les obligations alimentaires relevant de l'art. 5-2°. Il s'agit de toutes les obligations alimentaires telles que définies par le droit civil: «obligation qui incombe

---

91. V. essentiellement: la Convention de New-York du 20 juin 1956 sur le recouvrement des aliments à l'étranger (JORF du 12 oct. 1960, p. 9311 qui lie 11 États (pas l'Irlande) mais prévoit un mécanisme moins perfectionné que la Convention de Bruxelles; la Convention de La Haye du 2 oct. 1973 sur la reconnaissance et l'exécution des décisions relatives aux obligations alimentaires (RC. 1972, 822) n'est en vigueur que dans 9 États de la Communauté, la Belgique, la Grèce et l'Irlande ne l'ayant pas ratifié (septembre 1993), et la technique qu'elle retient est un peu plus contraignante pour le créancier d'aliments que celle de la Convention de Bruxelles.

92. Rappelons que « la Convention est applicable lorsque l'administration fait valoir un droit de recours direct contre un tiers responsable du dommage ou est subrogée envers ce tiers dans les droits d'une victime assurée par elle, car elle agit alors selon les normes du droit commun » (rapp. Jenard, p. 13).

93. V. en ce sens J.P. Beraudo, Jurisel. Europe fasc. 3020, n° 37.

à une personne de fournir à une autre les moyens nécessaires à la satisfaction des besoins essentiels de la vie »[94].

Peu importe la dénomination d'une telle obligation suivant la loi applicable au fond (aliments, devoir d'entretien, devoir de secours, contribution aux charges du mariage etc.) et son mode de paiement (versement unique en capital ou versements périodiques)[95]. Et on sait[96] que la Cour de justice dans l'arrêt *De Cavel II* du 6 mars 1980 (aff. 120/79) a assimilé la prestation compensatoire du droit français à une obligation alimentaire au sens de l'art. 5-2°, et ce malgré son caractère indemnitaire, forfaitaire, et son versement en principe en capital. La Cour, pour retenir la qualification d'obligation alimentaire, s'est appuyée sur ce que la prestation compensatoire est fixée selon les «ressources et besoins» des intéressés.

Les obligations alimentaires de caractère *successoral* doivent, à notre avis, également relever de l'art. 5-2°[97]. Certes les successions sont exclues du domaine d'application de la Convention de Bruxelles, mais les régimes matrimoniaux au sens large de l'arrêt *De Cavel I* du 27 mars 1979 (aff. 143/78) le sont aussi, ce qui n'a pas empêché la Cour dans l'arrêt *De Cavel II* d'admettre le jeu de l'art. 5-2° pour la prestation compensatoire après divorce. Il n'y a pas de raison de procéder différemment pour une obligation alimentaire de nature successorale.

En revanche une obligation alimentaire qui naîtrait d'une responsabilité délictuelle ou quasi-délictuelle échapperait à l'art. 5-2° et relèverait de l'art. 5-3°[98].

181 – Le cas des obligations alimentaires contractuelles. Selon le rapport Schlosser (n° 92) des obligations alimentaires sans fondement légal, mais créées *ex nihilo* par un contrat à titre onéreux ou gratuit échapperaient à l'art. 5-2°[99]. Pour P. Schlosser, l'obligation créée de toutes pièces par un contrat serait hors du champ d'application de l'art. 5-2° alors qu'une obligation alimentaire légale mais précisée par un contrat resterait sous l'empire de ce texte.

Cette solution est discutable: P. Gothot et D. Holleaux ont, à juste titre, remarqué que cette distinction était délicate à manier et qu'il serait plus logique d'admettre, pour les obligations alimentaires purement contractuelles et pour les obligations légales précisées par contrat, une compétence éventuellement concurrente des fors désignés par les art. 5-1° et 5-2°[100]. Une telle approche serait particulièrement heureuse pour les *obligations naturelles* dans la mesure où elles ne sont pas fondées sur la seule volonté des parties.

---

94. Marty et Raynaud, Droit civil, Les personnes, 3e ed. 1976, n° 40.

95. Rapp. Schlosser, n° 91, 93.

96. V. *supra* n° 33.

97. En ce sens Gothot et Holleaux, n° 19. Mais, *contra*: rapp. Schlosser, n° 92 et J.P. Beraudo, Juriscl. Europe, fasc. 3020 n° 36.

98. En ce sens, Gothot et Holleaux, n° 80; Beraudo, Juriscl. préc. n° 36.

99. Sur l'inclusion des donations dans le domaine de la Convention de Bruxelles, v. *supra* n° 34.

100. N° 81.

182 – Les demandes en modification d'une obligation alimentaire précédemment fixée. L'art. 5-2° s'applique également à des demandes destinées à modifier une décision précédemment rendue sur l'obligation alimentaire, demandes qui peuvent tendre à une augmentation du montant de la dette d'aliments, ou, au contraire à une diminution, voire à la suppression de cette dette, selon l'évolution des besoins et des ressources des deux parties[101]. Ceci signifie que, si le créancier d'aliments a changé de domicile ou de résidence habituelle, ou si la question de l'obligation alimentaire se pose dans une nouvelle action d'état, le tribunal compétent pour statuer sur l'obligation alimentaire en vertu de l'art. 5-2° ne sera pas nécessairement celui qui avait rendu la première décision sur l'obligation alimentaire. Cette solution est heureuse car il se peut que les parties, lors de la demande de modification, n'aient plus de liens spécifiques avec le tribunal qui a prononcé la décision initiale.

Section 3: L'option ouverte en matière délictuelle et quasi-délictuelle: art. 5-3°

183 – Le principe. L'art. 5-3° autorise le demandeur, en sus de la compétence prévue à l'art. 2, à assigner le défendeur «en matière délictuelle ou quasi-délictuelle» devant «le tribunal du lieu où le fait dommageable s'est produit». Cette règle de compétence spéciale oblige à s'interroger sur son domaine d'application (Paragraphe 1), sur la détermination du lieu du fait dommageable (Paragraphe 2) et enfin sur l'étendue de la compétence du juge ainsi désigné (Paragraphe 3).

§ 1 : Le domaine d'application de l'art. 5-3°

184 – Nécessité d'une interprétation autonome de la «matière délictuelle ou quasi-délictuelle». Comme la «matière contractuelle» (v. *supra* n° 156 et ss.), la «matière délictuelle ou quasi-délictuelle» doit recevoir une interprétation autonome[102], et ce afin, d'une part, d'assurer une unification des droits et obligations qui découlent de la Convention, et, d'autre part, de pouvoir prendre en considération les objectifs de cette Convention et de lui conférer pleine efficacité. Il s'agit ici, comme dans les autres cas prévus par l'art. 5, de donner au demandeur la possibilité de choisir un tribunal ayant un lien particulièrement étroit avec l'affaire.

---

101. V. rapp. Jenard p. 25 et Schlosser, n° 98.

102. Pour une référence implicite à cette nécessité, v. CJCE 30 nov. 1976, *Mines de Potasse d'Alsace*, aff. 21/76; et pour une référence explicite, v. CJCE, 27 septembre 1988, Kalfelis, aff. 189/87; v. aussi Kerameus, La compétence internationale en matière délictuelle dans la Convention de Bruxelles, communic. du 12 mai 1993, à paraître in TCFDIP 1993.

Une interprétation autonome de la matière délictuelle ou quasi-délictuelle (qui, pour simplifier, sera désormais visé par les seuls termes «matière délictuelle») est d'autant plus nécessaire et d'autant plus difficile que les droits des divers États membres sont loin d'être clairs sur la distinction entre matière contractuelle et matière délictuelle, le droit français des groupes et des chaînes de contrats en étant l'exemple le plus net[103].

185 – Vers une définition communautaire de la matière délictuelle : l'arrêt *Kalfelis*. Dans l'arrêt *Kalfelis* du 27 septembre 1988 (aff. 189/87), la Cour déclara que la notion de matière délictuelle au sens de l'art. 5-3° doit être considérée comme une notion autonome, comprenant «toute demande qui vise à *mettre en jeu la responsabilité du défendeur*, et qui *ne se rattache pas à la matière contractuelle* au sens de l'art. 5-1°» (point 17 et disp. 2 a)).

Deux éléments se dégagent de cette définition: tout d'abord la matière délictuelle apparait comme une *catégorie résiduelle*: tout ce qui n'est pas contractuel serait délictuel. Etant donné que la matière contractuelle n'a pas fait l'objet d'une définition précise (v. *supra* n° 156 et ss.), la définition donnée par l'arrêt *Kalfelis* n'éliminait évidemment pas toute difficulté[104]. On pouvait néammoins penser qu'elle avait l'avantage de faire tomber sous le coup de l'art. 5-3° cette responsabilité de «troisième type», ni contractuelle, ni délictuelle au sens traditionnel de ces termes, cette «responsabilité légale» qui a vu le jour dans certains cas et qui n'est pas la responsabilité civile classique[105].

En revanche, depuis les arrêts *Reichert II* du 26 mars 1992, aff. C-261/90, et *Jakob Handte* du 17 juin 1992, aff. C-26/91, il semble que certaines questions qui ne relèvent pas de la notion de «matière contractuelle», ne relèvent pas non plus de la «matière délictuelle» (dans ces affaires: action paulienne, action du sous-acquéreur contre le fabricant, v. *supra* n° 161 et *infra* n° 186). Ces arrêts conduisent d'ailleurs à penser que la CJCE a, d'une certaine façon, corrigé ce que la formule de l'arrêt *Kalfelis* (tout ce qui n'est pas contractuel est délictuel) avait de trop catégorique.

---

103. V. *supra* n° 161. Sur les hésitations de la jurisprudence française avant l'arrêt *Kalfelis*, v. Gothot et Holleaux, n° 86; v. aussi les exemples donnés dans la note H. Gaudemet-Tallon sous l'arrêt *Arcado* (CJCE 8 mars 1988, aff. 9/87), RC 1988, spéc. p. 615.

104. V. d'ailleurs déjà les concl. de l'av. gén. Warner dans l'affaire *Rüffer* du 16 déc. 1980, aff. 814/79, qui estimait impossible de donner une définition générale et préconisait la vérification des conditions d'application de l'art. 5-3° « au fur et à mesure des cas concrets ». V. aussi, à propos de l'existence ou de l'absence d'une condition de faute, Kerameus, communic. préc. 12 mai 1993, à paraître TCFDIP 1993 et note B. Ancel sous l'arrêt *Reichert II* du 26 mars 1992, RC 1992, spéc. p. 725-726.

105. On peut citer comme exemple de cette responsabilité *sui generis* la directive 85/374 du 25 juillet 1985 (JOCE L 210 du 7 août 1985) sur la responsabilité du fait des produits défectueux (sur ce texte v. spéc. J. Ghestin, D. 1986, chron. 135; Taschner JCP 1986, ed. E. 14761; et l'ouvrage de Markovits, Bibl. de dr. privé, tome 211, LGDJ 1990); ou encore la loi française dite « loi Badinter » du 5 juillet 1985 sur l'indemnisation des victimes de la circulation. Et sur le particularisme de ces deux cas de responsabilité, v. spéc. Flour et Aubert, Les obligations, tome 2, 5e ed, 1991, p. 284 et ss.

Le second élément de la définition donée par l'arrêt *Kalfelis* est que la demande doit «mettre en jeu la responsabilité du défendeur». Dès que celle-ci n'est pas en cause, l'art. 5-3° ne trouve pas à s'appliquer. Ainsi, s'agissant d'une *action paulienne* dont «l'objet ... n'est pas de faire condamner le débiteur à réparer les dommages qu'il a causés à son créancier par son acte frauduleux mais de faire disparaître, à l'égard du créancier, les effets de l'acte de disposition passé par son débiteur» (point 19 de l'arrêt *Reichert II* du 26 mars 1992, aff. C-261/90), la Cour de justice a décidé qu'il ne s'agissait pas d'une demande tendant à mettre en jeu la responsabilité d'un défendeur et donc qu'elle ne relevait pas de l'art. 5-3°.

Il semble possible d'expliquer de la même façon la jurisprudence française dans l'affaire *Halphen*[106]: à propos d'une action en revendication d'un tableau dont le propriétaire avait été spolié pendant l'occupation allemande, le tribunaux français n'admettent pas le jeu de l'art. 5-3° et appliquent seulement l'art. 2 de la Convention. Il s'agit bien de relations extra-contractuelles, mais elles n'entrent pas pour autant dans le domaine des actions délictuelles au sens de l'art. 5-3° car l'action en revendication n'a pas pour objet de «mettre en jeu la responsabilité du défendeur». La solution aurait pu être différente s'il s'était agi d'une action en dommages-intérêts contre l'auteur de la spoliation et non d'une action en revendication contre le propriétaire du tableau[107].

186 – Le cas des chaînes de contrats: l'arrêt *Jakob Handte* du 17 juin 1992. On se souvient (v. *supra* n° 161) que dans l'arrêt C-26/91, *Jakob Handte*, du 17 juin 1992, la Cour de justice a décidé que l'art. 5-1° ne s'appliquait pas à «un litige opposant le sous-acquéreur d'une chose au fabricant, qui n'est pas le vendeur, en raison des défauts de la chose ou de l'impropriété de celle-ci à l'usage auquel elle est destinée» (disp.).

Faut-il en déduire qu'une telle action relève de l'art. 5-3°? A priori la réponse devrait être affirmative: les deux éléments dégagés par l'arrêt *Kalfelis* (v. *supra* n° 185) sont réunis: on n'est pas en matière contractuelle et l'action tend à mettre en jeu la responsabilité du défendeur. L'avocat général Jacobs, dans l'affaire *Jakob Handte* avait d'ailleurs été très clair en ce sens en proposant à la Cour de répondre ainsi à la question posée par la Cour de cassation française le 8 janvier 1991: «Lorsqu'en l'absence de tout rapport contractuel direct entre les parties, un sous-acquéreur forme contre le fabricant d'un produit une demande liée aux défauts de ce produit ou à son impropriété à l'usage auquel il est destiné, cette demande doit être qualifiée de demande en matière délictuelle ou quasi-délictuelle, ce qui, en vertu de l'art. 5-3°, ... rend compétent le tribunal du lieu où le fait dommageable s'est produit».

106. Trib. gr. inst. Paris 7 juin 1974, RC 1974, 696, 1re esp. note P. Lagarde; D. 1975, 638, 2e esp. note Droz; JDI 1975, 82, 4e esp. note D. Holleaux; confirmé par Paris 16 déc. 1974, JDI 1976, 146, observ. D. Holleaux; D. 1975, 355.

107. Cpr. Beraudo, Juriscl. Europe, fasc. 3020, n° 39. On peut également interpréter en ce sens, par un raisonnement *a contrario*, Civ. 1re 3 février 1987, RC 1987, 617, note P.Y. Gautier; JDI 1988, 135, observ. A. Huet.

Pourquoi la Cour de justice n'a-t-elle pas repris cette proposition de M. Jacobs et s'est-elle contentée de dire que l'art. 5-1° ne s'appliquait pas? Deux explications sont possibles:

– ou bien, formellement, la Cour de justice a voulu limiter sa réponse à la question qui lui était posée sur l'applicabilité ou la non-applicabilité de l'art. 5-1°; auquel cas l'interprète peut en déduire, malgré le silence de la Cour, que c'est alors l'art. 5-3° qui joue.

– ou bien, le silence de la Cour sur l'art. 5-3° obéit à une raison de fond: la Cour écarte expressément l'art. 5-1° et son silence sur l'art. 5-3° signifierait que, cette action directe n'étant pas une action classique en responsabilité civile, échappe aussi à l'art. 5-3° et ne relève que de l'art. 2.

Pour tenter de choisir entre ces deux explications, on peut s'appuyer sur l'argumentation de la Cour dans l'arrêt *Jakob Handte*: outre le fait qu'il n'y a pas de lien contractuel entre le fabricant et le sous-acquéreur (point 16), la Cour, aux points 18 et 19, relève que, lors de l'action intentée par le sous-acquéreur, le for désigné par l'art. 5-1° ne pouvait être prévu par le fabricant, ce qui est «incompatible avec le principe de sécurité juridique». La Cour pose là un nouveau principe d'interprétation de la Convention de Bruxelles: «l'objectif de la protection juridique des personnes établies dans la Communauté que la Convention entend, entre autres, réaliser, exige que les règles de compétence qui dérogent au principe général de cette Convention soient interprétées de façon à permettre à un défendeur normalement averti de prévoir raisonnablement devant quelle juridiction, autre que celle de l'État de son domicile, il pourrait être attrait» (point 18). Ce souhait de prévisibilité du for dérogeant à l'art. 2 est évidemment particulièrement intense en matière contractuelle. Mais le point 18 l'énonce de façon très générale et ou peut penser que la Cour n'a pas conclu à l'applicabilité de l'art. 5-3° dans l'affaire *Jakob Handte* précisément parce que, s'agissant d'un sous-acquéreur, le «lieu où le fait dommageable s'est produit» ne peut être prévu par le fabricant. Il faudrait alors s'en tenir à l'art. 2.

Il est regrettable que la Cour de justice ne se soit pas prononcée plus nettement sur ce point. Si l'on sait maintenant que l'art. 5-1° n'a pas sa place dans les chaînes de contrats lorsque l'action oppose des personnes qui n'ont pas été en rapports contractuels directs, il y a encore quelque incertitude sur l'exclusion de l'art. 5-3° et l'application exclusive de l'art. 2. Cette dernière solution serait sans doute la meilleure dans la mesure où elle respecterait le principe d'interprétation stricte des dérogations à l'art. 2, principe posé à plusieurs reprises par la Cour de justice (v. *supra* n° 152).

187 – Action mettant en cause à la fois une responsabilité délictuelle et une responsabilité contractuelle. Il suffit ici de renvoyer a ce qui a été dit *supra* (n° 160).

188 – Interférence de la qualification de matière contractuelle ou délictuelle avec la loi applicable. Les solutions données par la Cour de justice lorsqu'elle a été interrogée en interprétation de l'art. 5-1° et 5-3° ne visent évidemment que la compétence judiciaire. Elles n'ont aucune force obligatoire à l'égard de la loi applicable. On peut donc concevoir qu'un tribunal se reconnaisse compétent sur la base de l'art. 5-3° en application de la jurisprudence de la Cour de justice, mais que, au fond, il estime qu'il s'agit d'un rapport contractuel auquel il applique la loi du contrat[108]. A l'inverse, un tribunal compétent sur la base de l'art. 5-1° selon les critères de la Cour de justice, reste libre de traiter au fond le rapport litigieux comme un rapport délictuel et de lui appliquer la *lex loci delicti*. Sans doute de telles situations répondent-elles à une certaine logique du droit international privé qui dissocie compétence judiciaire et compétence législative. Il est toutefois peu souhaitable qu'elles se réalisent trop souvent[109], et, puisque la Convention de Rome sur la loi applicable aux obligations contractuelles est désormais applicable, il faut espérer que la notion d'« obligation contractuelle » au sens de cette Convention ne s'écartera pas trop de celle de « matière contractuelle » au sens de la Convention de Bruxelles. Tant que la Cour de justice ne pourra exercer sa compétence pour interpréter la Convention de Rome, l'unité risque de ne pas être assurée[110].

§ 2 : La détermination du « lieu où le fait dommageable s'est produit »

189 – Les problèmes. Les termes employés par l'art. 5-3° entraînent des difficultés d'interprétation dans trois types d'hypothèses : lorsqu'il y a dissociation dans l'espace entre le lieu du fait générateur du dommage et le lieu où le dommage est survenu, lorsque le demandeur est la victime d'un préjudice par ricochet et, enfin, lorsque le lieu de survenance du dommage est difficile à localiser.

190 – Dissociation dans l'espace du lieu du fait générateur et du lieu du dommage subi. Ce cas avait été évoqué par le rapport Jenard (p. 26) mais les rédacteurs de la Convention s'étaient volontairement abstenus de donner une solution. Dans un premier temps, la doctrine fut divisée et la jurisprudence incertaine, privilégiant tantôt la compétence du juge du lieu du fait générateur, tantôt celle du juge du lieu où le préjudice avait été subi[111].

Mais rapidement, la Cour de justice eut l'occasion de donner la solution, et ce dans l'arrêt *Mines de Potasse d'Alsace* du 30 novembre 1976 (aff. 21/76) à propos d'une action en responsabilité intentée devant le juge néerlandais par un horticulteur néerlan-

---

108. Ainsi, par exemple, si l'arrêt *Jacob Handte* signifie que l'art. 5-3° s'applique à l'action du sous-acquéreur contre le fabricant (interprétation possible bien que peu souhaitable, v. *supra* n° 186), il y a opposition radicale entre la qualification délictuelle retenue par la Cour pour la compétence judiciaire et la qualification contractuelle retenue par le droit français, cette dernière commandant la loi applicable.

109. V. note RC. 1988, p. 614 sous l'arrêt *Arcado c. Haviland*, du 8 mars 1988, aff. 9/87.

110. Sur les deux protocoles du 19 décembre 1988 qui prévoient la compétence de la Cour de justice pour interpréter la Convention de Rome, voir RC 1989, 414 et le commentaire P. Lagarde. Au 1er septembre 1993, la Grande-Bretagne, la Grèce, l'Italie, le Luxembourg, et les Pays-Bas ont ratifié les deux protocoles. L'Irlande n'a ratifié que le second. Ces protocoles ne sont donc pas encore en vigueur.

111. V. par ex. Trib. gr. inst. Paris 19 juin 1974, D. 1975, 638, note Droz ; RC 1974, 696, 2e esp., note P. Lagarde. V. aussi l'affaire *Halphen* préc. note 106.

dais contre les *Mines de Potasse d'Alsace* en raison de dommages subis aux Pays-Bas du fait du déversement en France de déchets salins dans les eaux du Rhin. Dans cet arrêt, la Cour relève que, au regard de l'objectif de bonne administration de la justice poursuivi par la Convention, et le lieu du fait générateur et le lieu de survenance du préjudice sont également significatifs et qu'il serait fâcheux de privilégier l'un ou l'autre. «L'option pour le seul lieu de l'événement causal aurait pour effet, dans un nombre appréciable de cas, une confusion entre les chefs de compétence prévus par les art. 2 et 5-3° de la Convention, de manière que cette dernière disposition perdrait pour autant son effet utile» (point 20). Et, inversement, «l'option pour le seul lieu où le dommage a été matérialisé aurait pour effet d'exclure, dans les cas où le lieu de l'événement causal ne coïncide pas avec le domicile de la personne responsable, une connexion utile avec la compétence d'une juridiction particulièrement proche de la cause du dommage» (point 21). Logiquement la Cour tire la conséquence de ces constatations: «L'expression "lieu où le fait dommageable s'est produit" doit être entendue en ce sens qu'elle vise à la fois le lieu où le dommage est survenu et le lieu de l'événement causal. Il en résulte que le défendeur peut être attrait, au choix du demandeur, devant le tribunal soit du lieu où le dommage est survenu, soit du lieu de l'événement causal qui est à l'origine de ce dommage»[112]. Cette option est donc identique à celle offerte par l'art. 46 du Nouveau Code de procédure civile.

L'option ouverte par l'arrêt *Mines de Potasse d'Alsace* entre le tribunal du lieu de l'événement causal et celui du lieu de survenance du dommage n'est assortie d'aucune condition. En particulier, le demandeur n'a pas à démontrer les liens plus étroits de l'affaire avec l'un ou l'autre de ces tribunaux. Et le défendeur ne peut contester la compétence du tribunal choisi par le demandeur au motif que l'autre tribunal serait plus approprié; ce serait introduire à tort la technique du *forum non conveniens* dans le jeu de la Convention de Bruxelles. On approuvera donc sans réserve un arrêt de la Première chambre civile du 8 janvier 1991 qui, à propos d'un refus de vente opposé par une société allemande à un acheteur domicilié en France, retient la compétence des tribunaux français en tant que tribunaux du lieu du préjudice subi par l'acheteur, sans s'arrêter à l'argument du pourvoi selon lequel la Cour d'appel aurait dû rechercher «l'intérêt du rattachement» aux juridictions françaises. Le rejet du pourvoi est justifié[113] car la Cour de justice n'a subordonné l'option de compétence à aucune condition.

Sur les hypothèses où il y aurait plusieurs préjudices subis et/ou plusieurs faits générateurs, v. *infra* n° 195 et 196.

---

112. Dans la jurisprudence française, v. également en matière de pollution l'affaire dite des *Boues Rouges* où les juridictions françaises ont admis leur compétence sur la base du lieu de survenance du dommage: Trib. gr. inst. Bastia, 8 déc. 1976, RC 1977, 427, note Rémond-Gouilloud; Bastia 28 février 1977, Riv. di dir. internat. priv. e proc. 1978, 189; Civ. 2e, 3 avril 1978, Bull.II.n° 106; D. 1978, inf. rap. 367 observ. B. Audit; Rev. trim. dr. com. 1978, 656, observ. Loussouarn et Bourel; Rev. jurid. de l'environnement 1979, 20, note Rémond-Gouilloud.

113. Civ. 1re 8 janv. 1991, D. 1991, inf. rap. 37; JDI 1992, 195, observ. A. Huet; rejet du pourvoi c. Amiens 2 mars 1989, JCP 1990.II.21585, note Bosquet-Denis. V. aussi J.B. Bosquet-Denis, La localisation du refus de vente et ses conséquences sur la compétence des juridictions particulièrement en droit communautaire, D. 1991, chron. 21.

191 – Portée de l'arrêt *Mines de Potasse d'Alsace*: cas où la réalisation du dommage se prolonge dans le temps et se déplace dans l'espace. On a reproché à cet arrêt de fonder la compétence du *forum actoris*: si la victime subit le préjudice à son domicile, l'option que la Cour lui laisse lui permettrait de toujours saisir le juge de son domicile.

Ce reproche ne paraît pas fondé. En effet, la Cour vise le lieu « où le dommage *est survenu* », c'est-à-dire qu'elle prend en compte le dommage découlant *immédiatement* du fait générateur. Certes, dans l'affaire *Mines de Potasse d'Alsace*, le lieu du dommage, les Pays-Bas, était aussi celui du domicile du demandeur. Mais, hors le cas de pollution transfrontière, cette situation ne se retrouvera qu'exceptionnellement: ainsi, par exemple, si une personne domiciliée en Belgique est victime d'un accident de la route en France, reçoit les premiers soins en France, puis retourne en Belgique où elle est hospitalisée et frappée d'une incapacité de travail pour plusieurs mois, il n'y a pas dissociation dans l'espace entre le fait générateur et le préjudice immédiat: ils sont tous deux localisés en France et l'art. 5-3° ne fonde que la compétence des juridictions françaises. Les conséquences médiates préjudiciables à la victime, telle que ici l'incapacité de travail subie en Belgique, n'entrent pas en ligne de compte pour déterminer la compétence judiciaire[114]. La portée de l'arrrêt *Mines de Potasse d'Alsace* se limite donc strictement au cas où *dès l'origine* il y a dissociation entre le lieu de l'événement causal et le lieu du préjudice et n'aboutit nullement à créer de façon générale un *forum actoris* en matière de responsabilité délictuelle. L'objectif de la Convention de Bruxelles n'est en effet pas de fournir systématiquement à la victime une protection sur la plan de la compétence judiciaire, mais seulement d'assurer la compétence de juges qui, objectivement, sont bien placés pour connaître des circonstances de la cause[115].

Cette interprétation est admise sans difficulté pour les préjudices de caractère patrimonial et diverses juridictions ont eu l'occasion de refuser de fonder leur compétence sur la localisation de ce préjudice au domicile de la victime (dommages financiers par ex.) alors que ce préjudice patrimonial n'était que la conséquence d'un préjudice matériel direct qui s'était produit ailleurs (destruction du véhicule, par exemple, au lieu de l'accident)[116]. Il faut reconnaître que la question est plus délicate lorsque le dommage

---

114. C'est également la position du droit français, tout à fait certaine depuis la modification de l'art. 46 NCPC par le décret du 12 mai 1981 : « ... compétence de la juridiction dans le ressort de laquelle le dommage *a été* subi ». Sur la jurisprudence française antérieure à cette réforme, v. J. Normand, observ. Rev. trim. dr. civ. 1981, 441.

115. V. aussi observ. Bischoff sous l'arrêt *Rüffer* du 16 déc. 1980, aff. 814/79, JDI 1982 spéc. p. 471, 472; l'arrêt lui-même ne s'est pas prononcé sur ce point puisque la Cour a estimé que l'action n'entrait pas dans le champ d'application de la Convention de Bruxelles, v. *supra* n° 28 et 30.

116. V. les réf. données par J.P. Beraudo, Juriscl. Europe, fasc. 3020, n° 42: décisions italienne, néerlandaise et allemande. Adde Trib. gr. inst. Paris 18 oct. 1978, JDI 1980, 892, observ. D. Holleaux. La Cour de justice a été saisie en septembre 1993 d'une demande d'interprétation de la notion de « lieu où le fait dommageable s'est produit » à propos d'un dommage financier, aff. C. 346/93, *A. Moninari c Lloyds Bank e.a.*

consiste en un atteinte à l'intégrité corporelle de la victime car le souci de protection de la victime se fait plus pressant, mais, à notre avis, elle appelle la même réponse: lorsque, à la blessure initiale s'ajoutent ultérieurement une aggravation de cette blessure et éventuellement le décès de la personne, ces circonstances postérieures à la date de réalisation du dommage initial ne doivent pas entrer en ligne de compte pour le jeu de l'art. 5-3°. Une solution différente aboutirait à une multiplicité de chefs de compétence et à une consécration du *forum actoris* qui ne seraient pas conformes à l'esprit de la Convention de Bruxelles. Après quelques hésitations, la majorité de la doctrine admet le bien-fondé de cette interprétation de l'arrêt *Mines de Potasse d'Alsace*[117].

La Cour de justice est d'ailleurs venue conforter cette interprétation dans une affaire où elle a dû se prononcer sur l'hypothèse du préjudice par ricochet, hypothèse différente de celle du préjudice différé mais dans laquelle, comme on va le voir, on retrouve des arguments analogues.

192 – L'option offerte à la victime d'un préjudice par ricochet. Cette victime, qui n'est plus la victime directe, peut agir soit au domicile du défendeur (art. 2), soit au «lieu où le fait dommageable s'est produit» (art. 5-3°). Mais c'est toujours du *dommage initial* qu'il s'agit, et non du préjudice propre subi par la victime par ricochet. La Cour de justice a statué en ce sens dans l'arrêt *Soc. Dumez France et a. c. Hessische Landesbank et a.*, du 11 janvier 1990 (aff.C-220/88)[118]. Des sociétés mères françaises, dont la société *Dumez*, agissaient contre des banques allemandes qui avaient causé un préjudice à des filiales allemandes de ces mères françaises. Ces banques avaient refusé d'honorer un prêt consenti à un promoteur allemand, entraînant de ce fait l'abandon d'un vaste projet de construction immobiière et donc un préjudice direct pour les filiales allemandes, et indirect pour les mères françaises. Les filiales allemandes ne réagirent pas et ce furent les sociétés mères françaises qui assignèrent les banques allemandes. Elles les assignèrent à Paris soutenant que c'est à cet endroit que s'était

117. Pour une étude approfondie v. P. Bourel, Du rattachement de quelques délits spéciaux en droit international privé, Rec. cours acad. de dr. internat. La Haye 1989.II. p. 255 et ss., spéc. p. 351 à 386. V. aussi F. Pocar, Le lieu du fait illicite dans les conflits de lois et de juridictions, TCFDIP 1985-86, p. 71 et ss. Cpr. Beraudo, Juriscl. préc. n° 42 qui estime que si le préjudice apparaît après l'accident ou s'aggrave ultérieurement, la compétence du juge du domicile de la victime n'est pas à exclure, mais reconnaît que «le seul déplacement de la victime ne suffit pas à lui offrir un chef de compétence différente». Et proche de cette opinion v. H. Tagaras, note sous l'arrêt *Dumez* du 11 janvier 1990, Cah. dr. europ. 1990, 695. En jurisprudence v. en particulier: Civ. 1re 27 janv. 1982, Gaz. Pal. 1982, J., 365, note Viatte: les juridictions de Bordeaux, lieu du domicile de la victime française d'un accident de circulation, blessée par un automobiliste belge ne sont pas compétentes, l'art. 46 al. 3 NCPC admettant la compétence du juge du lieu de survenance de l'accident et non celle du domicile de la victime.

118. V. posant la question à la Cour de justice, Civ 1re, 21 juin 1988, Bull. I. n° 197; et l'arrêt rendu après l'interprétation de la CJCE: Civ. 1re 29 mai 1990, Bull. I. n° 124; Cah. dr. europ. 1992, 207. V. également le point 31 des concl. de l'av. gén. Jacobs dans l'affaire *Jacob Handte*, CJCE 17 juin 1992, aff. C-26/91. Adde: Kerameus, Communic. préc. à paraître in TCFDIP 1993.

réalisé le dommage par ricochet causé à leur patrimoine. Les banques allemandes ayant soulevé une exception d'incompétence, la Cour de cassation française fut amenée à interroger la Cour de justice: «La règle de compétence juridictionnelle accordant au demandeur, pour l'application de l'art. 5-3° de la Convention, une option entre le tribunal du lieu de l'événement causal et celui du lieu où le dommage est survenu, doit-elle être étendue au cas où le dommage allégué n'est que la conséquence du préjudice subi par les personnes qui ont été directement victimes du dommage matérialisé en un lieu différent, ce qui, dans l'affirmative, permettrait à la victime par ricochet de saisir le tribunal de son domicile?»

Dans sa réponse, la Cour de justice ne se prononce pas expressément sur le droit pour la victime par ricochet d'exercer l'option prévue par l'art. 5-3°, car elle n'était pas interrogée sur ce point mais elle lui reconnait implicitement ce droit; sinon, il aurait suffi que la Cour de justice décide que la victime indirecte ne disposait pas de ce droit, est alors la question de l'identification et de la localisation du dommage ne se posait plus. Mais la Cour indique sans ambiguité que le lieu du fait dommageable à retenir et «le lieu où le fait causal engageant la responsabilité délictuelle ou quasi-délictuelle a produit *directement* ses effets dommageables à l'égard de celui qui en est la *victime immédiate*» (point 20). La victime par ricochet ne peut donc saisir que les mêmes tribunaux que la victime directe: domicile du défendeur, lieu de l'événement causal, ou lieu éventuellement différent où le préjudice initial a été subi par la victime directe[119]. Les motifs donnés par la Cour sont pertinents: souci de ne pas privilègier systématiquement le *forum actoris* (point 16), de n'accepter de dérogation à la compétence des juridictions de l'État du domicile du défendeur que lorsqu'existe «un lien de rattachement particulièrement étroit entre la contestation et des juridictions autres...» et pour des raisons de «bonne administration de la justice et d'organisation utile du procès» (point 17), enfin, préoccupation d'éviter une multiplicité de fors compétents (point 18). S'agissant des victimes par ricochet, ce danger d'une dispersion des fors compétents serait particulièrement élevé si l'on admettait que chaque victime par ricochet pouvait agir au lieu où elle subit le préjudice indirect, à savoir en général à son domicile[120].

119. V. dans le même sens Civ. 1re 11 janvier 1984, Rev. trim. dr. civ. 1984, 361, observ. J. Normand.

120. La CJCE exprime bien dans l'arrêt *Dumez* son hostilité à l'égard du *forum actoris*; v. aussi le point 17 de l'arrêt *Shearson Lehman Hutton* du 19 janvier 1993, aff. C-89/91 qui réaffirme que, en règle générale la Convention ne donne pas compétence au for du demandeur. On a parfois invoqué en sens contraire Civ. 1re 21 oct. 1981, Bull. I n° 303, arrêt rendu à l'occasion d'un accident survenu en Espagne; la victime française, grièvement blessée, avait été hospitalisée à Nice, lieu de son domicile, où elle était décédée. La veuve du *de cujus* agit en réparation du préjudice subi et la Cour de cassation admet la compétence française; mais cette compétence était justifiée, dans la mesure où l'action de la veuve était en réparation du *préjudice propre* que lui avait causé le décès (événement causal en France). Il ne s'agissait pas d'un préjudice par ricochet dû à l'accident survenu en Espagne. Reste que l'arrêt peut être contesté en ce qu'il a érigé en événement causal le décès qui n'était qu'une conséquence de l'accident survenu en Espagne. V. Bourel, Cours préc. à l'Académie de La Haye, p. 380, 381.

193 – Difficultés particulières de localisation du préjudice pour les délits commis par voie de presse, radio ou télévision. La jurisprudence *Mines de Potasse d'Alsace* n'est pas d'une application facile lorsque les localisations et du fait générateur et du préjudice subi prêtent à controverse. C'est en particulier le cas en matière de délits commis par voie de presse, radio ou télévision. Lorsque, par exemple, un magazine est édité dans un État contractant A, diffusé dans cet État mais aussi dans des États contractants B, C et D, et qu'il contient un article ou une photographie portant atteinte à l'intimité de la vie privée d'une personne domiciliée dans un État contractant E, quel est le lieu du fait générateur du dommage : lieu unique de l'édition ou lieux multiples de la diffusion ? Et quel est le lieu où le dommage est survenu : lieu unique du domicile de la victime, ou lieux multiples de la diffusion ?

Il n'y a pas encore d'arrêt de la Cour de justice sur ce point, mais la Cour a été saisie par la Chambre des Lords d'une demande d'interprétation de l'art. 5-3° sur la détermination du lieu où le fait dommageable s'est produit dans le cadre d'un procès en diffamation pour un article publié dans un journal (aff. C-68/93, *Shevill et a. c. Presse Alliance SA*, arrêt attendu en 1994). En France comme à l'étranger, les controverses doctrinales ne manquent pas[121], et la jurisprudence est très incertaine. Le plus souvent, les tribunaux français, soit pour fonder leur compétence , soit pour justifier l'application de la loi française en tant que *lex loci delicti*, retiennent la diffusion en France de l'écrit incriminé, ou la réception en France de l'émission de radio ou de télévision[122]. Mais les références faites au lieu de diffusion ou de réception sont équivoques ; elles peuvent viser cet endroit aussi bien comme lieu d'un événement causal second que comme lieu de réalisation du préjudice. De plus, retenir la compétence des juges des lieux de diffusion ou de réception a l'inconvénient de donner éventuellement compétence à des tribunaux de plusieurs États contractants qui n'auront chacun qu'une compétence limitée (v. *infra* n° 195)[123]. Pour éviter cette dispersion, on pourrait songer à retenir le domicile de la victime soit que l'on y voit le lieu de réalisation de ce pré-

121. V. Bourel, cours La Haye préc. spéc. p. 351 et ss. et les réf.

122. V. Bourel, cours La Haye préc. spéc. p. 393 et ss. ; on mentionnera en particulier, Trib. gr. inst. Paris, 18 avril 1969, *Mitsouko*, RC 1971, 281, n. Bourel ; 19 juin 1974, *Hauert*, D. 1975, 638, n. Droz, RC 1974, 696, n. Lagarde ; 23 juin 1976, RC 1978, 132 et la note ; 29 sept. 1982, *Romy Schneider*, et 27 avril 1983, *Caroline de Monaco*, RC 1983, 670 et la note ; Paris 19 mars 1984 D. 1985, inf. rap. 179, observ. Audit ; RC 1985, 144 et la note ; Trib. gr. inst. Paris 30 juin 1984, *Duchesse de Windsor*, RC 1985, 144 et la note ; Civ 1re 13 avril 1988, *Farah Diba*, RC 1988, 546, n. Bourel. Rappr. Paris 19 déc. 1989, JCP 1990.II.21462, concl. av. gén. Lupi, s'agissant d'un litige portant sur la rémunération d'artistes interprètes pour des émissions radiophoniques reçues en France.

123. La prise en compte de ces lieux a été défendue sur le terrain de la loi applicable par J. Mestre, Les conflits de lois relatifs à la protection de la vie privée, Mélanges Kayser, t. 2, p. 239. Cpr. Kerameus, communic. préc. à paraître in TCFDIP 1993, pour qui, sur le terrain de la compétence judiciaire, le tribunal de chaque lieu de diffusion pourrait avoir une compétence globale pour connaître de l'intégralité du préjudice.

judice immatériel qu'engendre l'atteinte à la vie privée[124], soit que l'on y localise fictivement le délit dans son ensemble[125].

Il semblerait donc fondé d'estimer que pour cette catégorie de délits, commis par voie de presse, radio ou télévision, l'art. 5-3° ouvre une option entre les tribunaux de l'État du domicile du défendeur et ceux du lieu où la victime a son domicile. Cette solution aurait l'avantage de donner compétence à un tribunal proche des données du procès et d'assurer la concentration des compétences, deux objectifs poursuivis par la Convention de Bruxelles. L'intervention de la Cour de justice (aff. C-68/93 préc.) sera la bienvenue car, avec l'internationalisation et de la presse et des techniques de communication à distance, le nombre des litiges en ce domaine risque fort d'augmenter.

§ 3 : Etendue de la compétence du juge saisi sur la base de l'art. 5-3°

194 – Le problème. La question de l'étendue de la compétence du juge saisi en vertu de l'art. 5-3° ne se posera pas si, ce qui est le plus fréquent, il n'y a qu'un seul fait générateur et qu'un seul préjudice subi. En ce cas le juge compétent selon l'art. 5-3 peut certainement connaître de l'intégralité de l'affaire, tout comme l'aurait fait un juge de l'État du domicile du défendeur désigné par l'art. 2. Mais il peut se présenter des hypothèse plus complexes avec une pluralité de préjudices survenus dans des États contractants différents et/ou une pluralité de faits générateurs également situés dans des États contractants différents. Il faut aussi se demander si le juge désigné par l'art. 5-3° est compétent pour se prononcer sur des mesures préventives destinées à prévenir un dommage.

195 – Pluralité de préjudices subis dans des États contractants différents. Reprenant l'exemple de l'affaire *Mines de Potasse d'Alsace*, on peut imaginer que l'entreprise française ait causé des dommages à des exploitations horticoles non seulement aux Pays-Bas, mais aussi en Allemagne. Sur quoi l'application de l'art. 5-3° déboucherait-elle alors ? Il est certain que le tribunal français du lieu du fait générateur a une compétence globale pour connaître de l'ensemble des préjudices[126]. En revanche, les tribunaux du lieu de réalisation des préjudices, ici tribunal néerlandais et tribunal allemand, ne pourraient connaître chacun que du préjudice réalisé dans leur ressort. En effet, pour le tribunal néerlandais, le préjudice réalisé en Allemagne ne se rattache

---

124. V. en ce sens nos observ. sous les décisions précitées note 122. Cette interprétation conserve une éventuelle compétence générale du tribunal du lieu d'édition ou d'émission en tant que tribunal de l'événement causal originaire.

125. En ce sens P. Bourel, spéc. n. RC 1988, p. 553 et cours préc. La Haye, p. 357 ; l'auteur voit dans le domicile de la victime « le lieu de réalisation du délit pris dans son ensemble, c'est-à-dire dans ses différents éléments constitutifs, indépendamment de toute distinction entre lieu de l'acte générateur et lieu du préjudice ».

126. V. en ce sens en droit français, la compétence globale du tribunal du lieu d'édition pour les délits commis par voie de presse, jurisprudence et doctrine citée *supra* note 122.

à sa compétence ni par le lieu du fait générateur, ni par le lieu de réalisation du préjudice et il en va de même pour le tribunal allemand quant au préjudice réalisé aux Pays-Bas.

La jurisprudence française, en matière d'atteintes à la vie privée, a souvent adopté cette solution[127] et a été approuvée par la doctrine[128]; dans la mesure où les tribunaux français ont en général retenu le lieu de diffusion comme lieu de réalisation du préjudice, ils ont été amenés à préciser que leur compétence ne s'étendait qu'à la diffusion effectuée en France, et non à celle effectuée à l'étranger.

La solution peut paraître sage, même si elle a l'inconvénient de fractionner les compétences pour une même affaire. Dans la mesure où le chef de compétence retenu par l'art. 5-3° repose sur l'existence d'un lien de rattachement particulièrement étroit entre le litige et le juge, «il faut nécessairement en déduire que ce tribunal ne peut connaître d'une action en réparation de dommages subis sur un autre territoire que le sien, car l'objectif de proximité découlant d'une bonne administration de la justice, qui fonde cette option, ne serait pas atteint»[129].

Un raisonnement analogue soulève plus de difficultés en cas de pluralité de faits générateurs.

196 – Pluralité de faits générateurs. Si, dans l'affaire *Mines de Potasse d'Alsace* il y avait eu plusieurs entreprises polluantes situées dans des États contractants différents, par exemple la France et l'Allemagne, quelles auraient été les possiblités offertes à l'horticulteur néerlandais par l'art. 5-3°? Il aurait pu, tout d'abord, saisir le tribunal néerlandais du lieu de réalisation du préjudice et ce tribunal aurait été compétent sur l'ensemble de l'affaire. Il aurait pu, aussi, saisir le tribunal français ou le tribunal allemand du lieu de l'un des faits générateurs. Mais quelle aurait été alors l'étendue de la compétence de chacun de ces tribunaux? Etaient-ils compétents chacun pour statuer sur l'ensemble de l'affaire; ou auraient-ils dû limiter leur compétence à la pollution respectivement causée par l'entreprise française et par l'entreprise allemande?

La première solution oblige le tribunal d'un État à se prononcer sur la responsabilité d'une entreprise située dans un autre État, ce qui peut être contesté. Mais, la seconde aboutit à un éclatement des compétences et à une évaluation qui pourra être très difficile, voire impossible, des responsabilités respectives de chaque entreprise.

La jurisprudence n'offre actuellement pas d'exemples de telles situations et la doctrine n'a guère pris parti[130]. En faveur de la première solution, on peut faire observer qu'elle répond à un souci de concentration des compétences et que, comme le relève

---

127. V. les décisions citées *supra* note 33 et spéc. Paris 19 juin 1974; Trib. gr. inst. Paris 29 sept. 1982 et 30 juin 1984; Paris 19 mars 1984, confirmant Trib. gr. inst. Paris 27 avril 1983.

128. V. en particulier P. Lagarde, note sous Trib. gr. inst. Paris 19 juin 1974 précité note 33; A. Huet note sous l'arrêt *Mines de Potasse d'Alsace* JDI 1977, p. 733 et ss.; P. Bourel, cours précité La Haye, p. 354, 355. Cpr. Kerameus, communic. préc. à paraître in TCFDIP 1993.

129. P. Bourel, cours préc. p. 355

130. P. Bourel, cours préc. p. 352, note 261 pose bien le problème.

J.P. Beraudo, «A la différence de l'évaluation des dommages, la répartition de la charge de la responsabilité implique ... un rassemblement de la procédure devant une seule juridiction»[131]; de plus, le lieu des faits générateurs correspond souvent au lieu du domicile du défendeur, et l'application de l'art. 2 et de l'art. 6-1° (v. *infra* n° 222 et ss.) de la Convention arriveraient également à une concentration de la compétence au bénéfice d'un seul tribunal.

Mais, A. Huet, au contraire, estime que, si l'action n'est pas intentée sur le fondement de l'art. 2 mais de l'art. 5-3°, il faut se résigner à un éclatement des compétences entre les tribunaux des divers faits générateurs[132].

Le droit n'est donc pas fixé et l'on ne peut que constater l'incertitude sur la solution à apporter en cas de pluralité de faits générateurs.

197 – Portée, dans ces hypothèses de l'art. 22 sur la connexité. On verra (*infra* n° 295 et ss.) que l'art. 22 de la Convention de Bruxelles prévoit le jeu d'une exception de connexité destinée à favoriser la concentration des compétences et à éviter que ne soient rendues dans des affaires connexes des décisions contradictoires. Mais cet art. 22 ne peut servir à résoudre les questions nées d'une multiplication des lieux de survenance du préjudice ou des lieux des faits générateurs. En effet, l'exception ne peut fonctionner et permettre la jonction des affaires connexes devant le juge premier saisi que si celui-ci est «compétent pour connaître des deux demandes».

Si l'on admet que le juge du lieu de réalisation d'un préjudice n'est pas compétent au sujet de l'autre préjudice, né du même fait générateur, mais survenu dans un autre État contractant (v. *supra* n° 195), l'art. 22 ne trouve pas à s'appliquer. Et il en va de même en cas de pluralité de faits générateurs si l'on estime que le juge d'un État contractant n'est pas compétent pour connaître d'un autre fait générateur à la source du même préjudice mais localisé dans un autre État contractant (v. *supra* n° 196). En revanche, si l'on acceptait la compétence du tribunal du lieu de l'un des faits générateurs pour connaître du tout[133], l'art. 22 pourrait permettre la jonction d'affaires connexes devant le tribunal premier saisi.

198 – Compétence du juge désigné par l'art. 5-3° pour prononcer des mesures préventives destinées à écarter la menace d'un dommage. Avant la réalisation du dommage, la victime potentielle peut avoir intérêt à intenter une action préventive pour obtenir le prononcé de mesures permettant de faire cesser la menace du dommage (par exemple, action tendant à obliger une entreprise à adopter tel ou tel dispositif anti-pollution). Ces actions peuvent relever de l'art. 24 sur les mesures provisoires et conservatoires (v. *infra* n° 267 et ss.). Mais elles peuvent aussi relever de l'art. 5-3°. Elles ont, en effet, été expressément visées par le rapport Schlosser: «de nombreux

---

131. Juriscl. Europe fasc. 3020, n° 43.
132. Note précitée JDI 1977, spéc. p. 733, 734.
133. V. en ce sens Beraudo, Juriscl. Europe, fasc. 3020, n° 43.

arguments militent en faveur de la possibilité d'intenter également devant le tribunal visé à l'art. 5-3°, les actions au principal suivant la voie ordinaire et visant à empêcher la commission d'un acte délictuel imminent» (n° 134).

De telles actions sont expressément prévues par le droit allemand, et les britanniques dans le *Civil and Jurisdiction Judgments Act* de 1982 (qui a introduit au Royaume-Uni la Convention de Bruxelles) ont prévu des actions permettant de faire cesser des menaces imminentes de dommage parmi les actions relevant de l'art. 5-3°. La seule condition qui pourrait être mise au jeu de l'art. 5-3° pour ces actions serait que la localisation de l'éventuel fait générateur ou celle du préjudice qui risque de survenir puisse être déterminée dès ce stade de prévention.

Section 4: L'option spécifique offerte à la victime civile d'une infraction pénale: art. 5-4°

199 – Le principe. L'art. 5-4° de la Convention adopte une règle spécifique pour les actions en réparation de dommages ou en restitution fondées sur une infraction pénale. Ces actions intentées contre l'auteur de l'infraction ou contre une personne civilement responsable[134] peuvent être portées devant le juge saisi de l'action publique dès lors que la *lex fori* de ce dernier l'autorise à connaître de l'action civile. En effet, on sait (v. *supra* n° 27) que la Convention s'applique en matière civile et commerciale «quelle que soit la nature de la juridiction» (art. 1 al. 1). Dans l'arrêt *Volker Sonntag* du 21 avril 1993, aff. C-172/91, la Cour de justice a eu l'occasion de dire que la Convention s'appliquait à l'action en réparation d'un dommage portée devant une juridiction pénale lors d'une poursuite pour homicide par imprudence contre un enseignant d'une école publique qui avait manqué à son devoir de vigilance.

La *lex fori* de la juridiction pénale régit la compétence matérielle et territoriale pour statuer au pénal; mais la compétence territoriale de cette juridiction en ce qui concerne l'action civile relève de la Convention dès lors que le défendeur est domicilié dans un État contractant différent de celui du juge saisi. Et les décisions des juridictions répressives sur l'action civile bénéficient du régime de reconnaissance et d'exécution de la Convention.

A défaut d'art. 5-4°, le juge répressif, compétent au pénal selon la *lex fori*, ne pourrait statuer au civil qu'autant que la Convention de Bruxelles lui donnerait compétence. Mais précisément, l'art. 5-4° renvoie aux règles de compétence territoriale de la *lex fori*: le juge répressif saisi de l'action publique, et compétent au pénal selon la *lex fori*, l'est donc aussi au regard de la Convention pour statuer sur l'action civile, même

134. V. en ce sens Droz, n° 78, 79.

si le critère de compétence retenu par la *lex fori* (par exemple, nationalité de l'auteur de l'infraction ou lieu d'arrestation) est inconnu de la Convention[135].

200 – La règle spéciale de l'art. II al. 1 du Protocole. L'art. II al. 1 du Protocole pose une règle spéciale de procédure aux termes de laquelle « les personnes domiciliées dans un État contractant et poursuivies pour une *infraction involontaire* devant les juridictions répressives d'un autre État contractant *dont elles ne sont pas les nationaux* peuvent se faire défendre par les personnes habilitées à cette fin, même si elles ne comparaîssent pas personnellement" Peu importe que la *lex fori* prévoit la comparution personnelle. Cet article, adopté à la demande des Pays-Bas[136], permet à l'intéressé de se faire défendre tout en n'ayant pas à courir le risque d'être présent devant la juridiction pénale étrangère. L'alinéa 2 du texte permet cependant au juge d'ordonner la comparution personnelle: dans ce cas, poursuit le texte, si la comparution n'a pas eu lieu, « la décision rendue sur l'action civile sans que la personne en cause ait eu la possibilité de se faire défendre pourra ne pas être reconnue, ni exécutée dans les autres États contractants » (v. *infra* n° 364).

201 – Interprétation de l'art. II du protocole par la Cour de justice. Dans un arrêt du 26 mai 1981 (aff. 157/80, *Rinkau*), la Cour a estimé que l'expression « infraction involontaire » vise « toute infraction dont la définition légale n'exige pas, expressément ou par la nature même du délit qu'elle définit, l'existence dans le chef du prévenu de l'intention de commettre l'action ou l'omission pénalement sanctionnée » (pt. 16). Cette notion englobe donc et les *infractions d'imprudence*, et les *infractions matérielles*.

Cet arrêt du 26 mai 1981 décide aussi que: « le droit de se faire défendre sans comparaître, reconnu au prévenu par l'article II du Protocole..., s'étend à toute procédure pénale relative à une infraction involontaire pour autant que la *responsabilité civile* du prévenu découlant des faits constitutifs de l'infraction pour laquelle il est poursuivi est *retenue ou susceptible d'être ultérieurement mise en cause* ». Il y a donc possibilité d'échapper à la comparution personnelle dès lors qu'il y a responsabilité civile au moins virtuelle; il n'est pas nécessaire que l'action civile ait été intentée.

Section 5: L'option de compétence pour les litiges concernant l'exploitation d'une succursale: l'art. 5-5°

202 – Principe. Le texte donne la possibilité au demandeur d'attraire le défendeur domicilié dans un État contractant devant le tribunal, situé dans un autre État contrac-

135. Rappr. la règle analogue, quoique plus restrictive, de l'art. 5-2°, v. *supra* n° 178.

136. V. rapp. Jenard, p. 63.

tant[137], du lieu de situation d'une succursale, agence ou tout autre établissement dès lors qu'il s'agit d'une contestation relative à un tel établissement. C'est la consécration de ce qui, en droit français, est connu sous le nom de «jurisprudence des gares principales».

203 – Interprétation autonome. La Cour de justice, interrogée à plusieurs reprises sur l'interprétation de ce texte, a toujours considéré, implicitement d'abord (6 oct. 1976 *De Bloos*, aff. 14/76), puis explicitement que les «notions visées à l'art. 5-5°» doivent faire l'objet d'«une interprétation autonome et, dès lors, commune à l'ensemble des États contractants»[138]. Cette recherche d'une interprétation autonome a obligé la Cour à déterminer les établissements visés par le texte (Paragraphe 1) et les contestations qu'il est possible de déférer aux juges du lieu où ces établissements sont implantés (Paragraphe 2).

§ 1 : La notion de «succursale, agence ou tout autre établissement»

204 – Equivalence des termes. Les termes utilisés «succursale, agence ou tout autre établissement» englobent les diverses catégories d'établissements secondaires que peuvent avoir les entreprises et ne recouvrent pas chacun une réalité propre. C'est ce qu'affirme la Cour dans l'arrêt *De Bloos* du 6 oct. 1976 (aff. 14/76): «la notion d'établissement» repose, dans l'esprit de la Convention, sur les mêmes éléments essentiels que ceux de succursale ou d'agence; de même dans l'arrêt *Somafer* du 22 novembre 1978 (aff. 33/78), la Cour parle de «*la* notion de succursale, agence ou tout autre établissement». Cependant, depuis l'arrêt *Schotte* du 9 décembre 1987 (aff. 218/86), il semble que le vocable «établissement» soit susceptible, contrairement à ceux d'agence et de succursale, de désigner des entreprises appartenant à des personnes juridiques distinctes: en effet dans cette affaire, il s'agissait d'un litige entre une société allemande, *Schotte GmbH* et une société française *Rotschild France*, dont le siège est à Paris, filiale à 100 % de la société allemande *Rotschild Allemagne* dont le siège est à Düsseldorf. La Cour de justice a admis que la société *Rotschild France* soit assignée en Allemagne par la société *Schotte*: c'est à dire que la filiale se trouvait ainsi attraite devant le tribunal du lieu du siège de la maison mère. La solution a, en général, été critiquée par les annotateurs de l'arrêt car elle revient à admettre «qu'une société mère établie dans un État contractant peut être considérée, au sens de l'art. 5-5° comme une succursale de sa propre filiale établie dans un autre État contractant»[139]. Il semble que

137. Il est arrivé que, à tort, les juges français fassent jouer l'art. 5-5° alors que le siège social de l'établissement principal ne se trouve pas dans un État contractant; v. par ex. Paris 3 février 1988, JDI 1989, 95, note A. Huet.

138. V. CJCE 6 octobre 1976, *De Bloos*, aff. 14/76; 22 nov. 1978, *Somafer*, aff. 33/78; 18 mars 1981, *Blanckaert et Willems*, aff. 139/80; 9 déc. 1987, *SAR Schotte c. Parfums Rotschild*, aff. 218/86.

139. Droz, note sous l'arrêt *Schotte* R. 1988, p. 737.

cet arrêt utilise de façon contestable la théorie de l'apparence (v. *infra* n° 207). Mais il montre que, peut-être, les termes «agence, succursale, ou tout autre établissement» ne sont pas tout à fait équivalents dans la mesure où le terme «établissement» pourrait viser des entreprises ayant une personnalité juridique propre. Il reste toutefois que la solution retenue dans l'arrêt *Schotte* permettant d'attraire la filiale devant le tribunal du lieu du siège social de la société mère sur le fondement de l'art. 5-5° aboutit, semble-t-il, à étendre l'application du texte à un cas non prévu par la Convention[140].

Dans les arrêts antérieurs, la Cour avait défini les éléments de la notion de succursale, agence ou tout autre établissement: soumission à la maison-mère, et intervention de l'établissement secondaire dans la conclusion des affaires traitées. Comme on va le voir, l'arrêt *Schotte* est difficile à concilier avec la jurisprudence antérieure.

205 – L'établissement secondaire doit être dépendant de la maison mère. Dans l'arrêt *De Bloos* du 6 octobre 1976, aff. 14/76, la Cour avait indiqué qu'un élément caractéristique nécessaire au jeu de l'art. 5-5° était qu'il y ait «soumission à la direction et au contrôle de la maison mère» et en avait déduit, qu'en l'espèce, «le concessionnaire d'une exclusivité de vente ne pouvait être considéré comme une succursale, agence ou établissement de son concèdant dans la mesure où il n'était soumis ni à son contrôle, ni à sa direction.» Mais, s'agissant du concessionnaire, la Cour avait pris soin d'indiquer au motif 22 de l'arrêt qu'«on ne saurait étendre les notions de succursale, d'agence ou tout autre établissement au cas d'un concessionnaire exclusif dont *l'activité est caractérisée par les données indiquées par la juridiction nationale*». Ainsi, en des circonstances différentes, un concessionnaire pourrait éventuellement être considéré comme un établissement secondaire (v. *infra* n° 208).

La condition de dépendance à l'égard de la maison mère se retrouve dans l'arêt *Blanckaert c. Willems* du 18 mars 1981, aff. 139/80, où la Cour décide qu'un agent commercial (de droit allemand), totalement libre d'organiser son travail, de fixer le temps employé à la représentation de l'entreprise (sans que celle-ci puisse lui adresser des instructions) et de représenter des entreprises concurrentes, ne gère pas une succursale, une agence ou un autre établissement au sens de l'art. 5-5°.

Il est évident que, dans l'arrêt *Schotte*, la Cour n'a pas pu relever que la société mère *Rotschild Allemagne* était dans la dépendance de sa filiale *Rotschild France*, et c'est une des raisons pour lesquelles cet arrêt est difficile à concilier avec la jurisprudence antérieure.

206 – L'établissement secondaire doit constituer une «prolongement décentralisé» de la maison mère. C'est là le second élément de la définition de l'établissement secondaire. Il implique que cet établissement soit *durable* et que, malgré sa dépendance, la maison mère lui laisse une *autonomie* suffisante pour règler des affaires dans le pays où il agit. Selon l'arrêt *Somafer* (22 nov. 1978, aff. 33/78), «la notion de suc-

140. En ce sens note Bischoff, JDI 1988, 546; et note Droz, R. 1988, 739.

cursale, d'agence ou de tout autre établissement implique un centre d'opérations qui se manifeste d'une façon durable vers l'extérieur comme le prolongement d'une maison mère, pourvu d'une direction et matériellement équipé de façon à pouvoir négocier des affaires avec des tiers, de telle façon que ceux-ci, tout en sachant qu'un lien de droit éventuel s'établira avec la maison mère dont le siège est à l'étranger, sont dispensés de s'adresser directement à celle-ci, et peuvent conclure des affaires au centre d'opérations qui en constitue le prolongement. »[141]. En dépit de ces précisions, l'incertitude subsiste sur le degré d'autonomie exigé de la succursale. On pourrait concevoir qu'il serait suffisant que la succursale puisse passer des contrats même si la maison mère en a prévu à l'avance le contenu; on pourrait aussi penser que la succursale devrait avoir un véritable pouvoir de décision. La jurisprudence de la Cour de justice ne permet pas de trancher catégoriquement mais semble quand même en faveur de la seconde conception; on invoquera en ce sens les termes « négocier des affaires avec des tiers » utilisés par l'arrêt *Somafer* du 22 novembre 1978, ou « les tiers qui font leurs affaires avec... » utilisés par l'arrêt *Schotte* du 9 décembre 1987[142].

L'arrêt *Somafer* indiquait déjà que l'exploitation de la succursale comprend « les engagements pris par le centre d'opérations... au nom de la maison mère et qui doivent être *exécutés* dans l'État contractant où ce centre d'opérations est établi ». L'arrêt *Blanckaert et Willems* du 18 mars 1981, aff. 139/80, reprend l'idée que l'intervention de l'établissement secondaire doit se situer aussi bien au stade de l'exécution qu'au stade de la conclusion du contrat: l'entité « qui se borne à transmettre des commandes à la maison mère, sans participer ni à leur règlement ni à leur exécution » n'est pas un établissement secondaire au sens de l'art. 5-5°. Toutefois il ne paraît pas nécessaire que les engagements pris s'exécutent nécessairement dans l'État où le centre d'opérations est établi[143]; en effet, l'art. 5-5° n'a pas pour seul fondement de rapprocher le juge du litige, mais également de protéger le cocontractant de l'établissement secondaire. De plus, ne retenir que le cas où le contrat doit s'exécuter sur le territoire de l'État contractant du siège de l'établissement secondaire diminuerait l'utilité de l'art. 5-5°, car, alors, l'art. 5-1° permettrait souvent déjà de donner compétence au tribunal de ce lieu. Il semblerait raisonnable d'admettre que l'établissement secondaire doit effectivement intervenir au stade de l'exécution, mais sans pour autant que l'exécution ait nécessairement lieu sur le territoire de l'État contractant où se trouve l'établissement secondaire.

141. La Commission précisait dans ses observations dans l'affaire *Somafer* que la notion de succursale comprend « sur le plan de l'organisation: l'existence d'installations matérielles d'une certaine importance...; sur le plan de l'autonomie de gestion: que le directeur... soit autorisé à conclure de façon autonome des affaires sous la direction et le contrôle de la maison mère; de sorte qu'il puisse engager la maison mère pour des affaires importantes sans devoir consulter chaque fois celle-ci; et sur le plan de la permanence: que les activités commerciales de la succursale ne soient pas provisoires » (Rec. 1978, 2188).

142. V. aussi en ce sens les observ. de la Commission dans l'affaire *Somafer*, Rec. 1978, 2188; et A. Huet, note JDI 1979, 680.

143. V. en ce sens Paris 5 juin 1991, D. 1992 som. com. 166, observ. B. Audit. V. aussi *infra* n° 211.

L'idée générale est donc, selon l'expression de l'avocat général Reischl, que le centre d'opérations constitue «une partie d'entreprise décentralisée, qui a pour l'essentiel des compétences commerciales similaires à celles de la maison mère, mais limitées naturellement au territoire de l'État membre où elle se trouve»[144].

Dans l'arrêt *Schotte*, la Cour a relevé quelques éléments qu'elle avait dégagés dans sa jurisprudence antérieure comme conditions d'application de l'art. 5-5°: que la société *Rotschild Allemagne* agissait comme prolongement de la société *Rotschild France* dans les relations commerciales (point 13) et qu'elle était intervenue dans la négociation et dans l'exécution du contrat (point 14). Mais, en revanche, la Cour ne s'est pas préoccupée du caractère *durable* de la manifestation de la société *Rotschild Allemagne* vers l'extérieur. Et, bien évidemment, elle n'a pu mentionner une quelconque soumission à la direction et au contrôle de *Rotschild Allemagne* à l'égard de *Rotschild France*, cette dernière étant une filiale à 100 % de la première. Ce faisant, la Cour s'est appuyée essentiellement sur l'*apparence*, sur la «façon dont ces deux entreprises se comportent dans la vie sociale et se présentent vis-à-vis des tiers dans leurs relations commerciales» (point 16, v. aussi le point 15[145]). Et sur ce point encore l'arrêt *Schotte* s'écarte de la jurisprudence antérieure de la Cour.

207 – Rôle de l'apparence. L'arrêt *Somafer* du 22 novembre 1978 (aff. 33/78), paraissait impliquer que si les conditions de dépendance à l'égard de l'établissement principal, de caractère durable et d'autonomie suffisante, venaient à manquer, l'apparence ne saurait les remplacer. Ainsi le point 13 de l'arrêt *Somafer* indiquait qu'«il appartient à chaque cas à la juridiction saisie de relever les indices qui mermettent de constater l'existence d'un centre *effectif* d'opérations» et dans le point 14 la Cour notait que «... les considérations ci-dessus rendent une réponse spécifique à la troisième question (concernant le rôle de l'apparence) superflue.» En revanche l'arrêt *Schotte* fonde la solution qu'il donne sur l'apparence (v. points 15 et 16) ce qui se concilie mal avec la jurisprudence antérieure de la Cour[146].

Cette prise en considération de l'apparence n'est pas satisfaisante: l'art. 5-5° est une règle de compétence spéciale qui déroge à la règle de principe qu'est l'art. 2; elle ne doit pas être interprétée avec laxisme. De plus, «rendre trop facile la compétence fon-

144. Rec. 1981, 835. V. aussi en ce sens les concl. Darmon dans l'affaire *Shearson Lehman Hutton* du 19 janvier 1993, aff. C-89/91, estimant qu'un établissement ne jouant que le rôle de simple « boîte à lettres » ne peut être une succursale au sens de l'art. 5-5°.

145. Le point 15 est ainsi rédigé: « Dans un tel cas, les tiers qui font leurs affaires avec l'établissement agissant en tant que prolongement d'une autre société doivent pouvoir s'en remettre à *l'apparence* ainsi créée et considérer cet établissement comme un établissement de cette autre société, même si, du point de vue du droit des sociétés, les deux sociétés sont indépendantes l'une de l'autre ».

146. On notera que dans l'affaire *Somafer*, la Commission avait soutenu qu'une « simple apparence de droit ne peut suffire à fonder une compétence judiciaire » (Rec. 1978, p. 2189, 2e col.). V. encore en ce sens, concl. Mayras dans l'affaire *Somafer*, Rec. 1978, p. 2200; Huet observ. JDI 1979, 680. En revanche dans l'affaire *Schotte*, la Commission et le gouvernement allemand avaient plaidé en faveur de l'applicabilité de la théorie de l'apparence.

dée sur l'exploitation d'une succursale, c'est généraliser le *forum actoris*, compétence exorbitante condamnée par la Convention»[147].

208 – Cas de la dépendance économique d'une entreprise juridiquement autonome. La dépendance économique d'une entreprise juridiquement autonome suffirait-elle à la qualifier d'établisssement secondaire, propre à faire jouer l'art. 5-5°? Des entreprises appartenant à des personnes physiques ou morales juridiquement autonomes, (concessionnaires, agents commerciaux, filiales) mais dépendantes économiquement du concédant, de l'entreprise représentée, de la société mère pourraient sans doute relever de l'art. 5-5° (à supposer naturellement que les actes de ces personnes engagent la «maison mère», soit qu'elle leur en ait donné le pouvoir, soit pour d'autres raisons, par exemple de droit des groupes de sociétés). En effet, les arrêts *De Bloos* (6 octobre 1976, aff. 14/76) et *Blanckaert et Willems* (18 mars 1981, aff. 139/80) n'ont pas exclu cette possibilité puisque, dans ces affaires, l'art. 5-5° a été écarté en raison des circonstances de l'espèce qui faisaient que le concessionnaire et l'agent commercial étaient indépendants. De plus, dans ces deux arrêts, le litige opposait le concessionnaire, l'agent commercial à la prétendue maison mère: or un tel litige échappe certainement à l'art. 5-5° (v. *infra* n° 209 et ss.). Toutefois, pour qu'un concessionnaire ou agent, économiquement dépendant, puisse être considéré comme établissement secondaire au sens de l'art. 5-5°, il faudrait encore que ses actes puissent engager la «maison mère»[148].

L'arrêt *Schotte* du 9 décembre 1987 (aff. 218/86) peut être invoqué à l'appui du jeu de l'art. 5-5° dans les rapports entre filiale et maison mère. Certes, l'arrêt *Schotte* reste critiquable en ce qu'il a voulu traiter la maison mère comme un établissement secondaire de sa propre filiale. Mais il serait admissible qu'une filiale, juridiquement indépendante mais économiquement dépendante, et répondant par ailleurs aux critères dégagés par les arrêts *De Bloos* et *Somafer* (v. *supra* n° 205-206), soit considérée comme un établissement secondaire par rapport à la société mère et qu'en vertu de l'art. 5-5° la société mère puisse être attraite au for du siège social de la filiale. La notion purement matérielle et non juridique d'établissement secondaire retenue par l'arrêt *Schotte* autoriserait cette solution. Il semble toutefois que l'hypothèse doive rester marginale et que, le plus souvent, si la société mère se trouve attraite devant le for du siège social de la filiale, c'est à titre de co-défendeur (application de l'art. 6-1°, v. *infra* n° 222 et ss.) et non sur le fondement de l'art. 5-5°.

---

147. Droz, note sous l'arrêt *Schotte*, R. 1988, p. 740; l'auteur montre comment, dans l'affaire *Schotte*, la protection des tiers pouvaient être assurée par l'assignation en Allemagne de *Rotschild Allemagne* en tant que cette société était apparue comme le véritable maître d'œuvre du contrat, et par l'appel devant la juridiction allemande de *Rotschild France* en tant que co-défendeur, sur la base de l'art. 6-1° de la Convention.

148. V. en ce sens Gothot et Holleaux, n° 99.

§ 2 : Les contestations visées par l'art. 5-5°

209 – «Contestations relatives à l'exploitation» de l'établissement secondaire. L'art. 5-5° ne vise que les litiges concernant l'exploitation de l'établissement secondaire. Il est donc certain que l'art. 5-5° ne saurait fonder la compétence du for du lieu de l'établissement secondaire alors que le procès porte sur une question n'ayant aucun lien avec cet établissement[149]. Mais l'arrêt *Somafer* (22 nov. 1978, aff. 33/78) distingue deux types de litiges visés par l'art. 5-5°: ceux qui concernent le fonctionnement interne de l'établissement secondaire et ceux qui concernent son activité, notamment commerciale, dirigée vers l'extérieur. On va voir qu'en réalité il semble que seule la seconde catégorie relève de l'art. 5-5°.

210 – Litiges portant sur le fonctionnement interne de l'établissement secondaire. Le for de l'article 5-5°, d'après l'arrêt *Somafer* du 22 novembre 1978, aff. 33/78, est compétent pour des litiges «portant sur les droits et obligations contractuels ou non contractuels relatifs à la gestion proprement dite de l'agence, de la succursale ou de l'établissement secondaire...». La Cour donnait ensuite des exemples qui ne paraissent pas très heureux: le bail d'immeuble, mais en ce domaine l'art. 16-1° donne déjà une compétence exclusive au tribunal du lieu de situation de l'immeuble; quant au second exemple donné par la Cour, «l'engagement sur place du personnel qui y travaille», visant les litiges entre le personnel subordonné, engagé par la direction de l'établissement secondaire, la compétence du tribunal du lieu de l'établissement résulte maintenant de l'art. 5-1° al. 1 deuxième phrase et le recours à l'art. 5-5° est inutile.

En réalité on voit mal comment des litiges relatifs à l'exploitation interne de l'établissement secondaire peuvent relever de l'art. 5-5°. En effet, il paraît certain que les litiges entre le personnel dirigeant de la succursale, nommé par la maison mère, et cette dernière échappent au domaine de l'art. 5-5° et relèvent uniquement des art. 2 et 5-1°[150]. De même sont soustraites à l'art. 5-5° d'éventuelles contestations entre la société mère et le propriétaire de l'établissement secondaire (si l'on admet que cet établissement puisse être la propriété d'une personne juridique distincte de la maison mère, v. *supra* n° 208): autoriser ce propriétaire (concessionnaire, agent commercial ou filiale) à invoquer l'art. 5-5° contre le concédant, la société représentée ou la société mère aboutirait à les faire bénéficier d'un *forum actoris*, auquel la Convention est hostile[151]. En effet l'art. 5-5° a pour objectif de permettre à un tiers qui a traité avec l'établissement secondaire de saisir un tribunal proche du litige et non de permettre à

---

149. *Contra* Versailles, 26 septembre 1991, RC 1992, 333 et la note critique; JDI 1993, 149, note critique Huet.

150. V. en ce sens Droz, D. 1977, 618; A. Huet, JDI 1979, 681 ; rappr. dans le cadre de la jurisprudence française des « gares principales », Solus et Perrot Droit judiciaire privé, t. II, La compétence, n° 256.

151. V. concl. Reischl dans l'aff. *De Bloos*, Rec. 1976, 1519 et dans l'affaire *Blanckaert et Willems*, Rec. 1981, 825 ; G. Droz, D. 1977, 618; J.M. Bischoff, JDI 1977, 727; JDI 1982, 481.

l'établissement secondaire de se prévaloir d'un *for actoris* dans une action qu'il intenterait contre l'établissement principal.

211 – Litiges concernant l'activité extérieure de l'établissement secondaire. Aux termes de l'arrêt *Somafer*, il s'agit des litiges «relatifs aux *engagements* pris par le centre d'opérations... au nom de la maison mère et qui doivent être exécutés dans l'État contractant où ce centre d'opérations est établi, ainsi que les litiges relatifs aux *obligations non contractuelles* qui trouveraient leur origine dans les activités que la succursale, agence ou tout autre établissement... a assumées au lieu où il est établi pour le compte de la maison mère». Il s'agit donc tout d'abord des contrats passés entre l'établissement secondaire et des tiers[152]. Il s'agit ensuite des obligations délictuelles ou quasi-délictuelles auxquelles l'établissement secondaire pourrait se trouver tenu. Dans ces deux cas l'art. 5-5° est destiné à avoir une grande efficacité et l'objectif poursuivi par les auteurs du texte (rapprocher le litige de celui qui a contracté avec l'établissement secondaire ou qui a souffert de son activité) est atteint.

Toutefois, là encore, l'art. 5-5° fera souvent double emploi avec soit l'art. 5-1°, soit l'art. 5-3°: ainsi, en matière contractuelle, l'art. 5-1° et l'art. 5-5° donnent compétence au même tribunal dès lors que l'obligation litigieuse s'exécute dans le ressort du tribunal du lieu où se trouve l'établissement secondaire; et, en matière délictuelle, les fors de la succursale et de l'art. 5-3° coïncident, à moins que ni l'événement causal, ni le dommage ne se soient réalisés dans le ressort judiciaire où l'établissement secondaire est situé.

Finalement, l'art. 5-5° s'est sans doute pas appelé à jouer un rôle spécifique dans de très nombreux cas. Reste qu'il serait heureux d'une part que la Cour de justice abandonne la solution donnée dans l'arrêt *Schotte* (9 déc. 1987, aff. 218/86) où elle faisait de la société mère un établissement secondaire de la filiale, et d'autre part, qu'elle ait l'occasion d'indiquer sans ambiguïté si l'art. 5-5° peut éventuellement jouer pour un établissement secondaire doté de la personnalité juridique dès lors qu'il offrirait les caractéristiques de soumission à la direction et au contrôle de l'établissement principal et apparaîtrait comme «un prolongement décentralisé» de ce dernier (v. *supra* n° 208).

Section 6: L'option de compétence en matière de *trust*: art. 5-6°

212 – L'apparition de cette option dans la Convention d'adhésion de 1978. Le *trust*, institution propre aux pays de *Common Law*, consiste en ce qu'une ou plusieurs

152. L'arrêt *Somafer* du 22 novembre 1978 semble requérir que l'engagement s'exécute sur le territoire de l'État où se trouve l'établissement secondaire. Cependant, v. *supra* n° 206 l'opinion selon laquelle l'établissement secondaire doit être impliqué dans l'exécution du contrat sans que pour autant l'exécution ait nécessairement lieu sur le territoire de l'État contractant où se trouve l'établissement secondaire.

personnes appelées *trustees* sont chargées de gèrer des biens, d'exercer des droits au profit d'un ou plusieurs bénéficiaires. Il peut être volontaire ou légal[153].

En 1968, la Convention de Bruxelles ne consacrait aucune règle particulière au *trust*. En 1978, fût introduite une nouvelle option de compétence dans l'art. 5-6°. Le texte donne compétence pour certains litiges en matière de *trust* aux tribunaux de l'État contractant sur le territoire duquel le *trust* a son domicile. Il s'agit donc, contrairement aux autres règles de l'art. 5, d'une règle de compétence générale, le droit de l'État du domicile du *trust* restant compétent pour déterminer le tribunal spécialement compétent.

Cette règle a été introduite car le for du domicile du défendeur risque d'être ici inapproprié : le rapport Schlosser (n° 113) prend l'exemple d'un *trustee* défendeur qui établirait son domicile en Corse, alors que le *trust* concernerait des biens situés aux États-Unis. De plus, les relations juridiques nées du trust ne sont pas de nature contractuelle : l'art. 5-1° ne leur est donc pas applicable[154]. La règle nouvelle a voulu permettre de saisir un juge proche du « centre de gravité » du *trust*. Pour en cerner la portée, il convient de s'interroger sur la notion de « domicile » du *trust*, et sur les procès visés par l'art. 5-6°.

213 – La compétence des tribunaux de l'État du domicile du *trust*. L'art. 53 al. 2 du texte révisé de la Convention de Bruxelles dispose que : « Pour déterminer si un *trust* a son domicile sur le territoire d'un État contractant dont les tribunaux sont saisis, le juge applique les règles de son droit international privé ». Encore faut-il savoir ce qu'on entend par « domicile » du *trust*. Le *Jurisdiction and Judgment Act* de 1982, qui a mis en vigueur la Convention de Bruxelles pour le Royaume-Uni dispose dans son art. 45 al. 3 qu'« un *trust* est domicilié dans un partie du Royaume-Uni si et seulement si le système juridique de cette partie est le système juridique avec lequel le trust a les liens les plus étroits et les plus réels »[155]. Le rapport Schlosser indiquait déjà que la notion de « domicile » du *trust* avait été empruntée à la matière des conflits de lois dans laquelle elle sert à identifier la loi régissant le *trust*. Il s'agit donc, selon les termes de P. Gothot et D. Holleaux « d'une "localisation" du *trust* (au sens où on parle de localisation du contrat) d'après des indices divers tels que la volonté du fondateur, le centre de gestion du *trust*, la résidence du *trustee*, la situation des biens objets du *trust*. »[156].

Le but de l'art. 5-6° est donc à la fois de rapprocher le juge du litige et de faire coïncider compétence judiciaire et compétence législative[157].

---

153. Sur le *trust*, v. J.P. Beraudo, Les *trusts* anglo-saxons et le droit français, LGDJ, Coll. Droit des affaires, 1992.

154. L'art. 5-1° est donc écarté même si une qualification contractuelle du *trust* volontaire entre vifs est concevable du point de vue des droits continentaux. Le *trust* a également été évincé pour cette raison du domaine de la Convention de Rome du 19 juin 1980 sur la loi applicable aux obligations contractuelles.

155. Texte anglais : "*A trust is domiciled in a part of the United Kingdom if and only if the system of law of that part is the system with which the trust has its closest and most real connection*".

156. N° 105. V. *supra* n° 74.

157. V. Rapp. Schlosser n° 114.

La détermination du domicile du *trust* ne soulèvera pas de grandes difficulté lorsque l'affaire sera portée devant les juridictions d'États contractants connaissant dans leur droit interne l'institution du *trust*. En revanche, dans les États de *Civil Law* où le *trust* est inconnu, le renvoi par l'art. 53 al. 2 aux règles de droit international privé du for sera de peu d'utilité. Les juges de ces États seront alors bien inspirés d'utiliser les indices énumérés par l'art. 7 de la Convention de La Haye de 1985 sur la loi applicable au trust et à sa reconnaissance : lieu d'administration du *trust* désigné par le constituant, lieu de situation des biens du *trust*, et résidence ou établissement du *trustee*. Cette liste n'est qu'indicative, et parfois d'autres indices ont été retenus en Grande-Bretagne[158]. La notion de domicile du *trust* doit être la même dans la Convention de Bruxelles et dans la Convention de La Haye de 1985 afin d'assurer la coïncidence des compétences judiciaire et législative. Et on ne peut que souhaiter une ratification rapide de la Convention de 1985 par tous les États adhérents à la Convention de Bruxelles (au 1er septembre 1993, seuls le Royaume-Uni et l'Italie, parmi les États de la Communauté européenne avaient ratifié cette Convention entrée en vigueur grâce à la ratification de l'Australie suivie de la ratification du Canada.)

Mais si les indices retenus localisent le *trust* sur le territoire d'un État dont le droit ignore cette institution, on peut se demander si le juge de cet État est vraiment bien placé pour connaître du litige alors que, par hypothèse, la *lex fori* (également loi du domicile du *trust*) ne contient aucune disposition consacrée au *trust*[159].

214 – Les procès visés par l'art. 5-6°. L'art. 5-6° ne s'applique pas à tous les litiges mettant un trust en cause. Tout d'abord, il ne joue à l'évidence que dans les matières relevant de la Convention (v. *supra* n° 27 et ss.) En second lieu, seuls les trusts volontaires ou résultant d'une disposition expresse de la loi sont visés par l'art. 5-6°. La formule utilisée par le texte, « *trust* constitué soit en application de la loi, soit par écrit ou une convention verbale, confirmée par écrit[160], ... » exclut les *trusts* implicites[161].

En troisième lieu, la compétence du for du domicile du *trust* n'existe que si le défendeur est assigné en tant que fondateur, *trustee* ou bénéficiaire du *trust*, c'est-à-dire si sont en cause les relations *internes* au *trust* soumises au droit propre de celui-ci. Au contraire, les règles ordinaires de la Convention régissent les relations *externes* du

158. V. Beraudo, op. cit. n° 387 qui mentionne le rôle parfois accordé à la résidence du constituant ou à celle des bénéficiaires.

159. Sur la question de savoir si la création et le fonctionnement d'un *trust* peuvent être soumis à une loi qui ignore cette institution, v. Oppetit, R. 1973, p. 15 et ss. On notera toutefois que d'autres articles de la Convention de Bruxelles peuvent donner compétence à un juge de *Civil Law* pour des questions de *trust* : v. par ex. l'art. 17 al. 3, *supra* n° 137.

160. Le texte français de la Convention est malheureux sur ce point car le *trust* n'étant pas un contrat ne se crée pas par « convention ». La version anglaise est meilleure qui parle de *trust "created... by a written instrument or created orally and evidenced by writting"*.

161. En ce sens rapp. Schlosser, n° 117. V. aussi J.P. Beraudo, Juriscl. Europe, fasc. 3020 n° 60, qui estime qu'aux *trusts* légaux et aux *trusts* volontaires, il faut assimiler les *trusts* judiciaires qui résultent également d'un écrit et sont assez souvent utilisés par exemple en matière de pension alimentaire.

trust, c'est-à-dire lorsque le *trustee* agit à l'égard de tiers comme n'importe quel sujet de droits.

Enfin, la compétence spéciale prévue en matière de *trust* s'efface si l'affaire relève de l'une des compétences exclusives de l'art. 16 (v. *supra* n° 82 et ss.).

Section 7: Les règles de compétence en matière maritime: art. 5-7°, art. 6 bis de la Convention et art. V ter du Protocole

215 – Généralités. La Convention d'adhésion de 1978 a introduit des règles spécifiques pour des litiges de droit maritime, mais uniquement sur des points particuliers. Pour le reste, ces litiges sont soumis aux règles ordinaires de la Convention ou de celles des traités[162] dont l'art. 57 réserve l'application (v. *supra* n° 18). Ainsi, par exemple, les art. 2 et 5-3° s'appliquent aux affaires d'abordage (l'application de l'art. 5-3° impliquant que l'abordage ait eu lieu dans les eaux territoriales d'un État contractant), sauf si le litige relève de la Convention de Bruxelles du 10 mai 1952 «pour l'unification de certaines règles relatives à la compétence civile en matière d'abordage»[163]. Peut également avoir vocation à s'appliquer une autre Convention de Bruxelles du 10 mai 1952 également, mais sur la saisie conservatoire des navires.

Les dispositions insérées dans la Convention de Bruxelles en 1978 sur la compétence en matière maritime seront ici regroupées à l'exception de celles concernant l'assurance (v. *infra* n° 257), mais seule la première ouvre une option de compétence, les deux autres règlant des points bien particuliers. Seront ainsi successivement examinées: l'option de compétence en faveur du for de la saisie de la cargaison ou du fret en cas d'assistance maritime (art. 5-7°), la limitation de la responsabilité du fait de l'utilisation ou de l'exploitation d'un navire (art. 6bis), et une règle spéciale pour les navire immatriculés au Danemark et en Irlande, ainsi qu'en Grèce (adjonction figurant dans la Convention d'adhésion de 1982) et au Portugal (adjonction figurant dans la Convention d'adhésion de 1989).

216 – Le for de la saisie de la cargaison ou du fret en cas d'assistance maritime: art. 5-7°. Lorsqu'une personne, assistant ou sauveteur, a œuvré pour l'assistance ou le sauvetage dont a bénéficié une cargaison ou un fret et qu'il y a contestation pour le paiement de la rémunération qu'elle réclame, elle a le droit d'assigner le défendeur, outre au domicile de ce dernier, devant une autre juridiction définie par l'art. 5-7°. Il s'agira du «tribunal dans le ressort duquel cette cargaison ou le fret s'y rapportant:

a) a été saisi pour garantir ce paiement

---

162. V. la liste de ces traités in M. Rémond-Gouilloud, Droit maritime, Pedone 1988, n° 29, p. 22.

163. V. R. Rodière, La compétence des tribunaux français en matière d'abordage et la Convention de Bruxelles de 1968, R. 1979, 341; cpr. Trib. gr. inst. Marseille, 28 juin 1977, R. 1979, 97, note P. Lagarde, qui applique la Convention de 1952 alors que la Convention de Bruxelles du 27 septembre 1968 était applicable.

ou
b) aurait pu être saisi à cet effet, mais une caution ou une autre sûreté a été donnée.»
Le texte précise que «cette disposition ne s'applique que s'il est prétendu que le défendeur a un droit sur la cargaison ou sur le fret ou qu'il avait un tel droit au moment de cette assistance ou de ce sauvetage.»

217 – Raison d'être de la règle. La Convention de Bruxelles du 10 mai 1952 «pour l'unification de certaines règles sur la saisie conservatoire des navires de mer» ne concernait que la saisie des navires[164]. Or au Royaume-Uni existait déjà une compétence du *forum arresti* en matière d'assistance maritime et de saisie conservatoire d'une cargaison ou d'un fret. C'est donc à la demande du Royaume-Uni que ce chef de compétence fut introduit dans la Convention de Bruxelles (v. rapp. Schlosser, n° 121 et ss.).

218 – Portée de la règle. L'art. 5-7° permet d'intenter une action en rémunération de l'assistance ou du sauvetage ayant sauvegardé une cargaison ou un fret devant le tribunal dans le ressort duquel cette cargaison ou ce fret a été saisi en garantie du paiement, ou aurait pu l'être si une sûreté n'avait pas été constituée. C'est une exception à l'art. 24, texte duquel il résulte que la compétence pour prendre une mesure provisoire ou conservatoire n'emporte pas compétence sur le fond (v. *infra* n° 267 et ss.). Mais l'art. 5-7° *in fine* limite la portée de cette exception au cas où le défendeur est titulaire actuel ou a été titulaire d'une droit sur la cargaison ou le fret. Ainsi, le rapport Schlosser (n° 123) indique que «si l'armateur d'un navire en difficulté a conclu un contrat d'assistance ou de sauvetage, ce à quoi il et souvent tenu vis à vis du propriétaire de la cargaison, les litiges qui s'y rapportent ne tombent pas sous le coup de la disposition».

L'option de compétence ouverte par l'art. 5-7° apparait donc comme une règle de portée limitée, destinée à complèter les règles de compétence prévues par la Convention de Bruxelles de 1952 qui ne portent que sur la saisie de navires.

219 – L'art. 6 bis de la Convention de Bruxelles: compétence en matière de limitation de la responsabilité du fait de l'utilisation ou de l'exploitation d'un navire. Là encore, il s'agit d'une disposition ajoutée en 1978. Le texte s'explique par l'existence de conventions internationales et de lois nationales qui limitent la responsabilité pour dommages liés à l'utilisation du navire, responsabilité contractuelle ou extra-contractuelle, des propriétaires de navires, affréteurs, armateurs, armateurs gérants,

164. Cette Convention s'applique entre les États parties à la Convention de Bruxelles (art. 57 de la Convention de Bruxelles, v. *supra* n° 18). Quant au problème né de ce que, en 1978, le Danemark et l'Irlande n'avaient pas ratifié la Convention de 1952 sur la saisie des navires, v. *supra* n° 62.

capitaines et préposés[165]. L'art. 6 bis prévoit que le tribunal d'un État contractant, compétent selon la Convention pour les actions en responsablilité du fait de l'utilisation ou de l'exploitation d'un navire, ou tout autre tribunal du même État désigné par la loi de celui-ci, «connaît aussi des demandes relatives à la limitation de cette responsablilité». Selon le rapport Schlosser (n° 124 et ss.), cet article ne vise que l'hypothèse où le responsable prend l'initiative d'agir contre un ou plusieurs créanciers afin de faire constater la limitation de responsabilité[166]. Cette action peut être intentée dans tout État contractant où, en vertu de la Convention, le responsable pourrait lui-même être assigné, en particulier celui de son propre domicile[167].

220 – Compétence en matière de litiges entre le capitaine et les membres de l'équipage: art. V ter du Protocole. Cette disposition, également apparue en 1978, ne concerne que les litiges entre le capitaine et un membre de l'équipage d'un navire de mer immatriculé au Danemark, en Grèce, en Irlande ou au Portugal, litiges portant sur les rémunérations ou sur les autres conditions de service. Le texte fait peser une assez lourde contrainte sur les juridictions des États contractants: en effet, il prévoit que, pour un tel litige, «les juridictions d'un État contractant doivent contrôler si l'agent diplomatique ou consulaire dont relève le navire a été informé du litige. Elles doivent surseoir à statuer aussi longtemps que cet agent n'a pas été informé.» Lorsque cet agent, une fois informé, a rempli le rôle qui lui est reconnu par une convention consulaire[168], les tribunaux étatiques saisis doivent se dessaisir, même d'office. Enfin, s'il n'existe pas de convention consulaire sur ce point, la juridiction étatique doit également se dessaisir, même d'office, si le consul de l'État concerné a contesté la compétence du tribunal.

Il résulte de ce texte que la compétence des juridictions des autres États contractants est liée par l'accord sur la compétence donné par l'agent diplomatique ou consulaire de l'État du pavillon du navire danois, grec, irlandais ou portugais.

---

165. V. la Convention de Bruxelles du 10 octobre 1957 sur la limitation de la responsabilité des propriétaires de navires de mer qui lie encore certains États de la CEE; la Convention de Londres du 19 nov. 1976 sur la limitation de responsabilité en matière de créances maritimes, destinée à remplacer celle de 1957 et qui lie actuellement la France. En droit français, v. la loi n° 84-1151 du 21 déc. 1984 et les décrets n° 86-1065 du 24 septembre 1986 et n° 87-825 du 5 oct. 1987.

166. Selon le rapport Schlosser (n° 124 et ss.) l'article ne concerne pas l'hypothèse où le responsable invoque, en défense, la limitation de responsabilité. Il ne s'applique pas non plus à la procédure de constitution et de répartition du fonds de limitation lorsque, comme en droit allemand ou français, la procédure en question s'introduit par requête et non par assignation. En revanche l'art. 6bis permet également d'engager la procédure de constitution et de répartition du fonds de limitation si, comme au Royaume-Uni, le fonds se constitue auprès du tribunal saisi d'une demande de limitation dirigée contre un créancier.

167. V. aussi Gothot et Holleaux, n° 109; Droz, art. préc. R. 1987 spéc. p. 270; J.P. Beraudo, Juriscl. Europe fasc. 3020, n° 65 et 66; D. Alexandre, Rep. Dalloz de Droit communautaire, V° Convention de Bruxelles (Compétence) n° 194.

168. Sur la Convention consulaire franco-danoise du 9 février 1842, et sur la Convention consulaire franco-grecque du 7 janvier 1878, v. Beraudo, Juriscl. Europe, fasc. 3020, n° 67.

Cet article V ter avait été réclamé en 1978 par le Danemark dont la loi n° 420 du 18 juin 1973 contenait une disposition selon laquelle les tribunaux étrangers ne peuvent pas être saisis de litiges opposant un capitaine et un membre de son équipage servant à bord d'un navire danois. L'Irlande avait demandé à bénéficier du même régime. La Grèce et le Portugal ont fait de même dans les conventions d'adhésion ultérieures. Il s'agit d'une règle impérative et non d'une option de compétence comme celle qui figure à l'art. 5-7° (v. *supra* n° 216) de la Convention.

Aux options de compétence prévues par l'art. 5 de la Convention, il faut ajouter d'autres options, prévues par l'art. 6: ce sont les règles de compétences dérivées qui feront l'objet du chapitre 5 de ce titre.

Chapitre 5

Les règles de compétences dérivées: art. 6

221 – Généralités. La Convention de Bruxelles ne fait pas de la connexité un chef général de compétence; en particulier, l'article 22 ne vise que *l'exception* de connexité (v. *infra* nº 295 et ss.). La Convention a toutefois admis, dans certains cas précis la possibilité de concentrer devant un même juge des causes distinctes, mais pourtant étroitement liées entre elles: il s'agit de faire respecter un principe général d'« économie de procédure », permettant une « meilleure administration de la justice ». Ces cas, au nombre de quatre, sont prévus par l'art. 6 qui ouvre des options de compétence autorisant ce regroupement (Section 1) ; il faudra ensuite s'interroger sur le régime de ces compétences dérivées en présence de prorogations volontaires de compétence (Section 2).

Section 1: Les quatre cas de compétences dérivées prévues par l'art. 6

§ 1 : La compétence à l'égard des codéfendeurs : art. 6-1º

222 – La règle de l'art. 6-1º. Le texte permet d'attraire un défendeur domicilié dans un État contractant « s'il y a plusieurs défendeurs, devant le tribunal du domicile de l'un d'eux ». Il s'agit là d'une règle souvent connue dans les droits internes et son adoption n'a pas soulevé d'objection. Deux conditions doivent être remplies pour que l'art. 6-1º fonctionne: la première résulte du texte même (que le tribunal saisi soit celui du *domicile* de l'un des défendeurs), la seconde, non inscrite au texte, mais cependant certaine, est qu'il existe un lien sérieux entre les demandes.

223 – Le tribunal saisi doit être celui du domicile de l'un des défendeurs. L'art. 6 est précis: la compétence dérivée n'existe que si le tribunal saisi est bien celui du domicile d'un défendeur. C'est une règle de compétence spéciale: il ne suffirait pas qu'un défendeur ait été assigné devant un tribunal de l'État où il est domicilié mais qui ne serait pas celui du lieu de son domicile. De même si la compétence du juge saisi résulte d'un autre chef de compétence (par exemple de l'art. 5-1º, ou de l'art. 17), l'art. 6-1° ne permet pas d'assigner un codéfendeur devant lui[1]. Seule la compétence spéciale du tribunal du domicile d'un défendeur est assez forte pour justifier l'extension de compétence à d'autres défendeurs[2].

L'art. 6-1° ne saurait non plus être invoqué contre un codéfendeur domicilié hors de la Communauté car la compétence relève à son égard du droit commun étatique.[3]

224 – Il doit exister un lien sérieux entre les demandes. Bien que le texte de la Convention ne le précise pas, les auteurs sont unanimes pour exiger un lien sérieux entre les demandes[4] de façon à empêcher d'utiliser la règle uniquement pour priver une partie de la compétence des juridictions de son domicile.

On s'était demandé si l'appréciation du lien sérieux était laissée à la juridiction nationale saisie ou si la Cour de justice entendait contrôler ce point. La réponse a été donnée dans l'arrêt *Kalfelis* du 27 septembre 1988 (aff. 189/87): la Cour a indiqué que «Pour l'application de l'art. 6 paragraphe 1 de la Convention, il doit exister, entre les différentes demandes formées par un même demandeur à l'encontre de différents défendeurs, un lien de connexité, tel qu'il y a intérêt à les juger ensemble afin d'éviter des solutions qui pourraient être inconciliables si les causes étaient jugées séparément» (point 1 du dispositif). C'est donc la notion de connexité telle qu'elle est définie par l'art. 22 de la Convention (v. *infra* n° 295 et ss.) qui est retenue par la Cour. Il semble que l'inconciliabilité doit s'entendre comme visant deux décisions qui risqueraient d'être contradictoires sans aller jusqu'à exiger qu'il soit absolument impossible de les exécuter séparément[5]

§ 2 : La compétence en cas de demande en garantie ou en intervention : art. 6-2°

225 – La règles de l'art. 6-2°. Ce texte permet au demandeur d'attraire en intervention ou en garantie devant le tribunal saisi de la demande originaire une personne domiciliée dans un autre État contractant. Les notions d'intervention et de garantie (l'appel en garantie n'étant d'ailleurs qu'un cas de demande d'intervention) ne sont pas définies par la Convention; il semble préférable d'en donner une interprétation

1. Sauf si le juge saisi est aussi celui du domicile de l'une des parties défenderesses: v. Civ. 1re 3 juin 1981, Bull. civ. n° 195, p. 160; cpr. Paris 25 avril 1979, Rev. Banque 1979, 979, note Martin; D. 1980, inf. rap. 385, observ. Vasseur; JDI 1980, 352, observ. D. Holleaux. Et pour une application erronée de l'art. 6-1°, Paris 27 avril 1982, R.C. 1982, 729, note P. Lagarde.

2. V. en droit français Hébraud, Rev. trim. dr. civ. 1959, 152.

3. V. *supra* n° 78; Paris 25 avril 1979, Gaz. Pal. 1980, 1, somm. 85.

4. V. Rapp. Jenard p. 26; Droz, n° 88; Gothot et Holleaux, n° 111; Paris 28 juin 1978, R.C. 1979, 444, note M. Santa-Croce; Beraudo, Juriscl. Europe fasc. 3020 n° 71.

5. V. en ce sens concl. Darmon dans l'affaire *Kalfelis*, 27 sept. 1988, aff. 189/87.

large incluant toute forme d'appel en garantie et visant aussi bien l'intervention volontaire que l'intervention forcée[6].

226 – Conditions de mise en œuvre du texte. Contrairement à l'art. 6-1°, le texte n'exige pas que le tribunal saisi de la demande principale soit celui du domicile du défendeur. Ainsi, peu importe le fondement de la compétence de ce tribunal: autre article de la Convention de Bruxelles[7], voire même chef de compétence connu du droit national du juge saisi mais ignoré ou rejeté par la Convention[8]. Cette solution a l'avantage d'assurer la concentration des compétences, mais l'inconvénient de faire éventuellement subir au tiers appelé une compétence exorbitante connue du droit du for.

L'art. 6-2° ne concerne que la compétence et n'empêche pas le jeu des règles procédurales nationales sur la recevabilité de la demande en intervention; encore faut-il que ces règles nationales n'aboutissent pas à priver d'effet utile la règle de compétence posée par la Convention[9].

L'art. 6-2° réserve le cas où la demande en garantie ou en intervention n'a été formée «que pour traduire hors de son tribunal celui qui a été appelé». La règle de compétence dérivée posée par l'art. 6-2° ne doit pas pouvoir aboutir à un «détournement de for». Ce sera donc au plaideur appelé qui conteste le jeu de l'art. 6-2° de prouver ce détournement. Certains auteurs avaient déduit de la rédaction du texte qu'il n'était pas nécessaire qu'il existe un lien de connexité entre la demande principale et la demande en garantie ou en intervention[10]. L'arrêt *Kongress Agentur Hagen* du 15 mai 1990 (aff. C 365/88) pourrait révèler une position contraire de la Cour de justice; en effet, au point 11 de l'arrêt, la Cour énonce que «... *le lien de connexité* entre la demande au fond et la demande d'appel en garantie suffit à établir la compétence du juge saisi quel que soit le fondement de la compétence au principal...». Certes, il se peut que la Cour se soit bornée à constater qu'en l'espèce ce lien de connexité existait. Toutefois, si la

6. En ce sens Beraudo, Juriscl. préc. n° 72. Sur la distinction entre une demande en garantie formée par un automobiliste français contre un conducteur italien pour l'indemnisation de la passagère du français (jeu de l'art. 6-2°) et la demande de ce même automobiliste en réparation de son préjudice personnel (pas de jeu de l'art. 6-2°), voir Civ. 1re 24 mars 1987, J. 1988, 138, observ. A. Huet, R.C. 1987, 577 et la note.

7. La Cour de justice a admis le jeu de l'art. 6-2° pour un appel en garantie alors que le tribunal saisi de la demande principale était compétent sur la base de l'art. 5-1° de la Convention: 15 mai 1990, *Kongress Agentur Hagen*, aff. C 365/88. De même l'art. 6-2° peut étendre la compétence du juge saisi en vertu des art. 17 ou 18.

8. La Cour de Paris, 22 février 1990, JDI 1991, 152, observ. A. Huet, a admis le jeu de l'art. 6-2° alors que le tribunal français saisi de la demande principal l'était sur le fondement de l'art. 14 du Code civil; pourvoi rejeté par Civ. 1re 14 mai 1992, JCP 1992, IV, 1958; JDI 1993, 151, 1re esp. observ. Huet.

9. CJCE 15 mai 1990, *Kongress Agentur Hagen*, aff. C 365/88; par exemple, on ne saurait appliquer une disposition nationale déclarant irrecevable une demande en garantie dès lors que le tiers mis en cause et domicilié dans un État contractant autre que celui du tribunal saisi de la demande principale (exemple donné par l'av. gen. Lenz dans l'affaire *Kongress Agentur Hagen.)*

10. V. en particulier, Beraudo, Juriscl. Europe, fasc. 3020 n° 72; V. Heuzé, *Dictionnaire Joly, Pratique des contrats internationaux*, Livre IX, Conflits de juridictions et contrats internationaux, n° 78.

Cour a pris soin de relever ce point, alors qu'elle n'était pas interrogée sur la portée de la dernière phrase de l'art. 6-2°, c'est probablement qu'elle exigera, sinon la connexité, au moins un «lien suffisant» entre la demande principale et la demande en intervention ou en garantie pour considérer qu'il n'y a pas eu détournement de for. Le fondement de l'art. 6, c'est à dire le souci d'assurer la concentration des compétences dès lors qu'une bonne administration de la justice l'impose, justifie une telle interprétation.

227 – La règle spéciale de l'art. V du Protocole lorsque le procès se déroule en Allemagne. L'art. V al. 1 du Protocole écarte l'art. 6-2° de la Convention quand le procès a lieu en Allemagne. La raison de cette solution est que le droit allemand ne connaît qu'une procédure d'appel «en déclaration de jugement commun», qui n'aboutit pas à une condamnation du tiers, mais lui rend seulement opposable la décision prononcée entre les parties principales. L'art. V al. 1 du Protocole énonce donc, après avoir écarté l'art. 6-2°, qu'une personne domiciliée sur le territoire d'un État contractant peut être appelée devant un tribunal allemand en déclaration de jugement commun (*litis denunciatio*: art. 68, 72, 73 et 74 du Code de procédure civile allemand) et non en vertu de l'art. 6-2°.

Sur le terrain de la reconnaissance et de l'exécution des décisions, il résulte de l'art. V al. 2 du Protocole qu'une décision rendue dans un autre État contractant sur la base de l'art. 6-2° bénéficiera en Allemagne du titre III de la Convention, et que, réciproquement, une décision rendue en Allemagne sur la base des articles précités du Code de procédure civile allemand, sera également reconnue et exécutée dans les autres États contractants sur la base du titre III (v. *infra* n° 315).

§ 3 : La compétence en matière de demande reconventionnelle : art. 6-3°

228 – Enoncé de la règle. L'art. 6-3° permet d'attraire un défendeur domicilié dans un État contractant «s'il s'agit d'une demande reconventionnelle qui dérive du contrat ou du fait sur lequel est fondé la demande originaire, devant le tribunal saisi de celle-ci». Il s'agit donc du cas où le défendeur à l'instance originaire forme une demande reconventionnelle contre le demandeur à cette instance, faisant de celui-ci un défendeur à la demande reconventionnelle. La règle est connue de tous les États contractants et procède toujours de la même volonté de concentrer les compétences pour que le juge saisi connaisse de l'intégralité du procès.

229 – Mise en œuvre de la règle. Comme pour l'art. 6-2°, peu importe le fondement de la compétence du tribunal saisi de la demande principale; il n'est pas nécessaire que ce tribunal soit celui du domicile du défendeur dans l'instance originaire.

L'art. 6-3° indique que la demande reconventionnelle «dérive du contrat ou du fait sur lequel est fondé la demande originaire». Cette rédaction exigeante quant à la nature du lien entre demande initiale et demande reconventionnelle est plus sévère que celle retenue en général dans les droits nationaux[11] et il n'est pas sûr qu'elle corresponde réellement aux intentions des rédacteurs de la Convention ; il ressort du rapport Jenard (p. 28) que la notion visée était plutôt celle, plus souple, de connexité. La Cour de justice dans l'arrêt *Spitzley c. Sommer* du 7 mars 1985 (aff. 48/84) a ainsi admis que la demande reconventionnelle soit « fondée sur un contrat ou une situation de fait autre que celui ou celle se trouvant à la base de la demande principale ». Certes cet arrêt ne visait pas l'art. 6-3° : il s'agissait de déterminer, en présence d'une clause de l'art. 17, la portée de l'art. 18 pour une demande reconventionnelle en compensation[12] ; il n'y a cependant aucune raison de penser que la position de la Cour serait différente si elle était saisie d'une demande en interprétation de l'art. 6-3°.

Bien que la Cour de justice n'ait jamais fait de distinction entre compensation légale et compensation judiciaire, il semble pourtant que l'analyse puisse être différente dans l'un et l'autre cas : s'il y a exception de compensation légale, il s'agit d'une défense au fond sur laquelle le juge saisi de la demande initiale est certainement compétent sans avoir besoin de faire appel à l'art. 6-3°[13] ; au contraire, s'il s'agit d'une demande de compensation judiciaire, on est en présence d'une demande reconventionnelle et il paraît souhaitable d'exiger qu'elle soit connexe à la demande initiale.

§ 4 : Jonction d'une action en matière contractuelle à une action en matière de droits réels immobiliers : art. 6-4°

230 – Une règle nouvelle. C'est la Convention de Saint-Sébastien qui a ajouté ce cas de possibilité de concentration de deux actions devant un même tribunal. En réalité cette nouveauté avait été introduite dans la Convention de Lugano que la Convention de Saint-Sébastien a recopiée sur ce point. Lorsque le défendeur domicilié dans un État contractant a été assigné dans une action en matière de droits réels immobiliers devant le tribunal du lieu de situation de l'immeuble, il peut également être assigné devant ce même tribunal pour une action contractuelle dirigée contre lui.

La raison d'être de cette nouvelle règle de compétence dérivée est la fréquence des créances de sommes d'argent garanties par une sûreté réelle portant sur un immeuble. En cas de non-paiement, il est bon que le créancier, obligé par l'art. 16-1° d'assigner le défendeur devant le tribunal du lieu de situation de l'immeuble pour la réalisation

---

11. V. sur ce point Beraudo, Juriscl. préc. n° 74.

12. Sur cet arrêt voir *supra* n° 146 ; v. aussi CJCE 9 nov. 1978, *Meeth c. Glacetal* aff. 23/78 qui admet qu'une clause de l'art. 17 emporte compétence pour le juge désigné de « prendre en considération une compensation connexe au rapport de droit litigieux, s'il estime cette prise en considération compatible avec les termes et le sens de la clause attributive de juridiction » (point 8) et *infra* n° 235. La CJCE a été saisie en septembre 1993 d'une question en interprétation de l'art. 6-3°, s'agissant d'une demande reconventionnelle présentée en vue d'une compensation, aff. C.341/93, *Danwaern Production c. Schuhfabriken Otterbeck.*

13. V. spéc. en ce sens concl. Caportorti dans l'affaire *Meeth c. Glacetal* du 9 nov. 1978, aff. 23/78 et la note à la R.C. 1981, p. 140 à 144.

de sa sûreté, puisse porter devant ce même tribunal l'action contractuelle lui permettant d'obtenir la condamnation du débiteur[14].

231 – Mise en œuvre de la règle. Pour que la règle fonctionne il faut tout d'abord que l'immeuble soit situé dans un État contractant autre que celui du domicile du défendeur. Mais il ne paraît pas nécessaire que le tribunal spécialement compétent en matière contractuelle en vertu de l'art. 5-1° soit situé dans un autre État que celui du lieu de situation de l'immeuble.

Il faut ensuite qu'il s'agisse d'une part d'une action personnelle et d'autre part d'une action réelle. De plus, s'il résulte du texte même de l'article 6-4° que ces actions doivent être intentées contre le même défendeur, il faut aussi sans aucun doute qu'elles soient intentées par le même demandeur[15].

Enfin, la règle de l'art. 6-4°, à la différence des autres règles de compétences dérivées, *ne s'impose pas de façon uniforme* à tous les États contractants. En effet le texte subordonne la concentration des compétences à ce que le droit du tribunal saisi de l'action réelle, donc celui du lieu de situation de l'immeuble, *autorise* la jonction d'actions en un tel cas: c'est donc le droit procédural du tribunal du lieu de situation de l'immeuble qui dira s'il admet ou non la jonction de l'action contractuelle à l'action réelle dont il est saisi.

On relèvera en dernier lieu que l'art. 6-4°, dans la mesure où (sous réserve de l'autorisation du droit national) il donne compétence au tribunal du lieu de situation de l'immeuble pour une action contractuelle qui normalement ne relève pas de lui, entraîne pour ce tribunal une extension de compétence à une matière ne relevant pas de l'art. 16. Il constitue donc une exception à l'affirmation de la Cour de justice dans l'arrêt *Rösler* du 15 janvier 1985, aff.241/83 (v. *supra* n° 87) selon laquelle le juge saisi en vertu de l'art. 16 ne peut pas connaître d'une question qui ne relève pas de la matière pour laquelle une compétence exclusive a été édictée, et ce même si cette question n'est qu'accessoire.

Section 2: Règles de compétences dérivées et prorogations de compétence

232 – Les problèmes. Une première question est de savoir si l'article 6 peut étendre la compétence du tribunal élu aux personnes étrangères à la prorogation de compétence (que celle-ci résulte d'une clause de l'art. 17 ou de la comparution volontaire de

14. V. Rapp. Jenard-Möller sur la Convention de Lugano, n° 46 et 47; et rapp. Almeida Cruz, Desantes Real et Jenard, sur la Convention de Saint-Sébastien, n° 24 et ss; v. aussi Juriscl. Europe, fasc. 3101 n° 51 et ss.

15. V. en ce sens rapp. Jenard-Möller, n° 47, avec la précision que l'exigence du «même requérant» «inclut aussi une personne à laquelle une autre personne a transféré ses droits ou son ayant-cause».

l'art. 18). On a déjà répondu sur ce point: l'extension de compétence est impossible dans le cas visé à l'art. 6-1° puisque le tribunal saisi doit être celui du domicile du défendeur (v. *supra* n° 223). Au contraire, elle est possible dans les cas visés à l'art. 6-2° (*supra* n° 226) et 6-3° (*supra* n° 229). Ajoutons qu'en ce qui concerne l'hypothèse de l'art. 6-4°, le tribunal saisi de l'action réelle est nécessairement désigné par l'art. 16 de la Convention et donc sa compétence ne saurait résulter d'une prorogation de juridiction.

En revanche, il faut examiner une autre question: *savoir si une clause attributive de juridiction de l'art. 17 peut paralyser les règles de compétences dérivées.* Par exemple, à propos de l'art. 6-1°, on se demandera si lorsqu'un des codéfendeurs invoque une clause attributive de juridiction conclue entre lui et le demandeur, cela lui permet de ne pas être attrait devant le tribunal du domicile d'un autre codéfendeur à l'égard duquel n'existe pas de clause attributive de juridiction. Il semble possible de donner une solution de principe, qui méritera toutefois d'être précisée.

233 – La solution de principe. Normalement les compétences volontaires l'emportent sur les compétences dérivées. En effet, l'art. 17 ne réserve pas les compétences de l'art. 6[16] et la Cour de justice a, à plusieurs reprises, affirmé que les clauses conformes à l'art. 17 excluent notamment les règles de l'art. 6[17]. Ainsi le respect de la volonté des parties l'emporte sur les objectifs de concentration des compétences et d'économie de procédure.

Lorsque la clause précise qu'elle exclut l'application de l'art. 6, il n'y a aucun doute sur la volonté des parties;mais, souvent, la volonté des parties est moins claire.

234 – Recherche de la volonté des parties. Que faire lorsque la clause attributive de juridiction est rédigée sans spécifier l'exclusion de l'art. 6? Il est alors nécessaire de rechercher la volonté des parties puisque le respect de cette volonté l'emporte sur toute autre considération.

Lorsqu'aucun indice significatif ne peut être relevé sur la portée que les parties ont entendu assigner à la clause, il semble raisonnable de présumer que les parties ont entendu faire produire plein effet à la clause et donc que la clause tient en échec les règles de compétence dérivées. MM. Gothot et Holleaux ont toutefois proposé de réserver le cas où la présomption serait au contraire que les parties n'ont pas pu vouloir dissocier un procès indivisible[18]; en ce dernier cas (véritable indivisibilité du procès)

16. Pas plus que ne le font les articles 12 et 15 qui régissent les clauses attributives de juridiction en matière d'assurance et de contrats de consommateur, v. *infra* chap. 6.

17. V. spécialement CJCE 14 déc. 1976, *Estasis Salotti di Colzani* aff. 24/76, pt. 7; 14 déc. 1976, *Segoura*, aff. 25/76, pt. 6; 9 nov. 1978, *Meeth c. Glacetal*, aff. 23/78, pt. 5. Et, dans le même sens, par exemple: Civ. 1re 12 juillet 1982 cité *infra* note 21; Civ. 1re 18 oct. 1989, JDI, 1991, 155, note Huet; Com. 1992.IV.1957; D. 1992, inf. rap. 190.

18. N° 116 et 117; pour que cette réserve puisse être admise il faudrait que le concept d'indivisibilité ne soit pas interprété trop largement par les tribunaux nationaux, ce qui n'est pas le cas de la jurisprudence française actuellement. On peut donc craindre que la notion d'indivisibilité ne vienne ruiner la présomption générale selon laquelle la clause normalement tient en échec les règles de compétences dérivées; v. en ce sens A. Huet, observ. JDI 1991, sous Civ. 1re 18 octobre 1989, spéc. p. 158.

la clause attributive de juridiction serait tenue en échec par les règles de compétences dérivées: ainsi, par exemple, le défendeur ne pourrait exciper d'une clause attributive de juridiction pour éviter d'être attrait devant le tribunal devant lequel a déjà été assigné un codéfendeur.

Il n'est pas certain que le droit positif évolue en ce sens. En effet, après avoir été hésitante[19], la jurisprudence française semble s'orienter vers l'adoption d'une présomption générale selon laquelle les parties à la clause ont entendu lui faire produire plein effet et donc à tenir en échec les règles de compétences dérivées sans réserver l'indivisibilité. On relèvera en particulier un arrêt de la Première chambre civile de la Cour de cassation du 18 octobre 1989[20] significatif sur ce point: il s'agissait de savoir si une personne domiciliée dans un État contractant peut être appelée en garantie devant le tribunal d'un autre État contractant saisi de la demande originaire et compétent, alors qu'une clause attributive de juridiction avait été conclue entre le garant et le garanti qui soumettait les litiges éventuels aux tribunaux de l'État du domicile du garant. La Cour suprême casse l'arrêt d'appel en reprochant à la Cour d'appel qui a rejeté l'exception d'incompétence soulevée par le garant, de ne pas avoir relevé que «dans la commune intention des parties, la clause attributive de juridiction ne couvrait pas la demande en garantie», et d'avoir ainsi violé les art. 6-2° et 17 de la Convention. Ainsi, il résulterait de cet arrêt que lorsque la clause attributive de juridiction est rédigée en termes généraux, on doit admettre, sauf preuve d'une intention commune contraire, qu'elle tient en échec les règles de compétences dérivées. La doctrine approuve en général cette solution[21] qui paraît conforme à la jurisprudence de la Cour de justice[22] et au texte de l'art. 17 qui ne réserve que les compétences de l'art. 16 comme pouvant tenir en échec une clause attributive de juridiction. Cette solution va donc à l'encontre de celle retenue par l'art. 333 du Nouveau code de procédure civile français, mais ce texte ne s'applique que dans les litiges internes[23].

Quelques cas particuliers doivent cependant être signalés.

235 – Cas de la demande reconventionnelle. La Cour de justice a dû se prononcer dans l'arrêt *Meeth c. Glacetal* du 9 novembre 1978 (aff. 23/78) sur les relations entre une clause attributive de juridiction et une demande reconventionnelle (art. 6-3°). Cela peut paraître curieux car, *a priori*, dans la mesure où la demande reconventionnelle

---

19. V. la jurisprudence des juges du fond citée par A. Huet dans ses observations préc. au JDI 1991, p. 155 et ss. à propos de Civ. 1re 18 oct. 1989 et les arrêts de la Cour de cassation cité *supra* note 17.

20. D. 1989, inf. rap. 283; JDI 1991, 155 observ. A. Huet.

21. V. les auteurs cités par A. Huet, observ. précitées.; voir aussi dans le même sens, Civ 1re 12 juillet 1982, RC. 1983, 658, note P.L.; JDI 1983, 405, observ. D. Holleaux; D. 1983, inf. rap. 145, observ. B. Audit; JCP 1983, II, 20015, note P. Bourel.

22. V. les arrêts cités *surpa* note 17.

23. V. Com. 30 mars 1993, *Société Comonav*, JCP 1993 Actualités, cahier n° 16: l'arrêt pose le principe que, en droit commun de la compétence internationale, l'art. 333 NCPC n'est pas applicable et ne réserve pas le cas d'indivisibilité entre les demandes, v. note à paraître in RC 1993, n° 4.

doit «dériver du contrat ou du fait sur lequel est fondée la demande originaire», la clause attributive de juridiction concerne à la fois la demande originaire et la demande reconventionnelle.

Si la question des relations entre l'art. 17 et l'art. 6-3° s'est posée dans l'affaire *Meeth c. Glacetal*, c'est que l'on était en présence d'une clause d'attribution réciproque de compétence au tribunal du défendeur. Conformément à la clause, le vendeur, domicilié en France avait saisi le juge allemand, tribunal du domicile de l'acheteur, d'une action en paiement. Puis l'acheteur avait formé une demande reconventionnelle en dommages-intérêts et en compensation de ceux-ci avec le prix. Il fut soutenu que, en vertu de la réciprocité de la clause, le tribunal compétent pour connaître de la demande reconventionnelle était le tribunal français du domicile du défendeur à la demande reconventionnelle (le vendeur français, demandeur à la demande principale). La Cour de justice fut donc interrogée d'abord sur la validité de la clause réciproque[24], puis, ce qui importe ici, sur la portée de cette clause. Elle se plaça uniquement sur le terrain de l'art. 17 (alors que, dans ses conclusions, l'avocat général Capotorti avait, à juste titre, évoqué l'art. 6-3°); la Cour énonça d'abord que «les clauses de juridiction évincent les compétences des articles 5 *et* 6 de la Convention» (point 5). Puis elle précisa que la question devait «être résolue en tenant compte à la fois des exigences du respect de l'autonomie privée qui inspire... l'article 17, et des besoins de l'économie de procédure, qui sont à la base de l'ensemble de la Convention dans laquelle cet article se trouve inséré; qu'à la lumière de cette double finalité, on ne saurait interpréter l'art. 17 comme empêchant le juge, saisi en vertu d'une clause attributive de compétence appartenant au type ci-dessus décrit, de tenir compte d'une compensation connexe au rapport de droit litigieux, s'il estime cette prise en considération compatible avec les termes et le sens de la clause attributive de juridiction» (point 8). Finalement, «l'art. 17, alinéa 1... ne saurait être interprété comme excluant, dans le cas d'une clause d'attribution de compétence telle (que celle de l'espèce), la possibilité pour le juge saisi d'un litige en vertu d'une telle clause, de prendre en considération une compensation connexe au rapport de droit litigieux».

Tout en regrettant que la Cour n'ait pas mentionné l'art. 6-3° dans son raisonnement, le résultat obtenu paraît satisfaisant:le juge saisi de la demande principale en vertu d'une clause attributive de juridiction est normalement compétent pour statuer sur les demandes reconventionelles répondant aux conditions posées par l'art. 6-3°[25].

236 – Cas d'un conflit entre une clause attributive de juridiction et la règle de l'art. 6-4°. La règle est trop récente pour avoir déjà donné lieu à un contentieux. Il faut pourtant penser à l'hypothèse qui pourra être fréquente dans laquelle les parties ont prévu une clause attributive de juridiction pour leurs différends en matière contrac-

24. Sur la validité d'une telle clause, v. *supra* n° 112.

25. Sur l'utilité de la distinction, non faite par la Cour, entre compensation légale et compensation judiciaire, v. *supra* n° 229.

tuelle. Cette clause pourra-t-elle tenir en échec la règle de l'art. 6-4° qui prévoit la possibilité de joindre l'action contractuelle à l'action réelle intentée au lieu de situation de l'immeuble ? La réponse à cette question ne paraît pas devoir être différente de celle reçue pour les autres règles de compétence dérivée : la volonté des parties l'emporte sur la règle de compétence de l'art. 6-4°. Ainsi, si les parties n'ont rien précisé dans leur attribution conventionnelle de compétence, on présumera que la clause l'emporte sur la règle de l'art. 6-4° et qu'elle doit s'appliquer aussi bien lorsqu'une action réelle est intentée que lorsque l'action contractuelle est seule intentée. Le tribunal du lieu de situation de l'immeuble (sauf s'il est le tribunal désigné par la clause) ne pourra pas connaître de l'action contractuelle[26].

237 – Cas de la clause attribuant compétence à un tribunal d'un État tiers. Ce n'est alors plus la Convention de Bruxelles qui permettra de dégager la portée de la clause, mais le droit de chaque État[27]. Cette règle s'applique même si la compétence à laquelle la clause déroge découlait d'un article de la Convention de Bruxelles, par exemple, de l'art. 6. Ce sera donc à la *lex fori* de dire si éventuellement l'effet de la clause attributive de juridiction doit être écarté[28].

238 – Eventuel jeu de l'art. 18 permettant la concentration des compétences si les conditions de l'art. 6 ne sont pas remplies. On notera que, contrairement à l'art. 17 qui permet de tenir en échec les règles de compétence de l'art. 6, l'art. 18 (prorogation de compétence découlant de la simple comparution du défendeur, v. *supra* n° 143 et ss.) peut aboutir, au contraire, à assurer la concentration des compétences lors même que les conditions de l'art. 6 ne seraient pas remplies. Ainsi, par exemple, si un codéfendeur comparait devant le tribunal déjà saisi et que ce dernier n'est pas celui du domicile d'un autre défendeur mais un tribunal compétent sur la base de l'art. 5-1°, les conditions du jeu de l'art. 6-1° ne sont pas remplies. Mais dès lors que la comparution a lieu sans contestation de la compétence du tribunal, l'art. 18 lui fait produire un effet attributif de compétence. C'est alors l'art. 18 qui peut servir l'objectif de concentration des compétences poursuivi également par l'art. 6[29]. La Cour de justice en a décidé ainsi à propos d'une demande reconventionnelle dans l'arrêt *Spitzley* du 7 mars 1985 (aff. 48/84) : si le demandeur à la demande principale accepte de défendre sur la demande reconventionnelle, l'art. 18 confère compétence au juge saisi de la demande principale pour statuer sur la demande reconventionnelle, quand bien même les conditions de l'art. 6-3° ne seraient pas remplies (v. *supra* n° 146).

---

26. V. en ce sens D. Alexandre, Rép. D. de Droit communautaire, V Convention de Bruxelles (Compétense) n° 222.

27. V. *supra* n° 110-111.

28. Les auteurs sont unanimes sur ce point : v. par ex. Gothot et Holleaux, n° 119 ; Droz, n° 93 et 102 ; D. Alexandre, op. cit., n° 224.

29. V. en ce sens D. Alexandre, op. cit. n° 225-226.

Chapitre 6

Les règles de compétence protectrices d'une partie faible: art. 7 à 15

239 – Introduction. L'idée qui anime les règles de compétence des sections 3 et 4 du Titre II de la Convention est de procurer à une partie réputée « faible » une protection maximale sur le plan de la compétence judiciaire. En 1968 n'avaient été pris en considération que l'assuré (art. 7 et ss.) et l'acheteur ou l'emprunteur à tempérament (art. 13 et ss.). La Convention d'adhésion de 1978 a élargi le champ de la protection: l'assuré reste toujours protégé par les dispositions de la section 3; mais la section 4 couvre désormais tous les contrats conclus par des consommateurs et non plus les seuls achats ou emprunts à tempérament. Les droits nationaux ayant, le plus souvent, adopté entre 1968 et 1978 d'importantes dispositions protectrices des consommateurs, il était normal d'en tirer les conséquences dans la Convention de Bruxelles.

Après avoir vu les caractères généraux de ces règles de compétence (Section 1), on examinera celles qui concernent les contrats d'assurance (Section 2), puis celles relatives aux contrats conclus par des consommateurs (Section 3). Les règles de compétence protectrices du salarié, règles ajoutées en 1989 à l'art. 5-1° et à l'art. 17 dernier alinéa, ont déjà été étudiées (v. *supra* n° 166 et ss. pour l'art 5-1° et n° 142 pour l'art. 17).

Section 1: Caractères généraux des règles de compétence protectrices d'une partie faible

240 – Système propre à l'intérieur de la Convention de Bruxelles. Les règles contenues dans les sections 3 et 4 du Titre II constituent des *systèmes de compétences indépendants de celui qui est établi par l'art. 2 et ses exceptions*. Ceci découle des articles 7 et 13 al. 1 selon lesquels la compétence en matière d'assurance ou de contrats conclus par des consommateurs relève des seules sections 3 et 4 « sans préjudice des dispositions de l'art. 4 et 5-5° ». Il en résulte que l'art. 2 et les exceptions que lui apportent les art. 5 (sauf 5-5°) et 6 sont ici sans application[1]. En revanche l'art. 4 s'appli-

1. V.cependant ayant appliqué à tort l'art. 6-2° alors qu'il aurait fallu faire jouer l'art. 10: Cass. Com. 21 février 1984, Bull. civ. IV n° 68.

quera lorsque le défendeur est domicilié dans un État tiers, et l'art. 5-5° jouera si le litige concerne l'exploitation d'une succursale, agence ou tout autre établissement situé sur le territoire d'un État contractant lorsque le défendeur est domicilié dans un autre État contractant.

241 – Règle particulière si le cocontractant de la partie faible est domicilié dans un État tiers mais possède un établissement secondaire sur le territoire d'un État contractant. De ce que l'art. 4 de la Convention joue lorsque le défendeur, cocontractant de la partie faible, est domicilié hors du territoire des États contractants, il résulte que normalement, la Convention de Bruxelles ne s'applique pas en ce cas et l'on revient au jeu des règles de compétence internationale du droit du juge saisi. Cependant il ressort des art. 8 alinéa 2, et 13 alinéa 2 que lorsque le cocontractant de l'assuré ou du consommateur « n'est pas domicilié sur le territoire d'un État contractant, mais possède une succursale, agence ou tout autre établissement dans un État contractant, il est considéré pour les contestations relatives à leur exploitation comme ayant son domicile sur le territoire de cet État ». Ces textes admettent donc le jeu de la « jurisprudence des gares principales » à l'intérieur même du système propre de compétences établi par les sections 3 et 4 du titre II.

Pour que la réserve de l'art. 5-5° faite à l'art. 7 et à l'art. 13 al. 1 ait un sens, il faut donc poser que l'art. 5-5° est ici seulement envisagé en tant qu'exception à l'art. 2 (cet art. 2 étant écarté, mais non l'art. 5-5°) : l'art. 5-5° jouera donc quand le défendeur est domicilié dans un État contractant et a une succursale dans un autre État contractant. En revanche, les art. 8 alinéa 2 et 13 alinéa 2 apparaissent comme des exceptions à l'art. 4 : bien que le défendeur soit domicilié dans un État tiers, sera compétent le tribunal du lieu de la succursale, agence ou tout autre établissement situé sur le territoire d'un État contractant pour les contestations relatives à l'exploitation de cet établissement secondaire[2]. Cette distinction étant faite, il n'y a aucune raison que la jurisprudence de la Cour de justice sur l'interprétation de l'art. 5-5° (v. *supra* n° 202 et ss.) ne soit pas utilisable telle quelle pour interpréter les art. 8 alinéa 2 et 13 al. 2[3].

242 – Structure générale du système établi par les sections 3 et 4 du titre II. La structure des sections 3 et 4 est très proche du système général de la Convention. Les règles contenues dans ces deux sections ne s'appliquent que si le défendeur est domicilié sur le territoire d'un État contractant (réserve faite de l'exception vue *supra* n° 241). Elles donnent alors une compétence générale aux tribunaux du pays où le défendeur est domicilié ; puis, elles fixent des exceptions à cette règle ; on retrouve

2. V. en ce sens concl. Darmon dans l'affaire *Shearson Lehman Hutton* du 19 janvier 1993 C-89/91, spéc. points 36 et ss.. M. Darmon indique alors que, dans la mesure où l'art. 13 al. 2 apparait comme une exception à l'art. 4 qui pose le règle fondamentale selon laquelle la Convention ne s'applique pas lorsque le défendeur est domicilié dans un État tiers, il doit être interprété restrictivement. La même analyse vaut pour l'art. 8 dernier alinéa.

3. En ce sens concl. Darmon précitées dans l'affaire C- 89/91.

donc la même structure que celle des art. 2 et 5 de la Convention. Enfin, les sections 3 et 4 excluent aussi les droit étatiques de compétence internationale, notamment les «fors exorbitants» qu'ils connaissent (les art. 7 et 13 ne réservent pas expressément l'art. 3, mais cet article 3 prévoit lui-même que le défendeur ne peut être assigné hors du pays de son domicile «qu'en vertu des règles énoncées aux sections 2 à 6»).

Certes, les solutions données par les articles 8 et ss. et 13 et ss. ne sont pas les mêmes que celles des articles 5 et ss. mais «la conception d'ensemble de leur domaine d'application et de leurs rapports avec la règle *actor sequitur forum rei* est la même»[4]. Ce qui caractérise ces règles est le souci d'assurer des options de compétence à la partie faible demanderesse, alors que, défenderesse, elle sera normalement assignée dans l'État de son domicile; de plus, les prorogations conventionnelles de compétence sont étroitement règlementées toujours dans le même souci de protection de la partie faible.

On notera que si les règles des sections 3 et 4 de la Convention ne sont pas respectées, la décision rendue ne bénéficiera pas du système simplifié de reconnaissance et d'exécution prévu pa le titre III (v. *infra* n° 340).

Section 2: Les règles de compétence en matière d'assurance

243 – Domaine d'application. Les dispositions des art. 7 à 12 bis sont essentiellement destinées à protèger une partie faible: elles s'appliquent donc sans nul doute dans le contrat d'assurance que l'on pourrait qualifier d'«ordinaire» où il y a incontestablement une partie dans un état d'infériorité économique.

Il est plus difficile de savoir si la section 3 s'applique aussi à la *réassurance* (contrat conclu entre compagnies d'assurance, opérateurs économiques avertis et le plus souvent de puissance comparable) et à la *grande assurance* (assurance de grands risques industriels ou commerciaux dans laquelle l'entreprise assurée n'a pas le même besoin de protection que le preneur d'assurance simple particuier).

En ce qui concerne la *réassurance*, le rapport Schlosser (n° 151) l'écartait catégoriquement du domaine de la section 3. Mais, la Commission, dans l'affaire *Overseas Union Insurance Ltd et a. c. New Hampshire Insurance Company*[5], a formulé une opinion différente en observant qu'il est «difficile de discerner entre l'assurance et la réassurance une différence fondamentale permettant d'exclure la réassurance du champ d'application du titre II, section 3» et qu'«une exclusion d'une telle importance devrait être expressément énoncée dans le texte et non pas en être simplement déduite». Malheureusement la Cour de justice n'a pas eu à se prononcer sur ce point dans l'arrêt du 27 juin 1991. L'hésitation reste donc permise.

4. Gothot et Holleaux, n° 121.

5. Arrêt de la CJCE du 27 juin 1991, aff.C – 351/89. Après cet arrêt la *Court of Appeal* a fait jouer les art. 7 et ss. malgré la puissance économique comparable de l'entreprise assurée et de la Cie d'assurance, v. *Bulletin of Legal Development*, 1991, n° 22, p. 258-259.

Pour la *grande assurance* en revanche, dans la mesure où, depuis 1978, l'art. 12-5° et l'art. 12 bis prévoient des règles particulières pour les clauses attributives de juridiction dans des contrats de grande assurance pourtant sur certains risques (assurances maritimes et aériennes), on peut, semble-t-il, affirmer que la grande assurance relève bien de la section 3 de la Convention. On ajoutera en ce sens qu'il serait parfois bien difficile de tracer une frontière nette entre assurance ordinaire et grande assurance; c'est, en effet, parce que les rédacteurs de la Convention de 1978 ne parvenaient pas à établir un critère général abstrait de distinction qu'ils ont pris le parti d'énumérer à l'art. 12 bis les contrats pour lesquels le régime des prorogations de juridiction doit être plus libéral[6].

Cette soumission de la grande assurance à la section 3 du titre II est, à notre avis, un argument pour y soumettre également les contrats de réassurance.

Le domaine d'application de la section 3 ainsi rappelé, avec les incertitudes qui subsistent pour la réassurance, on examinera d'abord les règles de compétence territoriale propres aux assurances (paragraphe 1) avant de voir la règlementation spécifique des prorogations de for (paragraphe 2). Si ces règles ne sont pas respectées, les décisions rendues ne pourront pas bénéficier du titre III de la Convention.

§ 1 : Les règles de compétence territoriale propres aux assurances

244 – Il faut distinguer selon que l'assureur est demandeur (A), ou défendeur (B) et consacrer un développement propre à la compétence en matière d'action directe (C).

245 – A) Assureur demandeur. Conformément à la règle *actor sequitur forum rei*, l'art. 11 al. 1 donne compétence aux tribunaux de l'État du domicile du défendeur, «qu'il soit preneur d'assurance, assuré ou bénéficiaire»[7]. Il n'existe d'option au profit de l'assureur demandeur que dans la mesure où il peut invoquer l'art. 5-5°: compétence éventuelle du for de la succursale de son adversaire.

246 – B) Assureur défendeur. En ce cas si le principe reste la compétence des tribunaux de l'État du domicile du défendeur et ce en vertu de l'art. 8 al. 1, 1°, la partie faible demanderesse (preneur d'assurance, assuré ou bénéficiaire) se voit reconnaître plusieurs autres possibilités par les art. 7, 8 et 9 de la Convention. Avant de les énumérer, il faut préciser que, bien entendu, ces options ne sont possibles qu'autant que le for qu'elles désignent se trouve à l'intérieur du territoire des États contractants. Les règles de la Convention de Bruxelles n'ont pas vocation à régir la compétence de tribunaux appartenant à des États tiers.

---

6. V. Gothot et Holleaux, n° 131. Et *infra* n° 257.
7. Sur la réserve de l'art. 10 al. 3 v. *infra* n° 250.

247 - 1°) For du domicile du preneur d'assurance: cette compétence est posée par l'art. 8 al. 1 2°. La Convention n'est pas allée jusqu'à autoriser toute partie faible, adversaire de l'assureur, à agir à son domicile. C'est seulement devant le tribunal du domicile du *preneur d'assurance* (celui qui a conclu le contrat ou succédé au cocontractant de l'assureur) que l'action peut être portée dès lors que ce domicile se trouve sur le territoire d'un État contractant[8]. La règle ne donne compétence au *forum actoris* qu'au bénéfice du preneur d'assurance lui-même. Le rapport Jenard (p. 31) précise que ce domicile s'apprécie au moment de l'introduction de l'instance[9].

248 – 2°) For du lieu du fait dommageable. L'art. 9 permet de saisir le tribunal du «lieu où le fait dommageable s'est produit» dans trois cas: assurance de responsabilité, assurance pourtant sur des immeubles, et enfin assurance pourtant «à la fois sur des immeubles et des meubles couverts par une même police et atteints par le même sinistre». On peut penser que les termes «lieu où le fait dommageable s'est produit» doivent recevoir la même interprétation que celle donnée par la Cour de justice à propos de l'art. 5-3°[10], bien que, peut-être, le lieu où le dommage a été subi ait, en matière d'assurance, une signification plus grande que le lieu où s'est produit le fait générateur[11].

249 – 3°) For de la succursale. Deux textes interviennent ici: l'art. 7 et l'art. 8 al. 2.

L'art. 7 vise le cas de l'assureur domicilié dans un État contractant et réserve alors l'application de l'art. 5-5°. L'assureur domicilié dans un État contractant et ayant une «succursale, agence ou tout autre établissement» dans un autre État contractant peut donc être assigné devant le juge du lieu de cet établissement pour les litiges relatifs à l'exploitation de celui-ci[12]. La version initiale de la Convention prévoyait dans l'art. 8 al. 2 (texte de 1968) une possibilité d'attraire l'assureur, si la loi du juge saisi le permettait, devant le tribunal de l'intermédiaire intervenu pour la conclusion du contrat d'assurance, intermédiaire qui ne pouvait prétendre à la qualité d'établissement secondaire au sens de l'art. 5-5°. Cette possibilité a été supprimée en 1978[13].

L'art. 8 al. 2 du texte de la Convention depuis la modification de 1978 prévoit le cas de l'assureur domicilié hors de la Communauté, mais ayant une succursale, agence ou tout autre établissement sur le territoire d'un État contractant: il est alors considéré

---

8. V. Paris 19 février 1992, D. 1992, 483, note H. Claret; l'arrêt écarte le jeu de l'art. 8 al. 1 1°, le preneur d'assurance étant domicilié en Suisse.

9. Sur la possibilité de tenir compte du domicile au jour du contrat, v.la discussion menée à propos de l'art. 17 *supra* n° 108-109.

10. V. *supra* n° 190 et ss.

11. Pour une application contestable de l'art. 9 v. Trib.gr. inst. Paris 10 mai 1985, RC 1987, 415, note Bigot.

12. Sur l'interprétation de l'art. 5-5° v. *supra* n° 240-241.

13. V. sur ce point Gothot et Holleaux, n° 125.

comme domicilié dans cet État pour les contestations relatives à l'exploitation de cet établissement (v. *supra* n° 240).

250 – 4°) Options découlant de règles de compétences dérivées. Il s'agit là de règles concernant soit des coassureurs défendeurs (art. 8 al. 1 3°), soit la demande reconventionnelle (art. 11), soit l'appel en garantie (art. 10 al. 1).

Lorsque il y a plusieurs assureurs défendeurs, il paraît logique de donner la possibilité au demandeur de regrouper les différentes actions devant un seul juge. Le texte de 1968 (art. 8 al. 1) admettait que les assureurs codéfendeurs puissent être poursuivis «devant les tribunaux de l'État contractant où l'un d'eux a son domicile». Il s'agissait là d'une règle de compétence *générale* qui contrastait avec la règle de compétence spéciale prévue par l'art. 6-1° (v. *supra* n° 222 et ss.), et, de plus, il n'était pas opportun de laisser les coassureurs être assignés dans le pays de l'un quelconque d'entre eux, même si celui-ci n'assurait qu'une faible partie du risque (v. rapp. Schlosser n° 149). Aussi, depuis 1978, la disposition visant les coassureurs défendeurs figure à l'art. 8 al. 1 3° qui prévoit la compétence possible à l'égard de tous les coassureurs *du* tribunal d'un État contractant «saisi de l'action formée contre *l'apériteur* de la coassurance». Il s'agit donc désormais d'une règle de compétence spéciale et seule est offert au choix du demandeur le tribunal du domicile de l'apériteur, c'est-à-dire du principal intéressé parmi les assureurs défendeurs.

De façon très classique, l'art. 11 al. 2 prévoit que le tribunal saisi de la demande originaire conformément aux règles de la section consacrée aux assurances est également compétent pour connaître d'une demande reconventionnelle (v. *supra* n° 228-229). Cette règle vaut même si le tribunal saisi de la demande originaire n'est pas situé sur le territoire de l'État du domicile du preneur d'assurance, assuré ou bénéficiaire, contre qui la demande a été formée (v. les termes de l'art. 11 al. 2).

Une troisième compétence dérivée résulte de l'art. 10 al. 1 aux termes duquel «en matière d'assurance de responsabilité, l'assureur peut également être appelé devant le tribunal saisi de l'action de la personne lésée contre l'assuré si la loi de ce tribunal le permet». Il est donc possible que, même si l'assureur et l'assuré sont domiciliés dans un même État contractant, l'assureur soit appelé en intervention devant le tribunal d'un autre État contractant, en particulier celui du lieu du fait dommageable où la victime agit contre l'assuré. Encore faut-il que la loi du tribunal saisi autorise cette appel en intervention. On retrouve ici le jeu de l'art. V al. 1 du Protocole (v. *supra* , n° 227, à propos de l'art. 6-2°) qui réserve expressément pour l'Allemagne, au regard de l'art. 10 aussi, le jeu de la procédure allemande de l'appel en déclaration de jugement commun.

251 – C) L'action directe. L'art. 10 al. 2 et 3 règle la compétence à l'égard de l'assureur lorsque la victime a introduit contre lui une action directe. L'art. 10 al. 2 indique d'abord que les art. 7, 8 et 9 sont applicables lorsque l'action directe de la victime contre l'assureur est possible. Le texte ne prend donc pas parti sur la loi compétente pour déterminer si l'action directe est possible ou non; c'est à la règle de conflit du juge saisi[14] qu'il faut alors se référer pour savoir si l'action directe est possible ou non. On sait que la Convention de Rome ne s'applique pas aux contrats d'assurances couvrant des risques situés dans la Communauté (art. 1er 3o) et que, en droit français, l'action directe est soumise à la loi du lieu du délit et non à la loi du contrat d'assurance[15].

Si la loi désignée par la règle de conflit autorise l'action directe, les règles de compétence des art. 7, 8 et 9 de la Convention de Bruxelles jouent et l'art. 10 al. 3 dispose alors que «Si la loi relative à cette action directe prévoit la mise en cause du preneur d'assurance ou de l'assuré, le même tribunal sera aussi compétent à leur égard.» C'est la dernière règle de compétence dérivée posée par la Convention en matière d'assurance[16].

§ 2: Les clauses attributives de juridiction en matière d'assurance

252 – Généralités. L'idée qui avait animé les rédacteurs du texte de 1968 avait été de limiter le jeu des clauses attributives de juridiction afin qu'elles ne puissent pas porter atteinte aux intérêts de la partie faible. En 1978, l'attention ayant été attirée sur la «grande assurance», il est apparu que, en ce domaine, ainsi que lorsque le preneur d'assurance n'était pas domicilié dans la Communauté, il fallait adopter un régime plus souple pour les clauses attributives de juridiction. Les art. 12 et 12 bis reflètent cette double préoccupation.

Strictement limitée, ou admise plus facilement, la clause attributive de juridiction contenue dans un contrat d'assurance doit respecter les conditions de forme posées par l'art. 17[17].

En revanche, contrairement à celles visées à l'art. 17, les clauses visées par l'art. 12 concernent des prorogations donnant compétence aussi bien à des tribunaux d'États tiers qu'à des tribunaux d'États contractants. Il s'agit en effet d'assurer la protection de la partie faible en toute hypothèse: elle doit pouvoir invoquer les règles de compétence qui lui sont favorables (art. 7 et ss.) et ce, que la clause attribue compétence au tribunal d'un autre État contractant ou d'un État tiers[18].

14. Et non à la *lex fori*, v. Droz, n° 122 et ss.

15. V. B. Audit, Droit international privé, Economica 1991, n° 781; la directive n° 88.357/CEE du 22 juin 1988 a prévu des solutions de conflits propres en matière de contrats d'assurance mais ne paraît pas avoir réglé la question de la loi applicable à l'action directe; v. P. Lagarde, commentaire de la directive, RC 1989, p.147.

16. Pour une application des art. 6, 8 et 10 de la Convention de Bruxelles, v. Paris 28 oct. 1992, D.1993, inf.rap.7.

17. Les termes très généraux de l'art. 17 permettent d'englober toutes les clauses attributives de juridiction, même celles qui obéissent à un régime spécial. V. en ce sens CJCE 14 juillet 1983, *Gerling*, aff. 201/82).

18. En ce sens, Gothot et Holleaux, n° 128; Droz, n° 217; et v. *supra* n° 111.

Enfin, la clause ne couvre en principe que les litiges entre les parties au contrat qui contient la clause[19]. Elle ne peut être opposée à la victime qui intente une action directe contre l'assureur (v.art. 10 al. 1 et 2)[20]. Mais la Cour de justice a admis (arrêt *Gerling* du 14 juillet 1983 aff. 201/82) que la clause pouvait être stipulée non seulement en faveur du preneur d'assurance, partie au contrat, mais au profit de l'assuré ou du bénéficiaire de l'assurance: bénéficiaire d'une stipulation pour autrui, ces personnes, non parties au contrat qui contient la clause, ont donc le droit de s'en prévaloir[21]. Dans l'arrêt *Gerling* la Cour relève que l'art. 12 prévoit expressément (art. 12-2°, point 18 de l'arrêt) la possibilité pour l'assuré ou le bénéficiaire d'invoquer une telle clause.

253 – Principe d'interdiction des prorogations de compétence. L'art. 12 pose un principe d'interdiction des clauses attributives de juridiction en matière d'assurance, principe auquel il apporte cinq exceptions. La liste des exceptions doit être considérée comme limitative. Les trois premières exceptions (art. 12-1°, 2° et 3°) figuraient déjà dans le texte de 1968 et reflètent surtout l'objectif de protection de la partie faible; celles de l'art. 12-4° et 5° ont été ajoutées en 1978 à la demande du Royaume-Uni et visent des cas où la volonté de protéger la partie faible est moindre ou perd même sa raison d'être.

254 – Les exceptions prévues dès 1968. La possibilité d'adopter une clause attributive de juridiction existe dans trois cas où, comme on va le voir, la clause ne portera aucun préjudice, ou, en tout cas, aucun préjudice sérieux à la partie faible.

Sont d'abord autorisées les clauses «postérieures à la naissance du différend» (art. 12-1°). En effet, à ce moment, la partie faible est à même de comprendre la portée d'une attribution conventionnelle de juridiction et refusera une clause contraire à ses intérêts. On peut assimiler à une clause postérieure à la naissance du différend la comparution volontaire du défendeur au sens de l'art. 18.

Sont aussi permises les clauses «qui permettent au preneur d'assurance, à l'assuré ou au bénéficiaire de saisir d'autres tribunaux que ceux indiqués à la présente section» (art. 12-2°). Cette fois, la clause peut avoir été consentie avant la naissance du différend, mais dans la mesure où elle ne fait qu'ouvrir des options supplémentaires à la partie faible, cette clause lui est nécessairement favorable.

Enfin, l'art. 12-3° permet une autre clause, qui, cette fois servira les intérêts de l'assureur, mais sans porter préjudice à l'assuré: le texte vise le cas où assureur et preneur d'assurance sont, lors de la conclusion du contrat, domiciliés ou ont leur résidence habituelle dans un même État contractant et où le fait dommageable se produirait sur le territoire d'un État étranger. L'assureur peut légitimement vouloir éviter d'être

19. V. Trib. gr. inst. Paris 10 mai 1985, préc. note 11, qui limite le jeu de l'art. 12-3° aux rapports contractuels entre le preneur d'assurance et l'assureur.

20. V. rapp. Schlosser, n° 148.

21. V. *supra* n° 141.

poursuivi à l'étranger au lieu du fait dommageable en vertu des art. 9 ou 10 al. 1 de la Convention ; aussi une clause attribuant compétence aux tribunaux de l'État contractant du lieu du domicile commun des parties est-elle autorisée par l'art. 12-3°. Encore faut-il que le droit national de cet État autorise une telle clause. De plus l'art. 12-3° ne concerne pas l'action directe intentée par la victime : celle-ci pourra donc assigner l'assureur devant les tribunaux de l'État contractant où s'est produit le fait dommageable et la clause ne lui sera pas opposable[22].

L'exception prévue par l'art. 12-3° ne paraît donc pas trop dangereuse pour la partie faible : elle ne concerne pas la victime intentant l'action directe ; et, à l'égard du preneur d'assurance, sa validité est subordonnée au droit national de l'État du domicile ou de la résidence commune du preneur d'assurance et de l'assureur. De plus, dans la mesure où cette clause donne compétence aux tribunaux de l'État où habite le preneur d'assurance, on peut estimer qu'elle ne lui porte pas une grave atteinte car elle lui garantit la proximité du for.

255 – Les exceptions ajoutées en 1978. Lors des négociations de la Convention d'adhésion, le Royaume-Uni avait souhaité que les règles des articles 7 à 12 soient complètement écartées pour les contrats passés avec des preneurs d'assurance domiciliés hors de la Communauté et pour la « grande assurance ». Ce souhait fut jugé excessif mais les clauses d'élection de for ont été admises dans les contrats en question afin de ne pas inciter les assureurs britanniques à recourir systématiquement à l'arbitrage[23]. Il convient de distinguer les deux cas, visés respectivement à l'art. 12-4° et à l'art. 12-5°, dans lesquels les attributions conventionnelles de juridiction sont licites.

256 – Preneur d'assurance domicilié hors de la Communauté. L'art. 12-4° autorise les clauses attributives de juridiction conclues avec un preneur d'assurance qui n'a pas son domicile sur le territoire d'un État contractant[24]. Cette possibilité était importante pour le Royaume-Uni car « les contrats d'assurance conclus avec des preneurs ayant leur domicile en dehors de la Communauté sont d'une importance considérable pour les secteur des assurances britanniques » (rapp.Schlosser, n° 137).

---

22. Trib. gr. inst. Paris 10 mai 1985, préc. note ll; Paris 12 nov. 1991, D. 1991 inf. rap. 285, la victime du dommage exerçant l'action directe ne peut se voir opposer une clause attributive de juridiction convenue entre la société d'assurance et l'assuré.

23. V. rapp. Schlosser, n° 136.

24. Bien que le texte ne l'indique pas, il semble que la condition de domicile du preneur d'assurance dans un État tiers doive être appréciée au moment de la conclusion du contrat : en effet, il s'agit d'une exception au principe de protection de la partie faible qui anime cette section, et dès lors que le preneur d'assurance est domicilié dans un État contractant lors de la conclusion du contrat, il doit être protégé, et ce même si, lors du litige, il est domicilié sur le territoire d'un État non contractant.

Elle comporte néammoins *deux limites* importantes figurant dans le texte même de l'art. 12-4°. Tout d'abord la clause reste interdite s'il s'agit d'une *assurance obligatoire*[25]. Ainsi, selon l'exemple donné par P. Schlosser (rapp. n° 138), la clause attributive de compétence contenue dans un contrat d'assurance automobile conclu par un preneur d'assurance domicilié en Suisse sera sans effet s'agissant d'un accident survenu dans un État contractant où cette assurance est obligatoire.

La seconde limite vise les contrats d'assurance portant sur *un immeuble situé dans un État contractant.* C'est une nouvelle illustration de la force d'attraction du lieu de situation de l'immeuble sur la compétence judiciaire, et complète heureusement l'art. 16 qui n'englobe pas les contrats d'assurance (v. *supra* n° 85 et ss.).

257 – «Grande assurance». L'exception économiquement la plus importante à l'interdiction des clauses attributives de juridiction dans les contrats d'assurance figure à l'art. 12-5° qui autorise les clauses sans aucune restriction lorsque le contrat «couvre un ou plusieurs risques énumérés à l'art. 12 bis». Et l'art. 12 bis énumère un certain nombre de risques en matières d'assurances maritimes ou aériennes.

L'idée directrice a été ici que, en matière de «grande assurance», lorsque les opérateurs économiques en présence sont de puissance comparable, il n'y a pas de raison de protèger systématiquement le preneur d'assurance, assuré ou bénéficiaire. Restait à préciser les cas dans lesquels les contrats étaient généralement conclus avec des preneurs n'ayant pas besoin d'une protection particulière. La notion de «grande assurance» restait trop vague, et «les assurances industrielles et commerciales ne pouvaient donc pas être considérées d'une manière générale comme répondant à cette condition»[26]. La solution retenue a consisté à dresser une liste des contrats d'assurance susceptibles d'être considérés comme «conclus avec des preneurs n'ayant pas besoin d'une protection sociale»[27]: cette liste figure à l'art. 12 bis et doit être considérée comme exhaustive.

L'article 12 bis se réduit finalement aux assurances maritimes et aériennes.

L'art. 12 bis-1° vise certaines *assurances de choses.* Il s'agit d'abord des assurance de dommages aux navires de mer, installations au large des côtes et en haute mer, aéronefs, résultant d'événement liés à leur utilisation commerciale (art. 12 bis-1° a)[28]. Il s'agit ensuite des assurances de dommages causés aux marchandise durant un trans-

---

25. Ces assurances obligatoires sont très nombreuses dans tous les États contractants: pour un aperçu voir rapp. Schlosser, n° 138.

26. Rapp. Schlosser, n° 140.

27. Rapp. Schlosser, n° 140.

28. Le rapp.Schlosser, n° 141, indique que l'expression «navires de mer» s'entend de «tous les véhicules destinés à la circulation en mer»; elle ne comprend pas seulement les «navires, au sens traditionnel du terme, mais également les aéroglisseurs, ...navires à ailes portantes, ...remorqueurs et ...barges utilisées en mer». La disposition couvre aussi les navires en construction «dans la mesure où les dommages sont nés d'un risque maritime», c'est à dire «du fait que le navire se trouve sur l'eau et non... en cale sèche ou dans les ateliers des chantiers navals».

port maritime ou aérien, éventuellement combiné avec un autre mode de transport (art. 12 bis-1° b). Toutefois, les assurances des dommages subis par les bagages des passagers sont exceptées du jeu des art. 12-5° et 12 bis; ces contrats relèvent donc des dispositions générales de l'art. 12 limitant fortement les possibilités de clauses attributives de juridiction. La raison est évidente: le passager est bien une «partie faible» qu'il convient de protéger.

L'art. 12 bis-2° vise les *assurances des responsabilités* résultant de l'utilisation ou de l'exploitation des navires, installations au large des côtes et en haute mer , aéronefs (art. 12 bis-2° a)[29] ou de dommages causés par les marchandises au cours d'un transport maritime ou aérien, combiné, le cas échéant, avec un autre mode de transport (art. 12 bis-2° b). Mais, là encore, la licéïté des clauses souffre des exceptions, dues toujours à la volonté de protection de la partie faible. Ainsi sont exceptées les assurances de la responsabilité des dommages corporels subis par les passagers ainsi que des dommages causé à leurs bagages (art. 12 bis-2°, première phrase); et, de même, s'agissant de la responsabilité du fait des aéronefs, l'art. 12 bis-2° a) ne permet les clauses de juridiction que si elles ne sont pas interdites par la loi de l'État où l'appareil est immatriculé.

L'art. 12 bis-3° vise *les assurances de toute perte pécuniaire* liée à l'utilisation ou à l'exploitation des navires, installations en mer, aéronefs: par exemple, perte du fret ou du bénéfice d'affrètement (texte de l'art. 12 bis-3°), ou encore perte provenant de l'arrivée tardive d'un navire[30].

Enfin, l'art. 12 bis-4° autorise les clauses attributives de juridiction pour assurer «tout risque lié accessoirement à l'un de ceux visés aux paragraphes 1 à 3 ci-dessus». Cette *assurance des risques accessoires* (par exemple couvrant des frais d'exploitation imprévus, ou des taxes portuaires dues pendant une réparation) est particulièrement pratiquée au Royaume-Uni[31].

Section 3: Les règles de compétence en matière de contrats conclus par des consommateurs

258 – Évolution du texte. En 1968, les art. 13 à 15 ne concernaient que les contrats de vente à tempérament d'objets mobiliers corporels et de prêt à tempérament destinés

29. Une question posée dans le rapp. Schlosser, n° 144, reste ouverte: cette disposition couvre-t-elle aussi, sur la base d'une assurance de responsabilité, tout dommage subi lors de la construction, tranformation ou réparation d'un navire (par exemple, dommage subi par des tiers sur le chantier naval et provoqué par le navire), ou doit-elle être limitée à la responsabilité civile découlant d'un dommage subi au cours d'un essai? M. Schlosser indique que «cette difficulté d'interprétation n'a pu être surmontée».

30. V. rapp. Schlosser, n° 146.

31. Rapp. Schlosser, n° 147.

à financer de telles ventes et assuraient dans ces deux cas seulement la protection de la partie faible. Le texte ne précisait pas s'il entendait protèger n'importe quel acheteur ou emprunteur à tempérament, ou seulement celui qui agissait en tant que consommateur. La Cour de justice eut l'occasion d'indiquer que les règles des art. 13 et ss. devaient être réservées « aux acheteurs ayant besoin de protection, leur position économique étant caractérisée par leur faiblesse vis-à-vis des vendeurs, du fait qu'ils sont des *consommateurs finals* à caractère privé, non engagés, par l'achat du produit acquis à tempérament, dans des activités commerciales ou professionnelles » (21 juin 1978, aff. 150/77, *Bertrand c. Paul Ott KG*).

Mais le texte de 1968 fut rapidement jugé trop restrictif, et alors que dans le droit interne des États membres se développaient les législations favorables aux consommateurs, il apparut nécessaire en 1978 d'élargir la portée de la protection prévue en 1968. La nouvelle section 4 du Titre II fut alors intitulée « Compétence en matière de contrats conclus par les consommateurs ». On examinera les contrats désormais visés (paragraphe 1), puis les règles de compétence spécifiques (paragraphe 2) et enfin la règlementation des clauses attributives de juridiction (paragraphe 3).

§ 1 : Les contrats visés

259 – Contrats conclus par des consommateurs. L'art. 13 tel que révisé en 1978 définit le consommateur comme une personne « ayant agi pour un usage pouvant être considéré comme étranger à son activité professionnelle ». Le texte reprend donc la solution qui avait été donnée par la Cour de justice dans l'arrêt *Bertrand c. Paul Ott* du 21 juin 1978 (aff. 150/77). C'est également la définition retenue par la Convention de Rome du 19 juin 1980 sur la loi applicable aux obligations contractuelles (art. 5) et par l'art. 2 de la directive 93/13 du 5 avril 1993 (JOCE L 95 du 21 avril 1993) sur les clauses abusives.

Les contrats intervenus entre des personnes agissant dans le cadre de leur profession échappent donc aux règles de la section 4, que les intéressés soient ou non de force économique égale, qu'ils soient ou non de la même spécialité. Le droit européen adopte ainsi une définition plus restrictive que celle qui résulte, en droit français, de récents arrêts de la Cour de cassation[32]. L'application de ces règles paraît supposer aussi, bien que le texte ne le précise pas, que le cocontractant du consommateur ait agi en tant que professionnel, ce qui écarte les contrats de consommation entre des particuliers

32. V. spéc. chron. Paisant, JCP 1993, I, 3655, à propos de Civ. 1re 25 mai 1992 : un commerçant faisant installer un système d'alarme pour son magasin doit être considéré comme un consommateur à l'égard du vendeur de ce système. V. aussi Civ. 1ère 20 octobre 1992 et 6 janvier 1993, JCP 1993 II 22007, note Paisant. V. aussi J. Normand et E. Balate, Relations transfrontalières et consommation : quel(s) juge(s) et quelle(s) loi(s), Cah. dr. europ. 1990, 272.

(par exemple, vente d'une voiture d'occasion) pour lesquels on ne saurait présumer une situation d'inégalité des parties[33].

De plus la qualité de consommateur doit s'apprécier en la personne même du plaideur : ainsi en cas de cession par le consommateur de son droit de créance à un professionnel, celui-ci ne peut invoquer les règles spécifiques des art. 13 et ss.[34].

260 – Types de contrats visés. L'art. 13 al. 1 énumère les contrats pour lesquels le consommateur va profiter des règles de compétence spécifiques posées par la Convention.

Il s'agit tout d'abord des *ventes à tempérament d'objets mobiliers corporels (art. 13 al. 1 1°)* ainsi que des prêts à tempérament et des autres opérations liées au financement d'une vente de ces objets (art. 13 al. 1 2°)[35].

On s'est interrogé sur la définition de l'opération « à tempérament ». A partir de quel nombre de versements, la qualification de vente à tempérament doit-elle être retenue ? Faut-il tenir compte du montant des versements ? La Cour de justice n'a pas eu l'occasion de prendre parti sur ce point et on peut considérer qu'il s'agit d'une vente dont le prix donne lieu à plusieurs versements sans autre précision[36]. Le rapport Schlosser (n° 157) estime que la location-vente, bien que n'opérant pas un transfert de propriété immédiat, peut entrer dans cette catégorie.

L'art. 13 al. 1 2°), à côté des prêts à tempérament, mentionne depuis 1978 « toute autre opération de crédit liée au financement » d'une vente d'objets mobiliers corporels. Peu importe alors que le bien soit acquis en une seule fois (rapp. Schlosser n° 157). Ainsi le crédit-bail peut entrer dans cette catégorie[37].

C'est aussi depuis 1978 que sont visés à l'art. 13 al. 1 3° « *tout autre contrat ayant pour objet une fourniture de services ou d'objets mobiliers corporels* ». Il peut donc

33. V. en ce sens, concl. Capotorti dans l'aff. *Bertrand c. Paul Ott*, Rec. 1978, p. 1450 ; et, à propos de l'art. 5 de la Convention de Rome. Rapp. Giuliano, Lagarde, JOCE C. 282, 31 oct. 1980, p. 23.

34. V. en ce sens, CJCE 19 janvier 1993, aff.C 89/91, *Shearson Lehman Hutton Inc.*(pt.23) : en l'espèce le contractant initial était bien un consommateur qui avait confié à une société de courtage la réalisation d'opérations à terme sur devises et valeurs mobilières ; ultérieurement, il avait cédé son droit de créance à une société fiduciaire : la Cour juge que cette dernière ne peut prétendre que la qualité de « consommateur » s'est transmise à son profit du fait de la cession. La Cour a encore été saisie en juillet 1993, aff. C-318/93 d'une demande d'interprétation des articles 13 al. 1 et 14 al. 1.

35. Le texte de 1968 ne visait que les ventes à tempérament et les prêts à tempérament.

36. V. rapp. Jenard, p. 33 ; v. également, à titre incident, le point 20 de l'arrêt *Bertrand c. Paul Ott*, du 21 juin 1978 (aff. 150/77) : « il résulte de règles communes aux législations des États membres que la vente à tempérament... s'entend comme étant une transaction dans laquelle le prix s'acquitte en plusieurs versements » ; v. aussi les observ. de la Commission, du gouvernement italien et les concl. de l'av. gén. Capotorti dans cette affaire, Rec. 1439, 1441 et 1471.

37. Beraudo, Juriscl. Europe, fasc. 3010, n° 30.

s'agir des contrats les plus divers[38] et il semble qu'il n'y ait aucune raison d'exclure les opérations de crédit quand bien même elles ne seraient pas liées à une vente d'objets mobiliers corporels, quitte à exiger qu'elles soient destinées au financement d'un «contrat de consommateur» tel qu'il a été défini *supra* n° 259[39]. De même les ventes de titres, exclues du domaine d'application de la Convention de Rome[40] ne paraissent pas devoir être exclues du domaine de la section 4 du titre II de la Convention de Bruxelles[41].

Mais, pour les contrats visés à l'art. 13 al. 1 3°, il est nécessaire que deux conditions soient remplies, conditions destinées à s'assurer qu'il y a des liens étroits entre le contrat et le pays du domicile du consommateur. La première condition est qu'il y ait eu avant le contrat une «proposition spécialement faite ou une publicité» dans cet État. Il peut s'agir de toute forme de publicité faite dans l'État où est domicilié le consommateur ou d'une offre dirigée spécialement vers lui[42]; et il n'est pas nécessaire de prouver un lien de causalité entre la publicité faite et la conclusion du contrat[43]. La seconde condition est que le consommateur ait accompli dans l'État de son domicile «les actes nécessaires à la conclusion du contrat». Cette expression se retrouve à l'art. 5 de la Convention de Rome du 19 juin 1980 sur la loi applicable aux obligations contractuelles. Le rapport Schlosser (n° 158b) renvoie sur ce point au rapport Giuliano et Lagarde (n° 133), où il est écrit que l'expression «actes nécessaires à la conclusion du contrat» permet d'éviter les discussions relatives au *lieu* de conclusion et vise tout acte (écrit ou démarche quelconque) exprimant la volonté du consommateur de donner suite à l'offre spécialement faite ou à la publicité.

261 – Les contrats exclus. La section 4 consacrée aux contrats de consommation ne les couvre cependant pas tous: ainsi les contrats d'assurance relèvent uniquement de la section 3; ainsi encore, l'art. 13 dernier alinéa exclut les contrats de transport:

---

38. V. par exemple, pour le contrat par lequel un particulier confie à une société de courtage la réalisation d'opérations à terme sur devises et valeurs mobilières, le jeu éventuel de l'art. 13: concl. av. gén. Darmon, spéc. points 75 à 79 dans l'affaire C 89/91, *Shearson Lehman Hutton*, 19 janvier 1993 l'arrêt de la Cour n'ayant pas eu à prendre parti sur cette question.

39. *Contra*: Gothot et Holleaux, n° 134, qui s'appuient sur le rapp. Schlosser, n° 157 selon lequel «une opération de crédit n'a pas pour objet une fourniture de services», affirmation qui paraît tout à fait contestable: ainsi, la liberté de prestation de services en droit communautaire englobe les opérations de crédit et il faut ici signaler l'importante directive du 22 déc. 1986 (n° 87/102, JOCE L. 142 du 12 février 1987) sur le crédit à la consommation, complétée par la directive du 22 février 1990 (JOCE L 61 du 10 mars 1990).

40. V. rapp. Giuliano et Lagarde précité p. 23.

41. V. en ce sens Darmon, point 76 des concl. dans l'aff. C 89/91, *Shearson Lehman Hutton,* 19 janvier 1993 *Contra* : Beraudo, Juriscl. Europe, fasc. 3010, n° 31.

42. V. en ce sens rapp. Giuliano et Lagarde, préc. sur la Convention de Rome du 19 juin 1980 qui contient des dispositions analogues en matière de loi applicable aux contrats de consommateurs tout en retenant le critère de la résidence habituelle et non du domicile.

43. V. en ce sens concl. Darmon préc. note 38.

ces derniers relèveront donc soit des règles générales de la Convention de Bruxelles, soit des conventions propres aux transports.

§ 2 : Les règles de compétence spécifiques pour les contrats de consommateurs

262 – Le consommateur défendeur. Le consommateur ne peut être attrait (art. 14 al. 2) que devant les tribunaux de l'État contractant sur le territoire duquel il est domicilié. Le texte pose là une règle de compétence générale destinée à garantir au consommateur défendeur qu'il ne sera jamais obligé d'aller défendre hors de l'État où il a son domicile[44].

Il faut cependant réserver le cas d'une demande reconventionnelle visée à l'art. 14 al. 3 qui prévoit que le tribunal saisi de la demande originaire peut connaître d'une demande reconventionnelle. Ainsi, le cocontractant du consommateur assigné par ce dernier devant un tribunal compétent selon la section 4 (donc pas nécesairement, un tribunal de l'État du domicile du consommateur, v. *infra* n° 263) a le droit de former une demande reconventionnelle contre le consommateur devant ce tribunal.

263 – Consommateur demandeur. Si le consommateur est demandeur, l'art. 14 al. 1 lui ouvre une option : il peut agir soit devant les tribunaux de l'État du domicile de son cocontractant, soit devant ceux de l'État de son propre domicile (un des rares cas dans lequel la Convention admet la compétence du *forum actoris*), soit enfin devant les tribunaux de l'État du lieu de la succursale si le défendeur est domicilié dans un État contractant (art. 5-5° réservé par l'art. 13 al. 1).

De plus, l'art. 13 avant dernier alinéa dispose que, lorsque le cocontractant du consommateur n'est pas domicilié dans un État contractant, « mais possède une succursale, une agence ou tout autre établissement dans un État contractant, il est considéré pour les contestations relatives à leur exploitation comme ayant son domicile sur le territoire de cet État ». Cette disposition est donc, comme l'art. 8 al. 2 (v. *supra* n° 249), une exception au jeu de l'art. 4 lorsque le défendeur est domicilié dans un État tiers ; dans l'aff. C 89/91, *Shearson Lehman Hutton*, M. l'avocat général Darmon a indiqué (points 36 à 57 des conclusions) que ce texte devait être appliqué aussi strictement que l'art. 5-5° (qui est une simple dérogation à l'art. 2) et, donc, qu'un centre d'opérations *qui n'a pas le pouvoir de conclure un marché* ne peut être considéré comme une succursale au sens de l'art. 13 avant-dernier alinéa.

44. V. par ex. Douai 9 février 1989, JDI 1991, 160, observ. A. Huet : la règle de l'art. 14 al. 2 est rappelée pour justifier un refus d'exequatur par application de l'art. 28 al. 1er, v. infra Titre III.

§ 3 : Les clauses attributives de juridiction

264 – Généralités. C'est à nouveau un principe d'interdiction des clauses qui résulte de l'art. 15. On retrouve les mêmes caractéristiques que pour les clauses en matière d'assurance (v. *supra* n° 252 et ss.) : la règlementation de l'art. 15 est essentiellement destinée à assurer la protection du consommateur, partie faible. Le texte doit aussi être considéré comme traitant des clauses attribuant compétence et aux tribunaux d'États contractants, et aux tribunaux d'États tiers (v. *supra* n° 252). Lorsqu'elles sont admises, elles doivent remplir les mêmes conditions de forme que les clauses relevant de l'art. 17.

265 – La protection du consommateur. Cette protection est assurée dans la mesure où l'art. 15 limite strictement les cas dans lesquels ces clauses seront licites[45]. Seules deux hypothèses sont retenues [art. 15 1) et 2)] : en premier lieu, les clauses postérieures à la naissance du différend, car alors le consommateur sait à quoi il s'engage ; en second lieu, les clauses qui permettent au consommateur de saisir d'autres tribunaux que ceux qui sont compétents en vertu de la section 4 de la Convention.

266 – Une disposition contestable, protectrice du cocontractant du consommateur ; L'art. 15 3) autorise une clause passée entre le consommateur et son cocontractant attribuant compétence aux tribunaux de l'État de leur domicile ou résidence habituelle, si, lors de la conclusion du contrat, les deux parties ont leur domicile ou résidence habituelle dans cet État. Il s'agit de protèger le cocontractant du consommateur contre un éventuel changement de domicile de ce dernier dans un autre pays[46] et cette disposition peut être rapprochée de l'art. 12 3° en matière d'assurance (v. *supra* n° 254). On regrettera toutefois que le consommateur puisse ainsi, lorsqu'il change de domicile ou de résidence habituelle, perdre la protection que la section 4 organise pour lui.

Cette règle contestable voit cependant sa portée singulièrement limitée par le texte même de l'art. 15 3) qui précise que la règle ne joue pas si la loi de l'État du domicile commun ou de la résidence habituelle commune l'interdit. Ainsi, en droit français, l'art. 48 du nouveau Code de procédure civile fait obstacle à la validité d'une telle clause dès lors qu'il s'agit d'un contrat interne.

---

45. Pour un cas de clause nulle, v. Trib. gr. inst. Dunkerque, 19 février 1986, JDI 1988, 713, note Ph. Kahn

46. Le rapp. Schlosser (n° 161 bis) indique que, si le consommateur change de domicile, même en l'absence d'une clause telle que celle prévue à l'art. 15 3), il ne pourrait agir dans le pays de son nouveau domicile que pour les opérations visées à l'art. 13 al. 1 1° et 2° ; pour les contrats relevant de l'art. 13 al. 1 3°, les circonstances de conclusion que le texte exige ne seraient pas réalisées dans l'État du nouveau domicile. Cette opinion a été justement critiquée par Gothot et Holleaux, n° 139, qui ont fait remarquer que « si les circonstances de conclusion du contrat correspondent aux prévisions de l'art. 13 al. 1 3°, on n'aperçoit nullement pourquoi un changement ultérieur de domicile priverait le consommateur du bénéfice du *forum actoris* de l'art. 14 al. 1 »

Chapitre 7

La compétence pour les mesures provisoires ou conservatoires: art. 24

267 – Domaine d'application de l'art. 24. L'art. 24 autorise un tribunal à statuer sur une demande de mesure provisoire ou conservatoire alors qu'il n'est pas compétent sur le fond. Ce texte pose donc une règle qui apparait comme une exception au système général de compétence résultant de la Convention de Bruxelles et il convient d'en déterminer exactement le domaine. De toute évidence l'art. 24 ne s'applique que si la Convention est elle-même applicable; ce qui signifie que les mesures provisoires ou conservatoires demandées doivent concerner une matière relevant du domaine de la Convention[1]. Il y a donc une totale identité du domaine d'application *ratione materiae* de la Convention de Bruxelles en général et de l'art. 24 en particulier.

Ensuite, il semble que l'art. 24 n'ait vocation à s'appliquer que pour saisir un tribunal d'un État contractant d'une demande de mesure provisoire, alors que la question de fond relève, selon la Convention, de la compétence des juridictions d'un autre État contractant[2]. Le texte même de l'art. 24 est en ce sens et ne paraît pas autoriser à saisir un tribunal d'un État contractant d'une demande de mesure provisoire si un autre tribunal de ce même État est compétent sur le fond: seul le droit interne de cet État est alors en cause et autorisera ou non cette saisine.

Enfin, l'art. 24 ouvre au demandeur une *faculté*, mais ne l'empêche pas, s'il le préfère, de demander les mesures provisoires ou conservatoires au juge compétent sur le fond; cette

1. En ce sens, CJCE, 27 mars 1979, *De Cavel I*, aff. 143/78: une mesure provisoire étroitement liée à la procédure de divorce ne relève pas de l'art. 24. V. aussi CJCE 6 mars 1980, *De Cavel II*, aff. 120/79; et CJCE 31 mars 1982, *C.H.W. c. G.J.H.*, aff .25/81 qui dit expressément: « L'article 24... ne peut être invoqué pour faire rentrer dans le champ d'application de la Convention les mesures provisoires ou conservatoires relatives à des matières qui en sont exclues». Application de ce principe a été faite en matière de faillite: v.par ex. Trib. com. Paris 29 février 1984, Gaz. Pal. 1984, 1 som. 185 admettant le jeu de l'art. 24 car la décision ne relevait pas directement de la faillite, et v. supra n° 35.

2. Une telle compétence existait déjà en droit français; mais elle était, par exemple, inconnue du droit en vigueur au Royaume-Uni: les juridictions anglaises ne se reconnaissaient pas le droit de prononcer des mesures provisoires ou conservatoires dès lors qu'elles n'étaient pas compétentes sur le fond; les sections 24 et 25 du *Civil jurisdiction and judgments Act* de 1982 modifient donc le droit britannique sur ce point, v. Beraudo, Juriscl. Europe, fasc. 3030, n ° 40. V. aussi les développements très intéressants de L. Collins, *Provisional and protective measures in international Litigation*, RCADI 1992.III.p. 13 à 238.

compétence sur le fond emportant naturellement toujours compétence pour prononcer des mesures provisoires ou conservatoires.

268 – Un définition communautaire des « mesures provisoires et conservatoires. Une fois de plus, la Cour de justice a opté pour une notion « communautaire » du concept : dans l'arrêt *Reichert II* du 26 mars 1992 (aff. C 261/90), elle a décidé que les mesures de l'art. 24 devaient s'entendre comme « les mesures qui, dans les matières relevant du champ d'application de la Convention, sont destinées à maintenir une situation de fait ou de droit afin de sauvegarder des droits dont la reconnaissance est par ailleurs demandée au juge du fond »[3]. Et, la Cour, dans cette affaire, en déduit que l'action paulienne du droit français ne peut être considérée comme une mesure de l'art. 24 : en effet, cette action tend à « modifier la situation juridique du patrimoine du débiteur et de celui du bénéficiaire en ordonnant la révocation, à l'égard du créancier, de l'acte de disposition passé par le débiteur en fraude de se droits » et « elle n'a pas pour objet de maintenir une situation de fait ou de droit dans l'attente d'une décision du juge sur le fond » (point 35).

En France, la question la plus difficile reste celle de la qualification du référé provision de l'art. 809 du N.C.P.C. : cette mesure reste-t-elle une mesure provisoire, ou ne doit-on pas considérer qu'elle implique un préjugé au fond et constater que, bien souvent, elle rend inutile l'instance au fond[4] ? La Cour de justice n'a pas eu l'occasion de prendre parti sur ce point[5] ; on peut penser que, à tout le moins, le référé provision ne serait considéré par la Cour de justice comme une mesure provisoire ou conservatoire au sens de l'art. 24 que s'il avait été dicté par *l'urgence*, condition qui ne figure pas dans l'art. 809 N.C.P.C. (v. *infra* n ° 270)[6].

---

3. V. au contraire pour une interprétation de la notion selon la *lex fori* : ord. Versailles 27 juin 1979, JDI 1980, 894, observ. D. Holleaux ; Gaz. Pal. 1979, 2, 453, note Mauro (infirmant mais pour un autre motif Trib. gr. inst. Nanterre, ord. 9 oct. 1978, RC 1979, 128, note Mezger ; JDI 1980, 894, observ. D. Holleaux) ; Aix-en-Provence 4 mai 1981, RC 1983, 110, note G. Couchez. La doctrine française s'était montrée inquiète de cette interprétation *lege fori* : v. notes précitées sous ces arrêts ; adde. Gothot et Holleaux, n ° 204. Sur la mesure connue au Royaume-Uni sous le nom de *Mareva injunction*, v. cours Collins, précité note 2.

4. Pour une prise de position hostile à la qualification de mesure provisoire du référé provision, v. A. Huet, observ. JDI 1989, 96 sous Paris 17 nov. 1987, et les abondantes références. *Adde* : Rennes 4 nov. 1992 JCP 1993.IV.1519. Pour une discussion analogue sur la nature du référé provision lorsque, en droit commun, on est en présence d'une convention d'arbitrage, v. en dernier lieu Cass. Civ. Ire, 6 mars 1990, *Horeva*, qui n'admet la compétence des juridictions étatiques que s'il y a urgence, Rev. de l'arbitrage 1990, 633, 2e esp., et la note avec les références. V. aussi V. Delaporte, Les mesures provisoires et conservatoires en droit international privé, TCFDIP 1986-88, p. 147 et ss. qui se prononce pour l'exclusion du référé provision du champ de l'art. 24, spéc. p. 153-154.

5. Pas plus que la Cour de cassation : l'arrêt de la Ch. Soc. du 17 déc. 1986, RC 1988, 92, note H. Tagaras et observ. compl. de P.L., parfois invoqué à ce sujet, n'a en effet pas eu à trancher ce point ; et P. Lagarde (loc.cit. p. 97) souhaitait d'ailleurs que cette question soit déférée à la Cour de justice.

6. En ce sens Aix réf. 4 mai 1981, RC 1983, 110, note Couchez ; v. cependant Paris 17 nov. 1987, JDI 1989, 96, note critique A. Huet, l'arrêt qualifiant le référé provision de mesure provisoire au sens de l'art. 24 sans exiger l'urgence.

Il semble en tout cas que le tribunal saisi d'une demande de mesure provisoire ou conservatoire sur la base de l'art. 24, ne peut, dès lors que la Convention de Bruxelles est applicable, statuer sur le fond, quand bien même le droit national l'y autoriserait[7]. Ce serait en effet introduire un *forum arresti*, ou un for du séquestre, que les rédacteurs de la Convention ont délibérément écarté.

269 – Intérêt et danger de l'art. 24. L'art. 24 permet de demander à un tribunal qui, selon les règles de la Convention, n'est pas compétent sur le fond du litige, d'ordonner des mesures provisoires ou conservatoires. Il est donc du plus grand intérêt pour la partie qui entend ainsi sauvegarder des biens, éviter des mesures irréparables, préserver une possibilité d'exécution ultérieure, s'assurer des preuves[8]. L'art. 24 répond au souci d'éviter aux parties les retards inhérents à toute procédure internationale, dès lors que les règles de la Convention donnent compétence à une juridiction d'un autre État membre pour connaître du fond. Il a également l'avantage de donner compétence au juge « le plus proche » matériellement et juridiquement pour la mesure à prendre[9].

Mais ce texte est également dangereux : il risque, en effet, si la mesure provisoire ou conservatoire peut priver d'utilité le débat au fond, d'ôter tout effet aux règles de compétence prévues par la Convention. Ainsi, en particulier, la procédure française du référé provision (art. 809 du N.C.P.C.) pourrait-elle être employée pour méconnaître les règles de compétence de la Convention[10].

Il faut donc interpréter l'art. 24 en prenant soin de lui conserver son utilité, mais, en même temps, en évitant qu'il ne réduise à néant les règles de compétence figurant dans les autres articles de la Convention.

Il en résulte qu'il paraît logique d'une part de subordonner la mise en œuvre de l'art. 24 à une condition d'« urgence », d'autre part d'effectuer un contrôle sur la règle de compétence utilisée par le juge de la mesure provisoire ou conservatoire en exigeant que cette mesure soit exécutée sur son territoire[11].

270 – La condition d'urgence. On a vu que l'art. 24 se justifiait par l'idée que les parties doivent pouvoir demander tout de suite des mesures provisoires ou conserva-

---

7. V. par exemple, en France la jurisprudence qui donne au juge saisi d'une demande en validité d'une saisie-arrêt la *possibilité* de statuer sur le fond : Cass. civ. Ire 6 nov. 1979, Nassibian, JDI 1980, 95, rapp. Ponsard ; RC 1980, 88, note Couchez ; Grands arrêts de la jurisprudence française de Droit international privé, par B. Ancel et Y. Lequette, 2e ed. n ° 58 ; et Civ. Ire 18 nov. 1986, JCP 1987 II 20209, note Nicod ; RC. 1987, note H. Muir-Watt ; JDI 1987, 632, note Ph. Kahn.

8. Sur la possibilité d'invoquer l'art. 24 pour des mesures d'instruction *in futurum* v. H. Muir-Watt, note sous Civ. Ire 15 janv. 1991, RC 1992, spéc. p. 48-49.

9. V. note B. Ancel, sous l'arrêt de la CJCE, *Reichert II*, du 26 mars 1992, RC 1992, spéc. p. 723 n ° 8.

10. V. l'ex. donné par Beraudo, Juriscl. Europe, fasc. 3030, n ° 37 : dans un litige relevant, selon les règles de l'art. 16, de la compétence d'un juge italien, le demandeur assigne en France selon la procédure de référé-provision. Il obtient largement satisfaction et n'a alors plus besoin d'aller plaider devant le juge italien pourtant seul compétent sur le fond selon les règles de la Convention.

11. En ce sens, Gothot et Holleaux, n ° 201 et ss.

toires à un autre juge que celui qui est compétent sur le fond. Encore faut-il, pour que la démarche des plaideurs soit légitime qu'il y ait *urgence*. A défaut de cette condition, on ne voit pas pourquoi les parties ne devraient pas demander ces mesures au juge compétent sur le fond. Sans doute l'art. 24 ne mentionne pas expressément cette condition d'urgence. Mais, dans la mesure où il apparait comme une exception au système de compétence organisé par la Convention, il est normal de l'interpréter restrictivement, et, en particulier, de n'admettre son intervention que si l'on est présence de circonstances justifiant sa raison d'être: éviter tout de suite l'irréparable. Or, s'il n'y a pas urgence, l'irréparable n'est pas à craindre.

La doctrine française est, dans l'ensemble, favorable à cette exigence de l'urgence[12]. On relèvera encore à l'appui de cette opinion que, dans de nombreuses conventions bilatérales conclues entre les États membres de la Communauté, des textes substantiellement identiques à l'art. 24 posent explicitement la condition d'urgence[13].

Cette condition permettrait déjà de limiter sérieusement les risques de détournement des règles de compétence de la Convention par le biais de l'art. 24. Le référé provision français ne pourrait alors être éventuellement (v. *supra* n° 268) qualifié de «mesure provisoire ou conservatoire» au sens de l'art. 24 que si, à tout le moins, la condition d'urgence était remplie, ce que n'exige pas le texte de l'art. 809 N.C.P.C.

La Cour de justice n'a pas eu l'occasion de se prononcer sur cette condition d'urgence, mais il serait dangereux de déduire de ce qu'elle n'y a pas fait allusion dans des arrêts portant sur l'art. 24 mais non sur ce point précis, qu'elle entend exclure cette condition[14].

271 – Contrôle de la compétence du juge saisi de la demande de mesure provisoire ou conservatoire. L'art. 24 a pour seule fonction d'autoriser exceptionnellement la prise de mesures provisoires ou conservatoires par les juges d'autres pays que celui ou ceux auxquels revient la compétence au fond. Ce texte ne précise toutefois pas de critères spécifiques de compétence pour les mesures provisoires ou conservatoires. Ce silence de l'art. 24 doit être interprété comme un renvoi au droit commun des États contractants. Dans chacun d'eux, la juridiction sollicitée de prendre un décision provisoire ou conservatoire apprécie sa compétence d'après la *lex fori*. On se demandera toutefois si toutes les règles de compétence internationale des États contractants peuvent fonder la compétence de leurs juridictions en matière provisoire ou conservatoire, ou si, au contraire, l'art. 24 et, plus généralement, le système de la Convention condui-

12. V. par ex. les notes sous les arrêts cités *supra* note 3; v. aussi Gothot et Holleaux, n ° 203; D. Alexandre, Rép. D. de Droit communautaire, V° Convention de Bruxelles (Compétence) n ° 299; Beraudo, Juriscl. préc. n ° 38. *Contra*: Huet, observ. sous Com. 10 mars 1992, JDI 1993, 156.

13. V. par ex. Convention franco-italienne de 1930, art. 32; Convention franco-belge de 1899, art. 9; Convention germano-belge de 1958, art. 15 al. 2; Convention germano-néerlandaise de 1962, art. 18 paragraphe 2.

14. CJCE 21 mai 1980, *Denilauler*, aff. 125/79; 26 mars 1992, *Reichert II*, aff.C 261/90; on notera toutefois que, en France, la Ch. comm.de la Cour de cass. a décidé implicitement, le 10 mars 1992, que, au regard de l'art. 24, l'urgence n'était pas nécessaire pour une mesure d'instruction prise en application de l'art. 145 NCPC (expertise), JDI 1993, 156, observ. Huet.

sent à exclure certaines compétences. Ainsi, par exemple, peut-on admettre qu'un juge français fonde sa compétence sur l'art. 14 du Code civil alors qu'un plaideur français lui demande une mesure conservatoire sur un bien situé en Italie?

Si l'on se réfère à la raison d'être de l'art. 24, la réponse à cette question sera négative. L'art. 24 a été inspiré par le désir d'éviter aux parties les retards attachés à toute procédure internationale, et, en particulier celui résultant d'une procédure d'exequatur, même simplifiée. Si le plaideur français invoquant l'art. 14 du Code civil pour fonder la compétence d'un tribunal français obtient le prononcé d'une mesure conservatoire mais que cette mesure ne puisse s'exécuter que dans un autre État contractant, faute de biens situés en France, alors la compétence des tribunaux français ne permet pas d'éviter le retard dû à la nécessité de déposer une requête en exécution dans l'État de situation des biens. L'application de l'art. 24 ne répondrait pas à l'objectif qui le justifie. Il en irait de même , quel que soit le fondement de la compétence internationale du juge saisi de la demande de mesure provisoire ou conservatoire, dès lors que cette mesure ne pourrait être exécutée sur le territoire national de ce juge.

Ainsi, l'art. 24 devrait logiquement être interprété comme ne permettant pas à un juge d'un État contractant de se reconnaître compétent pour prononcer une mesure provisoire ou conservatoire, quand bien même la *lex fori* lui donnerait compétence, dès lors que sa décision ne pourrait être exécutée sans passer par le détour d'une procédure d'exequatur[15]. On peut invoquer en ce sens, bien que statuant sur une question de reconnaissance et d'exécution des décisions[16], un arrêt de la Cour de justice rendu le 21 mai 1980, *Denilauler*, aff. 125/79, dans lequel la Cour, au point 16 déclare: «C'est certainement le juge du lieu ou en tout cas de l'État contractant où sont situés les avoirs qui feront l'objet des mesures sollicitées qui est le mieux à même d'apprécier les circonstances qui peuvent amener à octroyer ou à refuser les mesures sollicitées ou à prescrire des modalités et des conditions que le requérant devra respecter afin de garantir le caractère provisoire et conservatoire des mesures autorisées»[17].

Finalement, on conclura que la compétence du juge d'un État contractant pour prononcer des mesures provisoires et conservatoires sur le fondement de l'art. 24 ne

---

15. En ce sens Gothot et Holleaux, n ° 202 et 203; Beraudo, Juriscl. préc.n ° 39; V. Delaporte, Les mesures provisoires et conservatoires en droit international privé, TCFDIP, 1986-1988, p. 148 et ss. , spéc. p. 155 à 158. Cpr. avec la solution adoptée au Royaume-Uni dans l'affaire *Republic of Haïti c. Duvalier*, (1990), 1, Q.B. 202 évoquée par L. Collins, cours préc. note 2, spéc. p. 53-55.

16. V. *infra* n ° 322.

17. V. également en ce sens les concl. Mayras dans l'arrêt *Denilauer* et la note Mezger RC 1980, spéc. p. 803. L'arrêt n'est cependant pas vraiment concluant car, au point 17, il semble au contraire admettre que l'art. 24 soit utilisé pour des mesures provisoires ordonnées dans un État contractant autre que celui dans lesquelles elles seront exécutées; v. A. Huet, JDI, 1989, observ. sur Paris 17 novembre 1987, spéc. p. 99; A rapprocher de, en droit français interne: Civ. 2e 10 juillet 1991, Bull. II, n ° 223; D. 1991, inf. rap. 220: «si, en principe, le juge des référés doit appartenir territorialement à la juridiction appelée à statuer sur le fond, cette compétence n'exclut pas celle du juge dans le ressort duquel est né l'incident ou celui dans le ressort duquel les mesures urgentes doivent être prises». Et, Civ. 2e 18 nov. 1992, D. 1993, 91, note Chartier: «Sauf disposition légale contraire, le juge territorialement compétent pour rendre une ordonnance sur requête est le Président de la juridiction saisie au fond ou celui du tribunal du lieu où la mesure demandée doit être exécutée.»

devrait exister que, d'une part s'il y a urgence, d'autre part si la décision sur les mesures provisoires peut s'exécuter sur le territoire de l'État de ce juge et donc sans faire intervenir une quelconque procédure d'exequatur, mais les controverses ne sont sans doute pas closes sur ces points[18].

18. V. par ex. Paris 19 mars 1987, D. 1987, inf. rap. 107, qui admet d'une part que l'art. 24 ne requiert pas l'urgence, d'autre part qu'un juge français est compétent pour ordonner une mesure d'expertise qui doit s'exécuter en Allemagne. V. aussi Com. 10 mars 1992, précité note 14. En outre, des problèmes d'articulation entre l'art. 24 et l'art. 16-5° selon lequel le juge peut autoriser une mesure qui s'exécutera dans un autre État (v. *supra* n° 101) pourraient aussi surgir.

Chapitre 8

Règles procédurales concernant la compétence : art. 19 à 23

272 – Généralités et plan. La Convention de Bruxelles ne traite pas en principe des questions de procédure : la procédure devant les tribunaux de chaque État contractant est régie, selon une règle constante en droit international privé, par la *lex fori*. Cependant la Convention ne pouvait se désintéresser de certaines règle de procédure : celles qui touchent directement à des questions de compétence, comme, par exemple, le pouvoir du juge de se déclarer d'office incompétent ou celui de règler les cas de litispendance ou de connexité.

Les art. 19 à 23 de la Convention contiennent ainsi des règles de procédure dont la présence est justifiée parce que ces règles concernent la compétence judiciaire. On peut les classer en quatre catégories : les règles prévoyant la vérification de la compétence du juge (Section 1) ; celle n'autorisant le juge à s'estimer compétent qu'une fois qu'il a vérifié la loyauté de l'assignation (Section 2) ; enfin les règles portant sur la litispendance (Section 3) et sur la connexité (Section 4).

Section 1 : Vérification de la compétence du juge

273 – Obligation de déclaration d'incompétence d'office dans deux cas. La Convention prévoit deux cas dans lesquels le juge saisi doit, d'office, se déclarer incompétent[1].

Le premier cas (art. 19) est celui où le juge d'un État contractant est saisi à titre principal d'un litige pour lequel une juridiction d'un autre État contractant est exclusivement compétente en vertu de l'art. 16. En ce cas, le juge saisi en violation de l'art. 16 doit, d'office, se déclarer incompétent. La règle n'étonne pas et ne fait que traduire la force toute particulière des compétences fondées sur l'art. 16. Tout au plus

1. On prendra garde à ne pas confondre ici la question du contrôle d'office de la compétence, et celle, différente, de l'application d'office de la Convention : sur ce dernier point, il est certain que la Convention est applicable d'office en France (application de l'adage *jura novit curia*, et v. *supra* n° 62 bis).

peut-on se poser une question: on a vu (*supra* n° 84) qu'il était raisonnable de faire produire à l'art. 16 un «effet réflexe», c'est-à-dire de considérer que, par exemple, un procès à propos d'un droit réel portant sur un immeuble situé hors du territoire des États contractants relève de la compétence exclusive des juges de cet État tiers. Ne convient-il pas alors d'étendre la règle de l'art. 19 au cas où, par le biais de l'effet réflexe de l'art. 16, ce sont les tribunaux d'un État non contractant qui sont compétents? Ce serait évidemment aller au delà du texte de l'art. 19, mais semblerait une solution rationnelle.

Le second cas dans lequel le juge doit se déclarer d'office incompétent résulte de l'art. 20 al. 1. Ce texte impose au juge saisi contrairement aux règles de la Convention de se déclarer d'office incompétent si le défendeur est domicilié dans un État contractant et fait défaut. Il s'agit là d'une disposition de protection du défendeur domicilié dans la Communauté: il a droit aux règles de compétence établies par la Convention de Bruxelles. S'il comparait volontairement devant une juridiction incompétente, l'art. 18 autorise à considérer qu'il a alors accepté la compétence de ce tribunal (v. *supra* n° 143 et ss.); mais, s'il fait défaut, le juge incompétent d'après la Convention de Bruxelles, doit se déclarer d'office incompétent quelle que soit la règle de compétence de la Convention qui soit violée[2].

274 – Prééminence des règles de la Convention sur les lois des États contractants. Dans les deux cas prévus par les art. 19 et 20 al. 1, les dispositions nationales doivent s'effacer devant celles de la Convention.

Ainsi, l'obligation faite au juge de se déclarer d'office incompétent demeure à tous les stades de la procédure, y compris devant la Cour de cassation. De même une disposition nationale qui limite l'examen fait par la Cour de cassation au moyen invoqué par les parties, ne doit pas empêcher la Haute juridiction de se déclarer d'office incompétente si on se trouve dans un des cas visés par les art. 19 et 20 al. 1[3]. De même encore, il faudra écarter l'art. 92 NCPC qui laisse au juge une simple *possibilité* de se déclarer d'office incompétent lorsque l'affaire échappe à la connaissance de la juridiction française, dès lors que sera applicable l'art. 19 ou l'art. 20 al. 1 de la Convention de Bruxelles[4].

275 – Pouvoirs du juge qui contrôle d'office sa compétence. La Convention ne donne aucune précision sur ce point. Le rapport Schlosser (n° 22) précise que cette question revient aux lois des États[5]. C'est donc la *lex fori* qui dira si le juge peut se contenter d'exiger du demandeur la preuve des faits qui sont censés lui attribuer

---

2. V. par ex. Paris 28 juin 1978 , RC 1979, 444, note M. Santa-Croce, où était en cause l'art. 17 de la Convention.

3. V. CJCE 15 novembre 1983, *Duijnstee c. Goderbauer*, aff. 288/82, où était en cause l'art. 419 paragraphe 1 du Code de procédure civile néerlandais qui limite l'examen effectué par le *Hoge Raad* «aux moyens invoqués à l'appui du pourvoi».

4. En ce sens, Gothot et Holleaux, n° 210.

5. Pour la France, il faudra alors appliquer les art. 143 et ss. du NCPC.

compétence, ou s'il peut ordonner de lui-même des mesures d'instruction. Ainsi, en droit français, en vertu des art. 743 et ss. NCPC, il semble que le juge ait le pouvoir d'ordonner des mesures d'instruction pour être éclairé sur «les faits dont dépend la solution du litige» (en l'occurence la question de compétence).

276 – Autres cas dans lesquels le juge vérifiera sa compétence. Hormis les deux cas prévus par les art. 19 et 20 al. 1, peuvent se présenter toutes sortes d'hypothèses où le juge devra vérifier sa compétence au regard de la Convention de Bruxelles. Mais la Convention ne pose alors aucune règle spécifique et c'est à la *lex fori* de s'appliquer. La *lex fori* indiquera donc qui peut ou doit soulever le problème de compétence, à quel moment, dans quelles formes, avec quels recours éventuels sur la décision sur la compétence. Ainsi, de façon générale c'est à la *lex fori* qu'il revient de définir le régime procédural d'application des règles de la Convention[6]. S'appliqueront donc en France les art. 74 et 75 du NCPC obligeant à soulever l'exception d'incompétence *in limine litis*[7], à motiver et à indiquer la juridiction que l'on estime compétente. Sur ce dernier point, il faut admettre que la partie qui soulève l'exception d'incompétence puisse désigner *les* tribunaux d'un État contractant chaque fois que la Convention pose une règle de compétence générale, et puisse également désigner plusieurs tribunaux d'États contractants différents si la Convention ouvre une option de compétence[8]. Si le tribunal français estime qu'en effet il n'est pas compétent, il ne désigne pas la juridiction étrangère compétente, mais «renvoie seulement les parties à mieux se pourvoir» (art. 96 al. 1 NCPC). Enfin, les recours contre la décision sur la compétence seront déterminés par les art. 78, 80 et 94 du NCPC[9].

Section 2: La loyauté de l'assignation

277 – Vérification de la régularité de l'assignation du défendeur défaillant. Lorsqu'un défendeur domicilié dans la Communauté ne comparaît pas devant le juge saisi par le demandeur, ce juge doit surseoir à statuer aussi longtemps qu'il n'est pas

---

6. V. Paris 3 oct. 1974, Gaz. Pal. 1975, 1, 53, concl. Franck; D. 1975, 396, note Droz, Rép. Commaille 1975, 333, observ. Boyer, l'arrêt énonçant que les dispositions de la Convention «ne règlent que la compétence respective des juridictions des États contractants et non la procédure des exceptions d'incompétence; ... la procédure de ces exceptions reste donc régie par la loi interne de la juridiction saisie dans la mesure, tout au moins, où cette loi ne fait pas obstacle à l'application de la Convention».

7. V. Trib. gr. inst. Paris 3 février 1982, D. 1983, inf. rap. 146, observ. Audit; Clunet 1984, 583, note Lefebvre.

8. V. Paris 3 oct. 1974, précité note 5; Paris 14 juin 1975, RC 1976, 117, note Droz; v. aussi Droz, D. 1975, 399; Civ. 1ère 9 juillet 1991, D. 1991, inf. rap. 212; Huet, Juriscl.dr. internat. fasc. 581-D, 2e cahier, n° 18 et ss.

9. V. Civ. 1re, 18 janvier 1983, Bull. civ. I n° 24, p. 21.

établi que ce défendeur a été «mis à même» d'être prévenu de la procédure intentée contre lui. Ce principe permet d'éviter que n'adviennent les conséquences attachées à une procédure par défaut (v. par ex. art. 20 al. 1, *supra* n° 273) alors que des irrégularités procédurales font que le défendeur ne pouvait être prévenu.

L'art. 20 indique, dans ses alinéas 2 et 3, les règles qui doivent être observées pour que la procédure soit régulière. L'alinéa 2 ne concerne plus que le cas où le défendeur est domicilié en Irlande, car ce pays est le seul État de la Communauté à ne pas avoir encore (au 1er septembre 1993) ratifié la Convention de La Haye du 15 novembre 1965, texte auquel renvoie l'alinéa 3 de l'art. 20. Il faudra également tenir compte de l'art. IV du Protocole annexé à la Convention de Bruxelles qui contient une règle particulière.

278 – La règle posée par l'art. 20 al. 2. Ce texte disposait en 1968 que le juge devait surseoir à statuer lorsqu'un défendeur domicilié dans un État contractant ne comparaissait pas «aussi longtemps que ce défendeur a été mis à même de recevoir *l'acte introductif d'instance* en temps utile pour se défendre ou que toute diligence a été faite à cette fin». Lors de la révision de la Convention de 1978, il fût ajouté à l'acte introductif d'instance: «*ou un acte équivalent*». La modification était nécessaire en raison du particularisme des droits de *Common Law* dans lesquels «les étrangers se trouvant à l'étranger ne reçoivent pas l'original de la citation, mais sont uniquement avisés de l'existence de l'ordonnance du tribunal relative à leur citation» (rapp. Schlosser n° 182). Il s'agit bien là d'un «acte équivalent» à l'acte introductif d'instance lui-même. La formule utilisée à l'art. 20 al. 2 se retrouve à l'art. 27-2° à propos de la reconnaissance des décisions et l'interprétation qui en a été donnée pour l'art. 27-2° (v. *infra*, n° 359-360) conviendrait également pour l'art. 20. Le texte de l'art. 20 ajoute que le sursis à statuer s'impose tant qu'il n'est pas établi que le défendeur n'a pas été mis à même de recevoir l'acte introductif d'instance ou un acte équivalent, mais aussi tant qu'il n'est pas établi *que toute diligence a été faite à cette fin*: c'est dire que l'on ne se contentera pas d'un respect formel des mesures destinées à avertir le défendeur; si, par exemple, le défendeur a quitté son domicile, il faudra, dans toute la mesure du possible, rechercher l'endroit où on peut effectivement le joindre.

Mais l'art. 20 al. 2 n'a vocation à s'appliquer que de façon transitoire: en effet l'art. 20 al. 3 indique que l'alinéa 2 doit être remplacé par l'art. 15 de la Convention de La Haye du 15 novembre 1965. Or, à ce jour, tous les États contractants parties à la Convention de Bruxelles, sauf l'Irlande, ont ratifié cette Convention de La Haye. L'art. 20 al. 2 ne concerne donc plus que le défendeur domicilié en Irlande, et ce uniquement jusqu'à ce que l'Irlande ait ratifié la Convention de La Haye de 1965.

279 – L'art. 15 de la Convention de La Haye du 15 novembre 1965. Cet article prévoit aussi une obligation pour le juge saisi de surseoir à statuer pour préserver les droits de la défense lorsque le défendeur ne comparaît pas. Mais les modalités sont un peu différentes de celles prévues par l'art. 20 al. 2 de la Convention de Bruxelles. Il suffit de citer cet art. 15 pour constater les différences:

«Lorsqu'un acte introductif d'instance ou un acte équivalent a dû être transmis à l'étranger aux fins de signification ou de notification, selon les dispositions de la présente Convention, et que le défendeur ne comparaît pas, le juge est tenu de surseoir à statuer aussi longtemps qu'il n'est pas établi:

a) ou bien que l'acte a été signifié ou notifié selon les formes prescrites par la législation de l'État requis pour la signification ou la notification des actes dressés dans ce pays et qui sont destinés aux personnes se trouvant sur son teritoire,

b) ou bien que l'acte a été effectivement remis au défendeur ou à sa demeure selon un autre procédé prévu par la présente Convention, et que, dans chacune de ces éventualités, soit la signification ou la notification, soit la remise a eu lieu en temps utile pour que le défendeur ait pu se défendre.».

Ce texte va donc jouer chaque fois que le défendeur se trouve dans un État partie à la Convention de La Haye, alors que l'art. 20 al. 2 ne bénéficiait qu'aux défendeurs domiciliés dans la Communauté (actuellement aux seuls défendeurs domiciliés en Irlande).

Il faut ajouter que l'art. 15 de la Convention de La Haye contient dans son alinéa 2 une possibilité pour les États de faire une déclaration assouplissant le contrôle du respect des droits de la défense:

«Chaque État contractant a la faculté de déclarer que ses juges, nonobstant les dispositions de l'alinéa premier, peuvent statuer si les conditions suivantes sont réunies, bien qu'aucune attestation constatant soit la signification ou la notification, soit la remise, n'ait été reçue:

a) l'acte a été transmis selon un des modes prévus par la présente Convention,

b) un délai que le juge appréciera dans chaque cas particulier et qui sera d'au moins six mois, s'est écoulé depuis la date d'envoi de l'acte,

c) nonobstant toutes diligences utiles auprès des autorités compétentes de l'État requis, aucune attestation n'a pu être obtenue.»

Actuellement, parmi les États membres de la Communauté, l'Allemagne, la Belgique, la France, l'Espagne, la Grèce, le Luxembourg, les Pays-Bas, le Portugal et le Royaume-Uni ont fait la déclaration prévue par l'art. 15 al. 2.

La Convention de La Haye assure donc, elle aussi, mais peut-être de façon moins stricte que l'art. 20 al. 2, la protection des intérêts du défendeur[10].

On ajoutera que, dans son dernier alinéa, l'art. 15 dispose que «Le présent article ne fait pas obstacle à ce qu'en cas d'urgence le juge ordonne toutes mesures provisoires ou conservatoires». Dans la mesure où cet article peut avoir vocation à s'appliquer aussi bien que l'art. 24 de la Convention de Bruxelles, c'est encore un argument supplémentaire pour subordonner le jeu de l'art. 24 à la condition d'urgence (v. *supra* n° 270).

---

10. Sur le fonctionnement de la Convention, v. Manuel pratique sur le fonctionnement de la Convention de La Haye du 15 nov.1965, ed. par la conférence de La Haye, 2ème éd. 1992. Pour une application de l'art. 15 al. 1 b), v.Civ. 1re 16 déc.1992, JCP 1993, IV, 528.

280 – Art. IV du Protocole annexé à la Convention. La Convention de Bruxelles ne comporte pas, en principe, de règles sur la transmission des actes; c'est pourquoi l'art. IV al. 1 du Protocole se contente de renvoyer aux «modes prévus par les conventions ou accords conclus entre les États contractants». Cependant l'art. IV al. 2 du Protocole autorise, sauf opposition de l'État de destination, déclarée au Secrétaire général du Conseil des Communautés européennes[11], une *transmission directe* entre officiers ministériels de l'État d'origine et de l'État de destination. Ce mode de transmission figure également à l'art. l0 b) de la convention de La Haye du 15 novembre 1965, avec le même droit d'opposition[12].

Ainsi, les actes pourront être transmis directement par les huissiers d'un État contractant à leurs collègues d'un autre État contractant , ce qui correspond bien aux impératifs de rapidité et de sécurité recherchés (v. rapp. Jenard, p. 40, 41).

Section 3: La litispendance

281 – Généralités: litispendance interne, européenne, internationale. Il y a litispendance lorsque deux tribunaux également compétents sont saisis de deux demandes identiques, c'est à dire formées entre les mêmes parties, ayant la même cause et le même objet. On peut alors souhaiter que le tribunal premier saisi connaisse seul de l'affaire afin d'éviter le risque d'avoir deux décisions inconciliables. Lorsque cette situation se réalise à l'intérieur d'un même État, il y a litispendance interne; ce cas est réglé, en droit français, par l'art. 100 du NCPC qui oblige le juge second saisi à se dessaisir en faveur du juge premier saisi si une partie le demande, et lui en donne la faculté en cas de silence des parties.

Lorsque l'un des tribunaux est situé hors du territoire des États parties à la Convention de Bruxelles et l'autre sur le territoire d'un de ces États, il y a litispendance internationale cette situation est régie par le droit international privé de chaque État (sous réserve pour les pays de l'AELE, de la convention de Lugano, v. *infra* titre IV). En France, depuis l'arrêt de la Première chambre civile de la Cour de cassation du 26 novembre 1974, *Soc. Miniera di Fragne* [13], l'exception de litispendance internationale est recevable devant les juridictions françaises et le juge français second saisi a la *faculté* de se dessaisir s'il apparaît que la décision à intervenir à l'étranger est suscep-

---

11. L'Allemagne a fait usage de ce droit d'opposition.

12. L'Allemagne a également fait usage du droit d'opposition dans le cadre de la Convention de La Haye. Pour un exemple de transmission directe, v. Paris 5 octobre 1992, D. 1993 inf. rap. p. 38.

13. RC 1975, 491, note D. Holleaux; JDI 1975, 108, note A. Ponsard; Grands arrêts, 2e ed. n° 55.

tible d'être reconnue en France[14]. Il faut cependant noter que la solution de la litispendance internationale subit sans doute une certaine influence des règles communautaires. En effet, puisque, en droit commun français, le juge français second saisi ne se dessaisit que si la décision à intervenir à l'étranger semble pouvoir être reconnue en France, on peut penser qu'une méconnaissance des règles de compétence posées par l'art. 16 ainsi que par les art. 7 et ss. et 13 et ss., cause d'inefficacité du jugement rendu dans la Communauté, le sera également pour un jugement rendu dans un État tiers et empêchera donc le dessaisissement du juge français[15].

Il y a enfin litispendance européenne lorsque les deux tribunaux en cause sont situés dans deux États différents parties à la Convention de Bruxelles[16]. C'est alors l'art. 21 de la Convention qui s'applique: le texte *oblige* le tribunal second saisi à se dessaisir[17].

On verra en deux paragraphes, les conditions d'existence d'une situation de litispendance européenne, puis le mécanisme de règlement de cette situation par l'art. 21.

§ 1 : Les conditions d'existence d'une situation de litispendance « européenne »

282 – Principe. Pour qu'il y ait litispendance européenne il suffit que deux juridictions d'États contractants différents, *toutes deux compétentes*, soient saisies du même litige. La compétence de chacun des tribunaux peut résulter soit de règles de compétence de la Convention de Bruxelles, soit de règles de compétence internationale des droits communs étatiques, soit d'autres conventions internationales. L'art. 21 s'applique même si l'une des juridictions est une juridiction civile alors que l'autre est une juridiction pénale saisie de l'action civile.[18]. L'identité de litige suppose réunies,

14. Sur la litispendance internationale, outre l'arrêt du 26 novembre 1974 cité note 13 et les commentaires, v. D. Holleaux, La litispendance internationale, TCFDIP 1971-1973, p. 203 et ss.; P. Lagarde, *Perpetuatio fori* et litispendance en matière internationale, *in* Mélanges dédiés à D. Holleaux, Litec 1990, p. 237 et ss.; et notre article, La litispendance internationale dans la jurisprudence française après la communication de D. Holleaux au Comité français de Droit international privé, in Mélanges précités, p. 121 et ss. V. aussi *in* Coll. CJCE, mars 1991, rapp. Schockweiler, p. 169 et Linke, p. 177.

15. En ce sens, Gothot et Holleaux, n° 217: ces auteurs relèvent que ces effets sur la litispendance internationale sont assez suprenants « dans la mesure où l'on peut douter que la violation des articles en question de la Convention justifie un refus de dessaisissement pour cause de litispendance *européenne* » v. *infra* n° 291-292.

16. La litispendance intervenant dans le cadre de la Convention de Lugano (*infra* titre IV) peut aussi être appelée litispendance européenne.

17. Sur les complications pouvant résulter de la combinaison des règles de source interne ou bilatérale relatives à la litispendance internationale avec la Convention de Bruxelles, v. Beraudo, Juriscl. Europe, fasc. 3030, n° 25.

18. En ce sens observ. Audit sous Cass. civ. 2e, 3 avril 1978, D. 1978, inf. rap. 367; Trib. gr. inst. Dunkerque, 18 avril 1984, JDI 1985, 946, observ. A. Huet. La CJCE est saisie de la question de savoir si les art. 21, 22 et 23 s'appliquent à des procédures de reconnaissance et d'exécution de décisions émanant d'États tiers, affaire *Owens Bank*, C 129/92 : l'avocat général Lenz a conclu le 16 septembre 1993 en faveur d'une réponse négative.

l'identité de parties, l'identité de cause et l'identité d'objet, termes que l'art. 21 ne définit pas.

Alors que la question était débattue en doctrine[19], la Cour de justice dans l'arrêt *Gubisch Maschinen Fabrik AG c. Palumbo*, du 8 décembre 1987, aff. 144/86, a nettement indiqué que ces termes devaient recevoir une interprétation communautaire (point 11). L'interprétation communautaire ne soulève pas de difficultés particulières pour les conditions d'identité de parties et de cause; il n'en va pas de même en ce qui concerne l'identité d'objet.

283 – Identité de parties. Il est certain que les parties au litige doivent être les mêmes dans les deux instances, mais peu importe que leurs positions procédurales soient différentes: le demandeur à la première instance peut être défendeur dans la seconde et vice-versa[20].

284 – Identité de cause. Il n'y a pas eu de débat non plus sur cette seconde condition. On relèvera seulement un jugement du Tribunal de grande instance de Dunkerque du l8 avril 1984[21] qui a admis l'identité de cause entre une action civile portée devant la juridiction pénale étrangère du lieu de l'infraction et l'instance civile introduite ultérieurement devant le tribunal français du domcile de l'auteur de l'infraction. On peut encore citer l'arrêt de la Cour de justice du 8 décembre 1987, *Gubisch*, aff. 144/86, qui a estimé que l'identité de cause était établie lorsque les deux litiges «sont basés... sur le même rapport contractuel» (pt.15).

285 – Identité d'objet. C'est toujours l'arrêt *Gubisch* qui a défini l'identité d'objet au sens de la Convention, mais l'interprétation retenue est loin de faire l'unanimité. La Cour a, dans cet arrêt, estimé qu'il fallait adopter une conception extensive de l'«identité d'objet» et ne pas la restreindre à l'«identité formelle» de deux demandes (point 17). La Cour était confrontée d'une part à une demande d'exécution d'une vente internationale d'objets mobiliers corporels, et d'autre part, à une demande d'annulation et, à titre subsidiaire, de résolution de ce même contrat. La Cour a estimé qu'il y avait identité d'objet entre les deux demandes: «il apparaît que la demande d'exécution du contrat a pour but de rendre celui-ci efficace, et que la demande d'annulation et de résolution a précisément pour but de lui ôter toute efficacité. La force obligatoire du

---

19. V. par exemple, favorable à une interprétation *lege fori*, Droz, op.cit. n° 304.

20. V. arrêt *Gubisch*, du 8 déc. 1987, aff. 144/86, pt 13. Pour un refus d'admettre qu'il y ait litispendance européenne, en raison du défaut d'identité des parties, v. Cass. civ. 1re, 2 juin 1981, Bull. civ. I, n° 186, p. 152; RC 1982, 772: il n'y a pas identité de parties lorsque le distributeur d'un produit a assigné devant un tribunal français le fabricant de ce produit et son assureur, tandis que devant la juridiction étrangère, la demande a été formée par le fabricant contre son assureur. Civ. 2e 3 avril 1978, précité note 18: il n'y a pas identité de parties lorsque l'action civile devant le tribunal pénal étranger est intentée contre les administrateurs d'une société tandis que l'action civile devant le tribunal français l'est contre la société. V. aussi Paris 16 mai 1991, D. 1992 som. com., 167 observ. Audit.

21. JDI 1985, 946, observ. A. Huet.

contrat se trouve ainsi au centre des deux litiges» (point 17). Cette position a, en général, été critiquée par les commentateurs de l'arrêt *Gubisch* qui ont fait remarquer que, dans une telle hypothèse, on aurait dû considérer que les deux demandes étaient seulement connexes; leurs objets étaient au contraire fondamentalement différents (exécution ou nullité du contrat). La position adoptée par la Cour qui s'appuie sur la notion de «force obligatoire du contrat» risque de conduire à voir des cas de litispendance chaque fois que deux demandes porteront sur un même contrat, car elles mettront toujours en cause, plus ou moins directement, la force obligatoire de ce contrat.

Cette conception extensive de l'identité d'objet est d'autant plus regrettable que l'art. 21 fait produire des effets rigoureux (v. *infra* n° 288-289) à la situation de litispendance et on peut penser que les États contractants n'ont admis ces effets qu'en fonction de l'acception stricte de la condition d'identité d'objet qui prévaut dans les droits étatiques.

286 – Absence d'autres conditions. Si les deux tribunaux saisis sont compétents (sur la vérification de cette compétence, v. *infra* n° 290), et que la condition de triple identité telle que définie par la Cour de justice est remplie, aucune autre condition n'est nécessaire pour que soit constituée la situation de litispendance. En particulier, il n'est pas nécessaire que l'une ou l'autre des parties soit domiciliée[22] sur le territoire d'un État contractant: ce serait, en effet, ajouter une condition qui ne figure pas au texte de l'art. 21. De plus, dans la mesure où l'art. 21 a pour but d'éviter que soient rendues des décisions inconciliables dans deux États contractants différents, ce qui constituerait un obstacle à la libre circulation des jugements, il est opportun de ne pas ajouter un condition supplémentaire. Enfin, si les deux tribunaux saisis sont compétents, quand bien même aucune partie n'aurait de domicile sur le territoire des États contractants, c'est qu'il y a certainement des liens non négligeables entre ce litige et la Communauté.

§ 2 : Mécanisme de règlement de l'exception de litispendance

287 – Détermination de la juridiction première saisie.
L'exception de litispendance ne peut être soulevée que devant la juridiction saisie en second lieu. Il importe donc de déterminer dans quel ordre les juridictions ont été saisies. Le texte de la Convention ne donne pas d'indication sur ce point. C'est la Cour de justice, dans l'arrrêt *Zelger c. Salinitri* du 7 juin 1984, aff. 129/83, qui a donné la solution. Consacrant ce qui était énoncé dans les rapports Jenard (p. 41) et Schlosser (n° 182), la Cour renvoie aux droits étatiques le soin de dire à partir de quel moment la juridiction est saisie. Ceci est formulé très clairement au point 15 de l'arrêt: «La Convention n'ayant pas pour objet d'unifier ces formalités (de saisine d'une juridiction) étroitement liées à l'organisation de la procédure judiciaire dans les différents

22. V. en ce sens CJCE 27 juin 1991, *Overseas Union Insurance Ltd c. New Hampshire Insurance Company*, aff. C 351/89.

États, la question de savoir à quel moment sont réunies les conditions d'une saisine définitive au sens de l'article 21 doit être appréciée et résolue, pour chaque juridiction, selon les règles de son propre droit national. »[23].

Après examen des règles procédurales nationales des deux États en cause, l'exception de litispendance pourra donc être soulevée devant la juridiction saisie en second lieu.

Cette dernière se trouve alors soumise par l'art. 21 à des obligations, mais obligations qui diffèrent quelque peu selon que l'on se trouve dans un cas d'application du texte ancien (1968, non modifié en 1978), ou du texte nouveau tel qu'il résulte de la Convention de Saint-Sébastien.

288 – Mécanisme prévu en 1968 et non modifié jusqu'en 1989. Dans la première version de l'article 21, il était prévu que, si la situation de litispendance entre les juridictions de deux États contractants était constituée, « la juridiction saisie en second lieu doit, même d'office, se dessaisir en faveur du tribunal premier saisi ». Ce régime est donc plus contraignant que, par exemple, celui du droit français d'après lequel le juge *peut* se dessaisir d'office pour cause de litispendance interne, mais n'est *tenu* de le faire qu'à la *demande d'une partie* (art. 100 NCPC).

Cette obligation de dessaisissement connaissait cependant une amodiation. En effet, l'art. 21 al. 2 prévoyait que « La juridiction qui devrait se dessaisir peut surseoir à statuer si la compétence de l'autre juridiction est contestée ». Le but de cette règle était d'éviter un dessaisissement du juge saisi en second lieu dès lors que la compétence du juge premier saisi était litigieuse[24]. Il importe en effet d'éviter que le juge second saisi se dessaisisse, puis que le juge premier saisi affirme son incompétence, ce qui entraînerait un déni de justice. Mais l'art. 21 al. 2 ne faisait qu'offrir une *faculté* de sursis à statuer au juge second saisi et seulement si la compétence du juge premier saisi était constatée.

Lors de la rédaction de la Convention de Lugano (AELE), le système prévu par l'art. 21 parut insatisfaisant, et une autre version fut retenue, version reprise mot pour mot par la Convention de Saint-Sébastien.

289 – L'article 21 depuis 1989. La nouvelle rédaction de l'art. 21 tient mieux compte du souci d'éviter le dessaisissement du juge second saisi avant d'être certain que le juge premier saisi se reconnaîtra bien compétent. Sensible aux observations qui avaient été faites lors de la préparation de la Convention de Lugano (v. Rapp. Jenard et Möller, n° 64), on décida *d'imposer* au juge second saisi de surseoir à statuer *tant que la compétence du juge premier saisi n'était pas établie*. C'est ce que prévoit maintenant le premier alinéa de l'art. 21. Ce n'est que lorsque cette compétence est établie

---

23. Sur les différences procédurales entre les États contractants quant à la saisine des juridictions, v. Beraudo, Jurisc1. Europe, fasc. 3030, n° 20.

24. Il fallait que la contestation de compétence du juge premier saisi ait lieu devant ce juge, et non devant le juge saisi en second lieu, v. Cass. Civ. Ire 10 janvier 1990, RC 1990, 558, et la note.

que l'art. 21 al. 2 décide que le tribunal saisi en second lieu se dessaisit en faveur du tribunal premier saisi.

Cette solution est meilleure dans la mesure où elle évite tout risque de déni de justice. Reste à déterminer comment est appréciée la compétence du juge premier saisi.

290 – Appréciation de la compétence du juge premier saisi. Cette question se pose de la même manière sous l'empire des deux versions successives de l'art. 21; simplement, avec le texte originaire, la vérification n'avait lieu que si la compétence du premier juge était contestée, alors que, avec le texte modifié, dans tous les cas, le premier juge doit établir sa compétence.

Dans l'un et l'autre cas il est certain que cette appréciation doit être faite par le premier juge lui-même qui, selon les hypothèses, se réfèrera soit aux règles de compétence de la Convention de Bruxelles, soit aux règles de compétence de la *lex fori*. En aucun cas, le juge saisi en second lieu ne peut se substituer au juge premier saisi pour apprécier la compétence de ce dernier[25]. Cette solution est parfaitement logique: le juge premier saisi est certainement le mieux placé pour apprécier sa propre compétence et il n'y a aucune raison de déroger à un principe bien établi selon lequel chaque juge est compétent pour connaître de sa compétence directe.

Si la compétence du juge premier saisi est certaine, le juge second saisi doit se dessaisir. On constate donc que l'accueil de l'exception de litispendance n'est pas subordonné à un quelconque pronostic de reconnaissance éventuelle de la décision à rendre par le juge premier saisi, et c'est là une différence importante avec, par exemple, le mécanisme français de la litispendance internationale. On peut toutefois se demander à quel moment la compétence du juge premier saisi est établie: suffit-il que le juge saisi en première instance ait repoussé une exception d'incompétence, ou faut-il attendre que les voies de recours contre la décision sur la compétence aient été exercées ou que le délai pour les exercer soit expiré? L'efficacité plaide en faveur de la première solution, la sécurité en faveur de la seconde. Un arrêt de la Cour de justice permettrait de trancher[26].

291 – Absence de pronostic de possibilité de reconnaissance de la décision à intervenir. L'art. 21 ne subordonne le dessaisissement qu'aux seules conditions d'identité d'objet, de cause et de parties, ainsi que d'établissement de la compétence du juge premier saisi. Le régime de la litispendance européenne présente là une grande différence avec le système français de litispendance internationale. Dans l'hypothèse de litispendance internationale, le dessaisissement en faveur du juge étranger saisi le

25. V. en ce sens Cass. Civ. 1re 10 janvier 1990, préc. note 24 et CJCE 27 juin 1991, *Overseas Union insurance*, aff.C 351-89, arrêts rendus en application de la première version de l'art. 21. V. cependant l'opinion un peu différente de A. Huet dans ses observ.sur CJCE 27 juin 1991, JDI 1992, spéc. p. 498.

26. En doctrine, v. Beraudo, Juriscl. Europe, fasc. 3101, n° 60 à propos du texte identique de la Convention de Lugano; Linke, rapp. Coll. CJCE mars 1991, p. 182; M. Santa-Croce, note sous Civ. 1re 9 oct. 1990, D. 1991, 571, spéc. p. 574.

premier n'a lieu que si la procédure suivie à l'étranger peut aboutir à une décision efficace dans le pays du juge saisi en second (v. *supra* n° 281). Celui-ci est donc amené par une sorte d'anticipation du contrôle de la décision à venir, à examiner de la procédure étrangère ce qui est vérifiable compte tenu de l'avancement de cette procédure, notamment la compétence indirecte du juge étranger. Appliqué en matière européenne, ce principe aurait conduit à subordonner le dessaisissement du juge d'un État contractant à ce que la procédure pendante dans un autre État contractant ait des chances de déboucher sur une décision susceptible de reconnaissance et d'exécution selon les art. 27 et 28 de la Convention. Le juge saisi le second, aurait, par exemple, refusé de se dessaisir en cas d'assignation déloyale à l'étranger (art. 27-2°)[27]. Une telle solution n'a pas été retenue, sans doute parce que les motifs de non-reconnaissance sont très limités dans le système de la Convention de Bruxelles. Toutefois, il n'est pas inconcevable de rencontrer un jour le cas où la juridiction seconde saisie se serait dessaisie en application de l'art. 21 et où la décision rendue par la juridiction première saisie ne pourrait être reconnue ni exécutée dans l'État du juge premier saisi. Un tel résultat serait tout à fait fâcheux et il est sans doute regrettable que la Convention n'ait pas été corrigée sur ce point.

292 – Problème posé par la compétence exclusive du juge second saisi et de lui seul. Le texte de la Convention ne règle pas expressément ce cas. L'art. 23 ne vise en effet que l'hypothèses de conflit entre deux compétences exclusives (v. *infra* n° 293). Que décider lorsque la juridiction seconde saisie est seule dotée de compétence exclusive?

La réponse est délicate lorsque l'on se trouve sous l'empire de la rédaction première de l'art. 21: ce texte ne permet au juge second saisi d'échapper à l'obligation de se dessaisir *que* lorsque la compétence de la juridiction première saisie est contestée. La Cour de justice, dans l'arrêt *Overseas Union insurance* du 27 juin 1991, aff. C 351/89, a évoqué la question, mais pour constater qu'elle n'avait pas à y répondre en l'espèce (point 20). Elle a quand même donné un élément de réflexion en disant au point 21 que: «S'agissant d'un litige pour lequel une compétence exclusive n'est pas revendiquée au profit du juge saisi en deuxième lieu, il convient de constater... que la *seule* dérogation à l'obligation de ce juge de se dessaisir, que prévoit l'article 21 de la Convention, est la faculté de surseoir à statuer, laquelle ne peut être exercée que si la compétence du juge saisi en premier lieu est contestée.» A contrario, on peut déduire de cet attendu que si le second juge est doté d'une compétence exclusive, ce serait alors une *autre* possibilité de dérogation à l'obligation de dessaisissement[28]. C'était déjà l'opinion exprimée par G. Droz qui se référait à «l'esprit de la Convention»[29].

---

27. V. *infra* n° 359-360.

28. Le point 2 du dispositif de l'arrêt *Overseas Union Insurance* du 27 juin 1991 est d'ailleurs encore plus clair en ce sens que le motif 21.

29. N° 311; Beraudo, Juriscl. Europe, fasc. 3030, n° 24; plus réservés, Gothot et Holleaux, n° 220.

Il importe, en effet, que le second juge, seul doté de compétence exclusive, puisse statuer au fond, car en ce cas la juridiction première saisie n'est pas compétente selon la Convention et la décision qu'elle rendrait ne pourrait être ni reconnue ni exécutée dans un autre État contractant.

Il semble que, même sous l'empire de la première rédaction de l'art. 21, ce résultat puisse être obtenu: en effet, normalement l'art. 19 (v. *supra* n° 273 et ss.), oblige le juge premier saisi à se déclarer d'office incompétent si une autre juridiction d'un État contractant est dotée d'une compétence exclusive de l'art. 16. Resterait toutefois l'hypothèse où le juge premier saisi ne se serait pas déclaré d'office incompétent et où sa compétence n'aurait pas été contestée.

La seconde version de l'art. 21 évite ce problème dans la mesure où le juge saisi en second ne doit se dessaisir que si la compétence du premier juge *est établie*. Par hypothèse, cette compétence ne peut être établie puisque le second juge a une compétence exclusive.

Qu'en est-il en cas de conflit de compétences exclusives.

293 – Conflit de compétences exclusives. L'art. 23 règle expressément ce conflit. De par sa place ce texte vise aussi bien les cas de litispendance que les cas de connexité (v. *infra* n° 295 et ss.). L'art. 23 indique que «Lorsque les demandes relèvent de la compétence exclusive de plusieurs juridictions, le dessaisissement a lieu en faveur de la juridiction première saisie». Ainsi, par exemple, si un tribunal d'un État contractant A a été saisi le premier d'un litige relevant de l'art. 16-2° en tant que tribunal du lieu du siège social statutaire d'une société, et qu'ensuite soit saisi le tribunal d'un État contractant B en tant que tribunal du lieu du siège social réel de la même société, l'art. 23 oblige le tribunal de l'État B à de dessaisir au profit de celui de l'État A . Les cas de conflit de compétences exclusives seront sans doute assez rares[30], et l'art. 23 leur donne une solution satisfaisante.

294 – Problèmes de droit transitoire spécifiques à l'art. 21. On a vu que l'art. 54 de la Convention (v. *supra* n° 52 et ss.) dispose d'une part que la Convention ne s'applique qu'aux actions intentées après son entrée en vigueur, et d'autre part que peuvent être reconnues et exécutées selon le Titre III de la Convention des décisions rendues en vertu d'actions intentées avant l'entrée en vigueur de la Convention dès

30. Outre l'exemple de divergences entre le siège social réel et le siège social statutaire, G. Droz, op. cit. n° 312 donnait l'exemple d'un immeuble qu'une frontière traverserait. Cet exemple aurait pu être illustré par l'arrêt de la Cour de justice du 6 juillet 1988, *Scherrens*, aff. 158/87. Mais la Cour a décidé dans cette affaire qu'en cas de biens immobiliers situés de part et d'autre d'une frontière et de litige sur un bail portant sur ces biens, «sont exclusivement compétents à l'égard des biens immobiliers situés sur le territoire de chaque État contractant les tribunaux de cet État»(point 13).La Cour n'a donc pas admis qu'il y ait là des compétences exclusives concurrentes des tribunaux de chaque État pour l'intégralité du litige. Contrairement à ce que préconisait la Commission (v. observ. écrites), elle n'a donc pas eu recours à l'art. 23. Le point 14 de l'arrêt réserve toutefois des exceptions possibles à la règle posée au point 13 et, on peut penser, qu'alors l'art. 23 règlerait le conflit au profit du tribunal premier saisi.

lors que les règles de compéence appliquées par le juge de l'État d'origine «sont conformes à celles prévues soit par le titre II soit par une convention qui était en vigueur entre l'État d'origine et l'État requis lorsque l'action a été intentée».

Appliqué à la litispendance, ce texte semble faire peser une obligation de dessaisissement sur le juge second saisi (saisi après l'entrée en vigueur de la Convention), quand bien même le premier juge aurait été saisi avant l'entrée en vigueur de la Convention[31]. Il faut toutefois préciser que cette obligation ne pèse sur le juge second saisi que si ont été respectées par la juridiction première saisie les règles de compétence qui, aux termes de l'art. 54, lui permettent de rendre une décision bénéficiant du titre III de la Convention. Le juge second saisi devra alors faire cette vérification et un sursis à statuer paraît possible[32].

Ce raisonnement, initialement mené pour l'entrée en vigueur du texte originaire, doit aussi être utilisé pour les problèmes analogues de droit transitoire résultant des adhésions successives de nouveaux États à la Convention de Bruxelles.

Un second problème de droit transitoire pourrait résulter du changement du texte de l'art. 21 en 1989: si le juge premier saisi l'a été sous l'empire de l'ancienne version mais que le second juge ait été saisi sous l'empire de la nouvelle, quelle version doit-on appliquer? Il semble logique ici de faire prévaloir le principe d'application immédiate de la loi nouvelle et d'appliquer le nouveau texte à l'exception de litispendance soulevée devant le second juge. La solution donnée par le texte de 1989 est meilleure, et le juge premier saisi n'a aucun «droit acquis» à connaître de l'affaire si sa compétence n'est pas certaine, quand bien même elle n'aurait pas été contestée devant lui.

Section 4: La connexité

295 – Généralités. Lorsque deux instances ne remplissent pas la condition de triple identité de l'art. 21, mais sont proches l'une de l'autre, il peut y avoir intérêt à ce qu'elles soient regroupées devant le même tribunal. L'art. 22 prévoit une exception de connexité qu'il règlemente de façon spécifique. On verra successivement les conditions d'existence d'une situation de connexité «européenne», puis la règlementation de la mise en œuvre de l'exception de connexité.

§ 1: Conditions d'existence d'une situation de connexité «européenne»

296 – Définition de la connexité. L'art. 22 al. 3 définit ainsi la connexité: «Sont connexes, au sens du présent article, les demandes liées entre elles par un rapport si

31. V.en ce sens Paris 16 juin 1976, RC 1978, 374, note P. Lagarde.

32. En ce sens P. Lagarde, note précitée. V. aussi Beraudo, Juriscl. Europe, fasc. 3030, n° 23.

étroit qu'il y a intérêt à les instruire et à juger en même temps afin d'éviter des solutions qui pourraient être inconciliables si les causes étaient jugées séparément» (Cpr. art. 101 NCPC).

Le but poursuivi est clairement indiqué par le texte: éviter que ne soient rendues par deux juridictions d'États contractants différents deux décisions inconciliables dans deux procès, distincts certes, mais unis entre eux par un lien de connexité tel que défini par l'article. En effet, si deux décisions inconciliables sont rendues, aucune ne pourra être reconnue dans l'État où l'autre est intervenue (art. 27-3°, v. *infra* n ° 368 et ss.). Une fois de plus, le souci de concentration des compétences est manifeste.

297 – La connexité peut être invoquée à titre d'exception mais n'est pas un chef attributif de compétence. La Convention de Bruxelles ne fait pas de la connexité un critère positif général d'attribution de compétence. La Cour de justice a eu l'occasion de rappeler ce principe dans l'arrêt *Elefanten Schuh* du 24 juin 1981, aff. 150/80, (point 19) Ce n'est que dans certains cas particuliers que la connexité peut être attributive de compétence: il suffit ici de renvoyer à ce qui a été écrit à propos des règles de compétences dérivées de l'art. 6. (v. *supra* n° 221 et ss.), et des règles de compétence en matière d'assurances(art. 8 al. 1 3°, 10, 11 al. 2) et de contrats de consommateurs (art. 14 al. 3) (v. *supra* n° 239 et ss.).

L'art. 22 ne permet d'invoquer la connexité qu'au soutien d'une *exception de connexité*. Ceci a été, à plusieurs reprises, regretté par la doctrine qui fait remarquer que si on souhaite vraiment éviter une dispersion des fors risquant d'entraîner des décisions inconciliables, il faudrait, non seulement admettre l'exception de connexité comme le fait l'art. 22, mais encore accepter que la connexité soit un chef attributif de compétence[33]. Un exemple de l'inconvénient du système actuel peut être trouvé dans un arrêt de la Première chambre civile de la Cour de cassation du 24 mars 1987[34]: après une collision en Italie entre une automobile conduite par un Français domicilié en France et un car conduit par un Italien domicilié en Italie, la passagère (transportée à titre bénévole) de l'automobile assigna le conducteur de celle-ci et son assureur devant le Tribunal de grande instance français du domicile du conducteur. Ce dernier forma, à son tour, devant le même tribunal une double demande contre le propriétaire italien de l'autocar et sa compagnie d'assurance italienne: il intente à la fois une action en garantie afin que les défendeurs italiens soient tenus de la condamnation qui pourrait être prononcée contre lui en raison du préjudice subie par sa passagère, et une action en réparation de son propre préjudice. Le tribunal français est certainement compétent sur la première demande du conducteur (art. 6-2°). En revanche la Cour d'appel de Lyon, puis la Cour de cassation constate l'incompétence du tribunal français saisi pour

33. V. spécialement les nombreuses critiques de A. Huet dans ses observations au JDI, et en particulier observ. sous Civ. Ire 24 mars 1987, JDI 1988, 138; v. aussi Bischoff et Huet, observ. JDI 1987, 472; Droz, note RC 1987, 804.

34. JDI 1988, 138, observ.A. Huet; RC 1987, 577, et la note.

connaître de la seconde demande du conducteur: l'art. 6-2° n'est pas applicable, et les art. 2 et 5-3° conduisent à la compétence du juge italien pour connaître de la demande du conducteur en réparation de son préjudice personnel. Cet exemple illustre bien l'inconvénient qu'il y a à ne pas accepter que la connexité soit un chef attributif de compétence.

298 – Conditions de mise en œuvre de l'exception de connexité. Pour que puisse être invoquée l'exception de connexité de l'art. 22, il faut d'abord que les deux demandes connexes soient portées devant deux juridictions relevant de deux États contractants différents, comme l'a expressément indiqué la Cour de justice dans l'arrêt *Elefanten Schuh* du 24 juin 1981, aff. 150/80.

Il faut ensuite que ces deux juridictions soient toutes deux compétentes, en raison soit de règles de la Convention de Bruxelles, soit de règles étatiques de compétence, soit de règles contenue dans d'autres conventions internationales.

En troisième lieu, les deux instances doivent être pendantes : il ne peut y avoir exception de connexité si une des juridictions a déjà statué, ou si, à l'inverse, l'instance n'a pas encore été introduite. La règle posée par la Cour de justice dans l'arrêt *Zelger* du 7 juin 1984, aff.129/83, (v. *supra* n° 287) selon laquelle c'est au droit procédural national de fixer le moment où l'instance est introduite en cas de litispendance peut logiquement être appliquée à la connexité.

Enfin les deux affaires doivent être connexes au sens défini par l'art. 22 al. 3. Il semble que l'existence ou l'absence de connexité soit laissée à l'appréciation souveraine des juges du fond, mais la Cour de cassation paraît cependant exercer un contrôle de la motivation[35]. La Cour de justice pourrait être appelée à se prononcer si surgissait une difficulté d'interprétation de l'art. 22 al. 3.

Comme pour la litispendance (v. *supra* n° 286), il n'y a aucune condition de domicile d'une des parties dans la Communauté. Si la connexité existe, alors le défendeur dans la seconde instance peut soulever l'exception de connexité et l'art. 22 pose les règles de traitement de cette exception.

Enfin, il semble que l'art. 22 soit applicable non seulement lorsque les deux instances portent sur des matières couvertes par la Convention, mais également lorsque seule la seconde instance remplit cette condition. Ainsi, par exemple, si un tribunal allemand, premier saisi, connait d'une action en divorce intentée par le mari, et que soit portée ensuite par la femme une action en contribution aux charges du mariage devant un tribunal français, le mari, défendeur à la seconde instance, pourrait, à notre avis, soulever l'exception de connexité de l'art. 22 bien que le tribunal premier saisi le soit d'une action qui échappe au domaine de la Convention. L'objectif poursuivi par l'art. 22, éviter des décisions inconciliables, conduit à cette interprétation.

---

35. V. Civ. 1re 27 octobre 1992, D. 1992 inf. rap. 262; JCP 1993. IV. 9 qui constate une appréciation souveraine de la connexité par les juges du fond, « légalement justifiée par les motifs selon lesquels... ». Pour une absence de connexité, voir Paris 16 mai 1991, D. 1992, somm. com. 167, observ.B. Audit.

§ 2 : Mécanisme de règlement de l'exception de connexité

299 – L'option offerte au juge second saisi. L'art. 22 al. 1 et 2 donne la possibilité au juge soit de surseoir à statuer, soit de se dessaisir. Il ne s'agit jamais que d'une *faculté* pour le juge : à la différence de l'art. 21, l'art. 22 n'entraîne aucune obligation pour lui. Le juge second saisi peut donc aussi décider de statuer tout de suite sur le fond sans tenir compte de l'autre procédure intentée dans un autre État contractant portant sur une action connexe.

300 – Première possibilité offerte au juge second saisi : surseoir à statuer. Cette faculté résulte de l'art. 22 al. 1. Le juge peut l'exercer éventuellement d'office. Ce sursis lui permet d'attendre l'issue de la procédure étrangère avant de statuer sur l'action portée devant lui et de tenir compte éventuellement de cette issue.

Le texte indique que les deux demandes doivent « être pendantes au premier degré » afin, d'après le rapport Jenard (p. 41) de ne pas risquer de priver une partie d'un degré de juridiction. Cette condition s'explique mal pour un simple sursis à statuer qui ne peut avoir cette conséquence. Cette question ne se pose d'ailleurs qu'en raison d'un incident de rédaction rapporté par G. Droz : « jusqu'à un moment très avancé de son histoire, le projet de Convention visait dans l'alinéa premier de son article 22 le dessaisissement et non pas le sursis qui était traité dans le second alinéa ; c'est au cours de la dernière réunion plénière des experts gouvernementaux que le rapporteur a proposé de renverser les deux alinéas et de parler d'abord du sursis à statuer. Ce qui fut fait, mais on oublia de faire passer dans le second alinéa le membre de phrase relatif au premier degré de juridiction et qui ne visait que le cas de dessaisissement »[36].

Faut-il alors respecter la lettre de la Convention et subordonner le sursis à statuer à la condition que les deux demandes soient pendantes au même degré ? Ou est-il préférable de constater que cette condition n'a aucune raison d'être pour le sursis à statuer et de l'écarter ? Les auteurs sont partagés[37] ; il nous semble préférable de s'écarter ici de la lettre de l'art. 22 al. 2 et de ne pas imposer, pour le sursis à statuer, une condition qui n'a aucun fondement rationnel.

301 – Seconde possibilité offerte au juge second saisi : le dessaisissement. L'art. 22 al. 2 subordonne ce dessaisissement à des conditions strictes.

Il faut d'abord que le dessaisissement soit demandé par une des parties. Le juge ne pourrait se dessaisir d'office.

En second lieu, il est certain que la condition que les demandes « soient pendantes au premier degré » figurant par erreur à l'alinéa 1, doit être remplie pour qu'un dessaisissement soit possible. L'adverbe « également » figurant à l'alinéa 2 peut être invoqué

36. N° 324.

37. Pour le respect de la lettre de la Convention, Droz, n° 324 ; pour la mise à l'écart de cette condition lorsqu'il y a simple sursis à statuer, Gothot et Holleaux, n° 225 ; cpr. Beraudo, Juriscl. Europe, fasc.3030, n° 30.

en ce sens. Mais surtout, la raison d'être de cette condition, éviter qu'une partie ne soit privée d'un degré de juridiction, ne vaut qu'en cas de dessaisissement: on ne peut admettre qu'un juge du premier degré dont la décision serait susceptible d'appel se dessaisisse en faveur d'une juridiction d'appel étrangère. Il aurait d'ailleurs été préférable que l'art. 22 parle de demandes connexes pendantes «au même degré», plutôt qu'au «premier degré», dans la mesure où, si les règles procédurales de la *lex fori* le permettent, il serait possible qu'un juge d'appel, à la demande d'une partie, se dessaisisse au profit d'une juridiction d'appel étrangère[38]. La Cour de cassation a précisé que la notion de «demandes pendantes au premier degré» n'empêche le dessaisissement que dans la mesure où ce dessaisissement priverait une partie d'un degré de juridiction[39].

Le texte de l'art. 22 al. 2 impose deux autres conditions. L'une est aisément compréhensible: le juge second saisi ne peut se dessaisir si le tribunal premier saisi n'est pas compétent pour connaître des deux demandes. Il s'agit ici d'éviter le vide juridique qui se produirait si le second tribunal se dessaisit, mais que le premier ne se reconnaisse pas compétent pour statuer sur la demande connexe qui avait été portée devant le second tribunal. Le second juge ne peut donc se dessaisir qu'après s'être assuré que le premier tribual se reconnaîtra compétent.

L'autre condition posée par l'art. 22 al. 2 est en revanche plus discutable: le texte exige que la loi du juge second saisi «permette la jonction d'affaires connexes». Selon le rapport Jenard, cette condition «tient compte de données propres au droit allemand et au droit italien» (p.41), ces deux droits connaissant des dispositions assez restrictives en matière de connexité. Mais l'explication n'est pas convaincante: même en présence de lois de procédure nationales interdisant la jonction d'affaires connexes dans l'ordre interne, il aurait été parfaitement concevable de prévoir, dans le cadre de la Convention de Bruxelles, un dessaisissement pour connexité en faveur d'un tribunal d'un autre État contractant[40].

Lorsque toutes ces conditions sont réunies le juge second saisi peut, à la demande d'une partie, se dessaisir, mais rappelons qu'il n'y est pas obligé.

302 – Connexité et règles de compétences exclusives. Les hypothèses dans lesquelles soit l'un des tribunaux saisis, soit les deux sont dotés par la Convention de compétence exclusive risquent d'être plus fréquentes qu'en matière de litispendance, puisqu'il s'agit ici de demandes simplement connexes.

---

38. V. en ce sens Beraudo, Juriscl. préc. n° 30; on pourrait même concevoir qu'une juridiction d'appel se dessaisisse en faveur d'une juridiction du premier degré d'un autre État contractant, car là encore, le plaideur à qui on oppose l'exception de connexité n'est pas privé d'un degré de juridiction.

39. Civ. 1re 27 oct.1992, précité note 35.

40. En ce sens, Gothot et Holleaux, n° 226; v. aussi Schockweiler, rapp. Coll. CJCE mars 1991, spéc. p. 166 pour qui il s'agit d'une erreur de rédaction et qui estime suffisant que la loi du tribunal premier saisi permette la jonction d'affaires connexes.

On retrouve d'abord (v. *supra* n° 293) le jeu de l'art. 23 : si les tribunaux des deux États contractants fondent leur compétence sur une règle de compétence exclusive (art. 16, ou éventuellement ici art. 17 puisque les demandes sont seulement connexes et non identiques), l'art. 23 donne la préférence à la juridiction première saisie. Mais, même alors, le dessaisissement pour connexité reste *facultatif* pour le juge second saisi, et ne peut se produire qu'à *la demande d'une partie*.

On peut ensuite hésiter sur la solution à apporter au cas où le juge second saisi a une compétence exclusive sur la demande portée devant lui, alors que le juge premier saisi fonde sa compétence sur la demande connexe portée devant lui sur une règle ordinaire de compétence[41]. Une solution serait de considérer que le juge second saisi n'a alors plus le droit de faire usage ni du sursis à statuer, ni du dessaisissement, et qu'il doit statuer au fond sur la demande portée devant lui afin d'assurer le respect de la règle de compétence exclusive. Mais on peut, à l'inverse, se préoccuper davantage du risque de décisions inconciliables, et laisser au juge second saisi, la possibilité d'user des facultés offertes par l'art. 22. En l'absence de toute indication dans les rapports accompagnant les diverses versions de la Convention , il est difficile de trancher. Il nous semble toutefois que, dans la mesure où d'une part l'art. 22 ne fait qu'ouvrir des facultés au juge second saisi, et où d'autre part de nombreux articles de la Convention montre la volonté de ses auteurs d'assurer le respect des règles de compétences exclusives, la première solution serait préférable[42]. On aboutirait ainsi au même résultat qu'en matière de litispendance lorsque la juridiction seconde saisie est seule dotée de compétence exclusive[43]

41. V. *supra* n° 292 sur cette hypothèse en cas de litispendance.

42. En ce sens Beraudo, Juriscl. préc. n° 35.

43. V. *supra* n° 292.

Titre III

Reconnaissance et exécution des décisions

Introduction

303 – But énoncé par l'art. 220 du Traité de Rome. On sait que la Convention de Bruxelles a pour fondement l'art. 220 du Traité de Rome (v. *supra* nº 2). Or ce texte visait «... – la simplification des formalités auxquelles sont subordonnées la reconnaissance et l'exécution réciproques des décisions judiciaires... ». Un mécanisme simplifié de reconnaissance et d'exécution des décisions, permettant une «libre circulation des jugements dans le Marché Commun» était donc le but pousuivi par les auteurs de la Convention. Et c'est pour mieux atteindre cet objectif que les rédacteurs de la Convention de Bruxelles ne se sont pas contentés d'organiser une reconnaissance et une exécution facilitées, mais ont posé des règles de compétence directe qui ont été étudiées dans le titre II de cet ouvrage.

Le titre III de la Convention, contrairement au titre II, est resté très stable lors des adhésions successives de nouveaux États contractants et il n'y a eu que quelques petites modifications de détail entre le texte de 1968 et le texte actuel, modifications qui seront signalées si nécessaire.

304 – Esprit général du Titre III de la Convention. L'idée fondamentale qui anime ce texte est la confiance faite au juge de l'État d'origine par le juge de l'État requis. On a estimé que dans le cadre de la Communauté européenne, et compte tenu des règles de compétence directe posées dans le titre II, il était légitime de penser que, a priori, une décision prononcée dans un État contractant devait pouvoir être reconnue et exécutée sans difficulté dans un autre État contractant. Aussi on verra que le contrôle porté sur la décision émanant d'une juridiction d'un État contractant est très assoupli par rapport au droit commun de la reconnaissance et de l'exécution des jugements étrangers. De même la procédure est simplifiée, l'impératif premier paraîssant être en ce domaine la rapidité.

On sait que, en matière de reconnaissance et d'exécution, existent deux modèles principaux: le modèle dit de «l'assimilation des effets», dans lequel on confère à la décision étrangère les mêmes effets qu'à une décision nationale analogue; et le modèle dit de «l'extension des effets», dans lequel on accepte la décision étrangère avec les effets dont elle jouit dans l'État d'origine[1]. Le texte de la Convention de Bruxelles ne spécifie pas le modèle adopté. P. Jenard (rapp. p. 43) se prononce pour la théorie de l'extension des effets lorsqu'il écrit, à propos de l'art. 26, «La reconnaissance doit avoir pour effet d'attribuer aux décisions l'autorité et l'efficacité dont elles jouissent dans l'État où elles ont été rendues». Et la Cour de justice dans l'arrêt *Hoffmann c. Krieg* du 4 février 1988, aff. 145/86, d'une certaine façon, fait sienne cette opinion en citant ce passage du rapport Jenard (point 10). Mais, au contraire, la Cour se rapproche de la théorie de l'assimilation des effets en précisant que le jugement étranger ne peut cependant produire dans l'État requis plus d'effet que n'en aurait un jugement local du même type[2].

305 – Succès de la Convention en matière de reconnaissance et d'exécution des jugements. Lors d'un colloque qui s'est tenu à Paris en février 1990[3], on a pu constater que en France, comme en Allemagne, en Belgique, en Italie ou aux Pays-Bas les dispositions du titre III de la Convention fonctionnaient bien. Les demandes d'exequatur sont nombreuses et ce particulièrement dans les villes ou régions où l'activité économique «européenne» est intense, ce qui montre bien le lien entre les flux juridiques et les flux économiques[4]. Les incidents contentieux sont rares: dans la très grande majorité des cas, on en reste à la première phase de la procédure prévue par la Convention: requête unilatérale formée par le demandeur en exequatur et exequatur accordé. De même on verra que les dispositions du titre III de la Convention ont, jusqu'à main-

1. V. Linke, rapp. Colloque CJCE, Mars 1991, p. 184.

2. V. *infra*, n° 327, 329 et note 50; en ce sens concl. Darmon et point 18 de l'arrêt. Sur cet arrêt v. *infra* n° 373: la décision allemande condamnant un mari à contribuer aux charges du mariage ne peut être exécutée aux Pays-Bas dès lors qu'un jugement de divorce a été prononcé dans cet État.

3. Les travaux de ce colloque ont été publiés dans un n° spécial de la Gaz. Pal., n° 2, 3 des 2 et 3 janvier 1991; *contra* cependant, le rapp. Sutherland de 1992 sur le Marché intérieur (SEC, 92, 2277 final du 2 déc. 1992) qui indique que, au terme d'un premier examen, il semble difficile en pratique de recourir aux dispositions de la Convention de Bruxelles pour obtenir l'exécution des jugements, que l'ordre public est souvent opposé et qu'il vaut mieux recommencer toute la procédure. Malgré l'autorité de l'auteur de ce rapport, ces affirmations semblent contestables et ne correspondent pas aux informations recueillies auprès des praticiens.

4. V. Droz, rapp. de synthèse, trav. du colloque précité, p. 40. Pour la France, se reporter aux précieuses indications données par G. Pluyette, La jurisprudence du Tribunal de Paris en matière d'exequatur des jugements étrangers (1964-1988), TCFDIP 1988-1989, p. 27 et ss.. Récemment (coll. internat. des 3 et 4 juin 1993 organisé par la Chambre nationale des huissiers de justice), il a pourtant été proposé d'aller encore plus loin et de mettre en place une procédure commune permettant d'obtenir un titre exécutoire européen circulant librement et mis à exécution dans les différents pays de la Communauté. Cette proposition repose sur l'idée que l'exequatur, même simplifié, n'a plus sa place dans un espace sans frontière.

tenant, soulevé moins de difficultés d'interprétation que les autres articles de ce texte: en conséquence, les arrêts de la Cour de justice sont actuellement moins nombreux que ceux rendus à propos des dispositions sur la compétence.

306 – Plan. Les quatre chapitres suivants seront consacrés d'abord à l'étendue du bénéfice du titre III de la Convention (chap. 1), puis aux conditions de régularité du jugement venant d'un autre État contractant (chap. 2), aux procédures de contrôle (chap. 3) et enfin au sort des actes authentiques et des transactions judiciaires (chap. 4).

Chapitre 1

L'étendue du bénéfice du Titre III

307 – Les questions. Il importe de définir d'une part quelles sont les décisions bénéficiant du mécanisme simplifié de reconnaissance et d'exécution (Section 1), et d'autre part quels sont les effets de ces décisions qui relèvent de la Convention (Section 2).

Section 1 : Les décisions bénéficiant du mécanisme conventionnel de reconnaissance et d'exécution

308 – Le principe. L'art. 25 de la Convention adopte une formule très générale : « On entend par décision, au sens de la présente convention, toute décision rendue par une juridiction d'un État contractant quelle que soit la dénomination qui lui est donnée, tel qu'arrêt, jugement, ordonnance ou mandat d'exécution, ainsi que la fixation par le greffier du montant des frais du procès. » Toute décision ainsi définie par l'art. 25 pourra être reconnue et exécutée facilement dans un autre État contractant. Il n'est pas nécessaire que le juge de l'État d'origine ait tiré sa compétence des règles de la Convention de Bruxelles ; sa compétence a pu résulter des règles de compétence interne ou internationale de sa *lex fori*[5]. La Cour de justice dans un arrêt du 11 juin 1985, *Epoux Debaecker c. Bouwman*, aff. 49/84, a eu l'occasion de reconnaître l'applicabilité du titre III de la Convention à une décision à l'origine purement interne à la Belgique et dont l'exequatur était demandé aux Pays-Bas.

Il importe cependant de donner quelques précisions tant au regard de l'origine de la décision (Paragraphe 1) que de son objet (Paragraphe 2).

5. V. en ce sens, Gothot et Holleaux, n° 236 et 301 ; rapp. Jenard p. 43 ; Aix 16 mars 1977 JDI 1980, 335, observ. D. Holleaux : jeu du titre III pour une décision italienne prise en application des règles de compétence internationale italiennes et dont l'exequatur était demandé en France.

§ 1 : L'origine de la décision

309 – Principe. Pour bénéficier du Titre III de la Convention la décision doit avoir été rendue par une juridiction d'un État contractant. Conformément à l'art. 54, il doit s'agir d'une décision rendue après l'entrée en vigueur de la Convention dans l'État d'origine à la suite d'une action elle-même intentée avant l'entrée en vigueur de la Convention (v. *supra* n° 52 et ss.); cette règle est assouplie par le paragraphe 2 de l'art. 54 qui admet la reconnaissance et l'exécution selon le titre III de la Convention des décisions «rendues après la date d'entrée en vigueur de la présente convention dans les rapports entre l'État d'origine et l'État requis à la suite d'actions intentées avant cette date... si les règles de compétence appliquées sont conformes à celles prévues soit par le titre II, soit par une convention qui était en vigueur entre l'État d'origine et l'État requis lorsque l'action a été intentée»[6].

Ce principe simple a été compliqué par les adhésions successives à la Convention de Bruxelles: il suffit de se reporter à ce qui a été dit *supra* sur les dispositions transitoires(n° 55 et ss.)[7].

Une décision émanant d'une juridiction d'un État non contractant relève du droit commun de la reconnaissance et de l'exécution. Deux cas spécifiques doivent être mentionnés: celui des juridictions internationales et celui des juridictions d'Andorre, avant de préciser ce qu'il faut entendre par «juridiction d'un État contractant».

310 – Exclusion des décisions rendues par des juridictions internationales. La Convention ne concerne que les décisions rendues au nom de la souveraineté d'un État contractant. Sont exclues non seulement les juridictions internationales étrangères à la construction communautaire, mais aussi la Cour de justice des Communautés européennes; la reconnaissance et l'exécution des arrêts de cette dernière relève de textes particuliers (v. art. 92 du traité CECA, 164 du traité Euratom, et 192 du Traité CEE). L'exclusion concerne également les décisions rendues par la chambre des appels siégeant auprès de la Commission centrale pour la navigation rhénane[8].

311 – Exclusion des décisions rendues par les juridictions andorannes. On sait que la jurisprudence française a estimé que ces décisions ne pouvaient faire l'objet d'un exequatur en France au motif qu'«elles ne peuvent être considérées comme ayant été prononcées au nom d'une souveraineté étrangère»[9]. Cette qualification a, en géné-

---

6. Pour une application de l'art. 54 al. 2, Civ. 1re, 5 mai 1993, D. 1993, inf. rap. 136; JCP 1993, IV, 1660.

7. V. aussi A. Huet, Rép. D. de dr. communautaire, V° Convention de Bruxelles (Reconnaissance et exécution des jugements), n° 15 à 17.

8. Convention de Manheim du 17 octobre 1968 : cette juridiction est composée de cinq juges représentant l'Allemagne, la Belgique, la France, les Pays-Bas et la Suisse. La chambre des appels siégeant auprès de la Commission centrale peut ordonner des réparations ou le paiement de dommages-intérêts.

9. Civ. 1re, 6 janvier 1971, deux arrêts, JDI 1971, 830, note Ruzié; RC 1971, 553, note M. Simon-Depitre; D. 1971, 338, note Sacotte; Rép. Commaille 1972, 46, observ. Boyer, 659, observ. Droz.

ral, été contestée par la doctrine[10]. Elle ne peut en tout cas avoir pour conséquence d'obliger les autres États contractants à assimiler les décisions andorranes à des décisions françaises[11] Ainsi les décisions andorranes restent soumises, dans les États contractants autres que la France, au régime de droit commun de reconnaissance et d'exécution[12].

312 – Bénéfice de la Convention pour les décisions rendues par une juridiction d'un État contractant. Il doit donc s'agir d'une juridiction statuant sur le territoire d'un État contractant tel qu'il a déjà été défini (v. *supra* n° 50). On ajoutera seulement que si la juridiction statue bien au nom de la souveraineté d'un État contractant mais se trouve à l'étranger (exemple d'un tribunal français aux armées siégeant dans un État tiers, et allouant des dommages-intérêts relevant de la Convention de Bruxelles), sa décision ne paraît pas devoir être couverte par le titre III de la Convention, et ce en raison de la délimitation du champ d'application géographique de la Convention. En revanche, il semble possible de faire jouer le titre III si le tribunal militaire français siègeait sur le territoire d'un autre État contractant[13].

313 – Notion de juridiction. L'art. 25 fait dépendre le caractère de décision judiciaire de la nature de l'organe dont elle émane: il doit s'agir d'une juridiction. Il faut entendre par là un organe non seulement agissant de façon indépendante au regard des autres organes de l'État, mais aussi se conformant à une procédure caractérisée par le principe du contradictoire et le respect des droits de la défense. Les décisions rendues par les tribunaux de l'ordre judiciaire rempliront normalement ces conditions. Mais pourront aussi bénéficier du titre III de la Convention les décisions rendues par des juridictions administratives lorsque celles-ci rendent une décision de droit privé, par exemple en matière de propriété immobilière. En revanche les décisions prises par un organe administratif non juridictionnel, ministre, autorité décentralisée ou commission administrative ne peuvent profiter du mécanisme simplifié de reconnaissance et d'exécution: il ne s'agit pas d'un organe *indépendant*, même si la procédure suivie devant lui peut être proche d'une procédure judicaire par son caractère contradictoire[14]. Mais si un recours juridictionnel est exercé contre une telle décision, alors la décision rendue sur le recours entre dans le champ d'application de l'art. 25.

---

10. V. H. Muir-Watt Juriscl. dr. internat., Effets en France des décisions étrangères, fasc. 584-2, n° 12 et les réf.

11. Et ce, que la décision soit rendue au nom du Président de la République française, co-prince d'Andorre, ou au nom de celui-ci et de.l'évêque d'Urgel, autre co-prince.

12. J.P. Beraudo, Juriscl. Europe, fasc. 3040, n° 5 précise « qu'il en est de même pour les jugements rendus à Monaco, au regard de la France, ou à Saint-Marin, au regard de l'Italie.

13. *Contra* sur ce dernier point, J.P. Beraudo, Juriscl. précité n° 7.

14. V. Droz, n° 430, se référant à l'opinion exprimée par M. Fragistas dans son rapport sur la Convention de La Haye sur la reconnaissance et l'exécution des jugements étrangers en matière civile et commerciale, Actes et Documents (SE) 1966, p. 27.

Lorsqu'il s'agit d'un organe juridictionnel, c'est-à-dire répondant aux deux critères d'indépendance et de respect des droits de la défense, peu importe que cet organe soit de nature civile, commerciale, administrative ou répressive[15]; peu importe qu'il s'agisse d'une juridiction de droit commun ou d'une juridiction d'exception. Peu importe enfin qu'il tire sa compétence de règles de la Convention de Bruxelles ou de règles étatiques de compétence ou encore d'autres conventions internationales. Le procès a même pu, à l'origine, être purement interne à un État contractant: l'art. 25 s'applique dès que la reconnaissance ou l'exécution de la décision est demandée dans un autre État membre.

Il peut donc arriver que le juge d'origine ait fondé sa compétence sur des fors exorbitants exclus par l'art. 3 de la Convention: par exemple, le fait qu'un juge français ait fondé sa compétence exclusivement sur l'art. 14 ou sur l'art. 15 du Code civil n'empêche pas la décision rendue de bénéficier du titre III de la Convention. La Convention a pourtant autorisé les États à conclure des traités pour ne pas être tenus de reconnaître ces jugements: c'est l'art. 59 de la Convention qui organise cette possibilité.

314 – L'art. 59 de la Convention. On a vu (*supra* n° 81) que ce texte permet aux États contractants de s'engager envers des États tiers à ne pas reconnaître ni exécuter des décisions que d'autres États contractants auraient prises sur la seule base d'une compétence exorbitante visée à l'art. 3 al. 2 et que trois traités avaient été conclus sur cette base.

Mais l'art. 59 voit sa portée limitée de deux façons. Tout d'abord, il est inutile dans les rapports avec les États qui ont ratifié la Convention de Lugano, puisque cette dernière exclut aussi le jeu des fors exorbitants.

En second lieu, de l'alinéa 2 ajouté à l'art. 59 en 1978, il résulte qu'aucun traité de non-reconnaissance ne peut être conclu par un État contractant avec un État tiers pour une décision rendue dans un autre État contractant dont la compétence «est fondée sur l'existence dans cet État de biens appartenant au défendeur ou sur la saisie par le demandeur de biens qui y existent». Cette interdiction ne vaut toutefois que dans deux cas indiqués par l'art. 59 in fine:

«1° si la demande porte sur la propriété ou la possession desdits biens, vise à obtenir l'autorisation d'en disposer ou est relative à un autre litige les concernant.

ou

2° si les biens constituent la garantie d'une créance qui fait l'objet de la demande».

Finalement, l'art. 59 risque de ne pas avoir une grande portée pratique.

315 – Particularité pour certaines décisions au regard de l'Allemagne: art. V al. 2 du Protocole. On a vu (v. *supra* n° 227) que l'art. V al. 1 du Protocole empêchait

15. Ainsi le Trib. de première instance de Bruxelles, le 17 septembre 1980, a qualifié de décision au sens de l'art. 25, la fixation par le bâtonnier d'un Barreau français des honoraires dus à un avocat, Gaz. Pal. 1981, 1, somm.78.

d'invoquer en Allemagne l'art. 6-2° et l'art. 10 al. 1 et ce en raison de la procédure propre au droit allemand de l'appel en déclaration de jugement commun (*litis denunciatio*).

L'art. V al. 2 en tire les conséquences sur le terrain de la reconnaissance et de l'exécution des décisions: il résulte de ce texte d'abord que l'Allemagne reconnaîtra conformément au titre III de la Convention les décisions émanant d'autres États contractants prises sur la base des art. 6-2° et 10 al. 1, et, ensuite, que les effets que le Code de procédure civile allemand fait produire à l'égard du tiers appelé en déclaration de jugement commun seront, de la même façon, reconnus dans les autres États contractants.

316 – Le cas des autorités administratives danoises: art. V bis du Protocole. L'art. V bis du Protocole, ajouté en 1978, précise qu'«en matière d'obligation alimentaire, les termes "juge", "tribunal" et "juridiction" comprennent les autorités administratives danoises». Comme l'indique le rapport Schlosser (n° 66 et ss.), cette disposition était nécessaire parce qu'au Danemark, c'est une autorité administrative, l'«*Amtmand*» qui, lorsque le principe d'une obligation alimentaire a été établi par accord ou par décision judiciaire, en fixe ou en révise le montant. Les décisions de cette institution relèvent des Conventions de la Haye de 1958 et 1973 sur la reconnaissance et l'exécution des décisions en matière d'obligations alimentaires[16] car ces textes n'exigent pas une décision judiciaire *stricto sensu*. En revanche, pour que la Convention de Bruxelles s'applique aux décisions de l'Amtmand il était nécessaire d'avoir une disposition spéciale; c'est l'objet de l'art. V bis du Protocole.

§ 2 : L'objet et la nature de la décision

A – L'objet de la décision

317 – L'objet de la décision doit entrer dans le champ d'application de la Convention de Bruxelles. Cette condition va de soi et il suffit de se reporter à ce qui a été dit à propos du champ d'application *ratione materiae* de la Convention (*supra* n° 26 et ss.). Signalons seulement que, s'agissant des décisions portant sur des obligations alimentaires, il existe une Convention complémentaire dont le but est d'accroître encore la facilité de recouvrement des aliments que le débiteur doit verser en vertu d'une décision étrangère. Cette Convention a été signée le 6 novembre 1990 et prévoit la création dans chaque État contractant d'une Autorité centrale qui doit rendre encore plus aisé le recouvrement des aliments[17].

16. Sur les rapports entre ces conventions et la Convention de Bruxelles, v. *supra* n° 17 et ss. Et v. note B. Ancel sous Rennes 29 juin 1982, RC 1983, spéc. p. 513 à 515.

17. Sur cette Convention, v. rapp. White, Coll. CJCE, mars 1991, p. 191 avec le texte de la Convention. En juin 1993, seule l'Italie avait ratifié cette Convention par acte du 15 février 1993. V. *supra* n° 178.

Lorsque la décision étrangère porte à la fois sur une question d'état des personnes et sur les aliments, il est possible de demander un exequatur (art. 27-4° et art. 42 de la Convention, v. *infra* n° 415), ne portant que sur les aliments, et bénéficiant de la Convention de Bruxelles[18].

De façon plus générale, le titre III de la Convention ne s'applique pas si le juge étranger a statué à titre principal sur une question exclue du domaine d'application de la Convention, même si, pour ce faire, il s'est préalablement prononcé sur une question relevant du champ d'application de la Convention[19]. Au contraire, le Titre III joue lorsque le juge étranger a statué à titre principal sur une question relevant du domaine d'application de la Convention, même s'il a alors dû préalablement trancher une question incidente échappant au domaine de la Convention, ou tenir compte d'un jugement règlant cette question[20].

318 – Décisions rendues en matière d'arbitrage. Rappelons que, la Convention ne s'appliquant pas en matière d'arbitrage (v. *supra* n° 37 et ss.), les règles de reconnaissance et d'exécution qu'elle pose ne concernent ni les sentences arbitrales, ni les décisions rendues sur des demandes d'annulation, de modification, de reconnaissance et d'exécution de sentences arbitrales[21].

La question est plus délicate lorsque la décision étatique a été rendue alors que le défendeur se prévalait d'une convention d'arbitrage mais que le tribunal étatique a jugé cette convention inexistante ou nulle et ait, en conséquence, statué au fond. Le juge requis saisi d'une demande en reconnaissance ou en exécution de cette décision doit-il appliquer à l'ensemble de la décision les règles du titre III de la Convention, ou doit-il contrôler la compétence du juge d'origine (contrôle en principe supprimé par la Convention, v. *infra* n° 334 et ss.) au motif que le juge d'origine a statué sur une question d'arbitrage, exclue de la Convention. La question est délicate et il ne semble pas y avoir de jurisprudente pertinente à ce propos. B. Audit, dans une étude approfondie[22], a exposé les arguments que l'on pouvait invoquer pour ou contre l'application en ce cas de la Convention de Bruxelles.

En faveur du jeu de la Convention, on peut faire valoir, en premier lieu, que l'exclusion de l'arbitrage figurant à l'art. 1 de la Convention ne concernait, selon l'opinion des six premiers États contractants, que des procédures étatiques « se rapportant à des

18. Gothot et Holleaux, n° 234 V. CJCE, 6 mars 1980, *De Cavel*, aff. 120/79; Civ. 1ère, 9 nov. 1983, R.C. 1984, 501 note B. Ancel ; Civ. 1re 3 avril 1990, Bull. I, n° 80; D. 1990, som. com. 267, observ. B. Audit.

19. MM. Gothot et Holleaux, n° 29 donnent l'exemple d'un jugement statuant sur une question de Sécurité sociale (exclue du domaine de la Convention) et ayant dû préalablement trancher une question portant sur le contrat de travail : le jugement ne peut bénéficier du Titre III de la Convention.

20. Civ. 1re 9 nov. 1983, RC 1984, 501, note B. Ancel.

21. V. cependant l'opinion contraire soutenue par M. Schlosser, The Brussels Convention and Arbitration, Riv. di. dir. int. priv. e proc. 1989, 545, opinion qui n'a pas été partagée par la Cour de Justice dans l'arrêt *Marc Rich* du 25 juillet 1991, aff. C-180/89.

22. Arbitration and the Brussels Convention, in International Arbitration, n° 1/1993.

procédures d'arbitrage, qu'elles soient déjà closes, en cours ou à venir » (rapp. Schlosser, n° 61). En second lieu, on invoquera que si la juridiction étatique a conclu à la nullité de la convention d'arbitrage et a statué au fond, l'aspect « arbitrage » disparaît au profit de l'aspect « décision » étatique au sens de l'art. 25. On peut encore remarquer qu'il suffirait sinon au défendeur de soulever une exception d'incompétence en invoquant une prétendue convention d'arbitrage pour que la décision étatique à intervenir échappe au jeu de la Convention de Bruxelles. Enfin, le *Civil and Jurisdiction Act* adopté au Royaume-Uni en 1982, tout en prévoyant que, de façon générale, on ne peut reconnaître une décision étrangère rendue au mépris d'une convention d'arbitrage, admet une exception lorsque l'on se trouve dans le cadre de la Convention de Bruxelles.

Cependant, pour B. Audit, les arguments tendant à écarter le jeu de la Convention de Bruxelles dans un tel cas sont plus forts : puisqu'il paraît bien admis que la Convention ne s'applique pas à une *action* en déclaration d'inexistence ou de nullité d'une convention d'arbitrage (v. *supra* n° 39), il n'y a pas de raison de décider autrement pour le *jugement* statuant en ce sens. Si les juridictions de l'État requis avaient été directement saisies, la Convention n'aurait pu les empêcher de statuer sur le sort de la convention d'arbitrage[23] et elles auraient pu décider que cette convention était valable. Aussi semble-t-il préférable de décider que, dès lors qu'il y a eu une contestation *sérieuse* sur la convention d'arbitrage et que l'exception d'incompétence a été soulevée *de bonne foi* par le défendeur dans l'État d'origine, le jugement rendu est bien « en matière d'arbitrage », (même s'il a aussi statué sur le fond), et échappe donc au titre III de la Convention.

L'opinion ainsi défendue par B. Audit paraît la plus rationnelle ; on peut toutefois souhaiter qu'un arrêt de la Cour de justice fixe clairement les rapports entre l'arbitrage et la Convention sur ce point précis.

319 – La qualification de l'objet du litige. Lorsque le juge de l'État d'origine a statué en vertu des règles de compétence de la Convention de Bruxelles, on peut se demander si le juge de l'État requis est lié par la qualification retenue par le premier juge quant à l'objet du litige comme entrant ou non dans le domaine d'application de la Convention de Bruxelles. La doctrine est divisée. Certains estiment que le second juge est lié par la qualification opérée par le premier[24], au motif que « l'esprit de la Convention impose au juge requis de respecter la qualification retenue par le juge d'origine »[25] ; l'idée est alors que l'objectif de la Convention étant la « libre circulation des jugements », le juge de l'État requis a un rôle plus effacé que le juge d'origine.

23. V. l'arrêt *Marc Rich*, CJCE 25 juillet 1991, aff. C-190/89, *supra* n° 39.

24. V. en ce sens M. Weser, Convention communautaire... n° 193 et ss. ; A. Huet, observ. JDI 1977, 707, spéc. p. 713 ; Goldman, art. Rev. trim. dr. europ. 1971, p. 9.

25. A. Huet observ. préc. note précédente.

A l'inverse, d'autres auteurs estiment que le juge requis n'est pas lié par la qualification du juge d'origine[26]: pour eux le principe de qualification *lege fori* n'est pas remis en cause par la Convention; en outre, on ne peut objecter que le juge requis procèderait alors à une «révision» interdite par les art. 29 et 34 de la Convention, car il ne s'agit pas, dans ce contrôle de la qualification, de réviser au fond la décision étrangère, mais de savoir si la Convention était ou non applicable. Cette seconde opinion paraît préférable puisque la Convention est interprétée comme admettant une révision à fin de contrôle (v. *infra*, n° 333).

La Cour de justice n'a pas eu l'occasion de trancher cette difficulté. On remarquera seulement que dans la mesure où cette juridiction pose de plus en plus souvent une «interprétation communautaire» des notions mises en jeu par la Convention, la question ici soulevée a de moins en moins de risque de se poser: le juge de l'État d'origine se sera conformé à l'interprétation communautaire (par exemple de la notion de «matière civile et commerciale»), et il n'y a aucune raison que le juge de l'État requis soit amené à prendre une position différente.

320 – Exclusion d'une décision d'exequatur. Bien que la Convention ne le précise pas, il est certain qu'un jugement rendu dans un État contractant, dont l'objet est de reconnaître ou d'exécuter une décision rendue dans un autre État contractant, ne peut bénéficier du Titre III de la Convention dans un troisième État contractant. C'est l'application de la maxime «Exequatur sur exequatur ne vaut»[27]. En effet, le juge du troisième État ne pourrait alors exercer aucun contrôle sur la décision *initiale*: par exemple, si la décision rendue dans un pays A a été jugée conforme à l'ordre public du pays B où l'exequatur a été accordé, le juge du pays C, si la Convention de Bruxelles s'appliquait, serait obligé de reconnaître la décision d'exequatur de l'État B, quand bien même la décision rendue en A heurterait l'ordre public de l'État C. Il faut donc certainement exclure du domaine de l'art. 25 les décisions ayant pour objet de reconnaître ou d'exécuter un jugement d'un autre État contractant.

Cette règle devrait, à notre sens, s'appliquer également lorsque le droit du second juge ne connaît pas l'exequatur à proprement parler, mais seulement une sorte d'«*actio judicati*»: le demandeur qui veut bénéficier de la décision rendue dans le pays d'origine doit alors reformuler une demande au fond en alléguant le jugement étranger. Il en est ainsi au Royaume-Uni et aux Pays-Bas[28]. Mais, en réalité, dans ces deux États, le juge saisi de cette action, tout en adoptant un dispositif substantiel, y parvient en se contentant de vérifier que le jugement d'origine présente les qualités de régularité internationale requises. Il s'agit donc en substance d'un exequatur; et de telles décisions,

---

26. V. en ce sens G. Droz, n° 33 et 39; Gothot et Holleaux, n° 31 et 320; v. aussi *infra* n° 333.

27. V. Gavalda, concl. Trib. Seine 6 déc. 1934, Clunet 1935, 113; Malaurie, note sous Trib. gr. inst. Paris 30 décembre 1968, Clunet 1970, 941; G. Droz, n° 436 et ss ; Gollot et Holleaux, n° 238.

28. V. pour les Pays-Bas, Droz, n° 417 et ss. et les réf.; pour le Royaume-Uni, rapp. Schlosser, n° 6.

pour les raisons exposées ci-dessus, ne doivent pas bénéficier du Titre III de la Convention[29].

321 – Sort des décisions sur la recevabilité d'une demande. Lorsque le juge saisi de la demande originaire déclare la demande irrecevable, s'agit-il d'une décision au sens de l'art. 25? Dans son rapport P. Schlosser s'était prononcé pour une réponse affirmative, estimant que «les décisions déclarant une action irrecevable doivent être reconnues»(n° 191). En revanche, H. Linke écrit que les décisions sur la recevabilité d'une demande ne sont pas susceptibles de reconnaissance et que l'art. 25 ne concerne que les décisions rendues sur le fond[30]. On peut effectivement penser que les causes d'irrecevabilité (défaut d'intérêt à agir, prescription etc.) sont essentiellement d'ordre procédural et ne relèvent pas de la Convention de Bruxelles. H. Linke évoque toutefois «la question de savoir selon quel criètre il y a lieu de qualifier une décision judiciaire de jugement au fond ou de jugement sur la recevabilité» et souhaite une norme uniforme de qualification.

Il est difficile de trancher entre les deux thèses et, sur ce point encore, il serait heureux que la Cour de justice ait l'occasion de se prononcer.

322 – Mesures provisoires ou conservatoires. Les termes tout à fait généraux de l'art. 25 conduisent à faire bénéficier du Titre III de la Convention les décisions ordonnant des mesures provisoires ou conservatoires[31]. Ceci peut avoir de l'intérêt puisque l'on sait (v. *supra* n° 101 et ss.) qu'un juge d'un État contractant peut être compétent pour prononcer une telle mesure même si celle-ci ne peut être exécutée que dans un autre État contractant[32].

Toutefois la Cour de justice a posé une limite importante au principe d'application du Titre III aux décisions ordonnant des mesures provisoires ou conservatoires: dans l'arrêt *Denilauler c. Couchet* du 21 mai 1980, aff. 125/79, la Cour a dit pour droit que «les décisions judiciaires autorisant des mesures provisoires ou conservatoires rendues

29. En ce sens, Gothot et Holleaux, n° 239; *contra* cependant Droz, n° 437, p. 271, note 1, l'auteur s'attachant davantage à la forme de la décision qu'au fond.

30. Rapp. Coll. Cour de justice mars 1991, p. 185.

31. V. ainsi, CJCE 6 mars 1980, *De Cavel*, aff. 120/79, pour une pension alimentaire imposée à titre provisoire pendant la durée de l'instance en divorce. *Adde* Paris 30 janvier 1987, cité par G. Pluyette, TCFDIP 1988-1990, p. 35: l'arrêt confirme une ordonnance qui a conféré l'exequatur à un jugement belge ayant accordé aux créanciers une provision en relevant seulement que la décision était assortie de l'exécution provisoire. G. Pluyette estime que le référé-provision français devrait aussi bénéficier à l'étranger de la procédure d'exequatur simplifiée mise en place par la Convention puisqu'il intervient au terme d'une procédure contradictoire. Sur la notion de mesure provisoire ou conservatoire, v. *supra* n° 268.

32. V. par exemple, pour une mesure d'instruction prise en Allemagne et qui ne pouvait être exécutée qu'en Italie, Oberlandesgericht de Nuremberg, ord. du 5 avril 1974, Rép. de jurisp. communautaire, série D, 1-16.5-B.1. Et de même Oberlandesgericht de Celle, 2 juin 1977, autorisant l'exécution en Allemagne d'une décision française condamnant à une provision de dommages-intérêts, Rép. de jurisp. communautaire, série D, 1-27.1-B.1.

sans que la partie contre laquelle elles sont dirigées ait été appelé à comparaître et destinées à être exécutées sans avoir été préalablement signifiées ne bénéficient pas du régime de reconnaissance et d'exécution prévu par le titre III de la Convention... ». Etait en cause, en l'espèce, une ordonnance de saisie-conservatoire prise en France (art. 48 ancien Code de proc. civ.) sur un avoir bancaire auprès d'une banque de Francfort. L'ordonnance avait été rendue sur requête et était exécutoire en France sur minute, c'est à dire sans signification ni notification préalable. Le bénéficiaire de cette ordonnance avait cherché à la faire exécuter en Allemagne en vertu du titre III de la Convention. La Cour estime que, dans un tel cas, le titre III est inapplicable; elle en donne pour motif que «c'est en raison des garanties qui sont accordées au défendeur dans la procédure d'origine que la Convention, en son titre III, se montre très libérale quant à la reconnaissance et à l'exécution» (point 13); il en résulte que lorsque, par hypothèse, le défendeur n'a pu faire valoir ses droits parce que la procédure d'origine ne prévoit pas son intervention, le bénéfice du Titre III n'est pas justifié[33]. La solution donnée par la Cour aboutit donc à ce que, lorsqu'un tribunal d'un État contractant ordonne de prendre une mesure provisoire ou conservatoire «par surprise» (procédure unilatérale), cette mesure verra ses effets limités aux biens situés sur le territoire de l'État où la décision a été rendue. La protection du débiteur est ainsi correctement assurée, mais, comme l'a fait remarquer A. Huet[34], c'est finalement imposer au créancier demandeur «contrairement au tour facultatif de l'art. 24, la compétence du *forum arresti*», et faire prévaloir les intérêts du débiteur sur ceux du créancier et du crédit en général en obligeant le créancier à entamer autant de procédures qu'il y a de pays où se trouvent des biens du débiteur. Reste toutefois la possibilité de recourir alors au droit comun de l'exequatur (v. *infra* n° 383, note 141).

Quant au point de savoir ce qui est mesure provisoire ou conservatoire et ce qui est mesure au fond, il est heureux que la Cour de justice, interogée sur l'art. 24 dans l'arrêt *Reichert II* du 26 mars 1992, aff. C-261/90, (v. *supra* n° 268) ait eu l'occasion d'en donner une «définition communautaire», car les droits internes peuvent parfois prêter à controverse[35].

---

33. Il faut aussi préciser que la Cour au point 10 de l'arrêt *Denilauler* relevait à juste titre que sa solution ne pouvait être justifiée par les art. 27-2°, 46-2° et 47: ces textes visant les procédures par défaut ne peuvent être invoqués lorsque la procédure d'origine prévoit expressément que le défendeur ne doit pas être appelé à comparaître. V. sur cette question, Van den Casteele, Reconnaissance et exécution des mesures provisoires et conservatoires dans la Convention de Bruxelles, Journ. des trib. 1980, 738.

34. Observ. JDI 1980, 940 et ss.

35. V. par ex. Poitiers, 20 mars 1985, JDI 1988, 143, observ. A. Huet, l'espèce soulevant la question de savoir si la saisie-exécution du droit français (avant la réforme des voies d'exécution par la loi du 9 juillet 1991, JORF 14 juillet 1991, p. 9228, la loi du 31 juillet 1992, JORF 14 juillet 1992, p. 9456, le décret du 31 juillet 1992, JORF 5 août 1992, p. 10, 530; et sur ces textes voir N. Crozé, JCP 1992, ed. G. I 3555, 3585 et 3635) n'est pas une mesure conservatoire, au moins dans la première phase de la procédure.

B – Nature de la décision

323 – Décision passée ou non en force de chose jugée. La Convention étend son régime de reconnaissance et d'exécution aussi bien aux décisions qui n'ont pas encore acquis force de chose jugée qu'à celles qui en sont pourvues. De même, les jugements préparatoires ou interlocutoires bénéficient du titre III de la Convention. De même encore, un jugement exécutoire par provision peut être exécuté dans un autre État contractant en bénéficiant du mécanisme simplifié de la Convention de Bruxelles[36].

324 – Décision contentieuse ou gracieuse. La généralité des termes de l'art. 25 englobe aussi bien les décisions gracieuses que les décisions contentieuses; les décisions gracieuses rendues dans un État contractant seront donc reconnues dans un autre État contractant conformément au titre III, ce qui leur permettra de produire leurs effets substantiels (v. *infra* n° 327) «sans qu'il soit nécessaire de recourir à aucune procédure» (art. 26 al. 1).

Il faut toutefois distinguer deux types d'actes de juridiction gracieuse[37]: certains sont des actes purement *réceptifs* pour lesquels le juge ne fait que recevoir une manifestation de volonté privée; il s'agit alors d'actes authentiques ou de transactions judiciaires visés par les art. 50 et 51 de la Convention et ils sont reconnus et exécutés conformément à ces textes (v. *infra* n° 416 et ss.); les autres sont des «décisions gracieuses» proprement dites: le juge, sans avoir à trancher de litige, manifeste cependant sa volonté (par exemple, en nommant un liquidateur de société); cette seconde catégorie relève purement et simplement du titre III comme les décisions contentieuses[38].

325 – Décisions contradictoires et décisions par défaut. Outre les décisions contradictoires, les décisions par défaut bénéficient aussi du titre III de la Convention. En effet, l'art. 27-2° les vise expressément en prévoyant même un contrôle spécial de régularité (v. *infra* n° 356 et ss.).

326 – Le cas particulier de l'injonction de payer du droit allemand. Dans l'arrêt *Klomps c. Michel* du 16 juin 1981, aff. 166/80, la Cour de justice a eu à connaître de l'exécution d'une décision d'infonction de payer[39]. L'affaire illustre la difficulté que l'on peut éprouver à distinguer une procédure unilatérale sur requête d'une procédure par défaut. La procédure allemande d'injonction de payer est d'abord unilatérale et débouche sur une injonction de payer (*Zahlungsbefhl*) qui n'est pas une décision au sens de l'art. 25. Lorsque ce *Zahlungsbefehl* est notifié au défendeur, ce dernier peut

---

36. V. Aix 16 mars 1977, JDI 1980, 355, observ. D. Holleaux.

37. Ceci conformément à la doctrine de H. Motulsky, Les actes de juridiction gracieuse en droit international privé, Trav. com. fr. dr. internat. pr. 1948-1952, p. 13 et ss.

38. En ce sens Gothot et Holleaux, n° 243.

39. V. aussi Paris 23 février 1990, D. 1990, inf. rap. 99 qui juge que la décision d'injonction de payer prononcée à Berlin est bien une décision au sens de l'art. 25 de la Convention.

opposer un contredit propre à rendre la procédure contradictoire. La décision finale autorisant l'exécution de l'injonction de payer (*Vollstreckungsbefehl*) sera contradictoire ou par défaut selon que le défendeur aura ou non formé contredit. Le juge de l'État requis qualifiera la procédure de contradictoire ou non selon les règles de l'État d'origine et sera lié par tous les éléments de fait ou de droit retenus par le juge de l'État d'origine[40]. Mais, que la décision ait été rendue contradictoirement ou par défaut, il s'agit d'une décision au sens de l'art. 25 qui bénéficie donc du mécanisme simplifié de reconnaissance et d'exécution mis en place par la Convention de Bruxelles. La distinction n'a d'intérêt qu'au regard de l'art. 27-2° (v. *infra* n° 356 et ss.).

Dans l'arrêt *Klomps c. Michel* du 16 juin 1981, aff. 166/80, la Cour a précisé que la décision allemande autorisant l'exécution de l'injonction de payer restait une décision par défaut même si elle a fait l'objet dans l'État d'origine d'une procédure d'opposition de la part du débiteur, dès lors que cette opposition a été déclarée irrecevable comme tardive: en effet, dans ce cas «... le défendeur ne s'est pas défendu au fond devant le juge d'origine et le rejet de l'opposition comme irrecevable signifie que la décision rendue par défaut reste intacte» (point 12).

Les décisions de l'art. 25 ainsi définies, on examinera quels sont les effets de ces décisions qui relèvent de la Convention.

Section 2: Les effets relevant de la Convention de Bruxelles

327 – Délimitation. La Convention ne concerne que les effets d'une décision dotée de régularité internationale (v. *infra* n° 330 et ss.), c'est à dire tout ce qui relève de *l'efficacité substantielle* de la décision. Cette «efficacité substantielle» a été définie par MM. Gothot et Holleaux (n° 247) comme «l'ensemble des effets du jugement envisagé en tant qu'il déclare ou constitue un rapport juridique». Elle englobe donc les notions de *reconnaissance* et *d'exécution* des décisions étrangères[41]. Le principe général est que la décision étrangère ne peut produire plus d'effets dans l'État requis qu'elle n'en avait dans l'État d'origine et la Cour de justice l'a énoncé dans l'arrêt *Hoffmann c. Krieg* du 4 février 1988, aff. 145/86: «Une décision étrangère reconnue en vertu de

---

40. En ce sens A. Huet, observ. sous l'arrêt *Klomps c. Michel*, JDI 1981, 897; MM. Gothot et Holleaux sont plus réservés, écrivant: « On peut pourtant se demander si, dans la mesure où la distinction des jugements contradictoires ou par défaut commande le contrôle prévu à l'art. 27-2°, ces notions ne seraient pas susceptibles d'acceptions communautaires plus ou moins indépendantes des définitions nationales » (n° 244). A notre avis, s'agissant d'une question essentiellement procédurale, il nous paraît plus logique de laisser le juge de l'État d'origine qualifier la décision de contradictoire ou non en fonction de ses propres règles de procédure.

41. V. aussi H. Muir-Watt, Juriscl. dr. internat. fasc. 584-6.

l'art. 26 de la Convention doit déployer en principe dans l'État requis les mêmes effets que ceux qu'elle a dans l'État d'origine » (point 11 et disp.; v. aussi *supra* nº 304).

En revanche la Convention ne s'applique pas aux effets de la décision indépendants de sa régularité internationale, c'est à dire les *effets de fait* et la *force probante* de l'instrument et du contenu de la décision[42]. Ces deux catégories d'effets relèvent donc du droit international commun auquel il suffit de renvoyer[43].

Reste à préciser quelque peu les notions de reconnaissance et d'exécution, effets relevant de la Convention de Bruxelles, étant entendu que la reconnaissance se produit *de plein droit*, alors que l'exécution nécessite le *recours à une procédure* (v. *infra* nº 384 et ss.).

328 – La reconnaissance. Pour un État, reconnaître une décision étrangère, c'est accepter « d'insérer dans son ordre juridique la norme dont la décision est en quelque sorte porteuse »[44]. L'État intègre donc à son ordre juridique la situation juridique consacrée par la décision étrangère: par exemple, si la décision étrangère condamne une partie à un contrat à exécuter ce contrat, cette décision consacre à l'égard des autres États contractants l'existence de ce contrat et un tiers subira éventuellement les conséquences de cette existence alors même qu'il n'était partie ni au contrat, ni au jugement prononcé à l'étranger. On constate donc que la notion de reconnaissance est plus large que celle d'autorité de chose jugée. Le rapport Jenard (p. 43) l'énonçait déjà fort justement: « La reconnaissance doit avoir pour effet d'attribuer aux décisions l'autorité *et* l'efficacité dont elles jouissent dans l'État où elles ont été rendues ». Et P. Jenard insistait ensuite sur ce que les mots « autorité de chose jugée » avaient été volontairement exclus du texte de la Convention car pouvaient être reconnues des décisions qui n'avaient pas autorité de chose jugée; il citait, à titre d'exemple, les décisions provisoires et les décisions rendues en matière gracieuse.

La reconnaissance, si elle ne se confond pas avec l'autorité de chose jugée, englobe bien évidemment cette notion. Elle recouvre donc et l'autorité positive de chose jugée (dite aussi force obligatoire) et l'autorité négative de chose jugée. Il résulte en particulier de cette autorité négative qu'une décision régulière émanant d'un État contractant interdit de remettre en question dans un autre État contractant ce qui a été jugé dans le premier État. La décision étrangère servira donc de base à une exception de chose jugée[45].

De même il est impossible, lorsque le juge d'un État contractant a statué sur une question, d'intenter dans un autre État contractant une nouvelle action au fond, en

---

42. En ce sens Gothot et Holleaux, nº 246; Droz, nº 442; *contra* Y. Loussouarn et P. Bourel, Droit international privé, 4ᵉ ed. 1993, nº 514.

43. H. Muir-Watt, *op. cit.* loc. cit. spéc. nº 3 à 19.

44. Gothot et Holleaux, nº 247.

45. Et pour se prononcer sur l'exception, si la décision étrangère n'a pas encore été contrôlée, le juge de l'exception vérifiera sa régularité selon les règles étudiées *infra* dans les chap. 2 et 3 de ce titre.

s'appuyant sur le jugement initial (*actio judicati*). La Cour de justice a eu l'occasion de se prononcer à ce sujet dans l'arrêt *De Wolf c. Cox* du 30 novembre 1976, aff. 42/76: était en cause un Belge qui, après avoir obtenu en Belgique une décision contre un adversaire domicilié aux Pays-Bas, avait à nouveau assigné cet adversaire au fond devant le juge néerlandais, se contentant d'invoquer le jugement belge à l'appui de sa créance. La Cour a, logiquement, condamné ce procédé: dès lors que la décision étrangère est reconnue dans le second État, on ne peut admettre qu'une nouvelle instance au fond s'engage[46]. La doctrine a refusé de déduire de l'arrêt *De Wolf* que le juge saisi en second d'une demande au fond identique à la première devrait soulever d'office l'autorité de la chose jugée; le motif essentiel à l'appui de cette opinion est qu'il s'agit là d'une question procédurale qui relève du droit de chaque État contractant, et qu'aucun argument ne saurait être tiré des art. 19 et 20 de la Convention dont l'objet est différent[47]. On pourrait toutefois soutenir qu'obliger le juge, en un tel cas, à soulever d'office l'autorité de chose jugée ne serait qu'une conséquence du principe d'application d'office de la Convention (v. *supra* n° 62 bis).

329 – Exécution. La Convention de Bruxelles régit également la possibilité de donner force exécutoire dans un État contractant à une décision émanant d'un autre État contractant. On verra que la procédure est beaucoup plus simple que la procédure du droit commun de l'exequatur(v. *infra* n° 384 et ss.). L'octroi de cette force exécutoire permettra au bénéficiaire de la décision étrangère de faire exécuter cette décision en ayant, au besoin, recours à la force publique.

Il n'est pas toujours facile de savoir si l'effet recherché relève de la reconnaissance ou de l'exécution: ainsi, par exemple, on s'est demandé si l'hypothèque judiciaire attachée à une décision étrangère relevait de la reconnaissance (auquel cas l'exequatur n'était pas nécesaire) ou de l'exécution (ce qui oblige à demander l'exequatur)[48].

Enfin, s'il est certain que le jugement étranger revêtu de l'exequatur ne peut produire plus d'effet dans l'État requis que le jugement initial n'en produisait dans l'État d'origine (v. *supra* n° 304), il faut encore ajouter qu'il ne peut non plus produire plus d'effets que n'en produirait un jugement du même type rendu directement dans l'État requis. En effet la Convention n'a pas pris parti «entre les théories suivant lesquelles ce serait soit le jugement rendu dans l'État d'origine, soit la décision autorisant l'apposition de la formule exécutoire, qui serait exécutoire dans l'État requis»[49]. Il est alors

---

46. On notera toutefois que la motivation de l'arrêt *De Wolf* est différente: la Cour invoque essentiellement la nécessité d'éviter tout risque de décisions contradictoires.

47. En ce sens, Gothot et Holleaux, n° 251; Droz, n° 459.

48. V. en se second sens, Paris 14 déc. 1988, D. 1989, 280, note J. Prévault; JDI 1990, 159, observ. A. Huet qui regrette que la Cour de justice n'ait pas été interrogée sur ce point; et Civ. 2e 9 janv. 1991, JCP 1991.II.21681, note J.P. Rémery, rejetant le pourvoi contre Paris 14 déc. 1988. MM. Huet et Rémery se livrent à une critique qui nous paraît sérieusement fondée sur la position adoptée par la Cour de Paris et par la Cour de cassation.

49. Rapp. Jenard, p. 49; v. aussi *supra* n° 304.

normal d'estimer que le jugement étranger revêtu de l'exequatur ne peut produire plus d'effets « que n'en auraient les jugements locaux du même type »[50].

50. Concl. Darmon dans l'aff. *Hoffmann c. Krieg*, 4 février 1988, aff. 145/86; et le point 2 du dispositif de l'arrêt rendu dans cette affaire consacre cette solution, en estimant impossible d'exécuter dans l'État requis une décision qui a force exécutoire dans l'État d'origine lorsque, « selon la législation de l'État requis, l'exécution ne peut plus avoir lieu pour des raisons qui échappent au champ d'application de la Convention ». V. déjà en ce sens, Droz, n° 448.

Chapitre II

Les conditions de régularité internationale de la décision étrangère

330 – Généralités. N'est reconnue de plein droit, et ne peut bénéficier d'une jugement d'exequatur qu'une décision «régulière» au regard du système mis en place par la Convention de Bruxelles. La vérification de cette régularité est beaucoup plus libérale dans la Convention qu'en droit international commun: en particulier, et sous réserve de quelques exceptions qui seront examinées *infra* (n° 339 et ss. et 344 et ss.), il n'y a pas de contrôle de la compétence du juge d'origine, ni de la loi qu'il a appliquée. Et les motifs de refus de reconnaissance ou d'exequatur sont limitativement énumérés par la Convention. Enfin, bien entendu, comme en droit commun, le *pouvoir de révision* est supprimé. La première section de ce chapitre sera consacrée à cette suppression du pouvoir de révision, puis deux autres sections traiteront successivement, d'abord des contrôles qui disparaissent sauf exceptions, puis des contrôles qui sont imposés par la Convention. Enfin une brève section 4 examinera le problème qui peut surgir si le droit commun est plus libéral que la Convention de Bruxelles.

Les conditions de régularité sont les mêmes qu'il s'agisse de reconnaissance ou d'exequatur (l'art. 34 al. 2 renvoie aux art. 27 et 28). Cependant dans une instance en exequatur, une condition supplémentaire est requise: il faut que la décision ait force exécutoire dans son pays d'origine[1]. Il peut toutefois s'agir d'une décision qui n'est exécutoire que par provision[2].Si le caractère exécutoire de la décision étrangère est suspendu dans l'État d'origine en raison d'un recours formé dans l'État d'origine ou si le seul délai pour exercer un recours est suspensif, le juge de l'État requis *doit* surseoir à statuer[3].

De plus, l'art. 43 pose une règle spécifique pour l'exequatur d'une condamnation à une astreinte (v. *infra* n° 413).

---

1. Art. 31 de la Convention. V. Civ. 1re 5 mai 1993, D. 1993, inf. rap. 136.
2. Gothot et Holleaux, n° 339, 358.
3. Gothot et Holleaux, n° 335, 339, 346.

Section 1: Interdiction de la révision (art. 29 et 34 al. 3)

331 – Principe. En prohibant la révision au fond de la décision étrangère, les art. 29 et 34 al. 3 interdisent au juge de l'État requis de refuser la reconnaissance ou l'exequatur au motif qu'une divergence quelconque, de droit ou de fait, existerait entre ses appréciations et celles qui ont été faites par le juge de l'État d'origine. La Cour de Paris a ainsi énoncé que «l'exequatur ne peut être refusé au motif que... la condamnation prononcée par la juridiction étrangère ne serait pas justifiée parce qu'il aurait été fait une inexacte appréciation des circonstances de l'espèce»[4].

332 – Applications du principe. Le juge du pays requis ne peut, par exemple, accueillir un moyen de compensation ou de prescription déjà présenté devant le juge étranger ou qui aurait dû l'être[5]: la prohibition de la révision au fond concerne non seulement ce qui a été jugé dans l'État d'origine, mais aussi ce qui a ou n'a pas été plaidé. La Cour de Paris s'est également appuyée sur la prohibition de la révision pour refuser d'accorder des délais de paiement[6]. Dans le cas visé par l'art. 27-4° (v. *infra* n° 344 et ss.) le juge de la reconnaissance et de l'exequatur ne doit pas, non plus, vérifier l'interprétation que le juge étranger a faite de la loi compétente; comme en droit commun, seule pourrait être invoquée une *dénaturation* de la loi et non une simple erreur d'interprétation.

Enfin la Cour de justice dans l'arrêt *Van Dalfsen c. Van Loon* du 4 octobre 1991, aff. C 183/90, a estimé qu'en raison de la prohibition de la révision au fond (point 32), une Cour d'appel ne peut prendre en considération, dans sa décision relative à une demande de sursis à statuer prise sur la base de l'art. 38 (v. *infra* n° 402), «que des moyens que la partie qui a introduit le recours n'était pas en mesure de faire valoir devant le juge de l'État d'origine»(point 37 et disp.). Cet arrêt, qui marque la volonté de la Cour de faire respecter très strictement l'interdiction de la révision n'est cependant peut-être pas à l'abri de toute critique[7] et force est de convenir que l'interdiction de la révision comporte quand même des limites.

---

4. Paris 8 mai 1979, Gaz. Pal. 1979, 2, 344, note J. Mauro.

5. Paris 16 mars 1979, RC 1980, 121, note E. Mezger.

6. Paris 23 février 1990, D. 1990, inf. rap. 99. Pour d'autres exemples d'application jurisprudentielle de l'interdiction du pouvoir de révision, v. encore: Paris 8 mai 1979, Gaz. Pal. 1979, 2, 344; Versailles 15 juin 1983, Gaz. Pal. 1984, 1, somm. 191; Civ. 1re 16 avril 1985, Bull. civ. I n° 115, JCP 1985, IV, 226. Ayant exercé à tort un pouvoir de révision: Trib. gr. inst. Troyes, 4 oct. 1978, JDI 1979, 623, note A. Huet et R. Kovar; Gaz. Pal. 1979, 1, 131, note Mauro, le tribunal ayant reproché au juge d'origine d'avoir méconnu les art. 85 et 86 du Traité de Rome. Civ. 1ère 13 avril 1992, RC 1993, 67, note Rémery. Sur la distinction entre «rectification» et révision, v. Civ.1re 29 mai 1985, RC 1986, 520, note M. Santa-Croce.

7. V. la note sous cet arrêt, RC. 1992, spéc. p. 130 à 132 et voir aussi Versailles, 21 juin 1990, RC. 1992, 117, 2e esp. et la note.

333 – Limites à l'application du principe. De façon tout à fait générale, il faut en effet savoir que l'interdiction de la révision ne doit pas vider de toute substance les contrôles que la Convention de Bruxelles maintient sur la décision d'origine: conformité à l'ordre public, respect des droits de la défense lorsque la décision a été rendue par défaut, inconciliabilité avec une décision rendue dans l'État requis (v. *infra* n° 368 et ss.), ou exceptionnellement contrôle de la compétence du juge d'origine ou de la loi qu'il a appliquée (v. *infra* n° 339 et ss.; 344 et ss.). Dans la mesure où la Convention prévoit un contrôle de la décision initiale, il faut que le juge de l'État requis ait un plein pouvoir d'appréciation sur tous les points de droit ou de fait pertinents au regard de ce contrôle. En décider autrement, sous prétexte de l'interdiction de la révision, serait vider de toute substance ce contrôle. Il y aura donc bien éventuellement exercice d'un pouvoir de révision, mais ce pouvoir sera exercé exclusivement «à fin de contrôle».

L'ampleur du pouvoir de révision ainsi exercé dépendra donc de l'ampleur du contrôle prévu par la Convention. Ainsi, lorsque le contrôle de la compétence du juge d'origine est prévu par la Convention (art. 28 al. 1, v. *infra* n° 339 et ss.), le juge requis pourra vérifier les points de droit, en particulier la *qualification* du litige retenue par le juge d'origine pour fonder sa compétence. Mais, il ne pourra pas vérifier les constatations de fait retenues par le juge d'origine; en effet, l'art. 28 al. 2 précise que «l'autorité requise est liée par les constatations de fait sur lesquelles la juridiction de l'État d'origine a fondé sa compétence».

En revanche lorsqu'il vérifiera la conformité de la décision étrangère à l'ordre public du for(art. 27-1°), ou au respect des droits de la défense (art. 27-2°), ou, exceptionellement, l'«équivalence» de la loi appliquée au fond (art. 27-4°), il pourra reconsidérer l'appréciation faite par le juge étranger et des éléments de fait et des éléments de droit. La Cour de justice a confirmé cette analyse en disant dans l'arrêt *Pendy Plastics Products* du 15 juillet 1982, aff. 228/81, que les appréciations faites par le premier juge concernant la loyauté de l'assignation du défendeur défaillant ne liaient pas le juge de l'État requis. Ce dernier doit donc vérifier à son tour si la signification ou la notification de l'acte introductif d'instance a été faite «régulièrement» et en temps utile pour que le défendeur puisse se défendre; il vérifiera cette «régularité» au regard de la lex fori du juge de l'État d'origine, et pourra éventuellement être amené à considérer que cette *lex fori* n'a pas été respectée, alors que le premier juge avait décidé le contraire[8].

Enfin, rappelons (v. *supra* n° 319) que la prohibition de la révision par les art. 29 et 34 laisse intacte la question de savoir si le juge de l'État requis est ou non lié par l'appréciation faite par le juge de l'État d'origine quant à l'applicabilité ou à la non-applicabilité de la Convention. Tout au plus peut-on tirer argument de ce que les art. 29 et 34 laissant subsister un pouvoir de révision «à fin de contrôle», il est logique

8. Comme le soulignent MM Gothot et Holleaux, «le juge de l'État d'origine risque de se voir contredit sur l'application de sa propre loi par le juge du pays requis» (n° 317).

d'admettre que le juge de l'État requis puisse exercer ce même pouvoir «à fin de vérification de l'applicabilité» de la Convention[9].

Ainsi, pas plus dans le cadre de la Convention de Bruxelles qu'en droit commun, le pouvoir de révision ne disparaît complètement: s'il ne peut s'exercer à l'égard du fond de la décision initiale (le juge requis ne peut refuser l'exequatur au motif qu'il aurait statué en un sens différent), en revanche la révision aux fins de contrôle de cette décision (dans la mesure où la Convention prévoit ce contrôle) et, sans doute la révision aux fins de vérifier l'applicabilité de la Convention subsistent[10].

Section 2: Les contrôles supprimés, sauf exceptions

Sous-section 1: La compétence du juge d'origine

§ 1: La suppression du contrôle de la compétence du juge d'origine

334 – Le principe de suppression. Il résulte de l'art. 28 al. 3 que, en principe, «il ne peut être procédé au contrôle de la compétence du juge d'origine». C'est là une différence très importante et avec le droit commun de la reconnaissance et de l'exécution et avec la plupart des conventions internationales portant sur la reconnaissance et l'exécution. Et le texte précise que les règles de compétence «ne concernent pas l'ordre public visé à l'article 27 paragraphe 1».

335 – Les deux fondements de ce principe. Le rapport Jenard avait clairement indiqué les raisons de la suppression de ce contrôle de la compétence étrangère: il mentionnait tout d'abord que «les règles très strictes de compétence posées au titre II, les garanties qu'il accorde au défendeur défaillant en son article 20 ont permis de ne plus exiger, de la part du juge (requis), une vérification de la compétence du juge d'origine» (p. 46); ainsi, le fait que la Convention de Bruxelles soit une convention «double» autorisait, dès lors que l'on s'était mis d'accord sur les règles de compétence directe, la suppression du contrôle de la compétence du juge d'origine.

Le second fondement de cette règle figure également dans le rapport Jenard: «l'absence de révision au fond implique une entière confiance dans la juridiction de l'État d'origine: cette confiance quant au bien-fondé de la décision doit normalement s'étendre à l'application que le juge a faite des règles de compétence de la Convention» (p. 46).

---

9. V. *Supra* n° 319; en ce sens Gothot et Holleaux, n° 31 et 320.

10. Sur le droit commun, v. spéc. D. Holleaux, Les conséquences de la prohibition de la révision, TCFDIP 1980-81, t. 1, p. 53.

On pourrait ajouter que l'objectif poursuivi de « libre circulation des jugements » dans la Communauté postulait aussi que le contrôle de la régularité internationale de la décision soit allégé autant qu'il était possible.

336 – Domaine du principe de suppression du contrôle de la compétence du juge d'origine.

Ce principe joue tout d'abord lorsque le procès direct a été l'occasion de mettre en œuvre une règle de compétence directe de la Convention ; plus précisément, lorsque la compétence directe résultait du domicile du défendeur dans un État contractant (art. 2) ou de la volonté des parties (art. 17 et 18). On verra en effet que lorsque cette compétence directe découlait de la matière en cause dans le procès (règles des sections 2, 3 et 4 du titre II, v. *infra* n° 339 et ss.), exceptionnellement, le juge requis doit vérifier la compétence du juge d'origine. Mais lorsque le juge d'origine a fondé sa compétence sur le domicile du défendeur ou sur la volonté des parties, il est normal que le juge de l'État requis fasse confiance au premier juge quant à l'appréciation de sa compétence puisque ce premier juge a dû appliquer des règles sur lesquelles tous les États contractants se sont mis d'accord.

Faut-il en déduire que lorsque la compétence du premier juge ne résultait pas des règles de la Convention de Bruxelles[11], il est nécessaire pour le juge de l'État requis de procéder au contrôle de la compétence du juge d'origine ? Certainement pas. En effet, et c'est alors l'idée de confiance réciproque qui, à elle-seule, explique la solution, une telle décision bénéficie du mécanisme simplifié de reconnaissance et d'exécution mis en place par la Convention de Bruxelles : en application de l'art. 28 al. 3, elle n'a donc pas à faire l'objet d'un contrôle de la compétence du juge qui l'a rendue. Ceci est vrai que le juge d'origine ait fondé sa compétence sur son droit interne, sur son droit commun de la compétence internationale[12], ou sur une convention internationale (peu importe que l'État requis soit ou non partie à cette dernière)[13].

---

11. V. *supra* n° 308 et ss. sur ce que les « décisions » de l'art. 25 englobent, non seulement les jugements rendus lorsque le juge d'origine fonde sa compétence sur les règles de la Convention de Bruxelles, mais aussi ceux rendus en application des règles de compétence interne, ou des règles de compétence internationale de droit commun ou résultant d'autres conventions internationales.

12. V. par ex. Aix-en-Provence, 16 mars 1977, JDI 1980, 355, observ. D. Holleaux : absence de contrôle de la compétence d'un juge italien qui avait condamné une défenderesse domiciliée en Suisse, le juge italien ayant fondé sa compétence sur le droit international commun italien et non sur la Convention de Bruxelles, inapplicable en l'espèce.

13. V. rapp. Schlosser, n° 240 : « ...les règles de compétence instituées par des conventions spéciales – même si un seul État membre est partie à cette convention spéciale – sont à considérer comme des règles de compétence de la Convention même. Les États qui ne sont pas parties à la convention spéciale doivent donc également reconnaître et exécuter les décision rendues par des tribunaux dont la compétence n'était fondée que par la convention spéciale. » Sur ces conventions spéciales, v. Beraudo, Juriscl. Europe, fasc. 3040 n° 62 et le rapp. Schlosser n° 238, note 59.

337 – Compétence du juge d'origine fondée sur une règle exorbitante. Peu importe également que la compétence du juge d'origine repose sur une règle ordinaire de compétence ou sur une règle de compétence «exorbitante» (telles que celles énumérées par l'art. 3 de la Convention): l'art. 28 permet ainsi, par exemple, une reconnaissance et une exécution faciles pour un jugement français rendu à l'égard d'un défendeur domicilié hors de la Communauté alors que la compétence française ne repose que sur l'art. 14 du Code civil[14]. Ce libéralisme a été critiqué par des juristes d'États tiers[15] qui ont souligné qu'avant la mise en place de la Convention de Bruxelles, un tel jugement n'aurait été ni reconnu ni exécuté dans les autres États européens.

On a vu toutefois (v. *supra* n° 314) que l'art. 59 donne la possibilité aux États d'éviter de telles solutions.

338 – Réception par la jurisprudence de la suppression de principe du contrôle de la compétence du juge d'origine. Dans l'ensemble l'interdiction faite au juge de l'État requis de contrôler la compétence du juge de l'État d'origine est bien observée par les cours et tribunaux[16]. Certaines décisions ont cependant encore contrôlé la compétence du juge d'origine, méconnaissant ainsi la spécificité du système de contrôle mis en place par la Convention de Bruxelles par rapport au droit commun[17], mais il s'agit, dans l'ensemble, de décisions déjà un peu anciennes et on peut penser que cette erreur sera de plus en plus rare.

---

14. V. rapp. Jenard, p. 44, relevant expressément que l'ordre public visé à l'art. 27-1° ne peut être invoqué pour éviter de reconnaître une décision rendue à l'égard d'un défendeur domicilié hors de la Communauté alors que la compétence du juge français qui l'a rendue reposait sur l'art. 14 du Code civil.

15. V. en particulier Juenger, La Convention de Bruxelles du 27 septembre 1968 et la courtoisie internationale. Réflexions d'un Américain. RC 1983, 37, spéc. p. 42.

16. Dans la jurisprudence française, on relèvera en particulier Civ. 1re 3 nov. 1977, Bull. civ. I n° 401; 3 avril 1990, Bull. civ. I, n° 80, D. 1990, som. com. 267, observ. Audit; Dijon 29 janvier 1975, D. 1976, 383, note Droz, JDI 1976, 146, 2e esp. observ. D. Holleaux; Orléans 18 mai 1977, Rép. de jurisprud. communautaire, série D, I-28-B; Douai 12 juillet 1978, Gaz. Pal 1980, I, somm. 178; Paris 16 mars 1979, RC 1980, 130, note E. Mezger; Paris 8 mai 1979, Gaz Pal. 1979, 2, 344, note Mauro; Paris 15 déc.1987, JDI 1989, 102, observ. A. Huet.

17. V. Trib. d'arr. Luxembourg 11 nov. 1974, RC 1975, 660, 1e esp. note Droz (la seconde esp. est Cour sup. just. Luxembourg 5 mars 1974 qui a correctement refusé de contrôler la compétence étrangère); Trib. gr. inst. Troyes, 4 oct. 1978, JDI 1979, 623, note A. Huet et R. Kovar, Gaz. Pal. 1979, 1, 131, note Mauro, Cah. de dr. europ. 1979, 390, note Jeantet; Douai 29 nov. 1978, Gaz. Pal. 1980, 1, somm. 178; Douai 7 oct. 1982, Gaz. Pal. 1983, I, 309, notes Mauro et Damien, D. 1984, inf .rap. 114 observ. Brunois (arrêt cassé par Civ. 1e 28 février 1984, Gaz. Pal. 1984, I, 350, note Mauro); Versailles 23 nov. 1982, Gaz. Pal. 1983, I, 65, note Delgrange.

§ 2 : Maintien exceptionnel du contrôle de la compétence du juge d'origine

339 – Les trois exceptions. La première exception résulte du jeu des règles de *droit transitoire* posées par l'art. 54 de la Convention de 1968, l'art. 34 de la convention d'adhésion de 1978, l'art. 12 de la convention d'adhésion du 25 octobre 1982 et l'article 29 de la convention d'adhésion de 1989 : il suffit de renvoyer à ce qui a été exposé *supra* (nº 55 et ss.).

La seconde exception, mentionnée par l'art. 28 al. 1 *in fine*, résulte de *l'art. 59* de la Convention de Bruxelles : si l'État requis a, en vertu de l'art. 59, conclu un traité avec un État tiers, il est en droit de refuser de reconnaître et d'exécuter une décision émanant d'un autre État contractant dès lors que la compétence du juge de cet État était fondée, à l'égard du défendeur domicilié dans l'État tiers, sur une règle de compétence exorbitante figurant à l'art. 3 de la Convention (v. *supra* nº 314).

Reste donc à examiner ici la troisième exception, celle qui consiste à admettre le contrôle lorsque *sont en cause certaines règles de compétence* de la Convention.

340 – Contrôle exigé lorsque sont en cause certaines règles de compétence de la Convention. L'art. 28 al. 1 dispose que «... les décision ne sont pas reconnues si les dispositions des sections 3, 4 et 5 du titre II ont été méconnues... ». Ainsi, lorsque le procès initial a mis en cause les règles de compétence en matière d'assurances (section 3, art. 7 à 12 bis), ou en matière de contrats conclus par des consommateurs (section 4, art. 13 à 15), ou encore les règles de compétence exclusives de l'art. 16 (section 5), le juge requis doit vérifier que ces règles ont été correctement mises en œuvre par le juge d'origine. Ces règles ont paru d'une telle importance, soit parce qu'elles assurent la protection d'une partie faible (assuré ou consommateur), soit parce que l'objet du litige le rattache impérativement à un État déterminé (art. 16), qu'il a été jugé nécessaire[18] que le juge de la reconnaissance et de l'exécution exerce un contrôle sur leur application par le juge d'origine[19].

341 – Portée du contrôle. La portée de ce contrôle doit être précisée à deux points de vue.

---

18. J.P. Beraudo a pourtant émis l'idée que la méconnaissance par le juge d'origine des règles de la Convention ne feraient pas obstacle à la reconnaissance et l'exécution si le droit commun de l'État requis admettait que le juge étranger était doté de compétence indirecte (Juriscl. Europe, fasc. 3040, nº 68) ; *contra* A. Huet, Les procédures de reconnaissance et d'exécution des jugements étrangers et des sentences arbitrales, en droit international privé français, JDI 1988, 5, spéc. p. 34 ; cette controverse renvoie au débat plus large sur le point de savoir si le droit conventionnel peut être écarté lorsque le droit commun est encore plus favorable à la reconnaissance de la décision étrangère, débat qui sera évoqué *infra* nº 381 à 383.

19. V. cependant les observ. de P. Bellet, après la communication de E. Mezger, TCFDIP 1980-81, tome 1, p. 35, P. Bellet craignant que ce contrôle « affaiblisse... la structure originaire qui était l'exécution de plein droit, sans aucun contrôle autre que l'origine, et le tampon et la date ».

Tout d'abord, comme l'indique l'art. 28 al. 2, «Lors de l'appréciation des compétences mentionnées à l'alinéa précédent, l'autorité requise est liée par les constatations de fait sur lesquelles la juridiction de l'État d'origine a fondé sa compétence.» Le juge requis tiendra donc pour acquises les constatations de fait opérées par le juge d'origine, et vérifiera seulement l'application des règles de compétence de la Convention à ces faits[20] (v. *supra* n° 333 ce qui a été dit sur le maintien dans ce cas d'un pouvoir de révision *en droit* exercé par le juge requis).

En second lieu, ce contrôle doit avoir lieu, non seulement à l'égard d'une décision émanant d'un État contractant, mais aussi à l'égard d'une décision émanant d'un État tiers; en effet, dès lors que les règles des sections 3, 4 ou 5 du titre II donnaient compétence à un tribunal d'un État contractant, il serait fâcheux que le juge de l'État contractant requis fasse produire effet à une décision émanant d'un État tiers en violation de ces règles de compétence. On constate là, semble-t-il, une nouvelle manifestation de «l'effet réflexe» que la Convention peut produire sur le droit commun des États contractants[21].

Sous-section 2: La loi appliquée par le juge d'origine

§ 1: Principe de suppression du contrôle de la loi appliquée

342 – Absence de contrôle de la loi appliquée. La Convention ne contient pas d'article excluant expressément le contrôle par le juge requis de la loi appliquée par le juge d'origine; mais, comme l'art. 27-4° (v. *infra* n° 344 et ss.) prévoit exceptionnellement ce contrôle dans un cas déterminé, il est certain que le silence de la Convention signifie la suppression de principe de ce contrôle. Cette suppression est fréquente dans les conventions internationales sur la reconnaissance et l'exécution des jugements et il aurait été paradoxal qu'elle soit maintenue dans la Convention de Bruxelles; et ce d'autant plus que, même en droit international commun, ce contrôle n'existe pas dans tous les ordres juridiques[22]. Certes, en France l'arrêt Munzer du 7 janvier 1964[23] a maintenu ce contrôle mais la théorie de «l'équivalence» permet à la jurisprudence française de ne pas opposer souvent comme motif de refus de reconnaissance le fait que le juge étranger ait appliqué une loi autre que celle désignée par la règle de conflit française.

---

20. V. Douai 9 février 1989, JDI 1991, 160, observ. A. Huet.

21. En ce sens Gothot et Holleaux, n° 313. Et sur l'effet réflexe de l'art. 16 v. déjà *supra* n° 75, 84, 93.

22. V. Droz, n° 464 et ss.

23. Civ. 1re 7 janvier 1964, JDI 1964, 302, note B. Goldman; RC 1964, 344, note H. Batiffol; JCP 1964. II. 13590, note M. Ancel; Grands arrêts, 2e ed.n° 42. V . aussi B. Ancel, Loi appliquée et effets en France des décisions étrangères, TCFDIP 1986-88, p. 25 et ss.

343 – Portée de la suppression du contrôle. Si la Convention a ainsi fait disparaître le contrôle de la loi appliquée par le juge étranger , ce contrôle ne doit pas se réintroduire par le biais de l'ordre public : il est donc impossible d'invoquer l'ordre public pour refuser de reconnaître une décision qui n'a pas appliqué la loi désignée par la règle de conflit de l'État requis[24].

Il découle également de la suppression du contrôle de la loi appliquée que le juge de l'État requis ne pourra pas sanctionner par un refus de reconnaissance une fraude à la loi commise dans l'État d'origine : si, par une manipulation frauduleuse de l'élément de rattachement les parties ont obtenu l'application d'une loi qui, normalement, n'était pas compétente, le juge de l'exequatur sera dans l'impossibilité de sanctionner cette fraude puisque il ne peut contrôler la loi appliquée[25].

On relèvera enfin que, depuis l'entrée en vigueur de la Convention de Rome du 19 juin 1980 sur la loi applicable aux obligations contractuelles, il y aura normalement identité entre la loi appliquée au contrat par le juge d'origine et celle qu'aurait appliqué le juge requis, du moins si les deux États en cause ont ratifié la Convention de Rome. En ce cas, la suppression du contrôle de la loi appliquée trouve encore un argument supplémentaire pour les litiges relevant du domaine commun aux deux Conventions.

§ 2 : Maintien exceptionnel du contrôle de la loi appliquée dans le cas prévu par l'art. 27-4°

344 – Le principe. L'art. 27-4° vise le cas où le tribunal de l'État d'origine, pour rendre une décision relevant au principal de la Convention de Bruxelles, a dû, incidemment, trancher une « question relative à l'état ou à la capacité des personnes physiques, aux régimes matrimoniaux, aux testaments et aux successions ». Dans cette hypothèse l'art. 27-4° autorise le juge de l'État requis à contrôler la loi appliquée par le juge de l'État d'origine à la question incidente et à refuser la reconnaissance et l'exécution si cette loi n'est pas celle désignée par la règle de conflit de l'État requis ; cette possibilité de refus est, toutefois, atténuée par le jeu de la théorie de *l'équivalence* : l'art. 27-4° réserve en effet le cas où la décision initiale, bien qu'ayant appliqué une loi autre que celle désignée par la règle de conflit de l'État requis, aboutit au même résultat que celui qui aurait été atteint avec la loi désignée par la règle de conflit de l'État requis[26]. En ce cas, la décision doit être reconnue et exécutée.

Les hypothèses pratiques dans lesquelles l'art. 27-4° peut être appelé à jouer sont les cas où le juge de l'État d'origine, pour se prononcer sur une obligation alimentaire (question relevant du domaine de la Convention de Bruxelles), doit auparavant se pro-

---

24. V. en ce sens rapp. Jenard p. 44.

25. En ce sens Gothot et Holleaux, n° 260 *in fine*. V. aussi Droz, n° 494 et ss.

26. La vérification de l'équivalence n'emporte pas exercice du pouvoir de révision au fond prohibé par la Convention, mais en revanche peut-être l'occasion d'exercer une révision limitée aux fins du contrôle exercé, v. *supra*, n° 333.

noncer sur une question de droit de la famille (filiation[27], divorce, régimes matrimoniaux, successions etc.). Ces questions de droit de la famille échappent au domaine d'application de la Convention de Bruxelles (v. *supra* n° 31 et ss.) et les règles de conflit peuvent être sensiblement différentes d'un État à l'autre (que l'on songe, par exemple, à la divergence entre les pays de *Common Law* soumettant le statut personnel à la loi du domicile et ceux de *Civil Law*, partisans du rattachement à la nationalité; ou encore, à l'opposition entre le droit français soumettant la succession mobilière à la loi du dernier domicile du défunt, et le droit allemand retenant la loi nationale du de cujus pour régir la totalité de la succession, art. 25 al. 1er EGBGB[28]). Il est évident que les Conventions de La Haye unifiant la solution des conflits de lois en droit de la famille pourront ici jouer un rôle très utile dans la mesure où les États parties à la Convention de Bruxelles seront également parties à ces conventions[29].

L'art. 27-4° n'a donné lieu à aucun arrêt en interprétation préjudicielle de la Cour de justice et les jurisprudences nationales le concernant sont très rares[30]. Et pourtant ce texte pose un certain nombre de questions sur lesquelles la doctrine est parfois divisée. On retiendra ici les questions les plus importantes.

345 – Interprétation des notions visées par la règle de l'art. 27-4°. Les notions d'état et capacité des personnes, de régimes matrimoniaux, de testaments et de successions doivent être interprétées comme elles le sont pour définir la portée de l'exclusion de l'art. 1 al. 2 1) de la Convention. Ainsi la juriprudence de la Cour de justice rendue à propos de l'art. ler doit-elle être utilisée pour l'art. 27-4°[31]. La doctrine est très largement en ce sens[32].

346 – Le juge de l'État d'origine doit avoir «tranché» une question de droit de la famille. L'art. 27-4° suppose en effet que le tribunal de l'État d'origine ait «tranché» une question relevant de l'état ou de la capacité des personnes, de régimes matrimoniaux, de testaments ou des successions. Les auteurs s'accordent pour estimer qu'il n'est pas nécessaire que le juge étranger ait rendu une véritable décision sur l'une des questions énumérées par l'art. 27-4°, décision figurant dans le dispositif du jugement

27. V. par ex. Paris 24 nov. 1977, JDI 1978, 623, observ. Jacques Foyer, spéc. p. 628, 629.

28. V. aussi Beraudo, Juriscl. Europe fasc. 3040, n° 53.

29. V. en particulier la Convention de La Haye du 14 mars 1978 sur la loi applicable aux régimes matrimoniaux, en vigueur à partir du ler septembre 1992 en France, au Luxembourg et aux Pays-Bas; et la Convention de La Haye de 1989 sur la loi applicable aux successions, non encore en vigueur. V. aussi P. Lagarde, *Observations sur l'articulation des questions de statut personnel et des questions alimentaires dans l'application des conventions de droit international privé*, *in* Mélanges Von Overbeck, Fribourg 1990, p. 511-528.

30. V. les rares exemples néerlandais, allemand et italien cités par Beraudo, Juriscl. Europe, fasc. 3040, n° 55.

31. V. *supra* n° 31 et ss.; en particulier les arrêts *De Cavel I* et *II* du 27 mars 1979 et 6 mars 1980, aff. 143/78 et 120/79 donnent des interprétations (notion d'obligation alimentaire, notion de régime matrimonial) qui doivent être reprises pour l'art. 27-4°.

32. V. cependant *contra* Jeantet, Cah. dr. europ. 1972, 414, favorable à une interprétation de ces concepts selon la loi de l'État requis.

étranger[33]. Il suffit que la question ait été résolue, à titre incident, dans les motifs de la décision. La solution de cette question peut même avoir été implicite: «Il suffit que la décision principale soit directement soutenue par la solution, même implicite, donnée à la question préalable»[34].

347 – Exercice du contrôle et prohibition de la révision au fond. L'art. 27-4° ne remet pas en cause la prohibition de la révision au fond[35]. Mais, pour que le texte garde une signification, il faut bien admettre que le juge de l'État requis puisse exercer un certain pouvoir de révision: exclusivement le pouvoir de révision aux fins de contrôle[36]. Il peut donc – et on adoptera ici volontier le point de vue retenu par MM. Gothot et Holleaux[37] – contrôler toute question de droit ou de fait appréciée par le juge de l'État d'origine qui a déterminé l'application de telle ou telle loi. Ainsi, tous les éléments propres à identifier le rattachement nécessaire pour l'application d'une loi déterminée (nationalité et domicile essentiellement) relèvent du contrôle du juge de l'État requis. A l'appui de cette thèse, on fera valoir que, s'agissant de loi applicable, la Convention ne contient pas de disposition similaire à celle de l'art. 28 al. 3 qui, en matière de compétence judiciaire, prévoit expressément que l'autorité requise est liée par les constatations de fait opérées par le juge de l'État d'origine.

On pourra donc, dans le cadre de l'art. 27-4°, procéder à une révision aux fins de contrôle de la loi appliquée dans les termes du droit commun français, c'est à dire que «Toutes les appréciations de fait et applications de droit qui ont permis de trancher le litige dans son aspect matériel («au fond») sont exclues de l'examen; mais cette exclusion n'atteint pas les faits eux-mêmes ni le droit, en tant qu'ils ont contribué à la résolution des questions d'ordre international couvertes par l'énumération des conditions de régularité»[38].

La prohibition de la révision au fond interdit également au juge requis de contrôler l'interprétation que le juge d'origine a donnée de la loi ainsi que l'application qu'il en a faite, et ce aussi bien pour la partie du jugement étranger concernant la question incidente relevant de l'art. 27-4° que pour la partie concernant la question principale relevant des règles générales de la Convention de Bruxelles. Ce n'est qu'en cas de *dénaturation* de la loi appliquée que le juge requis pourrait justifier un refus de reconnaissance et d'exécution, le concept de «dénaturation» devant, en l'absence d'inter-

---

33. V. Gothot et Holleaux, n° 293; A. Huet, Rép. D. dr. commun. V° Convention de Bruxelles (Reconnaissance et exécution des jugements), n° 105.

34. Droz, n° 528.

35. V. *supra* n° 331 et ss.

36. Sur cette notion v. *supra* n° 333.

37. N° 294. Mais, *contra* Droz, n° 529 qui estime que le contrôle exercé par le juge de l'État requis ne doit s'exercer qu'à partir «des faits dont le juge étranger constate souverainement l'existence et la matérialité», et tire au contraire argument de l'art. 28 al. 3 pour préconiser la même solution dans le cadre de l'art. 27-4°.

38. B. Ancel et Y. Lequette, observ. sous l'arrêt *Munzer*, Civ.1re 7 janvier 1964, Grands arrêts n° 42, spéc. p. 338.

prétation communautaire donnée par la Cour de justice, être interprété selon les principes du droit international privé non conventionnel[39].

348 – Sens des termes «règle de droit international privé de l'État requis». Que signifie l'art. 27-4° en se référant à la loi désignée par la «règle de droit international privé de l'État requis»?

Une question préliminaire doit être soulevée: si le droit international privé commun de l'État requis ne prescrit aucun contrôle de la loi appliquée[40], faut-il cependant opérer ce contrôle lorsque la Convention de Bruxelles s'applique. La doctrine est divisée sur ce point. MM. Gothot et Holleaux[41] estiment qu'alors, il ne doit pas y avoir de contrôle, car il serait paradoxal qu'une décision européenne soit contrôlée plus sévèrement qu'une décision émanant d'un État étranger au système de Bruxelles. En revanche, A. Huet estime que le contrôle prévu par l'art. 27-4° doit s'exercer même si le droit commun l'ignore sous peine d'aboutir à des différences dans l'application de la Convention de Bruxelles selon les États.

Il n'y a, à notre connaissance, pas de jurisprudence sur ce point. L'opinion de MM. Gothot et Holleaux est plus conforme à l'objectif de «libre circulation des jugements» poursuivi par la Convention. Certes, il faut reconnaître que le contrôle de la loi appliquée par certains États et l'absence de contrôle par d'autres, en fonction du droit de la reconnaissance et de l'exécution des décisions étrangères dans ces États, n'est pas très satisfaisante[42]. Mais dès lors que l'art. 27-4° se réfère au droit international privé de l'État requis, il porte en lui-même ces risques de divergences[43], et ceci en raison du sens que l'on va donner à la lettre de cet article.

Reste en effet, alors, à préciser le sens de l'expression utilisée par l'art. 27-4°, «règle de droit international privé de l'État requis»: ces termes visent non seulement les règles de conflits de lois au sens strict du terme mais *l'ensemble* du système de droit international privé de l'État requis. Il pourra donc s'agir soit de règles de conflits de lois de droit commun, soit de règles de conflit découlant d'une convention internationale à laquelle l'État requis est partie[44].

---

39. V. par ex. B. Audit, Droit international privé, Economica 1991, n° 276.

40. Le droit international privé français prescrit actuellement ce contrôle mais cette solution est loin d'être unanimement posée par les systèmes étrangers: v. Batiffol et Lagarde, Droit international privé, 7e ed., tome 2, n° 726 et note 3.

41. N° 297 *in fine*; v. aussi en ce sens Beraudo, Juriscl. Europe, fasc. 3040, n° 57.

42. A. Huet, Rép. D. Dr. commun. V° Convention de Bruxelles, (Reconnaissance et exécution des jugements), n° 106 est, pour cette raison, partisan d'un contrôle de la loi appliquée même si le droit de l'État requis ignore ce contrôle. V. aussi *infra* n° 381 à 383, le problème plus général de savoir s'il faut respecter la Convention de Bruxelles lorsque le droit commun est plus libéral que le droit conventionnel.

43. V. *infra* n° 349.

44. V. *infra* n° 349 sur l'articulation entre la Convention de Bruxelles et les Conventions de La Haye sur les obligations alimentaires.

De plus, des mécanismes comme ceux du renvoi, ou des questions préalables, s'ils sont connus de l'État requis, devront se combiner avec l'art. 27-4°. Il devrait en aller de même pour la théorie des conflits de systèmes qui conduira à ne pas vérifier la loi appliquée si la situation en cause n'avait à l'origine aucun lien avec l'ordre juridique de l'État requis; mais, là encore, il faut que le droit de l'État requis accepte cette théorie[45-46].

349 – Articulation de l'art. 27-4° avec les Conventions de La Haye sur les obligations alimentaires. Si avant de se prononcer sur l'obligation alimentaire le juge d'origine a dû trancher une question d'état des personnes, l'art. 27-4° est applicable. Puisque ce texte doit être interprété comme se référant au *système* de droit international privé de l'État requis, il englobe donc les Conventions de La Haye de 1958 et de 1973 sur la reconnaissance et l'exécution des décisions en matière d'obligations alimentaires. Or ces Conventions ne prévoient pas de contrôle de la loi appliquée par le juge étranger. Il en résulte que si la décision émane d'un État partie à l'une de ces Conventions, il faut interpréter l'art. 27-4° comme n'exigeant alors pas le contrôle de la loi appliquée. Il serait en effet paradoxal que le jeu de la Convention de Bruxelles aboutisse à un contrôle plus sévère de la décision étrangère que ne l'organisent les Conventions de La Haye[47].

Certes, lorsque sont applicables à la fois une des Conventions de La Haye sur la reconnaissance et l'exécution des décisions rendues en matière d'obligations alimentaires et la Convention de Bruxelles, le demandeur en reconnaissance et exécution a la possibilité de choisir l'une ou l'autre de ces Conventions[48]. Mais, s'il opte pour la Convention de La Haye, il perd le bénéfice de la procédure simplifiée de reconnaissance et d'exécution de la Convention de Bruxelles, procédure qui n'a pas son équivalent dans les Conventions de La Haye[49]. Il semble donc préférable pour ce demandeur d'utiliser la Convention de Bruxelles, étant entendu qu'alors l'art. 27-4° n'oblige pas à contrôler la loi appliquée, puisque le «système» de droit international privé de l'État requis supprime ce contrôle en application de la Convention de La Haye[50]. On retrouve toutefois l'objection rencontrée *supra* n° 348 : l'art. 27-4° aura

---

45. Sur l'état du droit français, v. B. Audit, Droit international privé, n° 246 et ss pour les conflits de systèmes, n° 249 et ss. pour les questions préalables.

46. Il faut ici signaler l'opinion exprimée par G. Droz, n° 530 à 533 : l'auteur estime que, quand bien même le droit de l'État requis connaîtrait la théorie des questions préalables et celle des conflits de systèmes, ces notions ne devraient pas intervenir dans le cadre de l'art. 27-4° car elles engendreraient une insécurité juridique inconciliable avec l'esprit de la Convention de Bruxelles.

47. En ce sens, Gothot et Holleaux, n° 292.

48. V. art. 57 de la Convention de Bruxelles et *supra* n° 17 et ss.

49. V. observ. Jacques Foyer, JDI 1978, 626 préc. note 27.

50. On invoquera encore à l'appui de cette articulation entre les conventions internationales, l'art. 25-2° b de la Convention d'adhésion du 9 octobre 1978 qui autorise à combiner les règles de la Convention de Bruxelles sur la procédure simplifiée avec les règles de reconnaissance et d'exécution posées par une autre convention internationale.

une portée différente selon que l'État requis aura ou non adhéré à une des Conventions de La Haye sur la reconnaissance et l'exécution en matière d'obligations alimentaires. Mais, à notre avis, la référence faite par l'art. 27-4° au droit international privé de l'État requis risque inéluctablement d'entraîner de telles divergences.

Section 3: Les contrôles maintenus

350 – Plan. L'art. 27 énumère limitativement les motifs qui peuvent être invoqués pour refuser la reconnaissance ou l'exécution (v. art. 34 al. 2). Nous ne reviendrons pas sur l'art. 27-4° étudié *supra* n° 342 et ss., non plus que sur les contrôles exceptionnels de la compétence du juge étranger prévus par l'art. 28 al. 1 (v. *supra* n° 339 et ss.). Les trois paragraphes qui suivent seront consacrés aux motif tirés de l'ordre public (art. 27-1°), du non-respect des droits du défendeur défaillant (art. 27-2°), et enfin de l'inconciliabilité de la décision initiale avec une autre décision (art. 27-3° et 27-5°).

§ 1 : L'ordre public : art. 27-1°

351 – Principe. De façon tout à fait classique, l'art. 27-1° autorise à ne pas reconnaître ou exécuter une décision «contraire à l'ordre public de l'État requis». Le texte se réfère naturellement à l'ordre public international de l'État requis et s'agissant de reconnaissance et d'exécution, l'ordre public n'aura, comme en droit commun, qu'un effet atténué.

On s'étonnera peut-être de ne pas retrouver ici la formule, maintenant habituelle dans de nombreuses conventions internationales, de décision «*manifestement* contraire à l'ordre public». Il semble toutefois que la finalité propre de la Convention de Bruxelles, assurer la «libre circulation» des jugements dans la Communauté européenne, postule que l'art. 27-1° soit interprété comme s'il comportait l'adverbe «manifestement»: l'ordre public ne sera que très exceptionnellement opposé à une décision venant d'un autre État contractant et rendue dans le champ d'application de la Convention (v. rapp. Jenard, p. 44). La jurisprudence est d'ailleurs en ce sens, et la Cour de justice, dans l'arrêt *Hoffmann c. Krieg* du 4 février 1988, aff. 145/86, a expressément relevé que «la clause de l'ordre public ne doit jouer que dans des cas exceptionnels». De plus, la Convention recouvre des matières dans lesquelles il sera rare que l'ordre public d'un État contractant soit heurté par une décision rendue dans un autre; dans ces «matières civiles et commerciales» les conceptions de fond qui règnent dans les divers États contractants relèvent des mêmes idées directrices et ne sont pas «sensibles» au regard de l'ordre public, comme pourrait l'être, par exemple, le droit de la famille.

La conformité de la décision étrangère à l'ordre public du for sera examinée, comme en droit commun, en se plaçant au moment où la reconnaissance ou l'exécution est demandée. Et, toujours comme en droit commun, l'appréciation de cette conformité se fera, concrètement, au regard des effets de la reconnaissance ou de l'exécution de la décision. Ce n'est donc pas la décision étrangère elle-même qui sera confrontée à l'ordre public du for, mais bien les effets qu'elle entraînera dans l'État requis lorsqu'elle sera reconnue ou exécutée (rapp. Jenard p. 44).

Enfin, on rappellera (v. *supra* nº 334) que l'art. 28 al. 3 *in fine* précise que « les règles relatives à la compétence ne concernent pas l'ordre public visé à l'art. 27 paragraphe 1 ».

352 – La jurisprudence. L'obstacle tiré de l'ordre public du for est rarement invoqué, et, lorsqu'il l'est, le plus souvent, les tribunaux français estiment que la décison étrangère ne heurte pas l'ordre public international français. Ainsi, la Première chambre civile de la Cour de cassation, le 19 oct. 1982[51] n'a pas jugé contraire à l'ordre public un jugement allemand qui, pour fixer une pension alimentaire due par le père naturel, avait pris en considération, entre autres élément, l'audition de la mère. De même, la Première chambre, le 2 février 1984[52] a-t-elle jugé conforme à l'ordre public une décision allemande arrêtant le montant des honoraires d'un avocat en utilisant un système de fixation proportionnelle pour le calcul des honoraires taxés par la juridiction elle-même en fonction d'un barême légal[53]. Cette même formation, le 3 juin 1986[54], a jugé conforme à l'ordre public une décision étrangère dont l'acte de signification n'indiquait pas la nature et les délais du recours[55].

Ce n'est qu'exceptionnellement que le juge français pourrait opposer l'exception d'ordre public de l'art. 27-1º: par raisonnement a contrario d'un arrêt de la Cour de Lyon du 18 avril 1978[56] l'ordre public pourrait être opposé à une décision condamnant un père naturel à payer des aliments dès lors que la décision sur la filiation se serait contentée des déclarations de la mère[57]; ou encore, le Tribunal de grande instance de Troyes, le 4 octobre 1978[58], dans un jugement controversé[59], a indiqué dans ses motifs que si la décision étrangère avait omis d'appliquer les dispositions du Traité de Rome (art. 85) , elle ne pouvait être ni reconnue, ni exécutée, puisque l'application du droit

---

51. Bull. civ. I, nº 290; RC 1983, som. p. 721; v. aussi Civ.1re 5 mai 1993, D. 1993, inf. rap. 136.

52. RC 1985, 132, note Mezger, Gaz. Pal. 1984, I, 350, note Mauro, la Cour de cassation casse Douai 7 octobre 1982.

53. Rappr., en droit commun, en matière d'arbitrage, Trib. gr. inst. Paris 19 septembre 1991, D. 1992, 43, note Ch. Jarrosson, confirmé par Paris l0 juillet 1992, D. 1992, 459, note Ch. Jarrosson.

54. Bull. civ. I nº 149; dans le même sens Paris 13 nov. 1987, JDI 1989, 100, observ. A. Huet. Cpr. Reims 24 nov. 1977, JDI 1979, 380, 2e esp. note D. Holleaux.

55. Sur ce que la Convention de Bruxelles ne paraît pas permettre d'opposer un ordre public *procédural* à la décision étrangère, v. *infra* nº 365 et ss.

56. JDI 1979, 380, 3e esp. note D. Holleaux.

57. C'est la solution du droit commun français, v.B. Audit, Droit international privé, nº 716 et les réf. données aux notes 3 et 4 p. 567.

58. JDI 1979, 623, note A. Huet et R. Kovar; Gaz. Pal. 1979, 1, 131, note Mauro.

59. V. les notes citées note précédente. *Adde* Gothot et Holleaux, nº 259, qui estiment qu'un tel contrôle est une révision au fond prohibée par les art. 29 et 34.

communautaire de la concurrence dans les États membres est d'ordre public. L'argumentation est erronée car c'est par la voie des actions prévues par les articles 169 et 170 du Traité de Rome que l'application du droit communautaire doit être assurée et l'esprit de la Convention de Bruxelles n'est certainement pas de faire du juge de l'État requis un censeur du juge de l'État d'origine.

Le seul domaine où les juges nationaux ont montré une volonté d'appliquer l'art. 27-1° est l'hypothèse du défaut de motivation du jugement étranger, et ce point mérite un développement particulier.

353 – Ordre public et défaut de motivation. On sait qu'en droit commun, une décision étrangère qui, formellement, ne contient pas de «motifs» peut cependant être reconnue et exécutée en France dès lors que sont produits des «équivalents à la motivation défaillante» qui permettent au juge requis d'exercer le contrôle des conditions de régularité internationale[60]. Cette solution a été consacrée dans le cadre de la Convention de Bruxelles par la Cour de cassation le 17 mai 1978[61]: l'arrêt casse la décision des juges du fond qui avaient accordé l'exequatur à un jugement belge au motif que «l'affirmation par les juges étrangers que "la demande a été trouvée vérifiée" suffit à rendre leur décision compatible avec l'ordre public». La Cour suprême estime que, en l'absence de tous documents équivalents à la motivation défaillante, le juge de l'exequatur n'est pas en mesure de vérifier si les conditions de régularité internationale prévues par la Convention de Bruxelles sont réunies[62]. Cette solution est reprise par deux arrêts de 1991, l'un de la Cour de Versailles, l'autre de la Cour de cassation[63]. Mais elle a été vivement critiquée par C. Kessedjian[64]; pour cet auteur, le contrôle de la motivation, dans le cadre de la Convention de Bruxelles, ne peut avoir qu'une raison: le contrôle du respect des droits de la défense. Or ce contrôle des droits de la défense est limitativement prévu par l'art. 27-2°. Ce serait donc ajouter à la Convention que de vouloir contrôler la motivation; et l'absence de motifs ne serait pas contraire à l'ordre public visé par l'art. 27-1°, *ce texte ne concernant que l'ordre public substantiel et non l'ordre public procédural*. L'argumentation paraît convaincante et correspond à la position prise par la doctrine en général sur l'absence de contrôle de l'ordre public procédural hors les cas expressément prévus par l'art. 27-2°. On retrouvera cette discussion (*infra* n° 365 et ss.), mais il faut bien reconnaître que la jurisprudence est très claire et ne semble pas prête à admettre la reconnaissance ou l'exécution, même dans

---

60. V. Civ. 1re 11 juillet 1961, 2 arrêts RC 1961, 813, note Motulsky; JDI 1962, 184, note J.B. Sialelli; et note précitée D. Holleaux JDI 1979 spéc. p. 390.

61. JDI 1979, 380, 1re esp. note D. Holleaux.

62. V. encore dans le même sens Paris 16 mars 1979, RC 1980, 121, note Mezger; Paris 18 janvier 1980, RC 1981, 113, note D. Holleaux; Paris 31 mai 1980, cité par G. Pluyette, TCFDIP, 1988-90, p. 38; Paris 15 février 1991, cité par G. Pluyette, La Convention de Bruxelles et les droits de la défense, Études offertes à P. Bellet, p. 454, note 51.

63. Versailles 26 septembre 1991 et Civ. 1re 9 octobre 1991 RC 1992, 516, note C. Kessedjian; JDI 1993, 157, observ. Huet; D. 1991, inf. rap. 274; JCP 1991. IV. 427.

64. Note précitée note précédente.

le cadre de la Convention de Bruxelles, d'une décision étrangère non motivée si «ne sont pas produits des documents de nature à servir d'équivalents à la motivation défaillante». Le point est très important lorsque l'on sait que, assez souvent, les jugements de première instance, en particulier les jugements belges et allemands ne sont pas motivés[65].

354 – Ordre public et fraude. L'art. 27 n'indique pas que la fraude puisse faire obstacle à la reconnaissance ou à l'exécution de la décision étrangère. Cette notion de «fraude» est-elle contenue dans celle d'ordre public de l'art. 27-1°?

Il est certain que si le juge de l'État d'origine a eu à se prononcer sur des manœuvres émanant de l'une des parties et prétendues frauduleuses par l'autre, le juge de l'État requis ne peut revenir sur l'appréciation faite par le juge d'origine: ce serait exercer un pouvoir de révision prohibé. Il doit en aller de même si le défendeur est assigné à l'étranger en raison d'une manœuvre frauduleuse du demandeur et choisit de faire défaut, ce qui l'empêche d'éclairer le juge sur la fraude[66]. Il sera donc pratiquement impossible de se prévaloir d'une fraude découverte avant le procès ou lors du déroulement de la procédure à l'étranger.[67].

En revanche, si la fraude n'est découverte qu'après que le jugement d'origine ait été rendu, le rapport Schlosser indique qu'«il ne saurait y avoir de doute et qu'une fraude à l'égard du juge peut constituer en principe une atteinte à l'ordre public de l'État requis» (n° 192). Mais le rapport ajoute aussitôt que «le juge de l'État requis doit toujours s'interroger sur la question de savoir s'il y a bien encore atteinte à son ordre public, compte tenu du fait que le jugement dont il est prétendu qu'il a été obtenu par fraude par l'adversaire peut faire ou aurait pu faire l'objet d'un recours devant les tribunaux de l'État d'origine». Ainsi le juge de l'État requis aurait un pouvoir différent selon les situations: s'il n'y a aucune possibilité de voies de recours dans le pays d'origine, le juge requis peut opposer la fraude découverte après que la décision d'origine ait été rendue; s'il y a des voies de recours et qu'elles n'ont pas encore été exercées, le juge requis ne devrait pas pouvoir opposer la fraude au nom de l'ordre public de l'art. 27-1°... quitte à ce que la décision soit finalement annulée dans son pays d'origine. Pour éviter cela, le juge de l'État requis devrait pouvoir alors surseoir à statuer tant qu'il n'a pas été statué sur le recours, ou que le délai pour intenter ce recours n'est pas expiré; mais la Convention (art. 38) n'autorise un tel sursis à statuer que s'il s'agit d'un recours «ordinaire»[68]. Il en résulte que, dans l'état actuel du texte de la Convention, il paraît interdit au juge de l'État requis de surseoir à statuer si était encore possible un recours extraordinaire[69] dans l'État d'origine.

65. V. Pluyette, TCFDIP 1988-90 p. 38.

66. V. en ce sens Droz, n° 495; et consacrant cette solution Paris 15 déc. 1987, JDI 1989, 102, observ. A. Huet.

67. V. en ce sens Droz, n° 495.

68. V. Droz, n° 496 et Gothot et Holleaux, n° 260; sur la notion de recours ordinaire, v. *infra* n° 402.

69. Au sens de la Convention, v. *infra* n° 402.

Il s'agissait jusqu'à présent de la «fraude» entendue au sens large de toute manœuvre destinée à tromper le juge. Pour la *fraude à la loi stricto sensu* (déplacement volontaire d'un élément de rattachement pour changer la loi applicable), il est certain que dans la mesure où la Convention supprime le contrôle par le juge requis de la loi appliquée par le juge d'origine (v. *supra* n° 342 et ss.), il n'est pas possible de refuser la reconnaissance ou l'exécution en alléguant une telle fraude à la loi (sous réserve du contrôle exceptionnel réservé par l'art. 27-4°, v. *supra* n° 344 et ss.).

355 – Contrôle de la notion d'ordre public par la Cour de justice des Communautés? L'ordre public est en soi un notion nationale qui reste propre à chaque État souverain et, effectivement, à ce jour, la Cour de justice ne s'est jamais prononcée sur l'interprétation de cette notion dans le cadre de la Convention de Bruxelles. Cette discrétion de la Cour est à approuver car l'ordre public de chaque État contractant, État souverain, doit être apprécié par les seules autorités de l'État[70].

Il faut toutefois considérer que, dans le cadre du Traité de Rome, la Cour de Luxembourg, si elle n'a pas été jusqu'à donner une définition de «l'ordre public communautaire», encadre cependant fortement la notion nationale d'ordre public. Ceci est particulièrement vrai en matière de liberté de circulation des personnes, de liberté d'établissement et de liberté de prestations de services (art. 48 paragraphe 3, art. 56 al. 1 et art. 66 du Traité de Rome), domaines dans lesquels une abondante jurisprudence de la Cour donne, à tout le moins, des indications très précises sur ce que peut recouvrir le concept national d'ordre public[71].

Si la Cour était saisie d'une question en interprétation de la Convention de Bruxelles sur la notion d'ordre public au sens de l'art. 27-1°, on peut penser qu'elle n'hésiterait pas, en s'inspirant de la jurisprudence susmentionnée, à «encadrer» fortement la conception de l'ordre public national que chaque État contractant peut se faire[72].

Il est en tout cas un point sur lequel la doctrine souhaite que la Cour de justice soit saisie, celui de savoir si l'ordre public procédural peut être invoqué en dehors des cas prévus par l'art. 27 al. 2[73]. Cette question ne peut être dissociée de l'étude de ce dernier texte.

70. MM. Gothot et Holleaux, n° 256, citent en ce sens un arrêt du *Bundesgerichtshof* du 26 septembre 1979, *Juristenzeitung*, 1979, 815 qui a estimé que la Cour de justice ne peut interpréter que la Convention et que son pouvoir ne saurait s'étendre au contrôle de la notion d'ordre public retenue par un État contractant.

71. V. sur ces points, en particulier, Schapira, Le Tallec et Blaise, Droit européen des affaires, 3e ed. 1992, spéc. p. 660 et ss.; Blanpain et Javillier, Droit communautaire du travail, coll. Droit des affaires, 1991, p. 100 et ss.; N. Catala et R. Bonnet, Droit social européen, Litec 1991, p. 98 et ss.; S. Poillot-Peruzzetto, Ordre public et droit communautaire (En hommage au Doyen Boyer) , D. 1993, chron. p. 177.

72. En ce sens, Beraudo, Juriscl. Europe fasc. 3040, n° 21. Cpr. Schockweiler rapp. Coll. CJCE mars 1991, p. 170 , et Linke, *eod.loc.*, p. 170.

73. V. spéc. Gothot et Holleaux, n° 256; Linke, rapp. préc.

§ 2 : La violation des droits de la défense : art. 27-2°

356 – Principe posé par l'art. 27-2°. L'art. 27-2° est destiné à assurer la protection des droits de la défense, mais dans un cas spécifique : lorsque le défendeur a fait défaut. Ce souci de protection des droits de la défense a été rappelé par la Cour de justice dans un arrêt du 11 juin 1985, *Debaecker c. Bouwman*, aff. 49/84 : « Même si le but de la Convention est d'assurer la simplification des formalités auxquelles sont subordonnées la reconnaissance et l'exécution réciproques des décisions judiciaires, cet objectif ne saurait toutefois être atteint... en affaiblissant de quelque manière que ce soit les dits droits » (point 10). La formulation retenue par la Cour est singulièrement plus extensive que le texte de l'art. 27-2° qui ne prévoit un contrôle par le juge de l'État requis que si le défendeur a été défaillant dans la procédure originaire et limite ce contrôle à deux points précis[74] : la régularité de l'assignation, le « temps utile » laissé au défendeur pour qu'il puisse organiser sa défense.

357 – Portée de l'art. 27-2°. Dans la mesure où le texte ne vise que le défendeur défaillant, il apparaît déjà comme la sanction indirecte de la règle posée par l'art. 20 qui est destinée à protéger le défendeur défaillant dans l'instance directe[75]. Mais il a une plus large portée que l'art. 20 : alors que cet article ne vise que le défendeur domicilié dans un État contractant, l'art. 27-2°, de par sa formulation générale, englobe aussi les cas où le défendeur défaillant était domicilié dans un État tiers.

Quant au cas du défendeur défaillant assigné dans un État contractant qui est aussi celui de son domicile, il doit aussi bénéficier des dispositions protectrices de l'art. 27-2°. Le *Hoge Raad* avait, semble-t-il, inclus cette question dans une demande en interprétation préjudicielle faite à la Cour de justice dans l'affaire *Klomps* (arrêt du 16 juin 1981, aff. 166/80) : la Cour n'y répond pas expressément, mais l'avocat général Reischl, dans ses conclusions, estimait que l'on ne pouvait, dans cette hypothèse, faire exception aux termes tout à fait généraux de l'art. 27-2°[76]. Cette position a été expressément confirmée par la Cour de justice dans l'arrêt *Époux Debaecker c. Bouwmann* du 11 juin 1985, aff. 49/84 où la Cour a dit pour droit : « L'article 27-2° de la Convention de Bruxelles est également applicable... lorsque le défendeur était domicilié, exclusivement ou non dans la circonscription ou l'État du juge de l'État d'origine ». A l'argument de la généralité des termes de l'art. 27-2°, on peut ajouter que l'art. 27-1° et 27-3° s'appliquent sans aucun doute à l'égard d'un jugement étranger initialement purement interne à l'État d'origine : il aurait été peu cohérent de ne pas reconnaître cette même

74. Sur l'opposition entre la formulation générale de l'arrêt *Debaecker* et les termes stricts de l'art. 27-2°, v. *infra* n° 366.

75. Sur l'art. 20 v. *supra* n° 273 et ss.

76. Rec. 1981, p. 1620 et les réf. à Droz, n° 500 et à M. Weser, op. cit. p. 332.

portée générale à l'art. 27-2°[77]. Par cette interprétation large du domaine d'application de l'art. 27-2°, la Cour met donc l'accent sur le respect des droits de la défense[78].

358 – Nécessité d'une procédure par défaut. Le texte de l'art. 27-2° est parfaitement clair sur ce point. Cet article ne s'applique que si la décision initiale a été rendue à la suite d'une procédure susceptible d'être contradictoire et dans laquelle le défendeur a fait défaut. D'autre part, la Cour de justice a eu l'occasion de dire dans l'arrêt *Klomps* du 16 juin 1981, aff. 166/80, que l'art. 27-2° restait applicable «lorsque le défendeur a fait opposition contre la décision rendue par défaut et qu'une juridiction de l'État d'origine a déclaré l'opposition irrecevable au motif que le délai pour faire opposition était expiré» (point 4 du dispositif). Le point 12 de cet arrêt ajoutant que «Le rejet de l'opposition comme irrecevable signifie que la décision rendue par défaut reste intacte», on peut en déduire, a contrario, que si l'opposition avait été recevable, l'art. 27-2° n'aurait plus eu vocation à s'appliquer.

Le 12 novembre 1992, dans l'arrêt *Minalmet GmbH c. Brandeis Ltd*, aff. C-123/91, la Cour a estimé que restait une décision par défaut relevant de l'art. 27-2° un jugement rendu par défaut alors que l'acte introductif d'instance n'avait pas été notifié régulièrement au défendeur, et ce même si, une fois le jugement rendu, le défendeur en avait eu connaissance et n'avait alors pas usé des voies de recours; la Cour fait valoir que, de toute façon, le moment pertinent pour la défense est la première instance: la possibilité de recours contre une décision rendue par défaut n'est pas une voie équivalente à une défense dans la première instance, et ce surtout si la première décision était exécutoire. On peut approuver la position de la Cour, respectueuse de la lettre de l'art. 27-2°, qui repose sur l'idée vraie que «ce n'est pas la même chose pour un défendeur d'être entendu avant qu'un jugement soit rendu à son encontre que de se défendre après coup en exerçant une voie de recours»[79]; on peut aussi craindre que ce respect scrupuleux de l'art. 27-2° n'incite des défendeurs de mauvaise foi à faire défaut et à «profiter» ensuite de la moindre irrégularité dans la procédure de notification de l'acte introductif d'instance pour faire échec à la «libre circulation» de la décision rendue[80]. Pour interpréter l'art. 27-2°, il importe donc de trouver la juste mesure entre le respect des droits du défendeur défaillant qui mérite une protection spéciale et le souci d'éviter les manœuvres d'un plaideur de mauvaise foi voulant perturber le mécanisme de reconnaissance et d'exécution des jugements de la Convention.

77. V. en ce sens observ. J.M. Bischoff sous l'arrêt *Debaeker*, JDI 1986, spéc. p. 464.

78. V. *infra* n° 366, l'argument que l'on peut en tirer quant à l'admission d'un refus de reconnaissance fondé sur une raison d'ordre public procédural.

79. Huet, observ. sous l'arrêt *Minalmet*, JDI 1993, 468.

80. Droz, note sous l'arrêt *Minalmet*, RC 1993, p. 85 à 87; v. également la note de cet auteur sous l'arrê Lancray rendu par la CJCE le 3 juillet 1990, RC 1991, 167.

Enfin, le 21 avril 1993, dans l'arrêt *Volker Sonntag c. Hans Waidmann et a.*, aff. C-172/91, la Cour de justice a pu apporter une précision supplémentaire sur la notion de «comparution» en indiquant que «Un défendeur est réputé avoir comparu au sens de l'art. 27-2° lorsque dans le cadre d'une demande en indemnisation qui se greffe sur l'action publique pendante devant le tribunal, celui-ci a pris position, par l'intermédiaire du défenseur qu'il a choisi, sur l'action publique, lors de l'audience au fond, mais non sur l'action civile qui a également fait l'objet des débats oraux auxquels ce dernier a assisté» (point 3 du disp.).

Lorsque l'on est dans le domaine d'application de l'art. 27-2°, le texte prévoit deux contrôles précis: la régularité de l'assignation (A), et le «temps utile» dont le défendeur a dû bénéficier pour organiser sa défense (B). Il faudra encore se demander si le juge de l'État requis ne pourrait refuser la reconnaissance ou l'exécution, en dehors de ces deux cas, en invoquant plus généralement une atteinte à l'ordre public procédural (C).

Avant d'entamer l'étude des deux contrôles expressément prévus par le texte, on notera que la Cour de justice a précisé qu'il s'agissait là de deux conditions de régularité indépendantes et qui devaient toutes deux être remplies pour que la décision puisse être reconnue ou exécutée[81]. Il s'agit de deux garanties distinctes et cumulatives.

Le contentieux est relativement abondant sur l'art. 27-2° et la ligne directrice suivie par la Cour de justice est d'interpréter ce texte afin de préserver au mieux les intérêts du défendeur défaillant, quitte à encourir le reproche d'encourager ainsi des non-comparutions délibérées de la part de défendeurs de mauvaise foi[82].

A – Régularité de l'assignation.

359 – Principe. L'art. 27-2° impose de vérifier que «l'acte introductif d'instance ou un acte équivalent» a été «régulièrement» signifié ou notifié au défendeur défaillant. Les termes «ou un acte équivalent» ont été ajoutés en 1978 pour tenir compte des particularités procédurales des pays de *Common Law*[83]. Sur ce point encore, la procédure allemande d'injonction de payer a nécessité quelques précisions et dans l'arrêt *Klomps* du 16 juin 1981, aff. 166/80, la Cour de justice a indiqué que l'injonction de payer (*Zahlungsbefehl*) «dont la notification permet au demandeur, d'après le droit de la juridiction d'origine, d'obtenir, en cas de défaillance du défendeur, une décision susceptible d'être reconnue et exécutée selon les dispositions de la Conven-

81. CJCE 16 juin 1981, *Klomps c. Michel*, aff. 166/80 et CJCE 3 juillet 1990, *Isabelle Lancray SA c. Firma Peters eun Sickert KG*, aff.C-305/88.

82. V. spéc. Droz, notes sous l'arrêt *Isabelle Lancray*, du 3 juillet 1990, RC 1991, 167 et sous l'arrêt *Minalmet* du 12 nov. 1992, RC 1993, 81.

83. V. rapp. Schlosser n° 194 qui renvoie au n° 182.

tion» (point 1 du dispositif) est bien un «acte introductif d'instance» au sens de l'art. 27-2°[84]; au contraire «l'autorisation d'exécution (*Vollstreckungsbefehl*), qui est rendue à la suite de la notification de l'injonction de payer et qui est exécutoire selon la Convention, n'entre pas dans la notion d'«acte introductif d'instance» (point 2 du dispositif). C'est donc l'ordonnance d'injonction de payer qui représente l'acte introductif d'instance[85].

360 – Contrôle de la régularité de la signification ou de la notification. Ce contrôle est effectué par le juge de l'État requis au regard du droit du juge de l'État d'origine, loi de cet État ou convention internationale conclue par cet État[86]. La Convention de Bruxelles ne comporte pas de dispositions règlementant ces actes de procédure et il est normal de renvoyer au droit du juge de l'État d'origine. C'est le même système que celui adopté en matière de compétence directe par l'art. 20 de la Convention (ce texte renvoyant à la Convention de La Haye du 15 novembre 1965 sur la signification et la notification à l'étranger) et par l'art. II du Protocole annexé à la Convention (v. *supra* n° 277 et ss.).

Le droit du juge de l'État d'origine sera donc consulté, par exemple, pour les modalités formelles de l'acte de notification. Une question souvent évoquée et celle de la traduction de l'acte introductif d'instance lors de la citation; c'est au droit de l'État d'origine de dire si cet acte doit être traduit dans la langue du défendeur. Et dans l'arrêt *Isabelle Lancray*, du 3 juillet 1990, aff. C-305/88, la Convention franco-allemande applicable imposait, à peine de nullité, la traduction de l'acte introductif d'instance; il était alors indifférent que, en fait, le défendeur ait été en mesure de connaître la teneur de cet acte en raison des rapports d'affaires courants entre les parties. Mais, lorsque la traduction n'est pas prescrite par la loi de l'État d'origine, son absence n'est pas une cause d'irrégularité de l'assignation au sens de l'art. 27[87].

Relèvent également du droit de l'État d'origine les modalités de réparation éventuelle du vice de signification[88] et le mode de notification employé[89], ou encore l'absence d'indication dans l'acte de signification de la nature et des délais de

---

84. V. déjà en ce sens Paris 16 mars 1979, RC 1980, 124, note Mezger et Civ. 10 mars 1981 RC 1981, 553, note Mezger; v. aussi Civ. 1re 19 juillet 1989, Bull. civ. I n° 297.

85. V. aussi Civ. 1re 11 juin 1991, JCP 1991. IV. 317: c'est l'acte introductif d'instance qui doit être pris en compte et non un simple «avertissement» tel que prévu par l'art. 751 du Code judiciaire belge.

86. En ce sens CJCE arrêt *Klomps* du 16 juin 1981, aff. 166/80; CJCE arrêt *Isabelle Lancray* du 3 juillet 1990, aff. C-305/88.

87. Sur ces problèmes de traduction, v. Civ.1re 17 mai 1978, JDI 1979, 380, 1re esp., note D. Holleaux; Civ. 1re 4 mars 1980, JDI 1981, 854, observ. D. Holleaux. V. également les réf. données par G. Pluyette, La Convention de Bruxelles et les droits de la défense, Études offertes à P. Bellet, p. 427 et ss. , spéc. p. 456, note 52.

88. CJCE 3 juillet 1990, *Isabelle Lancray*, aff. C-305/88.

89. Sur la diversité des modes de notification: R. Dujardin, les modes de signification dans la CEE en dehors des Conventions de La Haye, Rev. L'huissier de justice, 1991, p. 95. En jurisprudence, v. Paris 4 janvier 1983, RC 1984, 134, note Droz, à propos d'une «signification publique» et d'une notification par procès-verbal de gendarmerie conformément au droit allemand; Paris 6 déc. 1983, pour une signification à domicile élu chez un avocat, cité par G. Pluyette art. préc. p. 457.

recours[90]. Si l'art. 27-2° oblige à contrôler la régularité de la *notification* de l'acte introductif d'instance, en revanche, le juge de l'État requis ne doit pas contrôler la régularité de *cet acte* lui-même car la Convention ne prévoit pas un contrôle général de la procédure suivie à l'étranger[90 bis].

Dans son contrôle de la régularité de la signification, le juge de l'État requis n'est pas lié par les appréciations de fait ou de droit portées par le juge d'origine : il exerce ici un pouvoir de révision « aux fins de contrôle » (v. *supra* n° 333).

Ce contrôle effectué par le juge de l'État requis de la régularité de la signification ou de la notification, contrôle exercé selon la loi de l'État d'origine, peut choquer dans la mesure où il est contraire à l'esprit général de la Convention qui est de faire confiance au juge étranger. Il se justifie néammoins parce que le défendeur a été *défaillant* : le respect des droits d'un défendeur qui n'a pas comparu doit être strictement vérifié[91].

B – Temps utile pour pouvoir se défendre

361 – Principe. Il résulte de l'art. 27-2° et de la jurisprudence de la Cour de justice (v. *supra* n° 358) qu'il ne suffit pas que la signification ait été régulière, il faut encore que le défendeur ait disposé d'un « temps utile » pour organiser sa défense. L'appréciation de ce temps utile soulève des questions différentes selon que le défendeur a ou n'a pas eu connaissance de la procédure intentée contre lui.

362 – Le défendeur a eu connaissance de l'acte introductif d'instance ou d'un acte équivalent. En ce cas, le défendeur a pu organiser sa défense dès le moment où il a su qu'une instance était dirigée contre lui. Le délai partira normalement du jour de la signification. Mais, si l'on peut craindre que la signification n'ait pas réellement touché le défendeur (exemple de la signification à Parquet), alors le délai ne devra courir que lorsqu'auront été faites toutes les diligences complémentaires utiles pour tenter de prévenir le défendeur[92].

Si le défendeur a été averti de l'assignation, la seule question qui se pose est se savoir quelle doit être la *durée* du « temps utile », du délai dont il doit pouvoir disposer. Le juge de l'État requis appréciera la durée de ce délai en toute liberté, sans être tenu

---

90. Civ. 1re 3 juin 1986, Bull. civ. I n° 149 ; v. aussi Paris 2 juin 1978 et 13 nov. 1987, cités par G. Pluyette, art. préc. in Études Bellet, p. 456 note 53, l'arrêt du 13 nov. 1987 figurant JDI 1989, 100, 2e esp. observ. Huet.

90 bis. *Contra* mais critiquable, Civ. 1re 9 oct.1991, JDI 1993, 157, observ. Huet; RC 1992, 516, 1re esp. note Kessedjian, l'arrêt invoquant pour refuser la reconnaissance de la décision étrangère le fait que l'acte introductif d'instance ne contenait pas « des indications suffisantes sur l'objet de la demande ».

91. V. cependant les risques de dérive si c'est volontairement et frauduleusement que le défendeur ne comparaît pas , G. Pluyette, art. préc. Études offertes à P. Bellet, spéc. p. 450.

92. V. en ce sens Gothot et Holleaux, n° 268 ; Civ. 1re 3 nov. 1977, Bull. civ. I n° 401 ; Lyon 18 avril 1978, JDI 1980, 3e esp. note D. Holleaux ; Trib. gr. inst. Paris 2 nov. 1984, Gaz. Pal. 1985, I, 61, note Mauro.

ni par la disposition légale appliquée par le juge d'origine[93], ni par la constatation faite par le juge de l'État d'origine que «le défendeur avait eu la possibilité de recevoir communication de l'acte introductif d'instance en temps utile pour se défendre»[94].

Le juge de l'État requis n'est pas davantage lié par les délais fixés par son droit national[95].

L'appréciation de la durée du délai se fera donc *in concreto*, le juge de l'État requis étant libre d'apprécier tous les éléments de fait et de droit qu'il juge pertinents et d'estimer selon sa conviction si le délai était suffisant ou non[96].

Enfin le refus de reconnaissance ou d'exécution pourra être opposé, même si s'est écoulé un «temps utile» dès lors que la signification était irrégulière[97].

363 – Le défendeur n'a pas eu connaissance de l'instance engagée contre lui. Une autre question se pose en ce cas: un quelconque délai court-il si le défendeur n'est pas averti du procès mené contre lui? Le texte de l'art. 27-2° qui impose un «temps utile» peut-il être respecté lorsque le défendeur était dans l'ignorance de l'instance?

Il ne faut pas compromettre à l'excès la protection des intérêts du demandeur. Les droits étatiques et les conventions internationales organisent des modes de signification qui tendent à informer le défendeur mais n'y parviennent cependant pas toujours. Le demandeur qui a fait confiance à de tels modes ne doit pas être systématiquement privé du bénéfice du mécanisme simplifié de reconnaissance et d'excution prévu par la Convention de Bruxelles[98].

Pour cette raison, la Cour de justice n'a pas hésité, dans l'arrêt *Klomps* du 16 juin 1981, aff. 166/80, à énoncer que «l'art. 27-2° n'exige pas la preuve que le défendeur a effectivement eu connaissance de l'acte introductif d'instance»[99]. Il en résulte que si la signification de l'acte introductif d'instance a été régulière, le délai court à partir de cette signification quand bien même le défendeur n'aurait pas été effectivement touché[100]. La Cour ne fait aucune distinction selon le mode de notification utilisé (noti-

---

93. V. en ce sens concl. Reischl dans l'affaire *Klomps* du 16 juin 1981, Rec. 1981, p. 1619, 1621; et CJCE 11 juin 1985, *Debaecker*, aff.49/84; Paris 13 nov. 1987, précité note 40.

94. CJCE 15 juillet 1982, *Pendy Plastics*, aff. 228/81.

95. Civ. 1re 3 nov. 1977, Bull. civ. I n° 401; Civ. 1re 4 mars 1980, précité note 37.

96. Ont été considérés comme des délais suffisants: 10 jours (Civ. 1re 3 nov. 1977 cité note précédente), 27 jours (Civ. 1re 4 mars 1980, préc. note 37), 30 jours (Paris 13 nov. 1987, préc. note 40) entre la signification et la date de l'audience.

97. CJCE 3 juillet 1990, *Isabelle Lancray*, aff.305/88.

98. On se souviendra que, même en matière de compétence directe, la Convention n'exige pas que le défendeur ait été touché: l'art. 20 se contente de ce que le défendeur «ait été mis à même de recevoir l'acte introductif d'instance en temps utile pour se défendre ou que toute diligence a été faite à cette fin», v. *supra* n° 278.

99. V. aussi en ce sens Trib. gr. inst. Paris 6 janvier 1982 et Paris 4 janvier 1983, RC 1984, 134, note Droz.

100. V. point 19 des motifs et point 6 du dispositif de l'arrêt *Klomps* du l6 juin 1981, aff. 166/80.

fication à personne, à domicile, à Parquet...) et on pourrait craindre que, dans certains cas, le défendeur soit mal protégé[101].

Mais il n'en est rien car la Cour de justice, dès l'arrêt *Klomps* a réservé la possibilité pour le juge de l'État requis d'« apprécier si, dans un cas d'espèce, il existe de circonstances exceptionnelles telles que la signification ou la notification, bien que régulière, n'a toutefois pas suffi pour ouvrir un tel délai »(pt. 6 du dipositif). Et dans l'arrêt *Debaecker* du 11 juin 1985, aff. 49/84, la Cour donne un exemple de ce que peuvent être ces « circonstances exceptionnelles » : la signification avait été faite au Parquet car le demandeur ignorait l'adresse du défendeur; cette adresse lui fût révélée postérieurement; la Cour estime que cette circonstance doit être prise en considération pour apprécier le « temps utile » et laisse entendre que la juridiction de l'État requis pourrait qualifier un changement d'adresse comme une « circonstance exceptionnelle » empêchant la notification faite à l'ancienne adresse de faire courir le délai de l'art. 27-2°. Comme l'a relevé J.M. Bischoff dans les observations consacrées à l'arrêt *Debaecker*[102], « Ainsi les plus larges pouvoirs d'appréciation sont-ils reconnus au juge requis qui peut, pour déterminer si le défendeur a disposé d'un temps utile pour présenter sa défense, tenir compte aussi bien des circonstances postérieures que des circonstances antérieures ou concomitantes à la notification ou à la signification, qui n'est tenu, dans cette appréciation, par aucune règle de droit, et qui pourra prendre en considération non seulement des faits objectifs et extérieurs aux parties, mais également et même, dira-t-on, essentiellement, le comportement de ces dernières. » Ainsi, entrera aussi en ligne de compte l'attitude du demandeur qui aura dû faire toute diligence pour s'efforcer d'atteindre le défendeur s'il constate que ce dernier n'a pu être touché par l'acte introductif d'instance.

Finalement si le défendeur n'a pas été prévenu par la signification ou la notification, c'est au juge de l'État requis d'apprécier, en tenant compte des circonstances de la cause et de la loyauté du comportement des parties, quel est le point de départ du délai faisant courir le « temps utile » exigé par l'art. 27-2°, la durée de ce temps utile étant toujours laissée à l'appréciation de ce même juge (v. *supra* n° 362).

On voit donc que les deux conditions posées par l'art. 27-2° laissent au juge de l'État requis la possibilité d'exercer un large pouvoir de révision; mais il s'agit de révision à fin de contrôle et non de révision au fond (v. *supra* n° 333).

364 – L'art. II du Protocole annexé à la Convention de Bruxelles. Ce texte[103] contient une disposition spéciale lorsque la décision dont on veut obtenir la reconnaissance ou l'exécution a été rendue par une juridiction pénale se prononçant sur une infraction *involontaire* et statuant en même temps sur l'action civile : si la juridiction pénale a ordonné la comparution personnelle du défendeur et que celle-ci n'ait pas eu

101. V. Trib. gr. inst. Paris 2 nov. 1984, Gaz. Pal. 1985, 1, 61, note Mauro.
102. RC 1986, 461 et ss., spéc. 466, 467.
103. V. *supra* n° 200.

lieu « la décision rendue sur l'action civile sans que la personne en cause ait eu la possibilité de se faire défendre pourra ne pas être reconnue ni exécutée dans les autres États contractants ». Il s'agit là de protéger sur le plan civil le défendeur qui, pénalement poursuivi pour une infraction involontaire[104], a pu avoir des raisons particulières de ne pas se défendre lui-même ou de ne pas se faire défendre par des personnes habilitées à cette fin devant la juridiction pénale devant laquelle il était assigné[105].

C – Contrôle du respect de l'ordre public procédural?

365 – La question. Il s'agit de savoir s'il est possible de vérifier que, de façon générale, la procédure menée à l'étranger a bien respecté les droits de la défense et ce en dehors des cas prévus expressément par l'art. 27-2° (signification ou notification régulière, temps utile pour se défendre). En d'autres termes, la solution du droit international privé commun français figurant dans l'arrêt *Bachir*[106] et permettant de contrôler la décision étrangère au regard de l'ordre public procédural (c'est-à-dire au regard du respect des droits de la défense) est-elle transposable dans le cadre de la Convention de Bruxelles?

En l'absence d'un arrêt de la Cour de justice répondant à cette question, il importe d'exposer les arguments en présence.

366 – Arguments favorables à l'admission d'un contrôle général du respect des droits de la défense. On relèvera tout d'abord la formule très générale employée par la Cour dans l'arrêt *Debaeker* du 11 juin 1985, aff.49/84 et déjà citée (v. *supra* n° 356): l'objectif de simplification des formalités de reconnaissance et d'exécution « ne saurait toutefois être atteint... en affaiblissant, de quelque manière que ce soit, les droits de la défense ». Or il peut arriver que ces droits soient atteints même si la signification a été régulière et un délai suffisant laissé au défendeur.

Et, en effet, quelques décisions sont en ce sens: ainsi, un arrêt de la Cour de Pau du 27 septembre 1990[107] a estimé que le fait d'imposer au demandeur le paiement d'une caution particulièrement élevée le prive du « droit à ce que sa cause soit entendue équitablement »; ce demandeur n'ayant alors pu donner suite à son instance et ayant été condamné à l'étranger à payer les frais de procédure, la décision étrangère ne peut recevoir exequatur en France. De même il pourrait résulter d'une lecture *a contrario* d'un arrêt de la Première chambre civile du 2 mai 1990[108] que si le juge de l'État d'origine avait fondé sa décision sur une expertise qui n'avait pas eu un caractère

104. Sur la notion d'infraction involontaire, v. CJCE 26 mai 1981, *Rinkau*, aff. 157/80, *supra* n° 201.

105. V. aussi CJCE 21 avril 1993, *Volker Sonntag, aff. C-172/91, supra* n° 358.

106. Civ. 1re 4 octobre 1967, D. 1968, 95, note Mezger; RC 1968, 98, note P. Lagarde; JCP 1968. II. 15364, note J.B. Sialelli; JDI 1969, 102, note B. Goldman, Grands arrêts, 2e ed. n° 46.

107. Gaz. Pal du 20 décembre 1990, cité par G. Pluyette, art. préc. Études Bellet, p. 455.

108. *Manubat Holding c. MBM*, cité par G. Pluyette, op. cit. , loc. cit.

contradictoire, le juge de l'État requis aurait pu refuser la reconnaissance et l'exécution de la décision étrangère au motif que les droits de la défense auraient été violés.

On se reportera également à la jurisprudence signalée *supra* (n° 353) qui refuse de faire bénéficier du mécanisme simplifié de reconnaissance et d'exécution des décisions étrangères non motivées si n'est fourni aucun équivalent à cette motivation : cette jurisprudence peut, à notre avis, être considérée aussi bien au regard de l'ordre public procédural que de l'ordre public de fond.

Cette position peut se réclamer de la Convention européenne des Droits de l'homme qui, dans son art. 6, garantit le droit à un procés «équitable», ce qui implique certainement que le droits de la défense aient été constamment respectés.

367 – Thèse rejetant la possibilité d'un contrôle général des droits de la défense. Pour la très grande majorité des auteurs[109], l'art. 27-2° doit être interprété restrictivement et le contrôle du respect des droits de la défense ne peut porter que sur les deux points expressément mentionnés par le texte. La Cour[110] ne s'est pas prononcée directement sur ce point, mais a affirmé que l'ordre public de l'art. 27-1° ne devait jouer qu'exceptionnellement.

Cette interprétation paraît plus conforme et à la lettre de l'art. 27-2° et au but poursuivi par la Convention de circulation simplifiée des décisions.

Elle a d'ailleurs été consacrée en France par certaines décisions.On citera tout d'abord un arrêt de la Première chambre civile du 3 juin 1986[111] qui a jugé que «l'absence d'indication, dans l'acte de signification du jugement étranger, de la nature et des délais de recours, ne peut constituer une violation des droits de la défense, la seule violation prise en considération par la Convention de Bruxelles étant celle prévue par l'art. 27-2°». On ajoutera un arrêt de la Cour de Paris du 2 octobre 1987[112] énonçant que «la violation de droits de la défense n'est prise en considération par l'art. 27-2° de la Convention de Bruxelles que dans le cas où l'acte introductif d'instance n'a pas été signifié ou notifié au défendeur défaillant régulièrement en temps utile ; qu'est dès lors inopérant le moyen de défense à exequatur d'un jugement étranger tiré de la violation des droits de la défense par défaut de réponse à conclusions».

---

109. V. en particulier Droz, n° 489 ; Gothot et Holleaux, n° 254, 271 et ss ; D. Holleaux, observ. JDI 1981, 854 ; A. Huet, observ. JDI 1989, 101 ; *contra* Goldman, Rev. trim. dr . europ. 1971, spéc. p. 33.

110. V. l'arrêt *Hoffmann c. Krieg* du 4 février 1988, aff. 145/86 selon lequel «la clause de l'ordre public ne doit jouer que dans des cas exceptionnels».

111. Bull. civ. I 1986, n° 149, cité par G. Pluyette, art. préc. p. 456. Et reprenant la même formule, Paris 13 nov.1987, JDI 1989, 100, 2e esp. , observ. A. Huet. Cpr. Civ. 1re 9 oct. 1991, D. 1991, inf. rap. 274, refus d'exequatur parce que l'assignation de définissait pas de façon assez précise l'objet de la demande. V. déjà mais moins significatif Civ.1re 10 mars 1981 RC 1981, 553, note E.M.

112. JDI 1989, 100, 1re esp. observ. A. Huet ; *adde* Paris 13 novembre 1987, JDI 1989, 100, 2e esp. observ. A. Huet et v. cités par G. Pluyette, art. préc. p. 454 note 50 deux autres arrêts en ce sens : Bourges 12 janvier 1987 et Versailles 15 juin 1983, ce dernier rapporté à Gaz. Pal. 1984, 1, som.191.

Il serait souhaitable que la Cour de justice ait l'occasion de mettre fin à ces hésitations. Il nous semble que la logique de la Convention de Bruxelles voudrait que la seconde thèse soit retenue et que le juge de l'État requis ne puisse invoquer de façon générale l'ordre public procédural ni retenir des violations des droits de la défense qui ne soient pas couvertes par les termes précis de l'art. 27-2°. Mais la Cour européenne des droits de l'homme pourrait s'opposer à cette solution.

§ 3 : L'inconciliabilité des décisions : art. 27-3° et 27-5°

368 – Principe posé par l'art. 27-3° et 27-5°. L'idée générale qui anime ces deux alinéas de l'art. 27 est qu'il faut éviter que soit réclamée sur le territoire d'un même État contractant l'exécution de deux décisions contradictoires[113]. Certes, les exceptions de litispendance et de connexité prévues par les art. 21 et 22 doivent-elles déjà éviter largement que ne se produise une telle situation[114]; mais il peut arriver que ces textes n'aient pas été invoqués par les plaideurs ni appliqués par le juge. Il peut arriver aussi que, malgré l'autorité de chose jugée que la Convention de Bruxelles attache à une décision rendue dans un autre État contractant[115], l'exception de chose jugée n'ait pas été soulevée et qu'il s'ensuive une décision contradictoire avec ce qui avait été déjà jugé. Enfin le conflit entre décisions peut naître avec des décisions émanant de pays tiers[116].

Pour toutes ces raisons, il était bon que l'art. 27 fasse de l'inconciliabilité des décisions un motif spécifique de refus de reconnaissance. En 1968, n'avait été prévu que le cas régi par l'art. 27-3° : conflit entre une décision de l'État requis et une décision émanant d'un autre État contractant(A). En 1978, le nouveau texte s'enrichit du point 5 de l'article 27 qui vise le cas d'inconciliabiité entre une décision d'un État tiers susceptible de reconnaissance dans l'État requis et une décision émanant d'un État contractant (B); reste une hypothèse non réglée par la Convention, celle du conflit dans un État contractant entre des décisions émanant d'autres États contractants (C).

Mais avant de reprendre ces trois hypothèses, il faut préciser une notion qui leur est commune et sert de base à ce motif de non-reconnaissance : l'inconciliabilité.

369 – La notion d'inconciliabilité. Il faut, tout d'abord qu'il y ait deux décisions *rendues*. L'art. 27-3° ou 5° ne peut s'appliquer si, dans l'État requis, il existe seulement une procédure pendante et susceptible d'aboutir à une décision inconciliable avec la

---

113. V. J. Mauro, L'inconciliabilité des décisions judiciaires rendues entre les mêmes parties au sens de l'art. 27 de la Convention de Bruxelles diffère-t-elle de la contrariété de jugements au sens de l'art. 60 du Nouveau Code de procédure civile ?, Gaz. Pal. 1980, 1, doctr. 144 ; A. di Blase, *Convenzione di Bruxelles e rapporti fra sentenze inconmpatibili*, Riv. di dir. int. priv. e proc. 1989, 330.

114. V. *supra* n° 281 et ss., 295 et ss.

115. V. *supra* n° 328.

116. Pour un exemple d'un tel conflit, v. l'affaire *Crédit Lyonnais c. Parretti*, Trib. gr. inst. Paris 10 février 1993, JDI 1993, 599, note C. Kessedjian et à paraître in RC 1993 n° 4 avec une note H. Gaudemet-Tallon.

décision rendue dans un autre État. Peu importe que cette procédure ait été intentée avant celle qui a donné lieu à la décision dont la reconnaissance ou l'exécution est demandée; même si le juge étranger a méconnu les règles conventionnelles sur la litispendance ou la connexité, il n'y a pas là motif de non-reconnaissance[117].

Il faut ensuite que ces deux décisions soient «inconciliables». Quel sens précis doit-on donner à ce terme? Le rapport Jenard (p. 45) donnait déjà une indication sur ce point en justifiant l'art. 27-3° par le fait que «l'ordre social d'un État serait troublé si on pouvait s'y prévaloir de deux jugements *contradictoires*».

Toutefois, la Cour de justice a eu l'occasion de préciser ce qu'on devait entendre par «inconciliabilité»: dans l'arrêt *Hoffmann c. Krieg* du 4 février 1988, aff. 145/86, où étaient en conflit une décision allemande condamnant le mari à contribuer aux charges du mariage et une décision néerlandaise de divorce, la Cour au point 22 déclare que «Afin d'établir s'il y inconciliabilité au sens de l'art. 27-3°, il convient de rechercher si les décisions en cause *entraînent des conséquences juridiques qui s'excluent mutuellement*». Il n'est donc pas nécessaire que les deux décisions portent sur le même objet (ici pension alimentaire d'une part, lien conjugal de l'autre), mais il faut que les effets de droit de ces décisions soient contradictoires (ici, condamnation aux charges du mariage en raison de l'existence du mariage d'une part et dissolution du lien conjugal d'autre part).

Les juges nationaux devront donc se conformer à cette directive d'interprétation donnée par la Cour. Et on peut se demander si la Cour de cassation française pourra maintenir le principe qu'elle avait adopté le 3 novembre 1977[118] selon lequel l'interprétation de l'inconciliabilité est laissée à l'appréciation souveraine des juges du fond; dans la mesure où la Cour de justice impose une appréciation des «conséquences juridiques» des décisions, la Cour de cassation ne devrait-elle pas exercer un certain contrôle?

L'arrêt *Hoffmann c. Krieg* apporte une autre précision très importante: *peu importe que la décision rendue dans l'État requis porte sur une question ne relevant pas du domaine de la Convention de Bruxelles*. En l'espèce, alors que la décision allemande portant sur une pension alimentaire relevait de la Convention, en revanche, la décision néerlandaise de divorce lui échappait; la Cour se prononce au point 17 de façon très

---

117. V. en ce sens Droz, n° 518; Gothot et Holleaux, n° 275; Beraudo, Juriscl. Europe, fasc. 3040, n° 42. Ce point est parfois réglé différemment par certaines conventions internationales: v. par exemple, l'art. 5-3 a) de la Convention de La Haye du 1er février 1971 sur la reconnaissance et l'exécution des jugements étrangers en matière civile et commerciale ou l'art. 4 -3 de la Convention franco-autrichienne du 15 juillet 1966 sur la reconnaissance et l'exécution des décisions judiciaires. Le droit commun international de certains États peut aussi être différent: v. pour la France, H. Muir-Watt, Juriscl. dr. internat. fasc. 584-5 n° 7.

118. Bull. civ. I n° 401; RC 1978, 773: les juges du fond avaient donc souverainement estimé qu'il n'y avait pas inconciliabilité entre un jugement néerlandais condamnant l'acheteur au paiement du prix de la marchandise et une décision française condamnant le vendeur à des dommages-intérêts pour non-conformité de la marchandise; il était possible d'exécuter concurremment ces deux décisions par voie de compensation.

claire: «... la Convention ne s'oppose pas à ce que le juge de l'État requis tire les conséquences d'un jugement national prononçant le divorce dans le cadre de l'exécution de la décision étrangère sur les aliments». Cette interprétation est conforme et à l'esprit de la Convention (éviter la coexistence de décisions inconciliables) et à la lettre de l'art. 27-3° ou 5° qui vise une «décision rendue» sans aucunement préciser que cette décision doit avoir été rendue dans une matière relevant de la Convention[119].

Si l'on est en présence de deux décisions rendues dans deux États différents et inconciliables au sens qui a été donné à ce terme par la Cour de justice, il faut encore distinguer les trois hypothèses mentionnées au numéro précédent.

A – Inconciliabilité entre une décision rendue dans l'État requis et une décision émanant d'un autre État contractant (art. 27-3°)

370 – Spécificités de cette hypothèse. Il ne semble pas nécessaire que la décision rendue dans l'État requis ait acquis la force, ni même l'autorité de chose jugée (1); les décisions ont dû être prononcées entre les mêmes parties (2); et enfin, la décision rendue dans l'État requis peut être soit antérieure soit postérieure à la décision rendue dans un autre État contractant(3).

371 – (1) La décision rendue dans l'État requis n'est pas nécessairement pourvue de l'autorité de chose jugée. Le texte de la Convention est muet sur cette question. Dans le rapport Jenard la question était posée, mais le rapport ne lui donne pas de réponse: les experts, devant la variété des solutions retenues par diverses conventions internationales bilatérales ou multilatérales, préfèrent «s'en tenir à une formule ne tranchant pas le problème de la force ou de l'autorité de la chose jugée et laisser la question à l'appréciation du juge saisi» (p. 45). Il serait pourtant tout à fait regrettable que les États contractants adoptent des solutions divergentes sur ce point. En l'absence de jurisprudence de la Cour de justice sur cette question, il semble préférable de considérer, puisque le texte ne contient aucune formule restrictive, qu'il s'agit de toute «décision rendue» sans exiger que cette décision ait acquis force de chose jugée ou même simplement autorité de chose jugée[120-121].

---

119. V. pour une opinion sensiblement différente, mais arrivant au même résultat, v. A. Huet, observ. sous l'arrêt *Hoffmann*, JDI 1989, spéc. p. 450, l'auteur estimant que la Convention de Bruxelles était inapplicable sur ce point, car «le débat concerne avant tout les effets d'un jugement de divorce, c'est à dire d'un jugement relatif à une matière soustraite au domaine de la Convention.».

120. En ce sens, Gothot et Holleaux, n° 276. *Contra* Beraudo, Juriscl. Europe, fasc. 3040 n° 44 qui se prononce pour la solution de cette question selon la *lex fori* du juge de l'État requis.

121. V. cependant ord. Président Trib. gr. inst. Paris 31 mai 1989, RC 1990, 550, note Droz: selon l'annotateur (v. spéc. p 556 et 557) l'ordonnance prend implicitement partie en faveur de l'exigence du caractère définitif du jugement rendu dans l'État requis. V. aussi Schockweiler, rapp. Coll. CJCE, mars 1991, p. 173 selon qui «... peut-être faudrait-il que (la décision rendue dans l'État requis) soit passée en force de chose jugée, ou, du moins, devenue exécutoire».

372 – (2) Condition d'identité de parties. L'art. 27-3° exige que les deux décisions rendues, l'une dans l'État requis, l'autre dans un autre État contractant, l'aient été entre les *mêmes parties*. Le texte est très clair; mais il est regrettable que cette condition ait été imposée. En effet, il est tout à fait concevable que, sans qu'il y ait identité de parties, une décision rendue à l'étranger soit inconciliable avec une décision rendue dans l'État requis[122]. L'art. 22 sur la connexité qui retient également la notion d'inconciliabilité (art. 22 al. 3) ne pose d'ailleurs pas cette condition d'identité de parties. Le caractère regrettable de cette condition apparaît, par exemple, dans une ordonnance du Président du Tribunal de grande instance de Paris du 31 mai 1989[123]: pour ne pas tenir compte d'une éventuelle inconciliabilité entre une décision italienne et une décision française, le Président du Tribunal s'appuie essentiellement sur ce que les procédures italienne et française n'opposaient pas exactement les mêmes parties. Et pourtant, en l'espèce, si doivent être exécutées et la décision italienne et la décision française, on constatera qu'il y a inconciliabilité. Dans une telle hypothèse, on songe alors, en droit français, à utiliser la procédure prévue par les articles 617 et 618 du Nouveau Code de procédure civile sur la contrariété des jugements[124]. Ces dispositions françaises doivent permettre de résoudre la difficulté. Mais, plutôt que d'obliger à avoir ainsi recours à la *lex fori* (qui, dans d'autres États, peut ne pas apporter de solution correcte), il aurait été préférable que, à l'instar de l'art. 22, l'art. 27-3° n'exige pas cette condition d'identité de parties.

373 – (3) Absence de condition d'antériorité de la décision rendue dans l'État requis. Lorsque la décision rendue dans l'État requis l'a été *avant* que ne soit rendue dans un autre État contractant la décision dont on demande la reonnaissance ou l'exécution, il n'a jamais fait de doute que l'art. 27-3° autorise le refus de reconnaissance ou d'exécution si la seconde décision est inconciliable avec la première.

En revanche, on s'est interrogé pour savoir si la même solution pouvait être donnée lorsque la décision rendue dans l'État requis est *postérieure* à celle de l'État d'origine. MM. Gothot et Holleaux, en particulier, ont estimé que, dans la mesure où, en vertu de la Convention, la décision rendue dans un autre État contractant est reconnue de plein droit (art. 26) dans l'État requis, une décision ultérieure rendue dans cet État ne pouvait compromettre cette reconnaissance. Ces auteurs préconisait alors de résou-

122. V. en ce sens Gothot et Holleaux, n° 279, qui relèvent « qu'il se peut bien que l'inconciliabilité de décisions sur des affaires connexes se révèle sans que les parties soient les mêmes » et citent en droit interne français Cass. 6 janvier 1982, Gaz. Pal. 1982, 2388, note Viatte; Rev. trim. dr. civ. 1982, 790, obs. Perrot. La Cour de justice est actuellement saisie dans une affaire C-414/92 d'une question portant sur la notion de « décision rendue entre les mêmes parties » au sens de l'art. 27-3°, *Firma Solo Kleinmotoren GmbH c. Emilio Boch.*, conclusions et arrêt attendus en 1994.

123. Préc. note 121.

124. V. en ce sens note Droz préc. note 121; Gothot et Holleaux, n° 280; Beraudo, Juriscl. Europe, fasc. 3040 n° 46.

dre l'inconciliabilité par le recours aux règles de droit interne, et, en particulier par l'art. 618 du Nouveau Code de procédure civile[125].

Mais une autre partie de la doctrine s'est prononcée au contraire en faveur de l'applicabilité de l'art. 27-3° même lorsque la décision rendue dans l'État requis est postérieure à la décision étrangère[126] et il semble bien que la Cour de justice dans l'arrêt *Hoffmann c. Krieg* du 4 février 1988, aff. 145/86, ait pris parti en faveur de cette seconde thèse: en l'espèce, la décision néerlandaise prononçant le divorce était intervenue *après* la décision allemande sur la contribution aux charges du mariage. Cet ordre chronologique n'empêche pas la Cour d'admettre le jeu de l'art. 27-3° et de considérer que, à partir de la date du jugement de divorce néerlandais, il y a inconciliabilité entre ce jugement et la décision allemande sur l'obligation d'entretien (v. pts 24 et 25 de l'arrêt), ce qui justifie le refus de conférer force exécutoire à la décision allemande pour la période postérieure au jugement de divorce néerlandais[127]. On observera d'ailleurs à l'appui de cette absence de condition d'antériorité de la décision rendue dans l'État requis que l'art. 27-3° ne contient aucune précision sur ce point, alors que l'art. 27-5° (v. *infra* n° 375) réserve la possibilité de refus de reconnaissance au cas où la décision dont on demande la reconnaissance «est inconciliable avec une décision rendue *antérieurement*...».

B – Inconciliabilité entre une décision émanant d'un État tiers et susceptible de reconnaissance dans l'État requis et une décision rendue postérieurement dans un État contractant (art. 27-5°)

374 – Le complément apporté par la Convention d'adhésion de 1978. Il ressort du rapport Schlosser (point 205) que la disposition de l'art. 27-5° a été adoptée pour éviter «des complications diplomatiques avec des États tiers». Lorsque une décision a été rendue dans un État tiers et qu'elle réunit «les conditions nécessaires à sa reconnaissance dans l'État requis», soit en vertu du droit international commun de l'État requis, soit (c'est là qu'intervient le souci d'éviter des complications diplomatiques)

125. N° 280, les auteurs proposent une «adaptation» de l'art. 618: la Cour de cassation française ne peut annuler une décision étrangère, aussi faudrait-il remplacer la possibilité d'annulation par une possibilité de *déclaration d'inopposabilité* en France de la décision étrangère.Sur l'action en inopposabilité v. *infra* n° 385. V. également refusant d'admettre qu'une décision rendue dans l'État requis après celle qui est intervenue dans l'État d'origine puisse compromettre la reconnaissance de la décision étrangère, H. Muir-Watt, Juriscl. dr. internat. fasc. 584-5, n° 9; Beraudo, Jurisel. Europe, fasc. 3040, n° 46.

126. V. par ex. Droz, n° 516; P. Bellet, Reconnaissance et exécution des décisions en vertu de la Convention du 27 septembre 1968, Rev. trim. dr. europ. 1975, 32, spéc. p. 38.

127. Sur ce point, l'opinion de A. Huet est différente: pour lui (v. observ. préc. JDI 1989, spéc. p. 452), l'inconciliabilité relevait alors exclusivement du droit néerlandais.

en vertu de conventions internationales conclues par cet État, il ne faut pas qu'une décision rendue dans un État contractant autre que l'État requis puisse être reconnue et exécutée dans l'État requis alors qu'elle est inconciliable avec la décision de l'État tiers.

375 – Les conditions de refus de reconnaissance de la décision rendue dans un État contractant. Il résulte de l'art. 27-5° qu'il faut tout d'abord que la décision rendue dans l'État tiers l'ait été antérieurement à la décision venant d'un autre État contractant. Il faut aussi que les décisions inconciliables aient le même objet, la même cause et soient rendues entre les mêmes parties. Enfin, la décision venant de l'État tiers doit être susceptible de reconnaissance dans l'État requis. Chacune de ces conditions mérite quelques développements.

376 – Condition d'antériorité de la décision émanant d'un État tiers et susceptible de reconnaissance dans l'État requis. Comme on l'a dit (*supra* n° 373) le texte de l'art. 27-5° précise que cette décision a dû être rendue *avant* la décision émanant d'un autre État contractant que l'on voudrait faire reconnaitre ou exécuter dans l'État requis. Cette limitation tient sans doute à ce qu'il s'agit dans l'État requis d'un conflit entre deux reconnaissances de décisions étrangères, et non plus comme dans le cas de l'art. 27-3° d'un conflit entre une décision rendue dans l'État requis et la reconnaissance d'une décision étrangère. S'agissant ici de conflit entre deux décisions toutes deux étrangères à l'ordre juridique de l'État requis, il est logique d'en revenir à la priorité chronologique, *prior tempore...*

377 – Condition de triple identité d'objet, de cause et de parties. Le texte de l'art. 27-5° exige que les décisions inconciliables remplissent la condition de la triple identité, de parties, d'objet et de cause. Cette exigence paraît très critiquable[128]: on a déjà vu (*supra* n° 372) que la condition d'identité de parties risquait de laisser produire effet sur un même territoire à deux décisions rendues entre des parties différentes mais néammoins inconciliables. Si l'on ajoute la condition d'identité d'objet et de cause, on multiplie les cas dans lesquels la Convention de Bruxelles ne permet pas d'éviter le heurt entre deux décisions inconciliables. Certes, on sait que la Cour a, dans le cadre de l'art. 21 interprété largement la condition d'objet[129] et on peut penser qu'elle interprétera de la même nanière l'art. 27-5°. Mais cela ne suffira pas à écarter le risque d'avoir sur le territoire de l'État requis à reconnaître et une décision venant d'un État tiers et une décision venant d'un autre État contractant même si ces deux décisions sont inconciliables. Comme le font remarquer MM. Gothot et Holleaux, en un tel cas si l'État requis est la France, l'art. 618 du Nouveau Code de procédure civile ne sera pas d'un grand secours:«... la Cour de cassation saisie en vertu de l'art. 618... ne sau-

128. V. en particulier, Gothot et Holleaux, n° 286.

129. V. *supra* n° 282 et ss. avec spécialement l'arrêt *Gubisch* du 8 déc. 1987, aff. 144/86.

rait évidemment *annuler* ni l'une ni l'autre de ces décision *étrangères*. Elle peut à la rigueur déclarer inopposable en France l'une d'elles , voire les deux (pourvu qu'une juridiction française soit susceptible de connaître à son tour du litige; sinon, on risquerait en France le déni de justice...). Aucune de ces solutions ne satisfait pleinement et l'on peut, en outre, douter, lorsque la décision du pays tiers tire son efficacité d'un traité entre ce pays et la France, de la compatibilité avec le traité d'une déclaration d'inopposabilité de cette décision. De sorte qu'au lieu de prévenir les difficultés diplomatiques avec des pays tiers, la Convention d'adhésion les aurait plutôt favorisées.»[130].

378 – Sens de l'expression de l'art. 27-5°: décision réunissant «les conditions nécessaires à sa reconnaissance dans l'État requis». Il s'agit ici de savoir si la décision venant d'un État tiers doit seulement remplir les conditions nécessaires à sa reconnaissance, ou si elle doit être devenue efficace dans l'État requis avant que la décision rendue dans l'autre État contractant ait été rendue.La question se pose du fait que la décision rendue dans un État tiers ne produit d'effet dans l'ordre juridique de l'État requis qu'en fonction du droit international commun de cet État (sauf le cas de convention liant l'État tiers et l'État requis): selon les cas, cette décision aura une efficacité immédiate ou bien son efficacité sera subordonnée à une procédure spéciale de reconnaissance ou d'exécution; au contraire une décision émanant d'un autre État contractant est reconnue *de plein droit* dans l'État requis (art. 26). Pour apprécier la priorité dans le temps de la décision rendue dans un État tiers, faut-il se placer au moment où la décision a été rendue ou au moment, éventuellement différent, où elle est dotée d'efficacité dans l'État requis?

En doctrine deux thèses s'opposent.

Pour les uns, c'est le moment où la décision rendue dans un État tiers est dotée d'efficacité sur le territoire de l'État requis (souvent à la suite d'une procédure spécifique) qu'il faut retenir[131]; pour d'autres[132], qui tirent argument et de la lettre de l'art. 27-5° et de l'exemple donné dans le rapport Schlosser (point 205), il faut se placer au moment où la décision a été rendue dans l'État tiers. Cette seconde interprétation, respectueuse de la lettre même de l'art. 27-5°, offre, à notre avis, deux avantages: d'abord celui de mieux respecter les décisions rendues dans les États tiers; ensuite celui d'éviter que la date d'une décision rendue dans un État tiers (date fondamentale pour apprécier la condition d'antériorité) ne varie en fonction du droit de l'État contractant requis. En revanche, la première thèse, dans la mesure où elle diminue le nombre de cas dans lesquels il y aura une décision émanant d'un État tiers «antérieurement»

---

130. Gothot et Holleaux, n° 285.

131. V. en ce sens Droz, n° 524; Gothot et Holleaux, n° 283; Kohl, Journ. trib. 1988, 153; B. Audit, Droit international privé, n° 570.

132. V. essentiellement Beraudo, Juriscl. Europe fasc. 3040 n° 51, l'auteur citant à l'appui de son opinion des auteurs anglais éminents tels que Hartley et Collins; v. aussi Schockweiler, rapp. Coll. CJCE, mars 1991, p. 175.

rendue[133], facilite la reconnaissance des décisions entre États contractants, ce qui est un des principaux objectifs de la Convention de Bruxelles.

La jurisprudence est encore très rare à ce sujet: en France, on signalera le jugement du Tribunal de grande instance de Paris du 10 février 1993, rendu dans l'affaire *Crédit Lyonnais c. Parretti*, qui, en présence d'une part de décisions venant du Delaware (États-Unis) et d'autre part de décisions italiennes, décisions jugées inconciliables, fait prévaloir les décision américaines *rendues avant* les décisions italiennes, décisions américaines qui remplissaient les conditions de reconnaissance et d'exécution en France[134]. Seule la date où a été rendue la décision dans l'État tiers importe et non celle où cette décision a effectivement été déclarée exécutoire en France. Le raisonnement du Tribunal se rallie donc à la seconde thèse exposée *supra*... mais la procédure n'est sans doute pas terminées dans cette affaire.

379 – Inapplicabilité de la Convention de Bruxelles lorsque une décision émanant d'un État contractant et déjà reconnue dans l'État requis fait obstacle à la reconnaissance d'une décision émanant postérieurement d'un État tiers. A supposer, que dans ce cas de figure, il y ait inconciliabilité entre la première décision européenne reconnue dans l'État contractant requis et une décision rendue dans un État tiers, c'est au droit commun de l'État requis de dire si cette inconciliabilité fait ou non obstacle à la reconnaissance de la décision venant de l'État tiers. On peut penser que cette question sera résolue en appliquant également l'adage *prior tempore, potior jure*[135]. Mais, il est en tout cas certain que la Convention de Bruxelles ne règle pas la reconnaissance et l'exécution dans un État contractant de décisions émanant de pays tiers, quand bien même ces décisions se heurteraient à des décisions antérieures venant d'autres États contractants. Il n'y a plus lieu ici de se demander s'il faut prendre en compte la date à laquelle a été rendue la décision dans l'autre État contractant ou celle à laquelle cette décision est reconnue dans l'État requis :le principe de reconnaissance de plein droit posé par l'art. 26 fait que ces deux dates se confondent nécessairement.

C – Inconciliabilité entre deux décisions émanant d'États contractants différents

380 – Silence de la Convention sur l'hypothèse de conflit de décisions «européennes». Il se peut en effet que deux décisions d'États contractants différents soient inconciliables du point de vue d'un troisième État contractant, État requis, alors que pourtant, normalement, une décision d'un État contractant est reconnue de plein droit dans un autre État contractant. La Convention n'a pas réglé cette hypothèse. Or, si ce

133. En effet, s'il faut une procédure spécifique de reconnaissance ou d'exécution, bien souvent la décision émanant d'un autre État contractant aura été rendue avant cette procédure.

134. Cité *supra* note 116.

135. En ce sens Gothot et Holleaux, n° 286.

cas doit être rare dans la mesure où un fonctionnement normal des règles sur la litispendance et la connexité est destiné à l'empêcher de naître, il n'est pourtant pas impossible qu'il se réalise. G. Droz, dès 1972, tentait de proposer des solutions[136] et l'on peut s'étonner que lors des adhésions successives des nouveaux États l'art. 27 n'ait pas été modifié pour répondre à cette hypothèse.

On se ralliera ici à la solution à laquelle allait la préférence de G. Droz[137] et qui a également été défendue par MM. Gothot et Holleaux[138]: une décision d'un État contractant remplissant les conditions pour être reconnue dans les autres fait obstacle à la reconnaissance d'une décision inconciliable avec elle, rendue *postérieurement* dans un autre État contractant.Les ordre juridiques en présence, ordres juridiques d'États contractants, sont tous équivalents et seule la chronologie peut permettre de faire prévaloir une décison sur l'autre. On retrouve l'application du principe *prior tempore*... Et c'est ici sans aucun doute la date à laquelle la décision a été *rendue* qui doit être retenue puisque l'on sait qu'il y a normalement reconnaissance de plein droit dans un État contractant d'une décision rendue dans un autre État contractant (v. *supra* n° 379). Il n'y a donc pas à se préoccuper en ce cas du moment où la décision devient efficace, problème rencontré pour les décisions venant d'États tiers (v. *supra* n° 378).

Il semble également qu'il ne faudrait pas exiger que soit remplie la condition de triple identité posée par l'art. 27-5°: en effet, s'il est normal de n'admettre que restrictivement un refus de reconnaissance fondé sur une décision venant d'un État tiers, en revanche, lorsque les décisions en présence émanent toutes d'États contractants, cette attitude restrictive n'est plus de mise. Faudrait-il alors au moins exiger l'identité des parties? On peut le soutenir en tirant argument du rapprochement possible avec l'hypothèse traitée à l'art. 27-3°. Mais, on a vu (*supra* n° 372) que cette condition d'identité de parties est critiquable et que deux décisions peuvent être inconciliables sans qu'elles soient intervenues entre les mêmes parties; il serait alors plus satisfaisant, puisqu'aucune disposition de la Convention ne régit l'inconciliabilité entre des décisions d'États contractants différents de l'État contractant requis, d'en profiter pour écarter alors toute condition d'identité.

---

136. N° 519 et ss.
137. N° 523.
138. N° 282.

Section 4: Place pour un droit commun de l'effet des décisions étrangères plus libéral que la Convention de Bruxelles?

381 – La question. Une difficulté peut surgir, de façon tout à fait générale, à propos de n'importe quel traité portant sur la reconnaissance et l'exécution des décisions: le traité prévoit des conditions d'efficacité internationale qui sont inconnues du droit commun, ou, plus souvent, qui ont disparu de ce droit commun après la conclusion du traité. Un exemple significatif est donné par le droit français qui, depuis l'arrêt *Simitch*[139], se contente pour admettre la compétence indirecte du juge étranger qu'il y ait un lien caractérisé entre le litige et ce juge, alors que un nombre non négligeable de conventions internationales (bilatérales ou multilatérales) avaient prévu un système plus contraignant.

Dans de telles hypothèses, faut-il appliquer le traité ou peut-on, en arguant de ce que le traité avait été conclu pour simplifier le contrôle, l'écarter au bénéfice du droit commun?[140].

Cette question peut se poser dans le cadre de la Convention de Bruxelles: on a déjà vu que dans les cas exceptionnels où l'art. 28 al. 1 maintient un contrôle de la compétence indirecte, le droit conventionnel est alors plus sévère que le droit commun français[141]; de même lorsque l'art. 27-4° maintient un contrôle de la loi appliquée lorsqu'il a été statué à l'étranger en matière d'état et de capacité des personnes, cette solution sera plus sévère que celle du droit commun dans les États dont le droit commun ignore le contrôle de la loi appliquée[142]. On pourrait encore imaginer un droit commun qui interdise tout contrôle sur la procédure étrangère, même lorsque le défendeur a été défaillant, et, en ce cas, c'est l'art. 27-2° qui serait plus sévère que le droit commun.

382 – La controverse doctrinale. Les auteurs qui ont examiné cette question sont partagés et on ne fera ici que rappeler les grandes lignes de la controverse: pour les uns, il faut que le droit commun plus libéral l'emporte[143]; et les auteurs invoquent alors l'idée que dans la mesure où le traité a été conclu pour faciliter la reconnaissance et l'exécution des décisions, il serait paradoxal que son application aboutisse à un

---

139. Civ 1re, 6 février 1985, RC 1985, 369; JDI 1985, 460, note A. Huet; D. 1985, 469, note J. Massip et Inf. rap. 497, observ. B. Audit; chr. Francescakis, RC 1985, 243; Grands arrêts, 2e ed. n° 66.

140. Sur cette question en général, v. spéc. Ph. Francescakis, chron. préc. note 139; A. Huet, Les procédures de reconnaissance et d'exécution des jugements étrangers et des sentences arbitrales, en droit international privé français, JDI 1988, p. 1 et ss, spéc. p. 31 à 35; A. Huet, Procès et Droit, Études juridiques, Mélanges Jodlowski, Varsovie 1989, p. 111. V. aussi l'art. 11 de la Convention de La Haye de 1958 et l'art. 23 de la Convention de La Haye de 1973 qui, en matière de reconnaissance de décisions portant sur les obligations alimentaires, résoud le conflit au bénéfice du créancier d'aliments qui peut choisir le système de reconnaissance qui lui est le plus favorable (droit commun ou droit conventionnel).

141. V. *supra* n° 340 note 18.

142. V. *supra* n° 348.

143. V. en particulier, Francescakis, chron. préc. RC 1985, 243; Gothot et Holleaux, n° 297 *in fine*; Cpr. Beraudo, Juriscl. Europe, fasc. 3040 n° 57 et 68.

contrôle plus sévère que celui du droit commun, lequel a pu évoluer depuis la date de conclusion du traité. Pour d'autres, au contraire, le traité doit être appliqué, même si le droit commun est devenu plus libéral[144]; en effet, le traité est un acte de puissance publique dont ni les juges, ni les parties ne peuvent modifier ou restreindre l'application[145]; en outre, si on ne respecte pas strictement le traité, le droit appliqué variera selon les États ce qui est contraire à la notion même de traité.

383 – Spécificité du problème au regard de la Convention de Bruxelles. On peut estimer que, dans le cadre de la Convention de Bruxelles, il est préférable d'appliquer strictement la Convention, même si le droit commun est encore plus favorable à la reconnaissance et à l'exécutions des décisions. Deux arguments plaident en ce sens.

En premier lieu, il s'agit d'une convention multilatérale pour laquelle une application uniforme par tous les États contractants est particulièrement nécessaire: les États contractants ont été conscients de cette nécessité, puisque dès 1971 était signé le protocole attribuant compétence à la Cour de justice des Communautés pour assurer une interprétation uniforme de la Convention[146]. Les personnes privées bénéficiaires de la Convention doivent pouvoir compter sur le système mis en place et ne pas être soumises aux variations parfois difficiles à connaître du droit international privé commun des États contractants. La sécurité juridique est à ce prix. De plus, la Convention forme un tout équilibré et on ne peut, au gré du contenu du droit commun, écarter telle ou telle disposition: par exemple, on peut penser que les États n'ont accepté l'inclusion des obligations alimentaires dans le champ de la Convention que parce que la règle de l'art. 27-4° garantissait un contrôle de la loi appliquée pour la question d'état des personnes, souvent préalable nécessaire à la décision sur l'obligation alimentaire.

En second lieu, il faut prendre conscience que si la «libre circulation des jugements» est certes un des objectifs principaux de la Convention, il n'est pourtant pas le seul. La Convention a également le souci d'assurer une bonne administration de la justice, et de protèger les parties faibles. Ainsi lorsque l'art. 28 al. 1 réserve le contrôle des règles de compétence de l'art. 16, c'est que l'observance de ces dernières est nécessaire à la fois pour respecter la souveraineté des États et pour assurer une bonne administration de la justice. De même, si l'art. 28 al. 1 réserve aussi le contrôle des règles de compétence posées en matière d'assurance et de contrats de consommateur, c'est pour assurer la protection de la partie faible. Et c'est parce que les intérêts du défendeur défaillant méritent un soin spécial que l'art. 27-2° organise un contrôle strict sur la régularité de l'assignation et le «temps utile» qui a été laissé au défendeur pour organiser sa défense. Toutes ces préoccupations sont légitimes et il n'y a aucune raison de les oublier au profit du seul objectif de simplification de la reconnaissance et de l'exécution.

---

144. V. en particulier A. Huet, articles préc. note 140.

145. Déjà en ce sens Bartin, Principes de droit international privé, tome I, paragraphe 203.

146. V. *supra* n° 4 et ss.

Il semble donc que, parce qu'il s'agit de la Convention de Bruxelles et pour les raisons propres qui viennent d'être indiquées, il convient d'appliquer le système de contrôle mis en place par la Convention (système qui est d'ailleurs loin d'être très contraignant), et ce même si le droit international privé de l'État requis est plus libéral encore[147]. Il serait heureux que la Cour de justice soit amenée à prendre parti sur ce point.

147. En revanche, lorsque le titre III de la Convention n'est pas applicable (v. par ex. *supra* n° 322 l'inapplicabilité de ce titre à des mesures provisoires prises à la suite d'une procédure unilatérale), le droit commun de l'exequatur intervient; v. en ce sens Gothot et Holleaux, n° 158 *in fine*.

Chapitre 3

Les procédures de contrôle

384 – Généralités et plan. On sait que les décisions rendues dans un État contractant et remplissant les conditions de régularité examinées au chapitre précédent sont *reconnues* de plein droit dans les autres États contractants (art. 26 al. 1). Une procédure n'est donc pas nécessaire et les effets de la décision originaire sont reconnues dans les autres États dès que cette décision originaire est rendue. Il n'y aura jamais de procédure si la régularité de cette décision n'est pas contestée et si l'exécution forcée n'est pas requise.

En revanche, si la régularité de la décision est contestée, l'art. 26 al. 2 et 3 prévoit soit une action principale à fin de reconnaissance , soit un contrôle incident de la régularité lorsque la décision étrangère est invoquée dans une instance principale dont l'objet est différent. Il pourra s'agir de se prononcer sur l'exception de chose jugée soulevée par le défendeur qui estime que le litige a déjà été tranché par la décision étrangère; ou bien, la décision étrangère est susceptible d'influencer la décision à intervenir dans le cadre de l'instance principale[1].

Si l'on veut obtenir l'*exécution* de la décision, il est toujours nécessaire de recourir à la procédure prévue aux art. 31 et ss. de la Convention. L'art. 26 al. 2 indiquant que la procédure de contrôle principal à fin de reconnaissance est celle prévue aux art. 31 et ss. qui visent l'exécution, ce chapitre sera consacré à cette procédure qui se trouve ainsi être, pour l'essentiel, identique que l'on agisse en reconnaissance ou en exequatur. La caractéristique en est d'être divisée en deux phases bien distinctes: la première phase est une procédure unilatérale sur requête; puis, éventuellement, (mais le plus souvent la procédure s'arrête à la première phase), on passe à une seconde phase qui est celle des recours, dans laquelle la procédure est contradictoire.

Les deux premières sections de ce chapitre seront consacrées à ces deux phases. On indiquera au fur et à mesure du déroulement de la procédure les quelques points sur lesquels il y a différence entre une demande principale en reconnaissance, une demande incidente en reconnaissance ou enfin une demande en exequatur (cette dernière étant la plus fréquente). On constatera que la Convention posant ici des règles de procédure,

---

1. Par exemple, si un contrat a été annulé par la décision étrangère, le juge saisi d'une action en dommages-intérêts pour inexécution d'un contrat lié au contrat annulé devra contrôler la décision étrangère avant d'en tirer d'éventuelles conséquences.

le principe de compétence de la *lex fori* en matière procédurale est largement écarté: les règles de procédure de la *lex fori* n'interviendront que sur des points non réglés par la Convention et seulement si elles ne portent pas atteinte aux dispositions de la Convention[2].

Si les effets d'une décision qui reconnait un jugement étranger n'appelle pas de commentaires particuliers[3], il faudra en revanche dans une section 3 préciser les effets d'une décision d'exequatur.

385 – Caractère exclusif des procédures prévues par la Convention. On sait[4] que la Cour de justice dans l'arrêt *De Wolf c. Cox* du 30 novembre 1976, aff. 42/76, avait interdit de porter dans un État contractant une affaire déjà jugée dans un autre État contractant. Mais cela ne résoud pas la question de savoir si la partie qui a triomphé dans un État contractant est obligée pour obtenir l'exécution dans un autre État contractant d'utiliser la procédure prévue par la Convention de Bruxelles ou si elle peut utiliser la procédure de droit commun prévue par le droit de l'État requis.

Le débat reste donc ouvert: G. Droz s'était prononcé pour le caractère obligatoire de la procédure de la Convention[5]; pour lui, faire de la procédure de la Convention une obligation est la seule façon d'assurer la pleine efficacité du texte et d'éviter les graves difficultés que soulèveraient le recours à la procédure de droit commun. D'autres auteurs ont fait remarquer que la différence essentielle résidait en ce que la procédure conventionnelle était unilatérale dans sa première phase, alors que la procédure de droit commun était contradictoire dès le début et se sont demandés pourquoi le défendeur assigné dans une procédure d'exequatur de droit commun se plaindrait «de ce que son adversaire l'invite d'emblée à discuter la régularité du jugement»[6].

La question est délicate: si l'on admet la possibilité de recourir à la procédure de droit commun, il faudrait au minimum que le contrôle au fond soit celui qui est prévu par la Convention[7]. Il semble qu'il y ait au moins un cas dans lequel on devrait pouvoir utiliser la procédure de droit commun: lorsque la décision rendue dans un autre État contractant a statué à la fois sur une question qui est dans le domaine d'application de la Convention et sur une question qui n'en relève pas; pour cette dernière, en effet, la procédure prévue par la Convention est inutilisable. Dans un tel cas on devrait pouvoir

2. V. sur ce point rapp. Linke, Coll. CJCE, mars 1991, spéc. p. 189; et G. Pluyette, art. préc. Études Bellet, p. 441. Pour une application de la loi de procédure française à des questions non règlées par la Convention, v. *infra* note 43.

3. V. *supra* n° 328.

4. V. *supra* n° 328.

5. N° 427.

6. Gothot et Holleaux, n° 251. V. aussi *supra* n° 18, note 38.

7. Et ce même si le droit commun est plus libéral, v. *supra* n° 381 et ss.

demander l'exequatur selon la procédure de droit commun afin d'éviter qu'une même décision étrangère fasse l'objet de deux procédures distinctes dans l'État requis[8].

Une autre question importante se pose: est-il possible d'intenter dans un État contractant, non pas une action en reconnaissance, mais son contraire, *une action en inopposabilité* contre une décision émanant d'un autre État contractant? Cette action en inopposabilité est connue du droit français mais la Convention est muette sur ce point. Il est certain qu'un plaideur peut avoir intérêt à faire établir que la décision étrangère est irrégulière et ce sans attendre d'éventuelles procédures en reconnaissance ou en exécution. Une telle action en inopposabilité relèvera-t-elle du droit commun ou de la Convention de Bruxelles?

MM. Gothot et Hollleaux se sont prononcés en faveur de la soumission de l'action en inopposabilité au droit commun[9], la procédure d'abord unilatérale organisée par la Convention dans ses art. 32 à 35 leur paraissant mal convenir à une hypothèse où, dès le départ, il y a contestation.

Il faut citer la position intéressante adoptée par le Tribunal de grande instance de Paris dans son jugement du 10 février 1993[10]: le Tribunal admet une telle action en inopposabilité contre des décisions italiennes, estimant que «la recevabilité de cette action dans le cadre de la Convention de Bruxelles se déduit du texte de l'art. 26 al. 2 de cette Convention» et accueille cette action au fond au motif que les conditions de régularité de l'art. 27 ne sont pas remplies. Sur ces deux points, recevabilité de l'action en inopposabilité et contrôle de régularité, le Tribunal applique la Convention de Bruxelles. En revanche, le Tribunal a soumis cette action à la procédure de droit commun: «Attendu qu'à défaut de disposition spéciale de la Convention de Bruxelles attribuant au Président du Tribunal de grande instance, statuant par voie de simple requête, le pouvoir de se prononcer sur une demande en inopposabilité, il apparait que celle-ci relève du régime procédural de droit comun». C'est donc le Tribunal en formation collégiale qui est compétent[11] et non son seul Président et la procédure sera contradictoire dès le début. Cette solution permet d'appliquer au fond la Convention de Bruxelles et, en particulier, l'art. 27, tout en tenant compte de l'objection qui a été faite par MM. Gothot et Holleaux.

Il serait intéressant que les juridictions supérieures françaises, voire la Cour de justice, prennent position sur cette action en inopposabilité.

8. En ce sens Gothot et Holleaux, n° 251 et 359, et v. *infra* n° 415; *contra* Droz, n° 428 pour qui «Une scission rigoureuse entre les règles de droit commun et les règles conventionnelles sera la meilleure garantie de l'application uniforme dans les Six des règles instaurées par la Convention».

9. N° 402. V. aussi Droz, n° 456.

10. Précité, n° 378. V. aussi sur l'action en inopposabilité et la Convention de Bruxelles, note P. Lagarde sous Civ. 1re, 18 oct. 1988, RC 1989, 527, spéc. p. 534 à 537.

11. La loi du 9 juillet 1991 donnant compétence au Tribunal de grande instance statuant à juge unique n'est applicable qu'aux instances introduites après le 1er janvier 1993.

Section 1: Première phase: la requête, procédure unilatérale

§ 1 : Le début de l'instance

A – Juridiction compétente

386 – Sur ce point il faut distinguer selon qu'il s'agit d'une demande en exécution, d'une demande incidente en reconnaissance ou d'une demande principale en reconnaissance.

Pour la demande en exécution, l'art. 32 al. 1 donne la liste des juridictions compétentes dans chaque État: en France le texte désigne le Président du Tribunal de grande instance. L'art. 32 al. 2 fixe la compétence territoriale par référence au «domicile de la partie contre laquelle l'exécution est demandée». Si cette partie n'a pas de domicile dans l'État requis, le texte donne compétence au tribunal du lieu de l'exécution sur le territoire de cet État. Comme, à ce stade, la partie contre qui l'exequatur est demandé ne participe pas, le juge devra vérifier d'office sa compétence territoriale[12]. La question de compétence territoriale ne se pose pas en Irlande où seule la High Court est compétente mais au Royaume-Uni l'art. 32 al. 1 précise les juridictions compétentes selon les trois zones du territoire[13].

S'il s'agit d'une demande incidente de reconnaissance, l'art. 26 al. 3 pose une règle de compétence spécifique selon laquelle la juridiction saisie de l'action principale est compétente pour connaître de la demande incidente et apprécier la régularité de la décision étrangère au regard de la Convention de Bruxelles, et ce même si l'action principale échappe au domaine d'application de la Convention. Cette compétence s'impose quelle que soit la nature de la juridiction[14] et la règle de l'art. 26 al. 3 doit éventuellement l'emporter sur les règles de compétence étatiques de la juridiction saisie de l'instance principale.

Enfin, lorsqu'il s'agit d'une demande principale à fin de reconnaissance, la juridiction compétente est bien celle désignée par l'art. 32 al. 1, à savoir, en France, le Président du Tribunal de grande instance; mais l'art. 32 al. 2 est mal adapté à ce type de demande et ce pour deux raisons. Tout d'abord la référence au domicile de la partie contre qui la demande est dirigée sera difficile à utiliser lorsque, ce qui peut être fréquent, la reconnaissance est susceptible d'être invoquée à l'égard de nombreuses personnes, personnes dont les domiciles seront divers, et personnes qui ne seront pas forcément déterminées lors de cette première phase de la demande principale en recon-

---

12. V. Ord. Prés. Trib. gr. inst. Paris 23 janvier 1975, citée par C. Bernard, Gaz. Pal. 1977, 2, doctr. 428.

13. V. le texte de l'art. 32 al. 1 distinguant les trois zones: Angleterre et Pays de Galles, Ecosse, Irlande du Nord.

14. Gothot et Holleaux, n° 388, donnent l'exemple du cas où la solution donnée à un litige contractuel à l'étranger peut influencer un poursuite pénale fondée sur un abus de confiance ou une escroquerie.

naissance[15]. La seconde raison est que le critère subsidiaire retenu par l'art. 32. al. 2, celui du lieu de l'exécution, est, par hypothèse inopérant puisque la demande ne vise aucune exécution que ce soit. La meilleure solution serait sans doute alors de permettre à la partie qui forme une demande principale en reconnaissance d'agir devant le Président du Tribunal de grande instance de son choix dans l'État requis, pourvu que ce choix soit conforme à une bonne administration de la justice; l'ordonnance statuant sur la reconnaissance serait ensuite signifiée aux intéressés «au fur et à mesure des besoins»[16].

B – Intérêt pour agir

387 – Les art. 26 al. 2 et 31 al. 1 indiquent que peut agir «toute personne intéressée». Mais la Convention ne définit pas la notion d'«intérêt à agir». Se pose alors à nouveau la question de savoir si cette notion doit être interprétée selon le droit de l'État requis ou s'il faut lui donner une définition «autonome», «communautaire». La Cour n'a pas été interrogée sur ce point, mais, compte tenu de l'ensemble de sa jurisprudence, on peut penser qu'elle se prononcerait pour une interprétation autonome de la notion d'intérêt pour agir.

Le rapport Jenard ne donne d'indication que pour l'action en exequatur: «L'expression "sur requête de toute partie intéresée" implique que le droit de demander la formule exécutoire appartient à toute personne qui peut se prévaloir de la décision dans l'État d'origine» (p. 49). Il s'agira donc, non seulement d'une partie à l'instance dans l'État d'origine, mais aussi de cessionnaires, subrogés[17], héritiers ou ayants-droit à un titre quelconque. Il faut seulement que cette personne ait un intérêt à obtenir l'exécution forcée. En règle générale, ceci implique que la partie condamnée ait des biens sur le territoire de l'État requis, mais on pourrait admettre que l'intérêt existe lorsqu'il y a seulement une probabilité que cette partie y ait ultérieurement des biens[18]. Si le demandeur n'avait pas intérêt à obtenir l'exécution forcée, on pourrait requalifier la demande en simple demande en reconnaissance.

En effet, s'il s'agit d'une demande en reconnaissance (qu'elle soit faite à titre principal ou à titre incident), la notion de «partie intéressée» doit être entendue plus largement en ce sens qu'on ne saurait alors exiger que le demandeur ait intérêt à l'exécution forcée de la décision. Il pourra suffire, par exemple, que ce demandeur ait intérêt à voir établie sans contestation possible une situation juridique dont il pourra tirer profit.

---

15. V. en ce sens Gothot et Holleaux, n° 398.

16. Gothot et Holleaux, n° 398, font remarquer que « les intéressés n'en souffriraient aucun préjudice puisqu'ils ne participent pas au premier stade de la procédure et qu'ils peuvent ensuite exercer le recours de l'art. 36 » (sur ce recours v. *infra* n° 399 et ss.).

17. V. Paris 16 mars 1979, RC 1980 121, note E. Mezger.

18. En ce sens Gothot et Holleaux, n° 343. V. aussi Droz, n° 549; P. Bellet Rev. trim. dr. europ. 1975, 40.

C – Modalités du dépot de la requête

388 – Le *principe* est que la loi de l'État requis détermine les modalité du dépot de la requête (art. 33 al. 1). C'est ainsi en application du droit français, et en particulier des art. 812 et 813 du nouveau Code de procédure civile que le Président du Tribunal de grande instance de Paris exige l'intervention d'un avocat postulant dans son ressort[19].

Mais ce renvoi de principe à la loi de l'État requis ne doit pas faire oublier que la Convention de Bruxelles a elle-même établi un certain nombre de règles concernant ce dépôt de la requête; en particulier elle prescrit une élection de domicile, indique les pièce à fournir, et enfin contient des prescriptions en matière d'assistance judiciaire. Ces trois points doivent donc être repris.

389 – Election de domicile. L'art. 33 al. 2 contraint le requérant à faire élection de domicile dans le ressort de la juridiction saisie, ou, si le droit de l'État requis ignore l'élection de domicile, à avoir recours à un mandataire *ad litem*[20]. Cette élection de domicile est utile pour faire connaître à la partie requérante la décision prononcée sur la requête et pour permettre, éventuellement, l'exercice des recours prévus par la Convention. La Cour de justice a précisé dans l'arrêt *Carron c. République fédérale d'Allemagne*, du 10 juillet 1986, aff. 198/85, que l'élection de domicile avait lieu selon les modalités prévues par l'État requis, mais que si le droit de cet État ne précisait pas le moment de cette formalité, elle devait être accomplie «au plus tard lors de la signification du jugement d'exequatur». Il faut en effet, que «la procédure ne soit pas abusivement retardée et que les droits de la partie contre laquelle l'exécution est poursuivie soient sauvegardés». (point 10)[21].

Dans ce même arrêt *Carron* la Cour a également posé que la sanction de la violation de l'obligation d'élection de domicile relevait de la loi de l'État requis; encore faut-il cependant que cette loi respecte les objectifs de la Convention: aussi «la sanction prévue ne saurait... ni remettre en cause la validité du jugement accordant l'exequatur, ni permettre qu'il soit porté atteinte aux droits de la partie contre laquelle l'exécution est poursuivie» (point 14). L'art. 33 al. 2 et la jurisprudence qui l'accompagne s'appliquent également lorsque la demande est seulement une demande en reconnaissance: ce sont alors les droits de la partie contre qui la reconnaissance est demandée qu'il importe de préserver.

---

19. Jurisprudence constante à Paris depuis Ord. Prés. trib.gr. inst. Paris 17 janvier 1983, Gaz. Pal. 1983, I, som. 195; v. aussi Pluyette communic. préc. TCFDIP 1988-90, spéc. p. 33, qui se demande si cette jurisprudence pourra se maintenir étant donnée l'évolution du droit communautaire sur la liberté d'établissement et de prestation de service des avocats (v. en dernier lieu CJCE, *Commission c. France*, 10 juillet 1991, aff. C 294/89; Rec. I-3591).

20. La technique du mandataire *ad litem* sera, par exemple, utilisée si l'État requis est l'Allemagne car le droit allemand ignore l'élection de domicile.

21. V. faisant application de cette jurisprudence, Civ. 1re 18 avril 1989, D. 1990, 146, note J.P. Rémery; JDI 1990, 163, note A. Huet, la loi française étant muette sur la date de l'élection de domicile.

390 – Pièces à fournir. Il faut joindre à la requête les documents mentionnés aux art. 46 et 47 de la Convention. La plupart de ces documents sont communs aux demandes de reconnaissance et d'exécution : c'est tout d'abord une « expédition » de la décision rendue dans l'État d'origine « réunissant les conditions nécessaires à son authenticité » [art. 46 1)]. Si cette décision n'est pas motivée, il sera bon de produire en même temps les documents qui pourront être considérés comme équivalents à la motivation défaillante[22]. S'il s'agit d'une décision par défaut, l'art. 46 2) oblige à produire « l'original ou une copie certifiée conforme du document établissant que l'acte introductif d'instance ou un acte équivalent a été signifié ou notifié à la partie défaillante ». C'est la concrétisation du souci de protection du défendeur défaillant manifesté par l'art. 27-2°[23].

S'il s'agit d'une requête en *exequatur*, une pièce supplémentaire est exigée (art. 47 al. 1) : « tout document de nature à établir que, selon la loi de l'État d'origine, la décision est exécutoire et a été signifiée ». Cette exigence est naturelle puisqu'on a vu (*supra* n° 330) que, pour bénéficier de l'exequatur, la décision étrangère doit remplir une condition de régularité supplémentaire qui est précisément d'être exécutoire[24].

L'art. 45 prohibe la *cautio judicatum solvi* qui ne peut être imposée sous quelque forme que ce soit, pas plus en raison de la qualité d'étranger du demandeur qu'en raison de son absence de domicile ou de résidence dans le pays où il agit. Ceci ne surprend plus puisque cette exigence de la *cautio judicatum solvi* a disparu du droit français avec la loi n° 75-596 du 9 juillet 1975. Mais, en 1968, date de signature de la première version de la Convention de Bruxelles, l'art. 45 se distinguait du droit commun français.

L'art. 49 dispense de *légalisation* les pièces visée à l'art. 46 et 47 de même que leur traduction et, éventuellement la procuration *ad litem* nécessaire lorsque le droit de l'État requis ignore l'élection de domicile. Cet article perdra toute utilité lorsque tous les États contractants auront ratifié la Convention faite à Bruxelles le 25 mai 1987 « relative à la suppression de la légalisation d'actes dans les États memebres des Communautés européennes », Convention dont le domaine est plus large que celui de l'art. 49[25]. En revanche, tant que cette Convention de 1987 n'est pas en vigueur dans tous les États de la CEE, l'art. 49 garde de l'intérêt même si les États en cause sont également parties à la Convention de La Haye du 5 octobre 1961 « supprimant l'exigence de la légalisation des actes publics étrangers » car cette Convention établit en réalité une formalité simplifiée de légalisation sous la forme de « l'apostille ». L'art. 49 est plus radical et supprime toute forme de légalisation.

---

22. V. *supra*, n° 353.

23. V. *supra*, n° 356 et ss. ; Civ. 1re 19 juillet 1989, Bull. civ. I n° 297.

24. V. *supra*, n° 330. On remarquera que, depuis 1989, l'art. 31, copiant en cela l'art. 31 de la Convention de Lugano n'exige plus que le jugement soit revêtu de la formule exécutoire, mais simplement qu'il soit exécutoire : v. *infra* n° 414.

25. Publiée en France par décret n° 92-383 du 1er avril 1992, JORF du 8 avril 1992, p. 5191 ; JCP 1992. III. 65841 ; D. 1992, 3, 278 ; JDI 1992, 817 ; RC 1992, 549 avec un commentaire de M. Revillard. Cette Convention est applicable à titre provisoire entre la France, le Danemark et l'Italie depuis le 12 mars 1992, son entrée en vigueur étant subordonnée à la ratification par les douze États membres.

Enfin la *traduction* des diverses pièces requises n'est pas obligatoire; l'art. 48 al. 2 dispose qu'une traduction sera produite si l'autorité judiciaire de l'État requis l'exige, et qu'alors la traduction devra être «certifiée par une personne habilitée à cet effet dans l'un des États contractants»[26].

391 – L'assistance judiciaire. La simplification de la procédure de reconnaissance et d'exequatur aurait été dépourvue de sens pour un demandeur qui, financièrement, n'aurait pas pu assumer une telle procédure. Aussi la Convention prévoit-elle dans son art. 44 que le requérant qui, dans l'État d'origine, «a bénéficié en tout ou en partie de l'assistance judiciaire ou d'une exemption de frais et dépens, bénéficie dans la procédure prévue aux articles 32 à 35, de l'assistance la plus favorable ou de l'exemption la plus large prévue par le droit de l'État requis». Cette extension des avantages financiers dont le requérant a bénéficié dans l'État d'origine est automatique[27]. L'art. 47 précise que le requérant qui demande l'exécution devra produire devant le juge de l'État requis un document justifiant de l'assistance dont il a profité dans l'État d'origine, (art. 47 2); bien que l'art. 47 ne le mentionne pas, on ne voit pas pourquoi ce document ne serait pas exigé aussi dans une demande à fin de reconnaissance.

L'art. 44 al. 2 contient une disposition spéciale pour le requérant qui demande l'exécution d'une décision administrative danoise en matière d'obligation alimentaire; ces décisions sont délivrées gratuitement au Danemark, ce qui élimine le problème d'assistance dans le pays d'origine. Mais le bénéficiaire d'une telle décision ne doit pas être lésé dans le pays requis: aussi l'art. 44 al. 2 lui permet-il d'invoquer le bénéfice des dispositions de l'art. 44 al. 1 «s'il produit un document établi par le ministère de la justice danois et attestant qu'il remplit les conditions économiques pour pouvoir bénéficier en tout ou en partie de l'assistance judiciaire ou d'une exemption de frais et dépens».

Cette question de l'assistance judiciaire n'est pas négligeable car il peut se faire que, dans certains État, le coût de la procédure de demande de reconnaissance ou d'exequatur soit particulièrement élevé[28]. Toutefois, la Convention de Bruxelles ne va pas jusqu'à imposer aux États contractants de connaître un dispositif d'assistance judiciaire[29].

---

26. V. Trib. gr. inst. Paris 17 nov. 1981, JCP 1982. IV. 210. G. Pluyette, communic. préc. TCFDIP 1988-90, p. 32 relève que la «pratique du Tribunal de Paris consiste à demander toujours une "traduction-jurée" des documents les plus importants, mais pas nécessairement de l'intégralité».

27. Il en ira différemment dans la seconde phase de la procédure, v. *infra* n° 396.

28. V. l'arrêt *De Wolf* de la Cour de justice du 30 novembre 1976, aff. 42/76: le demandeur avait préféré intenter dans l'État requis, en l'espèce les Pays-Bas, une nouvelle action plutôt qu'une demande d'exequatur car cela lui revenait moins cher. La Cour avait d'ailleurs indiqué dans son arrêt que la Convention simplifiant la procédure de reconnaissance et d'exécution «devrait amener les États contractants à veiller à ce que les frais de la procédure indiquée par la Convention soient fixés de manière à répondre à ce souci de simplification» (point 15).

29. Rapp. Schlosser point 223. En France, l'assistance judiciaire a pris le nom d'«aide juridictionnelle» depuis la loi du 10 juillet 1991, JCP 1991. III. 64888.

Dans le même ordre de préoccupation, il faut mentionner l'art. III du Protocole annexé à la Convention qui dispose qu'«aucun impôt, droit ou taxe, proportionnel à la valeur du litige, n'est perçu dans l'État requis à l'occasion de la procédure tendant à l'octroi de la formule exécutoire»[30]. En revanche restent autorisés «les droits et taxes fixes qui sont perçus , même dans le régime national, autant de fois que certains actes de procédure sont pratiqués, et qui apparaissent à certains égards comme des taxes rémunérant des services rendus aux justiciables»[31]. Compte tenu de la rédaction de l'art. III qui ne vise que la «formule exécutoire», ce texte paraît inapplicable à une demande de seule reconnaissance, ce qui ne se justifie guère.

§ 2 : Le déroulement de la procédure

392 – Procédure unilatérale. Le juge saisi de la requête doit, aux termes de l'art. 34, se prononcer sans entendre l'autre partie. Il est impératif que, à ce stade, la procédure soit non-contradictoire afin de respecter l'objectif du mécanisme prévu par la Convention: normalement, la décision rendue dans un État contractant s'impose dans un autre État contractant sans que soient nécessaires des débats contradictoires. Il est, de plus, normal que la demande formulée dans l'État requis produise un «effet de surprise... si l'on veut éviter que le défendeur n'ait l'occasion de soustraire ses biens à toute mesure d'exécution»[32]. Le juge saisi de la requête devra donc exercer le contrôle prévu par la Convention (v. *supra* n° 330 et ss.) et ne pas entendre la partie contre qui la reconnaissance ou l'exécution est demandée, ni même examiner des pièces complémentaires que cette partie voudrait produire[33].

De même, le juge de l'État requis ne pourra connaître de demandes additionnelles connexes à la requête que si le droit du for autorise une procédure unilatérale pour ces demandes[34].

Il résulte du caractère unilatéral de la procédure que le juge doit exercer d'office son pouvoir de contrôle et que le requérant doit lui fournir tous les éléments nécessaires à la vérification de la régularité de la décision étrangère.

393 – Obligation pour le juge de statuer «à bref délai». Si l'on veut atteindre la célérité souhaitée par la Convention pour assurer la «libre circulation» des jugements,

30. Cette disposition ne concerne évidemment pas les honoraires des avocats.

31. Rapport Jenard, p. 63.

32. Rapp. Jenard p. 50.

33. V. en ce sens, Ord. Trib. gr. inst. Paris 31 mai 1989, RC 1990, 550, note Droz: la procédure doit rester non-contradictoire même si la partie contre qui l'exequatur est demandé veut faire connaître son point de vue. V. aussi rapp. Schlosser, point 219.

34. V. par exemple, deux Ord. Trib. gr. inst. Paris 26 février 1980, Gaz. Pal. 1980, I, 308, note Mauro; RC 1980, 782, et la note, qui déclarent irrecevables une demande additionnelle en remboursement des frais de traduction ainsi qu'une demande de condamnation à une astreinte, au motif que ces demandes nécessitaient un débat contradictoire.

il est nécessaire que le juge saisi de la requête statue rapidement, d'où l'exigence de «bref délai» posé par l'art. 34. On remarquera toutefois que ce délai n'est pas précisé et que la Convention ne prévoit aucune sanction de la violation de cette obligation. En pratique, le délai est variable selon que le dossier est complet ou non, selon que l'affaire est compliquée ou non: l'ordonnance peut être rendue le jour même du dépot de la requête, ou dans les jours qui suivent; mais parfois, il faudra attendre une semaine ou un peu plus[35].

394 – Possibilité pour le juge saisi de surseoir à statuer? Pour répondre à cette question, il faut soigneusement distinguer selon que la requête est une demande de reconnaissance ou une demande d'exécution.

S'il s'agit d'une *demande de reconnaissance*, l'art. 30 permet au juge saisi de surseoir à statuer si la décision intervenue à l'étranger fait l'objet dans l'État d'origine d'un «recours ordinaire». On verra plus loin (*infra* n° 402) ce qu'il faut entendre par «recours ordinaire» au sens de la Convention. L'art. 30 al. 2 contient une disposition spéciale pour les décisions rendues en Irlande ou au Royaume-Uni: il n'est plus question de «recours ordinaire» et le texte indique que le juge requis peut surseoir à statuer si l'exécution de la décision «est suspendue dans l'État d'origine du fait de l'exercice d'un recours». Ce particularisme tient à ce que la notion de recours ordinaire ou extraordinaire est inconnue des droits de *Common Law*; de plus, «ni le fait qu'un délai de recours n'est pas expiré, ni l'introduction d'un recours ne font perdre automatiquement aux décisions leur force exécutoire. Toutefois, la juridiction saisie du recours suspend le plus souvent l'exécution moyennant la constitution d'une sûreté.»[36] On comprend alors que, en présence d'une décision rendue en Irlande ou aux Royaume-Uni, le juge de l'État requis ne puisse surseoir à statuer que s'il constate que, en l'espèce, l'exécution de cette décision est «suspendue dans l'État d'origine du fait de l'exercice d'un recours» (art. 30 al. 2).

L'idée qui anime l'art. 30 est qu'il peut être fâcheux de reconnaître une décision qui risque d'être modifiée ou réduite à néant dans son pays d'origine. Mais il y a controverse pour savoir si l'art. 30 concerne et la demande principale et la demande incidente en reconnaissance, ou seulement la demande incidente.

Le rapport Jenard (p. 46) ne parle, à propos de l'art. 30, de sursis à statuer que dans le cas d'une demande incidente en reconnaissance: le juge pourrait alors surseoir à statuer sur la demande principale tant qu'il n'a pas été statué sur le recours formé dans l'État d'où provient la décision dont on demande incidemment la reconnaissance. Et certains auteurs proposent de limiter la portée de l'art. 30 à ce cas[37].

Pourtant la lettre de l'art. 30 ne fait pas de distinction selon qu'il s'agit d'une demande principale ou incidente en reconnaissance. Et il serait paradoxal que le juge

35. V. les renseignements donnés par G. Pluyette, communic. préc. TCFDIP 1988-90, spéc. p 31.

36. Rapp. Schlosser, pt. 204.

37. En ce sens Gothot et Holleaux, n° 391 et 400. Comp. Droz, n° 481.

puisse surseoir à statuer lorsque ce n'est qu'incidemment que la reconnaissance de la décision étrangère est demandée et non lorsque cette reconnaissance est demandée à titre principal. De plus, lorsque la Cour de justice a dû se prononcer sur la notion de «recours ordinaire» dans l'arrêt *Industrial Diamond Supplies c. Riva* du 22 novembre 1977, aff. 43/77 (v. *infra* n° 402), elle a utilisé une formule très générale: «... les art. 30 et 38 réservent au juge saisi, respectivement, d'une *demande en reconnaissance* ou d'un recours contre une décision autorisant l'exécution...» (pt. 31). Il paraît donc préférable d'estimer que l'art. 30 donne au juge la possibilité de surseoir à statuer, si un recours ordinaire *a été formé* dans l'État d'origine et ce, que la reconnaissance soit demandée à titre principal ou à titre incident[38]. Le texte de l'art. 30 exige en effet que la décision «fasse l'objet» d'un recours; il ne suffit pas, à la différence de ce qui sera vu (*infra* n° 402) à propos de l'art. 38, que le recours soit seulement possible. Et il ne s'agit que d'une *faculté* laissé au juge saisi de la demande en reconnaissance.

Quant au cas où le juge est saisi d'une requête *en exécution* de la décision étrangère, alors l'art. 30 ne s'applique pas. Mais, on sait que l'exequatur ne peut être accordé qu'à une décision qui bénéficie dans son pays d'origine de la force exécutoire (art. 31 al. 1 et 47 1°): il en résulte nécessairement que le juge de l'État requis doit surseoir à statuer si l'exercice d'un recours ou simplement le délai pour le former suspend l'exécution de la décision étrangère dans le pays d'où elle vient[39].

Cette différence entre la *faculté* de surseoir laissée au juge en cas de demande en reconnaissance et *l'obligation* qui lui est faite de surseoir lorsqu'il s'agit d'une demande d'exécution est parfaitement logique: dès lors que l'exécution est requise, il est nécessaire que la décision ait force exécutoire dans le pays où elle a été rendue.

395 – La décision rendue sur requête. Après avoir contrôlé la régularité de la décision étrangère, le juge saisi de la requête statue au fond: il peut accorder ou refuser la reconnaissance ou l'exécution; s'il accorde l'exécution, il doit apposer la formule exécutoire.

L'art. 35 dispose que sa décision «est aussitôt portée à la connaissance du requérant à la diligence du greffier suivant les modalités déterminées par la loi de l'État requis». Mais si la décision accorde l'exequatur (exequatur total ou partiel, v. *infra* n° 415), il doit y avoir signification de cette décision (art. 36); c'est le requérant et non le greffier qui doit signifier à la partie contre laquelle l'exécution est demandée[40]. En l'absence de disposition particulière de l'art. 36 al. 1, la signification doit être faite en conformité du droit commun de l'État requis lorsque la personne contre qui l'exécution est demandée y a son domicile ou lorsqu'elle est domiciliée dans un État non-contractant; en

38. En ce sens, A. Huet, Rép. D. de droit communautaire, V° Convention de Bruxelles (Reconnaissance et exécution des jugements), n° 33 et 40.

39. V. en ce sens Gothot et Holleaux, n° 328, 335, 358, 376, 384; comp. A. Huet, Rép. D. de droit communautaire, V° préc. n° 50.

40. V. Poitiers, 20 mars 1985, JDI 1988, 143, observ. A. Huet.

revanche, si cette personne est domiciliée dans un autre État contractant, l'art. 36 al. 2 contient une règle particulière : la signification doit être faite à personne ou à domicile.

Dans la très grande majorité des cas[41], la procédure s'arrête là. Mais, la Convention organise la possibilité de recours contre l'ordonnance du Président du Tribunal de grande instance : c'est la seconde phase de la procédure qui devient alors contradictoire.

Section 2 : Seconde phase : les recours, la procédure contradictoire

§ 1 : Généralités sur les recours

396 – Les recours possibles et la juridiction compétente. Si la décision rendue à l'issue de la première phase a accordé la reconnaissance ou l'exécution, la personne contre qui cette ordonnance va produire des effets, peut intenter un recours (art. 36). Si au contraire le requérant s'est vu refuser, dans la première phase, la reconnaissance ou l'exécution de la décision étrangère, c'est lui qui peut intenter un recours (art. 40).

Dans les deux cas la juridiction compétente pour connaître du recours est, en France, la Cour d'appel (art. 37 et 40)[42] et la procédure suivie est régie d'abord par la Convention et, subsidiairement, par la *lex fori*[43].

Dans les deux cas, si le plaideur avait obtenu à l'étranger le bénéfice de l'assistance judiciaire (bénéfice qui lui a été automatiquement étendu dans la première phase de la procédure, v. *supra* n° 391) il ne peut plus, à ce stade des recours, se prévaloir d'une extension automatique de cette assistance dans le pays du juge requis : l'art. 44 réserve cette extension à la première phase de la procédure ; lors du recours contre l'ordonnance rendue par le Président du Tribunal de grande instance, le plaideur qui veut bénéficier de l'assistance judiciaire devra donc en faire la demande selon les règles de l'État requis, règles étatiques ou règles conventionnelles telles que celles de la Convention de La Haye du 1er mars 1954 sur la procédure civile[44].

La prohibition de la *cautio judicatum solvi* et des taxes de quelque sorte que soit (v. *supra* n° 390 et 391) figurant à l'art. 45 s'étend aux procédures de recours prévues par la Convention.

---

41. V. G. Pluyette, communic. préc. TCFDIP 1988-90, spéc. p. 32 indique que la procédure ne continue que dans environ 8 % des cas.

42. Les art. 37 et 40 indiquent la juridiction compétente dans chaque État : ce peut être une juridiction d'un degré supérieur (cas de la France), mais ce peut aussi être le tribunal qui a connu de la requête (par exemple en Belgique). V. le texte des art. pour les trois zones au Royaume-Uni.

43. V. pour une application des règles de procédure française, en particulier de l'art. 915 du Nouveau Code de procédure civile, Paris 5 avril 1990 et 28 nov. 1990, D. 1991, som.com. 243, observ. Fricero.

44. V. rapp. Jenard p. 54.

Les recours prévus aux articles 36 et 40 sont *les seuls possibles* contre l'ordonnance rendue sur requête. La Cour de justice en a décidé ainsi dans un arrêt du 2 juillet 1985, *Deutsche Genossenschaftsbank c.Soc. Brasserie du pêcheur*, aff.148/84: il s'agissait en l'espèce de savoir si un tiers pouvait intenter le recours de l'art. 36, alors que le texte ne prévoit de recours qu'émanant de «la partie contre laquelle l'exécution est demandée». La Cour se prononce négativement et le motif qu'elle donne au point 17 de l'arrêt permet d'étendre la solution au recours de l'art. 40; la Cour s'appuie en effet sur ce que «... la convention a créé une procédure d'exequatur qui a créé un système *autonome et complet*, y compris dans le domaine des voies de recours.» (point 17). Il serait en effet très fâcheux que des voies de recours prévues par le droit étatique viennent compliquer et ralentir une procédure de reconnaissance et d'exécution que la Convention veut simple et rapide.

397 – Procédure contradictoire. Dans la mesure où il y a contestation de l'ordonnance du Président du Tribunal de grande instance, il est normal qu'un débat s'instaure et que la procédure devienne contradictoire (art. 37 al. 1 et 40 al. 2. Quelles sont alors les règles de preuve? Sur qui pèse la charge de prouver soit la régularité, soit l'irrégularité de la décision étrangère?

L'art. 46-2 apporte une réponse sur un point précis: c'est au plaideur qui argue de la régularité de la décision étrangère de fournir le document établissant que l'acte introductif d'instance ou un acte équivalent a été régulièrement signifié ou notifié au défendeur défaillant dans l'État d'origine (condition de régularité imposée par l'art. 27-2°, v. *supra* n° 359, 360). Mais ce texte apparaît comme une exception à un principe général selon lequel c'est à la partie qui prétend que la décision est irrégulière d'en faire la preuve. En effet, on sait que l'art. 26 pose une règle de reconnaissance de plein droit des décisions étrangères, et le rapport Jenard en déduit que «... il existe une présomption favorable à la reconnaissance et elle ne peut être renversée que s'il existe une des causes de refus mentionnées à l'article 27» (p. 43). C'est donc, sous réserve de l'art. 46 2), à la partie qui prétend que la décision étrangère est irrégulière d'en apporter la preuve[45].

Il résulte du caractère contradictoire de la procédure à ce stade que disparait l'obstacle (v. *supra* n° 392) rencontré dans la première phase et que le juge saisi du recours contre l'ordonnance peut éventuellement connaître de demandes additionnelles, de questions connexes etc. Encore faut-il que selon la *lex fori* ces questions puissent être directement traitées en appel et être ainsi privées du double degré de juridiction.

398 – Office du juge. Il est certain que le juge doit appliquer d'office les dispositions de la Convention dès lors que la décision entre dans le champ d'application de ce texte. Mais il faut aussi se demander si, lorsque le débat entre les parties ne porte que sur certaines des conditions de régularité internationale de la décision étrangère,

45. En ce sens Gothot et Holleaux, n° 373.

le juge peut ou doit soulever d'office d'autres points du contrôle. La Convention ne donne aucune indication sur ce point. Ce sera donc à la *lex fori* de régir cette question. En droit français, cette question fait l'objet d'une controverse: pour certains, il semble résulter de l'obligation générale du juge d'appliquer les règles adéquates que le juge saisi du recours devra se prononcer sur tous les points de contrôle prévus par la Convention, sans qu'il soit nécessaire que ces points puissent être considérés comme d'ordre public interne[46]; pour d'autres, il serait indispensable que le point que le juge voudrait soulever d'office intéresse l'ordre public[47]; un arrêt de la Cour de cassation du 9 novembre 1983[48] est en faveur de cette seconde opinion: la Cour énonce que « en l'absence de critique relative à la régularité de la citation, la Cour d'appel n'était pas tenue de contrôler d'office la condition prévue à l'art. 27-2° ». On peut penser que l'art. 27-2° a été jugé d'intérêt privé par la Cour suprême (il vise à protéger le défendeur défaillant), alors que l'art. 27-1° et l'art. 27-3° seraient jugés d'ordre public et pourraient être soulevés d'office par le juge. Il faut quand même observer que quand la Cour de cassation dit que « la Cour d'appel n'était pas *tenue* de contrôler d'office... », elle signifie aussi que la Cour d'appel n'y était pas obligée mais *pouvait* soulever d'office le point en cause.

Quelle que soit la position adoptée dans ce débat, il est certain que, même si le juge soulève d'office un point du contrôle de régularité internationale, c'est aux parties d'apporter ensuite les preuves à l'appui de leurs prétentions respectives.

§ 2 : Le recours contre une ordonnance autorisant la reconnaissance ou l'exécution (art. 36)

399 – Qui peut exercer ce recours? L'art. 36 réserve ce recours à « la partie contre laquelle l'exécution est demandée ». Le renvoi opéré par l'art. 26 al. 2 aux sections 2 et 3 du Titre III fait que si seule la reconnaissance de la décision étrangère est en cause, il s'agit de la partie contre laquelle la reconnaissance est demandée, partie qui peut être plus difficile à identifier (v. *supra* n° 386), mais, en pratique les rares recours intentés sur la base de l'art. 36 l'ont toujours été à propos d'une ordonnance accordant l'exequatur à la décision étrangère et ce cas de figure sera celui sur lequel porteront les développements qui suivent.

Seule la partie contre qui l'exécution est demandée peut former un recours contre l'ordonnance accordant l'exequatur: ainsi, il résulte de l'arrêt précité (*supra* n° 396) de la Cour de justice du 2 juillet 1985, *Deutsche Genossenschaft*, aff.148/84 qu'une entreprise française, tiers par rapport à l'ordonnance ayant accordé l'exequatur, ne peut former un recours quand bien même le droit français (en l'espèce, l'art. 496 du Nouveau Code de procédure civile) l'y autoriserait.

46. V. en ce sens H. Muir-Watt, Juriscl. dr. internat. fasc. 584-7, n° 86 et 87.

47. En ce sens Gothot et Holleaux, n° 374.

48. RC 1984, 501, note B. Ancel.

400 – Délai du recours. Le recours part du jour où a eu lieu la signification[49] de la décision qui a accordé l'exequatur (v. *supra* n° 395). La régularité de cette signification ne fait l'objet d'aucun contrôle particulier selon la Convention, à la différence de ce qui est prévu pour le recours de l'art. 40 (v. *infra* n° 407). Les modalités de calcul du délai relèvent de la loi de l'État requis, mais la durée de ce délai varie selon les hypothèses:

– si la partie contre qui l'exécution est demandée est domiciliée dans l'État requis, le délai est d'un mois (art. 36 al. 1).

– si la partie contre qui l'exécution est demandée est domiciliée dans un autre État contractant, le délai est de deux mois et le texte de l'art. 36 al. 2 ajoute que ce délai de deux mois ne saurait être prorogé en raison de la distance.

– enfin si la partie contre qui l'exécution est demandée est domiciliée dans un État non-contractant, il faut retenir le délai d'un mois prévu par l'art. 36 al. l. Mais rien ne s'oppose, en ce cas, à ce que ce délai d'un mois soit augmenté, en raison de la distance, conformément à la loi de l'État requis[50].

Ce délai de recours a un effet suspensif, de même d'ailleurs que le recours lui-même lorsqu'il est exercé et jusqu'à ce qu'il soit jugé (art. 39)[51]. Il en résulte qu'il n'est possible pendant ce temps que de prendre des mesures conservatoires.

401 – Mesures conservatoires. L'art. 39 autorise à prendre des mesures conservatoires sur les biens de la partie contre laquelle l'exécution est demandée. Ces mesures peuvent être prises pendant le délai du recours prévu à l'art. 36 et, si ce recours est intenté, jusqu'à ce qu'il soit statué sur lui. Ce texte signifie donc que l'ordonnance accordant l'exequatur à la décision étrangère ne peut être exécutoire par provision[52], alors que l'on a vu que l'exequatur peut être accordé à une décision étrangère exécutoire par provision (v. *supra* n° 330). Le rapport Jenard (p. 52) indique que ce refus d'exécution par provision de l'ordonnance accordant l'exequatur est une contrepartie du caractère unilatéral de la requête en exequatur: « ... le caractère unilatéral de la procédure d'exequatur s'opposait à ce que des mesures irréversibles puissent être prises contre le défendeur». Mais l'art. 39 dispose aussi, dans son alinéa 2, que «La décision qui accorde l'exécution emporte l'autorisation de procéder à ces mesures»: cette auto-

---

49. On a avancé l'idée que le délai du recours pourrait partir non de la signification mais du jour où l'auteur de la requête initiale a fait élection de domicile (v. Huet, Rép. D. de dr. commun. V° Convention de Bruxelles (Reconnaissance et exécution des jugements), n° 48 et 56; mais, comme l'on sait que cette élection de domicile doit se faire au plus tard au jour de la signification (v. *supra* n° 389), il paraît préférable de ne se référer qu'à la signification; en effet, si l'élection de domicile a eu lieu avant la signification, il est évident que le délai du recours ne peut partir que de la signification.

50. V. rapp. Jenard, p. 51.

51. Sur ce que la décision exécutoire dans l'État d'origine acquiert force de chose jugée dans l'État requis à l'expiration du délai de recours contre l'ordonnance d'exequatur si ce recours n'a pas été exercé, v. Civ. 2e, 9 janvier 1991, Bull. II, n° 7.

52. V. Trib. gr. inst. Paris 30 juin 1977, Gaz. Pal. 1978, I, 323.

risation automatique de procéder à des mesures conservatoires est favorable au demandeur qui n'a pas à prouver qu'il y a urgence, et ce même si le droit commun de l'État requis requiert normalement la preuve de l'urgence pour autoriser des mesures conservatoires. La Cour de justice saisie d'un recours en interprétation préjudicielle de l'art. 39 a indiqué dans l'arrêt *Capelloni et Aquilini c. Pelkmans* du 3 octobre 1985, aff. 119/84, que les mesures conservatoires pouvaient être prises sans avoir à demander une autorisation spéciale prévue par le droit de l'État requis, en l'espèce le droit italien[53]. Et dans ce même arrêt, la Cour aux points 20 et 21 a donné une directive générale d'interprétation pour l'art. 39. En substance, on peut la résumer ainsi : l'article 39 se borne à poser le principe que la partie ayant demandé l'exécution peut procèder à des mesures conservatoires durant le temps indiqué par le texte ; le droit procédural interne de l'État requis règle toute question qui ne fait pas l'objet de dispositions spécifiques de la Convention ; mais l'application des prescriptions de ce droit procédural ne doit pas faire échec aux principes posés par la Convention et notamment par son article 39.

Les mesures conservatoires qu'il est possible de prendre sont celles qui sont connues du droit de l'État requis. Si s'élève une difficulté de qualification pour savoir si telle mesure est ou non une mesure conservatoire, il paraît préférable d'adopter une qualification communautaire plutôt que de s'en tenir à la qualification donnée par le droit de l'État requis[54].

402 – Le sursis à statuer. La Cour d'appel saisie du recours de l'art. 36 peut, aux termes de l'art. 38 surseoir à statuer. Mais cette possibilité est subordonnée à deux conditions précises indiquées par l'art. 38.

Tout d'abord, le sursis doit être demandé par la partie qui a formé le recours. La Cour ne peut donc surseoir à statuer d'office.

En second lieu, ce sursis n'est possible que « si la décision étrangère fait, dans l'État d'origine, l'objet d'un recours ordinaire ou si le délai pour le former n'est pas expiré. » Dans ce dernier cas, la Cour d'appel peut impartir un délai pour former ce recours. L'idée est que si la décision est susceptible d'être remise en cause dans l'État d'origine, il peut être préférable que la Cour d'appel attende et ne se prononce que lorsque le sort de la décision étrangère sera définitivement fixé dans l'État d'origine. Ce sursis n'est jamais obligatoire pour la Cour d'appel saisie du recours de l'art. 36 : la Cour d'appel fera usage de cette faulté s'il y a un doute raisonnable sur le sort de la décision dans l'État d'origine[55].

---

53. La question se pose aussi pour l'injonction « *Mareva* » du droit anglais, car cette mesure, prise *in personam* nécessite une décision judiciaire, v. Collins, Cours précité, RCADI 1992 III, spéc. p. 112 et ss., 126 et ss. ; v. aussi P. Kaye, *Private International Law of Torts and Products Liability (Jurisdiction, Applicable Law and extraterritorial measures*, Dartmouth 1991, 246 p. , compte rendu par E. de Kerckhove, Rev. internat. dr. comp. 1992, 297.

54. V. *supra* ce qui a été dit à propos de l'art. 24, n° 268.

55. V. par exemple, ayant refusé le sursis : Douai l9 avril 1984, Gaz. Pal. 1984, 2 somm. 355 ; Versailles. 25 janvier 1989, D. 1989, Inf. rap. 64 ; ayant décidé le sursis : Versailles 21 juin 1990, JDI 1992, 200, observ. A. Huet ; RC. 1992, 117, 2e esp. et la note. G. Pluyette, communic. préc. TCFDIP 1988-90, p. 32 indique que cette faculté de sursis à statuer est rarement utilisée par la Cour de Paris.

L'art. 38 emploie l'expression «recours ordinaire». Cette terminologie ne pouvait manquer de susciter une difficulté d'interprétation car les notions de recours ordinaire et extraordinaire varient dans les droits des divers États contractants; ainsi, par exemple, le pourvoi en cassation est un recours extraordinaire en France et en Belgique, mais un recours ordinaire en Italie et aux Pays-Bas[56]. La Cour de justice a donc dû donner une interprétation «communautaire» de la notion de recours ordinaire: elle l'a fait dans un important arrêt du 22 novembre 1977, *Industrial Diamond Supplies c. Riva*, aff. 43/77, où elle a dit pour droit: «Au sens des articles 30 et 38 de la Convention, constitue un "recours ordinaire" formé ou susceptible d'être formé contre une décision étrangère tout recours qui est de nature à pouvoir entraîner l'annulation ou la modification de la décision faisant l'objet de la procédure de reconnaissance ou d'exécution , selon la Convention et dont l'introduction est liée, dans l'État d'origine, à un délai déterminé par la loi et prenant cours en vertu de cette décision même» (pt. 2 du dispositif). Cette définition est assez large pour comprendre «toute voie de recours qui fait partie du cours normal d'un procès et qui, en tant que telle, constitue un développement procédural avec lequel toute partie doit raisonnablement compter » (pt.37). Peu importe la qualification de recours extraordinaire éventuellement faite par le droit étatique.

La définition donnée par la Cour du «recours ordinaire» comporte deux éléments: en premier lieu, le recours exercé ou pouvant être exercé dans l'État d'origine doit être susceptible d'entraîner l'annulation ou la modification de la décision initiale. Il faut même entendre cette condition, bien que la Cour de justice ne l'ait pas expressément précisé, comme exigeant que les droits des parties à l'instance de contrôle soient susceptibles d'être affectés par ce recours: ainsi un pourvoi en cassation dans l'intérêt de la loi, tel que celui connu du droit français, n'est pas un recours ordinaire au sens de l'art. 38 car, s'il est susceptible d'entraîner une annulation de la décision, les droits des parties ne peuvent être modifiés par l'arrêt rendu sur ce type de pourvoi[57].

En second lieu, le recours dans l'État d'origine doit être enfermé dans un délai déterminé et ce délai doit commencer à courir en vertu de la décision elle-même: il doit donc être prévisible par les intéressés. Ainsi, le pourvoi en révision du droit français qui est possible si des éléments nouveaux sont découverts est un recours extraordinaire au sens de la Convention[58]. Dès lors que le délai part de la décision elle-même[59], sa durée n'est pas prise en considération. Il avait été suggéré à la Cour de justice d'exiger

56. V. le résumé comparatif qui figure dans le rapport Schlosser, pt. 195 et ss.

57. Cette précision ressort des conclusions de l'av.gén. Reischl dans l'affaire *Industrial Diamond Supplies*, Rec. 1977, p. 2199, 2200; v. aussi les observ. du gouvernement allemand, Rec. 1977, p. 2178 à 2180. Serait également un recours extraordinaire une tierce opposition, dès lors que les parties à l'instance de contrôle sont les mêmes que celles de l'instance initiale (v. concl. Reischl, préc. p. 2200 et obs. A. Huet JDI 1978, 405).

58. Il en va de même pour le pourvoi en cassation de l'art. 618 du Nouveau Code de procédure civile, possible lorsque survient une contrariété de décisions.

59. C'est à la *lex fori* d'indiquer si le délai part du prononcé de la décision ou de sa signification.

« un délai relativement bref »[60] ou encore un délai maximum de trois mois[61]. La Cour a heureusement repoussé ces suggestions : en effet, dans le cadre de l'art. 38, soit le recours est déjà exercé, soit, s'il ne l'est pas encore, la juridiction saisie du recours de l'art. 36 « peut impartir un délai pour former ce recours ». Ceci permet d'éviter les inconvénients qui résulteraient de délais trop longs prévus par les droits étatiques.

Dans le cadre d'une procédure d'exequatur, cette faculté de sursis à statuer offerte par l'art. 38 n'a d'intérêt que si la décision étrangère était exécutoire dans le pays d'origine malgré l'exercice d'un recours ou l'existence d'un délai pour former ce recours. En effet, si le recours formé ou le simple délai du recours suspend l'exécution dans l'État d'origine, la décision n'est pas exécutoire et ne peut donc bénéficier de l'exequatur dans le pays requis (art. 31 et 47-1°).

Notons ici que la définition du recours ordinaire a été donnée dans l'arrêt *Industrial Diamond Supplies c. Riva* aussi bien pour l'interprétation de l'art. 30 (v. *supra* n° 394) que de l'art. 38. Or il existe pourtant deux différences importantes entre les deux articles : d'une part l'art. 30 ne donne au juge requis la faculté de surseoir à statuer que si le recours *est formé* dans l'État d'origine, et donc la référence au *délai* du recours fait par la Cour dans l'arrêt du 22 novembre 1977 est sans objet ; d'autre part, l'art. 30 ne vise que la *reconnaissance* de la décision étrangère : peu importe alors que le recours intenté dans l'État d'origine suspende ou non l'exécution de la décision , alors que, au contraire, dans le cadre de l'art. 38, le recours ou le délai du recours ne doit pas être suspensif pour que le texte trouve à s'appliquer. Il serait donc préférable d'avoir une formulation différente de la définition du « recours ordinaire » selon que l'on se réfère à l'art. 30 ou à l'art. 38.

Pour en revenir à l'art. 38, l'alinéa 2 du texte comporte une disposition spéciale pour les décisions rendues en Irlande et au Royaume-Uni[62] : « toute voie de recours » prévue dans ces deux États est considérée comme recours ordinaire pour l'application de l'alinéa 1er de l'art. 38. Le rapport Schlosser (point 204) explique que la notion de recours ordinaire ou extraordinaire est totalement étrangère aux systèmes de *Common Law* et qu'il a paru préférable de retenir la notion extensive de « recours », quitte au juge de l'État requis d'examiner dans chaque cas s'il est opportun ou non qu'il exerce sa faculté de surseoir à statuer.

La Cour de justice a ajouté une exigence qui pèse sur la juridiction saisie du recours de l'art. 36 : dans l'arrêt du 4 octobre 1991, aff. C 183/90, *Van Dalfsen et a. c. Van Loon et a.*, la Cour a estimé que « ... l'art. 38 al. 1 de la Convention doit être interprété en ce sens que la juridiction saisie du recours formé contre l'autorisation d'exécution d'une décision judiciaire rendue dans un autre État contractant ne saurait prendre en considération dans sa décision relative à une demande de sursis à statuer au titre de cette disposition, que des moyens que la partie qui a introduit le recours n'était pas en

60. Concl. Reischl préc. Rec. 1977 p. 2199.

61. Observ. du gouvernement allemand préc. Rec. 1977, p. 2179, 2180.

62. Pour la disposition spéciale de l'art. 30 al. 2, différente de celle de l'art. 38, v. *supra* n° 394.

mesure de faire valoir devant le juge de l'État d'origine» (point 37). La Cour justifie cette solution essentiellement par le souci d'éviter la révision de la décision étrangère (point 32): la juridiction saisie d'une demande de sursis à statuer dans le cadre de l'art. 38 ne peut se déterminer qu'en fonction d'éléments nouveaux qui ont pu survenir après que la décision initiale ait été rendue, et ce pour éviter toute démarche qui pourrait ressembler à l'exercice d'un pouvoir de révision. La solution retenue par la Cour n'est peut-être pas à l'abri de toute critique: à notre avis, le juge saisi d'une demande de sursis à statuer de l'art. 38 devrait pouvoir, pour prendre sa décision en connaissance de cause, évaluer en utilisant tous les éléments pertinents la probabilité d'une remise en cause à l'étranger d'une première décision. De plus, la Cour ajoute ainsi une condition qui ne figure pas au texte de l'art. 38[63].

403 – Exécution subordonnée à la constitution d'une garantie. L'art. 38 al. 3 donne à la juridiction saisie du recours de l'art. 36 la possibilité de «subordonner l'exécution à la constitution d'une garantie qu'elle détermine». Lorsque la Cour d'appel ne surseoit pas à statuer alors qu'un recours est formé à l'étranger ou que court le délai du recours, mais confirme la décision d'exequatur attaquée devant elle, elle a la faculté, même d'office, de subordonner l'exécution à la fourniture par le créancier d'une garantie, garantie que la Cour d'appel détermine[64]. En effet, puisque la Cour d'appel ne surseoit pas à statuer, la partie contre qui l'exécution est demandée n'est plus protégée par l'art. 39 (v. *supra* n° 401) et la garantie ordonnée par la Cour défendra ses intérêts contre le risque de ne pas obtenir la restitution de ses biens si la décision est finalement infirmée dans le pays d'origine.

Dans l'arrêt *Fabrique Brennero c. Firma Wendel GmbH*, du 27 nov. 1984, aff. 258/83, la Cour de justice a indiqué que la juridiction saisie du recours de l'art. 36 ne pouvait ordonner cette garantie «qu'au moment où elle statue sur le recours». Elle ne pourrait, avant d'avoir statué sur ce recours, dans une décision antérieure ordonner la constitution de cette garantie.

404 – Recours possible contre la décision prise à la suite d'un recours de l'art. 36. L'art. 37 al. 2, toujours dans un souci de limiter les procédures et les recours possibles afin d'assurer au mieux la libre circulation des jugements, dispose que «La décision rendue sur le recours ne peut faire l'objet: ... .

– ... en France... que d'un pourvoi en cassation».

63. Pour des critiques de cet arrêt, voir A. Huet, JDI 1992, 499 et la note, RC 1992, 117.

64. V. C.M. Radtke, L'exécution des décisions exécutoires par provision en vertu de la Convention de Bruxelles du 27 septembre 1968, Gaz. Pal. 1988, I, doctr. 216.

L'art. 37 énumère également les seuls recours possibles dans les autres États contractants : ils ont tous en commun d'être limités à une question de droit[65]. Sont donc exclus en droit français, par exemple, l'appel et l'opposition.

La Cour de justice, dans l'arrêt *Brennero c. Wendel* du 27 novembre 1984, aff. 258/83, a interprété cet art. 37 al. 2 comme ne permettant le pourvoi en cassation que contre « la décision rendue sur le recours », et non contre une décision rendue pendant la procédure de recours, par exemple, une décision accordant ou refusant le sursis à statuer de l'art. 38, ou encore une décision accordant ou refusant la constitution d'une garantie. Cette solution a été reprise dans l'arrêt *Van Dalfsen* du 4 octobre 1991 aff. C 183/90: « l'expression "décision rendue sur le recours" qui figure dans l'art. 37, deuxième alinéa, de la Convention, doit être comprise en ce sens qu'elle ne vise que les décisions qui statuent sur le bien-fondé du recours formé contre une décision accordant l'autorisation d'exécution d'une décision judiciaire rendue dans un autre État contractant, à l'exclusion de celles prises au titre de l'art. 38 de la Convention » (point 21). Et la Cour précise que cette solution doit être maintenue même si la décision sur le recours et la décision prise sur la base de l'art. 38 sont contenues dans un même jugement (point 22)[66]. C'est donc une interprétation restrictive de la notion de « décision rendue sur le recours » susceptible uniquement de pourvoi en cassation qui est retenue par la Cour, laquelle s'inspire d'ailleurs du rapport Jenard, hostile à la « multiplicité des voies de recours... » qui « ... constituerait, en définitive, une entrave à la libre circulation des jugements vers laquelle tend la Convention » (p. 52). Toujours dans cette optique, la Cour de justice a également énoncé dans l'arrêt du 21 avril 1993, *Volker Sonntag*, aff. C-172/91, que l'art. 37 al. 2 exclut tout autre recours que le pourvoi en cassation contre une décision rendue sur le recours de l'art. 36, y compris lorsque le droit interne de l'État requis ouvre une voie de recours à des tiers intéressés.

Si un pourvoi en cassation est intenté contre la décision qui a statué au fond sur le recours de l'art. 36, cette décision continue cependant à produire ses effets, car le pourvoi n'a pas d'effet suspensif. Ainsi, si la Cour d'appel a confirmé l'ordonnance accordant l'exequatur, le créancier peut procéder aux mesures d'exécution[67]. De plus, les

---

65. Pour le Danemark, l'art. 37 al. 2 se contente de mentionner « un recours devant le "hojesteret", avec l'autorisation du ministre de la justice », sans préciser que ce recours doit porter sur un point de droit. Mais le rapport Schlosser (point 217) faisant état de la pratique danoise et des assurances données par le Danemark lors de la signature de la Convention d'ahésion de 1978, estime que la situation au Danemark sera très proche de celle des autres États.

66. A. Huet, observ. préc. JDI 1992, spéc. p. 501, critique l'arrêt au motif que la décision rendue dans le cadre de l'art. 38 devrait selon lui pouvoir faire l'objet de voies de recours, l'art. 37 al. 2 ne limitant ces voies de recours au pourvoi en cassation que pour la « décision rendue sur le recours ». La critique est fondée : l'art. 37 al. 2 ne règle pas la question des recours contre les décisions prises dans le cadre de l'art. 38. Toutefois, le « dérapage » de la Cour, dénoncé par A. Huet, n'est-il pas révélateur du souci d'éviter la multiplication des voies de recours, y compris contre les décisions rendues dans le cadre de l'art. 38 ? Ce point est susceptible de donner lieu à de nouveaux développements devant la Cour de justice.

67. V. CJCE 27 novembre 1984, *Brennero*, aff.258/83 qui indique que les mesures d'exécution proprement dites sont possibles même si la décision rendue peut encore faire l'objet d'un pourvoi en cassation.

mesures conservatoires de l'art. 39 cessent d'être applicables, l'art. 39 spécifiant que ces mesures sont possibles «pendant le délai du recours prévu à l'article 36 et jusqu'à ce qu'il ait été statué sur le recours».

§ 3 : Le recours contre une ordonnance refusant la reconnaissance ou l'exécution (art. 40)

405 – Qui peut exercer ce recours? L'art. 40 réserve ce recours au requérant qui s'est vu refuser la reconnaissance ou l'exécution par le Président du Tribunal de grande instance. Là encore (*supra* n°399), bien que les articles puissent s'appliquer à une procédure en simple reconnaissance, on raisonnera sur une procédure en exécution car c'est elle qui sera en cause dans la très grande majorité des cas. Le recours est porté en France devant la Cour d'appel (*supra* n° 396).

406 – Délai du recours? Contrairement au recours de l'art. 36 (*supra* n° 400), la Convention n'indique aucun délai pour le recours de l'art. 40. Le rapport Jenard en donne l'explication: «De l'avis du comité, il n'a pas paru indiqué de fixer un délai dans la Convention. Si le requérant a été débouté, il lui appartient d'interjeter appel dans le délai qu'il juge opportun et qui peut, par exemple, lui être nécessaire pour rassembler la documentation utile.» (p. 53) et le rapport ajoute que les législations nationales pourront éventuellement fixer le délai dans lequel il devrait être exercé (*eod. loc.*). Ce délai n'est donc pas nécessairement le délai d'appel du droit étatique. Ainsi, par exemple, les Pays-Bas et le Royaume-Uni ont-ils fixé, chacun, un délai spécifique d'un mois[68]. En l'absence d'une telle règle propre en droit français, il semble qu'il faut se référer au délai de recours correspondant du droit interne, à savoir l'appel pour lequel le délai est d'un mois à dater de la signification de la décision (art. 538 NCPC).

407 – Assignation du défendeur et procédure contradictoire. L'art 40 al. 2 dispose que «La partie contre laquelle l'exécution est demandée est appelée à comparaître devant la juridiction saisie du recours». Ce texte indique que la procédure du recours est contradictoire, le défendeur étant la partie contre qui l'exécution est demandée. Ce caractère contradictoire s'impose en toute hypothèse et même lorsque la requête en exequatur n'a été rejetée en première instance que pour défaut de production des documents prévus aux articles 46 et 47[69].

L'art. 40 al. 2 contient ensuite une précision qui ne figure pas pour le recours de l'art. 36[70]: en cas de défaut, le juge saisi doit vérifier la loyauté de l'assignation en

---

68. Exemples donnés par J.P. Beraudo, Juriscl. Europe, fasc. 3050, n° 39: art. 6 dela loi néerlandaise du 4 mai 1972 et Règle 33, 2, f, de l'*Order* 71 relatif au *Reciprocal Enforcement of Judgments and Enforcement European Community Judgments.*

69. CJCE 12 juillet 1984, *Firma P. c. Firma K.*, aff. 178/83.

70. Dans le cadre du recours de l'art. 36, cette règle n'aurait aucun sens car la personne contre qui l'exécution est demandée est alors le demandeur au recours, v. Beraudo, Juriscl. Europe, fasc. 3050, n° 41.

observant les règles de l'article 20 al. 2 et 3 (v. *supra* n° 277 et ss., avec le jeu de la Convention de La Haye du 15 novembre 1965). La Cour d'appel ne pourra pas statuer avant que cette vérification ait été faite. La personne contre qui l'exécution est demandée se trouve ainsi bien protégèe.

408 – Sursis à statuer, constitution de garantie, mesures provisoires. La différence de rédaction des articles de la Convention fait que les diverses possibilités offertes par les articles 38 et 39 ne sont pas ouvertes dans le cadre du recours de l'art. 40.

Ainsi, la Cour d'appel ne dispose pas, dans le cadre du recours de l'art. 40, de la possibilité de sursis à statuer ouverte par l'art. 38 (v. *supra* n° 402) dans le cas d'un recours «ordinaire» exercé ou éventuel dans l'État d'origine. Il faut cependant souligner que, dès lors qu'il s'agit d'une procédure d'exequatur et non de simple reconnaissance, la Cour d'appel devra surseoir à statuer si l'exécution de la décision est suspendue dans l'État d'origine par l'exercice ou le délai d'un recours; car, alors, la décision étrangère est dépourvue de la force exécutoire sans laquelle il ne peut y avoir d'exequatur.

La Convention ne prévoit pas que la Cour d'appel saisie du recours de l'art. 40 puisse subordonner l'exécution à la constitution d'une garantie , ni qu'elle puisse prendre des mesures conservatoires[71].

On peut se demander pourquoi la Convention n'a pas adopté, pour le recours de l'art. 40, des dispositions analogues à celles posées pour le recours de l'art. 36. Si la décision étrangère risque d'être remise en cause dans le pays d'origine, les difficultés et les incohérences sont susceptibles de se manifester de la même façon. Les rapports sur les diverses versions de la Convention sont muets à ce sujet. Une explication pourrait être trouvée dans l'objectif général poursuivi qui est de faciliter la reconnaissance et l'exécution des décisions: si la requête en reconnaissance ou en exécution a été rejetée en première instance, il est souhaitable que la Cour d'appel statue rapidement pour que, si la décision étrangère peut être reconnue ou exécutée, elle le soit au plus vite. Il y aurait là une sorte d'équivalent de l'obligation faite pour le juge saisi de la requête de statuer «à bref délai»[72].

Une autre explication consisterait à interpréter le silence de la Convention sur ce point comme un renvoi implicite aux dispositions du droit étatique du juge requis. Mais cette interprétation, outre son caractère un peu divinatoire en l'absence de toute indication en ce sens dans les rapports, n'aurait que des conséquence pratiques limitées en droit français où le juge de l'exequatur ne peut pas surseoir à statuer en raison d'un recours exercé ou possible dans l'État d'origine; en revanche, en vertu de l'art. 517 du Nouveau Code de procédure civile, il pourrait ordonner la constitution d'une garantie[73].

---

71. Pour ces possibilités, dans le cadre du recours de l'art. 36 v. *supra* n° 403 et 401.

72. V. Beraudo, Juriscl. Europe, fasc. 3050, n° 42.

73. Sur les conséquences plus importantes de cet éventuel renvoi au droit étatique au Royaume-Uni, v. Beraudo, Juriscl. Europe, fasc. 3050 n° 42.

409 – Recours possible contre la décision prise à la suite d'un recours de l'art. 40. L'art. 41 reproduit les dispositions de l'art. 37: l'arrêt de la Cour d'appel rendu sur le recours de l'art. 40 n'est susceptible que d'un pourvoi en cassation. La jurisprudence de la Cour de justice rendue à propos de l'art. 37 (v. *supra* n° 404) donne donc des indications valables également pour l'application de l'art. 41.

Section 3: Les effets d'une décision d'exequatur

410 – Spécificité de la question. Lorsque n'est en cause que la reconnaissance de la décision étrangère, on sait que cette reconnaissance a lieu «de plein droit» (art. 26) et peu importe qu'elle ait ou non donné lieu à une procédure. Les effets de cette reconnaissance ont déjà été examinés (v. *supra* n° 328) et l'on se souvient que, en particulier en matière d'hypothèque judiciaire, il n'est pas évident de savoir si l'effet de l'hypothèque relève de la reconnaisance ou de l'exécution[74].

Lorsque sont concernées la force exécutoire de la décision et les mesures d'exécution, surgissent un certain nombre de problèmes spécifiques résultant tous, plus ou moins, du fait que l'exequatur implique normalement l'exécution et que pourtant l'exequatur est distinct de l'exécution.

411 – La distinction entre exequatur et exécution. La décision qui accorde l'exequatur au jugement étranger lui confère force exécutoire en France. Autre chose sera ensuite de procèder aux mesures d'exécution. La Cour de justice a souligné cette différence entre exequatur et exécution en particulier dans l'arrêt *Deutsche Genossenschaftsbank c. Soc. Brasserie du Pêcheur* du 2 juillet 1985, aff.148/84: «La convention se bornant à règler la procédure d'exequatur des titres exécutoires étrangers et ne touchant pas à l'exécution proprement dite...» (pt.18). Et elle a réaffirmé cette distinction dans l'arrêt *Hoffmann c. Krieg* du 4 février 1988, aff. 145/86, distinction par ailleurs bien connue du droit français[75].

412 -Compétence de principe du droit étatique pour les mesures d'exécution. Les modalités d'exécution ne sont pas règlées par la Convention et relèvent du droit étatique. La Cour de justice l'a rappelé dans l'arrêt *Deutsche Genossenschaft c. Soc. Brasserie du Pêcheur* du 2 juillet 1985: la Convention ne touche pas à «l'exécution proprement dite qui reste soumise au droit national du juge saisi» (point 18). C'est ce droit qui indiquera les voies d'exécution possibles, le caractère saisissable ou non des biens, les modalités de la saisie, la possibilité d'un délai de grâce; la Cour dans l'arrêt

74. V. *supra* n° 329 et l'affaire citée note 48 qui a donné lieu aux arrêts de Paris 14 déc. 1988 et Civ. 2e, 9 janvier 1991.

75. V. *supra* n° 101 avec la note 33; *adde* Paris 4 juillet 1991, JDI 1992, 705, note Ph. Kahn.

Hoffmann c. Krieg du 4 février 1988, aff. 145/86 a confirmé cette règle au point 28: «... l'exécution d'une décision étrangère revêtue de la formule exécutoire intervient selon les règles de procédure du droit national du juge saisi, y compris celles relatives aux voies de recours».

Cependant, le droit de l'exécution du juge requis ne doit pas ruiner «l'effet utile» (point 29 de l'arrêt *Hoffmann c. Krieg*) des dispositions de la Convention sur l'exequatur; c'est ce qui résulte, en particulier, de l'arrêt *Hoffmann c. Krieg*. Dans cet arrêt la Cour a posé le principe que, dans le cadre d'un recours contre une mesure d'exécution, il est impossible d'invoquer un motif que l'on aurait pu faire valoir dans le cadre d'un recours de l'art. 36 contre l'ordonnance d'exequatur. En effet le recours de l'art. 36 est enfermé, par cet article lui-même, dans un délai strict (v. *supra* n° 400), et si l'on permettait, alors que ce recours n'a pas été exercé, d'invoquer, dans un recours contre une mesure d'exécution, un motif qui aurait pu être utilisé dans le cadre de l'art. 36, on priverait cet article de toute efficacité[76].

Outre ce principe général d'interprétation, respect de «l'effet utile» de la Convention, il est un point précis qui fait l'objet d'une disposition particulière de la Convention: l'astreinte.

413 – L'astreinte. On sait que, en droit français, l'astreinte ne saurait être exécutée tant que son montant n'a pas été définitivement fixé par la «liquidation» de l'astreinte. Mais il n'en va pas de même dans tous les États contractants[77] et c'est la raison pour laquelle l'art. 43 adopte une règle propre: «Les décisions étrangères condamnant à une astreinte ne sont exécutoires dans l'État requis que si le montant en a été définitivement fixé par les tribunaux de l'État d'origine». Ainsi une décision française portant condamnation à une astreinte ne sera considérée comme exécutoire dans les autres États contractants que lorsque le juge français aura procédé à la liquidation de cette astreinte. Il est donc impossible d'exécuter dans l'État requis une condamnation à une astreinte prononcée dans l'État d'origine mais dont le montant n'a pas été définitivement fixé dans cet État[78].

---

76. La Cour admet cependant que l'on puisse écarter ce principe, lorsque, comme c'était le cas dans l'affaire *Hoffmann c. Krieg*, il «a pour conséquence d'obliger le juge national à subordonner les effets d'un jugement national exclu du domaine d'application de la Convention à sa reconnaissance dans l'État d'origine de la décision étrangère dont l'exécution est en cause» (point 34 et point 4 *in fine* du dispositif).

77. V. rapp. Schlosser n° 213.

78. V. Paris 7 juillet 1992, D. 1992, inf. rap. 226; Europe 10/1992, n° 405: la partie désireuse d'exécuter une décision ne peut se prévaloir de la législation de l'État d'origine en matière d'astreinte, même si – comme en droit belge et néerlandais – cette législation n'impose pas au bénéficiaire d'obtenir un nouveau titre en justice avant de poursuivre le recouvrement de l'astreinte. En application de l'art. 43 de la Convention, le bénéficiaire de l'astreinte doit donc, préalablement à l'exécution dans l'État requis, obtenir dans le pays d'origine une décision de justice statuant sous une forme définitive sur le paiement de l'astreinte et s'apparentant à une condamnation pure et simple du paiement d'une somme d'argent.

414 – Exequatur et mise à exécution. Aux termes de l'art. 31 al. 1, une décision exécutoire (éventuellement exécutoire par provision) dans l'État d'origine sera *mise à exécution* dans l'État requis dès lors qu'aura été respectée la procédure d'exequatur organisée par la Convention et que le juge de l'État requis l'aura «déclarée exécutoire»[79]. Ce texte, fort logiquement, pose donc simplement la nécessité que l'exequatur précède la mise à exécution.

L'entrée du Royaume-Uni a cependant obligé à ajouter un alinéa 2 à cet article. En effet, dans cet État, il n'y a pas de procédure d'exequatur *stricto sensu* mais, à côté de l'*action on the foreign judgment* qui est la procédure de droit commun, une procédure d'*enregistrement* auprès d'une juridiction prescrite pour les décisions venant d'États avec lesquels le Royaume-Uni a conclu un traité portant sur la reconnaissance ou l'exécution des jugements[80]. Cette procédure d'enregistrement a été considérée comme l'équivalent de la procédure d'exequatur: la décision enregistrée produit les mêmes effets que ceux qu'elle avait dans son pays d'origine. Elle ne peut donc faire l'objet de mesures d'exécution qu'après cet enregistrement. Mais au Royaume-Uni, il existe «trois zones de juridiction indépendantes»[81]; ce sont l'Angleterre et le Pays de Galles, l'Ecosse, et enfin l'Irlande du Nord. L'enregistrement effectué auprès d'une juridiction ne permet des mesures d'exécution que dans la zone à laquelle appartient cette juridiction. Il faut donc recourir à trois procédures d'enregistrement pour que la décision venant d'un autre État contractant puisse faire l'objet de mesures d'exécution sur l'intégralité du territoire du Royaume-Uni. C'est ce qu'indique l'art. 31 al. 2: l'enregistrement auprés d'une juridiction de l'une des zones n'autorise les mesures d'exécution que dans cette zone. Les art. 32 et 37 (désignant les juridictions compétentes, v. *supra* n° 386 et 396, pour connaître, respectivement, de la requête unilatérale et des recours contre la décision rendue sur requête) prennent acte de cette division du Royaume-Uni en trois zones et indiquent les tribunaux compétents dans chacune d'entre elles.

415 – Exequatur partiel. Normalement, le juge de l'État requis accorde l'exequatur pour l'ensemble de la décision étrangère. Il est certain qu'il ne peut rien y ajouter[82]. En revanche, l'art. 42 indique dans son alinéa 1 que «Lorsque la décision étrangère a statué sur plusieurs chefs de la demande et que l'exécution ne peut être autorisée pour

79. Dans les versions de la Convention de Bruxelles antérieures à la Convention de Saint-Sébastien, l'art. 31 exigeait que la décision étrangère ait été «revêtue de la formule exécutoire» dans le pays requis. Cette exigence a disparu en 1989, la Convention de Saint-Sébastien s'alignant sur la Convention de Lugano du 16 septembre 1988: la référence à la «formule exécutoire» était trop liée au particularisme des procédures nationales. Il suffit donc maintenant que la décision étrangère ait été «déclarée exécutoire» par le juge de l'État requis. V. *infra* n° 419 pour les actes authentiques et les transactions judiciaires.

80. V. rapp. Schlosser, n° 208.

81. V. rapp. Schlosser, n° 209.

82. V. deux ord. Prés. Trib. gr. inst. Paris 26 février 1980, RC 1980, 782, et la note: le juge de l'exequatur ne peut ajouter à la charge du défendeur des frais non prévus dans la décision d'origine (1re ord); il ne peut, non plus, ordonner une astreinte non prévue par la décision étrangère (2e ord.).

le tout, l'autorité judiciaire accorde l'exécution pour un ou plusieurs d'entre eux» et l'al. 2 ajoute: «Le requérant peut demander une exécution partielle».

Ce texte, bien que ne parlant que d'«exécution», concerne en réalité l'exequatur.

Il reconnait la possibilité d'un exequatur partiel, prononcé soit d'office par le juge(al. 1), soit à la demande du requérant (al. 2). Il s'agit là, selon une terminologie maintenant classique en droit international privé[83], d'une possibilité d'exequatur partiel *sélectif*, et non *réductif*: si la décision rendue dans l'État d'origine comporte plusieurs chefs, que ces chefs soient dissociables et que seuls certains d'entre eux remplissent les condition de régularité prévues par la Convention, le juge requis peut n'accorder l'exequatur qu'à la partie du dispositif qui a statué sur ceux-ci. En revanche, le juge ne saurait opérer un exequatur partiel réductif, par exemple en réduisant le montant d'une condamnation qu'il jugerait excessif; ce serait, en effet, exercer là un pouvoir de révision prohibé.

On se demandera encore s'il peut y avoir exequatur partiel sélectif quand certains chefs de la décision étrangère relèvent de la Convention de Bruxelles (et donc de la procédure simplifiée des art. 31 et ss.) alors que d'autres relèvent de la procédure de droit commun. La Cour de justice avait été interrogée sur ce point par la Première chambre civile de la Cour de cassation. Dans une affaire mettant en cause à la fois l'état des personnes, le régime matrimonial et l'obligation alimentaire, la Cour suprême demandait «si l'exequatur ne peut être accordé en application des dispositions de la Convention de Bruxelles, que pour les seules stipulations relatives à l'obligation alimentaire, et dans quelles conditions pourrait être opérée une dissociation entre ces deux catégories de clauses»[84]. La Cour de Justice n'eut pas à répondre car l'affaire fut radiée du rôle en raison du désistement du demandeur au pourvoi introduit en France[85]. Faut-il admettre que, en ce cas, les chefs relevant de la Convention de Bruxelles et ceux n'en relevant pas sont nécessairement dissociables, ce qui autoriserait toujours l'exequatur partiel sélectif au profit des chefs relevant de la Convention? C'est sans doute une solution rationnelle mais on pourrait lui objecter que le juge requis ne doit pas faire produire effet à la partie de la décision étrangère relative à l'obligation alimentaire, sans avoir contrôlé aussi la régularité de la partie de cette décision relative, par exemple, à une question de divorce ou de filiation. Comment admettre l'effet alimentaire de la décision étrangère dans l'État requis si ce qui a été jugé sur l'état des personnes ne peut y être reconnu? La Convention permet, dans une certaine mesure, de répondre à cette objection puisque l'art. 27-4° (*supra* n° 344 et ss.) admet un contrôle par le juge requis de la loi appliquée par le juge d'origine à aux questions d'état, de régimes matrimoniaux ou de successions. Mais cette réponse n'est que partielle: le juge requis

83. V. en particulier, D. Holleaux, J. Foyer et G. de Geouffre de La Pradelle, Droit international privé, Masson, 1987, n° 1033. Cette terminologie avait été proposée par Jacques Foyer, note RC 1970, 725.

84. Civ. 1re 14 avril 1982, Bull. I, n° 126: il s'agissait d'un acte authentique, mais la problèmatique est la même, v. *infra* n° 417.

85. CJCE Ord. 21 sept. 1983, aff.157/82, *Verheezen c. Müller*, JOCE C 283 du 20 octobre 1983.

peut-il, par exemple, accorder l'exequatur à la partie de la décision portant sur l'obligation alimentaire, sans contrôler la compétence du juge de l'État d'origine sur la question d'état, de régime matrimonial ou de succession? De plus, alors que la procédure organisée par la Convention est unilatérale, au moins au début, la procédure d'exequatur de droit commun est *ab initio* contradictoire: le Président du Tribunal de grande instance saisi par voie de requête ne peut accorder l'exequatur sur la partie de la décision qui relève du droit commun de l'exequatur. Il y donc un risque d'éclatement des procédures en exequatur pour une même décision étrangère, ce qui est regrettable.

On pourrait éviter ce rique en admettant que, lorsque la décision étrangère relève pour certains chefs de la Convention de Bruxelles et, pour d'autres, du droit commun de l'exequatur, la partie qui demande l'exequatur de l'ensemble puisse n'utiliser que la procédure de droit commun. C'est la solution préconisée par MM. Gothot et Holleaux (nº 251 et 359) mais elle se heurte à l'objection selon laquelle la procédure de la Convention a un caractère obligatoire[86]. Ce serait pourtant, semble-t-il la meilleure façon d'éviter l'éclatement des procédures d'exequatur.

Quant à la disposition de l'art. 42 al. 2 selon laquelle «Le requérant peut demander une exécution partielle», elle perd pratiquement tout intérêt dans la mesure où l'art. III du Protocole annexé à la Convention interdit la perception par le juge de l'État requis de «tout impôt, droit ou taxe, *proportionnel* à la valeur du litige...». La demande d'exequatur partiel pouvait être intéressante pour le requérant s'il risquait de se voir infliger le paiement d'une taxe proportionnelle au montant du litige. Dès lors qu'une telle taxe est interdite, l'art. 42 al. 2 n'a plus grande utilité[87]. Mais si, depuis le prononcé de la décision étrangère, la condamnation prononcée à l'étranger se trouvait diminuée à la suite, par exemple, d'un paiement ou d'une compensation et que le requérant omette de réduire sa demande d'exécution pour tenir compte de ces éléments nouveaux, la personne condamnée pourrait s'en prévaloir dans le pays requis (notamment devant la juridiction saisie d'un recours contre l'ordonnance d'exequatur)[88].

---

86. *supra* nº 385.

87. V. Droz, nº 585 qui explique que la disposition de l'art. 42 al. 2 avait été adoptée alors que les rédacteurs de la Convention ne s'étaient pas encore mis d'accord sur l'article III du Protocole. Et sur cette question des taxes, v. *supra* nº 391.

88. En ce sens, Gothot et Holleaux, nº 362.

Chapitre IV

Actes authentiques et transactions judiciaires

416 – Principe. Les actes authentiques reçus dans un État contractant (art. 50) et les transactions judiciaires conclues devant un juge d'un État contractant (art. 51) bénéficient du mécanisme simplifié d'exécution prévu pour les décisions par la Convention de Bruxelles[1]. Mais la nature propre de ces actes impliquait un certain particularisme : seule l'exécution est en cause et non la reconnaissance et le contrôle effectué par le juge de l'État requis est encore simplifié. Avant de revenir sur ces caractéristiques, il faut préciser les catégories d'actes en cause.

417 – Les actes visés par les art. 50 et 51 de la Convention. Les *actes authentiques* sont des instruments dressés par une autorité publique en conformité de la loi de l'État sur le territoire duquel ils interviennent. L'*instrumentum* peut avoir des fonctions diverses: constatation d'un fait ou d'un acte juridique, élément de preuve, opposabilité aux tiers etc. La Convention de Bruxelles ne s'intéresse qu'aux actes authentiques constatant un acte juridique (*negotium*) et dotés de force exécutoire, comme par exemple, en France, un acte notarié[2]. La notion d'acte authentique a été précisée par le rapport Jenard – Möller sur la Convention de Lugano, à la demande des États de l'AELE qui, sauf l'Autriche, ignorent cette notion. Il résulte du rapport (n° 72) qu'un acte est authentique si trois conditions sont remplies: l'authenticité a été établie par l'autorité publique, elle doit porter non seulement sur la signature mais aussi sur le contenu de l'acte[3], l'acte doit être exécutoire par lui-même dans l'État où il a été établi. Cette définition donnée pour la Convention de Lugano doit être également retenue pour la Convention de Bruxelles.

---

1. V. H. Lemaire, La circulation des actes authentiques au sein de la CEE en vue de leur exécution (étude de la Convention de Bruxelles du 27 septembre 1968 et de la jurisprudence subséquente), JCP 1990 ed. N. 354.

2. V. P. Perret, La force exécutoire de l'acte notarié, Mémoire DESN Clermont-ferrand 1992, compte rendu par J. Prévault, Rev. trim. dr. civ. 1993, 232.; T. Colin, les conséquences de la Convention de Bruxelles et de la Convention de Lugano sur le notariat, Petites affiches du 16 déc. 1992; Civ. 1re 8 nov. 1988, affaire *Deutsche Genossenschaftsbank*, JCP 1989.II.21276, note Cadiet.

3. Ainsi ne tombent pas sous le coup de l'art. 50 les actes privés dont seule la signature a été authentifiée par un *notary public* anglais.

La *transaction judiciaire* est un contrat conclu devant le juge par lequel les parties mettent fin au litige moyennant des concessions réciproques. Il s'agit donc d'une catégorie des actes de juridiction gracieuse: parmi ceux-ci, il faut en effet distinguer les *décisions gracieuses* qui relèvent du régime général de reconnaissance et d'exécution de la Convention (*supra*, n° 324) et les *instruments judiciaires gracieux* que sont les transactions judiciaires.

Dans les deux cas, acte authentique ou transaction judiciaire, l'autorité publique joue donc un rôle exclusivement «réceptif»[4], ce qui explique que seule l'exécution de tels actes aient été prise en compte par la Convention de Bruxelles.

Il faut de toute évidence que, comme la décision étrangère, l'acte authentique ou la transaction judiciaire porte sur une matière relevant de la Convention de Bruxelles pour que celle-ci s'applique[5].

418 – Exécution et non pas reconnaissance des actes authentiques et transactions judiciaires. Dans la mesure où l'autorité publique n'a fait que «recevoir» l'acte, sans user d'un quelconque pouvoir de décision, il est normal que cet acte soit, d'une certaine façon, rapproché d'un acte privé, acte unilatéral ou contrat: or il n'existe pas d'action en reconnaissance dans un État d'un contrat passé dans un autre État. Et si l'on doit apprécier la validité ou la force probante d'un tel acte, ce sont les règles ordinaires de conflits de lois qui s'appliquent. Le fait que ces actes aient été «reçus» par une autorité publique n'y change rien[6].

En revanche, dès lors que l'acte est *exécutoire*[7] dans l'État où il a été dressé, la Convention de Bruxelles lui assure une exécution facile dans les autres États contractants, en prévoyant un contrôle encore allégé de cet acte par le juge de l'État requis.

419 – Le contrôle de la régularité de l'acte authentique ou de la transaction judiciaire.

Il faut, en premier lieu, vérifier que l'acte en cause est bien doté de caractère exécutoire dans l'État d'origine. Cette condition pourra poser problème dans les rapports avec les pays de *Common Law*: il ne semble pas qu'il y ait d'équivalence sur ce point entre les actes notariés dressés sur le continent et les actes délivrés par un *notary public* au Royaume-Uni ou en Irlande. Le rapport Schlosser indique que «en Angleterre et en Irlande, il n'existe pas de pendant aux titres exécutoires» (n° 226) et il poursuit en relevant que seuls tomberaient sous le coup de l'art. 50 de la Convention les extraits

---

4. V. Motulsky, Les actes de juridiction gracieuse en droit international privé, TCFDIP 1948-52, p. 13. V. aussi Ch. Pamboukis, L'acte public étranger en droit international privé, thèse doct. Paris I, 1990.

5. Sur les cas où l'acte porte à la fois sur une question relevant de la Convention et sur d'autres n'en relevant pas, v. Civ. 1re 14 avril 1982, *Verheezen c. Muller* Bull. I n° 126 (*supra* n° 317 et 415); Paris 22 février 1990, JDI 1991, 162 observ. A. Huet; D. 1990, inf. rap. 108.

6. V. en ce sens Gothot et Holleaux, n° 407.

7. Sur ce que, depuis la Convention de Saint-Sébastien, il n'est plus exigé que soit « apposée la formule exécutoire », v. *supra* n° 414, note 79 et *infra* n° 419.

d'un registre officiel tenu en Ecosse où sont inscrits les titres fondant une obligation de fournir une prestation déterminée.

Ce particularisme des droits de *Common Law* pourra soulever des difficultés lorsque des actes dressés au Royaume-Uni ou en Irlande seront présentés à l'exequatur sur le continent. Mais, en revanche, les juridictions britanniques ou irlandaises devront certainement, tout en utilisant leur procédure spécifique d'enregistrement, respecter la Convention lorsque sera demandé devant elles l'exequatur d'actes dressés dans les pays de *Civil Law* et certainement dotés de force exécutoire.

Le texte originaire de l'art. 50 indiquait que les actes authentiques devaient être «revêtus de la formule exécutoire». Cette rédaction fut modifiée lors de la rédaction de la Convention de Lugano car elle ne correspondait pas à la procédure de certains États de l'AELE[8]. La Convention d'adhésion de 1989 reprit cette modification et le texte le plus récent de la Convention de Bruxelles n'exige plus que l'acte authentique soit revêtu de la formule exécutoire, mais simplement qu'il soit exécutoire. Ceci n'empêche pas la formalité de l'apposition de la formule exécutoire de continuer à être respectée dans les États qui la connaissent.

En second lieu, l'acte dont on demande l'exequatur doit être un acte authentique: cette condition d'authenticité sera appréciée au regard de la loi de l'État d'origine, mais en tenant compte des indications données dans le rapport Jenard-Möller mentionnées *supra* (n° 417). L'authenticité doit être soigneusement distinguée de la validité de l'acte, en tant que *negotium*: le juge de l'exequatur n'a pas à contrôler cette validité. Certes, la force exécutoire de l'acte ne pourra développer ses effets que si l'acte est valable, mais ce n'est pas au juge de contrôler cette validité qui pourra d'ailleurs être contestée même après que l'exequatur ait été accordé[9].

En troisième et dernier lieu, l'acte ne doit pas heurter l'ordre public de l'État requis. Cette condition s'imposait et ne mérite pas de développements particuliers. Ce qui a été dit (*supra* n° 351 et ss.) doit être transposé pour les actes authentiques ou transactions judiciaires.

Il faut insister sur ce que le respect de ces trois conditions suffit. Il n'est évidemment pas question ici de contrôler le respect des droits de la défense (v. *supra* à propos de l'art. 27-2, n° 356 et ss.) pour la bonne raison qu'il n'y a pas, à proprement parler, de «défendeur» lorsqu'il s'agit d'acte authentique ou de transaction judiciaire.

Mais il n'est pas question non plus de contrôler la compétence de l'autorité qui a dressé l'acte, et ce même dans les cas dans lesquels l'art. 28 al. 1 prévoit ce contrôle pour les décisions (v. *supra* n° 339 et ss.). Si l'autorité qui a dressé l'acte a enfreint les règles de compétence qui auraient dû être respectées pour une décision (règles prévues pour les contrats d'assurance ou de consommateurs ou règles de l'art. 16), on ne saurait lui en faire grief et refuser l'exécution de l'acte pour cette raison. J.P. Beraudo

---

8. En particulier, la Suisse, v. art. Droz sur la Convention de Lugano, RC 1989, spéc. n° 57 et 59.

9. V. en ce sens Gothot et Holleaux, n° 409 et 410; et en jurisprudence, Paris 22 février 1990, préc. note 5.

donne ainsi l'exemple d'un acte authentique reçu par un notaire d'Amsterdam devant qui des parties avaient conclu un bail emphytéotique portant sur un terrain situé en Belgique: ce bail a pu être déclaré exécutoire en Belgique, alors qu'un jugement n'aurait pu l'être car la règle de compétence de l'art. 16-1° aurait été violée[10].

Enfin, le contrôle de la loi appliquée dans le cas prévu à l'art. 27-4° (v. *supra* n° 344 et ss.) doit aussi être écarté car la formulation de l'art. 50 est limitative et écarte tout contrôle que cet article ne prévoit pas lui-même.

Cet allègement du contrôle s'explique aisément: qu'il s'agisse d'acte authentique ou de transaction judiciaire, les parties se sont mises d'accord, et cet accord de volonté rend inutile le contrôle du juge de l'exequatur. Dès lors qu'il s'agit d'un acte exécutoire et authentique au regard de l'État d'origine et qu'il ne heurte pas l'ordre public de l'État requis, il doit être déclaré exécutoire dans ce dernier État.

420 – La procédure à suivre. L'art. 50 al. 1 renvoie à la «procédure prévue aux articles 31 et ss.». Et l'al. 3 de ce même article indique que «Les dispositions de la section 3 du Titre III sont, en tant que de besoin, applicables».

On transposera donc pour les actes authentiques et les transactions judiciaires la procédure étudiée *supra* (n° 384 et ss.) et l'on ne s'étonnera pas que la jurisprudence, aussi bien des juridictions nationales que de la Cour de justice, concernant actes authentiques et transactions judiciaires applique les règles procédurales prévues pour les décisions sans que la nature spécifique de l'acte en cause pose en général le moindre problème.

Quelques exemples illustreront cette proposition. A propos de l'élection de domicile requise par l'art. 33, la Première chambre civile de la Cour de Cassation, le 18 avril 1989[11] a appliqué l'art. 33 à la demande d'exequatur d'un acte authentique allemand par lequel un père français s'était engagé à verser une pension alimentaire à un enfant mineur. La Cour de cassation s'est référée, dans cette affaire, à l'arrêt rendu par la Cour de justice le 10 juillet 1986, *Carron*, aff. 198/85, (*supra* n° 389): la Cour de Luxembourg s'était alors prononcée sur la date de l'élection de domicile dans une instance en exequatur d'un jugement étranger. La solution qu'elle avait retenue est appliquée sans difficulté par la Cour de cassation dans une instance en exequatur d'un acte authentique étranger.

La Cour de justice, elle-même, a donné l'exemple de cette application de la procédure des art. 31 et ss. à l'exequatur d'un acte authentique: dans l'arrêt *Deutsche Genossenschaftsbank c. Soc. Brasserie du pêcheur*, du 2 juillet 1985, aff. 148/84, était en cause l'exequatur d'un acte notarié allemand; la réponse de la Cour à la question posée (caractère exclusif du recours de l'art. 36, *supra* n° 396 et 399) est formulée de façon tout à fait générale et la Cour, tout au long de son arrêt, raisonne exactement comme

10. V. Beraudo, JCL. Europe, fasc. 3050, n° 1, qui cite en ce sens Rechtbank van eerste aanleg de Tongres, 26 septembre 1980, Répertoire de jp. commun. série D, I-50-B1.

11. JDI 1990, 163, observ. A. Huet; D. 1990, 146 note Rémery.

s'il s'était agi d'un jugement. Ultérieurement, dans cette même affaire, la Cour de cassation française, a eu l'occasion d'appliquer à l'acte notarié allemand la règle de l'art. 54 de la Convention, et de dire que, l'acte ayant été passé avant la mise en vigueur de la Convention de Bruxelles, cette dernière était inapplicable[12].

Enfin les règles concernant le prononcé de l'exequatur jouent également pour les actes authentiques et les transactions judiciaires: il est impossible d'ajouter à l'acte étranger[13], mais en revanche il est licite de prononcer un exequatur partiel si les éléments de l'acte étranger sont dissociables[14].

---

12. Civ. 1re 8 nov. 1988, préc. note 2.

13. Ord. Prés. Trib. gr. inst. Paris 26 février 1980, RC 1980, 2e esp. p. 783 et la note: transaction judiciaire conclue à Berlin (RFA), impossibilité pour le juge français de condamner le défendeur à une astreinte non prévue par l'acte étranger.

14. Pour un acte authentique néerlandais, v. Civ. 1re 14 avril 1982, précité *supra* n° 415 note 84; pour un acte authentique allemand, v. Paris 22 février 1990, préc. note 5.

Titre IV

La Convention de Lugano

421 – Introduction. On a vu (*supra* n° 13) que les États de l'A.E.L.E. ont souhaité qu'existe entre eux et les États de la C.E.E. un système de compétence judiciaire et de reconnaissance et d'exécution identique à celui créé par la Convention de Bruxelles de 1968. Le résultat de ce vœu a été la Convention de Lugano, signée le 16 septembre 1988 entre les États de l'AELE et ceux de la CEE. Les règles retenues dans les deux textes sont en général les mêmes et on a coutume de qualifier la Convention de Lugano de «convention parallèle»; en particulier, la numérotation des articles est la même. Certaines dispositions de la Convention de Bruxelles ne furent cependant pas reprises telles quelles dans la Convention de Lugano qui apporta quelques modifications au texte de la Convention de Bruxelles tel qu'il résultait de la Convention d'adhésion de 1982. Mais ces modifications furent, à leur tour, le plus souvent, incorporées dans la Convention de Bruxelles par la Convention d'adhésion de 1989 et figurent donc dans le texte le plus récent de la Convention de Bruxelles, celui sur lequel ont porté les trois premiers titres de ce livre. Les dispositions de ce texte qui résultent directement de la Convention de Lugano ont été signalées à leur place[1]; il ne sera donc point besoin de revenir sur les articles correspondants de la Convention de Lugano. Seuls devront être étudiés ici les articles de ce dernier texte, peu nombreux, qui diffèrent de ceux de la Convention de Bruxelles telle qu'elle résulte de la Convention d'adhésion de 1989 (chapitre 2).

Mais auparavant il convient d'examiner les règles générales contenues dans la Convention de Lugano, concernant son entrée en vigueur, son domaine, ses relations avec la Convention de Bruxelles et avec les autres conventions et enfin son interprétation (chapitre 1).

---

1. V. pour l'art. 6-4, *supra* n° 230 et ss.; pour l'art. 17 paragraphe 1 c) *supra* n° 126; pour l'art. 21, *supra* n° 289; pour l'art. 31 *supra* n° 414 note 79; pour l'art. 50, *supra* n° 418 note 7.

Chapitre 1

Règles générales

§ 1 : Historique et entrée en vigueur

422 – Genèse du texte. Dès 1983, à l'initiative de la Suède et de la Suisse, des négociations furent entamées afin d'établir entre les États de la CEE et ceux de l'AELE un sytème analogue à celui mis en place dans la Communauté par la Convention de Bruxelles. De 1985 à 1988, un groupe d'experts gouvernementaux travailla donc à la rédaction d'un projet de convention, qui fut ensuite soumis à une conférence diplomatique. La méthode de négociation fut originale : les délégués des États de la CEE d'une part, ceux des États de l'AELE d'autre part, discutaient chacun de leur côté et les dispositions de la Convention n'étaient adoptées que lorsque il y avait accord entre les deux groupes de pays[2].

Cette négociation déboucha sur la rédaction de sept textes : la Convention de Lugano proprement dite, trois protocoles et trois déclarations émanant des représentants des gouvernements de la CEE (déclaration n° 1 et 2) ou de l'AELE (déclaration n° 3)[3]. L'art. 65 de la Convention indique que les trois protocoles font partie intégrante de la Convention[4]. Les déclarations concernent l'interprétation de la Convention (v. *infra* n° 436 et ss.). Ces sept textes sont accompagnés d'un acte final, signé par les négociateurs, qui les authentifie. Ils sont datés du 16 septembre 1988 et publiés au JOCE L 319 du 25 novembre 1988. Ils ont été rédigés dans les quatorze langues énumérées à l'art. 68, chacun de ces textes faisant également foi, et déposés dans les archives du Conseil fédéral Suisse, ce dernier devant en remettre une copie conforme à chaque État contractant (art. 68). Ce même Conseil est chargé par l'art. 67 de la Convention d'assurer l'information des États contractants ou de tout État qui adhéreraient ultérieurement

---

2. V. Beraudo, JCL Europe, fasc. 3100, n° 16 ; v. aussi Droz, art. RC 1989, p. 1 ; J. Herbots et G. Kremlis, CDE 1990, p. 3.

3. Sur la valeur juridique des déclarations, v. rapp. Möller Coll., CJCE, mars 1991, spéc. p. 226, 227 et la référence à l'art. 31 de la Convention de Vienne du 23 mai 1969 sur le droit des traités.

4. Le protocole n° 1 reprend, en les adaptant, les dispositions contenues dans le Protocole annexé à la Convention de Bruxelles ; le protocole n° 2 porte sur l'interprétation uniforme de la Convention de Lugano, v. *infra* n° 437 à 440 : le protocole n° 3 concerne l'application de l'art. 57 de la Convention, v. *infra* n° 434 et 435.

à la Convention de Lugano sur les dépôts des instruments de ratification ou adhésion, les dates d'entrée en vigueur, les dénonciations, déclarations ou communications faites en application de la Convention.

Comme pour la Convention de Bruxelles et les conventions d'adhésion, la Convention de Lugano a fait l'objet d'un rapport officiel co-signé par un représentant de la CEE (M. Jenard, Belgique) et par un représentant de l'AELE (M. Möller, Finlande), rapport publié au JOCE C 189 du 28 juillet 1990.

423 – Entrée en vigueur. L'art. 61 al. 3 dispose que «La convention entrera en vigueur le premier jour du troisième mois après la date à laquelle deux États, dont un État membre des Communautés européennes et un État membre de l'Association européenne de libre-échange auront déposé leurs instruments de ratification». En application de cet article la Convention est entrée en vigueur le ler janvier 1992 entre la Suisse, les Pays-Bas et la France[5] et a entraîné l'abrogation du traité franco-suisse du 15 juin 1869[6]. D'autres ratifications sont rapidement intervenues et on se reportera *supra* n° 13 pour connaître les États entre lesquels s'applique la Convention (situation donnée au 1er septembre 1993).

§ 2 : Champ d'application de la Convention

A – Champ d'application *ratione materiae*

424 – Identité avec la Convention de Bruxelles. Comme la Convention de Bruxelles, la Convention de Lugano s'applique «en matières[7] civile et commerciale» et les matières exclues énumérées à l'art. 1er sont exactement les mêmes dans les deux cas.

B – Champ d'application *ratione loci*

425 – États concernés. La Convention s'applique dans tous les États qui l'ont ratifiée (v. *supra* n° 13). Il s'agit à titre principal des États, actuels[8] et futurs, de la CEE et de ceux de l'AELE [art. 60 a) et b)] et l'art. 61 al. 3 précise que l'entrée en vigueur

5. Ratification le 23 janvier 1990 par les Pays-Bas, le 3 août 1990 par la France, le 18 octobre 1991 par la Suisse. La Convention et les textes annexes ont été publiés en France par décret du 3 février 1992, JORF du 5 février 1992, p. 1864; JCP 1992.III.65360; D. 1992.III.160; RC 1992, 345. Ces textes avaient été publiés à la RC 1989, 149 et au JDI 1989, 180.

6. V. *supra* n° 21 note 44; *adde* Droz, Le Traité franco-suisse de 1869 à la lumière de la Convention de Lugano, Journées de la Société de législation comparée, 1989, 541.

7. On notera ici que le mot « matière » est mis au pluriel, alors qu'il est au singulier dans la Convention de Bruxelles; mais cette légère différence ne paraît avoir aucune signification de fond.

8. C'est-à-dire ceux faisant partie de la CEE ou de l'AELE au 16 septembre 1988.

initiale de la Convention doit nécessairement impliquer au moins un État de la CEE et un État de l'AELE.

Mais la Convention de Lugano présente une originalité par rapport à la Convention de Bruxelles: il s'agit d'une convention *ouverte*. Des États *tiers*, qui n'appartiennent ni à la CEE, ni à l'AELE, peuvent éventuellement adhérer à la Convention de Lugano. Cette possibilité résulte des articles 60 c) et 62. Mais cette adhésion est subordonnée à des conditions contraignantes: l'État tiers ne peut adhérer à la Convention de Lugano qu'à la demande d'un État contractant (c'est à dire qui a déposé son instrument de ratification, même si la Convention n'est pas encore entrée en vigueur à son égard[9]). Cette demande doit être adressée à l'État dépositaire des instruments de ratification, c'est à dire la Suisse (art. 60 al. 2).La Suisse devra alors recueillir les informations utiles de la part de l'État tiers, notamment les communications requises de tout État adhérent par l'art. 63[10]. La Suisse ne pourra inviter l'État tiers à adhérer à la Convention de Lugano qu'après avoir communiqué ces informations et obtenu « l'accord unanime des États signataires ainsi que des États contractants mentionnés à l'article 60 point a) et b) ». Ainsi, devra être obtenu l'accord de tous les États de la CEE et de l'AELE, mais, comme le précise le rapport Jenard-Möller (n° 90), l'accord des États tiers qui auraient adhéré à la Convention n'est pas requis.

Qu'il s'agisse d'un État futur de la CEE ou de l'AELE ou d'un État tiers, toute nouvelle adhésion doit respecter les prescriptions de l'art. 63 (communication d'informations requises pour l'application des articles 3, 32, 37, 40, 41 et 55 de la Convention).

De plus l'art. 62 2) dispose que « Si un État adhérent souhaite apporter des précisions au sens du protocole n° 1, des négociations seront entamées à cet effet ». Il s'agit du protocole correspondant au Protocole annexé à la Convention de Bruxelles. C'est alors le Conseil fédéral suisse qui devra convoquer une conférence de négociation. La rédaction des art. 60 2) et 63 montrent que les nouvelles adhésions ne pourront entraîner de modifications du texte même de la Convention de Lugano, mais seulement éventuellement du protocole n° 1[11]. Le mécanisme est différent de celui prévu par l'art. 63 de la Convention de Bruxelles qui admet des adaptations de l'ensemble de la Convention au fur et à mesure des adhésions successives des États membres de la CEE.

Enfin, l'art. 62 4) indique que l'adhésion d'un futur État de la CEE ou de l'AELE, ou d'un État tiers, à la Convention de Lugano pourra, dans les trois mois du dépôt de l'instrument d'adhésion, faire l'objet d'une objection de la part d'un État contractant. En ce cas, l'adhésion ne produira pas d'effet dans les rapports entre l'État adhérent et l'État contractant qui a fait l'objection. Cette faculté d'objection n'entre pas en contradiction avec la nécessité d'accord unanime qui figure à l'art. 62 1) b): elle permet à

9. V. Beraudo, Juriscl. Europe fasc. 3100, n° 19; il peut s'agir soit d'un État de la CEE ou de l'AELE, soit d'un État tiers qui aurait déjà adhéré à la Convention de Lugano.

10. V. le texte.

11. Pour un exemple possible d'application pratique, v. Beraudo, Juriscl. Europe fasc. 3100 n° 20.

un État contractant de ne pas opposer son veto à l'adhésion du nouvel État dans la mesure où il sait qu'il pourra ultérieurement, par le jeu d'une objection, éviter que cette adhésion n'entraîne d'effets à son égard[12].

426 – Territoires concernés. La Convention de Lugano ne contient aucune précision quant aux divers territoires, européens ou non, des États contractants qui seraient ou ne seraient pas soumis aux dispositions de la Convention. Les raisons de ce silence ont déjà été exposées (*supra* n° 50). Il n'est pas, non plus, fait mention d'une quelconque procédure de déclaration d'extension. Cette absence de précision se retrouve d'ailleurs dans la Convention de Saint-Sébastien où l'art. 60 initial a disparu, ainsi que toute mention de procédure de déclaration d'extension (*supra*, n° 50)[13]. Mais le rapport Jenard-Möller [n° 95 et 96)] parle de possibles déclarations permettant aux États d'étendre le champ d'application de la Convention de Lugano à certains territoires.

La détermination exacte des territoires concernés par la Convention de Lugano devra, semble-t-il, se faire conformément aux règles générale du droit international public. Quelques indications figurent déjà dans le rapport Jenard-Möller (n° 91 à 97): pour la France, la Convention s'applique d'office aux territoires qui selon les art. 71 et ss. de la Constitution de 1958 font partie intégrante de la République française[14]. De même, en Espagne, la Convention de Lugano s'appliquera d'office à l'ensemble du territoire espagnol, ce qui inclut Ceuta, Melilla et les Canaries. Au Portugal, la Convention s'appliquera d'office aux archipels des Açores et de Madère, à la différence de Macao et de Timor qui ne font pas partie intégrante du territoire portugais.

Le rapport (n° 95) donne ensuite quelques indications pour trois États susceptibles de soulever plus de difficultés. Ainsi, le Danemark s'est réservé la possibilité de faire une déclaration décidant de l'application de la Convention aux Iles Feroé et au Groenland qui font partie du royaume du Danemark mais jouissent d'une certaine autonomie dans leurs affaires intérieures. Aux Pays-Bas, depuis la réforme constitutionnelle entrée en vigueur le 1er janvier 1986, le Royaume des Pays-Bas se compose de trois pays (les Pays-Bas, les Antilles néerlandaises, et Aruba); le rapport prévoit aussi une déclaration de l'État concerné pour l'application de la Convention aux Antilles néerlandaises et à Aruba[15]. Enfin, pour le Royaume-Uni, le rapport indique que cet État a fourni la liste des territoires non européens dont il assure les relations internationales[16] et a indiqué ceux auxquels il pourrait envisager de rendre applicable la Convention de

12. Beraudo, Juriscl. préc. n° 21 ; Droz, La Convention de Lugano parallèle à la Convention de Bruxelles, RC 1989, n° 74.

13. Il en a été de même dans la Convention de Funchal, convention d'adhésion de l'Espagne et du Portugal à la Convention de Rome du 19 juin 1980, v. Rev. trim. dr. europ. 1993, p. 61.

14. Le champ d'application de la Convention de Lugano est donc, en ce qui concerne la France, le même que celui de la Convention de Bruxelles, v. *supra* n° 50.

15. V. cependant Droz, art. préc. RC 1989, p. 49 qui estime que la Convention de Lugano s'applique d'office aux trois composantes du Royaume des Pays-Bas.

16. Liste figurant à la note 8 du rapport Jenard-Möller. Pour la liste des territoires européens dont le Royaume-Uni assure les relations internationales, v. rapp. Schlosser, n° 252.

Lugano[17]. Une procédure identique pourrait être adoptée pour les territoires européens[18].

C – Champ d'application *ratione temporis*

427 – Durée de la Convention. On a vu (*supra* n° 423) que la Convention est entrée en vigueur le 1er janvier 1992. Contrairement à la Convention de Bruxelles, elle n'est pas conclue pour une durée illimitée. L'art. 64 al. 1er dispose que la Convention « est conclue pour une durée initiale de cinq ans à compter de son entrée en vigueur ». Et il résulte de l'art. 64 al. 2 que, à partir du 1er janvier 1997, la Convention « sera reconduite tacitement d'année en année ». Ces dispositions prudentes sont assorties d'une faculté de dénonciation.

428 – Faculté de dénonciation. Cette faculté est expressément prévue par l'art. 65 al. 3 : la dénonciation est possible à partir de l'expiration de la période initiale de cinq ans et il suffit alors à l'État partie de notifier sa dénonciation au Conseil fédéral suisse. Une telle faculté ne figure pas dans le texte de la Convention de Bruxelles, mais on voit mal comment on pourrait empêcher un État contractant de dénoncer la Convention s'il le souhaitait.

429 – Possibilité de révision. L'art. 66 donne la possibilité à chaque État contractant de demander la révision de la Convention. C'est alors au Président du Conseil fédéral suisse de convoquer une conférence de révision dans les six mois de la demande en révision. On sait (*supra* n° 24) que l'art. 67 de la Convention de Bruxelles organise aussi une possibilité de révision, mais que cette procédure n'a, jusqu'à maintenant pas été utilisée, les modifications de la Convention ayant eu lieu par le biais des Conventions d'adhésion des nouveaux États membres des Communautés européennes.

430 – Dispositions transitoires. L'art. 54 de la Convention de Lugano reprend dans ses deux premiers alinéas le texte des deux premiers alinéas de l'art. 54 de la Convention de Bruxelles. Il suffit donc de se reporter à ce qui a été dit[19]. Il en va de même pour l'art. 54 al. 3, disposition introduite dans la Convention de Bruxelles en 1989, à la suite de son insertion dans la Convention de Lugano, et contenant une disposition transitoire pour les contrats conclus soumis au droit irlandais ou anglais[20].

---

17. V. la liste *supra* n° 50 note 13.

18. V. Beraudo Juriscl. Europe fasc. 3100 n° 29 qui tire argument de la disparition d'une disposition équivalente à l'art. 27 deuxième alinéa, point 2 de la Convention d'adhésion de 1978. On pourrait aussi envisager l'application de la Convention de Lugano aux îles anglo-normandes, ou encore, sous réserve de difficultés avec l'Espagne, au territoire de Gibraltar.

19. V. *supra* n° 52 et ss. sur l'applicabilité de la Convention aux actions intentées après son entrée en vigueur et son application éventuelle à la reconnaissance de décisions rendues après son entrée en vigueur sur des actions intentées avant cette date.

20. V. *supra* n° 61.

Figure enfin un long article 54 bis qui, comme l'art. 54 bis de la Convention de Bruxelles[21] adopte des règles de compétence spécifiques en matière maritime applicables pendant trois ans après l'entrée en vigueur de la Convention de Lugano à l'égard du Danemark, de la Grèce, de l'Islande, de la Norvège, de la Finlande et de la Suède[22]. L'inclusion des États de l'AELE a entraîné l'addition d'un point 7) qui définit ce que vise le terme « saisie » en Islande.

§ 3 : Relations de la Convention de Lugano avec la Convention de Bruxelles

431 – Principe. Il faut préciser quand s'applique la Convention de Bruxelles et quand s'applique la Convention de Lugano; cette question ne se posera pas devant les juges des États de l'AELE puisqu'ils ne sont parties qu'à la seule Convention de Lugano; ils n'auront à connaître que de ce texte. En revanche, pour les juges des États de la CEE, il est important de savoir, dans chaque cas, quelle est la convention applicable[23].

Un article 54 ter a été ajouté à la Convention de Lugano pour règler cette question. Le principe posé à l'alinéa ler est que la Convention de Lugano « n'affecte pas l'application par les États membres des Communautés européennes » de la Convention de Bruxelles de 1968, telle que modifiée par les Conventions d'adhésion, non plus que du Protocole qui lui est annexé, ni du protocole donnant compétence à la Cour de justice. Ainsi la Convention de Bruxelles s'appliquera si le défendeur est domicilié sur le territoire d'un État de la Communauté européenne. Peu importe que, éventuellement, le demandeur ait son domicile dans un État de l'AELE ou que le défendeur soit de la nationalité d'un État de l'AELE[24]. Et l'art. 4 de la Convention de Bruxelles jouera à l'égard d'un défendeur domicilié dans un État tiers, c'est à dire hors de la Communauté et hors de l'AELE.

De même, la Convention de Bruxelles s'appliquera en matière d'effets des jugements si la décision a été rendue dans un État de la Communauté et doit être exécutée dans un autre État de la Communauté.

432 – Cas d'application de la Convention de Lugano. Cette Convention devra être appliquée par les juges des États de la Communauté européenne dans les trois séries d'hypothèses visées à l'art. 54 ter al. 2. Le texte indique qu'alors la Convention de Lugano « s'applique *en tout état de cause* », c'est-à-dire précisément que, dans ces

21. V. *supra* n° 62.

22. Règles applicables pour chacun de ces États sauf entrée en vigueur à son égard de la Convention de Bruxelles du 10 mai 1952 sur la saisie-conservatoire des navires de mer.

23. Il y a en effet quelques divergences de texte (v. *infra* chap. 2), et de plus, la Cour de justice de Luxembourg n'est pas compétente pour interpréter la Convention de Lugano (v. *infra* n° 436 et ss.).

24. V. rapp. Jenard-Möller, n° 15.

cas, elle prévaut sur la Convention de Bruxelles et ce même dans un État de la CEE[25]. Les trois séries de cas visés à l'art. 54 ter al. 2 concernent successivement la compétence directe, la litispendance et la connexité, et enfin la reconnaissance et l'exécution des jugements.

Pour la compétence directe, la Convention de Lugano s'applique dès que le défendeur est domicilié dans un État de l'AELE[26]. Elle s'applique également lorsque ses art. 16 ou 17 confèrent compétence aux tribunaux d'un État de l'AELE. Ainsi, dès que le litige est « intégré » au territoire de l'AELE, que ce soit par le domicile du défendeur, par la nature du litige (art. 16) ou par une clause attributive de juridiction (art. 17)[27], c'est la Convention de Lugano qui s'applique.

Cette Convention s'applique encore, en matière de litispendance ou de connexité « lorsque les demandes sont formées dans un État contractant qui n'est pas membre des Communautés européennes et dans un État contractant qui est membre des Communautés européennes » [art. 54 2° b)]. Peu importe l'ordre de présentation des demandes. Et il pourra se faire que le tribunal de la CEE doive apprécier sa compétence directe au regard de la Convention de Bruxelles et le jeu de la litispendance ou de la connexité au regard de la Convention de Lugano. Depuis 1989, les textes sont identiques mais il reste qu'il ne sera pas possible d'interroger la Cour de justice sur l'interprétation des art. 21 ou 22 dès lors qu'il s'agit de la Convention de Lugano.

La Convention de Lugano s'applique enfin, en matière de reconnaissance et d'exécution « lorsque soit l'État d'origine, soit l'État requis n'est pas membre des Communautés européennes » (art. 54 2° c). Ainsi, un jugement émanant d'un État de l'AELE sera soumis à la Convention de Lugano, que son exécution en soit demandée dans un autre État de l'AELE ou dans un État de la Communauté européenne. Au contraire, un jugement émanant d'un État de la Communauté européenne verra son exécution soumise à la Convention de Bruxelles s'il est invoqué dans un autre État de la Communauté, mais à la Convention de Lugano s'il est invoqué dans un État de l'AELE. Ceci peut avoir une implication pratique (autre que celle de la compétence ou de l'absence de compétence de la Cour de justice) dans la mesure où les art. 54 ter paragraphe 3 et 57 paragraphe 4 ajoutent deux motifs de refus de reconnaissance et d'exécution à ceux connus de la Convention de Bruxelles (v. *infra* n° 450 et 451).

---

25. V. Droz, art. préc. RC 1989, n° 9. V. aussi in Coll. CJCE, mars 1991, rapp. Saggio, spéc. p. 209 et ss., rapp. Carpenter, spéc. p. 242 et ss.

26. Ou, éventuellement, d'un État tiers qui aurait adhéré à la Convention de Lugano selon la procédure de l'art. 62.

27. Il semble que seule la clause conférant compétence exclusive à un tribunal de l'AELE puisse avoir cet effet : il ne s'agit donc pas de la clause visée à l'art. 17 1°, dernier alinéa (cas où aucune des parties à la clause n'a de domicile dans un État contractant).

§ 4 : Relations de la Convention de Lugano avec les autres conventions et avec le droit communautaire

433 – Les conventions remplacées par la Convention de Lugano. L'art. 55 énumère les conventions portant de façon générale sur la compétence judiciaire et/ou la reconnaissance et l'exécution des décisions conclues entre États de l'AELE, ou entre un État de l'AELE et un État de la CEE ; ces conventions sont au nombre de 23. Elles sont remplacées par la Convention de Lugano, comme les 18 conventions conclues entre États de la CEE visées à l'art. 55 de la Convention de Bruxelles sont remplacées par la Convention de Bruxelles (*supra* nº 17). Les deux textes réservent de façon identique le jeu de l'art. 54 al. 2 et de l'art. 56. L'œuvre de simplification est indéniable : deux conventions multilatérales presque identiques se substituent à 41 conventions antérieures.

434 – Conventions portant sur des «matières particulières». L'art. 57 de la Convention de Lugano est rédigé de façon un peu différente de l'art. 57 de la Convention de Bruxelles. On constate toutefois que l'art. 57 1º, 2º, 3º et 5º de la Convention de Lugano contient des dispositions identiques à celles qui figurent, depuis 1989, à l'art. 57 1º et 57 2º a) et b) de la Convention de Bruxelles. On se reportera donc à ce qui a été dit à propos de la Convention de Bruxelles (*supra* nº 18) : l'idée générale est que la Convention de Lugano n'affecte pas le jeu des conventions conclues sur des matières particulières, et ce en vertu de l'adage *specialia generalibus derogant*[28]. Le rapport Jenard-Möller (nº 83) précise que, bien que l'art. 57 ne règle pas expressément cette question, les art. 21 et 22 sur la litispendance et la connexité sont applicables si le tribunal premier saisi est un État contractant dont la compétence en l'espèce repose sur une convention conclue en une matière particulière : les tribunaux d'un autre État contractant, saisis en second, seront soumis aux règles des art. 21 et 22 même si cet autre État n'est pas partie à la convention conclue sur la matière particulière.

L'art. 57-4º de la Convention de Lugano ajoute un motif de refus de reconnaissance et d'exécution qui n'existe pas dans la Convention de Bruxelles et sera vu *infra* (nº 451).

435 – Relations entre la Convention de Lugano et le droit communautaire. Dans la Convention de Bruxelles, l'art. 57-3º réserve expressément le jeu du droit communautaire, conformément au principe de primauté du droit communautaire. Mais ce principe n'est évidemment pas opposable aux États de l'AELE. La question des rapports entre la Convention de Lugano et le droit communautaire a fait l'objet de maintes discussions lors de la négociation de la Convention de Lugano. Aucune disposition à ce sujet ne figure dans le corps même de la Convention. Mais le protocole º 3 «concernant l'application de l'art. 57» est consacré à ce problème : si le droit communautaire

---

28. V. rapp. Jenard-Möller, nº 79 à 84.

adopte des règles de compétence judiciaire spécifiques portant sur une matière particulière[29] et crée ainsi une compétence nouvelle au profit d'un tribunal situé dans la Communauté, le texte communautaire s'appliquera quand bien même le défendeur serait domicilié dans un État de l'AELE; c'est ce qui résulte du Paragraphe 1er du protocole n° 3 qui renvoie à l'art. 57 1°. Toutefois, en vertu de l'art. 57-4°(*infra* n° 451), l'État de l'AELE où le défendeur est domicilié pourra refuser la reconnaissance ou l'exécution de la décision; en revanche dans les autres États parties à la Convention de Lugano, la décision sera reconnue et exécutée conformément aux règles ordinaires de la Convention.

Les États de l'AELE, en acceptant ce jeu éventuel d'une règle de compétence judiciaire qui résulterait du droit communautaire, ont, en quelque sorte, traité le droit communautaire comme les conventions conclues sur une matière particulière de l'art. 57[30]. Mais, ils ne l'ont accepté que moyennant une déclaration faite par les représentants des gouvernements des États signataires, déclaration par laquelle les États membres des Communautés européennes «déclarent qu'ils prendront toutes les dispositions en leur pouvoir pour assurer, lors de l'élaboration d'actes communautaires visés au Paragraphe 1 du protocole n° 3 concernant l'application de l'article 57, le respect des règles de compétence judiciaire et de reconnaissance et d'exécution des jugements instituées par la convention». Cette déclaration constitue un engagement moral tel qu'on conçoit mal qu'un acte portant des dispositions contraires à la Convention de Lugano puisse être adopté à l'unanimité des États de la CEE.

Enfin, le protocole n° 3 dans son paragraphe 2 prévoit la possibilité de négociations si l'un des États contractants estime qu'un disposition communautaire «n'est pas compatible» avec la Convention de Lugano: on pourra alors recourir soit à la procédure de révision prévue par l'art. 66 (*supra* n° 429), soit à la procédure instituée par le protocole n° 2 (v. *infra* n° 440) qui permettrait en ce cas au Comité permanent institué pour assurer l'interprétation uniforme de la Convention d'examiner le problème.

§ 5 : L'interprétation de la Convention

436 – Le problème. Les textes des Conventions de Bruxelles et de Lugano sont presque identiques et il est évident que, pour garantir le bon fonctionnement du système ainsi organisé, ils doivent être interprétés de la même façon. Mais, la Cour de justice des Communautés ne peut avoir compétence pour se prononcer sur l'interprétation de la Convention de Lugano qui implique les États de l'AELE, non représentés à la Cour de Luxembourg. En revanche, cette juridiction a compétence pour interpréter la Convention de Bruxelles.On peut penser que les juridictions des États de la CEE res-

29. Règles qui seraient concevables, par exemple, en matière de brevets et de marques communautaires. Pour les brevets, v. l'art. V quinquies du protocole n° 1 ajouté à la Convention de Lugano et la disposition identique de l'art. V quinquies du Protocole annexé à la Convention de Bruxelles, *supra* n° 99.

30. V. rapp. Jenard-Möller, n° 124 et ss.

pecteront l'interprétation donnée par la Cour de justice, non seulement pour l'application de la Convention de Bruxelles (ce à quoi elles sont obligées), mais aussi pour l'application des articles identiques de la Convention de Lugano. En revanche, il y avait un risque sérieux que les juridictions des États de l'AELE, en appliquant la Convention de Lugano, s'écartent de l'interprétation donnée par la Cour de justice pour la Convention de Bruxelles. Comment tenter de garantir que les deux conventions soient interprétées de façon uniforme? C'est à cette question que le protocole nº 2, annexé à la Convention de Lugano, ainsi que deux déclarations émanant respectivement des représentants des États CEE et de ceux des États AELE, tentent de répondre[31].

437 – Respect de l'interprétation donnée par la Cour de justice avant le 16 septembre 1988. Le préambule du protocole nº 2 relève que la Convention de Lugano a été signée «en pleine connaissance des décisions rendues par la Cour de justice des Communautés européennes sur l'interprétation de la Convention de Bruxelles jusqu'au moment de la signature de la présente Convention» et admet que «les négociations qui ont conduit à la conclusion de cette Convention ont été fondées sur la Convention de Bruxelles à la lumière de ces décisions». C'est ainsi reconnaître que les interprétations de la Convention de Bruxelles déjà données par la Cour de Luxembourg s'imposent dans l'interprétation de la Convention de Lugano (pour autant que les dispositions des deux Conventions sont identiques) et ce aussi bien devant les tribunaux des États de l'AELE que devant ceux de la CEE[32].

438 – Obligation pour chaque État contractant de «tenir dûment compte» de l'interprétation de la Convention de Lugano donnée par les autres États contractants. L'art. 1º du protocole nº 2 met à la charge de chaque État contractant l'obligation de «tenir dûment compte... des principes définis par toute décision pertinente rendue par des tribunaux des autres États contractants» en application de la Convention de Lugano. Ce texte ne mentionne pas les arrêts de la Cour de justice postérieurs au 16 septembre 1988: les États de l'AELE ne pouvaient en effet accepter de s'engager à reconnaître systématiquement l'autorité d'arrêts à venir de la Cour de Luxembourg, arrêts portant sur la Convention de Bruxelles et non sur la Convention de Lugano pour laquelle la Cour de justice n'est pas compétente.

Mais, en se référant à «toute décision pertinente» rendue par un État contractant, indirectement, l'art. 1er du protocole nº 2 permettra à ces arrêts d'avoir une incidence: en effet lorsque les juges des États de la CEE appliqueront la Convention de Lugano, ils seront naturellement enclins à suivre les principes d'interprétation dégagés par la Cour de justice pour les dispositions identiques de la Convention de Bruxelles. Et puisque les États signataires de la Convention de Lugano s'engagent à «tenir compte» de

31. Sur la question de l'interprétation de la Convention de Lugano, v. in Coll. CJCE mars 1991, les rapp. Saggio spéc. p. 217 et ss., Möller spéc. p. 225 et ss., Carpenter spéc. p. 244 et ss.

32. En ce sens, rapp. Jenard-Möller, nº 112.

toute décision pertinente, les juges des États de l'AELE seront amenés, par l'intermédiaire de la jurisprudence des États de la CEE, à prendre en considération les interprétations données par la Cour de Luxembourg. Toutefois, de réels problèmes peuvent surgir si un juge d'un État de l'AELE est confronté à un problème d'interprétation *nouveau*, qui n'a pas encore été résolu par la Cour de justice; ce juge ne pourra pas saisir la Cour de Luxembourg et l'interprétation donnée dans le cadre national ne sera pas nécessairement celle qu'aurait donnée la Cour de justice.

439 – Echange d'informations organisé par le protocole nº 2. L'art. 2 du protocole nº 2 organise un système d'échange d'informations concernant les décisions rendues en application de l'une et l'autre Convention. Le greffier de la Cour de justice des Communautés (organisme central) recevra les décisions rendues par des tribunaux de dernière instance ou par la Cour de justice, ainsi que d'autres décisions «particulièrement importantes» rendues en application de la Convention de Lugano ou de la Convention de Bruxelles. Le greffe de la Cour de justice devra classer ces documents, en assurer d'éventuelles publications et traductions et les communiquer aux autorités nationales compétentes de tous les États signataires de la Convention de Lugano, ainsi qu'à la Commission des Communautés européennes.

En mai 1993, le greffier de la Cour a envoyé une lettre aux représentants des États de la CEE et de l'AELE (membres du comité permanent, v. *infra* nº 440) invitant les États destinataires à faire connaître les autorités nationales qu'ils désignent aux fins du protocole nº 2; cette lettre était accompagnée de documents contenant la juripsrudence de la Cour et certaines décisions des Cours suprêmes d'États de la CEE rendues en application de la Convention de Bruxelles.

440 – Institution d'un comité permanent. L'art. 3 du protocole nº 2 institue un comité permanent composé de représentants désignés par chaque État adhérent; les Communautés européennes (Commission, Cour de justice et secrétariat général du Conseil) ainsi que l'AELE peuvent participer à ce comité en tant qu'observateurs.

L'art. 4 du protocole nº 2 précise le rôle de ce comité permanent: à la demande d'une partie contractante, le Conseil fédéral suisse (dépositaire de la Convention de Lugano) convoque ce comité. Les réunions devront alors permettre des échanges de vue sur le fonctionnement de la Convention, en particulier sur la jurisprudence qui aura été communiquée au greffe de la Cour de justice. Le comité peut aussi «examiner l'opportunité que soit entreprise une révision de la présente convention sur de points particuliers et faire des recommandations». Reste que seul un État contractant peut demander la mise en œuvre de la procédure de révision prévue par l'art. 66. Enfin, le comité permanent peut aussi débattre de l'application de l'art. 57 de la Convention de Lugano (v. *supra* nº 435 *in fine*).

441 – Les deux déclarations destinées à assurer le parallélisme des deux conventions. Dans la première de ces déclarations, les États de la CEE «déclarent qu'ils considèrent approprié que la Cour de justice des Communautés européennes, en interprétant la Convention de Bruxelles, tienne dûment compte des principes contenus dans la jurisprudence résultant de la Convention de Lugano». Pour assurer l'efficacité de cette déclaration, les États de l'AELE pourront utiliser la faculté pour des États non membres des Communautés européennes de présenter leurs observations devant la Cour[33].

Réciproquement, dans la seconde déclaration, les États de l'AELE «déclarent qu'ils considèrent approprié que leurs tribunaux, en interprétant la Convention de Lugano, tiennent dûment compte des principes contenus dans la jurisprudence de la Cour de justice des Communautés européennes et des tribunaux des États membres des Communautés européennes relative aux dispositions de la Convention de Bruxelles qui sont reproduites en substance dans la Convention de Lugano».

Si tous les États font preuve d'un esprit de collaboration, ces deux déclarations devraient permettre d'éviter de graves divergences d'interprétation des deux conventions et d'assurer, au contraire, un «parallélisme» satisfaisant dans leur application.

442 – Une éventuelle compétence de la Cour de l'AELE instituée par le traité créant l'Espace économique européen (EEE)? On sait que dans le traité signé à Porto le 2 mai 1992 instituant l'EEE, on a abandonné l'idée de créer une Cour de justice propre à l'EEE. La Cour de justice des Communautés avait condamné cette solution dans son avis 1/1991 du 14 décembre 1991 au motif que le système juridictionnel envisagé était «susceptible de porter atteinte à l'ordre des compétences défini par les traités et partant, à l'autonomie du système juridique communautaire dont la Cour de justice assure le respect»[34]. A la suite de cet avis, l'accord fut modifié: on abandonna l'idée d'une Cour EEE pour se contenter d'une Cour AELE. La Cour de Luxembourg, dans son avis 1/1992 du 10 avril 1992[35] estima le texte ainsi revu compatible avec les traités instituant les Communautés européennes dans la mesure où la Cour de l'AELE n'empiètait en rien sur sa propre compétence.

Mais le texte du traité de Porto ne donne compétence à la Cour de l'AELE que pour des dispositions substantielles (libertés fondamentales, concurrence etc.). Il faudrait un texte particulier (analogue au protocole de 1971 pour la Convention de Bruxelles) pour donner compétence à cette Cour pour interpréter la Convention de Lugano. Ce texte n'existe pas et il n'est sans doute pas souhaitable qu'il voit le jour: en effet, ce serait institutionnaliser le risque d'avoir des interprétations divergentes de la Convention de

33. Art. 93 du règlement de procédure. V. aussi, hors Convention de Bruxelles ou de Lugano, CJCE 3 février 1983, *Chris International Foods c. Commission*, aff. 91 et 200/82, Rec. p. 417, qui a admis l'intervention de « La Dominique », État tiers. J.P. Beraudo, rappelle aussi le rôle constructif joué par les interventions du Royaume-Uni pour l'interprétation de la Convention de Bruxelles avant même l'adhésion de cet État, JCL. Europe, fasc. 3103, n° 8.

34. Point 35 de l'avis 1/1991, Rev. trim. dr. europ. 1992, p. 558.

35. Rev. trim. dr. europ. 1992, p. 563. Sur ces deux avis, v. J. Boulouis, Rev. trim. dr. europ. 1992, p. 457; J. Auvret-Finck, Cah. dr. europ. 1993, 38; Constantinesco, JDI 1992, 422; Simon et Rigaux, Europe 2/1992, p. 1; Huglo, Gaz. Pal. europ. n° 4 et 5 des 18-19 mars 1992; v. aussi Europe 6/1992, n° 248 et 7/1992, n° 284.

Bruxelles (données par la Cour de justice de Luxembourg) et de la Convention de Lugano (qui seraient données par la Cour de l'AELE). Le système actuel, tel qu'il résulte du protocole n° 2 et des deux déclarations, malgré son empirisme, semble préférable[36].

36. V. à ce sujet les réflexions de G. Möller, Coll. CJCE, mars 1991 p. 231 qui proposait de fusionner les conventions de Bruxelles et de Lugano pour les soumettre à l'interprétation d'une juridiction unique pour tout l'EEE... La Cour de justice dans les avis 1/1991 et 1/1992 précités a montré son opposition à une telle voie.

Chapitre 2

Les différences de fond qui subsistent entre la Convention de Lugano et la Convention de Bruxelles dans sa dernière version (1989)

443 – Généralités. Les divergences subsistant entre les deux conventions sont minimes dans la mesure où la Convention de Saint-Sébastien a introduit dans la Convention de Bruxelles la plupart des innovations apportées par la Convention de Lugano[1].

On ne fera que mentionner les simples aménagements du texte résultant de la participation à la Convention de Lugano des États de l'AELE: ainsi, l'article 3 enumère aussi les fors exorbitants connus de ces États; les articles 32, 37 al. 1 et 40 indiquent également les juridictions de ces États compétentes pour connaître de la requête en exequatur ou des recours contre l'ordonnance rendue sur cette requête. Les articles 37 al. 2 et 41 mentionnent les voies de recours dont peuvent faire l'objet dans les États de l'AELE une décision rendue sur le recours de l'article 36 ou de l'article 40. L'article 54 bis étend à l'Islande, la Norvège, la Finlande et la Suède les dispositions transitoires adoptées en matière de compétence maritime (v. *supra* n° 430). L'article 55 ajoute les conventions conclues par les États de l'AELE (v. *supra* n° 433). Le protocole n° 1 ajoute aux articles V, V bis et V ter du Protocole annexé à la Convention de Bruxelles les précisions nécessaires au regard de certains États de l'AELE[2].

En revanche, subsistent quelques différences de fond entre les deux Conventions qui méritent attention; elles concernent soit des règles de compétence directe [paragraphe 1: les seuls articles concernés sont l'art. 5-1°, l'art. 17 dernier alinéa et l'art. 16-1°b)], soit des règles sur la reconnaissance et l'exécution (paragraphe 2: les articles en cause sont les articles 54 ter et 57 paragraphe 4).

---

1. V. *supra* n° 421 note 1.

2. V. *supra* sur l'art. V, n° 227 et 315 (on constate que dans la Convention de Lugano, les règles de compétence de l'art. 6-2° et de l'art. 10 sont écartées, vis-à-vis de l'Allemagne, comme dans la Convention de Bruxelles, vis-à-vis de l'Autriche et de la Suisse, mais aussi de l'Espagne alors que dans la Convention de Bruxelles, l'Espagne est soumise au régime normal des art. 6-2° et 10: pour l'explication de cette différence, v. Beraudo, Juriscl. Europe, fasc. 3101, n° 50); sur l'art. V bis, v. *supra* n° 178 et 316; sur l'art. V ter, v. *supra* n° 220.

§ 1 : Divergences sur des règles de compétence directe

444 – A) L'art. 5-1° dans sa disposition concernant le contrat de travail. On sait (v. *supra* n° 167) que c'est à l'initiative des rédacteurs de la Convention de Lugano que fut insérée dans l'art. 5-1° une disposition propre au contrat de travail. Mais le texte de la Convention de Lugano est moins favorable au salarié que celui adopté par la Convention de Saint-Sébastien. Certes, la Convention de Lugano donne compétence au tribunal du lieu où le travailleur accomplit habituellement son travail, et sur ce point la coïncidence entre les deux Conventions est parfaite. Mais la règle diffère lorsque le travailleur n'accomplit pas habituellement son travail dans un même pays : l'art. 5-1° de la Convention de Lugano offre alors la possibilité de saisir le tribunal du «lieu où se trouve l'établissement qui a embauché le travailleur». L'option est ouverte aussi bien à l'employeur qu'au salarié et ce dernier peut donc se trouver contraint d'aller plaider au lieu où il a été embauché ; c'est consacrer au profit de l'employeur une sorte de *forum actoris*. On rappellera que, dans le cadre de la Convention de Bruxelles, la convention de Saint-Sébastien, éclairée par l'arrêt *Six constructions* de la Cour de justice du 15 février 1989, aff. 32/88, a rédigé l'art. 5-1° de façon à ne laisser, lorsque le travail s'accomplit dans plusieurs pays, qu'au seul salarié l'option en faveur du tribunal du lieu «où se trouve ou se trouvait l'établissement d'embauche» (*supra*, n° 167). Il y a donc là une nette différence entre les deux textes.

445 – La réserve faite par la Suisse sur l'application de l'art. 5-1° : l'art. I bis du protocole n° 1. La Suisse souhaitait bénéficier du sort qui avait été fait au Luxembourg dans l'art. I du Protocole annexé à la Convention de Bruxelles et ainsi échapper à la règle de compétence spéciale posée en matière contractuelle : on se souvient (*supra* n° 54) que, en vertu de cet art. I, toute personne domiciliée au Luxembourg et attraite devant un autre État contractant en vertu de l'art. 5-1° peut décliner la compétence de ce tribunal. La Suisse n'a pu obtenir un tel régime et a dû se contenter d'une réserve figurant à l'art. I bis du protocole[3]. Elle a fait cette réserve lorsqu'elle a ratifié la Convention de Lugano.

Cette réserve était nécessaire en raison de l'art. 59 de la Constitution fédérale qui garantit à toute personne domiciliée en Suisse, quelle que soit sa nationalité, le droit d'être assignée devant les tribunaux de son domicile.

L'art. I bis du protocole n° 1 ne comporte cependant pas une règle de compétence directe comme le fait l'art. I du Protocole annexé à la Convention de Bruxelles. L'art. Ibis se contente de prévoir que la Suisse peut, lors de la ratification de la Convention de Lugano, se réserver le droit de ne pas reconnaître une décision rendue dans un autre État contractant dès lors que quatre conditions sont réunies.

La première condition est que le tribunal d'un autre État contractant qui a statué ait fondé sa compétence *exclusivement* sur l'art. 5-1°. Si la compétence de ce tribunal

3. Sur l'art. I bis du protocole n° 1, v. rapp. Saggio, Coll. CJCE, mars 1991, spéc. p. 219.

s'appuie sur d'autres chefs, tels que le for d'un codéfendeur (art. 6-1°), ou le for de la garantie (art. 6-3°), ou le for de la succursale (art. 5-5°) etc., la réserve est inapplicable.

La seconde condition est que le défendeur ait eu son domicile en Suisse au moment de l'introduction de l'instance dans l'autre État contractant. Et le texte de l'art. I bis pose ici une règle particulière pour l'appréciation du domicile des sociétés ou personnes morales: une telle entité «est considérée comme domiciliée en Suisse lorsqu'elle a son siège statutaire et le centre effectif de ses activités en Suisse». Il faut donc que la société ait un véritable lien avec l'économie suisse et une société ne peut échapper à l'art. 5-1° en se contentant de déposer ses statuts en Suisse; l'exigence du «centre effectif des activités» permet d'éviter des abus qui étaient à craindre dans la mesure où beaucoup de sociétés ont leur siège statutaire en Suisse, sans y avoir pour autant leur centre effectif d'activités.

La troisième condition est que le contractant domicilié en Suisse n'ait pas renoncé à se prévaloir de la réserve. Comme le fait remarquer G. Droz[4], dans la mesure où le contractant domicilié en Suisse peut renoncer au privilège qui découle de la réserve, on peut penser que la clause de renonciation deviendra rapidement une clause de style dans les contrats passés avec un tel contractant. Il peut s'agir d'une clause de renonciation à la réserve, ou, éventuellement, d'une clause de renonciation à l'art. 59 de la Constitution fédérale[5].

Enfin, la quatrième condition est que le défendeur s'oppose à la reconnaissance et à l'exécution du jugement en Suisse; s'il ne s'y oppose pas, le juge ne pourrait soulever d'office l'application de la réserve.

Il faut ajouter que la réserve ne paraît pas devoir jouer en matière de *contrat de travail*. Il n'y a aucune disposition en ce sens dans les documents qui ont été signés (Convention de Lugano, protocoles et déclarations) mais le rapport Jenard-Möller relève que la délégation suisse a «déclaré qu'une réserve envisagée dans cet article ne s'appliquerait pas aux contrats de travail»(n° 101). La Suisse ne refusera donc pas de reconnaître une décision rendue dans un autre État contractant à propos d'un contrat de travail, la compétence du tribunal étant fondée sur le lieu d'exécution habituel du travail, même si le défendeur est domicilié en Suisse. Il est regrettable qu'une disposition si importante ne figure que dans le rapport et n'ait pas fait l'objet d'une mention au texte même de l'art. I bis.

Un débat avait eu lieu sur la possibilité pour les autres États contractants d'appliquer le principe de réciprocité si la Suisse faisait cette réserve. On trouve trace de ce débat dans le rapport Jenard-Möller (n° 102). Le rapport explique que n'a pas été insérée une clause de réciprocité dans le protocole en raison de la différence des systèmes constitutionnels en présence. Mais le rapport indique nettement que la réciprocité pourra

4. Art. préc. RC 1989, n° 54.

5. V. Beraudo, JCL. Europe, fasc. 3101, n° 34, qui indique que cette renonciation à l'art. 59 est admise de façon générale en droit suisse et que l'art. Ibis a été rédigé (« déclaration prévue... ») de telle sorte qu'une renonciation à l'art. 59 soit possible avant même que la déclaration de réserve ait été faite par la Suisse.

jouer et sera déterminée par les règles du droit international public: un État contractant sera en droit de refuser de reconnaître un jugement suisse dès lors que la compétence suisse ne reposera que sur l'art. 5-1° de la Convention et que les autres conditions mentionnées ci-dessus sont remplies. En droit français, les juges n'ont pas le pouvoir d'apprécier la réciprocité d'application d'un traité; c'est au Gouvernement de se prononcer[6].

Cette réserve a, de toute façon, un caractère temporaire: en effet, l'art. I bis paragraphe 2 indique que la réserve ne s'appliquera pas dès lors qu'une dérogation aura été apportée à l'art. 59 de la Constitution suisse au moment où la reconnaissance ou l'exécution est demandée; le gouvernement suisse doit communiquer une telle dérogation aux États signataires et adhérents. De plus, le paragraphe 3 de l'art. I bis dispose que la réserve cessera de produire ses effets le 31 décembre 1999: c'est dire que si la Suisse n'a pas modifié l'art. 59 de la Constitution à cette date, elle sera obligée de dénoncer la Convention de Lugano. Enfin, la réserve faite par la Suisse peut être levée à tout moment (Art. I bis, paragraphe 3 *in fine*).

446 – B) L'art. 17, dernier alinéa. Les clauses attributives de juridiction dans les contrats de travail ne sont pas traitées exactement de la même façon dans la Convention de Lugano et dans la Convention de Bruxelles et, là encore, la dernière version de la Convention de Bruxelles (*supra* n° 142) est plus protectrice du salarié que la Convention de Lugano. Dans ce dernier texte, en effet, il est seulement dit que pour produire leurs effets, les conventions attributives de juridiction en matière de contrats de travail doivent être postérieures à la naissance du différend. Cette disposition assure une certaine protection au travailleur dans la mesure où, lorsque survient le litige il est à même de savoir où sont ses intérêts et de ne signer une clause attributive de juridiction que dans la mesure où elle lui convient.

Mais, il avait été remarqué, après la Convention de Lugano, que cette solution risque de lèser le salarié et G. Droz donnait l'exemple d'une clause convenue lors de la conclusion du contrat de travail entre un salarié français domicilié en France et un employeur domicilié en Suède donnant compétence aux tribunaux français. L'art. 17 dernier alinéa de la Convention de Lugano annule cette clause: si le travail ne s'est pas exécuté en France (auquel cas interviendrait l'art. 5-1°), le salarié demandeur (ce qui est l'hypothèse la plus fréquente) ne pourra assigner son employeur qu'en Suède, alors que, si la clause avait été valable, il aurait pu agir en France[7].

---

6. V. P. Lagarde, La condition de réciprocité dans l'application des traités internationaux: son appréciation par le juge interne, RC 1975, p. 25; P. Lagarde, La réciprocité en droit international privé, RCADI 1977, I, p. 105; Civ. 1re 6 mars 1984, RC 1985, 108, note Droz; JDI 1984, 859, observ. Chappez. J.P. Beraudo, Jurisc l. Europe, fasc. 3101 n° 35, indique que cette question de réciprocité relève, en pratique, d'une décision conjointe de la Chancellerie et du Ministère des affaires étrangères et que, pour l'art. I bis du protocole n° 1, la Chancellerie n'envisage pas de faire jouer la réciprocité.

7. Droz, art. préc. RC 1989, n° 37.

La Convention de Saint-Sébastien a tenu compte de ces remarques et l'on sait que la dernière version de la Convention de Bruxelles permet au travailleur, et à lui seul, de se prévaloir d'une clause insérée dans le contrat de travail avant la naissance du différend (*supra* ° 142).

Les autres dispositions de l'art. 17 de la Convention de Lugano sont identiques à celles de l'art. 17 de la Convention de Bruxelles et il suffit de se reporter au chapitre 3 du titre II de cet ouvrage (n° 104 et ss.).

447 – C) L'art. 16-1°b). Pour les baux d'immeubles de courte durée, les conditions de la compétence des tribunaux de l'État contractant où le défendeur a son domicile, compétence concurrente à celle des tribunaux de l'État où l'immeuble est situé, diffèrent de celles posées par la Convention de Bruxelles dans sa dernière version (*supra* n° 91). Certes, dans le texte de la Convention de Lugano, il faut, comme dans la Convention de Bruxelles, qu'il s'agisse d'un bail d'immeuble conclu «en vue d'un usage personnel temporaire pour une période maximale de six mois consécutifs»; mais, les autres conditions sont plus souples dans la Convention de Lugano: il suffit que le locataire soit une personne physique (alors que dans la Convention de Bruxelles, locataire et propriétaire doivent être des personnes physiques), et qu'aucune des parties ne soit domiciliée dans l'État contractant où l'immeuble est situé (alors que la Convention de Bruxelles exige que les deux parties soient domiciliées dans le même État contractant différent de celui du lieu de situation de l'immeuble).

Ainsi, l'exception à la compétence des tribunaux de l'État du lieu de situation de l'immeuble a-t-elle une portée plus importante dans la Convention de Lugano que dans la Convention de Bruxelles. Lors de la négociation de la Convention de Lugano, cet article 16-1° b a d'ailleurs inquiété les État du Sud (Espagne, Italie, Grèce...) qui craignaient que n'échappent à leurs tribunaux de nombreux procès portant sur des locations de vacances et opposant des personnes domiciliées dans les États du Nord (Danemark, Finlande, Norvège, Suède, Pays-Bas...). Pour cette raison, l'art. I ter du protocole n° 1 prévoit la possibilité d'une réserve.

448 – La réserve prévue par l'art. Iter du protocole n° 1. Cette disposition, qui n'a pas son pendant dans le Protocole annexé à la Convention de Bruxelles, autorise les États signataires de la Convention de Lugano à «se réserver le droit, nonobstant l'art. 28, de ne pas reconnaître ni exécuter les décision rendues dans les autres États parties lorsque la compétence de la juridiction d'origine est fondée , en application de l'art. 16-1° b), sur le seul domicile du défendeur dans l'État d'origine alors que l'immeuble est situé sur le territoire de l'État qui a formulé la réserve».

Le rapport Jenard-Möller (n° 53) précise que l'État requis qui aura fait cette réserve aura le droit de refuser la reconnaissance et l'exécution à une décision émanant de l'État contractant du domicile du défendeur et concernant une «location de courte durée» seulement si l'immeuble est situé dans l'État requis. Si l'immeuble est situé dans un autre État contractant et quand bien même ce dernier aurait fait la réserve de l'art. Iter, le juge de l'État requis ne pourra pas refuser la reconnaissance et l'exécution de la décision émanant des juges de l'État du domicile du défendeur.

La France a fait cette réserve par une déclaration annexée à la ratification de la Convention de Lugano[8].

§ 2 : Divergences sur les règles de reconnaissance et d'exécution

449 – Les articles en cause. Si l'on met à part les possibilités de réserve des articles I bis et I ter du protocole nº 1 (*supra* nº 445 et 448) qui portent sur la reconnaissance et l'exécution mais sont la conséquence directe de certaines de règles de compétence, seuls les art. 54 ter paragraphe 3 et 57 paragraphe 4 posent des règle spécifiques en matière de reconnaissance et d'exécution. L'art. 28 al. 2 renvoie expressément à ces deux textes.

450 – A) L'art. 54 ter paragraphe 3. L'art. 54 ter est consacré aux rapports entre la Convention de Lugano et la Convention de Bruxelles (*supra* nº 431 et 432) et il n'y a pas de texte symétrique dans la Convention de Bruxelles. Le paragraphe 3 de l'art. 54 ter, prévoit un motif supplémentaire de refus de reconnaissance et d'exécution, motif ignoré de la Convention de Bruxelles. Le refus est possible «si la règle de compétence sur la base de laquelle la décision a été rendue diffère de celle résultant de la présente convention et si la reconnaissance ou l'exécution est demandée contre une partie qui est domiciliée sur le territoire d'un État contractant qui n'est pas membre des Communautés européennes, à moins que la décision puisse par ailleurs être reconnue ou exécutée selon le droit de l'État requis». Il s'agit là d'une «garantie qui a été demandée par les États membres de l'AELE»[9]. Le texte vise l'hypothèse où la reconnaissance ou l'exécution d'un jugement est demandée devant un tribunal d'un État de l'AELE, le défendeur à l'instance initiale étant domicilié dans n'importe quel État de l'AELE: la Convention de Lugano est alors applicable. Mais si l'État d'origine est un État de la CEE, le juge qui a rendu la décision a pu, *par erreur*[10] appliquer la Convention de Bruxelles; s'il a, par exemple, fondé sa compétence sur une clause attributive de juridiction contenue dans le contrat de travail et invoquée par le travailleur[11], le juge de l'État requis (État de l'AELE), en vertu de l'art. 54 ter paragraphe 3, pourra refuser la reconnaissance et l'exécution de la décision. Le texte introduit donc un nouveau cas de contrôle de compétence du juge d'origine, mais on peut espèrer qu'il ne sera pas d'application très fréquente.

---

8. Décret nº 92-111 du 3 février 1992, JORF 5 février p. 1864; texte de la déclaration de réserve: RC 1992, 345. Au 1er juin 1993 aucun autre État n'avait fait cette réserve.

9. Rapp. Jenard-Möller, nº 16.

10. Car, si le défendeur est domicilié dans un État de l'AELE, c'est la Convention de Lugano qui est applicable, même par un juge d'un État partie à la Convention de Bruxelles, v. *supra* nº 432.

11. Une telle clause produit des effets selon l'art. 17 dernier alinéa de la Convention de Bruxelles, mais non selon l'art. 17 dernier alinéa de la Convention de Lugano, v. *supra* nº 446.

L'art. 54 ter paragraphe 3 *in fine* précise que le juge de l'État requis pourra néamoins reconnaître et exécuter la décision si le droit international privé de cet État l'y autorise[12]. Il s'agit toujours de favoriser au maximum la « libre circulation des jugements ».

451 – B) L'art. 57 paragraphe 4. Ce texte contient la seconde cause générale de refus de reconnaissance et d'exécution propre à la Convention de Lugano. On se souvient que cet article traite des rapports entre la Convention de Lugano et des conventions conclues sur des matières particulières (v. *supra* n° 434). La Convention de Lugano, comme celle de Bruxelles, admet, en principe la reconnaissance et l'exécution de décisions rendues dans un État contractant lorsque la compétence du juge d'origine est fondée sur une convention portant sur une matière particulière (art. 57 al. 1). Mais le paragraphe 4 de l'art. 57 prévoit un motif propre de refus de reconnaissance et d'exécution : « ...si l'État requis n'est pas partie à une convention visée au paragraphe 1 et que la personne contre laquelle la reconnaissance ou l'exécution est demandée est domiciliée dans cet État... ». Le rapport Jenard-Möller (n° 82) explique que cette disposition a été introduite à la demande des États de l'AELE : ceux-ci ont craint d'être obligés de reconnaître, à l'encontre d'un défendeur domicilié sur leur territoire, une décision fondée sur un chef de compétence qu'ils estiment exorbitant, chef contenu dans une convention portant sur une matière particulière à laquelle l'État requis n'était pas partie. Le rapport précise que ce motif de refus doit rester exceptionnel, « qu'il n'est pas d'une application automatique mais laissé à l'appréciation du juge de l'État requis »[13]. De plus le rapport admet que un État de la CEE pourrait, réciproquement, refuser de reconnaître une décision rendue dans un État de l'AELE dans les mêmes conditions[14].

Enfin, comme l'art. 54 ter paragraphe 3, l'art. 57 paragraphe 4 écarte la possibilité de refus de reconnaissance ou d'exécution « si la décision peut être reconnue ou exécutée au titre de toute autre règle de droit de l'État requis »[15].

---

12. Ce recours éventuel au droit commun est dénué de signification pour l'Autriche ainsi que pour les quatre pays de l'Union nordique (Finlande, Islande, Norvège et Suède) puisque dans ces États, le droit commun non conventionnel rejette le principe même de l'exécution d'un jugement étranger rendu en matière patrimoniale (v. G. Droz, art. préc. RC 1989, n° 48 ; rapp. Jenard-Möller, annexe 1).

13. On notera que la formule utilisée « la reconnaissance ou l'exécution *peut* être refusée... » est identique dans l'art. 54 ter paragraphe 3 et dans l'art. 57 paragraphe 4 : bien que le rapport ne le précise qu'à propos de l'art. 57, le juge requis nous paraît avoir la même possibilité de reconnaître et d'exécuter s'il l'estime approprié dans le cas de l'art. 54 ter paragraphe 3. Dans ces deux textes, la formule n'a pas le caractère contraignant de l'art. 27 ; « Les décisions *ne sont pas* reconnues... ».

14. Alors que cette réciprocité n'existe pas pour l'art. 54 ter paragraphe 3 dont la rédaction est unilatérale au profit des États membres de l'AELE.

15. Cette formulation comprend certainement et le droit commun et le droit conventionnel de l'État requis. Malgré une formulation légèrement différente de l'art. 54 ter paragraphe 3, il nous semble que ce dernier texte vise aussi à la fois le droit commun et le droit conventionnel de l'État requis ; pourtant le rapport Jenard-Möller (n° 16) ne parle alors que du « droit commun ».

La référence par les articles 54 ter paragraphe 3 et 57 paragraphe 4 à un éventuel droit commun plus libéral peut être un argument en faveur de la mise à l'écart des règles des conventions de Bruxelles et de Lugano sur la reconnaissance et l'exécution lorsque elles se révèlent plus sévères que le droit commun[16]. Mais, à l'inverse, on peut soutenir que cette mise à l'écart ne peut être opérée que lorsque le texte de la Convention le prévoit expressément, ce qui réduirait alors cette faculté aux cas visés par l'art. 54 ter paragraphe 3 et 57 paragraphe 4 de la Convention de Lugano. La seconde interprétation est préférable si l'on veut maintenir l'unité dans l'application respective des Conventions de Bruxelles et de Lugano[17].

On constate donc que les différences de fond entre la Convention de Bruxelles et la Convention de Lugano sont relativement peu importantes. Les règles portant sur la compétence directe (art. 5-1°, art. 17 dernier alinéa et art. 16-1° b) pourraient sans doute être unifiées. En revanche les règles de reconnaissance et d'exécution contenues dans les art. 54 ter paragraphe 3 et 57 paragraphe 4 s'expliquent par la nature des ensembles en présence, CEE d'une part, AELE d'autre part.

Il est, en effet, normal que la «libre circulation des jugements» soit un peu moins parfaite dans l'espace qui inclut les États de l'AELE que dans l'espace communautaire, ce dernier étant doté d'une plus grande homogénéité. La Convention de Lugano constitue cependant un énorme progrès par rapport au droit antérieur si l'on considère que plusieurs États de l'AELE refusaient le principe même de l'exécution d'un jugement patrimonial étranger[18].

---

16. V. *supra* n° 381 et ss.
17. V. *supra* n° 383 *in fine*.
18. V. *supra* note 48.

ANNEXES

LISTE DES ANNEXES

CONVENTION

concernant la compétence judiciaire et l'exécution des décisions en matière civile et commerciale

Faite à Bruxelles le 27 septembre 1968[1]

PREAMBULE

LES HAUTES PARTIES CONTRACTANTES AU TRAITE INSTITUANT LA COMMUNAUTE ECONOMIQUE EUROPEENNE,

DESIRANT mettre en oeuvre les dispositions de l'article 220 dudit traité en vertu duquel elles se sont engagées à assurer la simplification des formalités auxquelles sont subordonnées la reconnaissance et l'exécution réciproques des décisions judiciaires,

SOUCIEUSES de renforcer dans la Communauté la protection juridique des personnes qui y sont établies,

CONSIDERANT qu'il importe à cette fin de déterminer la compétence de leurs juridictions dans l'ordre international, de faciliter la reconnaissance et d'instaurer une procédure rapide afin d'assurer l'exécution des décisions, des actes authentiques et des transactions judiciaires[2],

ONT DECIDE de conclure la présente convention et ont désigné à cet effet comme plénipotentiaires : ...

---

1 Texte tel qu'il est modifié par la convention du 9 octobre 1978 relative à l'adhésion du Royaume de Danemark, de l'Irlande et du Royaume-Uni de Grande-Bretagne et d'Irlande du Nord, ci-après dénommée convention d'adhésion de 1978, par la convention du 25 octobre 1982 relative à l'adhésion de la République hellénique, ci-après dénommée convention d'adhésion de 1982, et par la convention du 26 mai 1989 relative à l'adhésion du Royaume d'Espagne et de la République portugaise, ci-après dénommée convention d'adhésion de 1989.

2 Le préambule de la convention d'adhésion de 1989 contient le texte suivant : "CONSCIENTES que le 16 septembre 1988 les Etats membres de la Communauté et les Etats membres de l'Association européenne de libre-échange (AELE) ont conclu à Lugano la convention concernant la compétence judiciaire et l'exécution des décisions en matière civile et commerciale, qui étend les principes de la convention de Bruxelles aux Etats qui seront parties à cette convention".

TITRE PREMIER

CHAMP D'APPLICATION

Article premier

La présente convention s'applique en matière civile et commerciale et quelle que soit la nature de la juridiction. Elle ne recouvre notamment pas les matières fiscales, douanières ou administratives.

Sont exclus de son application :

1. l'état et la capacité des personnes physiques, les régimes matrimoniaux, les testaments et les successions;

2. les faillites, concordats et autres procédures analogues;

3. la sécurité sociale;

4. l'arbitrage.

TITRE II

COMPETENCE

SECTION PREMIERE

Dispositions générales

Article 2

Sous réserve des dispositions de la présente convention, les personnes domiciliées sur le territoire d'un Etat contractant sont attraites, quelle que soit leur nationalité, devant les juridictions de cet Etat.

Les personnes qui ne possèdent pas la nationalité de l'Etat dans lequel elles sont domiciliées y sont soumises aux règles de compétence applicables aux nationaux.

Article 3

Les personnes domiciliées sur le territoire d'un Etat contractant ne peuvent être attraites devant les tribunaux d'un autre Etat contractant qu'en vertu des règles énoncées aux sections 2 à 6 du présent titre.

Ne peuvent être invoqués contre elles notamment :

— en Belgique : l'article 15 du code civil (Burgerlijk Wetboek) et l'article 638 du code judiciaire (Gerechtelijk Wetboek),

— au Danemark : l'article 246, paragraphes 2 et 3 de la loi sur la procédure civile (Lov om rettens pleje),

— en République fédérale d'Allemagne : l'article 23 du code de procédure civile (Zivilprozessordnung),

— en Grèce : l'article 40 du code de procédure civile (Κωδικας Πολιτικης Δικονομιας),

— en France : les articles 14 et 15 du code civil,

— en Irlande : les dispositions relatives à la compétence fondée sur un acte introductif d'instance signifié ou notifié au défendeur qui se trouve temporairement en Irlande,

— en Italie : l'article 2 et l'article 4 n°s 1 et 2 du code de procédure civile (Codice di procedura civile),

— au Luxembourg : les articles 14 et 15 du code civil,

— aux Pays-Bas : l'article 126 troisième alinéa et l'article 127 du code de procédure civile (Wetboek van Burgerlijke Rechtsvordering),

— au Portugal : l'article 65 paragraphe 1 point c), l'article 65 paragraphe 2 et l'article 65 lettre A point c) du code de procédure civile (Código de Processo Civil) et l'article 11 du code de procédure du travail (Código de Processo de Trabalho),

— au Royaume-Uni : les dispositions relatives à la compétence fondée sur :

(a) un acte introductif d'instance signifié ou notifié au défendeur qui se trouve temporairement au Royaume-Uni;
(b) l'existence au Royaume-Uni de biens appartenant au défendeur;
(c) la saisie par le demandeur de biens situés au Royaume-Uni.

Article 4

Si le défendeur n'est pas domicilié sur le territoire d'un Etat contractant, la compétence est, dans chaque Etat contractant, réglée par la loi de cet Etat, sous réserve de l'application des dispositions de l'article 16.

Toute personne, quelle que soit sa nationalité, domiciliée sur le territoire d'un Etat contractant, peut, comme les nationaux, y invoquer contre ce défendeur les règles de compétence qui y sont en vigueur et notamment celles prévues à l'article 3 deuxième alinéa.

SECTION 2

Compétences spéciales

Article 5

Le défendeur domicilié sur le territoire d'un Etat contractant peut être attrait, dans un autre Etat contractant :

1. en matière contractuelle, devant le tribunal du lieu où l'obligation qui sert de base à la demande a été ou doit être exécutée; en matière de contrat individuel de travail, ce lieu est celui où le travailleur accomplit habituellement son travail; lorsque le travailleur n'accomplit pas habituellement son travail dans un même pays, l'employeur peut être également attrait devant le tribunal du lieu où se trouve ou se trouvait l'établissement qui a embauché le travailleur;

2. en matière d'obligation alimentaire, devant le tribunal du lieu où le créancier d'aliments a son domicile ou sa résidence habituelle ou, s'il s'agit d'une demande accessoire à une action relative à l'état des personnes, devant le tribunal compétent selon la loi du for pour en connaître, sauf si cette compétence est uniquement fondée sur la nationalité d'une des parties;

3. en matière délictuelle ou quasi délictuelle, devant le tribunal du lieu où le fait dommageable s'est produit;

4. s'il s'agit d'une action en réparation de dommage ou d'une action en restitution fondées sur une infraction, devant le tribunal saisi de l'action publique, dans la mesure où, selon sa loi, ce tribunal peut connaître de l'action civile;

5. s'il s'agit d'une contestation relative à l'exploitation d'une succursale, d'une agence ou de tout autre établissement, devant le tribunal du lieu de leur situation;

6. en sa qualité de fondateur, de trustee ou de bénéficiaire d'un trust constitué soit en application de la loi, soit par écrit ou par une convention verbale, confirmée par écrit, devant les tribunaux de l'Etat contractant sur le territoire duquel le trust a son domicile;

7. s'il s'agit d'une contestation relative au paiement de la rémunération réclamé en raison de l'assistance ou du sauvetage dont a bénéficié une

cargaison ou un fret, devant le tribunal dans le ressort duquel cette cargaison ou le fret s'y rapportant :

(a) a été saisi pour garantir ce paiement

ou

(b) aurait pu être saisi à cet effet, mais une caution ou autre sûreté a été donnée;

cette disposition ne s'applique que s'il est prétendu que le défendeur a un droit sur la cargaison ou sur le fret ou qu'il avait un tel droit au moment de cette assistance ou de ce sauvetage.

Article 6

Ce même défendeur peut aussi être attrait :

1. s'il y a plusieurs défendeurs, devant le tribunal du domicile de l'un d'eux;

2. s'il s'agit d'une demande en garantie ou d'une demande en intervention, devant le tribunal saisi de la demande originaire, à moins qu'elle n'ait été formée que pour traduire hors de son tribunal celui qui a été appelé;

3. s'il s'agit d'une demande reconventionnelle qui dérive du contrat ou du fait sur lequel est fondée la demande originaire, devant le tribunal saisi de celle-ci;

4. en matière contractuelle, si l'action peut être jointe à une action en matière de droits réels immobiliers dirigée contre le même défendeur, devant le tribunal de l'Etat contractant où l'immeuble est situé.

Article 6 bis

Lorsque, en vertu de la présente convention, un tribunal d'un Etat contractant est compétent pour connaître des actions en responsabilité du fait de l'utilisation ou de l'exploitation d'un navire, ce tribunal ou tout autre que lui substitue la loi interne de cet Etat connaît aussi des demandes relatives à la limitation de cette responsabilité.

SECTION 3

Compétence en matière d'assurances

Article 7

En matière d'assurances, la compétence est déterminée par la présente section, sans préjudice des dispositions de l'article 4 et de l'article 5 paragraphe 5.

Article 8

L'assureur domicilié sur le territoire d'un Etat contractant peut être attrait :

1. devant les tribunaux de l'Etat où il a son domicile

ou

2. dans un autre Etat contractant, devant le tribunal du lieu où le preneur d'assurance a son domicile

ou

3. s'il s'agit d'un coassureur, devant le tribunal d'un Etat contractant saisi de l'action formée contre l'apériteur de la coassurance.

Lorsque l'assureur n'est pas domicilié sur le territoire d'un Etat contractant, mais possède une succursale, une agence ou tout autre établissement dans un Etat contractant, il est considéré pour les contestations relatives à leur exploitation comme ayant son domicile sur le territoire de cet Etat.

Article 9

L'assureur peut, en outre, être attrait devant le tribunal du lieu où le fait dommageable s'est produit s'il s'agit d'assurance de responsabilité ou d'assurance portant sur des immeubles. Il en est de même si l'assurance porte à la fois sur des immeubles et des meubles couverts par une même police et atteints par le même sinistre.

Article 10

En matière d'assurance de responsabilité, l'assureur peut également être appelé devant le tribunal saisi de l'action de la personne lésée contre l'assuré si la loi de ce tribunal le permet.

Les dispositions des articles 7, 8 et 9 sont applicables en cas d'action directe intentée par la victime contre l'assureur lorsque l'action directe est possible.

Si la loi relative à cette action directe prévoit la mise en cause du preneur d'assurance ou de l'assuré, le même tribunal sera aussi compétent à leur égard.

Article 11

Sous réserve des dispositions de l'article 10 troisième alinéa, l'action de l'assureur ne peut être portée que devant les tribunaux de l'Etat contractant sur le territoire duquel est domicilié le défendeur, qu'il soit preneur d'assurance, assuré ou bénéficiaire.

Les dispositions de la présente section ne portent pas atteinte au droit d'introduire une demande reconventionnelle, devant le tribunal saisi d'une demande originaire conformément à la présente section.

Article 12

Il ne peut être dérogé aux dispositions de la présente section que par des conventions :

1. postérieures à la naissance du différend ou

2. qui permettent au preneur d'assurance, à l'assuré ou au bénéficiaire de saisir d'autres tribunaux que ceux indiqués à la présente section, ou

3. qui, passées entre un preneur d'assurance et un assureur ayant, au moment de la conclusion du contrat, leur domicile ou leur résidence habituelle dans un même Etat contractant, ont pour effet, alors même que le fait dommageable se produirait à l'étranger, d'attribuer compétence aux tribunaux de cet Etat sauf si la loi de celui-ci interdit de telle conventions, ou

4. conclues par un preneur d'assurance n'ayant pas son domicile dans un Etat contractant, sauf s'il s'agit d'une assurance obligatoire ou qui porte sur un immeuble situé dans un Etat contractant, ou

5. qui concernent un contrat d'assurance en tant que celui-ci couvre un ou plusieurs des risques énumérés à l'article 12 bis.

Article 12 bis

Les risques visés à l'article 12 paragraphe 5 sont les suivants :

1. tout dommage :

   (a) aux navires de mer, aux installations au large des côtes et en haute mer ou aux aéronefs, causé par des événements survenant en relation avec leur utilisation à des fins commerciales;

(b) aux marchandises autres que les bagages des passagers, durant un transport réalisé par ces navires ou aéronefs soit en totalité, soit en combinaison avec d'autres modes de transport;

2. toute responsabilité, à l'exception de celle des dommages corporels aux passagers ou à leurs bagages,

(a) résultant de l'utilisation ou de l'exploitation des navires, installations ou aéronefs, conformément au paragraphe 1 point (a) ci-dessus, pour autant que la loi de l'Etat contractant d'immatriculation de l'aéronef n'interdise pas les clauses attributives de juridiction dans l'assurance de tels risques;
(b) du fait de marchandises durant un transport visé au paragraphe 1 point (b) ci-dessus;

3. toute perte pécuniaire liée à l'utilisation ou à l'exploitation des navires, installations ou aéronefs conformément au paragraphe 1 point (a) ci-dessus, notamment celle du fret ou du bénéfice d'affrètement;

4. tout risque lié accessoirement à l'un de ceux visés aux paragraphes 1 à 3 ci-dessus.

SECTION 4

Compétence en matière de contrats conclus par les consommateurs

Article 13

En matière de contrat conclu par une personne pour un usage pouvant être considéré comme étranger à son activité professionnelle, ci-après dénommée "le consommateur", la compétence est déterminée par la présente section, sans préjudice des dispositions de l'article 4 et de l'article 5 paragraphe 5;

1. lorsqu'il s'agit d'une vente à tempérament d'objets mobiliers corporels;

2. lorsqu'il s'agit d'un prêt à tempérament ou d'une autre opération de crédit liés au financement d'une vente de tels objets;

3. pour tout autre contrat ayant pour objet une fourniture de services ou d'objets mobiliers corporels si :

(a) la conclusion du contrat a été précédée dans l'Etat du domicile du consommateur d'une proposition spécialement faite ou d'une publicité, et que
(b) le consommateur a accompli dans cet Etat les actes nécessaires à la conclusion de ce contrat.

Lorsque le cocontractant du consommateur n'est pas domicilié sur le territoire d'un Etat contractant, mais possède une succursale, une agence ou tout autre établissement dans un Etat contractant, il est considéré pour les contestations relatives à leur exploitation comme ayant son domicile sur le territoire de cet Etat.

La présente section ne s'applique pas au contrat de transport.

Article 14

L'action intentée par un consommateur contre l'autre partie au contrat peut être portée soit devant les tribunaux de l'Etat contractant sur le territoire duquel est domiciliée cette partie, soit devant les tribunaux de l'Etat contractant sur le territoire duquel est domicilié le consommateur.

L'action intentée contre le consommateur par l'autre partie au contrat ne peut être portée que devant les tribunaux de l'Etat contractant sur le territoire duquel est domicilié le consommateur.

Ces dispositions ne portent pas atteinte au droit d'introduire une demande reconventionnelle devant le tribunal saisi d'une demande originaire conformément à la présente section.

Article 15

Il ne peut être dérogé aux dispositions de la présente section que par des conventions :

1. postérieures à la naissance du différend

   ou

2. qui permettent au consommateur de saisir d'autres tribunaux que ceux indiqués à la présente section

   ou

3. qui, passées entre le consommateur et son cocontractant ayant, au moment de la conclusion du contrat, leur domicile ou leur résidence habituelle dans un même Etat contractant, attribuent compétence aux tribunaux de cet Etat sauf si la loi de celui-ci interdit de telles conventions.

SECTION 5

Compétences exclusives

Article 16

Sont seuls compétents, sans considération de domicile :

1. (a) en matière de droits réels immobiliers et de baux d'immeubles, les tribunaux de l'Etat contractant où l'immeuble est situé;
   (b) toutefois, en matière de baux d'immeubles conclus en vue d'un usage personnel temporaire pour une période maximale de six mois consécutifs, sont également compétents les tribunaux de l'Etat contractant dans lequel le défendeur est domicilié, à condition que le propriétaire et le locataire soient des personnes physiques et qu'ils soient domiciliés dans le même Etat contractant;

2. en matière de validité, de nullité ou de dissolution des sociétés ou personnes morales ayant leur siège sur le territoire d'un Etat contractant, ou des décisions de leurs organes, les tribunaux de cet Etat;

3. en matière de validité des inscriptions sur les registres publics, les tribunaux de l'Etat contractant sur le territoire duquel ces registres sont tenus;

4. en matière d'inscription ou de validité des brevets, marques, dessins et modèles, et autres droits analogues donnant lieu à dépôt ou à un enregistrement, les juridictions de l'Etat contractant sur le territoire duquel le dépôt ou l'enregistrement a été demandé, a été effectué ou est réputé avoir été effectué aux termes d'une convention internationale;

5. en matière d'exécution des décisions, les tribunaux de l'Etat contractant du lieu de l'exécution.

SECTION 6

Prorogation de compétence

Article 17

Si les parties, dont l'une au moins a son domicile sur le territoire d'un Etat contractant, sont convenues d'un tribunal ou de tribunaux d'un Etat contractant pour connaître des différends nés ou à naître à l'occasion d'un rapport de droit déterminé, ce tribunal ou les tribunaux de cet Etat sont seuls compétents. Cette convention attributive de juridiction est conclue :

(a) par écrit ou verbalement avec confirmation écrite,

soit

(b) sous une forme qui soit conforme aux habitudes que les parties ont établies entre elles,

soit

(c) dans le commerce international, sous une forme qui soit conforme à un usage dont les parties avaient connaissance ou étaient censées avoir connaissance et qui est largement connu et régulièrement observé dans ce type de commerce par les parties à des contrats du même type dans la branche commerciale considérée.

Lorsqu'une telle convention est conclue par des parties dont aucune n'a son domicile sur le territoire d'un Etat contractant, les tribunaux des autres Etats contractants ne peuvent connaître du différend tant que le tribunal ou les tribunaux désignés n'ont pas décliné leur compétence.

Le tribunal ou les tribunaux d'un Etat contractant auxquels l'acte constitutif d'un trust attribue compétence sont exclusivement compétents pour connaître d'une action contre un fondateur, un trustee ou un bénéficiaire d'un trust, s'il s'agit de relations entre ces personnes ou de leurs droits ou obligations dans le cadre du trust.

Les conventions attributives de juridiction ainsi que les stipulations similaires d'actes constitutifs de trust sont sans effet si elles sont contraires aux dispositions des articles 12 et 15 ou si les tribunaux à la compétence desquels elles dérogent sont exclusivement compétents en vertu de l'article 16.

Si une convention attributive de juridiction n'a été stipulée qu'en faveur de l'une des parties, celle-ci conserve le droit de saisir tout autre tribunal compétent en vertu de la présente convention.

En matière de contrats individuels de travail, la convention attributive de juridiction ne produit ses effets que si elle est postérieure à la naissance du différend ou si le travailleur l'invoque pour saisir d'autres tribunaux que celui du domicile du défendeur ou celui indiqué à l'article 5 point 1.

Article 18

Outre les cas où sa compétence résulte d'autres dispositions de la présente convention, le juge d'un Etat contractant devant lequel le défendeur comparaît est compétent. Cette règle n'est pas applicable si la comparution a pour objet de contester la compétence ou s'il existe une autre juridiction exclusivement compétente en vertu de l'article 16.

SECTION 7

Vérification de la compétence et de la recevabilité

Article 19

Le juge d'un Etat contractant, saisi à titre principal d'un litige pour lequel une juridiction d'un autre Etat contractant est exclusivement compétente en vertu de l'article 16, se déclare d'office incompétent.

Article 20

Lorsque le défendeur domicilié sur le territoire d'un Etat contractant est attrait devant une juridiction d'un autre Etat contractant et ne comparait pas, le juge se déclare d'office incompétent si sa compétence n'est pas fondée aux termes de la présente convention.

Le juge est tenu de surseoir à statuer aussi longtemps qu'il n'est pas établi que ce défendeur a été mis à même de recevoir l'acte introductif d'instance ou un acte équivalent en temps utile pour se défendre ou que toute diligence a été faite à cette fin.

Les dispositions de l'alinéa précédent seront remplacées par celles de l'article 15 de la convention de La Haye, du 15 novembre 1965, relative à la signification et à la notification à l'étranger des actes judiciaires et extra-judiciaires en matière civile ou commerciale, si l'acte introductif d'instance a dû être transmis en exécution de cette convention.

SECTION 8

Litispendance et connexité

Article 21

Lorsque des demandes ayant le même objet et la même cause sont formées entre les mêmes parties devant des juridictions d'Etats contractants différents, la juridiction saisie en second lieu sursoit d'office à statuer jusqu'à ce que la compétence du tribunal premier saisi soit établie.

Lorsque la compétence du tribunal premier saisi est établie, le tribunal saisi en second lieu se dessaisit en faveur de celui-ci.

Article 22

Lorsque des demandes connexes sont formées devant des juridictions d'Etats contractants différents et sont pendantes au premier degré, la juridiction saisie en second lieu peut surseoir à statuer.

Cette juridiction peut également se dessaisir, à la demande de l'une des parties, à condition que sa loi permette la jonction d'affaires connexes et que le tribunal premier saisi soit compétent pour connaître des deux demandes.

Sont connexes, au sens du présent article, les demandes liées entre elles par un rapport si étroit qu'il y a intérêt à les instruire et à juger en même temps afin d'éviter des solutions qui pourraient être inconciliables si les causes étaient jugées séparément.

Article 23

Lorsque les demandes relèvent de la compétence exclusive de plusieurs juridictions, le dessaisissement a lieu en faveur de la juridiction première saisie.

SECTION 9

Mesures provisoires et conservatoires

Article 24

Les mesures provisoires ou conservatoires prévues par la loi d'un Etat contractant peuvent être demandées aux autorités judiciaires de cet Etat, même si, en vertu de la présente convention, une juridiction d'un autre Etat contractant est compétente pour connaître du fond.

TITRE III

RECONNAISSANCE ET EXECUTION

Article 25

On entend par décision, au sens de la présente convention, toute décision rendue par une juridiction d'un Etat contractant quelle que soit la dénomination qui lui est donnée, telle qu'arrêt, jugement, ordonnance ou mandat d'exécution, ainsi que la fixation par le greffier du montant des frais du procès.

SECTION PREMIERE

Reconnaissance

Article 26

Les décisions rendues dans un Etat contractant sont reconnues dans les autres Etats contractants, sans qu'il soit nécessaire de recourir à aucune procédure.

En cas de contestation, toute partie intéressée qui invoque la reconnaissance à titre principal peut faire constater, selon la procédure prévue aux sections 2 et 3 du présent titre, que la décision doit être reconnue.

Si la reconnaissance est invoquée de façon incidente devant une juridiction d'un Etat contractant, celle-ci est compétente pour en connaître.

Article 27

Les décisions ne sont pas reconnues :

1. si la reconnaissance est contraire à l'ordre public de l'Etat requis;

2. si l'acte introductif d'instance ou un acte équivalent n'a pas été signifié ou notifié au défendeur défaillant, régulièrement et en temps utile, pour qu'il puisse se défendre;

3. si la décision est inconciliable avec une décision rendue entre les mêmes parties dans l'Etat requis;

4. si le tribunal de l'Etat d'origine, pour rendre sa décision, a, en tranchant une question relative à l'état ou à la capacité des personnes physiques, aux régimes matrimoniaux, aux testaments et aux successions, méconnu une règle de droit international privé de l'Etat requis, à moins que sa décision n'aboutisse au même résultat que s'il avait fait application des règles du droit international privé de l'Etat requis;

5. si la décision est inconciliable avec une décision rendue antérieurement dans un Etat non contractant entre les mêmes parties dans un litige ayant le même objet et la même cause, lorsque cette dernière décision réunit les conditions nécessaires à sa reconnaissance dans l'Etat requis.

Article 28

De même, les décisions ne sont pas reconnues si les dispositions des sections 3, 4 et 5 du titre II ont été méconnues ainsi que dans le cas prévu à l'article 59.

Lors de l'appréciation des compétences mentionnées à l'alinéa précédent, l'autorité requise est liée par les constatations de fait sur lesquelles la juridiction de l'Etat d'origine a fondé sa compétence.

Sans préjudice des dispositions du premier alinéa, il ne peut être procédé au contrôle de la compétence des juridictions de l'Etat d'origine; les règles relatives à la compétence ne concernent pas l'ordre public visé à l'article 27 paragraphe 1.

Article 29

En aucun cas, la décision étrangère ne peut faire l'objet d'une révision au fond.

Article 30

L'autorité judiciaire d'un Etat contractant, devant laquelle est invoquée la reconnaissance d'une décision rendue dans un autre Etat contractant, peut surseoir à statuer si cette décision fait l'objet d'un recours ordinaire.

L'autorité judiciaire d'un Etat contractant devant laquelle est invoquée la reconnaissance d'une décision rendue en Irlande ou au Royaume-Uni et dont l'exécution est suspendue dans l'Etat d'origine du fait de l'exercice d'un recours peut surseoir à statuer.

SECTION 2

Exécution

Article 31

Les décisions rendues dans un Etat contractant et qui y sont exécutoires sont mises à exécution dans un autre Etat contractant après y avoir été déclarées exécutoires sur requête de toute partie intéressée.

Toutefois, au Royaume-Uni, ces décisions sont mises à exécution en Angleterre et au pays de Galles, en Ecosse ou en Irlande du Nord, après avoir été enregistrées en vue de leur exécution, sur requête de toute partie intéressée, dans l'une ou l'autre de ces parties du Royaume-Uni, suivant le cas.

Article 32

1. La requête est présentée :

— en Belgique, au tribunal de première instance ou à la "rechtbank van eerste aanleg",

— au Danemark, au "byret",

— en République fédérale d'Allemagne, au président d'une chambre du "Landgericht",

— en Grèce, au "μονομελες Πρωτοδικειο",

— en Espagne, au "Juzgado de Primera Instancia",

— en France, au président du tribunal de grande instance,

— en Irlande, à la "High Court",

— en Italie, à la "corte d'appello",

— au Luxembourg, au président du tribunal d'arrondissement,

— aux Pays-Bas, au président de l'"arrondissementsrechtbank",

— au Portugal, au "Tribunal Judicial de Circulo",

— au Royaume-Uni :

(a) en Angleterre et au Pays de Galles, à la "High Court of Justice" ou, s'il s'agit d'une décision en matière d'obligation alimentaire, à la "Magistrates' Court" saisie par l'intermédiaire du "Secretary of State";
(b) en Ecosse, à la "Court of Session" ou, s'il s'agit d'une décision en matière d'obligation alimentaire, à la "Sheriff Court", saisie par l'intermédiaire du "Secretary of State";
(c) en Irlande du Nord, à la "High Court of Justice" ou, s'il s'agit d'une décision en matière d'obligation alimentaire, à la "Magistrates' Court" saisie par l'intermédiaire du "Secretary of State".

2. La juridiction territorialement compétente est déterminée par le domicile de la partie contre laquelle l'exécution est demandée. Si cette partie n'est pas domiciliée sur le territoire de l'Etat requis, la compétence est déterminée par le lieu de l'exécution.

Article 33

Les modalités du dépôt de la requête sont déterminées par la loi de l'Etat requis.

Le requérant doit faire élection de domicile, dans le ressort de la juridiction saisie. Toutefois, si la loi de l'Etat requis ne connaît pas l'élection de domicile, le requérant désigne un mandataire ad litem.

Les documents mentionnés aux articles 46 et 47 sont joints à la requête.

Article 34

La juridiction saisie de la requête statue à bref délai, sans que la partie contre laquelle l'exécution est demandée puisse, en cet état de la procédure, présenter d'observation.

La requête ne peut être rejetée que pour l'un des motifs prévus aux articles 27 et 28.

En aucun cas, la décision étrangère ne peut faire l'objet d'une révision au fond.

Article 35

La décision rendue sur requête est aussitôt portée à la connaissance du requérant, à la diligence du greffier, suivant les modalités déterminées par la loi de l'Etat requis.

Article 36

Si l'exécution est autorisée, la partie contre laquelle l'exécution est demandée peut former un recours contre la décision dans le mois de sa signification.

Si cette partie est domiciliée dans un Etat contractant autre que celui où la décision qui autorise l'exécution a été rendue, le délai est de deux mois et court du jour où la signification a été faite à personne ou à domicile. Ce délai ne comporte pas de prorogation à raison de la distance.

Article 37

1. Le recours est porté, selon les règles de la procédure contradictoire :

— en Belgique, devant le tribunal de première instance ou la "rechtbank van eerste aanleg",

— au Danemark, devant le "landsret",

— en République fédérale d'Allemagne, devant l'Oberlandesgericht",

— en Grèce, devant l'"εφετειο",

— en Espagne, devant l'"Audiencia Provincial",

— en France, devant la Cour d'appel,

— en Irlande, devant la "High Court",

— en Italie, devant la "corte d'appello",

— au Luxembourg, devant la Cour supérieure de justice siégeant en matière d'appel civil,

— aux Pays-Bas, devant l'"arrondissementsrechtbank",

— au Portugal, devant le "Tribunal da Relação",

— au Royaume-Uni :

(a) en Angleterre et au pays de Galles, devant la "High Court of Justice" ou, s'il s'agit d'une décision en matière d'obligation alimentaire, devant la "Magistrates' Court";

(b) en Ecosse, devant la "Court of Session" ou, s'il s'agit d'une décision en matière d'obligation alimentaire, devant la "Sheriff Court";
(c) en Irlande du Nord, devant la "High Court of Justice" ou, s'il s'agit d'une décision en matière d'obligation alimentaire, devant la "Magistrates' Court".

2. La décision rendue sur le recours ne peut faire l'objet :

— en Belgique, en Grèce, en Espagne, en France, en Italie, au Luxembourg et aux Pays-Bas, que d'un pourvoi en cassation,

— au Danemark, que d'un recours devant le "højesteret", avec l'autorisation du ministre de la justice,

— en République fédérale d'Allemagne, que d'une "Rechtsbeschwerde",

— en Irlande, que d'un recours sur un point de droit devant la "Supreme Court",

— au Portugal, que d'un recours sur un point de droit,

— au Royaume-Uni, que d'un seul recours sur un point de droit.

Article 38

La juridiction saisie du recours peut, à la requête de la partie qui l'a formé, surseoir à statuer, si la décision étrangère fait, dans l'Etat d'origine, l'objet d'un recours ordinaire ou si le délai pour le former n'est pas expiré; dans ce dernier cas, la juridiction peut impartir un délai pour former ce recours.

Lorsque la décision a été rendue en Irlande ou au Royaume-Uni, toute voie de recours prévue dans l'Etat d'origine est considérée comme un recours ordinaire pour l'application du premier alinéa.

Cette juridiction peut également subordonner l'exécution à la constitution d'une garantie qu'elle détermine.

Article 39

Pendant le délai du recours prévu à l'article 36 et jusqu'à ce qu'il ait été statué sur celui-ci, il ne peut être procédé qu'à des mesures conservatoires sur les biens de la partie contre laquelle l'exécution est demandée.

La décision qui accorde l'exécution emporte l'autorisation de procéder à ces mesures.

Article 40

1. Si sa requête est rejetée, le requérant peut former un recours :

— en Belgique, devant la cour d'appel ou le "hof van beroep",

— au Danemark, devant le "landsret",

— en République fédérale d'Allemagne, devant l'"Oberlandesgericht",

— en Grèce, devant l'"εφετειο",

— en Espagne, devant l'"Audiencia Provincial",

— en France, devant la Cour d'appel,

— en Irlande, devant la "High Court",

— en Italie, devant la "corte d'appello",

— au Luxembourg, devant la Cour supérieure de justice siégeant en matière d'appel civil,

— aux Pays-Bas, devant le "gerechtshof",

— au Portgual, devant le "Tribunal da Relação",

— au Royaume-Uni

(a) en Angleterre et au Pays de Galles, devant la "High Court of Justice" ou, s'il s'agit d'une décision en matière d'obligation alimentaire, devant la "Magistrates' Court";
(b) en Ecosse, devant la "Court of Session" ou, s'il s'agit d'une décision en matière d'obligation alimentaire, devant la "Sheriff Court";
(c) en Irlande du Nord, devant la "High Court of Justice" ou, s'il s'agit d'une décision en matière d'obligation alimentaire, devant la "Magistrates' Court".

2. La partie contre laquelle l'exécution est demandée est appelée à comparaître devant la juridiction saisie du recours. En cas de défaut, les dispositions de l'article 20 deuxième et troisième alinéas sont applicables alors même que cette partie n'est pas domiciliée sur le territoire d'un des Etats contractants.

Article 41

La décision rendue sur le recours prévu à l'article 40 ne peut faire l'objet :

— en Belgique, en Grèce, en Espagne, en France, en Italie, au Luxembourg et aux Pays-Bas, que d'un pourvoi en cassation,

— au Danemark, que d'un recours devant le "højesteret", avec l'autorisation du ministre de la justice,

— en République fédérale d'Allemagne, que d'une "Rechtsbeschwerde",

— en Irlande, que d'un recours sur un point de droit devant la "Supreme Court",

— au Portugal, que d'un recours sur un point de droit,

— au Royaume-Uni, que d'un seul recours sur un point de droit.

Article 42

Lorsque la décision étrangère a statué sur plusieurs chefs de la demande et que l'exécution ne peut être autorisée pour le tout, l'autorité judiciaire accorde l'exécution pour un ou plusieurs d'entre eux.

Le requérant peut demander une exécution partielle.

Article 43

Les décisions étrangères condamnant à une astreinte ne sont exécutoires dans l'Etat requis que si le montant en a été définitivement fixé par les tribunaux de l'Etat d'origine.

Article 44

Le requérant qui, dans l'Etat d'origine, a bénéficié en tout ou en partie de l'assistance judiciaire ou d'une exemption de frais et dépens, bénéficie, dans la procédure prévue aux articles 32 à 35, de l'assistance la plus favorable ou de l'exemption la plus large prévue par le droit de l'Etat requis.

Le requérant qui demande l'exécution d'une décision rendue au Danemark par une autorité administrative en matière d'obligation alimentaire peut invoquer dans l'Etat requis le bénéfice des dispositions du premier alinéa s'il produit un document établi par le ministère de la justice danois et attestant qu'il remplit les conditions économiques pour pouvoir bénéficier en tout ou en partie de l'assistance judiciaire ou d'une exemption de frais et dépens.

Article 45

Aucune caution ni aucun dépôt, sous quelque dénomination que ce soit, ne peut être imposé en raison, soit de la qualité d'étranger, soit du défaut de domicile ou de résidence dans le pays, à la partie qui demande l'exécution dans un Etat contractant d'une décision rendue dans un autre Etat contractant.

SECTION 3

Dispositions communes

Article 46

La partie qui invoque la reconnaissance ou demande l'exécution d'une décision doit produire :

1. une expédition de celle-ci réunissant les conditions nécessaires à son authenticité;

2. s'il s'agit d'une décision par défaut, l'original ou une copie certifiée conforme du document établissant que l'acte introductif d'instance ou un acte équivalent a été signifié ou notifié à la partie défaillante.

Article 47

La partie qui demande l'exécution doit en outre produire :

1. tout document de nature à établir que, selon la loi de l'Etat d'origine, la décision est exécutoire et a été signifiée;

2. s'il y a lieu, un document justifiant que le requérant bénéficie de l'assistance judiciaire dans l'Etat d'origine.

Article 48

A défaut de production des documents mentionnés à l'article 46 paragraphe 2 et à l'article 47 paragraphe 2, l'autorité judiciaire peut impartir un délai pour les produire ou accepter des documents équivalents ou, si elle s'estime suffisamment éclairée, en dispenser.

Il est produit une traduction des documents si l'autorité judiciaire l'exige; la traduction est certifiée par une personne habilitée à cet effet dans l'un des Etats contractants.

Article 49

Aucune législation ni formalité analogue n'est exigée en ce qui concerne les documents mentionnés aux articles 46, 47 et 48 deuxième alinéa, ainsi que, le cas échéant, la procuration ad litem.

TITRE IV

ACTES AUTHENTIQUES ET TRANSACTIONS JUDICIAIRES

Article 50

Les actes authentiques reçus et exécutoires dans un Etat contractant sont, sur requête, déclarés exécutoires dans un autre Etat contractant, conformément à la procédure prévue aux articles 31 et suivants. La requête ne peut être rejetée que si l'exécution de l'acte authentique est contraire à l'ordre public de l'Etat requis.

L'acte produit doit réunir les conditions nécessaires à son authenticité dans l'Etat d'origine.

Les dispositions de la section 3 du titre III sont, en tant que de besoin, applicables.

Article 51

Les transactions conclues devant le juge au cours d'un procès et exécutoires dans l'Etat d'origine sont exécutoires dans l'Etat requis aux mêmes conditions que les actes authentiques.

TITRE V

DISPOSITIONS GENERALES

Article 52

Pour déterminer si une partie a un domicile sur le territoire de l'Etat contractant dont les tribunaux sont saisis, le juge applique sa loi interne.

Lorsqu'une partie n'a pas de domicile dans l'Etat dont les tribunaux sont saisis, le juge, pour déterminer si elle a un domicile dans un autre Etat contractant, applique la loi de cet Etat.

Article 53

Le siège des sociétés et des personnes morales est assimilé au domicile pour l'application de la présente convention. Toutefois, pour déterminer ce siège, le juge saisi applique les règles de son droit international privé.

Pour déterminer si un trust a son domicile sur le territoire d'un Etat contractant dont les tribunaux sont saisis, le juge applique les règles de son droit international privé.

TITRE VI

DISPOSITIONS TRANSITOIRES

Article 54

Les dispositions de la présente convention ne sont applicables qu'aux actions judiciaires intentées et aux actes authentiques reçus postérieurement à l'entrée en vigueur de la présente convention dans l'Etat d'origine et, lorsque la reconnaissance ou l'exécution d'une décision ou d'un acte authentique est demandée, dans l'Etat requis.

Toutefois, les décisions rendues après la date d'entrée en vigueur de la présente convention dans les rapports entre l'Etat d'origine et l'Etat requis à la suite d'actions intentées avant cette date sont reconnues et exécutées conformément aux dispositions du titre III si les règles de compétence appliquées sont conformes à celles prévues soit par le titre II soit par une convention qui était en vigueur entre l'Etat d'origine et l'Etat requis lorsque l'action a été intentée.

Si, par un écrit antérieur au 1er juin 1988 pour l'Irlande ou au 1er janvier 1987 pour le Royaume-Uni, les parties en litige à propos d'un contrat étaient convenues d'appliquer à ce contrat le droit irlandais ou le droit d'une partie du Royaume-Uni, les tribunaux de l'Irlande ou de cette partie du Royaume-Uni conservent la faculté de connaître de ce litige.

Article 54 bis

Pendant trois années à compter du 1er novembre 1986 pour le Danemark et à compter du 1er juin 1988 pour l'Irlande, la compétence en matière maritime dans chacun de ces Etats est déterminée non seulement conformément aux dispositions du titre II, mais également conformément aux paragraphes 1 à 6 ci-après. Toutefois, ces dispositions cesseront d'être applicables dans chacun de ces Etats au moment où la convention internationale pour l'unification de certaines règles sur la saisie conservatoire des navires de mer, signée à Bruxelles le 10 mai 1952, sera en vigueur à son égard.

1. Une personne domiciliée sur le territoire d'un Etat contractant peut être attraite pour une créance maritime devant les tribunaux de l'un des Etats mentionnés ci-dessus lorsque le navire sur lequel porte la créance ou tout autre navire dont elle est propriétaire a fait l'objet d'une saisie judiciaire sur le territoire de ce dernier Etat pour garantir la créance, ou aurait pu y faire l'objet d'une saisie alors qu'une caution ou une autre sûreté a été donnée, dans les cas suivants :

(a) si le demandeur est domicilié sur le territoire de cet Etat ;
(b) si la créance maritime est née dans cet Etat;
(c) si la créance maritime est née au cours d'un voyage pendant lequel la saisie a été faite ou aurait pu être faite;
(d) si la créance provient d'un abordage ou d'un dommage causé par un navire, par exécution ou omission d'une manoeuvre ou par inobservation des règlements, soit à un autre navire, soit aux choses ou personnes se trouvant à bord;
(e) si la créance est née d'une assistance ou d'un sauvetage;
(f) si la créance est garantie par une hypothèque maritime ou un mort-gage sur le navire saisi.

2. Peut être saisi le navire auquel la créance maritime se rapporte ou tout autre navire appartenant à celui qui était, au moment où est née la créance maritime, propriétaire du navire auquel cette créance se

rapporte. Toutefois, pour les créances prévues au paragraphe 5 points (o), (p) ou (q), seul le navire sur lequel porte la créance pourra être saisi.

3. Des navires sont réputés avoir le même propriétaire lorsque toutes les parts de propriété appartiennent à une même ou aux mêmes personnes.

4. En cas d'affrètement d'un navire avec remise de la gestion nautique, lorsque l'affréteur répond seul d'une créance maritime se rapportant au navire, celui-ci peut être saisi ou tout autre navire appartenant à cet affréteur, mais aucun autre navire appartenant au propriétaire ne peut être saisi en vertu de cette créance maritime. Il en est de même dans tous les cas où une personne autre que le propriétaire est tenue d'une créance maritime.

5. On entend par "créance maritime" l'allégation d'un droit ou d'une créance ayant l'une ou plusieurs des causes suivantes :

(a) dommages causés par un navire soit par abordage, soit autrement;
(b) pertes de vies humaines ou dommages corporels causés par un navire ou provenant de l'exploitation d'un navire;
(c) assistance et sauvetage;
(d) contrats relatifs à l'utilisation ou la location d'un navire par charte-partie ou autrement;
(e) contrats relatifs au transport des marchandises par un navire en vertu d'une charte-partie, d'un connaissement ou autrement;
(f) pertes ou dommages aux marchandises et bagages transportés par un navire;
(g) avarie commune;
(h) prêt à la grosse;
(i) remorquage;
(j) pilotage;
(k) fournitures, quel qu'en soit le lieu, de produits ou de matériel faites à un navire en vue de son exploitation ou de son entretien;
(l) construction, réparations, équipement d'un navire ou frais de cale;
(m) salaires des capitaines, officiers ou hommes d'équipage;
(n) débours du capitaine et ceux effectués par les chargeurs, les affréteurs et les agents pour le compte du navire ou de son propriétaire;
(o) la propriété contestée d'un navire;
(p) la copropriété d'un navire ou sa possession, ou son exploitation, ou les droits aux produits d'exploitation d'un navire en copropriété;
(q) toute hypothèque maritime et tout mort-gage.

6. Au Danemark, l'expression "saisie judiciaire" couvre, en ce qui concerne les créances maritimes visées au paragraphe 5 point (o) et (p), le

"forbud" pour autant que cette procédure soit la seule admise en l'espèce par les articles 646 à 653 de la loi sur la procédure civile (Lov om rettens pleje).

TITRE VII

RELATIONS AVEC LES AUTRES CONVENTIONS

Article 55

Sans préjudice des dispositions de l'article 54 deuxième alinéa et de l'article 56, la présente convention remplace entre les Etats qui y sont parties les conventions conclues entre deux ou plusieurs de ces Etats, à savoir :

— la convention entre la Belgique et la France sur la compétence judiciaire, sur l'autorité et l'exécution des décisions judiciaires, des sentences arbitrales et des actes authentiques, signée à Paris le 8 juillet 1899.

— la convention entre la Belgique et les Pays-Bas sur la compétence judiciaire territoriale, sur la faillite, ainsi que sur l'autorité et l'exécution des décisions judiciaires, des sentences arbitrales et des actes authentiques, signée à Bruxelles le 28 mars 1925,

— la convention entre la France et l'Italie sur l'exécution des jugements en matière civile et commerciale, signée à Rome le 3 juin 1930,

— la convention entre le Royaume-Uni et la France sur l'exécution réciproque des jugements en matière civile et commerciale, accompagnée d'un protocole, signée à Paris le 18 janvier 1934,

— la convention entre le Royaume-Uni et la Belgique sur l'exécution réciproque des jugements en matière civile et commerciale, accompagnée d'un protocole, signée à Bruxelles le 2 mai 1934,

— la convention entre l'Allemagne et l'Italie sur la reconnaissance et l'exécution des décisions judiciaires en matière civile et commerciale, signée à Rome le 9 mars 1936,

— la convention entre la République fédérale d'Allemagne et le royaume de Belgique concernant la reconnaissance et l'exécution réciproques en matière civile et commerciale des décisions judiciaires, sentences arbitrales et actes authentiques, signée à Bonn le 30 juin 1958,

- la convention entre le royaume des Pays-Bas et la République italienne sur la reconnaissance et l'exécution des décisions judiciaires en matière civile et commerciale, signée à Rome le 17 avril 1959,

- la convention entre le Royaume-Uni et la République fédérale d'Allemagne sur la reconnaissance et l'exécution réciproques des jugements en matière civile et commerciale, signée à Bonn le 14 juillet 1960,

- la convention entre le royaume de Grèce et la République fédérale d'Allemagne sur la reconnaissance et l'exécution réciproques des jugements, transactions et actes authentiques en matière civile et commerciale, signée à Athènes le 4 novembre 1961,

- la convention entre le royaume de Belgique et la République italienne concernant la reconnaissance et l'exécution des décisions judiciaires et d'autres titres exécutoires en matière civile et commerciale, signée à Rome le 6 avril 1962,

- la convention entre le royaume des Pays-Bas et la République fédérale d'Allemagne sur la reconnaissance et l'exécution mutuelles des décisions judiciaires et autres titres exécutoires en matière civile et commerciale, signée à La Haye le 30 août 1962,

- la convention entre le Royaume-Uni et la République italienne sur la reconnaissance et l'exécution réciproques des jugements en matière civile et commerciale, signée à Rome le 7 février 1964, accompagnée d'un protocole signé à Rome le 14 juillet 1970,

- la convention entre le Royaume-Uni et le royaume des Pays-Bas sur la reconnaissance et l'exécution réciproques des jugements en matière civile, signée à La Haye le 17 novembre 1967,

- la convention entre l'Espagne et la France sur la reconnaissance et l'exécution de jugements et de sentences arbitrales en matière civile et commerciale signée à Paris le 28 mai 1969,

- la convention entre l'Espagne et l'Italie en matière d'assistance judiciaire et de reconnaissance et exécution des jugements en matière civile et commerciale, signée à Madrid le 22 mai 1973,

- la convention entre l'Espagne et la République fédérale d'Allemagne sur la reconnaissance et l'exécution de décisions et transactions judiciaires, et d'actes authentiques exécutoires en matière civile et commerciale, signée à Bonn le 14 novembre 1983,

et pour autant qu'il est en vigueur :

— le traité entre la Belgique, les Pays-Bas et le Luxembourg sur la compétence judiciaire, sur la faillite, sur l'autorité et l'exécution des décisions judiciaires, des sentences arbitrales et des actes authentiques, signé à Bruxelles le 24 novembre 1961.

Article 56

Le traité et les conventions mentionnés à l'article 55 continuent à produire leurs effets dans les matières auxquelles la présente convention n'est pas applicable.

Ils continuent à produire leurs effets en ce qui concerne les décisions rendues et les actes reçus avant l'entrée en vigueur de la présente convention.

Article 57

1. La présente convention n'affecte pas les conventions auxquelles les Etats contractants sont ou seront parties et qui, dans des matières particulières, règlent la compétence judiciaire, la reconnaissance ou l'exécution des décisions.

2. En vue d'assurer son interprétation uniforme, le paragraphe 1 est appliqué de la manière suivante :

(a) la présente convention ne fait pas obstacle à ce qu'un tribunal d'un Etat contractant partie à une convention relative à une matière particulière puisse fonder sa compétence sur une telle convention, même si le défendeur est domicilié sur le territoire d'un Etat contractant non partie à une telle convention. Le tribunal saisi applique, en tout cas, l'article 20 de la présente convention;

(b) les décisions rendues dans un Etat contractant par un tribunal ayant fondé sa compétence sur une convention relative à une matière particulière sont reconnues et exécutées dans les autres Etats contractants conformément à la présente convention.

Si une convention relative à une matière particulière et à laquelle sont parties l'Etat d'origine et l'Etat requis détermine les conditions de reconnaissance et d'exécution des décisions, il est fait application de ces conditions. Il peut, en tout cas, être fait application des dispositions de la présente convention qui concernent la procédure relative à la reconnaissance et à l'exécution des décisions.

3. La présente convention ne préjuge pas l'application des dispositions qui, dans des matières particulières, règlent la compétence judiciaire, la reconnaissance ou l'exécution des décisions et qui sont ou seront contenues dans les actes des institutions des Communautés européennes ou dans les législations nationales harmonisées en exécution de ces actes.

Article 58

Jusqu'au moment où la convention concernant la compétence judiciaire et l'exécution des décisions en matière civile et commerciale, signée à Lugano le 16 septembre 1988, produira ses effets à l'égard de la France et de la Confédération suisse, les dispositions de la présente convention ne portent pas préjudice aux droits reconnus aux ressortissants suisses par la convention entre la France et la Confédération suisse sur la compétence judiciaire et l'exécution des jugements en matière civile, signée à Paris le 15 juin 1869.

Article 59

La présente convention ne fait pas obstacle à ce qu'un Etat contractant s'engage envers un Etat tiers, aux termes d'une convention sur la reconnaissance et l'exécution des jugements, à ne pas reconnaître une décision rendue, notamment dans un autre Etat contractant, contre un défendeur qui avait son domicile ou sa résidence habituelle sur le territoire de l'Etat tiers lorsque, dans un cas prévu par l'article 4, la décision n'a pu être fondée que sur une compétence visée à l'article 3, deuxième alinéa.

Toutefois, aucun Etat contractant ne peut s'engager envers un Etat tiers à ne pas reconnaître une décision rendue dans un autre Etat contractant par une juridiction dont la compétence est fondée sur l'existence dans cet Etat de biens appartenant au défendeur ou sur la saisie par le demandeur de biens qui y existent :

1. si la demande porte sur la propriété ou la possession desdits biens, vise à obtenir l'autorisation d'en disposer ou est relative à un autre litige les concernant

ou

2. si les biens constituent la garantie d'une créance qui fait l'objet de la demande.

TITRE VIII

DISPOSITIONS FINALES

Article 60

[...][3]

Article 61

La présente convention sera ratifiée par les Etat signataires. Les instruments de ratification seront déposés auprès du secrétaire général du Conseil des Communautés européennes.

Article 62

La présente convention entrera en vigueur le premier jour du troisième mois suivant le dépôt de l'instrument de ratification de l'Etat signataire qui procèdera le dernier à cette formalité.

Article 63

Les Etats contractants reconnaissent que tout Etat qui devient membre de la Communauté économique européenne aura l'obligation d'accepter que la présente convention soit prise comme base pour les négociations nécessaires pour assurer la mise en oeuvre de l'article 220, dernier alinéa, du traité instituant la Communauté économique européenne dans les rapports entre les Etats contractants et cet Etat.

Les adaptations nécessaires pourront faire l'objet d'une convention spéciale entre les Etats contractants, d'une part, et cet Etat, d'autre part.

Article 64

Le secrétaire général du Conseil des Communautés européennes notifiera aux Etats signataires :

(a) le dépôt de tout instrument de ratification;
(b) les dates d'entrée en vigueur de la présente convention;
(c) [...][4]
(d) les déclarations reçues en application de l'article IV du protocole;
(e) les communications faites en application de l'article VI du protocole.

---

3 L'article 21 de la convention d'adhésion de 1989 a prévu la suppression de l'article 60 modifié par l'article 27 de la convention d'adhésion de 1978.

4 L'article 22 de la convention d'adhésion de 1989 a prévu la suppression du point (c) modifié par l'article 28 de la convention d'adhésion de 1978.

Article 65

Le protocole qui, du commun accord des Etats contractants, est annexé à la présente convention, en fait partie intégrante.

Article 66

Le présente convention est conclue pour une durée illimitée.

Article 67

Chaque Etat contractant peut demander la révision de la présente convention. Dans ce cas, une conférence de révision est convoquée par le président du Conseil des Communautés européennes.

Article 68

La présente convention, rédigée en un exemplaire unique en langue allemande, en langue française, en langue italienne et en langue néerlandaise, les quatre textes faisant également foi, sera déposée dans les archives du secrétariat général du Conseil des Communautés européennes. Le secrétaire général en remettra une copie certifiée conforme à chacun des gouvernements des Etats signataires.

En foi de quoi les plénipotentiaires soussignés ont apposé leur signature au bas de la présente Convention.

Fait à Bruxelles, le vingt-sept septembre mil neuf cent soixante-huit.

...

PROTOCOLE[5]

Les hautes parties contractantes sont convenues des dispositions suivantes, qui sont annexées à la convention :

Article I

Toute personne domiciliée au Luxembourg, attraite devant un tribunal d'un autre Etat contractant en application de l'article 5, paragraphe 1, peut décliner la compétence de ce tribunal. Ce tribunal se déclare d'office incompétent si le défendeur ne comparaît pas.

Toute convention attributive de juridiction au sens de l'article 17 ne produit ses effets à l'égard d'une personne domiciliée au Luxembourg que si celle-ci l'a expressément et spécialement acceptée.

---

5 Texte tel qu'il est modifié par la convention d'adhésion de 1978, la convention d'adhésion de 1982 et la convention d'adhésion de 1989.

Article II

Sans préjudice de dispositions nationales plus favorables, les personnes domiciliées dans un Etat contractant et poursuivies pour une infraction involontaire devant les juridictions répressives d'un autre Etat contractant dont elles ne sont pas les nationaux peuvent se faire défendre par les personnes habilitées à cette fin, même si elles ne comparaissent pas personnellement.

Toutefois, la juridiction saisie peut ordonner la comparution personnelle; si celle-ci n'a pas eu lieu, la décision rendue sur l'action civile sans que la personne en cause ait eu la possibilité de se faire défendre pourra ne pas être reconnue ni exécutée dans les autres Etats contractants.

Article III

Aucun impôt, droit ou taxe, proportionnel à la valeur du litige, n'est perçu dans l'Etat requis à l'occasion de la procédure tendant à l'octroi de la formule exécutoire.

Article IV

Les actes judiciaires et extrajudiciaires dressés sur le territoire d'un Etat contractant et qui doivent être notifiés ou signifiés à des personnes se trouvant sur le territoire d'un autre Etat contractant sont transmis selon les modes prévus par les conventions ou accords conclus entre les Etats contractants.

Sauf si l'Etat de destination s'y oppose par déclaration faite au secrétaire général du Conseil des Communautés européennes, ces actes peuvent aussi être envoyés directement par les officiers ministériels de l'Etat où les actes sont dressés aux officiers ministériels de l'Etat sur le territoire duquel se trouve le destinataire de l'acte. Dans ce cas, l'officier ministériel de l'Etat d'origine transmet une copie de l'acte à l'officier ministériel de l'Etat requis, qui est compétent pour la remettre au destinataire. Cette remise est faite dans les formes prévues par la loi de l'Etat requis. Elle est constatée par une attestation envoyée directement à l'officier ministériel de l'Etat d'origine.

Article V

La compétence judiciaire prévue à l'article 6, paragraphe 2, et à l'article 10, pour la demande en garantie ou la demande en intervention, ne peut être invoquée dans la République fédérale d'Allemagne. Dans cet Etat, toute personne domiciliée sur le territoire d'un autre Etat contractant peut être appelée devant les tribunaux en application des articles 68 et 72, 73 et 74 du code de procédure civile concernant la litis denuntiatio;

Les décisions rendues dans les autres Etats contractants en vertu de l'article 6, paragraphe 2, et de l'article 10, sont reconnues et exécutées dans la République fédérale d'Allemagne, conformément au titre III. Les effets produits à l'égard des tiers, en application des articles 68 et 72, 73 et 74 du code de procédure civile, par des jugements rendus dans cet Etat, sont également reconnus dans les autres Etats contractants.

Article V bis

En matière d'obligation alimentaire, les termes "juge", "tribunal" et "juridiction" comprennent les autorités administratives danoises.

Article V ter

Dans les litiges entre le capitaine et un membre de l'équipage d'un navire de mer immatriculé au Danemark, en Grèce, en Irlande ou au Portugal, relatifs aux rémunérations ou aux autres conditions de service, les juridictions d'un Etat contractant doivent contrôler si l'agent diplomatique ou consulaire dont relève le navire a été informé du litige. Elles doivent surseoir à statuer aussi longtemps que cet agent n'a pas été informé. Elles doivent, même d'office, se dessaisir si cet agent, dûment informé, a exercé les attributions que lui reconnaît en la matière une convention consulaire ou, à défaut d'une telle convention, a soulevé des objections sur la compétence dans le délai imparti.

Article V quater

Lorsque, dans le cadre de l'article 69, paragraphe 5, de la convention relative au brevet européen pour le marché commun, signée à Luxembourg le 15 décembre 1975, les articles 52 et 53 de la présente convention sont appliqués aux dispositions relatives à la "résidence", selon le texte de la première convention, le terme "résidence" employé dans ce texte est réputé avoir la même portée que le terme "domicile" figurant dans les articles 52 et 53 précités.

Article V quinquies

Sans préjudice de la compétence de l'Office européen des brevets selon la convention sur la délivrance de brevets européens, signée à Munich le 5 octobre 1973, les juridictions de chaque Etat contractant sont seules compétentes, sans considération de domicile, en matière d'inscription ou de validité d'un brevet européen délivré pour cet Etat et qui n'est pas un brevet communautaire en application des dispositions de l'article 86 de la convention relative au brevet européen pour le marché commun, signée à Luxembourg le 15 décembre 1975.

Article VI

Les Etats contractants communiqueront au secrétaire général du Conseil des Communautés européennes les textes de leurs dispositions législatives qui modifieraient soit les articles de leurs lois qui sont mentionnés dans la convention, soit les juridictions qui sont désignées au titre III, section 2.

En foi de quoi les plénipotentiaires soussignés ont apposé leur signature au bas du présent protocole.

Fait à Bruxelles, le vingt-sept septembre mil neuf cent soixante-huit.

...

DECLARATION COMMUNE

Les gouvernements du royaume de Belgique, de la République fédérale d'Allemagne, de la République française, de la République italienne, du grand-duché de Luxembourg et du royaume des Pays-Bas,

au moment de la signature de la convention concernant la compétence judiciaire et l'exécution des décisions en matière civile et commerciale,

désirant assurer une application aussi efficace que possible de ses dispositions,

soucieux d'éviter que des divergences d'interprétation de la convention ne nuisent à son caractère unitaire,

conscients du fait que des conflits positifs ou négatifs de compétences pourraient éventuellement se présenter dans l'application de la convention,

se déclarent prêts :

1. à étudier ces questions et notamment à examiner la possibilité d'attribuer certaines compétences à la Cour de justice des Communautés européennes, et à négocier, le cas échéant, un accord à cet effet;

2. à instituer des contacts périodiques entre leurs représentants.

En foi de quoi les plénipotentiaires ont apposé leur signature au bas de la présente déclaration commune.

Fait à Bruxelles, le vingt-sept septembre mil neuf cent soixante-huit.

...

PROTOCOLE

concernant l'interprétation par la Cour de justice de la convention du 27 septembre 1968 concernant la compétence judiciaire et l'exécution des décisions en matière civile et commerciale[6]

LES HAUTES PARTIES CONTRACTANTES AU TRAITE INSTITUANT LA COMMUNAUTE ECONOMIQUE EUROPEENNE,

se référant à la déclaration annexée à la convention concernant la compétence judiciaire et l'exécution des décisions en matière civile et commerciale signée à Bruxelles le 27 septembre 1968,

ont décidé de conclure un protocole attribuant compétence à la Cour de justice des Communautés européennes pour l'interprétation de ladite convention et ont désigné à cet effet comme plénipotentiaires :

...

LESQUELS, réunis au sein du Conseil, après avoir échangé leurs pleins pouvoirs reconnus en bonne et due forme,

SONT CONVENUS DES DISPOSITIONS QUI SUIVENT :

Article premier

La Cour de justice des Communautés européennes est compétente pour statuer sur l'interprétation de la convention concernant la compétence judiciaire et l'exécution des décisions en matière civile et commerciale et du protocole annexé à cette convention, signés à Bruxelles le 27 septembre 1968, ainsi que du présent protocole.

La Cour de justice des Communautés européennes est également compétente pour statuer sur l'interprétation de la convention relative à l'adhésion du royaume de Danemark, de l'Irlande et du Royaume-Uni de Grande-Bretagne et d'Irlande du Nord à la convention du 27 septembre 1968 ainsi qu'au présent protocole.

La Cour de justice des Communautés européennes est également compétente pour statuer sur l'interprétation de la convention relative à l'adhésion de la République hellénique à la convention du 27 septembre 1968 et au présent protocole, tels qu'ils ont été adaptés par la convention de 1978.

---

6 Texte tel qu'il est modifié par la convention du 9 octobre 1978 relative à l'adhésion du royaume de Danemark, de l'Irlande et du Royaume-Uni de Grande-Bretagne et d'Irlande du Nord, ci-après dénommée convention d'adhésion de 1978, par la convention du 25 octobre 1982 relative à l'adhésion de la République hellénique, ci-après dénommée convention d'adhésion de 1982, et par la convention du 26 mai 1989 relative à l'adhésion du royaume d'Espagne et de la République portugaise, ci-après dénommée convention d'adhésion de 1989.

La Cour de justice des Communautés européennes est également compétente pour statuer sur l'interprétation de la convention relative à l'adhésion du royaume d'Espagne et de la République portugaise à la convention du 27 septembre 1968 et au présent protocole, tels qu'ils ont été adaptés par les conventions de 1978 et 1982.

Article 2

Les juridictions suivantes ont le pouvoir de demander à la Cour de justice de statuer à titre préjudiciel sur une question d'interprétation :

1. — en Belgique : la Cour de cassation - "het Hof van Cassatie" et le Conseil d'Etat - "de Raad van State",

— au Danemark : "Højesteret",

— en République fédérale d'Allemagne : "die obersten Gerichtshöfe des Bundes",

— en Grèce : "τα ανωτατα Δικαστηρια",

— en Espagne : "el Tribunal Supremo",

— en France : la Cour de cassation et le Conseil d'Etat,

— en Irlande : "the Supreme Court",

— en Italie : "la Corte suprema di cassazione",

— au Luxembourg : la Cour supérieure de justice siégeant comme Cour de cassation,

— aux Pays-Bas : "de Hoge Raad",

— au Portugal : "o Supremo Tribunal de justiça et o Supremo Tribunal Administrativo",

— au Royaume-Uni : "the House of Lords" et les juridictions saisies sur la base de l'article 37, deuxième alinéa, ou de l'article 41 de la convention;

2. les juridictions des Etats contractants lorsqu'elles statuent en appel;

3. dans les cas prévus à l'article 37 de la convention, les juridictions mentionnées audit article.

Article 3

1. Lorsqu'une question portant sur l'interprétation de la convention et des autres textes mentionnés à l'article 1er est soulevée dans une affaire

pendante devant une juridiction indiquée à l'article 2, paragraphe 1, cette juridiction, si elle estime qu'une décision sur ce point est nécessaire pour rendre son jugement, est tenue de demander à la Cour de justice de statuer sur cette question.

2. Lorsqu'une telle question est soulevée devant une juridiction indiquée à l'article 2, paragraphes 2 et 3, cette juridiction peut, dans les conditions déterminées au paragraphe 1, demander à la Cour de justice de statuer.

Article 4

1. L'autorité compétente d'un Etat contractant a la faculté de demander à la Cour de justice de se prononcer sur une question d'interprétation de la convention et des autres textes mentionnés à l'article 1er si des décisions rendues par des juridictions de cet Etat sont en contradiction avec l'interprétation donnée, soit par la Cour de justice, soit par une décision d'une juridiction d'un autre Etat contractant mentionnée à l'article 2, paragraphes 1 et 2. Les dispositions du présent paragraphe ne s'appliquent qu'aux décisions passées en force de chose jugée.

2. L'interprétation donnée par la Cour de justice à la suite d'une telle demande est sans effet sur les décisions à l'occasion desquelles l'interprétation lui a été demandée.

3. Sont compétents pour saisir la Cour de justice d'une demande d'interprétation conformément au paragraphe 1, les procureurs généraux près les cours de cassation des Etats contractants ou toute autre autorité désignée par un Etat contractant.

4. Le greffier de la Cour de justice notifie la demande aux Etats contractants, à la Commission et au Conseil des Communautés européennes qui, dans un délai de deux mois à compter de cette notification, ont le droit de déposer devant la Cour des mémoires ou observations écrites.

5. La procédure prévue au présent article ne donne lieu ni à la perception ni au remboursement des frais et dépens.

Article 5

1. Dans la mesure où le présent protocole n'en dispose pas autrement, les dispositions du traité instituant la Communauté économique européenne et celles du protocole sur le statut de la Cour de justice y annexé, qui sont applicables lorsque la Cour est appelée à statuer à titre préjudiciel, s'appliquent également à la procédure d'interprétation de la convention et des autres textes mentionnées à l'article 1er.

2. Le règlement de procédure de la Cour de justice est adapté et complété, si besoin est, conformément à l'article 188 du traité instituant la Communauté économique européenne.

Article 6

[...][7]

Article 7

Le présent protocole sera ratifié par les Etats signataires. Les instruments de ratification seront déposés auprès du secrétaire général du Conseil des Communautés européennes.

Article 8

Le présent protocole entre en vigueur le premier jour du troisième mois suivant le dépôt de l'instrument de ratification de l'Etat signataire qui procède le dernier à cette formalité. Toutefois, son entrée en vigueur intervient au plus tôt en même temps que celle de la convention du 27 septembre 1968 concernant la compétence judiciaire et l'exécution des décisions en matière civile et commerciale.

Article 9

Les Etats contractants reconnaissent que tout Etat qui devient membre de la Communauté économique européenne et auquel s'applique l'article 63 de la convention concernant la compétence judiciaire et l'exécution des décisions en matière civile et commerciale doit accepter les dispositions du présent protocole, sous réserve des adaptations nécessaires.

Article 10

Le secrétaire général du Conseil des Communautés européennes notifie aux Etats signataires :

(a) le dépôt de tout instrument de ratification;
(b) la date d'entrée en vigueur du présent protocole;
(c) les déclarations reçues en application de l'article 4, paragraphe 3;
(d) [...][8]

Article 11

Les Etats contractants communiqueront au secrétaire général du Conseil des Communautés européennes les textes de leurs dispositions législatives qui impliquent une modification de la liste des juridictions désignées à l'article 2, paragraphe 1.

---

7 L'article 26 de la convention d'adhésion de 1989 a prévu la suppression de l'article 6 modifié par l'article 32 de la convention d'adhésion de 1978.

8 L'article 27 de la convention d'adhésion de 1989 a prévu la suppression du point (d) modifié par l'article 33 de la convention d'adhésion de 1978.

Article 12

Le présent protocole est conclu pour une durée illimitée.

Article 13

Chaque Etat contractant peut demander la révision du présent protocole. Dans ce cas, une conférence de révision est convoquée par le président du Conseil des Communautés européennes.

Article 14

Le présent protocole, rédigé en un exemplaire unique en langues allemande, française, italienne et néerlandaise, les quatre textes faisant également foi, est déposé dans les archives du secrétariat du Conseil des Communautés européennes. Le secrétaire général en remet une copie certifiée conforme à chacun des gouvernements des Etats signataires.

En foi de quoi les plénipotentiaires soussignés ont apposé leur signature au bas du présent protocole.

Fait à Luxembourg, le trois juin mil neuf cent soixante et onze.

DECLARATION COMMUNE

Les gouvernements du royaume de Belgique, de la République fédérale d'Allemagne, de la République française, de la République italienne, du grand-duché de Luxembourg et du royaume des Pays-Bas,

au moment de la signature du protocole concernant l'interprétation par la Cour de justice de la convention du 27 septembre 1968 concernant la compétence judiciaire et l'exécution des décisions en matière civile et commerciale,

désirant assurer une application aussi efficace et uniforme que possible de ses dispositions,

se déclarent prêts à organiser, en liaison avec la Cour de justice, un échange d'informations concernant les décisions rendues par les juridictions mentionnées à l'article 2, paragraphe 1, dudit protocole en application de la convention et du protocole du 27 septembre 1968.

En foi de quoi les plénipotentiaires soussignés ont apposé leur signature au bas de la présente déclaration commune.

Fait à Luxembourg, le trois juin mil neuf cent soixante et onze.

DECLARATION COMMUNE
du 9 octobre 1978

LES REPRESENTANTS DES GOUVERNEMENTS DES ETATS MEMBRES DE LA COMMUNAUTE ECONOMIQUE EUROPEENNE, REUNIS AU SEIN DU CONSEIL,

désirant assurer que, dans l'esprit de la convention du 27 septembre 1968, l'uniformité des compétences judiciaires soit également réalisée, dans toute la mesure du possible, en matière maritime;

considérant que la convention internationale pour l'unification de certaines règles sur la saisie conservatoire des navires de mer, signée à Bruxelles le 10 mai 1952, contient des dispositions sur la compétence judiciaire;

considérant que les Etats membres ne sont pas tous parties à ladite convention,

émettent le voeu que les Etats membres qui sont des Etats côtiers et qui ne sont pas encore devenus parties à la convention du 10 mai 1952 la ratifient ou y adhèrent dans les meilleurs délais.

Fait à Luxembourg, le neuf octobre mil neuf cent soixante-dix-huit.

...

DECLARATION COMMUNE
du 26 mai 1989

concernant la ratification de la convention d'adhésion du royaume d'Espagne et de la République portugaise à la convention de Bruxelles de 1968

Au moment de la signature de la convention d'adhésion du royaume d'Espagne et de la République portugaise à la convention de Bruxelles de 1968, faite à San Sebastián le 26 mai 1989,

LES REPRESENTANTS DES GOUVERNEMENTS DES ETATS MEMBRES DES COMMUNAUTES EUROPEENNES REUNIS AU SEIN DU CONSEIL,

DESIREUX que, notamment dans la perspective de l'achèvement du marché intérieur, l'application de la convention de Bruxelles et du protocole de 1971 soit étendue rapidement à toute la Communauté,

SE FELICITANT de la conclusion, le 16 septembre 1988, de la convention de Lugano qui étend les principes de la convention de Bruxelles aux Etats qui seront parties à la convention de Lugano, destinée principalement à régir les rapports entre les Etats membres de la Communauté économique européenne (CEE) et ceux de l'Association européenne de libre-échange (AELE) à l'égard de la protection juridique des personnes établies dans tous ces Etats et de la simplification des formalités pour la reconnaissance et l'exécution réciproques des décisions judiciaires,

CONSIDERANT que la convention de Bruxelles a comme base juridique l'article 220 du traité de Rome et est interprétée par la Cour de justice des Communautés européennes,

CONSCIENTS du fait que la convention de Lugano n'affecte pas l'application de la convention de Bruxelles pour ce qui concerne les rapports entre les Etats membres de la Communauté économique européenne puisque ces rapports doivent être régis par la convention de Bruxelles,

PRENANT ACTE de ce que la convention de Lugano entrera en vigueur après que deux Etats, dont un est un membre des Communautés européennes et un est un membre de l'Association européenne de libre-échange, auront déposé leurs instruments de ratification,

SE DECLARENT PRETS à prendre toute mesure utile pour que les procédures nationales de ratification de la convention d'adhésion du royaume d'Espagne et de la République portugaise à la convention de Bruxelles, signée aujourd'hui, soient achevées dans les meilleurs délais et, si possible, au plus tard le 31 décembre 1992.

En foi de quoi, les soussignés ont signé la présente déclaration.

Fait à Donostia - San Sebastián, le vingt-six mai mil neuf cent quatre-vingt-neuf.

CONVENTION

concernant la compétence judiciaire et l'exécution des décisions en matière civile et commerciale

Faite à Lugano le 16 septembre 1988

PREAMBULE

LES HAUTES PARTIES CONTRACTANTES A LA PRESENTE CONVENTION,

SOUCIEUSES de renforcer sur leurs territoires la protection juridique des personnes qui y sont établies,

ESTIMANT qu'il importe à cette fin de déterminer la compétence de leurs juridictions dans l'ordre international, de faciliter la reconnaissance et d'instaurer une procédure rapide afin d'assurer l'exécution des décisions, des actes authentiques et des transactions judiciaires,

CONSCIENTES des liens qui existent entre elles et qui ont été consacrés dans le domaine économique par les accords de libre-échange conclus entre la Communauté économique européenne et les Etats membres de l'Association européenne de libre-échange,

PRENANT EN CONSIDERATION la convention de Bruxelles, du 27 septembre 1968, concernant la compétence judiciaire et l'exécution des décisions en matières civile et commerciale, telle qu'adaptée par les conventions d'adhésion lors des élargissements successifs des Communautés européennes,

PERSUADEES que l'extension des principes de cette convention aux Etats parties au présent instrument renforcera la coopération judiciaire et économique en Europe,

DESIREUSES d'assurer une interprétation aussi uniforme que possible de celui-ci,

ONT DECIDE dans cet esprit de conclure la présente convention, et

SONT CONVENUES DES DISPOSITIONS QUI SUIVENT :

TITRE I

CHAMP D'APPLICATION

Article premier

La présente convention s'applique en matière civile et commerciale et quelle que soit la nature de la juridiction. Elle ne recouvre notamment pas les matières fiscales, douanières ou administratives.

Sont exclus de son application :

1. l'état et la capacité des personnes physiques, les régimes matrimoniaux, les testaments et les successions;

2. les faillites, concordats et autres procédures analogues;

3. la sécurité sociale;

4. l'arbitrage.

TITRE II

COMPETENCE

SECTION PREMIERE

Dispositions générales

Article 2

Sous réserve des dispositions de la présente convention, les personnes domiciliées sur le territoire d'un Etat contractant sont attraites, quelle que soit leur nationalité, devant les juridictions de cet Etat.

Les personnes qui ne possèdent pas la nationalité de l'Etat dans lequel elles sont domiciliées y sont soumises aux règles de compétence applicables aux nationaux.

Article 3

Les personnes domiciliées sur le territoire d'un Etat contractant ne peuvent être attraites devant les tribunaux d'un autre Etat contractant qu'en vertu des règles énoncées aux sections 2 à 6 du présent titre.

Ne peuvent être invoqués contre elles notamment :

— en Belgique : l'article 15 du Code civil (Burgerlijk Wetboek) et l'article 638 du Code judiciaire (Gerechtelijk Wetboek),

— au Danemark : l'article 246 paragraphes 2 et 3 de la loi sur la procédure civile (Lov om rettens pleje),

— en République fédérale d'Allemagne : l'article 23 du Code de procédure civile (Zivilprozessordnung),

— en Grèce : l'article 40 du Code de procédure civile (Κωδικας Πολιτικης δικονομιας),

— en France : les articles 14 et 15 du Code civil,

— en Irlande : les dispositions relatives à la compétence fondée sur un acte introductif d'instance signifié ou notifié au défendeur qui se trouve temporairement en Irlande,

— en Islande : l'article 77 du Code de procédure civile (Lög um meδferδ einkamála í héraδi),

— en Italie : l'article 2 et l'article 4 n°s 1 et 2 du Code de procédure civile (Codice di procedura civile),

— au Luxembourg : les articles 14 et 15 du Code civil,

— aux Pays-Bas : l'article 126 troisième alinéa et l'article 127 du Code de procédure civile (Wetboek van Burgerlijke Rechtsvordering),

— en Norvège : l'article 32 du Code de procédure civile (Tvistemålsloven),

— en Autriche : l'article 99 de la loi sur la compétence judiciaire (Jurisdiktionsnorm),

— au Portugal : l'article 65 paragraphe 1 point c), l'article 65 paragraphe 2 et l'article 65A point c) du Code de procédure civile (Código de Processo Civil) et l'article 11 du Code de procédure du travail (Código de Processo de Trabalho),

— en Suisse : le for du lieu du séquestre (Gerichtsstand des Arrestortes/foro del luogo del sequestro) au sens de l'article 4 de la loi fédérale sur le droit international privé (Bundesgesetz über das internationale Privatrecht/legge federale sul diritto internazionale privato),

— en Finlande : la deuxième, la troisième et la quatrième phrases de l'article 1er du chapitre 10 du Code de procédure judiciaire (Oikeudenkäymiskaari/rättegångsbalken),

— en Suède : la première phrase de l'article 3 du chapitre 10 du Code de procédure judiciaire (Rättegångsbalken),

— au Royaume-Uni : les dispositions relatives à la compétence fondée sur :

(a) un acte introductif d'instance signifié ou notifié au défendeur qui se trouve temporairement au Royaume-Uni;
(b) l'existence au Royaume-Uni de biens appartenant au défendeur;
(c) la saisie par le demandeur de biens situés au Royaume-Uni.

Article 4

Si le défendeur n'est pas domicilié sur le territoire d'un Etat contractant, la compétence est, dans chaque Etat contractant, réglée par la loi de cet Etat, sous réserve de l'application des dispositions de l'article 16.

Toute personne, quelle que soit sa nationalité, domiciliée sur le territoire d'un Etat contractant, peut, comme les nationaux, y invoquer contre ce défendeur les règles de compétence qui y sont en vigueur et notamment celles prévues à l'article 3 deuxième alinéa.

SECTION 2

Compétences spéciales

Article 5

Le défendeur domicilié sur le territoire d'un Etat contractant peut être attrait, dans un autre Etat contractant :

1. en matière contractuelle, devant le tribunal du lieu où l'obligation qui sert de base à la demande a été ou doit être exécutée; en matière de contrat individuel de travail, ce lieu est celui où le travailleur accomplit habituellement son travail, et, si le travailleur n'accomplit pas habituellement son travail dans un même pays, ce lieu est celui où se trouve l'établissement qui a embauché le travailleur;

2. en matière d'obligation alimentaire, devant le tribunal du lieu où le créancier d'aliments a son domicile ou sa résidence habituelle ou, s'il s'agit d'une demande accessoire à une action relative à l'état des personnes, devant le tribunal compétent selon la loi du for pour en connaître, sauf si cette compétence est uniquement fondée sur la nationalité d'une des parties;

3. en matière délictuelle ou quasi délictuelle, devant le tribunal du lieu où le fait dommageable s'est produit;

4. s'il s'agit d'une action en réparation de dommage ou d'une action en restitution fondées sur une infraction, devant le tribunal saisi de l'action publique, dans la mesure où, selon sa loi, ce tribunal peut connaître de l'action civile;

5. s'il s'agit d'une contestation relative à l'exploitation d'une succursale, d'une agence ou de tout autre établissement, devant le tribunal du lieu de leur situation;

6. en sa qualité de fondateur, de trustee ou de bénéficiaire d'un trust constitué soit en application de la loi, soit par écrit ou par une convention verbale, confirmée par écrit, devant les tribunaux de l'Etat contractant sur le territoire duquel le trust a son domicile;

7. s'il s'agit d'une contestation relative au paiement de la rémunération réclamée en raison de l'assistance ou du sauvetage dont a bénéficié une cargaison ou un fret, devant le tribunal dans le ressort duquel cette cargaison ou le fret s'y rapportant:

(a) a été saisi pour garantir ce paiement, ou
(b) aurait pu être saisi à cet effet, mais une caution ou autre sûreté a été donnée;

cette disposition ne s'applique que s'il est prétendu que le défendeur a un droit sur la cargaison ou sur le fret ou qu'il avait un tel droit au moment de cette assistance ou de ce sauvetage.

Article 6

Ce même défendeur peut aussi être attrait :

1. s'il y a plusieurs défendeurs, devant le tribunal du domicile de l'un d'eux;

2. s'il s'agit d'une demande en garantie ou d'une demande en intervention, devant le tribunal saisi de la demande originaire, à moins qu'elle n'ait été formée que pour traduire hors de son tribunal celui qui a été appelé;

3. s'il s'agit d'une demande reconventionnelle qui dérive du contrat ou du fait sur lequel est fondée la demande originaire, devant le tribunal saisi de celle-ci;

4. en matière contractuelle, si l'action peut être jointe à une action en matière de droits réels immobiliers dirigée contre le même défendeur, devant le tribunal de l'Etat contractant où l'immeuble est situé.

Article 6 bis

Lorsque, en vertu de la présente convention, un tribunal d'un Etat contractant est compétent pour connaître des actions en responsabilité du fait de l'utilisation ou de l'exploitation d'un navire, ce tribunal ou tout autre que lui substitue la loi interne de cet Etat connaît aussi des demandes relatives à la limitation de cette responsabilité.

SECTION 3

Compétence en matière d'assurances

Article 7

En matière d'assurances, la compétence est déterminée par la présente action, sans préjudice des dispositions de l'article 4 et de l'article 5 point 5.

Article 8

L'assureur domicilié sur le territoire d'un Etat contractant peut être attrait:

1. devant les tribunaux de l'Etat où il a son domicile,
ou

2. dans un autre Etat contractant, devant le tribunal du lieu où le preneur d'assurance a son domicile,
ou

3. s'il s'agit d'un coassureur, devant le tribunal d'un Etat contractant saisi de l'action formée contre l'apériteur de la coassurance.

Lorsque l'assureur n'est pas domicilié sur le territoire d'un Etat contractant, mais possède une succursale, une agence ou tout autre établissement dans un Etat contractant, il est considéré pour les contestations relatives à leur exploitation comme ayant son domicile sur le territoire de cet Etat.

Article 9

L'assureur peut, en outre, être attrait devant le tribunal du lieu où le fait dommageable s'est produit s'il s'agit d'assurance de responsabilité ou d'assurance portant sur des immeubles. Il en est de même si l'assurance porte à la fois sur des immeubles et des meubles couverts par une même police et atteints par le même sinistre.

Article 10

En matière d'assurance de responsabilité, l'assureur peut également être appelé devant le tribunal saisi de l'action de la personne lésée contre l'assuré si la loi de ce tribunal le permet.

Les dispositions des articles 7, 8 et 9 sont applicables en cas d'action directe intentée par la victime contre l'assureur lorsque l'action directe est possible.

Si la loi relative à cette action directe prévoit la mise en cause du preneur d'assurance ou de l'assuré, le même tribunal sera aussi compétent à leur égard.

Article 11

Sous réserve des dispositions de l'article 10 troisième alinéa, l'action de l'assureur ne peut être portée que devant les tribunaux de l'Etat contractant sur le territoire duquel est domicilié le défendeur, qu'il soit preneur d'assurance, assuré ou bénéficiaire.

Les dispositions de la présente section ne portent pas atteinte au droit d'introduire une demande reconventionnelle devant le tribunal saisi d'une demande originaire conformément à la présente section.

Article 12

Il ne peut être dérogé aux dispositions de la présente section que par des conventions :

1. postérieures à la naissance du différend; ou

2. qui permettent au preneur d'assurance, à l'assuré ou au bénéficiaire de saisir d'autres tribunaux que ceux indiqués à la présente section; ou

3. qui, passées entre un preneur d'assurance et un assureur ayant, au moment de la conclusion du contrat, leur domicile ou leur résidence habituelle dans un même Etat contractant, ont pour effet, alors même que le fait dommageable se produirait à l'étranger, d'attribuer compétence aux tribunaux de cet Etat sauf si la loi de celui-ci interdit de telles conventions; ou

4. conclues par un preneur d'assurance n'ayant pas son domicile dans un Etat contractant, sauf s'il s'agit d'une assurance obligatoire ou qui porte sur un immeuble situé dans un Etat contractant; ou

5. qui concernent un contrat d'assurance en tant que celui-ci couvre un ou plusieurs des risques énumérés à l'article 12 bis.

Article 12 bis

Les risques visés à l'article 12 point 5 sont les suivants :

1. tout dommage :

   (a) aux navires de mer, aux installations au large des côtes et en haute mer ou aux aéronefs, causé par des événements survenant en relation avec leur utilisation à des fins commerciales;
   (b) aux marchandises autres que les bagages des passagers, durant un transport réalisé par ces navires ou aéronefs soit en totalité, soit en combinaison avec d'autres modes de transport;

2. toute responsabilité, à l'exception de celle des dommages corporels aux passagers ou à leurs bagages:

   (a) résultant de l'utilisation ou de l'exploitation des navires, installations ou aéronefs, conformément au point 1 sous (a) ci-avant, pour autant que la loi de l'Etat contractant d'immatriculation de l'aéronef n'interdise pas les clauses attributives de juridiction dans l'assurance de tels risques;
   (b) du fait de marchandises durant un transport visé au point 1 sous (b) ci-avant;

3. toute perte pécuniaire liée à l'utilisation ou à l'exploitation des navires, installations ou aéronefs conformément au point 1 sous (a) ci-avant, notamment celle du fret ou du bénéfice d'affrètement;

4. tout risque lié accessoirement à l'un de ceux visés aux points 1 à 3 ci-avant.

SECTION 4

Compétence en matière de contrats conclus par les consommateurs

Article 13

En matière de contrat conclu par une personne pour un usage pouvant être considéré comme étranger à son activité professionnelle, ci-après dénommée "le consommateur", la compétence est déterminée par la présente section, sans préjudice des dispositions de l'article 4 et de l'article 5 point 5 :

1. lorsqu'il s'agit d'une vente à tempérament d'objets mobiliers corporels;

2. lorsqu'il s'agit d'un prêt à tempérament ou d'une autre opération de crédit liés au financement d'une vente de tels objets;

3. pour tout autre contrat ayant pour objet une fourniture de services ou d'objets mobiliers corporels si:

(a) la conclusion du contrat a été précédée dans l'Etat du domicile du consommateur d'une proposition spécialement faite ou d'une publicité, et que
(b) le consommateur a accompli dans cet Etat les actes nécessaires à la conclusion de ce contrat.

Lorsque le cocontractant du consommateur n'est pas domicilié sur le territoire d'un Etat contractant, mais possède une succursale, une agence ou tout autre établissement dans un Etat contractant, il est considéré pour les contestations relatives à leur exploitation comme ayant son domicile sur le territoire de cet Etat.

La présente section ne s'applique pas au contrat de transport.

Article 14

L'action intentée par un consommateur contre l'autre partie au contrat peut être portée soit devant les tribunaux de l'Etat contractant sur le territoire duquel est domiciliée cette partie, soit devant les tribunaux de l'Etat contractant sur le territoire duquel est domicilié le consommateur.

L'action intentée contre le consommateur par l'autre partie au contrat ne peut être portée que devant les tribunaux de l'Etat contractant sur le territoire duquel est domicilié le consommateur.

Ces dispositions ne portent pas atteinte au droit d'introduire une demande reconventionnelle devant le tribunal saisi d'une demande originaire conformément à la présente section.

Article 15

Il ne peut être dérogé aux dispositions de la présente section que par des conventions :

1. postérieures à la naissance du différend; ou

2. qui permettent au consommateur de saisir d'autres tribunaux que ceux indiqués à la présente section; ou

3. qui, passées entre le consommateur et son cocontractant ayant, au moment de la conclusion du contrat, leur domicile ou leur résidence habituelle dans un même Etat contractant, attribuent compétence aux tribunaux de cet Etat sauf si la loi de celui-ci interdit de telles conventions.

SECTION 5

Compétences exclusives

Article 16

Sont seuls compétents, sans considération de domicile :

1. (a) en matière de droits réels immobiliers et de baux d'immeubles, les tribunaux de l'Etat contractant où l'immeuble est situé;
   (b) toutefois, en matière de baux d'immeubles conclus en vue d'un usage personnel temporaire pour une période maximale de six mois consécutifs, sont également compétents les tribunaux de l'Etat contractant dans lequel le défendeur est domicilié, à condition que le locataire soit une personne physique et qu'aucune des parties ne soit domiciliée dans l'Etat contractant où l'immeuble est situé;

2. en matière de validité, de nullité ou de dissolution des sociétés ou personnes morales ayant leur siège sur le territoire d'un Etat contractant, ou des décisions de leurs organes, les tribunaux de cet Etat;

3. en matière de validité des inscriptions sur les registres publics, les tribunaux de l'Etat contractant sur le territoire duquel ces registres sont tenus;

4. en matière d'inscription ou de validité des brevets, marques, dessins et modèles, et autres droits analogues donnant lieu à dépôt ou à un enregistrement, les juridictions de l'Etat contractant sur le territoire duquel le dépôt ou l'enregistrement a été demandé, a été effectué ou est réputé avoir été effectué aux termes d'une convention internationale;

5. en matière d'exécution des décisions, les tribunaux de l'Etat contractant du lieu de l'exécution.

SECTION 6

Prorogation de compétence

Article 17

1. Si les parties, dont l'une au moins a son domicile sur le territoire d'un Etat contractant, sont convenues d'un tribunal ou de tribunaux d'un Etat contractant pour connaître des différends nés ou à naître à l'occasion d'un rapport de droit déterminé, ce tribunal ou les tribunaux de cet Etat sont seuls compétents. Cette convention attributive de juridiction est conclue :

   (a) par écrit ou verbalement avec confirmation écrite, soit
   (b) sous une forme qui soit conforme aux habitudes que les parties ont établies entre elles, soit

(c) dans le commerce international, sous une forme qui soit conforme à un usage dont les parties avaient connaissance ou étaient censées avoir connaissance et qui est largement connu et régulièrement observé dans ce type de commerce par les parties à des contrats du même type dans la branche commerciale considérée.

Lorsqu'une telle convention est conclue par des parties dont aucune n'a son domicile sur le territoire d'un Etat contractant, les tribunaux des autres Etats contractants ne peuvent connaître du différend tant que le tribunal ou les tribunaux désignés n'ont pas décliné leur compétence.

2. Le tribunal ou les tribunaux d'un Etat contractant auxquels l'acte constitutif d'un trust attribue compétence sont exclusivement compétents pour connaître d'une action contre un fondateur, un trustee ou un bénéficiaire d'un trust, s'il s'agit de relations entre ces personnes ou de leurs droits ou obligations dans le cadre du trust.

3. Les conventions attributives de juridiction ainsi que les stipulations similaires d'actes constitutifs de trust sont sans effet si elles sont contraires aux dispositions des articles 12 et 15 ou si les tribunaux à la compétence desquels elles dérogent sont exclusivement compétents en vertu de l'article 16.

4. Si une convention attributive de juridiction n'a été stipulée qu'en faveur de l'une des parties, celle-ci conserve le droit de saisir tout autre tribunal compétent en vertu de la présente convention.

5. En matière de contrats individuels de travail, les conventions attributives de juridiction ne produisent leurs effets que si elles sont postérieures à la naissance du différend.

Article 18

Outre les cas où sa compétence résulte d'autres dispositions de la présente convention, le juge d'un Etat contractant devant lequel le défendeur comparaît est compétent. Cette règle n'est pas applicable si la comparution a pour objet de contester la compétence ou s'il existe une autre juridiction exclusivement compétente en vertu de l'article 16.

SECTION 7

Vérification de la compétence et de la recevabilité

Article 19

Le juge d'un Etat contractant, saisi à titre principal d'un litige pour lequel une juridiction d'un autre Etat contractant est exclusivement compétente en vertu de l'article 16, se déclare d'office incompétent.

Article 20

Lorsque le défendeur domicilié sur le territoire d'un Etat contractant est attrait devant une juridiction d'un autre Etat contractant et ne comparaît pas, le juge se déclare d'office incompétent si sa compétence n'est pas fondée aux termes de la présente convention.

Le juge est tenu de surseoir à statuer aussi longtemps qu'il n'est pas établi que ce défendeur a été mis à même de recevoir l'acte introductif d'instance ou un acte équivalent en temps utile pour se défendre ou que toute diligence a été faite à cette fin.

Les dispositions de l'alinéa précédent seront remplacées par celles de l'article 15 de la convention de La Haye, du 15 novembre 1965, relative à la signification et à la notification à l'étranger des actes judiciaires et extra-judiciaires en matière civile ou commerciale, si l'acte introductif d'instance a dû être transmis en exécution de cette convention.

SECTION 8

Litispendance et connexité

Article 21

Lorsque des demandes ayant le même objet et la même cause sont formées entre les mêmes parties devant des juridictions d'Etats contractants différents, la juridiction saisie en second lieu sursoit d'office à statuer jusqu'à ce que la compétence du tribunal premier saisi soit établie.

Lorsque la compétence du tribunal premier saisi est établie, le tribunal saisi en second lieu se dessaisit en faveur de celui-ci.

Article 22

Lorsque des demandes connexes sont formées devant des juridictions d'Etats contractants différents et sont pendantes au premier degré, la juridiction saisie en second lieu peut surseoir à statuer.

Cette juridiction peut également se dessaisir, à la demande de l'une des parties, à condition que sa loi permette la jonction d'affaires connexes et que le tribunal premier saisi soit compétent pour connaître des deux demandes.

Sont connexes, au sens du présent article, les demandes liées entre elles par un rapport si étroit qu'il y a intérêt à les instruire et à juger en même temps afin d'éviter des solutions qui pourraient être inconciliables si les causes étaient jugées séparément.

Article 23

Lorsque les demandes relèvent de la compétence exclusive de plusieurs juridictions, le dessaisissement a lieu en faveur de la juridiction première saisie.

SECTION 9

Mesures provisoires et conservatoires

Article 24

Les mesures provisoires ou conservatoires prévues par la loi d'un Etat contractant peuvent être demandées aux autorités judiciaires de cet Etat, même si, en vertu de la présente convention, une juridiction d'un autre Etat contractant est compétente pour connaître du fond.

TITRE III

RECONNAISSANCE ET EXECUTION

Article 25

On entend par décision, au sens de la présente convention, toute décision rendue par une juridiction d'un Etat contractant quelle que soit la dénomination qui lui est donnée, telle qu'arrêt, jugement, ordonnance ou mandat d'exécution, ainsi que la fixation par le greffier du montant des frais du procès.

SECTION PREMIERE

Reconnaissance

Article 26

Les décisions rendues dans un Etat contractant sont reconnues dans les autres Etats contractants, sans qu'il soit nécessaire de recourir à aucune procédure.

En cas de contestation, toute partie intéressée qui invoque la reconnaissance à titre principal peut faire constater, selon la procédure prévue aux sections 2 et 3 du présent titre, que la décision doit être reconnue.

Si la reconnaissance est invoquée de façon incidente devant une juridiction d'un Etat contractant, celle-ci est compétente pour en connaître.

Article 27

Les décisions ne sont pas reconnues :

1. si la reconnaissance est contraire à l'ordre public de l'État requis;

2. si l'acte introductif d'instance ou un acte équivalent n'a pas été signifié ou notifié au défendeur défaillant, régulièrement et en temps utile, pour qu'il puisse se défendre;

3. si la décision est inconciliable avec une décision rendue entre les mêmes parties dans l'Etat requis;

4. si le tribunal de l'Etat d'origine, pour rendre sa décision, a, en tranchant une question relative à l'état ou à la capacité des personnes physiques, aux régimes matrimoniaux, aux testaments et aux successions, méconnu une règle de droit international privé de l'Etat requis, à moins que sa décision n'aboutisse au même résultat que s'il avait fait application des règles du droit international privé de l'Etat requis;

5. si la décision est inconciliable avec une décision rendue antérieurement dans un Etat non contractant entre les mêmes parties dans un litige ayant le même objet et la même cause, lorsque cette dernière décision réunit les conditions nécessaires à sa reconnaissance dans l'Etat requis.

Article 28

De même, les décisions ne sont pas reconnues si les dispositions des sections 3, 4 et 5 du titre II ont été méconnues ainsi que dans le cas prévu à l'article 59.

La reconnaissance d'une décision peut en outre être refusée dans l'un des cas prévus aux articles 54 ter paragraphe 3 et 57 paragraphe 4.

Lors de l'appréciation des compétences mentionnées aux alinéas précédents, l'autorité requise est liée par les constatations de fait sur lesquelles la juridiction de l'Etat d'origine a fondé sa compétence.

Sans préjudice des dispositions des premier et deuxième alinéas, il ne peut être procédé au contrôle de la compétence des juridictions de l'Etat d'origine ; les règles relatives à la compétence ne concernent pas l'ordre public visé à l'article 27 point 1.

Article 29

En aucun cas, la décision étrangère ne peut faire l'objet d'une révision au fond.

Article 30

L'autorité judiciaire d'un Etat contractant, devant laquelle est invoquée la reconnaissance d'une décision rendue dans un autre Etat contractant, peut surseoir à statuer si cette décision fait l'objet d'un recours ordinaire.

L'autorité judiciaire d'un Etat contractant devant laquelle est invoquée la reconnaissance d'une décision rendue en Irlande ou au Royaume-Uni et dont l'exécution est suspendue dans l'Etat d'origine du fait de l'exercice d'un recours peut surseoir à statuer.

SECTION 2

Exécution

Article 31

Les décisions rendues dans un Etat contractant et qui y sont exécutoires sont mises à exécution dans un autre Etat contractant après y avoir été déclarées exécutoires sur requête de toute partie intéressée.

Toutefois, au Royaume-Uni, ces décisions sont mises à exécution en Angleterre et au pays de Galles, en Ecosse ou en Irlande du Nord, après avoir été enregistrées en vue de leur exécution, sur requête de toute partie intéressée, dans l'une ou l'autre de ces parties du Royaume-Uni, suivant le cas.

Article 32

1. La requête est présentée :

— en Belgique, au tribunal de première instance ou "rechtbank van eerste aanleg",

— au Danemark, au "byret",

— en République fédérale d'Allemagne, au président d'une chambre du "Landgericht",

— en Grèce, au "μονομελες πρωτοδικειο",

— en Espagne, au "Juzgado de Primera Instancia",

— en France, au président du tribunal de grande instance,

— en Irlande, à la "High Court",

— en Islande, à la "héra δsδómari",

— en Italie, à la "corte d'appello",

— au Luxembourg, au président du tribunal d'arrondissement,

— aux Pays-Bas, au président de l' "arrondissementsrechtbank",

— en Norvège, au "herredsrett" ou "byrett" en tant que "namsrett",

— en Autriche, au "Landesgericht" ou au "Kreisgericht",

— au Portugal, au "Tribunal Judicial de Circulo",

— en Suisse :

(a) s'il s'agit de décisions portant condamnation à payer une somme d'argent, au juge de la mainlevée (Rechtsöffnungsrichter/giudice competente a pronunciare sul rigetto dell'opposizione), dans le cadre de la procédure régie par les articles 80 et 81 de la loi fédérale sur la poursuite pour dettes et la faillite (Bundesgesetz über Schuldbetreibung und Konkurs/legge federale sulla esecuzione e sul fallimento);
(b) s'il s'agit de décisions qui ne portent pas condamnation à payer une somme d'argent, au juge cantonal d'exequatur compétent (zuständiger kantonaler Vollstreckungsrichter / giudice cantonale competente a pronunciare l'exequatur),

— en Finlande, au "ulosotonhaltija/överexekutor",

— en Suède, au "Svea hovrätt"

— au Royaume-Uni :

(a) en Angleterre et au pays de Galles, à la "High Court of Justice" ou, s'il s'agit d'une décision en matière d'obligation alimentaire, à la "Magistrates' Court" saisie par l'intermédiaire du "Secretary of State";
(b) en Ecosse, à la "Court of Session" ou, s'il s'agit d'une décision en matière d'obligation alimentaire, à la "Sheriff Court", saisie par l'intermédiaire du "Secretary of State";
(c) en Irlande du Nord, à la "High Court of Justice" ou, s'il s'agit d'une décision en matière d'obligation alimentaire, à la "Magistrates' Court" saisie par l'intermédiaire du "Secretary of State".

2. La juridiction territorialement compétente est déterminée par le domicile de la partie contre laquelle l'exécution est demandée. Si cette partie n'est pas domiciliée sur le territoire de l'Etat requis, la compétence est déterminée par le lieu de l'exécution.

Article 33

Les modalités du dépôt de la requête sont déterminées par la loi de l'Etat requis.

Le requérant doit faire élection de domicile dans le ressort de la juridiction saisie. Toutefois, si la loi de l'Etat requis ne connaît pas l'élection de domicile, le requérant désigne un mandataire ad litem.

Les documents mentionnés aux articles 46 et 47 sont joints à la requête.

Article 34

La juridiction saisie de la requête statue à bref délai, sans que la partie contre laquelle l'exécution est demandée puisse, en cet état de la procédure, présenter d'observation.

La requête ne peut être rejetée que pour l'un des motifs prévus aux articles 27 et 28.

En aucun cas, la décision étrangère ne peut faire l'objet d'une révision au fond.

Article 35

La décision rendue sur requête est aussitôt portée à la connaissance du requérant, à la diligence du greffier, suivant les modalités déterminées par la loi de l'Etat requis.

Article 36

Si l'exécution est autorisée, la partie contre laquelle l'exécution est demandée peut former un recours contre la décision dans le mois de sa signification.

Si cette partie est domiciliée dans un Etat contractant autre que celui où la décision qui autorise l'exécution a été rendue, le délai est de deux mois et court du jour où la signification a été faite à personne ou à domicile. Ce délai ne comporte pas de prorogation à raison de la distance.

Article 37

1. Le recours est porté, selon les règles de la procédure contradictoire :

   — en Belgique, devant le tribunal de première instance ou la "rechtbank van eerste aanleg",

   — au Danemark, devant le "landsret",

   — en République fédérale d'Allemagne, devant l' "Oberlandesgericht",

— en Grèce, devant l' "εφετειο",

— en Espagne, devant l'Audiencia Provincial,

— en France, devant la cour d'appel,

— en Irlande, devant la "High Court",

— en Islande, devant le "héraδsδómari",

— en Italie, devant la "corte d'appello",

— au Luxembourg, devant la Cour supérieure de justice siègeant en matière d'appel civil,

— aux Pays-Bas, devant l' "arrondissementsrechtbank",

— en Norvège, devant le "lagmannsrett",

— en Autriche, devant le "Landesgericht" ou le "Kreisgericht",

— au Portugal, devant le "Tribunal da Relação",

— en Suisse, devant le tribunal cantonal "Kantonsgericht/tribunale cantonale",

— en Finlande, devant le "hovioikeus/hovrätt",

— en Suède, devant le "Svea hovrätt",

— au Royaume-Uni :

(a) en Angleterre et au pays de Galles, devant la "High Court of Justice" ou, s'il s'agit d'une décision en matière d'obligation alimentaire, devant la "Magistrates' Court";
(b) en Ecosse, devant la "Court of Session" ou, s'il s'agit d'une décision en matière d'obligation alimentaire, devant la "Sheriff Court";
(c) en Irlande du Nord, devant la "High Court of Justice" ou, s'il s'agit d'une décision en matière d'obligation alimentaire, devant la "Magistrates' Court".

2. La décision rendue sur le recours ne peut faire l'objet:

— en Belgique, en Grèce, en Espagne, en France, en Italie, au Luxembourg et aux Pays-Bas, que d'un pourvoi en cassation,

— au Danemark, que d'un recours devant le "højesteret", avec l'autorisation du ministre de la justice,

— en République fédérale d'Allemagne, que d'une "Rechtsbeschwerde",

— en Irlande, que d'un recours sur un point de droit devant la "Supreme Court",

— en Islande, que d'un recours devant le "Hæstiréttur",

— en Norvège, que d'un recours (kæeremål ou anke) devant le "Hoyesteretts Kjaeremalsutvalg" ou "Hoyesterett",

— en Autriche, dans le cas d'un recours, que du "Revisionsrekurs" et, dans le cas d'une opposition, que du recours (Berufung) avec la faculté éventuelle d'une "Revision",

— au Portugal, que d'un recours sur un point de droit,

— en Suisse, que d'un recours de droit public devant le tribunal fédéral (staatsrechtliche Beschwerde beim Bundesgericht/ricorso di diritto pubblico davanti al tribunale federale),

— en Finlande, que d'un recours devant le "korkein oikeus/högsta domstolen",

— en Suède, que d'un recours devant le "högsta domstolen",

— au Royaume-Uni, que d'un seul recours sur un point de droit.

Article 38

La juridiction saisie du recours peut, à la requête de la partie qui l'a formé, surseoir à statuer, si la décision étrangère fait, dans l'Etat d'origine, l'objet d'un recours ordinaire ou si le délai pour le former n'est pas expiré ; dans ce dernier cas, la juridiction peut impartir un délai pour former ce recours.

Lorsqué la décision a été rendue en Irlande ou au Royaume-Uni, toute voie de recours prévue dans l'Etat d'origine est considérée comme un recours ordinaire pour l'application du premier alinéa.

Cette juridiction peut également subordonner l'exécution à la constitution d'une garantie qu'elle détermine.

Article 39

Pendant le délai du recours prévu à l'article 36 et jusqu'à ce qu'il ait été statué sur celui-ci, il ne peut être procédé qu'à des mesures conservatoires sur les biens de la partie contre laquelle l'exécution est demandée.

La décision qui accorde l'exécution emporte l'autorisation de procéder à ces mesures.

Article 40

1. Si sa requête est rejetée, le requérant peut former un recours :

— en Belgique, devant le cour d'appel ou le "hof van beroep",

— au Danemark, devant le "landsret",

— en République fédérale d'Allemagne, devant l' "Oberlandesgericht",

— en Grèce, devant l' "εφετειο",

— en Espagne, devant l' "Audiencia Provincial",

— en France, devant la cour d'appel,

— en Irlande, devant la "High Court",

— en Islande, devant le "héraδsδómari",

— en Italie, devant la "corte d'appello",

— au Luxembourg, devant la Cour supérieure de justice siègeant en matière d'appel civil,

— aux Pays-Bas, devant le "gerechtshof",

— en Norvège, devant le "lagmannsrett",

— en Autriche, devant le "Landesgericht" ou le "Kreisgericht",

— au Portugal, devant le "Tribunal da Relação",

— en Suisse, devant le tribunal cantonal (Kantonsgericht/tribunale cantonale),

— en Finlande, devant le "hovioikeus/hovrätt",

— en Suède, devant le "Svea hovrätt",

— au Royaume-Uni :

(a) en Angleterre et au pays de Galles, devant la "High Court of Justice" ou, s'il s'agit d'une décision en matière d'obligation alimentaire, devant la "Magistrates' Court",

(b) en Ecosse, devant la "Court of Session" ou, s'il s'agit d'une décision en matière d'obligation alimentaire, devant la "Sheriff Court",
(c) en Irlande du Nord, devant la "High Court of Justice" ou, s'il s'agit d'une décision en matière d'obligation alimentaire, devant la "Magistrates' Court".

2 La partie contre laquelle l'exécution est demandée est appelée à comparaître devant la juridiction saisie du recours. En cas de défaut, les dispositions de l'article 20 deuxième et troisième alinéas sont applicables alors même que cette partie n'est pas domiciliée sur le territoire d'un des Etats contractants.

Article 41

La décision rendue sur le recours prévu à l'article 40 ne peut faire l'objet :

— en Belgique, en Grèce, en Espagne, en France, en Italie, au Luxembourg et aux Pays-Bas, que d'un pourvoir en cassation,

— au Danemark, que d'un recours devant le "højesteret", avec l'autorisation du ministre de la justice,

— en République fédérale d'Allemagne, que d'une "Rechtsbeschwerde",

— en Irlande, que d'un recours sur un point de droit devant la "Supreme Court",

— en Islande, que d'un recours devant le "Hæstiréttur",

— en Norvège, que d'un recours (kjæremål ou anke) devant le "Hoyesteretts kjaeremålsutvalg" ou "Hoyesterett",

— en Autriche, que d'un "Revisionsrekurs",

— au Portugal, que d'un recours sur un point de droit,

— en Suisse, que d'un recours de droit public devant le tribunal fédéral (staatsrechtliche Beschwerde beim Bundesgericht/ ricorso di diritto pubblico davanti al tribunale federale),

— en Finlande, que d'un recours devant le "korkein oikeus/högsta domstolen",

— en Suède, que d'un recours devant le "högsta domstolen",

— au Royaume-Uni, que d'un seul recours sur un point de droit.

Article 42

Lorsque la décision étrangère a statué sur plusieurs chefs de la demande et que l'exécution ne peut être autorisée pour le tout, l'autorité judiciaire accorde l'exécution pour un ou plusieurs d'entre eux.

Le requérant peut demander une exécution partielle.

Article 43

Les décisions étrangères condamnant à une astreinte ne sont exécutoires dans l'Etat requis que si le montant en a été définitivement fixé par les tribunaux de l'Etat d'origine.

Article 44

Le requérant qui, dans l'Etat d'origine, a bénéficié en tout ou en partie de l'assistance judiciaire ou d'une exemption de frais et dépens, bénéficie, dans la procédure prévue aux articles 32 à 35, de l'assistance la plus favorable ou de l'exemption la plus large prévue par le droit de l'Etat requis.

Le requérant qui demande l'exécution d'une décision rendue au Danemark ou en Islande par une autorité administrative en matière d'obligation alimentaire peut invoquer dans l'Etat requis le bénéfice des dispositions du premier alinéa s'il produit un document établi respectivement par le ministère de la justice danois ou par le ministère de la justice islandais, et attestant qu'il remplit les conditions économiques pour pouvoir bénéficier en tout ou en partie de l'assistance judiciaire ou d'une exemption de frais de dépens.

Article 45

Aucune caution ni aucun dépôt, sous quelque dénomination que ce soit, ne peut être imposé en raison, soit de la qualité d'étranger, soit du défaut de domicile ou de résidence dans le pays, à la partie qui demande l'exécution dans un Etat contractant d'une décision rendue dans un autre Etat contractant.

SECTION 3

Dispositions communes

Article 46

La partie qui invoque la reconnaissance ou demande l'exécution d'une décision doit produire :

1. une expédition de celle-ci réunissant les conditions nécessaires à son authenticité;

2. s'il s'agit d'une décision par défaut, l'original ou une copie certifiée conforme du document établissant que l'acte introductif d'instance ou un acte équivalent a été signifié ou notifié à la partie défaillante.

Article 47

La partie qui demande l'exécution doit en outre produire :

1. tout document de nature à établir que, selon la loi de l'Etat d'origine, la décision est exécutoire et a été signifiée;

2. s'il y a lieu, un document justifiant que le requérant bénéficie de l'assistance judiciaire dans l'Etat d'origine.

Article 48

A défaut de production des documents mentionnés à l'article 46 point 2 et à l'article 47 point 2, l'autorité judiciaire peut impartir un délai pour les produire ou accepter des documents équivalents ou, si elle s'estime suffisamment éclairée, en dispenser.

Il est produit une traduction des documents si l'autorité judiciaire l'exige; la traduction est certifiée par une personne habilitée à cet effet dans l'un des Etats contractants.

Article 49

Aucune légalisation ni formalité analogue n'est exigée en ce qui concerne les documents mentionnés aux articles 46, 47 et 48 deuxième alinéa, ainsi que, le cas échéant, la procuration *ad litem*.

TITRE IV

ACTES AUTHENTIQUES ET TRANSACTIONS JUDICIAIRES

Article 50

Les actes authentiques reçus et exécutoires dans un Etat contractant sont, sur requête, déclarés exécutoires dans un autre Etat contractant, conformément à la procédure prévue aux articles 31 et suivants. La requête ne peut être rejetée que si l'exécution de l'acte authentique est contraire à l'ordre public de l'Etat requis.

L'acte produit doit réunir les conditions nécessaires à son authenticité dans l'Etat d'origine.

Les dispositions de la section 3 du titre III sont, en tant que de besoin, applicables.

Article 51

Les transactions conclues devant le juge au cours d'un procès et exécutoires dans l'Etat d'origine sont exécutoires dans l'Etat requis aux mêmes conditions que les actes authentiques.

TITRE V

DISPOSITIONS GENERALES

Article 52

Pour déterminer si une partie a un domicile sur le territoire de l'Etat contractant dont les tribunaux sont saisis, le juge applique sa loi interne.

Lorsqu'une partie n'a pas de domicile dans l'Etat dont les tribunaux sont saisis, le juge, pour déterminer si elle a un domicile dans un autre Etat contractant, applique la loi de cet Etat.

Article 53

Le siège des sociétés et des personnes morales est assimilé au domicile pour l'application de la présente convention. Toutefois, pour déterminer ce siège, le juge saisi applique les règles de son droit international privé.

Pour déterminer si un trust a son domicile sur le territoire d'un Etat contractant dont les tribunaux sont saisis, le juge applique les règles de son droit international privé.

TITRE VI

DISPOSITIONS TRANSITOIRES

Article 54

Les dispositions de la présente convention ne sont applicables qu'aux actions judiciaires intentées et aux actes authentiques reçus postérieurement à l'entrée en vigueur de la présente convention dans l'Etat d'origine et, lorsque la reconnaissance ou l'exécution d'une décision ou d'un acte authentique est demandée, dans l'Etat requis.

Toutefois, les décisions rendues après la date d'entrée en vigueur de la présente convention dans les rapports entre l'Etat d'origine et l'Etat requis à la suite d'actions intentées avant cette date sont reconnues et exécutées conformément aux dispositions du titre III si les règles de compétence appliquées sont conformes à celles prévues soit par le titre II soit par une convention qui était en vigueur entre l'Etat d'origine et l'Etat requis lorsque l'action a été intentée.

Si, par un écrit antérieur à l'entrée en vigueur de la présente convention, les parties en litige à propos d'un contrat étaient convenues d'appliquer à ce contrat le droit irlandais ou le droit d'une partie du Royaume-Uni, les tribunaux de l'Irlande ou de cette partie du Royaume-Uni conservent la faculté de connaître de ce litige.

Article 54 bis

Pendant trois années suivant l'entrée en vigueur de la présente convention à l'égard respectivement du Danemark, de la Grèce, de l'Irlande, de l'Islande, de la Norvège, de la Finlande et de la Suède, la compétence en matière maritime dans chacun de ces Etats est déterminée non seulement conformément aux dispositions du titre II, mais également conformément aux points 1 à 7 ci-après. Toutefois, ces dispositions cesseront d'être applicables dans chacun de ces Etats au moment où la convention internationale pour l'unification de certaines règles sur la saisie conservatoire des navires de mer, signée à Bruxelles le 10 mai 1952, sera en vigueur à son égard.

1. Une personne domiciliée sur le territoire d'un Etat contractant peut être attraite pour une créance maritime devant les tribunaux de l'un des Etats mentionnés ci-avant lorsque le navire sur lequel porte la créance ou tout autre navire dont elle est propriétaire a fait l'objet d'une saisie judiciaire sur le territoire de ce dernier Etat pour garantir la créance, ou aurait pu y faire l'objet d'une saisie alors qu'une caution ou une autre sûreté a été donnée, dans les cas suivants :

(a) si le demandeur est domicilié sur le territoire de cet Etat;
(b) si la créance maritime est née dans cet Etat;
(c) si la créance maritime est née au cours d'un voyage pendant lequel la saisie a été faite ou aurait pu être faite;
(d) si la créance provient d'un abordage ou d'un dommage causé par un navire, par exécution ou omission d'une manoeuvre ou par inobservation des règlements, soit à un autre navire, soit aux choses ou personnes se trouvant à bord;
(e) si la créance est née d'une assistance ou d'un sauvetage;
(f) si la créance est garantie par une hypothèque maritime ou un mort-gage sur le navire saisi.

2. Peut être saisi le navire auquel la créance maritime se rapporte ou tout autre navire appartenant à celui qui était, au moment où est née la créance maritime, propriétaire du navire auquel cette créance se rapporte. Toutefois, pour les créances prévues au point 5 sous (o), (p) ou (q), seul le navire sur lequel porte la créance pourra être saisi.

3. Des navires seront réputés avoir le même propriétaire lorsque toutes les parts de propriété appartiennent à une même ou aux mêmes personnes.

4. En cas d'affrètement d'un navire avec remise de la gestion nautique, lorsque l'affréteur répond seul d'une créance maritime se rapportant au navire, celui-ci peut être saisi ou tout autre navire appartenant à cet

affréteur, mais aucun autre navire appartenant au propriétaire ne peut être saisi en vertu de cette créance maritime. Il en est de même dans tous les cas où une personne autre que le propriétaire est tenue d'une créance maritime.

5. On entend par "créance maritime", l'allégation d'un droit ou d'une créance ayant l'une ou plusieurs des causes suivantes :

(a) dommages causés par un navire soit par abordage, soit autrement;
(b) pertes de vies humaines ou dommages corporels causés par un navire ou provenant de l'exploitation d'un navire;
(c) assistance et sauvetage;
(d) contrats relatifs à l'utilisation ou à la location d'un navire par charte-partie ou autrement;
(e) contrats relatifs au transport des marchandises par un navire en vertu d'une charte-partie, d'un connaissement ou autrement;
(f) pertes ou dommages aux marchandises et bagages transportés par un navire;
(g) avarie commune;
(h) prêt à la grosse;
(i) remorquage;
(j) pilotage;
(k) fournitures, quel qu'en soit le lieu, de produits ou de matériel faites à un navire en vue de son exploitation ou de son entretien;
(l) construction, réparations, équipement d'un navire ou frais de cale;
(m) salaires des capitaine, officiers ou hommes d'équipage;
(n) débours du capitaine et ceux effectués par les chargeurs, les affréteurs et les agents pour le compte du navire ou de son propriétaire;
(o) la propriété contestée d'un navire;
(p) la copropriété d'un navire ou sa possession, ou son exploitation, ou les droits aux produits d'exploitation d'un navire en copropriété;
(q) toute hypothèque maritime et tout mort-gage.

6. Au Danemark, l'expression "saisie judiciaire" couvre, en ce qui concerne les créances maritimes visées au point 5 sous (o) et (p), le "forbud" pour autant que cette procédure soit la seule admise en l'espèce par les articles 646 à 653 de la loi sur la procédure civile (Lov om rettens pleje).

7. En Islande, le terme "saisie" est réputé englober, en ce qui concerne les créances maritimes visées au point 5 sous (o) et (p) du présent article, une "lögbann", lorsque cette procédure est la seule possible pour une telle créance en vertu du chapitre III de la loi en matière de saisie et d'injonction (lög um kyrrsetningu og lögbann).

TITRE VII

RELATION AVEC LA CONVENTION DE BRUXELLES ET LES AUTRES CONVENTIONS

Article 54ter

1. La présente convention n'affecte pas l'application par les Etats membres des Communautés européennes de la convention concernant la compétence judiciaire et l'exécution des décisions en matière civile et commerciale, signée à Bruxelles le 27 septembre 1968, et du protocole concernant l'interprétation par la Cour de justice de ladite convention, signé à Luxembourg le 3 juin 1971, tels que modifiés par les conventions relatives à l'adhésion à ladite convention et audit protocole des Etats adhérents aux Communautés européennes, l'ensemble de ces conventions et du protocole étant ci-après dénommé "la convention de Bruxelles".

2. Toutefois, la présente convention s'applique en tout état de cause :

(a) en matière de compétence, lorsque le défendeur est domicilié sur le territoire d'un Etat contractant à la présente convention qui n'est pas membre des Communautés européennes ou lorsque les articles 16 ou 17 de la présente convention confèrent une compétence aux tribunaux d'un tel Etat contractant;

(b) en matière de litispendance ou de connexité telles que prévues aux articles 21 et 22 de la présente convention, lorsque les demandes sont formées dans un Etat contractant qui n'est pas membre des Communautés européennes et dans un Etat contractant qui est membre des Communautés européennes;

(c) en matière de reconnaissance et d'exécution, lorsque soit l'Etat d'origine soit l'Etat requis n'est pas membre des Communautés européennes.

3. Outre les motifs faisant l'objet du titre III, la reconnaissance ou l'exécution peut être refusée si la règle de compétence sur la base de laquelle la décision a été rendue diffère de celle résultant de la présente convention et si la reconnaissance ou l'exécution est demandée contre une partie qui est domiciliée sur le territoire d'un Etat contractant qui n'est pas membre des Communautés européennes, à moins que la décision puisse par ailleurs être reconnue ou exécutée selon le droit de l'Etat requis.

Article 55

Sans préjudice des dispositions de l'article 54 deuxième alinéa et de l'article 56, la présente convention remplace entre les Etats qui y sont parties les conventions conclues entre deux ou plusieurs de ces Etats, à savoir :

— la convention entre la France et la Confédération suisse sur la compétence judiciaire et l'exécution des jugements en matière civile, signée à Paris le 15 juin 1869,

— le traité entre la Confédération suisse et l'Espagne sur l'exécution réciproque des jugements ou arrêts en matière civile et commerciale, signé à Madrid le 19 novembre 1896,

— la convention entre la Confédération suisse et le Reich allemand relative à la reconnaissance et à l'exécution de décisions judiciaires et de sentences arbitrales, signée à Berne le 2 novembre 1929,

— la convention entre le Danemark, la Finlande, l'Islande, la Norvège et la Suède sur la reconnaissance et l'exécution de jugements, signée à Copenhague le 16 mars 1932,

— la convention entre la Confédération suisse et l'Italie sur la reconnaissance et l'exécution de décisions judiciaires, signée à Rome le 3 janvier 1933,

— la convention entre la Suède et la Confédération suisse sur la reconnaissance et l'exécution des décisions judiciaires et sentences arbitrales, signée à Stockholm le 15 janvier 1936,

— la convention entre le royaume de Belgique et l'Autriche sur la reconnaissance et l'exécution réciproques des décisions judiciaires et des actes authentiques en matière d'obligations alimentaires, signée à Vienne le 25 octobre 1957,

— la convention entre la Confédération suisse et la Belgique sur la reconnaissance et l'exécution de décisions judiciaires et de sentences arbitrales, signée à Berne le 29 avril 1959,

— la convention entre la République fédérale d'Allemagne et l'Autriche sur la reconnaissance et l'exécution réciproques des décisions et transactions judiciaires, et des actes authentiques en matières civile et commerciale, signée à Vienne le 6 juin 1959,

— la convention entre le royaume de Belgique et l'Autriche sur la reconnaissance et l'exécution réciproques des décisions judiciaires, sentences arbitrales et actes authentiques en matière civile et commerciale, signée à Vienne le 16 juin 1959,

— la convention entre l'Autriche et la Confédération suisse sur la reconnaissance et l'exécution des décisions judiciaires, signée à Berne le 16 décembre 1960,

— la convention entre la Norvège et le Royaume-Uni sur la reconnaissance réciproque et l'exécution de jugements en matière civile, signée à Londres le 12 juin 1961,

— la convention entre le Royaume-Uni et l'Autriche sur la reconnaissance et l'exécution réciproques des décisions judiciaires en matière civile et commerciale, signée à Vienne le 14 juillet 1961, accompagnée d'un protocole signé à Londres le 6 mars 1970,

— la convention entre le royaume des Pays-Bas et l'Autriche sur la reconnaissance et l'exécution réciproques des décisions judiciaires et des actes authentiques en matière civile et commerciale, signée à La Haye le 6 février 1963,

— la convention entre la France et l'Autriche sur la reconnaissance et l'exécution des décisions judiciaires et des actes authentiques en matière civile et commerciale signée à Vienne le 15 juillet 1966,

— la convention entre le Luxembourg et l'Autriche sur la reconnaissance et l'exécution des décisions judiciaires et des actes authentiques en matière civile et commerciale, signée à Luxembourg le 29 juillet 1971,

— la convention entre l'Italie et l'Autriche sur la reconnaissance et l'exécution réciproques des décisions et transactions judiciaires, et des actes authentiques en matière civile et commerciale, signée à Rome le 16 novembre 1971,

— la convention entre la Norvège et la République fédérale d'Allemagne sur la reconnaissance et l'exécution de jugements et de documents exécutoires en matière civile et commerciale, signée à Oslo le 17 juin 1977,

— la convention entre le Danemark, la Finlande, l'Islande, la Norvège et la Suède sur la reconnaissance et l'exécution de jugements en matière civile, signée à Copenhague le 11 octobre 1977,

— la convention entre l'Autriche et la Suède sur la reconnaissance et l'exécution des jugements en matière civile, signée à Stockholm le 16 septembre 1982,

— la convention entre l'Autriche et l'Espagne sur la reconnaissance et l'exécution réciproques des décisions et transactions judiciaires, et des actes authentiques en matière civile et commerciale, signée à Vienne le 17 février 1984,

— la convention entre la Norvège et l'Autriche sur la reconnaissance et l'exécution des jugements en matière civile, signée à Vienne le 21 mai 1984, et

— la convention entre la Finlande et l'Autriche sur la reconnaissance et l'exécution des jugements en matière civile, signée à Vienne le 17 novembre 1986.

Article 56

Le traité et les conventions mentionnés à l'article 55 continuent à produire leurs effets dans les matières auxquelles la présente convention n'est pas applicable.

Ils continuent à produire leurs effets en ce qui concerne les décisions rendues et les actes reçus avant l'entrée en vigueur de la présente convention.

Article 57

1. La présente convention n'affecte pas les conventions auxquelles les Etats contractants sont ou seront parties et qui, dans des matières particulières, règlent la compétence judiciaire, la reconnaissance ou l'exécution des décisions.

2. La présente convention ne fait pas obstacle à ce qu'un tribunal d'un Etat contractant partie à une convention visée au paragraphe 1 puisse fonder sa compétence sur une telle convention, même si le défendeur est domicilié sur le territoire d'un Etat contractant non partie à une telle convention. Le tribunal saisi applique, en tout cas, l'article 20 de la présente convention.

3. Les décisions rendues dans un Etat contractant par un tribunal ayant fondé sa compétence sur une convention visée au paragraphe 1 sont reconnues et exécutées dans les autres Etats contractants conformément au titre III de la présente convention.

4. Outre les cas prévus au titre III, la reconnaissance ou l'exécution peut être refusée si l'Etat requis n'est pas partie à une convention visée au paragraphe 1 et que la personne contre laquelle la reconnaissance ou l'exécution est demandée est domiciliée dans cet Etat, sauf si la décision peut être reconnue ou exécutée au titre de toute autre règle de droit de l'Etat requis.

5. Si une convention visée au paragraphe 1 à laquelle sont parties l'Etat d'origine et l'Etat requis détermine les conditions de reconnaissance et d'exécution des décisions, il est fait application de ces conditions. Il peut,

en tout cas, être fait application des dispositions de la présente convention qui concernent la procédure relative à la reconnaissance et à l'exécution des décisions.

Article 58

(Sans objet)

Article 59

La présente convention ne fait pas obstacle à ce qu'un Etat contractant s'engage envers un Etat tiers, aux termes d'une convention sur la reconnaissance et l'exécution des jugements, à ne pas reconnaître une décision rendue, notamment dans un autre Etat contractant, contre un défendeur qui avait son domicile ou sa résidence habituelle sur le territoire de l'Etat tiers lorsque, dans un cas prévu par l'article 4, la décision n'a pu être fondée que sur une compétence visée à l'article 3 deuxième alinéa.

Toutefois, aucun Etat contractant ne peut s'engager envers un Etat tiers à ne pas reconnaître une décision rendue dans un autre Etat contractant par une juridiction dont la compétence est fondée sur l'existence dans cet Etat de biens appartenant au défendeur ou sur la saisie par le demandeur de biens qui y existent :

1. si la demande porte sur la propriété ou la possession desdits biens, vise à obtenir l'autorisation d'en disposer ou est relative à un autre litige les concernant, ou

2. si les biens constituent la garantie d'une créance qui fait l'objet de la demande.

TITRE VIII

DISPOSITIONS FINALES

Article 60

Peuvent être parties à la présente convention :

(a) les Etats qui, au moment de l'ouverture à la signature de la présente convention, sont membres des Communautés européennes ou de l'Association européenne de libre-échange;
(b) les Etats qui, après l'ouverture à la signature de la présente convention, deviennent membres des Communautés européennes ou de l'Association européenne de libre-échange;
(c) les Etats invités à adhérer conformément à l'article 62 paragraphe 1 point (b).

Article 61

1. La présente convention est ouverte à la signature des Etats membres des Communautés européennes ou de l'Association européenne de libre-échange.

2. La convention sera soumise à la ratification des Etats signataires. Les instruments de ratification seront déposés auprès du Conseil fédéral suisse.

3. La convention entrera en vigueur le premier jour du troisième mois après la date à laquelle deux Etats, dont un Etat membre des Communautés européennes et un Etat membre de l'Association européenne de libre-échange, auront déposé leurs instruments de ratification.

4. A l'égard de tout autre Etat signataire, la convention produira ses effets le premier jour du troisième mois qui suivra le dépôt de son instrument de ratification.

Article 62

1. Peuvent adhérer à la présente convention, après son entrée en vigueur :

(a) les Etats visés à l'article 60 point (b);
(b) les autres Etats qui, sur demande d'un Etat contractant adressée à l'Etat dépositaire, auront été invités à adhérer. L'Etat dépositaire n'invitera l'Etat concerné à adhérer que s'il a obtenu, après les avoir informés du contenu des communications que cet Etat se propose de faire en application de l'article 63, l'accord unanime des Etats signataires ainsi que des Etats contractants mentionnés à l'article 60 points (a) et (b).

2. Si un Etat adhérent souhaite apporter des précisions au sens du protocole n° 1, des négociations seront entamées à cet effet. Une conférence de négociation sera convoquée par le Conseil fédéral suisse.

3. En ce qui concerne tout Etat adhérent, la convention produira ses effets le premier jour du troisième mois qui suivra le dépôt de l'instrument d'adhésion.

4. Toutefois, en ce qui concerne un Etat adhérent visé au paragraphe 1 points (a) ou (b), la convention ne produira d'effets que dans les rapports entre l'Etat adhérent et les Etats contractants qui n'auront pas formulé d'objection à cette adhésion avant le premier jour du troisième mois qui suivra le dépôt de l'instrument d'adhésion.

Article 63

Tout Etat adhérent devra, au moment du dépôt de son instrument d'adhésion, communiquer les informations requises pour l'application des articles 3, 32, 37, 40, 41 et 55 de la présente convention et fournir, le cas échéant, les précisions fixées lors des négociations aux fins du protocole n° 1.

Article 64

1. La présente convention est conclue pour une durée initiale de cinq ans à compter de son entrée en vigueur, conformément à l'article 61 paragraphe 3, même pour les Etats qui l'auront ratifiée ou qui y auront adhéré ultérieurement.

2. A l'expiration de la période initiale de cinq ans, la convention sera reconduite tacitement d'année en année.

3. Dès l'expiration de la période initiale de cinq ans, tout Etat partie pourra, à tout moment, dénoncer la convention en adressant une notification au Conseil fédéral suisse.

4. La dénonciation prendra effet à la fin de l'année civile qui suivra l'expiration d'une période de six mois à compter de la date de réception de la notification de la dénonciation par le Conseil fédéral suisse.

Article 65

Sont annexés à la présente convention :

— un protocole n° 1, relatif à certains problèmes de compétence, de procédure et d'exécution,

— un protocole n° 2, sur l'interprétation uniforme de la convention,

— un protocole n° 3, concernant l'application de l'article 57.

Ces protocoles font partie intégrante de la convention.

Article 66

Chaque Etat contractant peut demander la révision de la présente convention. A cet effet, le Conseil fédéral suisse convoque une conférence de révision dans un délai de six mois à compter de la demande de révision.

Article 67

Le Conseil fédéral suisse notifiera aux Etats qui auront été représentés à la conférence diplomatique de Lugano et aux Etats qui auront ultérieurement adhéré à la convention :

(a) le dépôt de tout instrument de ratification ou d'adhésion ;
(b) les dates d'entrée en vigueur de la présente convention pour les Etats contractants;
(c) les dénonciations reçues conformément à l'article 64;
(d) toute déclaration reçue en application de l'article I bis du protocole n° 1;
(e) toute déclaration reçue en application de l'article I ter du protocole n° 1;
(f) les déclarations reçues en application de l'article IV du protocole n° 1;
(g) les communications faites en application de l'article VI du protocole n° 1.

Article 68

La présente convention, rédigée en un exemplaire unique en langues allemande, anglaise, danoise, espagnole, finnoise, française, grecque, irlandaise, islandaise, italienne, néerlandaise, norvégienne, portugaise et suédoise, les quatorze textes faisant également foi, sera déposée dans les archives du Conseil fédéral suisse, qui en remettra une copie certifiée conforme à chacun des gouvernements des Etats qui auront été représentés à la conférence diplomatique de Lugano et à chaque Etat adhérent.

En foi de quoi, les plénipotentiaires soussignés ont apposé leurs signatures au bas de la présente convention.

Fait à Lugano, le seize septembre mil neuf cent quatre-vingt-huit.

PROTOCOLE 1

relatif à certains problèmes de compétence, de procédure et d'exécution

LES HAUTES PARTIES CONTRACTANTES SONT CONVENUES DES DISPOSITIONS SUIVANTES, QUI SONT ANNEXEES A LA CONVENTION :

Article premier

Toute personne domiciliée au Luxembourg, attraite devant un tribunal d'un autre Etat contractant en application de l'article 5 point 1, peut décliner la compétence de ce tribunal. Ce tribunal se déclare d'office incompétent si le défendeur ne comparaît pas.

Toute convention attributive de juridiction au sens de l'article 17 ne produit ses effets à l'égard d'une personne domiciliée au Luxembourg que si celle-ci l'a expressément et spécialement acceptée.

Article I bis

1. La Confédération suisse se réserve le droit de déclarer au moment du dépôt de l'instrument de ratification qu'un jugement rendu dans un autre Etat contractant n'est pas reconnu ni exécuté en Suisse lorsque les conditions suivantes sont réunies :

(a) la compétence du tribunal qui a prononcé la décision est fondée uniquement sur l'article 5 point 1 de la présente convention;
(b) le défendeur avait son domicile en Suisse au moment de l'introduction de l'instance; aux fins du présent article, une société ou personne morale est considérée comme domiciliée en Suisse lorsqu'elle a son siège statutaire et le centre effectif de ses activités en Suisse;
(c) le défendeur s'oppose à la reconnaissance ou à l'exécution du jugement en Suisse, pour autant qu'il n'ait pas renoncé à se prévaloir de la déclaration prévue par le présent paragraphe.

2. Cette réserve ne s'appliquera pas dans la mesure où, au moment où la reconnaissance ou l'exécution est demandée, une dérogation aura été apportée à l'article 59 de la constitution fédérale suisse. Le gouvernement suisse communiquera de telles dérogations aux Etats signataires et adhérents.

3. Cette réserve cessera de produire ses effets le 31 décembre 1999. Elle peut être levée à tout moment.

Article I ter

Tout Etat contractant pourra, par déclaration faite au moment de la signature ou du dépôt de son instrument de ratification ou d'adhésion, se réserver le droit, nonobstant l'article 28, de ne pas reconnaître ni exécuter les décisions rendues dans les autres Etats parties lorsque la compétence de la juridiction d'origine est fondée, en application de l'article 16 point 1 sous (b), sur le seul domicile du défendeur dans l'Etat d'origine alors que l'immeuble est situé sur le territoire de l'Etat qui a formulé la réserve.

Article II

Sans préjudice de dispositions nationales plus favorables, les personnes domiciliées dans un Etat contractant et poursuivies pour une infraction involontaire devant les juridictions répressives d'un autre Etat contractant dont elles ne sont pas les nationaux peuvent se faire défendre par les personnes habilitées à cette fin, même si elles ne comparaissent pas personnellement.

Toutefois, la juridiction saisie peut ordonner la comparution personnelle; si celle-ci n'a pas eu lieu, la décision rendue sur l'action civile sans que la personne en cause ait eu la possibilité de se faire défendre pourra ne pas être reconnue ni exécutée dans les autres Etats contractants.

Article III

Aucun impôt, droit ou taxe, proportionnel à la valeur du litige, n'est perçu dans l'Etat requis à l'occasion de la procédure tendant à l'octroi de la formule exécutoire.

Article IV

Les actes judiciaires et extra-judiciaires dressés sur le territoire d'un Etat contractant et qui doivent être notifiés ou signifiés à des personnes se trouvant sur le territoire d'un autre Etat contractant sont transmis selon les modes prévus par les conventions ou accords conclus entre les Etats contractants.

Sauf si l'Etat de destination s'y oppose par déclaration faite au Conseil fédéral suisse, ces actes peuvent aussi être envoyés directement par les officiers ministériels de l'Etat où les actes sont dressés aux officiers ministériels de l'Etat sur le territoire duquel se trouve le destinataire de l'acte. Dans ce cas, l'officier ministériel de l'Etat d'origine transmet une copie de l'acte à l'officier ministériel de l'Etat requis, qui est compétent pour la remettre au destinataire. Cette remise est faite dans les formes prévues par la loi de l'Etat requis. Elle est constatée par une attestation envoyée directement à l'officier ministériel de l'Etat d'origine.

Article V

La compétence judiciaire prévue à l'article 6 point 2 et à l'article 10, pour la demande en garantie ou la demande en intervention, ne peut être invoquée dans la République fédérale d'Allemagne, en Espagne, en Autriche ni en Suisse. Toute personne domiciliée sur le territoire d'un autre Etat contractant peut être appelée devant les tribunaux de :

— la République fédérale d'Allemagne, en application des articles 68 et 72, 73 et 74 du code de procédure civile concernant la *litis denuntiatio*,

— l'Espagne, en application de l'article 1482 du code civil,

— l'Autriche, conformément à l'article 21 du code de procédure civile (Zivilprozessordnung) concernant la *litis denuntiatio*,

— la Suisse, en application des dispositions appropriées concernant la litis denuntiatio des codes de procédure civile cantonaux.

Les décisions rendues dans les autres Etats contractants en vertu de l'article 6 point 2 et de l'article 10 sont reconnues et exécutées dans la République fédérale d'Allemagne, en Espagne, en Autriche et en Suisse, conformément au titre III. Les effets produits à l'égard des tiers, en application de l'alinéa précédent, par des jugements rendus dans ces Etats sont également reconnus dans les autres Etats contractants.

Article V bis

En matière d'obligation alimentaire, les termes "juge", "tribunal" et "juridiction" comprennent les autorités administratives danoises, islandaises et norvégiennes.

En matières civile et commerciale, les termes "juge", "tribunal" et "juridiction" comprennent le "ulosotonhaltija/överexekutor" finlandais.

Article V ter

Dans les litiges entre le capitaine et un membre de l'équipage d'un navire de mer immatriculé au Danemark, en Grèce, en Irlande, en Islande, en Norvège, au Portugal ou en Suède, relatifs aux rémunérations ou aux autres conditions de service, les juridictions d'un Etat contractant doivent contrôler si l'agent diplomatique ou consulaire dont relève le navire a été informé du litige. Elles doivent surseoir à statuer aussi longtemps que cet agent n'a pas été informé. Elles doivent, même d'office, se dessaisir si cet agent, dûment informé, a exercé les attributions que lui reconnaît en la matière une convention consulaire ou, à défaut d'une telle convention, a soulevé des objections sur la compétence dans le délai imparti.

Article V quater

(Sans objet)

Article V quinquies

Sans préjudice de la compétence de l'Office européen des brevets selon la convention sur la délivrance de brevets européens, signée à Munich le 5 octobre 1973, les juridictions de chaque Etat contractant sont seules compétentes, sans considération de domicile, en matière d'inscription ou de validité d'un brevet européen délivré pour cet Etat et qui n'est pas un brevet communautaire en application des dispositions de l'article 86 de la convention relative au brevet européen pour le marché commun, signée à Luxembourg le 15 décembre 1975.

Article VI

Les Etats contractants communiqueront au Conseil fédéral suisse les textes de leurs dispositions législatives qui modifieraient soit les articles de leurs lois qui sont mentionnés dans la convention, soit les juridictions qui sont désignées au titre III section 2.

PROTOCOLE 2

sur l'interprétation uniforme de la convention

PREAMBULE

LES HAUTES PARTIES CONTRACTANTES,

VU l'article 65 de la présente convention,

CONSIDERANT le lien substantiel qui existe entre cette convention et la convention de Bruxelles;

CONSIDERANT que la Cour de justice des Communautés européennes a été reconnue compétente par le protocole du 3 juin 1971 pour statuer sur l'interprétation des dispositions de la convention de Bruxelles;

EN PLEINE CONNAISSANCE des décisions rendues par la Cour de justice des Communautés européennes sur l'interprétation de la convention de Bruxelles jusqu'au moment de la signature de la présente convention;

CONSIDERANT que les négociations qui ont conduit à la conclusion de cette convention ont été fondées sur la convention de Bruxelles à la lumière de ces décisions;

SOUCIEUSES, dans le plein respect de l'indépendance des tribunaux, d'empêcher des interprétations divergentes et de parvenir à une interprétation aussi uniforme que possible, d'une part, des dispositions de la présente convention ainsi que, d'autre part, de ces dispositions et de celles de la convention de Bruxelles qui sont reproduites en substance dans cette convention,

SONT CONVENUES DE CE QUI SUIT :

Article premier

Les tribunaux de chaque Etat contractant tiennent dûment compte, lors de l'application et de l'interprétation des dispositions de la présente convention, des principes définis par toute décision pertinente rendue par des tribunaux des autres Etats contractants concernant des dispositions de ladite convention.

Article 2

1. Les parties contractantes conviennent de mettre en place un système d'échange d'informations concernant les décisions rendues en application de la présente convention ainsi que les décisions pertinentes rendues en application de la convention de Bruxelles. Ce système comprend :

— la transmission à un organisme central par les autorités compétentes des décisions rendues par des tribunaux de dernière instance et par la Cour de justice des Communautés européennes ainsi que d'autres décisions particulièrement importantes passées en force de chose jugée et rendues en application de la présente convention ou de la convention de Bruxelles,

— la classification de ces décisions par l'organisme central, y compris, dans la mesure nécessaire, l'établissement et la publication de traductions et de résumés,

— la communication par l'organisme central du matériel documentaire aux autorités nationales compétentes de tous les Etats signataires et adhérents à la présente convention ainsi qu'à la Commission des Communautés européennes.

2. L'organisme central est le greffier de la Cour de justice des Communautés européennes.

Article 3

1. Il est institué un comité permanent aux fins du présent protocole.

2. Le comité est composé de représentants désignés par chaque Etat signataire et adhérent.

3. Les Communautés européennes (Commission, Cour de justice et secrétariat général du Conseil) et l'Association européenne de libre-échange peuvent participer aux réunions à titre d'observateurs.

Article 4

1. A la demande d'une partie contractante, le dépositaire de la présente convention convoque des réunions du comité pour procéder à des échanges de vues sur le fonctionnement de la convention et en particulier sur :

— le développement de la jurisprudence communiquée conformément à l'article 2 paragraphe 1 premier tiret,

— l'application de l'article 57 de cette convention.

2. Le comité, à la lumière de ces échanges de vues, peut également examiner l'opportunité que soit entreprise une révision de la présente convention sur des points particuliers et faire des recommandations.

PROTOCOLE 3

concernant l'application de l'article 57

LES HAUTES PARTIES CONTRACTANTES SONT CONVENUES DE CE QUI SUIT :

1. Aux fins de la convention, les dispositions qui dans des matières particulières règlent la compétence judiciaire, la reconnaissance ou l'exécution des décisions et qui sont ou seront contenues dans des actes des institutions des Communautés européennes seront traitées de la même manière que les conventions visées à l'article 57 paragraphe 1.

2. Si, de l'avis d'un Etat contractant, une disposition d'un acte des institutions des Communautés européennes n'est pas compatible avec la convention, les Etats contractants envisageront sans délai d'amender celle-ci conformément à l'article 66, sans préjudice de l'application de la procédure instituée par le protocole n° 2.

DECLARATION

des représentants des gouvernements des Etats signataires de la convention de Lugano, membres des Communautés européennes, sur le protocole n° 3 concernant l'application de l'article 57 de la convention

Au moment de la signature de la convention concernant la compétence judiciaire et l'exécution des décisions en matière civile et commerciale faite à Lugano le 16 septembre 1988,

LES REPRESENTANTS DES GOUVERNEMENTS DES ETATS MEMBRES DES COMMUNAUTES EUROPEENNES

prenant en considération les engagements souscrits à l'égard des Etats membres de l'Association européenne de libre-échange,

soucieux de ne pas porter atteinte à l'unité du régime juridique ainsi établi par la convention,

déclarent qu'ils prendront toutes les dispositions en leur pouvoir pour assurer, lors de l'élaboration d'actes communautaires visés au paragraphe 1 du protocole n° 3 concernant l'application de l'article 57, le respect des règles de compétence judiciaire et de reconnaissance et d'exécution des jugements instituées par la convention.

En foi de quoi, les soussignés ont signé la présente déclaration.

Fait à Lugano, le seize septembre mil neuf cent quatre-vingt-huit.

DECLARATION

des représentants des gouvernements des Etats signataires de la convention de Lugano, membres des Communautés européennes

Au moment de la signature de la convention concernant la compétence judiciaire et l'exécution des décisions en matière civile et commerciale faite à Lugano le 16 septembre 1988,

LES REPRESENTANTS DES GOUVERNEMENTS DES ETATS MEMBRES DES COMMUNAUTES EUROPEENNES

déclarent qu'ils considèrent approprié que la Cour de justice des Communautés européennes, en interprétant la convention de Bruxelles, tienne dûment compte des principes contenus dans la jurisprudence résultant de la convention de Lugano.

En foi de quoi, les soussignés ont signé la présente déclaration.

Fait à Lugano, le seize septembre mil neuf cent quatre-vingt-huit.

DECLARATION

des représentants des gouvernements des Etats signataires de la convention de Lugano qui sont membres de l'Association européenne de libre-échange

Au moment de la signature de la convention concernant la compétence judiciaire et l'exécution des décisions en matière civile et commerciale faite à Lugano le 16 septembre 1988,

LES REPRESENTANTS DES GOUVERNEMENTS DES ETATS MEMBRES DE L'ASSOCIATION EUROPEENNE DE LIBRE-ECHANGE

déclarent qu'ils considèrent approprié que leurs tribunaux, en interprétant la convention de Lugano, tiennent dûment compte des principes contenus dans la jurisprudence de la Cour de justice des Communautés européennes et des tribunaux des Etats membres des Communautés européennes relative aux dispositions de la convention de Bruxelles qui sont reproduites en substance dans la convention de Lugano.

En foi de quoi, les soussignés ont signé la présente déclaration.

Fait à Lugano, le seize septembre mil neuf cent quatre-vingt-huit.

COUR DE JUSTICE
DES
COMMUNAUTES EUROPEENNES

I - ETAT DES CONVENTIONS DE BRUXELLES, ROME ET LUGANO

01.10.1993

CONVENTION	ETAT	B	D	DK	E	F	GB	GR	I	IRL	L	NL	P	réf. JOCE*
1) Conv. Bruxelles	S*	27.09.68	27.09.68			27.09.68			27.09.68		27.09.68	27.09.68		1972
27.09.68	R	16.02.71	30.10.72			13.04.70			11.08.72		22.11.72	26.06.72		L 299
	V	01.02.73	01.02.73			01.02.73			01.02.73		01.02.73	01.02.73		p. 32
2) Protocole Lux.	S	03.06.71	03.06.71	09.10.78	26.05.89	03.06.71	09.10.78	25.10.82	03.06.71	09.10.78	03.06.71	03.06.71	26.05.89	1975
03.06.71 Interpr.	R	20.09.73	22.01.73	27.08.86	22.11.90	23.07.71	07.10.86	19.01.89	18.06.75	31.03.88	08.10.73	02.09.74	15.04.92	L 204
(avec modif.)	V	01.09.75	01.09.75	01.11.86	01.02.91	01.09.75	01.01.87	01.04.89	01.09.75	01.06.88	01.09.75	01.09.75	01.07.92	p. 28
3) Conv. adhésion Brux.	S	09.10.78	09.10.78	09.10.78		09.10.78	09.10.78		09.10.78	09.10.78	09.10.78	09.10.78		1978
09.10.78	R	21.08.86	07.03.84	27.08.86		27.02.84	07.10.86		07.05.81	31.03.88	22.10.81	08.12.80		L 304
(GB, IRL, DK)	V	01.11.86	01.11.86	01.11.86		01.11.86	01.01.87		01.11.86	01.06.88	01.11.86	01.11.86		p. 1
4) Conv. adhésion Brux.	S	25.10.82	25.10.82	25.10.82		25.10.82	25.10.82	25.10.82	25.10.82	25.10.82	25.10.82	25.10.82		1982
25.10.82 (GR)	R	21.08.86	08.08.88	27.08.86		27.02.84	31.07.89	19.01.89	08.01.85	31.03.88	27.04.84	19.07.83		L 388
	V	01.04.89	01.04.89	01.04.89		01.04.89	01.10.89	01.04.89	01.04.89	01.04.89	01.04.89	01.04.89		p. 1
5) Conv. adhésion Brux.	S	26.05.89	26.05.89	26.05.89	26.05.89	26.05.89	26.05.89	26.05.89	26.05.89	26.05.89	26.05.89	26.05.89	26.05.89	1989
26.05.89 (E, P)	R	-	-	-	22.11.90	17.10.90	13.09.91	07.04.92	21.02.92	-	07.11.91	11.01.90	15.04.92	L 285
	V	-	-	-	01.02.91	01.02.91	01.12.91	01.07.92	01.05.92	-	01.02.92	01.02.91	01.07.92	p. 1
6) Conv. recouvr. alim.	S	06.11.90	06.11.90	06.11.90	-	-	06.11.90	06.11.90	06.11.90	06.11.90	02.09.91	06.11.90	06.11.90	-
(compl. conv. Brux.)	R	-	-	-	-	-	-	-	15.02.93	-	-	-	-	-
06.11.90	V	-	-	-	-	-	-	-	-	-	-	-	-	-

* Abréviations :

S Date de signature
R Date de ratification
V Date d'entrée en vigueur
JOCE Journal officiel des Communautés européennes

I - ETAT DES CONVENTIONS DE BRUXELLES, ROME ET LUGANO (suite)

01.10.1993

CONVENTION	ETAT	B	D	DK	E	F	GB	GR	I	IRL	L	NL	P	réf. JOCE*
7) Conv.	S*	16.09.88	23.10.89	16.09.88	-	14.12.89	18.09.89	16.09.88	16.09.88	18.08.93	16.09.88	07.02.89	16.09.88	1988
Lugano 16.09.88 **	R	-	-	-	-	03.08.90	05.02.92	-	22.09.92	-	05.11.91	23.01.90	14.04.92	L 319
	V	-	-	-	-	01.01.92	01.05.92	-	01.12.92	-	01.02.92	01.01.92	01.07.92	p. 9
8) Conv. Rome	S	19.06.80	19.06.80	10.03.81		19.06.80	07.12.81		19.06.80	19.06.80	19.06.80	19.06.80		1980
19.06.80	R	31.07.87	08.01.87	07.01.86		10.11.83	29.01.91		25.06.85	29.10.91	01.10.86	21.06.91		L 266
	V	01.04.91	01.04.91	01.04.91		01.04.91	01.04.91		01.04.91	01.01.92	01.04.91	01.09.91		p. 1
9) Conv. adhésion Rome	S	10.04.84	10.04.84	10.04.84		10.04.84	10.04.84	10.04.84	10.04.84	10.04.84	10.04.84	10.04.84		1984
10.04.84 (GR)	R	21.11.89	05.12.88	03.07.86		10.02.86	29.01.91	29.09.88	13.02.86	29.10.91	01.10.86	14.07.92		L 146
	V	01.04.91	01.04.91	01.04.91		01.04.91	01.04.91	01.04.91	01.04.91	01.01.92	01.04.91	01.10.92		p. 1
10) Conv. adhésion Rome	S	18.05.92	18.05.92	18.05.92	18.05.92	18.05.92	18.05.92	18.05.92	18.05.92	18.05.92	18.05.92	18.05.92	18.05.92	1992
18.05.92 (E, P)	R	-	-	-	02.06.93	-	-	-	-	-	-	11.02.93	-	L 333
	V	-	-	-	01.09.93	-	-	-	-	-	-	01.09.93	-	p. 1
11) Protocole I	S	19.12.88	19.12.88	19.12.38	19.12.88	19.12.88	19.12.88	19.12.88	19.12.88	19.12.88	19.12.88	19.12.88	19.12.88	1989
19.12.88 Interpr.	R	-	-	-	-	-	29.01.91	08.05.92	09.12.92	-	13.08.92	21.06.91	-	L 48
Conv. Rome	V	-	-	-	-	-	-	-	-	-	-	-	-	p. 1
12) Protocole II	S	19.12.88	19.12.88	19.12.38	19.12.88	19.12.88	19.12.88	19.12.88	19.12.88	19.12.88	19.12.88	19.12.88	19.12.88	1989
19.12.88 Interpr.	R	-	-	-	-	-	29.01.91	08.05.92	09.12.92	29.10.91	13.08.92	21.06.91	-	L 48
Conv. Rome	V	-	-	-	-	-	-	-	-	-	-	-	-	p.17

* Abréviations :

S Date de signature
R Date de ratification
V Date d'entrée en vigueur
JOCE Journal officiel des Communautés européennes

** Pour les Etats AELE, voir p. 3.

I - ETAT DES CONVENTIONS (suite)

	6) CONVENTION LUGANO : Etats AELE		
Etat	Signature	Ratification	Entrée en vigueur: dates, Etats CEE
A	26.02.92		
CH	16.09.88	18.10.91	01.01.92:F,NL ; 01.02.92:L ; 01.05.92:GB ; 01.07.92:P ; 01.12.92:I
N	16.09.88	02.02.93	01.05.93:F,GB,I,L,NL,P
S	16.09.88	09.10.92	01.01.93:F,GB,I,L,NL,P
SF	30.11.88	27.04.93	01.07.93:F,GB,I,L,NL,P
ISL	16.09.88		

II - VERSIONS CODIFIEES

Version codifiée Convention Bruxelles 1968/78	JOCE L 304 30.10.78 p. 77
Version codifiée Protocole Interprétation 1971/78	JOCE L 304 30.10.78 p. 97
Version codifiée Convention Bruxelles 1968/78/82	JOCE C 97 11.04.83 p. 2
Version codifiée Protocole Interprétation 1971/78/82	JOCE C 97 11.04.83 p. 24
Version codifiée Convention Bruxelles 1968/78/82/89	JOCE C 189 28.07.90 p. 2
Version codifiée Protocole Interprétation 1971/78/82/89	JOCE C 189 28.07.90 p. 25

III - RAPPORTS RELATIFS AUX CONVENTIONS

Convention Bruxelles	1968 (1)	Rapport Jenard	JOCE C 59, 05.03.79, p. 1
Protocole interprétation	1971 (2)	Rapport Jenard	JOCE C 59, 05.03.79, p. 66
Convention adhésion	1978 (3)	Rapport Schlosser	JOCE C 59, 05.03.79, p. 71
Convention adhésion	1982 (4)	Rapport Evrigenis/Kerameus	JOCE C 298, 24.11.86, p. 1
Convention adhésion	1989 (5)	Rapport Almeida Cruz/ Desantes Real/Jenard	JOCE C 189, 28.07.90, p. 35
Convention Lugano	1988 (7)	Rapport Jenard/Möller	JOCE C 189, 28.07.90, p. 57
Convention Rome	1980 (8)	Rapport Giuliano/Lagarde	JOCE C 282, 31.10.80, p. 1
Protocoles interprétation Convention Rome	1988 (11,12)	Rapport Tizzano	JOCE C 219, 03.09.90, p. 1

(Sous toute réserve de modification)

H. D. TEBBENS, Division Recherche et Documentation

Tableau des arrêts de la Cour de Justice concernant l'interprétation de la Convention de Bruxelles du 27 septembre 1968 (état au 1er septembre 1993)

N°	DATE	N° DE L'AFFAIRE	NOM DES PARTIES	RECUEIL	COMMENTAIRES EN LANGUE FRANCAISE	DISPOSITIONS CONCERNÉES	N° DE L'OUVRAGE OÙ L'ARRÊT EST CITÉ
1	6 oct. 1976	12/76	Tessili c. Dunlop	1473 c. Mayras	Bischoff et Huet, JDI 1977, 702 Droz, D 1977, chr. 287 Gothot et Holleaux, RC 1977, 761 Huet, JDI, 1977, 714	Art. 5-1°	3-7-152-163-164-172-173
2	6 oct. 1976	14/76	De Bloos c. Bouyer	1497 c. Reischl	Bischoff JDI 1977, 719 Droz D. 1977, 618 et D. 1977 chr. 287 Gothot et Holleaux RC 1977, 761	Art. 5-1°	152-163-166-203-204-205
3	14 oct. 1976	29/76	LTU c. Eurocontrol	1541 c. Reischl	Droz, RC 1977, 776 Huet, JDI 1977, 707 Leleux CDE 1977, 146	Art. 1 § 1	7 (note 91) 78 et ss.
4	30 nov. 1976	21/76	Bier c. Mines de Potasse d'Alsace	1735 c. Capotorti	Bourel, RC 1977, 568 Droz, D 1977, 614 Huet, JDI 1977, 628 Kiss, Rev. jurid. de l'environnement, 1977, 323	Art. 5-3°	184 (note2) 190 et ss.
5	30 nov. 1976	42/76	De Wolf c. Cox	1759 c. Meyras	Audit, D 1977, IR, 350 Huet JDI 1977, 253	Art. 26, 31 et ss.	328-385-391 (note 26)
6	14 déc. 1976	24/76	Estasis Salotti c. Ruwa	1831 c. Capotorti	Audit D 1977, IR 349 Bischoff JDI 1977, 734 Mezger RC 1977, 585	Art. 17	117 (note 37)-118-233 (note 17)
7	14 déc. 1976	25/76	Segoura c. Bonakdarian	1851 c. Capotorti	Audit, D 1977 IR 349 Bischoff JDI 1977, 734 Mezger RC 1977, 585	Art. 17	117 (note 37)-121-122-123-125-233 (note 17)
8	14 juillet 1977	9 et 10/77	Bavaria Fluggesellschaft und Germanair c. Eurocontrol	1517 c. Mayras	Huet, JDI 1978, 393	Art. 1 § 1	n° 7 (note 11), 28 et ss.
9	22 nov. 1977	43/77	Industrial Diamond Supplies c. Riva	2175 c. Reischl	Gaudemet-Tallon, RC 1979, 433 Huet, JDI 1978, 398	Art. 30 et 38	n° 7 (note 13) 394-402

10	14 déc. 1977	73/77	Sanders c. Vander Putte	2382 c. Mayras	Bischoff, JDI 1978, 388 Loussouarn et Bourel, Rev. trim. dr. com. 1978, 657	Art. 16-1°	n°86 (note 7) 87 (note 10) 89-92
11	21 juin 1978	150/77	Bertrand c. Ott	1431 c. Capotorti	Jeantet, JCP ed G. 1979 II 19051 Vasseur D 1980 IR p. 16 Mezger, RC 1979, 123 Loussouarn et Bourel, Rev. trim. dr. com. 1979, 170	Art. 13 et s.	258-259-260 (note 36)
12	9 nov. 1978	23/78	Meeth c. Glacetal	2133 c. Capotorti	Gaudemet-Tallon RC 1981, 136 Huet, JDI 79, 663	17	112-133-146 229 (notes 12 et 13) 233 (note 17) 235
13	22 nov. 1978	33/78	Somafer c. Saar-Ferngas	2183 c. Mayras	Audit, D 1979 IR 458 Huet, JDI 1979, 672	5-5°	7 (note 12) 152 203 (note 138) 204 et ss.
14	22 févr. 1979	133/78	Gourdain c. Nadler	733 c. Reischl	Bismuth, Rev. des sociétés 1980, 529 Gavalda, D 1982, 602 Georges-Etienne, Gaz. Pal. 1979 I jur. p. 208 Lemontey RC 1979, 661 Mauro, Gaz. Pal. 1979, 2 doctr. 579	Art. 1 § 2	35
15	27 mars 1979	143/78	de Cavel c. de Cavel (de Cavel I)	1055 c. Warner	Audit D 1979 IR 457 Droz RC 1980, 621 Huet JDI 1979, 681	Art. 1 § 2 art. 24	32-101-180-267 (note 1) 345 (note 31)
16	13 nov. 1979	25/79	Sanicentral c. Collin	3423 c. Capotorti	Huet JDI, 1980, 429 Mestre, D 1980, 544	art. 17 art. 54	3-36 (note 15) - 109 - 142 (note 80)
17	17 janv. 1980	56/79	Zelger c. Salinitri	89 c. Capotorti	Huet JDI 1980, 435 Mezger, RC 1980, 387	17 5-1°	130-132-171
18	6 mars 1980	120/79	de Cavel c. de Cavel (de Cavel II)	731 c. Warner	Droz RC 1980, 621 Huet JDI 1980, 442	art. 1 § 2 art. 5-2° art. 24	32-33-42-180 267 (note 1) 317 (note 17) 322 (note 31)

N°	DATE	N° DE L'AFFAIRE	NOM DES PARTIES	RECUEIL	COMMENTAIRES EN LANGUE FRANCAISE	DISPOSITIONS CONCERNÉES	N° DE L'OUVRAGE OÙ L'ARRÊT EST CITÉ
19	6 mai 1980	784/79	Porta Leasing c. Prestige international	1517 c. Reischl	Huet JDI 1980, 934 Lagarde RC 1981, 342	art. I du Protocole de 1968	117 (note 37) 120
20	21 mai 1980	125/79	Denilauler c. Couchet frères	1553 c. Maynas	Audit D 1981 SC 158 Huet JDI 1980, 939 Mauro Gaz. Pal 1980.I. Jurisp. 659 Mezger, RC 1980, 801	27-2° - 46-2° - 47-1°	101-270 (note 14)-271-322-358
21	16 déc. 1980	814/79	Niederlande c. Rüffer	3807 c. Warner	Bischoff JDI 1982, 463	art. 1 § 1	n° 28 et ss. n° 43 (note 29)
22	18 mars 1981	139/80	Blanckaert et Willems c. Trost	819 c. Reischl	Bischoff JDI 1982, 479	5-5°	n° 7 (note 12) 203 (note 138) 205 et ss.
23	26 mai 1981	157/80	Rinkau	1391 c. Reischl	Huet JDI 1981, 888	art. II du Protocole de 1968	201 364 (note 105
24	16 juin 1981	166/80	Klomps c. Michel	1593 c. Reischl	Huet JDI 1981, 893 Mezger RC 1981, 734	27-2° 52	326-357-358-359 360 (note 86) 362 (note 93)-363
25	24 juin 1981	150/80	Elefanten Schuch c. Jacqmain	1671 c. Gordon Slynn	Gaudemet-Tallon RC 1982, 152 Huet JDI 1981, 903 Laurent Gaz. Pal. 1981.I. Jurispr. 903	17-18-22	n° 7 (note 7) 124-131-133 (note 66) 145 (note 90)-148-149-297-298
26	22 oct. 1981	27/81	Rohr c. Ossberger	2431 c. Capotorti	Gaudemet-Tallon RC 1982, 152 Huet JDI 1982, 482	18	148
27	4 mars 1982	32/81	Effer c. Kantner	825 c.Reischl	Gaudemet-Tallon RC 1982, 573 Huet JDI 1982, 473	5-1°	159
28	31 mars 1982	25/81	G.H.W. c. G.J.H.	1189 c. Rozès	Droz, RC 1984, 354 Huet JDI 1982, 942	art. 1 al. 2 18-24	32-148 (note 93) 267 (note 1)

29	26 mai 1982	133/81	Ivenel c. Schwab	1891 c. Reischl	Bischoff et Huet, JDI 1982, 948 Catrice, Gaz. Pal. 1982 II somm. 436 Focsaneanu, Rev. du marché commun 1984, 494	5-1°	166
30	15 juillet 1982	228/81	Pendy Plastic c. Pluspunkt	2723 c. Reischl	Droz RC 1983, 525 Huet JDI 1982, 960	27-2°	333-362 (note 94)
31	22 mars 1983	34/82	Peters c. ZNAV	987 c. Mancini	Gaudemet-Tallon, RC 1983, 667 Huet, JDI 1983, 834	5-1°	152-157
32	14 juillet 1983	201/82	Gerlirge Administrazione del tesoro del Stato	2503 c. Mancini	D.K., La vie judiciaire, 1983 n° 1968 p. 8 Gaudemet-Tallon, RC 1984, 146 Huet JDI 1983, 843	17-18	141-148 (note 93) 252
33	21 sept. 1983 (ord. de radiation)	157/82	Verheezen c. Muller	JOCE C160 du 25 juin 1982 et JOCE C283 du 20 oct. 1983		42	415 (note 85)
34	9 nov. 1983 (ord. d'irrecevabilité)	80/83	Habourdin International	3639 c. Gordon Slynn		art. 2 du protocole de 1971	5 (note 5)
35	15 nov. 1983	288/82	Duijnstee c. Goderbauer	3663 c. Rozès	Bonet RC 1984, 366 Bonet, Rev. trim. dr. europ. 1984, 316 Bonet et Blaise JCP, et E 1984.I.13389 Mousseron et Schmidt, D 1986. Inf. Rap. p. 138	16-4° 19	3-7 (note 8)-97 274 (note 3)
36	28 mars 1984 (ord. d'irrecevabilité)	56/84	Christoph von Gallera c. Gisèle Maitre	1769 c. Gordon Slynn	Huet, JDI 1985, 183	art. 2 du protocole de 1971	n° 5 (note 5)
37	7 juin 1984	129/83	Zelger c/ Salinitri	2397 c. Mancini	Audit, D 1985 IR 177 Huet JDI 1985, 165	21 54 al. 1	52-287-298

N°	DATE	N° DE L'AFFAIRE	NOM DES PARTIES	RECUEIL	COMMENTAIRES EN LANGUE FRANCAISE	DISPOSITIONS CONCERNÉES	N° DE L'OUVRAGE OÙ L'ARRÊT EST CITÉ
38	19 juin 1984	71/83	Tilly Russ c. Nova	2417 c. Gordon Slynn	Bischoff JDI 1985, 159 Bonassies, Le droit maritime français 1985 p. 89 et 1986 p. 83 Libouton, Rev. de droit commercial belge 1985, 105 Gaudemet-Tallon RC 1985, 391 Ekelmans Cah. dr. europ. 1985, 426 Roland, Rev. de dr. commercial belge 1985, 84	17	118-121-122-123-125-140
39	12 juillet 1984	178/83	Firma P. c. Firma K.	3033 c. Darmon	Huet, JDI 1985, 178 Lagarde RC 1985, 569	40 al. 2	407 (note 69)
40	27 nov. 1984	258/83	Brennero c. Wendel	3971 c. Gordon Slynn	Huet, JDI 1985, 173	36-37	403-404
41	15 janv. 1985	241/83	Rösler c. Rottwinkel	99 c. Gordon Slynn	Droz RC 1986, 135 Huet JDI 1986, 439 Mauro Gaz. Pal. 1985.II som. p. 156	16-1°	n° 7 (note 9) 87-90-231
42	7 mars 1985	48/84	Spitzley c. Sommer	787 c. Gordon Slynn	Gaudemet-Tallon RC 1985, 687 Huet JDI 1986, 458 Mauro Gaz. Pal. 1985.II som. 211	17-18	143 (note 86) 145 (note 90) 146-229-238
43	11 juin 1985	49/84	Debaecker c. Bouwman	1779 c. Verloren van Themaat	Bischoff JDI 1986, 461 Ekelmans, J. des tribunaux 1986, 159	27-2°	308-356-357-362 (note 93)-363-366
44	2 juillet 1985	148/84	Deutsche Genossenschaftsbank c. Brasserie du Pêcheur	1981 c. Lenz	Gaudemet-Tallon RC 1986, 345 Huet JDI 1986, 469 Mauro Gaz. pal. 1986.II som. p. 106	36	396-399-411-412-420

45	4 juillet 1985	220/84	AS. Autoteile c. Mahé	2267 c. Lenz	Huet JDI 1986, 449 Mauro Gaz. Pal. 1985.I Jurispr. 551 Mezger RC 1986, 147	16-5°	101-102
46	11 juillet 1985	221/84	Berghoefer c. A.S.A.	2699 c. Gordon Slynn	Gaudemet-Tallon RC 1986, 339 Huet JDI 1986, 453	17	122
47	18 sept. 1985 (ord. de radiation)	123/85	Firma la Pieve c. Firma Lenz	JOCE C.132 du 31 mai 1985 et C.275 du 26 oct. 1985			
48	3 oct. 1985	119/84	Capelloni et Aquilini c. Pelkmans	3147 c. Gordon Slynn	Gaudemet-Tallon, RC 1987, 130 Huet JDI 1986, 471	39	401
49	24 juin 1986	22/85	Anterist c. Crédit Lyonnais	1951 c. Darmon	Gaudemet-Tallon RC 1987, 140 Huet JDI 1987, 474 Mauro, Gaz. Pal. 1986.I Jurispr. 578	17	112-136
50	10 juillet 1986	198/85	Carron c. R.F.A.	2437 c. Mancini	Ekelmans J. des Trib. 1986, 666 Gaudemet-Tallon RC 1987, 148 Huet JDI 1987, 475	33	389-420
51	11 nov. 1986	313/85	Iveco Fiat c. Van Hool	3337 c. Da Cruz Vilaca	Bischoff JDI 1987, 472 Gaudemet-Tallon RC 1987, 423 Mauro Gaz. Pal. 1987.II som. 82	17	119
52	15 janv. 1987	266/85	Shenavai c. Kreischer	239 c. Mancini	Bischoff et Huet JDI 1987, 465 Born J. trib. 1987, 365 Droz RC 1987, 798	5-1°	165-166
53	26 nov. 1987 (ord. de radiation)	73/87	Euromarketing c. Bortscher	JOCE C.95 du 8 avril 1987 et C.349 du 24 déc. 1987			

N°	DATE	N° DE L'AFFAIRE	NOM DES PARTIES	RECUEIL	COMMENTAIRES EN LANGUE FRANCAISE	DISPOSITIONS CONCERNÉES	N° DE L'OUVRAGE OÙ L'ARRÊT EST CITÉ
54	8 déc. 1987	144/86	Gubisch Maschinenfabrik c. Palumbo	4861 c. Mancini	Ekelmans Rev. de droit commercial belge 1989, 358 Gaudemet-Tallon RC 1988, 374 Huet JDI 1988, 537 Mauro Gaz. Pal. 1988.II som. 265	21	n° 7 (note 10) 282 et ss.
55	9 déc. 1987	218/86	SAR Schotte c. Parfums Rothschild	4905 c. Gordon Slynn	Bischoff JDI 1988, 544 Droz RC 1988, 737 Ekelmans Rev. de droit commercial belge 1989, 144 Mauro Gaz. Pal. 1988.II som. 424	5-5°	203 (note 138)-204 et ss.
56	4 févr. 1988	145/86	Hoffmann c. Krieg	645 c. Darmon	Gaudemet-Tallon RC 1988, 605 Huet JDI 1989, 449	26-27-3° 31-36	7 (note 8) 304-327-329 (note 50) 351-369 (note 110) 369-373-411-412
57	8 mars 1988	9/87	Arcado c. Haviland	1539 c. Gordon Slynn	Audit D.1988 som. com. 344 Gaudemet-Tallon RC 88, 613 Huet JDI 1989, 453 Mauro Gaz. Pal. 1988.II som. 425	5-1°	157-184 (note 101)
58	6 juillet 1988	158/87	Scherrens c. Maenhout	3791 c. Mancini	Gaudemet-Tallon RC 1989, 548 Huet JDI 1989, 454 Mauro Gaz. Pal. 1988.II som. 423	16-1°	88-293 (note 30)

59	27 sept. 1988	189/87	Kalfelis c. Bankhaus Schröder	5565 c. Darmon	Audit D 1989 som. com. 254 Ekelmans, J. des Trib. 1989, 215 Gaudemet-Tallon RC 1989, 117 Huet JDI 1989, 457 Tagaras CDE 1990, 667	5-1° 5-3° 6-1°	152-160-162-185-224
60	27 oct. 1988 (ordonnance de radiation)	36/88	Firma Karl Schilling c. Entreprise Merbes	JOCE C.79 du 26 mars 1988 et C.324 du 17 déc. 1988			
61	15 février 1989	32/88	Six Constructions c. Humbert	341 c. Tesauro	Deprez, Rev. de jp. sociale 1989, 543 Huet JDI 1989, 461 Jeammaud Droit Social 1989, 729 Mauro Gaz. Pal. 1989.II som. 102 Rodière RC 1989, 560 Tagaras CDE 1990, 676	5-1°	152-167-168-444
62	10 janvier 1990	C. 115/88	Reichert c. Dresdner Bank (Reichert I)	I.27 c. Mischo	Ancel RC 1991, 154 Bischoff JDI 1990, 503 Tagaras CDE 1990, 684	16-1°	86
63	11 janvier 1990	C. 220/88	Dumez c. Hessische Landesbank	I.49 c. Darmon	Gaudemet-Tallon RC 1990, 368 Huet JDI 1990, 497 Tagaras CDE 1990, 693	5-3°	192
64	15 mai 1990	C. 365/88	Kongress Agentur Hagen c. Zeehaghe	I. 1845 c. Lenz	Gaudemet-Tallon RC 1990, 568 Huet JDI 1991, 498 Tagaras CDE 1990, 701	6-2°	7 (note 8) 66 226
65	3 juillet 1990	C. 305/88	I. Lancray c. Peters und Sickert	I. 2725 c. Jacobs	Droz RC 1991, 167 Huet JDI 1991, 503 Tagaras CDE 90, 709	27-2°	358 (note 81) 360-362 (note 97)
66	27 juin 1991	C. 351/89	Overseas Union Insurance c. New Hampshire Insurance	I. 3317 c. Van Gerven	Gaudemet-Tallon RC 1991, 769 Huet JDI 1992, 493 Tagaras CDE 92, 655	7 21	243 (note 5) 286 (note 22) 290 (note 25) 292

N°	DATE	N° DE L'AFFAIRE	NOM DES PARTIES	RECUEIL	COMMENTAIRES EN LANGUE FRANCAISE	DISPOSITIONS CONCERNÉES	N° DE L'OUVRAGE OÙ L'ARRÊT EST CITÉ
67	25 juillet 1991	C. 190/89	Marc Rich c. Société Italiana Impianti	I. 3855 c. Darmon	Hascher Rev. arbitrage 1991, 677 Huet JDI 1992, 488 Mayer RC 1993, 316 Tagaras CDE 1992, 668	art. 1 al. 2	39 318 (notes 21 et 23)
68	4 oct. 1991	C. 183/90	Van Dalfsen c. Van Loon	I. 4743 c. Van Gerven	Gaudemet-Tallon RC 1992, 128 Huet JDI 1992, 499 Tagaras CDE 1992, 677	37-38	332-402-404
69	26 février 1992	C. 280/90	E. Hacker c. Euro-Relais	I. 1111 c. Darmon	Droz RC 1993, 78 Huet JDI 1992, 505 Osman D.1992, 454 Tagaras CDE 1992, 684	16-1°	92
70	10 mars 1992	C. 214/89	Powell Duffryn c. Wolfgang Petereit	I. 1745 c. Tesauro	Bischoff JDI 1993, 474 Gaudemet-Tallon RC 1992, 528 Tagaras, CDE 1992, 692	17	119-127-139-157
71	26 mars 1992	C. 261/90	Reichert c. Dresdner Bank (Reichert II)	I. 2149 c. Gulmann	Ancel RC 1992, 720 Huet JDI 1993, 461 Tagaras CDE 1992, 700	5-3° 16-5° 24	86 (note 7) 101-161-185-268-322
72	17 juin 1992	C. 26/91	Jakob Handte c. TMCS	I. 3697 c. Jacobs	Bischoff JDI 1993, 469 Boutard-Labarde, JCP 1993.I.3666 n° 3 Gaudemet-Tallon RC 1992, 730 Jourdain JCP 1992 ed. E.363; et Rev. trim. dr. civ. 1993, 131 Kullmann, D. 1993 S.C. 214 Larroumet, JCP 1992.II.21927 Tagaras CDE 1992, 705 Vareilles-Sommières, Rev. trim. dr. europ. 1992, 712 Viney JCP 1993.I.3644 n° 1 à 6	5-1°	152-156 161-185-186

73	12 nov. 1992	C. 123/91	Minalnet c. Brandeis	I. 5661 c. Jacobs	Droz RC 1993, 85 Huet JDI 1993, 468 Kullmann D. 1993 5.C.214	27-2°	358
74	19 janv. 1993	C. 89/91	Shearson Lehman Hutton c. T.V.B.	I. 139 c. Darmon	Gaudemet-Tallon RC 93, 325 Huet JDI 1993, 466 Kullmann D. 1993 SC. 214	13	62 bis-152-160 192 (note 120) 259 (note 33) 260 (notes 38-41 et 43) 263
75	21 avril 1993	C. 172/91	Volker Sonntag c. Waidmann	c. Darmon		1 5-4° 27-2° 37 al. 2	30-199 358-364 (note 205) 404
76	13 juillet 1993	C. 125/92	Mulox IBC Limited c. Hendrick Geels	c. Jacobs		5-1°	167 (note 60)

Index alphabétique

(Les numéros renvoient aux numéros des paragraphes)

L'index général se réfère, sauf mention particulière, aux développements consacrés à la Convention de Bruxelles; l'index complémentaire qui suit se réfère à ceux consacrés à la Convention de Lugano.

Index général

Index complémentaire

(Convention de Lugano)

Table des matières

Achevé d'imprimer
sur les presses de Jouve à Mayenne
Dépôt légal : Novembre 1993
EJA – LGDJ
26, rue Vercingétorix
75014 PARIS
N° d'éditeur 2334